新訂

ワークブック
法制執務

第2版

法制執務研究会 編

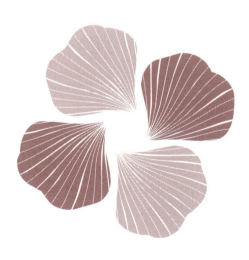

ぎょうせい

●執筆者

元内閣法制局長官　工藤敦夫

＊＊＊

元内閣法制局第四部長　石木俊治
元内閣法制局参事官　武智健二
元内閣法制局参事官　藤原啓司

＊＊＊

元内閣法制局第一課長　上倉眞澄

はしがき

本書は、昭和五〇年に発刊されて以来今日まで、永きにわたって多くの法制執務に携わる方々に好評を得て、利用していただいてまいりました。その間、昭和五四年に改訂版、昭和五八年には全訂版、そして平成一九年には、地方自治法の改正や中央省庁の再編に伴い新訂版を出版しました。この度、新訂版から一〇年を経過し、規定例と解説を実務に即した最新のものとする必要が生じたことから、これらを刷新するとともに、新たな設問も加え、新訂第2版を発行することといたしました。

本書は、内閣提出法律案及び政令案を中心に記述しておりますが、その大部分は、条例、規則等の立案についても十分に参考にしていただけるものと信じておりますし、その書名のとおりワークブックとして新人からベテランまで幅広く活用していただけるよう改善工夫を加えております。

なお、言うまでもないことかもしれませんが、各設問に対する答えが内閣法制局の公的見解でないことを付言しておきます。

本書が、今後とも法制執務に携わる方々のお役に立つことになれば幸いです。

平成二九年一一月

編　者

凡　例

一　本書の構成は、次のとおりである。

凡例

二　各設問の番号は通し番号とし、当該設問に関連して、例えば問100を参照することが適当と考えられる場合には、〈問100　参照〉として示した。なお、設問の内容が一目で分かるように各設問の冒頭に見出しを付した。

三　各設問及び答えの表記は、原則として、「公用文における漢字使用等について」によった。ただし、

1　条・項・号等を抽象的に示す場合には、第○条、第×条等の表示を用いた。

2　連続する数条又は準用関係を抽象的に示す場合には、第A条、第B条等の表記を用いた。

3　数字の表記については、法令の規定そのものを引用する場合を除いて、一・一〇・一〇〇等の表記を用いた。

4　法令の引用に当たり、その一部を省略した場合には、その部分を「……」で表示した（この点については、次の四の規定例についても同様である。）。

四　各設問の答えには、それぞれの答えの内容に対応する実際の規定例を「例」又は「例一」等として掲げたが、規定例の示し方は、次によった。

1　規定例は、原則として、条単位で掲げ、内容現在は平成二九年四月一日とした。ただし、それ以後のものも必要に応じて収録した。

2　規定例の表記は当該法令のそれによった（したがって、規定例によっては、現在における法令の表記方法と一致しないものがある。）。

3　規定例には、便宜、○を付した上で法令の題名と、その下に法令番号を括弧書きで示した（実際には、法令の題名の上に○は付さず、法令番号は題名の右上部に示される〈用字・用語編第三章　参照〉。）。ただし、それぞれの設問における規定例の例示が再度同一法令によりされる場合には、それが一部改正法令であるときを除いて、その法令番号は、最初の規定例に引用するにとどめた。

4　項番号のない古い法令の項については、便宜、算用数字を○で囲み、それが第何項であるかを示した。

五　巻末に、本書の「基礎編」及び「応用編」に取り上げたもののうち法制執務上問題となる事項を「条」「項」「号」等の特定の語単位で取りまとめ、「索引」として添付した。この場合、例えば「条中の字句を改める場合の方式」についていえば、右方式は「一部改正」に関するものではあるが、条についての改正方式の問題であるということで「条」のところに取り上げる等、その処理が問題となるものの語のところに分類した（したがって、「一部改正」については、一部改正についての一般的事項に関するものを取り上げた。）。

なお、各項目の末尾の数字は、それぞれ本書のページ数を示す。

目　次

◇法令一般編◇

◇基礎編◇

第一章　一般的事項

第二章　題名関係

第五章　目次及び章・節等関係

第六章　見出し関係

第八章　項関係

第九章　号関係

第一〇章　表・別表関係

第一一章　罰則関係

第一二章　附則関係（経過措置関係を除く。）

第一三章　附則関係（経過措置関係）

◇応用編◇

第一章　一部改正関係

第一節　一般的事項

第四節　見出し関係

第五節　条・項・号の一部改正関係（追加関係）

第七節　条・項・号の全部改正関係

第八節　条・項・号の廃止関係

第三章　廃止関係

◇用字・用語編◇

第一章　用字関係

第二章　用語関係

第三章　配字関係

◇付　録◇

◇索　引◇

法令一般編

〈法令の形式〉

問1　法令には、どのような形式があり、それぞれどのような事項が規定されるのか。

答　一　「法令」という言葉は各種の意味に用いられるが、一般に「法令」という場合には、社会生活の規範として強要性を有する成文の形式をとるもののうちから条約を除いた国内法だけの意味に用いられるのが普通である。そこで、本問についても、この観点から述べる（以下、各問とも、原則として同様とする。）。

二　法令の意味を一に述べた成文の国内法に限るとして、我が国の法制の下における法形式の最頂点に憲法があることはいうまでもない。

ところで、憲法以外の法令としてどのような法形式のものを認めるかは、憲法の定め方いかんにも係るわけであるが、日本国憲法は、我が国法の形式として、法律（第五九条第一項）、議院規則（第五八条第二項）、政令（第七三条第六号）、最高裁判所規則（第七七条第一項）及び条例（第九四条）を定めている。しかし、法令の形式は、実際には、憲法が直接定める右のものだけに限られないのであって、法律に基づき認められる法形式として、内閣府令（内閣府設置法第七条第三項）、省令（国家行政組織法第一二条第一項）、内閣官房令（内閣法第二六条第三項）、庁令（内閣府設置法第五八条第四項、国家行政組織法第一三条第一項）、規則（国家公務員法第一六条第一項、会計検査院法第三八条、地方自治法第一五条第一項等）などがある。

三　ところで、一般的には、これら各種の法令がそれぞれ必ず独占的に規定すべき事項を有するというわけではない。しかし、国法の諸形式の全体が常に一つの統一的秩序を形成すべきことは、法令が強要性を有する社会生活の規範である限り、当然に要請されるところといわなければならない。このため、法律の法律として国の最高法規である憲法の条規に違反する法律以下の法令が効力を有しないものとされるのは極めて当然のこととして（憲法第九八条第一項・第八一条）、法律以下の国法形式にあっては、「唯一の立法機関」（憲法第四一条）である国会の制定する法律に、憲法を除く他の全ての法令形式よりも上位の効力が与えられ、いわゆる「法律優位の原則」が認められる。このほか、全体としての国法体系の統一が確保されるためには、後法優先の原則・特別法優先の原則〈問13　参照〉等も考慮に入れなければならないが、少なくとも異なる国法形式相互間の関係についていう限り、原則として憲法—法律—政令—省令という段階の順にその形式的効力の上下関係が定められ、上位法令に違反する下位法令は効力を有しないとされることによって、その全体的な統一が図られることになるのである。

これら異なる国法形式のそれぞれについて、その要点を述べれば、次のとおりである。

1　憲法　既に述べたとおり、憲法は法律の法律として法令の最頂点に位するものであるから、憲法の所管事項は、本来何らの限定がなく、他の全ての法令の所管事項と常に競合関係にあるものといえる。したがって、例えば、理論的には、罰則についても憲法で定めようとすれば定めることができるのであって、通常「罰則を設けることは法律の専属的所管事項である」といわれるのは、右の点は、自明のこととし、一応右の点を度外視しての説明ということになる。もっとも、現実に憲法に罰則の設けがないのは、憲法は国の組織及び活動の根本的事項を定める基本法として、それにふさわしい事項を定めることを中心としているからであって、近代的意味における憲法が、国家の統治機構に関する事項と、国民の基本的人権を確保する観点からする国家と国民との関係に関する事項とをその規定の主な内容とするものであることは、改めていうまでもないところである。

2　法律　法律とは、日本国憲法（第五九条。例外的に第九五条）の定める方式に従い、国会の議決を経て、「法律」として制定される法をいう。

法律は、憲法を別とすれば、他の法令よりも上位に位するから、その所管事項は、憲法を除く他の法令と競合関係にあるといえる。

他方、憲法及び法律を除く他の一般の法令が、法律の委任がなければ規定することができないという意味で、法律の専属的所管事項とされるのは、国民に義務を課し、又は国民の権利又は自由を制限するような規定を設けることについてである（内閣法第一一条、内閣府設置法第七条第四項・第五八条第五項、国家行政組織法第一二条第三項・第一三条第二項。このことは、行政が、法律に基づき、法律に従って行われなければならないという「法律による行政」の表れでもある。）。このほか、日本国憲法は特定の事項を法律の所管事項とするものと定めているが（第四条第二項・第七条第五号等）、これらの事項については、少なくともその基本的事項が法律で定められなければならないことを意味する。〈編注　最高裁判所は、「両議院の議員及びその選挙人の資格は、法律でこれを定める」旨を定める憲法第四四条に関し、「憲法第四四条に「法律で定める」というのは、法律で定めなくてはいけないということであ（る）」（昭和二五年四月二六日大法廷判決）と判示している。〉

ところで、ある事項が法律の専属的所管事項とされるということは、一方において、法律によるのであれば、そのような事項について規定することができることを意味するとともに、他方においては、そのような事項を定めるには法律という法形式によらなければならないということを意味するものと解される。そうだとすれば、法律事項を包括的、全面的に命令に委任してしまうことは、当該事項を法律の専属的所管事項と定めたこと自体を無意味なものとしてしまうので、違憲の疑いを免れない。もっとも、委任が包括的であるかどうかということは、要するに相対的な問題であるから、具体的な場合にどの限度を超えたら包括的といえるか、その判定は、必ずしも容易ではない。〈問15及び問16　参照〉

3　政令　政令とは、内閣の制定する命令をいう。政令を含めて、命令には実施命令（執行命令）と委任命令の二つがある。前者は、法律の施行若しくは実施のために必要な細則又は手続等に関して定める命令をいい、後者は、特に法律自らが明示した一定の事項についてその委任を受けた事項について定める命令をいう。日本国憲法は委任命令を明文で認めてはいないが、その第七三条第六号ただし書が、罰則についての規定ではあるにしても、「特にその法律の委任がある場合を除いては」と規定しており、このことは、憲法が限られた一定の事項について委任命令たる政令の存在を認めるものと解されている。実際にも、行政の複雑性と機動性とに応ずるためには、法律が全ての事項を自ら規定することは不可能であり、法律の委任は広く行われているところである。

法律について述べたところから明らかなように、「政令には、法律の委任がなければ、義務を課し、又は権利を制限する規定を設けることができない」（内閣法第一一条）。すなわち、罰則なり、国民の権利義務に関する規定を設けることは、法律の専属的所管事項に属するから、法律の委任がなければこれらの事項について規定することができないのは当然であるが、法律の特別の委任がある範囲では、政令で、特定の場合について法律の規定の適用を排除し、又は特定の事項について法律の規定の適用の特例を定めることができる。これに対し、実施命令（執行命令）としての政令の内容が法律の規定に違反し得ないことは、その性質上、いうまでもない。〈問15　参照〉

政令の形式的効力は、法律に劣る。

4　内閣府令・省令その他行政機関の命令

㈠　内閣府令とは、内閣総理大臣が内閣府の長として発する命令をいい、省令とは、各省大臣が発する命令をいう。省令には、これを発する各省大臣の区別に従って「総務省令」、「法務省令」等がある。この内閣府令と各省令とは、名称が異なるだけで、その形式的効力は全く同格である。

内閣府令及び省令は、内閣総理大臣又は各省大臣が「主任の行政事務について、法律若しくは政令を施行するため、又は法律若しくは政令の特別の委任に基づいて」（内閣府設置法第七条第三項、国家行政組織法第一二条第一項）発する命令であって、実施命令（執行命令）と委任命令とがあることは、政令の場合と異なるところがない。内閣総理大臣又は各省大臣の主任の事務の範囲については、内閣府設置法、外務省設置法等それぞれの設置法の定めるところによる（内閣府設置法第三条・第四条、国家行政組織法第四条）。また、内閣府令又は省令には「法律の委任がなければ、罰則を設け、又は義務を課し、若しくは国民の権利を制限する規定を設けることができない」（内閣府設置法第七条第四項、国家行政組織法第一二条第三項）ことも、政令の場合と同様である。〈問15　参照〉

内閣府令及び省令は、いずれも、その形式的効力において、法律、政令に劣る。

内閣総理大臣が内閣官房に係る主任の行政事務について発する内閣官房令（内閣法第二六条第三項）についても、内閣府令及び省令について述べたところと同様である。

また、内閣に置かれる時限の組織である復興庁に係る主任の行政事務について、法律若しくは政令を施行するため、又は法律若しくは政令の特別の委任に基づいて内閣総理大臣が定める復興庁令についても、同様である（復興庁設置法第七条第三項・第四項）。

㈡　内閣府令及び省令のほか、特に個々の法律が認める場合には、内閣府及び各省の長以外の他の行政機関も、命令を発することができる。以下、その主なものについて述べる。

⑴　会計検査院規則　会計検査院規則とは、会計検査院の発する命令をいう。日本国憲法が「会計検査院の組織及び権限は、法律でこれを定める」（第九〇条第二項）旨を定めているのをうけて、会計検査院法は、同法に定めるもののほか、会計検査院が「会計検査に関し必要な規則」（第三八条）を制定することができる旨を定めている。

会計検査院は、国の収入支出の決算について検査する機関（憲法第九〇条第一項）として、「内閣に対し独立の地位を有する」（会計検査院法第一条）ものであるから、会計検査に関し必要な事項を定めることは、会計検査院の専属的所管に属するものと解され、府・省令はもちろん、政令であっても、これについて定めることはできないと解される。したがって、会計検査院規則と政令、府・省令との間の形式的効力の優劣の問題は生じないが、その形式的効力は、法律に劣る。

(2) 人事院規則　人事院規則とは、人事院の発する命令をいう。国家公務員法は、「人事院は、その所掌事務について、法律を実施するため、又は法律の委任に基づいて、人事院規則を制定し、人事院指令を発し、及び手続を定める。人事院は、いつでも、適宜に、人事院規則を改廃することができる」（第一六条第一項）旨を定めている。

人事院は、会計検査院のように、憲法上の機関ではないが、国家公務員の人事行政の公正な運営を確保するために、内閣から高度の独立性を保障されているから（国家公務員法第三条参照）、その所掌事務に関しては、人事院の専属的所管事項として、政令なりその他の命令でこれについて規定することはできないと解され、政令等との間に、その形式的効力の優劣の問題は生じない。

なお、その形式的効力が法律に劣ることは、いうまでもない。

(3) 公正取引委員会規則その他の外局規則　公正取引委員会規則とは、内閣府の外局である公正取引委員会の発する命令をいう。内閣府設置法は、「各委員会及び各庁の長官は、法律の定めるところにより、政令及び内閣府令以外の規則その他の特別の命令を自ら発することができる」（第五八条第四項）旨を定めており、また、この規則その他の特別の命令には、内閣府令の場合と同様に、法律の委任がなければ、罰則を設け、又は義務を課し、若しくは国民の権利を制限する規定を設けることができないこととされている（同条第五項）。そして、私的独占の禁止及び公正取引の確保に関する法律は、「公正取引委員会は、その内部規律、事件の処理手続及び届出、認可又は承認の申請その他の事項に関する必要な手続について規則を定めることができる」（第七六条第一項）旨を定めている。

また、国家行政組織法は、「各委員会及び各庁の長官は、別に法律の定めるところにより、政令及び省令以外の規則その他の特別の命令を自ら発することができる」（第一三条第一項）旨を定めており、この例としては、厚生労働省の外局である中央労働委員会が「その行う手続及び都道府県労働委員会が行う手続に関し」定める規則などがある（労働組合法第二六条第一項参照）。なおこの場合にも、法律の委任がなければ罰則を設け、又は義務を課し、若しくは国民の権利を制限する規定を設けることができないこととされている（国家行政組織法第一三条第二項）。

公正取引委員会規則を始め、外局たる委員会又は庁及び外局の更に外局的存在である委員会又は庁（内閣府設置法第四九条第二項参照）の命令の所管事項は、それぞれの法律の規定で特に一定の事項に限ってその所管に属せしめられているのであるから、これらの事項については、法律による場合は格別、原則として政令、府・省令では規定することができないと解すべきであろう。

5　議院規則　議院規則とは、衆議院及び参議院がそれぞれ単独に制定する法形式であって、各議院における会議その他の手続及び内部の規律に関する事項について定めるものをいう（憲法第五八条第二項）。議院規則としては、現に衆議院規則及び参議院規則が制定されている。

ただ、我が国の場合、国会の召集及び開会式等に関する定めとしては、別途、国会法が制定されているので、議院規則の内容は、国会法のそれよりも更に具体的、手続的な事項に関するものとなっている。

議院規則は、それぞれの議院の議決だけで定められ、両院の議決を要しない点で法律とは異なるが、会議その他の手続及び内部の規律に関する限りは、議員だけでなく、国務大臣、政府特別補佐人、政府参考人、公述人、傍聴人などもその拘束を受ける（もちろん、議院外の公務員又は国民が拘束を受けることにはならない。）。

議院規則と法律たる国会法とを比べた場合、前者が一議院の制定するところのものであるのに対し、後者は両議院の意思の合致によって制定されるものであるから、議院規則は、その形式的効力において、法律たる国会法の下にあると解される。他方、議院規則が、法律による委任がなくても、憲法上当然に制定することができるものである点において（憲法第五八条第二項）、政令、省令などの行政機関の発する命令に比べて、その憲法上の権威は高いものといえよう。

6　最高裁判所規則　最高裁判所規則とは、最高裁判所が訴訟に関する手続、弁護士、裁判所の内部規律及び司法事務処理に関する事項について定める規則をいう

（憲法第七七条第一項）。最高裁判所規則には、このほか、法律の委任に基づき制定されるもの（例えば、国家公務員法第九条第六項の委任に基づく人事官弾劾裁判手続規則）がある。

最高裁判所に規則制定権を認めたのは、司法部の自主性を徹底して、特に立法部からの干渉を排除するとともに、裁判の手続的、技術的事項については、裁判所自身の専門的知識と実際的経験を尊重することとしたためと解される。このため、法律と最高裁判所規則との優劣関係が問題になり得るが、国会は「唯一の立法機関」（憲法第四一条）とされることからいって、国会の制定する法律が優越するものと解される。また、憲法第三一条が刑罰を科するには「法律の定める手続」によらなければならないと定めていることからいっても、訴訟に関する手続のうちその基本構造又は被告人の重大な利益に関する事項に関するものは法律によって定められるのが原則であろう。この意味において、既に法律で定められている事項については、最高裁判所規則でこれと異なる規定を設けることはできないと解される。

なお、最高裁判所規則は、最高裁判所が憲法上当然に制定することができる点において、議院規則と同様、政令及び省令などと異なる。

7　条例　条例とは、地方公共団体がその議会の議決を経て制定する法をいう（憲法第九四条）。

条例の所管事項は、地方公共団体の権能に属する事務に関する事項についてである。地方公共団体の事務については、いわゆる地方分権一括法（地方分権の推進を図るための関係法律の整備等に関する法律（平成一一年法律第八七号））により、その構成が抜本的に再編成された。また、従来法律又はこれに基づく政令により地方公共団体の長等の執行機関が管理し、執行することとされていた国その他の公共機関の事務（いわゆる機関委任事務）が、同法の施行により廃止された。

すなわち地方自治体の事務は、同法による改正前の地方自治法によれば、公共事務（いわゆる固有事務）、法律又は政令に基づく事務（いわゆる団体委任事務）及びその他の行政事務で国の事務に属しないものの三種とされていた（第二条第二項）が、改正後は、「地域における事務」及び「その他の事務で法律又はこれに基づく政令により処理することとされるもの」とされ（改正後の地方自治法第二条第二項）、また、その事務は「自治事務」（法定受託事務以外の事務）と「法定受託事務」（法律又はこれに基づく政令の規定により地方公共団体が処理することとされる事務のうち国（又は都道府県）が本来果たすべき役割に係る事務であって、国（又は都道府県）においてその適正な処理を確保する必要があるものとして法律又はこれに基づく政令に特に定めるもの）に区分された（同法第二条第八項・第九項）。

地方公共団体は、法令に違反しない限りにおいてその事務について条例を制定することができる（同法第一四条第一項）が、「その事務」には「自治事務」のほか「法定受託事務」も含まれる。なお、地方分権一括法により、従前の機関委任事務のほとんどが地方公共団体の事務とされたことから、条例の所管事項の範囲は大幅に拡大された。また、地方公共団体は、義務を課し、又は権利を制限するには、法令に特別の定めがある場合を除くほか、条例によらなければならない（同条第二項）こととされている。

地方公共団体の条例制定権の根拠は、直接に憲法（第九四条）によって与えられたものであり、地方自治法なり個々の法律によって与えられたものではないから、法律の授権又は委任がなくても右の地方公共団体の権能に属する事務について条例で規定を設けることができるわけであるが、それは、飽くまで「法律の範囲内で」（憲法第九四条）という制限の下においてである。なお、条例への罰則の委任については、〈問103参照〉。

また、地方自治法第二条第一六項は、「市町村及び特別区は、当該都道府県の条例に違反してその事務を処理してはならない。」と規定し、同条第一七項は、「前項の規定に違反して行った地方公共団体の行為は、これを無効とする。」としている。したがって市町村又は特別区の条例は、当該都道府県の条例に違反しないものでなければならない。

8　地方公共団体の規則　地方公共団体の規則とは、地方公共団体の長が、その権限に属する事務に関し発する命令をいう（地方自治法第一五条第一項）。なお、地方公共団体の長の権限に属する事務には、従来、その地方公共団体の事務のほかに法律又はこれに基づく政令により地方公共団体の長に機関委任された国又は地方公共団体その他公共団体の事務があったが、後者はいわゆる地方分権一括法により廃止された。規則が、単なる行政規則の性質を有するもの（例えば、都道府県の分課の設置に関するもの）と法規たる性質を有するもの（例えば、法令に基づく地方税の徴収に関するもの）とを含む点においては、条例と異なるところはなく、この点で、条例と規則との関係は、政令又は府・省令等が法律の委任がない限り独立に法規を定めることができないとされる法律と政令又は府・省令等との関係とは異なる。ただ、規則も、法令に違反しない限りにおいて制定することができるものであることはいうまでもない（地方自治法第一五条第一項）。また、義務を課し、又は権利を制限するには、法律に特別の定めがある場合を除くほか、条例によらなければならない（同法第一四条第二項）（もっとも、条例の委任に基づき、又は条例を実施するため規則を制定することができることは、いうまでもない。）。

規則と条例との関係については、法令により条例で定める事項と規則で定める事項が明示されているものは、両者は、その所管事項を異にし、形式的優劣の問題は生じないが、条例でも規則でも規定し得る競合的所管事項については、条例の規定が優先的効力を有するとの説が有力である。なお、条例を執行するための規則の形式的効力が条例に劣ることは、いうまでもない。規則の形式的効力が国の法令に劣ることもまた、いうまでもない。

9　地方公共団体の規則以外の地方公共団体の機関の定める規則　国におけると同様に、地方公共団体においても、その長のほか、法律の定めるところにより、その長以外の地方公共団体の機関は、その権限に属する事務に関し規則その他の規程を制定することができる（地方公共団体の委員会の規則等制定権について、地方自治法第一三八条の四第二項）。例えば、地方公共団体に置かれる教育委員会は、「その権限に属する事務に関し、教育委員会規則を制定することができる」（地方教育行政の組織及び運営に関する法律第一五条第一項）ものとされ、学校その他の教育機関の設置、管理及び廃止等をその職務権限としている（同法第二一条）。このほか、右規則は、法律、条例等の特別の委任に基づいても制定される。
教育委員会規則、人事委員会規則又は公平委員会規則、都道府県公安委員会規則など地方公共団体の長以外の地方公共団体の機関の規則が、法令又は条例に違反しない限りにおいて制定することができるものである点において（地方教育行政の組織及び運営に関する法律第一五条第一項等）、国の法令及び条例に劣ることはいうまでもなく、法律、条例等の特別の委任に基づくものについては、一般の委任命令の形式的効力について述べたところと異なるところはない。

〔現行法令数〕

問2　現行法令数は、どのくらいあるのか。また、毎年どのくらいの法令が制定されているのか。

答　一　現在、どのくらいの数の法令が現行法令として効力を有するかという問題は、一見自明のことに属するようであって、その実、必ずしもそうではない。というのは、法令の廃止について別途廃止のための法令が制定されれば当該法令が廃止されたことは極めて明白であるが、このような明確な措置がとられないまま、その本来の目的を全て果たしたことにより自然消滅したり、又はその後に内容の矛盾する法令が別途制定されたために自然消滅する法令があったりするため、このような形で自然消滅となった法令に該当するものがどれかということを確認することは決して容易なことではないからである。〈問261　参照〉
法務省大臣官房司法法制部調べによる現行法令数調査によれば、平成二九年一月三一日現在のそれは、法律一、九五五、政令二、〇九一、勅令七三、閣令一〇及び府・省・庁令三、六八四となっており、法律以下府・省・庁令までを含めた現行法令（条例及び地方公共団体の規則は除く。）の総数は、七、八一三に上っている。勅令又は閣令

については、〈問18　参照〉。

二　次に、毎年どのくらいの法令が制定されているかを、昭和二二年、昭和三〇年以降一〇年ごと及び最近五年間における法律及び政令の公布件数によってみると、次のとおりである。「公布」については、〈問4　参照〉。

法令公布件数の推移

年	法律				政令
	内閣提出	衆議院提出	参議院提出	計	
昭和二二年（一九四七年）	一五〇	八	○	一五八	三三七
三〇年（一九五五年）	一四六	四四	六	一九六	三三八
四〇年（一九六五年）	一四三	一〇	四	一五七	三八七
五〇年（一九七五年）	七五	二〇	一	九六	三八一
六〇年（一九八五年）	九二	一六	一	一〇九	三三四
平成七年（一九九五年）	一一九	一五	三	一三七	四三九
一七年（二〇〇五年）	九七	二五	二	一二四	三九三
二四年（二〇一二年）	六八	二六	八	一〇二	三〇二
二五年（二〇一三年）	九〇	一七	五	一一二	三七二
二六年（二〇一四年）	一〇五	二八	四	一三七	四一五
二七年（二〇一五年）	六六	九	三	七八	四四六
二八年（二〇一六年）	七八	三〇	七	一一五	四〇六

ただ、ここで注意しなければならないのは、このように毎年制定、公布された法令

の数がそのまま右の一で述べた現行法令数になるわけではないということである。というのは、既存の法令の一部を改正する法令は、施行されると同時に、既存の法令の一部を改正するという形で既存の法令に溶け込んでしまい〈問137　参照〉、既存の法令の一部を改正する法令が制定、公布されたからといって、現行法令数がそのまま増加することにはならないからである。また、既存の法令の全部を改正する法令は、既存の法令の廃止と新法令の制定とを一緒に行うようなものであるから、これまた現行法令数の増加とはならない。この辺の事情を、例えば平成二八年中に公布された法律一一五件についてみると、約四分の三の八六件が既存の法律の一部を改正する法律（この中には、一本の法律で二本以上の法律の改正を行っているものもある。）で、新規制定に相当する法律は二三件にとどまる。このほかは、既存の法律の一部改正と廃止とを行っている法律が地方税法等の一部を改正する等の法律（平成二八年法律第一三号）ほかの三件、多数の関係法律の改廃を規定する等のための整備法として地域の自主性及び自立性を高めるための改革の推進を図るための関係法律の整備に関する法律（平成二八年法律第四七号）ほかの三件となっている（既存の法律の全部を改正する法律及び既存の法律を廃止する法律は、制定されなかった。）。これらの新規制定法律により廃止することとされた既存の法律の数は、三件（施行日が平成二九年以降となるものを含む。）で、限時法で〈問46　参照〉平成二八年中に失効した法律がないとして、この三件と同年中に新たに制定された二三件との差の二〇件が、同年に新たに現行法律として加わった法律数ということになる。

〈編注　第九六回国会における「行政事務の簡素合理化に伴う関係法律の整理及び適用対象の消

〈公文の方式〉

問3　現行の公文の方式は、どのようになっているのか。

滅等による法律の廃止に関する法律」（昭和五七年法律第六九号）の成立により、実効性は喪失したがその形骸が残っているにすぎなかった法律について廃止措置がとられ、このような法律三二〇件が廃止された。また、第一四六回国会においては「中央省庁等改革関係法施行法」（平成一一年法律第一六〇号）により、同様の法律五六件が廃止された。〉

答　旧憲法の下においては、法令や条約の公布の方式等について定めた公式令（明治四〇年勅令第六号）があったが、右公式令は、日本国憲法の施行と同時に廃止された。しかし、これに代わるべき法律は制定されなかったから、国の一般の成文法の公布方式については、成文法の根拠を欠いたまま、現在に至っているわけである。このため、法令の公布等公文の方式については、現在、おおむね先例に準拠した取扱いがされている。法律及び政令を中心に、その主なものを示せば、次のとおりである。

一　日本国憲法第七四条の規定による主任の国務大臣の署名及び内閣総理大臣の連署は、当該法律又は政令の末尾にする。主任の国務大臣が二以上あるときの署名の順序は、内閣官房及び内閣府に続いて国家行政組織法別表第一に掲げる省の建制順とし、内閣総理大臣は、最後に連署するが、内閣総理大臣が内閣官房及び内閣府の長として自ら主任の大臣である場合には、最初に署名して、最後の連署はしない。〈問8　参照〉

二　法律又は政令には、法律又は政令別に公布の順序に従って法令番号を付け〈問6　参照〉、その公布は、右一の署名及び連署のあるものに公布文〈問5　参照〉を付けてする。

三　公布文には、天皇が親署の後、御璽を押し（この部分は、公布に当たっては、「御名御璽」として示される。）、内閣総理大臣が年月日を記入して副署する（この副署は、天皇の法律の公布という国事行為に対する憲法第三条の規定に基づく内閣の助言と承認を示すものである。）。

四　内閣官房令、内閣府令及び省令の形式については、従前の閣令又は省令の例による。〈編注　旧公式令第一〇条は、「閣令ニハ内閣総理大臣年月日ヲ記入シ之ニ署名ス　省令ニハ各省大臣年月日ヲ記入シ之ニ署名ス　宮内省令ニハ宮内大臣年月日ヲ記入シ之ニ署名ス」と定めていた。〉

五　政令、内閣官房令、内閣府令及び省令には、必ず施行期日を定める〈問10　参照〉。〈編注　旧公式令第一一条は、「皇室令、勅令、閣令及省令ハ別段ノ施行時期アル場合ノ外公布ノ日ヨリ起算シ満二十日ヲ経テ之ヲ施行ス」と定めていた。〉

六　法令その他公文の公布は、従来どおり官報をもってする〈次問　参照〉。〈編注　旧公式令第一二条は、「前数条ノ公文ヲ公布スルハ官報ヲ以テス」と定めていた。〉〈問330及び元号法（昭和五四年法律第四三号）については、問279　参照〉

〔公布〕

問4　法令の公布とは、何か。また、法令上、その時期が制限されているものがあるのは、どうして

答一　法令の公布とは、成立した法令を一般に周知させる目的で当該法令を公示する行為をいう。法令は、一定の手続を経て制定された時に確定的に成立するのであって（「法律案は、この憲法に特別の定のある場合を除いては、両議院で可決したとき法律となる」（憲法第五九条第一項）が、右の「法律となる」とは、法律案が、両議院の可決によって、可決と同時に法律として確定するという意味である。）、公布によって法令の効力に何物かが

か。

付加されるものではない。しかし、法令が公布によって対外的効力を生ずるものであることは、判例法上確立しているところである（最高裁判所は、「成文の法令が一般的に国民に対し現実にその拘束力を発動する（施行せられる）ためには、その法令の内容が一般国民の知りうべき状態に置かれることが前提条件とせられるのであって、このことは、近代民主国家における法治主義の要請からいって、まさにかくあるべきことといわなければならない」（昭和三二年一二月二八日大法廷判決）と判示している。）。

このように、法令の施行・適用に当たり公布という行為が要請されるのは、そもそも法令がその遵守を要求する強い規範力を有するものであるから、公布されることもなくその遵守を要求されることになれば、国民の法律生活の安定が損なわれることになるからである〈問11　参照〉。したがって、その内容が特定の範囲の者にのみ関係のある特殊の事項に関するもので、一般の利害に関係のないような法令については、必ずしも公布という手続は必要ではないことになる。その適例が、議院規則〈問1参照〉である（もっとも、実際には、両議院の各種規程を含めて、通常、官報の「国会事項」欄に公示されている。）。また、最高裁判所規則〈問1　参照〉も、法律に明文の規定はないが、これまた、年月日を記入し、最高裁判所名を記載し、末尾に最高裁判所長官が署名し、官報をもって公布されることになっている（下級裁判所規則の公布もこれに準ずる方式がとられているが、最高裁判所の委任に基づく旨を明らかにすることとされている。）（裁判所公文方式規則）。

つまり、確定的に成立した法令であっても、公布を要する法令にあっては、公布以前の法令は、法令として存在してはいるがその効力は未発動の状態にあるわけで、それが発動するためには公布という手続が必要不可欠の条件とされるのである。

二　法令の公布は、法律及び政令については公布のための閣議決定を経た上で〈問24参照〉、官報に登載することによって行われる。公式令廃止後の法令公布の方法について、最高裁判所は、「実際の取扱としては、公式令廃止後も、法令の公布を官報をもってする従前の方法が行われて来たことは顕著な事実ではあるが、これをもって直ちに、公式令廃止後も法令の公布は官報によるとの不文律が存在しているとまで云いえないことは所論のとおりであり、今日においては法令の公布が、官報による以外の方法でなされることを絶対に認め得ないとまで云うことはできないであろう。しかしながら、公式令廃止後の実際の取扱としては、法令の公布は従前通り官報によってなされて来ていることは上述したとおりであり、特に国家がこれに代わる他の適当な方法をもって法令の公布を行うものであることが明らかな場合でない限りは、法令の公布は従前通り、官報をもってせられるものと解するのが相当であって、たとえ事実上法令の内容が一般国民の知りうる状態に置かれえたとしても、いまだ法令の公布があったとすることはできない」（昭和三二年一二月二八日大法廷判決）と判示している。

法令が官報によって公布されるとして、いかなる時点において公布があったとされるかについて、最高裁判所は、一般の希望者が官報を閲覧し又は購入しようとすればそれをなし得た最初の場所である大蔵省印刷局官報課〈編注　平成一三年一月六日大蔵省は財務省となり、更に平成一五年四月一日財務省印刷局に替えて独立行政法人国立印刷局が設立された。〉又は東京都官報販売所に到達した最初の時点において公布がされたものと解すべきであるとしている（昭和三三年一〇月一五日大法廷判決）。

〈編注　官報の発行に関する法律（令和五年法律第八五号）が制定され、法令の公布は、官報をもって行うこととされた（第三条第一項）。同法により官報の電子化が行われ、官報の発行は、官報掲載事項が記録された官報ファイルを電気通信回線に接続して行う自動公衆送信を利用して公衆が閲覧することができる状態に置く措置をとることにより行うものとされ（第五条第二項）、同項の措置がとられた時に公布が行われたものとすると規定された（第六条）。同法は、令和七年四月一日に施行された。〉

三　ところで、法令の公布時期について法令上制限されているものがある。例えば、法律（憲法第九五条に基づく特別法を除く。）が成立したときは、衆議院議長又は参議院議長から内閣を経由して奏上し、法律は、この奏上の日から三〇日以内に公布しなければならないものとされている（国会法第六五条第一項・第六六条）。このように、法令の公布の時期について制限が設けられているのは、法令の制定機関とその公布機関とが異なる場合に、その公布機関が成立した法令の公布をおろそかにしないようにするという点にあると解される。

なお、憲法第九五条に基づく特別法については、それが国会において議決されたときは、衆議院議長又は参議院議長は、これを内閣総理大臣に通知し、その後一定の手続により関係地方公共団体の住民投票が行われて、その成立が確定し、当該地方公共団体の長から総務大臣を経て内閣総理大臣にその旨の報告があったならば、内閣総理大臣は、直ちに当該法律の公布の手続をとらなければならないこととされている（地方自治法第二六一条）。〈問14　参照〉

また、憲法改正については、国会の発議があり、国民投票により国民の承認があったときは「直ちに」公布の手続が執られなければならないこととされている（憲法第九六条第二項）。そして、第一六六回国会で成立した日本国憲法の改正手続に関する法律によれば、中央選挙管理会は、国民投票の結果を官報で告示するとともに、総務大臣を通じ内閣総理大臣に通知しなければならず、内閣総理大臣は、これを直ちに両院の議長に通知しなければならない（同法第九八条第二項・第三項）。また、中央選挙管理会からの通知が賛成票の数が賛成票と反対票の合計の二分の一を超える旨の内容であるときは、内閣総理大臣は、直ちに当該憲法改正の公布のための手続を執らなければならないとされている（同法第一二六条第二項）。

これに対し、その制定機関と公布機関とが同一である政令については、この種の制限はない（条約についても、同様である。）。これは、右に述べたように、そもそもこの種の制限が公布の手続の遅延ないし阻止を許さないためのものと解されるからである（条例の公布に関しては、地方自治法第一六条第一項・第二項参照）。

〔公布文〕

問5 公布文とは、何か。公布文も、法令の一部なのか。また、公布文は、全ての法令に付けられるのか。

答 公布文とは、公布者の意思を表明する文書をいい、公布文は、公布される法令の冒頭に付けられる。しかし、公布文は、法令の一部を成すものではない。公布文の形式は、次の例に示すとおりであるが、このような公布文が付けられるのは、国の法令については、法律、政令又は条約に限られ、その他の府省令、規則等については、制定文〈問55 参照〉から始まる形で公布される（公布文は、このほか、地方公共団体の条例及び規則についても付けられる（地方自治法第一六条第四項・第五項参照）。）。政令又は条約の場合は、次の例一における法律の題名の部分が政令又は条約のそれに替わるだけである。なお、例三に示す参議院の緊急集会で制定された法律に関していえば、緊急集会で採られ

た措置は、これに対する衆議院の同意又は不同意（憲法第五四条第三項）により、その効力が存続又は消滅することになるわけであるが、そのいずれかに確定した場合の公示に関しては、特に定めるところがない。しかし、たとえその効力が存続する場合でも公示することが望ましいということで、第二回目の参議院の緊急集会（昭和二八年三月一八日）で採られた措置については、その効力が確定した旨の内閣告示（昭和二八年内閣告示第四号）が行われた〈編注　右の内閣告示を、例三に掲げたものについて示せば、「日本国憲法第五十四条第二項但書の参議院の緊急集会において議決された国立学校設置法の一部を改正する法律（昭和二十八年法律第二十五号）について、昭和二十八年五月二十七日に同条第三項の規定に基づく衆議院の同意があった」とするもので、同告示は、同月三〇日の官報（号外第二六号）により行われた。〉。しかし、参議院の緊急集会で成立した法律の公布手続については、既にされているので、衆議院の同意があったからといって、改めてその公布の手続はとられない。

■例一■（一般の法律の場合）

平成三十二年東京オリンピック競技大会・東京パラリンピック競技大会特別措置法をここに公布する。

御名　御璽

平成二十七年六月三日

内閣総理大臣　安倍晋三

■例二■（憲法第九五条に基づく特別法の場合）

日本国憲法第九十五条の規定に基づく軽井沢国際親善文化観光都市建設法をここに公布する。

御名　御璽

昭和二十六年八月十五日
内閣総理大臣　吉田　茂

■例三■（参議院の緊急集会で制定された法律の場合）
日本国憲法第五十四条第二項但書の参議院の緊急集会において議決された国立学校設置法の一部を改正する法律をここに公布する。
御　名　御　璽
昭和二十八年三月二十六日
内閣総理大臣　吉田　茂

■例四■（条例の場合）
東京都議会議員の議員報酬等の特例に関する条例を公布する。
平成二十九年三月一日
東京都知事　小池百合子

■例五■（地方公共団体の規則の場合）
大阪府温暖化の防止等に関する条例施行規則の一部を改正する規則を公布する。
平成二十九年三月三十一日
大阪府知事　松井　一郎

〔法令番号〕

問6　法令番号とは、何か。法令番号を付けるのは、どのような意味があるのか。また、その仕組み

答　一　法令番号とは、法令の種類及びその制定者別に、かつ、暦年ごとに、法令に付けられる番号をいう。したがって、毎年、法律の第一号があり、政令の第一号があることになる。改元があった場合は、新元号元年の第一号からとなる。内閣官房令、内閣府令及び省令については、命令の制定者ごとに付けられるから、内閣官房令第一号、内閣府令第一号、法務省令第一号、農林水産省令第一号・経済産業省令第一号というようになる。そして、法令

は、どのようになっているのか。

番号としては、当該法令が公布された暦年の年号を冠して、例えば「平成二十九年法律第一号」等と表すが、これは、法律の番号であるから、法律番号ということになる。

法令番号は、公布の際に付けられるものであるが、法令そのものの一部を成すものではない（なお、人事院規則には、このような意味での法令番号は付けられていない。）。

二　ところで、法令に法令番号が付けられるのは、当該法令を特定するための手段としてである。というのは、題名だけで法令を表示すると、別個の法令であるにもかかわらず題名が同一である場合も少なくないので混同を生じやすいし、他方、法令番号だけでは当該法令がどのような内容のものかは分からないので、題名と法令番号との両者を併せ示すこととすれば、当該法令は、特定され、その理解と検索が容易になるからである。例えば、「裁判所職員定員法の一部を改正する法律」という題名の法律は、ほとんど毎年、制定、公布されており（平成二六年法律第一八号、平成二七年法律第二五号、平成二八年法律第五二号等）、また、同一回次の国会において同一題名の法律が二以上成立することがある（例えば、第一八三回国会においては、地方交付税法及び特別会計に関する法律の一部を改正する法律が二件（平成二五年法律第一号、平成二五年法律第四号））が、これらは、それぞれ別個の法律で、単に題名を引用しただけではそのいずれを指示するものであるか、明らかではない。このため、ある法令を他の法令において引用する場合には、最初の引用のときに、次の例一に示すように、当該法令の題名と法令番号の両者を共に併記し、その法令がどの法令を指すものであるかを明確にする措置がとられる。

三　次に、ある法令の一部が改正されることになっても、改正される法令の同一性は失われるものではないから、改正される元の法令の法令番号は、何ら影響を受けることなく、従来の法令番号がそのまま用いられる。ただ、ある法令の全部を改正する場合には、その実質において、従来の法令を廃止し、新たな法令を制定するのと異なるところはないから、仮に従来と同一の題名が引き続き用いられる場合であっても、改正法令に付けられる新しい法令番号がその法令番号として用いられることになる。次の例二でいえば、行政不服審査法という法律の題名はその改正前と同一であるが、全部改正されたものであるので、その後の法律番号は、「平成二十六年法律第六十八号」ということになる。ちなみに、出入国管理及び難民認定法（昭和二六年政令第三一九号）の法令番号の由来については、〈問19〈編注〉参照〉。

■例一■

○**株式会社海外交通・都市開発事業支援機構法**（平成二十六年法律第二十四号）

（株式、社債及び借入金の認可等）

第五条　機構は、会社法（平成十七年法律第八十六号）第百九十九条第一項に規定する募集株式（第四十五条第一号において「募集株式」という。）、同法第二百三十八条第一項に規定する募集新株予約権（同号において「募集新株予約権」という。）若しくは同法第六百七十六条に規定する募集社債（第三十五条及び同号において「募集社債」という。）を引き受ける者の募集をし、株式交換に際して株式、社債若しくは新株予約権を発行し、又は資金を借り入れようとするときは、国土交通大臣の認可を受けなければならない。

（以下略）

■例二■

○**行政不服審査法**（平成二十六年法律第六十八号）

行政不服審査法（昭和三十七年法律第百六十号）の全部を改正する。
（以下略）

〈引用法律が未公布の場合〉

問7　規定中に引用された法律が未公布のため、その法律番号が空白のままで法律が公布された場合には、どうなるのか。

答一　A法中に、例えば「……に関しては、B法（平成二十九年法律第　　号）の定めるところによる」旨の規定があり、B法が未公布のため、B法の法律番号を空白としたままでA法が公布された場合、後日、B法が、A法の成立した国会と同一の国会において又は継続審査となって次の国会において、成立し、公布されたときには、A法の原本に加筆の上、官報の正誤欄に、A法の規定中空白のままとなっていたB法の法律番号が補完された旨を掲載する扱いがされている。このような扱いに対しては、そもそも、当該法律は、その内容だけでなくその表現をも含めて確定しているのであるから、補完ということであれ、これを修正するということは法律を改正することにほかならず、したがって、右の空白の部分を満たすことは法律改正の手続によらなければならないのではないかとする疑問があるかもしれない。しかし、まず、A法の成立後A法の公布前にB法が公布された場合、内閣官房において国会の議決に係る原本に加筆してB法を引用するA法の規定中B法の法律番号の空白を埋めるということは、慣行として既に確立しているところである。そして、そのような慣行が熟したについては、A法の規定中引用するB法の法律番号が空白であっても、立法者の意思は、B法を引用することに確定しており、空白の部分がB法の法律番号を示すものであることも極めて明白であるから、右の場合にこれを補完することは立法者の許容するところであると解されるからであろう。そうだとすれば、右に述べたところは、B法の法律番号の確定時期がA法の公布の前であるか後であるかによって異なることにはならないというべきであるから、少なくとも、B法がA法の成立した国会と同一の国会において成立した場合において、A法について先に述べたような取扱いをすることが許されることには問題はないものといえよう。

二　次に、A法の規定に引用されているB法案がA法が成立した国会で継続審査となったとしても、継続審査になったということは、B法案が同一性をもって次の国会に持ち越されたということであり、これが次の国会で成立すれば、A法の規定中のB法とは正にこの成立したB法そのものであり、A法の規定の空白の部分がB法の法律番号を示すことも極めて明白であるから、この場合にも先に述べたと同じようにその補完をすることは許されることになろう。

三　これに対し、B法案が、継続審査ではなく審査未了（廃案）となり、その後の国会に再提出されるような場合には、たとえその内容が先に国会に提出されたものと全く同一のものであるとしても、A法とB法案との関係を先に述べたと同様に解することはできないから、その再提出に当たっては、次の例に示すように、A法（次の例でいえば、年金生活者支援給付金の支給に関する法律）の一部改正の形でA法の規定中の空白となっているB法（次の例でいえば、行政手続における特定の個人を識別するための番号の利用等に関する法律）の法律番号の部分を補完する措置を講じなければならない。

例

○行政手続における特定の個人を識別するための番号の利用等に関する法律の施行に伴う関係法律の整備等に関する法律（平成二十五年法律第二十八号）

（年金生活者支援給付金の支給に関する法律の一部改正）

第四十二条　年金生活者支援給付金の支給に関する法律（平成二十四年法律第百二号）の一部を次のように改正する。

附則第二十一条を次のように改める。

（行政手続における特定の個人を識別するための番号の利用等に関する法律の一部改正）

第二十一条　行政手続における特定の個人を識別するための番号の利用等に関する法律（平成二十五年法律第　　号。以下「番号利用法」という。）の一部を次のように改正する。

（以下略）

※右法律による改正前の附則第二一条

（行政手続における特定の個人を識別するための番号の利用等に関する法律の一部改正）

第二十一条　行政手続における特定の個人を識別するための番号の利用等に関する法律（平成二十四年法律第　　号。以下「番号利用法」という。）の一部を次のように改正する。

〈編注　行政手続における特定の個人を識別するための番号の利用等に関する法律案及び年金生活者支援給付金の支給に関する法律案の両法案は、ともに第一八〇回国会に提出された。後者は継続審査となり第一八一回国会で成立したのに対して、前者は同様に継続審議となるも第一八一回国会で審議未了のため廃案となり、第一八三回国会に再提出されて成立した。この経緯から、行政手続における特定の個人を識別するための番号の利用等に関する法律の施行に伴う関係法律の整備等に関する法律第四二条が設けられた。右の規定例は、国会に提出された法律案の段階のものを示したものであるが、行政手続における特定の個人を識別するための番号の利用等に関する法律の法律番号を「平成二十四年法律第　　号」から「平成二十五年法律第　　号」に修正しており、同法の成立に伴い、法律番号の空白部分を「平成二十五年法律第二十七号」と補完の上、官報に登載して公布された。〉

〔署名大臣の範囲〕

問8 法律又は政令の署名大臣の範囲は、どのようにして決まるのか。

答 一 憲法第七四条は、「法律及び政令には、すべて主任の国務大臣が署名し、内閣総理大臣が連署することを必要とする」旨を定めている。右の署名とは自らその氏名を記すことをいい、連署とは他の者の署名に添えて自らその氏名を記すことをいう。法律及び政令について、主任の国務大臣の署名及び内閣の首長たる内閣総理大臣の連署が必要とされるのは、法律にあってはその執行の責任を、政令にあってはその制定及び執行の責任を明らかにするためにほかならない。

二 ところで、「主任の国務大臣」とは、内閣官房及び内閣府並びに各省の長として、行政事務を分担管理する地位における内閣総理大臣及び各省大臣をいうのであるから（内閣法第三条第一項及び第二六条第一項、内閣府設置法第六条第二項、国家行政組織法第五条第一項）、当該法律又は政令に署名すべき国務大臣すなわち署名大臣の範囲といっても、それは、当該大臣が当該法律又は政令について執行の責任を有する内閣総理大臣又は各省大臣に当たるか否かによって決まることになるわけであるが、個々具体的なケースになると、必ずしも明確に割り切れない場合がないではない。例えば、新規立法について、単に罰則が設けられていることを理由として、法務大臣を当該法律の署名大臣とすることは、従来から、されていない。これは、罰則との関係を別にすれば、法務大臣は当該法律の定める事項について分担管理する大臣には当たらないとの考え方によるものであるが、さればといって、組織的な犯罪の処罰及び犯罪収益の規制等に関する法律のような処罰そのものを目的とする法律に法務大臣が署名大臣とならなくてよいともいえないであろう（もっとも、同法の場合、法務大臣は、署名大臣となっている。）。

それでは、この種のものでどの程度のものであれば法務大臣は署名大臣となるのかというと、明確な一線を引きにくい面があることは否定できない。

三　主任の国務大臣が法律又は政令に署名する順序は、内閣官房及び内閣府に続いて各省の建制順〈問3及び問17　参照〉によるが、主任の国務大臣の中に内閣官房又は内閣府の長たる内閣総理大臣が含まれる場合には、内閣総理大臣が連署を兼ねて冒頭に署名する（主任の国務大臣が内閣官房又は内閣府の長たる内閣総理大臣だけの場合には、連署を兼ねた内閣総理大臣の署名だけが行われることはいうまでもない。）。〈問330例　参照〉

なお、内閣総理大臣は、法律及び政令の公布に当たっても署名するが〈問3及び問330例　参照〉、これは、公布に対する内閣の助言と承認（憲法第三条・第七条第一号）の方式として行われるもので、法律及び政令についての連署とは別個のものである。

ちなみに、憲法上、右の署名及び連署が必要とされるのは法律及び政令についてであるが、条約についても、同様の取扱いがされている。

〔公示の誤り等〕

問9　法令の公示に誤りがあった場合には、どのような措置がとられるのか。成立した法令の条文そのものに誤りがあった場合は、どうか。

答　法令の公布については、公式令の廃止後、これに関する基本的な法律が制定されるに至っていないが、一般に、官報、公報等の公の機関紙に登載して行われるのが例であり、このことは、最高裁判所の認めるところでもある。〈問4　参照〉

ところで、公布が、成立した法令について何物かを付け加えたり、削除したりすることのできるものではないことはいうまでもないが、それが官報等への登載という手続を経て行われるため、その成文を印刷するについての誤植や、印刷に出すための原稿自体の誤りがないとはいえない。もちろん、この場合において、その成文と異なる公示がされても、成立した法令そのものは何らの影響を受けることがあるべきはずはない。しかし、一旦公示されれば、公示された姿での法令が真正な法令として一般に受け取られやすいこともそのとおりであろう。仮にも、法令の公示に誤りがあった場合には、その誤りは速やかに訂正されるべきは当然のことであって、内閣官房から独立行政法人国立印刷局に対して通知がされ、官報正誤欄に掲載して訂正が行われることになる。

また、成立した法令そのものに誤りがあった場合に、それが実質的な法規範の内容そのものの誤りであるときは、速やかに当該法令を改廃し、適正化を図る必要があるのは当然であるが、一部改正法令において条項の移動を正しく反映させてないなど法令文の表記上の誤りにとどまるときには、官報正誤の手続による訂正がなされている。これは、実質的な法規範の内容と法令文の表記との間に形式的な齟齬《そご》があることが客観的に明らかであると判断されるものについて、法文の表記を実質的な法規範の内容に即したものに訂正するものであり、実質的な法規範の内容を変更するものではないからである。

〈編注　法律条文の過誤訂正の在り方に対する質問主意書（平成一六年八月三日浅尾議員提出）に対し政府は、『「官報正誤」とは、法文の「表記上の誤り」、すなわち、実質的な法規範の内容と法文の表記との間に形式的な齟齬《そご》のあることが客観的に明らかであると判断されるものについて、法文の表記を実質的な法規範の内容に即したものに訂正するものであり、実質的な法規範の内容を変更するものではない』旨答弁している（同年八月一〇日）。〉

官報正誤欄の例は次のとおりである。

■例一■（平成二九年一月一〇日官報第六九三二号）

正　誤

ページ	段	行	誤	正
平成二十八年十二月十六日（号外第二百七十八号）公布法律第百六号（道路運送法及び貨物自動車運送事業法の一部を改正する法律）				
（印刷誤り）				
九	下	終りから一五	第一項中、	第一項中

（以下略）

■例二■（平成二六年一月九日官報第六二〇五号）

正　誤

ページ	段	行	誤	正
平成二十五年十一月二十七日（号外第二百五十五号）公布法律第八十四号（薬事法等の一部を改正する法律）				
（原稿誤り）				
五〇	下	終りから一三	同法第二十三の二の二十	同法第二十三条第一項中の二の二十

（以下略）

〈編注　なお、法令の正誤と裁判所の審査権に関し、最高裁判所が次のように判示したことがある（昭和二五年九月二八日第一小法廷判決）。すなわち、「本件「テボー……」は、昭和二二年五月一日農林省告示第五八号により「菜豆」の名で食糧管理法上の主要食糧としての雑穀に指定されたものであることは、原判決の説示するとおりである。そして、右告示第五八号には「一、食糧管理法施行規則第一条ノ五の農林大臣の指定する雑穀、㈠大豆、……菜豆……」と規定されていたが、同年一二月三〇日農林省告示第一九六号を以てこれを改正するに当り前の告示中の漢字をなるべく平仮名書に改める際右告示中の「菜豆」を「いんげん」とすべきを誤りて植物学上の系統的分類を異にする「なたまめ」と誤記し、その誤記の儘官報に掲載せられ、後日その誤記を発見し昭和二三年四月七日附官報正誤欄に農林事務官の名義で、昭和二二年一二月三〇日農林省告示第一九六号の六の（中略）四行目「なたまめ」は「いんげん」（中略）の誤りと正誤掲載されたものである……そして、官報に公示するがごとき公示手続上の過誤は、農林事務官においてこれが正誤の手続を執ることは当然その権限内にあるものと解するを相当とするから、前示正誤は正当であって、少くとも官報正誤の日以後における本件「テボー」の輸送委託をした行為にはその正誤された告示が適用されるものといわなければならない。」と。〉

〔公布と施行〕

問10　法令の公布と施行とは、どのように違うのか。

答　法令の「公布」が、成立した法令を一般に周知させる目的で、一定の方式により一般の国民が知ることのできる状態に置くことをいうのに対して〈問4　参照〉、法令の「施行」とは、法令の規定の効力が現実に一般的に発動し、作用することになることをいう。

ところで、公布された法令がいつから施行されるかについては、通常、当該法令の附則において定められる〈問25及び問116　参照〉。この場合、法令によっては、公布の日から直ちに施行することとすると、その法令の適用を受ける側に混乱を生ずるおそれのある場合も考えられることからいって、一般論としていえば、法令の公布の時期と施行の時期との間には一定の期間が置かれることが望ましいといえよう。ちなみに、法律の場合、法律で異なる施行期日を定めたときを除き、当該法律は公布の日から起算して二〇日を経過した日から施行することとされているが（法の適用に関する通則法（平成一八年法律第七八号）第二条）、現在では、他法令に委任する場合を含めてその施行期日についての定めを置かない法律はない（地方公共団体の条例及び規則の場合、右の期間は一〇日とされている（地方自治法第一六条第三項・第五項）。）。政令及び府省令等については、公式令が廃止され、現在、これに関する特段の規定はないので、政令又は府省令等自体において必ず施行期日を定めることとされている〈問3　参照〉（このほか、会計検査院規則（会計検査院規則の公布に関する規則第三条）及び最高裁判所規則（裁判所公文方式規則第三条）についても、法の適用に関する通則法と同趣旨の定めがされている。）。

一つの法令は、それ自体一つのまとまった内容を有するものであるから、次の例一に示すように、当該法令中の全ての規定が一斉に施行される場合には、当該法令はその施行期日以後に生じた事象に対して適用になるのが原則であるから、当該法令が「施行」されるということは、とりもなおさず当該法令が「適用」になるということであるともいえる〈次問　参照〉。これに対し、法令によっては、例二に示すように、当該法令中の全ての規定が同時に施行されるとは限らず、当該法令中の特定の規定又は特定の事項について異なる施行期日が定められることがあり〈問118　参照〉、この場合には、当該法令は、全体としては段階的に施行されることになる。

いずれにしても、法令の規定が現実に発動し、作用するためには、当該法令が公布されることが必要で、法令の施行にとって、その公布が条件となることはいうまでもない。

〔施行と適用〕

問11　法令の施行と適用とは、どのように違うのか。

■例一■

○平成三十一年ラグビーワールドカップ大会特別措置法（平成二十七年法律第三十四号）

附　則

（施行期日）

第一条　この法律は、公布の日から起算して一月を超えない範囲内において政令で定める日から施行する。

〈編注　この法律の公布の日は、平成二七年六月三日であり、平成二七年六月二五日から施行された。〉

■例二■

○健康・医療戦略推進法（平成二十六年法律第四十八号）

附　則

（施行期日）

第一条　この法律は、公布の日から施行する。ただし、第三章から第五章までの規定は、公布の日から起算して三月を超えない範囲内において政令で定める日から施行する。

〈編注　この法律は五章から成り、第一章及び第二章は公布の日である平成二六年五月三〇日から、第三章から第五章までは平成二六年六月一〇日から施行された。〉

答一　法令の「施行」とは、法令の規定の効力が一般的、現実的に発動し、作用することになることをいう。法令は、公布の手続〈問4　参照〉を経て施行されることになるのであるが、その時期については、当該法令の附則において定められるのが通例で、その定められたところに従って、効力が発動し、作用することになる。施行期日については、当該法令の附則で具体的に定めるものと、当該法令の附則では具体的に定めず、他の法令にその定めをゆだねるもの〈問117　参照〉とがある。また、施行期日は、ある法令における規定の全てについて画一的に定められる場合と、特定の規定については別異の施行期日が定められる場合〈前問及び問118　参照〉とがある。

なお、法律については、法律で異なる施行期日を定めたときを除き、公布の日から起算して満二〇日を経て施行することとされているが（法の適用に関する通則法第二条。条例については、右の期間は一〇日とされている（地方自治法第一六条第三項）。）、現在では、当該法令において施行期日に関する定めを置かないものはない。

二　法令の「適用」とは、「施行」が法令の規定の効力の発動という一般的観念であるのに対して、法令の規定が、個別的、具体的に特定の人、特定の地域、特定の事項について、現実に発動し、作用することをいう。

新たに制定された法令の場合は、普通、その施行期日だけを定めておけば、施行期日以後に生じた事象に対して、その法令は適用になるので、格別その適用について触れる必要のないことが多いが、特に、一部改正等の場合には、どのような事象に対して、当該一部改正により改正された規定が適用になるのかが明らかでない場合があるため、次の例に示すように、その適用区分に関する規定が定められる。

■例■

○所得税法等の一部を改正する法律（平成二十七年法律第九号）

（法人税法の一部改正）

第二条　法人税法（昭和四十年法律第三十四号）の一部を次のように改正する。

附　則

（施行期日）
第一条　この法律は、平成二十七年四月一日から施行する。ただし、次の各号に掲げる規定は、当該各号に定める日から施行する。
〈編注　第二条（法人税法の一部改正）の規定は、平成二七年四月一日から施行された。〉
（法人税法の一部改正に伴う経過措置の原則）
第二十一条　この附則に別段の定めがあるものを除き、第二条の規定による改正後の法人税法（以下「新法人税法」という。）の規定は、法人（新法人税法第二条第八号に規定する人格のない社団等を含む。以下同じ。）の施行日以後に開始する事業年度の所得に対する法人税及び連結法人の施行日以後に開始する連結事業年度の連結所得に対する法人税について適用し、法人の施行日前に開始した事業年度の所得に対する法人税及び連結法人の施行日前に開始した連結事業年度の連結所得に対する法人税については、なお従前の例による。

三　右の例の場合、その附則に施行期日に関する規定以外の規定が置かれなかったとすると、どうなるであろうか。法人税は一定の期間（事業年度）に生じた所得に対し課税されるものであるところ、右の一部改正法により改正された新しい法人税率は、平成二七年四月一日以後に開始する事業年度分の所得に対して適用があるのか、同年四月一日以後に終了する事業年度分の所得に対して適用があるのか、あるいは、同年四月一日以後に行われる取引により生ずる所得について適用があり、同年四月一日をまたがる事業年度分の所得については旧税率の対象となる部分と新税率の対象となる部分とに分けて税額を計算しなければならないのか、明らかとはいえないであろう。そこで、右の例の附則第二一条のように規定することによって、新しい税率が、どのような所得に対して適用があるのかを明確にしなければならないわけである。このように、新しい法令が施行されただけでは改正後の規定がいかなる事象に対して適用されるのかが明らかでない場合には、当該法令の施行期日に関する規定だけではなく、当該法令の適用に関する規定を附則に規定しておく必要がある。〈問127　参照〉

四　なお、法令をその施行期日前の一定の日に遡り同日以後発生した事象に対して適用させることを法令の遡及適用というが、遡及適用については、国民に利益となる場合は格別、法的安定性を害する点からいって、安易に行われるべきものではなく、まして、刑罰法規については、憲法第三九条の規定により遡及適用が許されないことはいうまでもない。〈問114　参照〉

〔属地的効力と属人的効力〕

問12　法令の属地的効力及び属人的効力とは、何か。

答一　法令の場所に関する効力を、法令の属地的効力という。国の法令の効力は、原則として、その領土の全域に及び、それ以外の地域には及ばない。〈編注　ここでいう「領土」とは、内水、領海及び領空を含めた意味で用いている。このほか、海洋法に関する国際連合条約（平成八年条約第六号）では、接続水域、排他的経済水域及び大陸棚について、沿岸国の主権的権利が一定の限度で及ぶこととされており、我が国においても、一定の限度で我が国の法令を適用している。〉地方公共団体の条例その他の法規の効力も、原則として、当該地方公共団体の区域に限られる。ただ、現在、歯舞群島、色丹島等は、我が国の領土であるにもかかわらず、ロシアがこれらの島々を占拠しているという実情にあり、法令の中には、その目的を達成する必要性から、次の例に示すように、特に施行地域に関する規定を置いているものがある。そのような規定が置かれるとすれば、その場

所は附則中ということになる。

■例■

○**相続税法**（昭和二十五年法律第七十三号）

附　則

2　この法律は、本州、北海道、四国、九州及びその附属の島（政令で定める地域を除く。）に、施行する。

○**相続税法施行令**（昭和二十五年政令第七十一号）

附　則

2　法附則第二項の規定により法の施行地域から除かれる地域は、当分の間、歯舞群島、色丹島、国後島及び択捉島とする。

〈編注　右の相続税法附則、相続税法施行令附則等、いわゆる北方四島を「外国とみなす」というような表現をしている法令について、速やかにその改廃を行うべきではないかとする質問主意書（昭和五六年一〇月三〇日　小沢議員提出）が出されたが、これに対して、政府は、「北方四島に関する御指摘の法令の規定は、これらの島々が我が国の固有の領土であり、本邦の地域に属することを前提とした上で、ソ連がこれらの島々を占拠しているという実情を踏まえ、それぞれの法令の目的を達成するのに必要な限りでそれらの適用、施行地域等に関して規定したものであり、このことは、これらの島々に対する我が国の領有権に何らの影響を与えるものではないと考えている」旨答弁している（同年一一月二〇日）。〉

法令の属地的効力に対する例外として、二つの場合がある。その一は、法令の施行される区域が属地的に領土外に広がる場合で、公海にある自国の船舶などがその例である（刑法第一条第二項参照）。その二は、法令が領土の全域に適用されないで特定の地域にだけ適用される場合で、憲法第九五条の特別法〈問14　参照〉や、次の例に示す大規模な災害の被災地における借地借家に関する特別措置法などがこれに当たる。

また、法令が領土の全域にわたって施行されるからといって、当該法令が領域内にある一切の人に対して例外なく等しく適用されるわけではなく、当該法令の内容によって対象とされる人の範囲が限定される場合もあるし、特定の人については領土外でも適用される場合があるが、これらは、法令の属人的効力の問題となる。

■例■

○**大規模な災害の被災地における借地借家に関する特別措置法**（平成二十五年法律第六十一号）

（特定大規模災害及びこれに対して適用すべき措置等の指定）

第二条　（略）

2　前項の政令においては、次条から第五条まで、第七条及び第八条に規定する措置のうち当該特定大規模災害に対し適用すべき措置並びにこれを適用する地区を指定しなければならない。当該指定の後、新たに次条から第五条まで、第七条及び第八条に規定する措置を適用する必要が生じたときは、適用すべき措置及びこれを適用する地区を政令で追加して指定するものとする。

○**大規模な災害の被災地における借地借家に関する特別措置法第二条第一項の特定大規模災害及びこれに対し適用すべき措置等を指定する政令**（平成二十五年政令第三百六十七号）

次の表の上欄に掲げる災害を大規模な災害の被災地における借地借家に関する特別措置法（以下「法」という。）第二条第一項の特定大規模災害として指定し、当該特定大規模災害に対し適用すべき措置及びこれを適用する地区をそれぞれ同表の中欄及び下欄に掲げるとおり指定する。

特定大規模災害	適用すべき措置	適用する地区
東日本大震災	法第七条に規定する措置	福島県双葉郡大熊町

備考　上欄の東日本大震災とは、平成二十三年三月十一日に発生した東北地方太平洋沖地震及びこれに伴う原子力発電所の事故による災害をいう。

なお、領海法（昭和五二年法律第三〇号）及び漁業水域に関する暫定措置法（昭和五二年法律第三一号）の制定前において、漁業法及びこれに基づく都道府県漁業取締規則の規制力が我が国の領海又は地方公共団体の管轄する水域を超えた公海上に及ぶとされたのは、その規制目的を達成し、漁業に関する国際条約を遵守する上において、日本国民の公海上における漁業に関連する行為をも規制する必要があるとされたからにほかならない（最高裁判所昭和三五年一二月一六日第二小法廷判決、昭和四六年四月二二日第一小法廷判決参照）。〈編注　領海法の題名は、領海法の一部を改正する法律（平成八年法律第七三号）により領海及び接続水域に関する法律に改正された。また、漁業水域に関する暫定措置法は、排他的経済水域における漁業等に関する主権的権利の行使等に関する法律（平成八年法律第七六条）附則第三条の規定により廃止された。〉

二　法令の人に対する効力を、法令の属人的効力という。法令は、その効力が及ぶ地域内の全ての人に対して適用されるのが属地的効力からする要請ではあるが、これについては、人の面からする例外が認められる。

その一は、一国の元首や外交官は、国際法上外交特権を有し、外国に滞在中でも、滞在国の法令が適用されないほか、次の例一に示すように、国内に居住する外国人が特別に取り扱われる場合がある。その二は、例二に示すように、特に日本国外にある日本国民の行為に対して法令の適用を明示しているものがあるが、これは、当該行為を特に規制することが必要とされる場合に当たるからである。もっとも、国家公務員法のように、法令に明文の規定はなくても、その性質上当然に外国に滞在する国家公務員にもその適用があるものもある。

■例一■

○**出入国管理及び難民認定法**（昭和二十六年政令第三百十九号）

（在留資格及び在留期間）

第二条の二　本邦に在留する外国人は、出入国管理及び難民認定法及び他の法律に特別の規定がある場合を除き、それぞれ、当該外国人に対する上陸許可若しくは当該外国人の取得に係る在留資格（高度専門職の在留資格にあつては別表第一の二の表の高度専門職の項の下欄に掲げる第一号イからハまで又は第二号の区分を含み、技能実習の在留資格にあつては同表の技能実習の項の下欄に掲げる第一号イ若しくはロ又は第二号イ若しくはロの区分を含む。以下同じ。）又はそれらの変更に係る在留資格をもつて在留するものとする。

〈編注　出入国管理及び難民認定法は、ポツダム政令（問19　参照）である。〉

○**国家賠償法**（昭和二十二年法律第百二十五号）

第六条　この法律は、外国人が被害者である場合には、相互の保証があるときに限り、これを適用する。

■例二■

○**外国為替及び外国貿易法**（昭和二十四年法律第二百二十八号）

〔後法優先の原理と特別法優先の原理〕

問13　後法優先の原理及び特別法優先の原理とは、何か。また、後法たる一般法と前法たる特別法との関係は、どのようになるのか。

（適用範囲）
第五条　この法律は、本邦内に主たる事務所を有する法人の代表者、代理人、使用人その他の従業者が、外国においてその法人の財産又は業務についてした行為にも適用する。本邦内に住所を有する人又はその代理人、使用人その他の従業者が、外国においてその人の財産又は業務についてした行為についても、同様とする。

○**刑法**（明治四十年法律第四十五号）

（国民の国外犯）
第三条　この法律は、日本国外において次に掲げる罪を犯した日本国民に適用する。
一　第百八条（現住建造物等放火）及び第百九条第一項（非現住建造物等放火）の罪、これらの規定の例により処断すべき罪並びにこれらの罪の未遂罪
（以下略）
〈編注　刑法第一〇八条又は第一〇九条第一項の規定の例により処断すべき罪は、激発物破裂の罪（同法第一一七条第一項）である。〉

答　法令が強要性を有する社会生活の規範であることからいって、国法の諸形式の全体については、常に一つの統一的秩序が形成され、憲法を別とすれば、国権の最高機関たる国会によって制定される法形式である法律に、最も強い形式的効力が認められることはいうまでもない〈問1　参照〉。そして、各種の法令にはそれぞれ実質的意味での専属的所管事項があるわけではあるが、実際には、当該所管事項が互いに重複し、競合する場合が少なくない。このため、各種の法令相互間でその内容に矛盾を生じた場合には、上位の法令が常に下位の法令に優先し、当該下位の法令は上位の法令と矛盾する限りにおいて効力を認められないとすることによって、法令の統一的秩序が保たれるわけであ

る。

しかしながら、同一種類の法令相互間において矛盾を生ずるような場合には、右の上位法令の優先という形式的効力の原理によっては解決されず、ここに登場するのが、後法優先の原理及び特別法優先の原理である。

一　後法優先の原理とは、形式的効力を等しくする同一種類の二つ以上の法令の内容が相互に矛盾する場合には、そのうち時間的に後から制定されたもの（後法・新法）が、前に制定されたもの（前法・旧法）に優先するという原理である。この場合、問題となるのは、法令の前後を判断する基準時がどの時点かということであるが、そもそも後法優先ということが立法者の合理的な意思を推定する一つの目安にほかならないのであるから、その前後は、立法者の意思―法令の内容が最終的に確定した時（法律についていえば、法律案が法律として成立した時）を基準とするのが妥当とされている。

二　特別法優先の原理とは、形式的効力を等しくする二つの法令が、一般法（ある事項について一般的に規定した法令。次の例でいえば、国有財産法）と特別法（一般法の対象とするある事項と同じ事項について、特定の場合又は特定の人若しくは特定の地域を限って、一般法と異なる内容を定めた法令。次の例でいえば、国有財産特別措置法及び国有林野の管理経営に関する法律）の関係にある場合には、特別法が規律の対象としている事項、人又は地域に関する限りにおいては、特別法の規定がまず優先的に適用され、一般法の規定は、それらの対象については、特別法の規定に矛盾しない範囲内で、補充的に適用されるとする原理をいう。

三　後法たる一般法と前法たる特別法との関係については、後法たる一般法自体が、その中で前法たる特別法を改廃し、又はその効力を否定する旨を明文をもって規定している場合、あるいは後法たる一般法の全体の立法趣旨から判断して、これに矛盾する従前の特別法の効力を否定する趣旨であることが明らかである場合には、後法優先の原理により、後法たる一般法と矛盾する従前の特別法が、当該一般法の規定によって改廃され、又はその効力を否定されることはいうまでもない。

しかし、右のような場合に当たらない限りは、一般法と特別法との関係においては、特別法が後法であるか否かには関係なく、特別法が常に優先的に適用され、その特別法によって規律されている事項については、一般法が後法であっても、当該一般法の規定は、特別法と矛盾しない範囲において補充的に適用されるにとどまる。したがって、その意味では、特別法優先の原理は後法優先の原理の例外をなすものであるということができる。なお、〈問326 参照〉。

■例一■

○**国有財産法**（昭和二十三年法律第七十三号）

（この法律の趣旨）

第一条 国有財産の取得、維持、保存及び運用（以下「管理」という。）並びに処分については、他の法律に特別の定めのある場合を除くほか、この法律の定めるところによる。

■例二■

○**国有財産特別措置法**（昭和二十七年法律第二百十九号）

（目的）

第一条 この法律は、国有財産法（昭和二十三年法律第七十三号）第三条第三項に規定する普通財産（以下「普通財産」という。）を公共の利益の増進、民生の安定、産業の振興等に有効適切に寄与させるため、当分の間、その管理及び処分について同法の特例を設けることを目的とする。

○国有林野の管理経営に関する法律（昭和二十六年法律第二百四十六号）

（この法律の趣旨）

第一条　（略）

2　国有林野の取得、維持、保存及び運用並びに処分についての国有財産法（昭和二十三年法律第七十三号）の特例は、他の法律に特別の定めがある場合を除くほか、この法律の定めるところによる。

〔憲法第九五条の特別法〕

問14　憲法第九五条の特別法には、どのようなものがあるのか。

答一　憲法第九五条の特別法とは、「一の地方公共団体のみに適用される」特別の法律で、「その地方公共団体の住民の投票においてその過半数の同意を得」て初めて成立する法律をいう。すなわち、通常の法律が両議院の可決によって成立する（憲法第五九条第一項）のに対し、この特別法は、地方公共団体の住民がその制定について、法律の定めるところにより、可否の投票をする権利が認められるもので、この点において、憲法第五九条の例外をなすものである。そして、憲法が特別法の制定について特別の住民投票を要するものとしたのは、要するに、地方自治に対する不当な干渉を排除する趣旨に基づくものと解される。

二　憲法第九五条の特別法の住民投票の手続等については、国会法第六七条に規定があるほか、地方自治法第二六一条及び第二六二条に定められている。それによれば、特別法が国会又は参議院の緊急集会において議決されたときは、最後に議決した議院の議長が当該法律を添えて、その旨を内閣総理大臣に通知し、通知を受けた内閣総理大臣は直ちにその旨を総務大臣に通知し、総務大臣は、通知を受けた日から五日以内に、関係地方公共団体の長に通知するとともに、当該法律その他関係書類を移送しなければならない（地方自治法第二六一条第一項・第二項）。関係地方公共団体の長は、右の通知を受けたときは、その日から三一日以後六〇日以内に選挙管理委員会をして賛否の投票を行わせなければならない（同条第三項）。この投票の結果が判明したときは、関係地方公共団体の長は、その日から五日以内に関係書類を添えてその結果を総務大臣に報告し、総務大臣は、その旨を内閣総理大臣に報告しなければならない（同条第四項）。投票の結果が確定した旨の報告があったときは、内閣総理大臣は、直ちに当該法律の公布の手続をとるとともに衆議院議長及び参議院議長に通知しなければならない（同条第五項）。そして特別法は、住民投票において、その過半数の同意を得たときに、先の国会の議決が確定して法律となる（国会法第六七条）。特別法の公布文については、〈問5例二　参照〉。

三　現在まで、憲法第九五条の特別法に該当するものとして住民投票に付されたものは、例に示した広島平和記念都市建設法（昭和二四年法律第二一九号）を始め、一五件（一八都市に適用される。）であるが、昭和二八年以降においては、特別法に該当するものとして住民投票に付されたものは、一件もない。現在までの一五件の特別法は、右に挙げた広島平和記念都市建設法のほか、次の一四法であるが、このうち、首都建設法は、首都圏整備法（昭和三一年法律第八三号）の制定に伴い、同法の附則第四項により廃止された。また、旧軍港市転換法は、横須賀市、佐世保市、呉市及び舞鶴市の四市に適用があるものである。

・長崎国際文化都市建設法（昭和二四年法律第二二〇号）
・首都建設法（昭和二五年法律第二一九号）
・旧軍港市転換法（昭和二五年法律第二二〇号）
・別府国際観光温泉文化都市建設法（昭和二五年法律第二二一号）
・伊東国際観光温泉文化都市建設法（昭和二五年法律第二二二号）
・熱海国際観光温泉文化都市建設法（昭和二五年法律第二三三号）
・横浜国際港都建設法（昭和二五年法律第二四八号）
・神戸国際港都建設法（昭和二五年法律第二四九号）
・奈良国際文化観光都市建設法（昭和二五年法律第二五〇号）
・京都国際文化観光都市建設法（昭和二五年法律第二五一号）
・松江国際文化観光都市建設法（昭和二六年法律第七号）
・芦屋国際文化住宅都市建設法（昭和二六年法律第八号）
・松山国際観光温泉文化都市建設法（昭和二六年法律第一一七号）
・軽井沢国際親善文化観光都市建設法（昭和二六年法律第二五三号）

■例■

○**広島平和記念都市建設法**（昭和二十四年法律第二百十九号）

（目的）

第一条　この法律は、恒久の平和を誠実に実現しようとする理想の象徴として、広島市を平和記念都市として建設することを目的とする。

四　憲法第九五条の特別法が右の一に述べたようなものであるとして、具体的にどのような内容のものであればこの特別法に当たるかの判断は、必ずしも容易ではない。それは、最終的には国会によって判断されることになる（地方自治法第二六一条第一項参照）。

次に、一旦特別法として制定された法律の改正又は廃止について住民投票との関係をどのように考えるかも、しかく明確ではない。これまで、その一部改正について住民投票に付されたのは、伊東国際観光温泉文化都市建設法の一部を改正する法律（昭和二七年法律第三一二号）についてだけであるが（投票期日　昭和二七年八月二〇日）、これは、その改正内容が、観光温泉資源の保護に著しい影響を及ぼすおそれのある行為を禁止又は制限することのできる法制的根拠を与えるものであったからであるとされている。そして、右一部改正法の附則第二項により、「この法律は、日本国憲法第九十五条の規定により、伊東市の住民の投票に付するものとする」旨定められた。その他の特別法（首都建設法を除く。）についても一部改正が行われているが、これらは、単なる技術的改正であるということで、いずれも、その改正について住民投票に付されてはいない。また、首都建設法が首都圏整備法の制定に伴い廃止されたことは先に述べたとおりであるが、首都圏整備法は首都建設法の趣旨をそのまま継承し、その趣旨を拡充強化するものであるとして、首都建設法の廃止又は首都圏整備法の制定のいずれについても、住民投票は行われなかった。

〔委任命令と実施命令〕

問15 委任命令又は実施命令とは、何か。また、それぞれの範囲及び限界については、どのように考えるのか。

答 一 まず、実施命令（執行命令）とは、政令についていえば、法律の規定を執行するために必要な事項を定める命令をいう。すなわち、実施命令（執行命令）は、既に、排他的に形成された立法者の意思を実現し、完成させるものにすぎないから、実施命令（執行命令）たる政令が、憲法及び法律の規定によって確定的に定められた範囲を超えて、国民に義務を課し、又は国民の権利を制限する規定を設けることができないことは、いうまでもない。

ところで、実施命令（執行命令）に関しては、憲法第七三条第六号が「この憲法及び法律の規定を実施するために、政令を制定すること」を内閣の事務の一に掲げているところから、内閣が憲法の規定を直接実施するための政令を制定することができるかということが問題となり得るが、国会が「唯一の立法機関」（憲法第四一条）とされていることからいっても、こと法規の定めに関する限り、憲法の規定を実施するためだけに政令が制定されるということはなく、政令は、憲法とこれを補充する法律の規定とを併せ実施するために制定されることがあるだけである。

国民の権利、自由を制限したり、国民に義務を課することを直接的な内容としない手続的な事項については、法律の特別な委任がなくても、いわゆる実施命令（執行命令）として、行政機関の命令で定めることができる範囲のものが多いが、このような事項についても、現在では、その根拠を明確にするとともに、政令で定めるか、府省令等で定めるか、その法形式をも明らかにする意味で、次の例に示すように、個々の事項について具体的に、命令への委任規定を設ける例が多い。

■例一■
○女性の職業生活における活躍の推進に関する法律（平成二十七年法律第六十四号）
（政令への委任）
第二十八条　この法律に定めるもののほか、この法律の実施のため必要な事項は、政令で定める。

■例二■
○建築物のエネルギー消費性能の向上に関する法律（平成二十七年法律第五十三号）
（国土交通省令への委任）
第六十五条　この法律に定めるもののほか、この法律の実施のため必要な事項は、国土交通省令で定める。

二　憲法には、委任命令を正面から認めた規定はないが、憲法第七三条第六号ただし書が「政令には、特にその法律の委任がある場合を除いては、罰則を設けることができない」旨を定めているところから、憲法は委任命令を否定するものではないと解され、内閣法も、「政令には、法律の委任がなければ、義務を課し、又は権利を制限する規定を設けることができない」（第一一条）旨を定め、法律の委任があれば、義務を課し、又は権利を制限する規定を政令で設けることを認めている（なお、内閣府設置法第七条第四項・第五八条第五項、国家行政組織法第一二条第三項・第一三条第二項参照）。

このように、委任命令とは、政令についていえば、法律の委任に基づいて、その委任の範囲内で法律の所管事項を定める命令である。実施政令（執行政令）が、法律によって既に規定された事項を詳細に説明する命令であって、既に排他的に形成された立法者の意思を実現し、完成するためのものにすぎないのに対し、委任政令は、法律を補充するために、法律の委任する範囲において、命令を定立する機関たる内閣が独自に意思表示をするものである。この点において、実施命令（執行命令）とは異なる。

委任命令は、政令の場合、法律事項を法律の委任に基づいて定めるものであるから、委任事項については制限がないようにもみえるが、唯一の立法機関である国会の権限を不当に侵害するような無制限な一般的、包括的な委任は認められないものと解される。このため、法律がその所管事項を政令に委任する場合、所管事項を特定するほか、次の例に示すように、特別の事情に応じ、委任の契機を限定することもある。

■例■

○自衛隊法（昭和二十九年法律第百六十五号）

（方面隊、師団及び旅団の名称等）

第十四条　（略）

2　特別の事由によつて方面隊、師団及び旅団並びに方面総監部、師団司令部及び旅団司令部（以下この条において「方面隊等」という。）を増置し、若しくは廃止し、又は方面隊等の名称及び所在地を変更する必要が生じた場合においては、国会の閉会中であるときに限り、政令で方面隊等を増置し、若しくは廃止し、又は方面隊等の名称及び所在地を変更することができる。この場合においては、政府は、次の国会でこの法律を改正する措置をとらなければならない。

また、特別の事情があって、政令等に対し、ある程度広い範囲で法律事項を委任しなければならないような場合には、その規定の内容が行政機関の恣意にわたることのないように、次の例に示すように、その制定前にあらかじめ学識経験者などで組織する特定の審議会等の意見を聴くべきものとされることもある。

■例■
○労働基準法（昭和二十二年法律第四十九号）
（命令の制定）
第百十三条　この法律に基いて発する命令は、その草案について、公聴会で労働者を代表する者、使用者を代表する者及び公益を代表する者の意見を聴いて、これを制定する。

〔省令への再委任〕

問16　政令に委任された事項を、当該政令で更に省令に委任することができるか。

答　まず、ある事項が法律の専属的所管事項とされる場合には、法律によるのであれば、そのような事項について規定することができることを意味するのであるから、少なくとも当該事項の基本的事項は法律において定められることを要し〈問1参照〉、そのような法律事項を包括的、全面的に政令に委任してしまうことは、当該事項が法律の専属的所管事項とされること自体を無意味にしてしまうので、違憲の疑いを免れないとされる。そうだとすれば、政令に委任された事項を当該政令で更に省令に委任することができるかという点についても、法律が委任事項を規定すべき法形式を政令と規定している以上、いわれもなくそのようなことが許されるとは考えられず、いわゆる再委任は、原則として許されないものと考える。ただ、必要やむを得ない場合において厳格に第一次の委任事項の範囲を超えず、その具体的な細目の規定だけを授権するようなものであれば、そのような再委任が許されないとまではいえないであろう。

〈編注　昭和二四年法律第一一八号による改正前の食糧管理法（昭和一七年法律第四〇号）第九条が「政府ハ特ニ必要アリト認ムルトキハ政令ノ定メル所ニ依リ主要食糧ノ……移動ニ関シ必要ナル命令ヲ為スコトヲ得」と定めていたのをうけて、昭和二四年政令第二二六号による改正前の食糧管理法施行令（昭和二二年政令第三三〇号）第一一条は「農林大臣は、命令の定めるところにより、主要食糧の移動を制限することができる」旨を定め、これをうけて、昭和三七年農林省令第五七号による改正前の食糧管理法施行規則（昭和二二年農林省令第一〇三号）第二九条は、「主要食糧（……）は、左に掲げる場合を除いて、何人もこれを輸送し、又はこれにつき輸送の委託をし、若しくは輸送の委託を受けてはならない」と定めていた。これらの関係について、最高裁判所は、「食糧管理法第九条……は主要食糧等に関する移動等に関して、政令で必要な枠を定めることをこれに委任し、同時にこの枠の範囲内において必要な規定を定めることを命令（政令以外の命令）に委任する趣旨を有するものである。即ち、法律が直接に命令に委任したものであって、ただその命令によって定め得る事項の枠だけを政令に定めしめているに過ぎないのである。本件の場合に於いて食糧管理法九条から枠を定める委任を受けた政令（食糧管理法施行令一一条）は、移動の制限という具体的な一定の枠を定め、命令（農林省令、食糧管理法施行規則二九条）は、この枠の範囲内において法律の委任に従って移動に関する制限規定を設けたものである。それ故、所論のように、法律から委任を受けた政令が自らその委任事務を尽さずしてこれをそのまま勝手に命令に委任したという関係にあるのではない。従って、食糧管理法施行令一一条及び同法施行規則二九条の違憲無効を主張する論旨は、理由なきものと言わねばならぬ」（昭和二六年一二月五日大法廷判決）と判示したことがある。〉

〔共同命令〕

問17 共同命令とは、何か。
共同命令の法令番号は、どのように付けるのか。

答 共同命令とは、通常、府省令等〈問1 参照〉についてとられる形式で、単に共同省令と呼ばれることもある。

命令について共同命令の形式がとられることがあるのは、国の行政機関が一つの行政処分をするに当たって、異なった任務を有する府省等（それぞれの任務及び所掌事務の範囲は、それぞれ内閣府設置法、各省設置法等で定められている（内閣府設置法第三条・第四条、国家行政組織法第四条、総務省設置法第三条・第四条等）。）が、それぞれの立場から判断する必要のある場合があるからである。すなわち、命令で規定すべき諸種の事項が二以上の各大臣の主任の行政事務に関するものであり、相互に緊密な関係があって、これを一本の命令で規定することが適当である場合に、関係大臣の共同の命令として、共同命令―共同省令が定められることになる。

共同命令―共同省令を法律上表現する場合には、次の例一又は例二のいずれかが用いられる。また、当該共同命令―共同省令については、例三に掲げたような形式で示される。なお、共同命令―共同省令を示す形式に関係の府省等の名称を掲げるときの順序は、内閣官房、内閣府に続き、以下、国家行政組織法別表第一に掲げる順序すなわち総務省、法務省、外務省、財務省、文部科学省、厚生労働省、農林水産省、経済産業省、国土交通省、環境省、防衛省の建制順による。

その法令番号も、暦年ごとに、かつ、当該共同命令ごとに付けられる。〈問6及び問289 参照〉

■例一■

○**行政手続における特定の個人を識別するための番号の利用等に関する法律**（平成二十五年法律第二十七号）

（主務省令）

第四十六条　この法律における主務省令は、内閣府令・総務省令とする。

■例二■

○**特定公共電気通信システム開発関連技術に関する研究開発の推進に関する法律**（平成十年法律第五十三号）

（定義）

第二条　この法律において「特定公共電気通信システム」とは、国又は地方公共団体の業務その他公共性を有する業務の用に供する電気通信システム（……）のうち、次に掲げる機能のうちいずれか一の機能を有するものであって、これらの業務の利便性を効果的に高めるものをいう。

一～三　（略）

四　陸上運送、海上運送及び航空運送の基盤となる施設において、携帯して使用するための無線設備を用いて、高齢者で日常生活又は社会生活に身体の機能上の制限を受けるもの、身体障害者その他日常生活又は社会生活に身体の機能上の制限を受ける者（……）に、運送サービスを円滑に利用するために必要となる情報であって総務省令、国土交通省令で定めるものを提供するための機能

■例三■

○**矯正医官の兼業及び勤務時間の特例等に関する法律第四条第一項の規定による矯正医官の兼業等に関する規則**（平成二十七年内閣官房法務省令第一号）

○**建築物エネルギー消費性能基準等を定める省令**（平成二十七年経済産業省国土交通省令第一号）

〔勅令・閣令の効力〕

問18 勅令又は閣令で現在でも効力を有するものがあるのは、どうしてか。

答一 勅令とは、旧憲法時代、天皇によって制定された法形式の一つで、天皇の権能に属する事項（皇室の事務及び統帥の事務を除く。）について抽象的な法規を定立する場合に用いられた法形式である。

法令制定の形式的根拠からみれば、勅令の制定手続はいうまでもなく現憲法に基づくものではないから、現憲法下において勅令はその効力を失うはずのものであるが、恩給給与規則（大正一二年勅令第三六九号）など、現在政令としての効力を有する勅令があるのは、「日本国憲法施行の際現に効力を有する命令の規定の効力等に関する法律」（昭和二二年法律第七二号）に基づく「日本国憲法施行の際現に効力を有する勅令の規定の効力等に関する政令」（昭和二二年政令第一四号）により、法律をもって規定すべき事項を規定するものでない勅令については、その形式のままで、政令と同一の効力を有するものとされたからである（同令第一項）。このような措置がとられたについては、その制定手続が異なるとはいえ、その内容が日本国憲法の条規に反するものではない（第九八条第一項参照）からにほかならない。

他方、法律をもって規定すべき事項を規定していた勅令は、日本国憲法の施行により、本来その効力を失うことになるはずのものであったが、多くの勅令に代わるべき法律を改めて制定することが困難であり、法の空白を避けるため、これらの勅令は、右の日本国憲法の施行の際現に効力を有する命令の規定の効力等に関する法律により、とりあえず昭和二二年一二月三一日まで法律と同一の効力を認められることとされた（同法第一条）。その後、右の期限が到来する直前に、特に存続を必要とする勅令については、「国会の議決により法律に改められたもの」とされたので、このような措置がとられた勅令は、更に昭和二三年七月一五日まで、法律としての効力が認められた（同法第一条の四第一項・第二項）。しかし、これらの勅令については、右の期限までに法律として制定されない限り、同年七月一六日以後はその効力を失うものとされた（同法第一条の四第三項）から、いわゆるポツダム勅令は別として、その形式が勅令とされつつ法律としての効力を有するものがあるのは、当該勅令について法律としての効力を有するものとする旨の手当がされたからにほかならない。〈次問　参照〉

勅令で現在効力を有するものがあるのは、以上に述べたような事情に基づくものである。〈編注　最高裁判所は、「日本国憲法施行の際現に効力を有する命令の規定の効力等に関する法律……一条……にいわゆる「法律を以て規定すべき事項」とは、旧憲法下におけるものでなく、新憲法下において法律を以て規定すべき事項を意味するものと解するを相当とする」（昭和二七年一二月二四日大法廷判決）旨を、また、「新憲法は、第九八条において「その条規に反する法律、命令、詔勅」等の効力を有しないことを規定している。従って、その反面解釈として、憲法施行前に適式に制定された法令は、その内容が憲法の条項に反しないかぎり効力を有することを認めているものと解さなければならない」（昭和二四年四月六日大法廷判決）旨を、それぞれ判示している。〉

二　次に、閣令とは、旧憲法時代に内閣総理大臣が発した命令をいう。閣令についても、日本国憲法施行の際効力を有するもので法律をもって規定すべき事項を規定するものでないものは、「日本国憲法施行の際現に効力を有する勅令の規定の効力等に関する政令」により、「閣令」を「総理庁令」と読み替えるものとされ、引き続き効力を有することとされた（同令第二項）。右の総理庁令は、旧行政官庁法（昭和二二年法律第六九号）の下におけるものであったから、現在では、内閣府設置法による内閣府令がこれに当たる。現に効力を有する閣令があるのは、勅令の場合と同様、右のような措置がとられたからで、これに当たるものとして、軌道抵当取扱規則（明治四二年閣令第六号）などがある（もっとも、右規則の改正は、国土交通省令により行われる。）。

（ポツダム勅（政）令）

問19 ポツダム勅（政）令とは、何か。

答 ポツダム宣言の受諾に伴い、連合国最高司令官の要求に係る事項を実施するために特に必要がある場合において、命令をもって所要の定めをし、かつ、必要な罰則を設けることを定めたいわゆるポツダム緊急勅令（ポツダム宣言の受諾に伴い発する命令に関する件（昭和二〇年勅令第五四二号））に基づき発せられた命令で、勅令の形式をとるものがポツダム勅令、政令の形式をとるものがポツダム政令と呼ばれるものである。〈編注　右のポツダム緊急勅令は極めて広範な委任立法で、殊に罰則の一般的委任をしていることが憲法（第七三条第六号ただし書）に違反するのではないかと争われたが、最高裁判所は、誠にやむを得ないところで、憲法違反ではないとした（昭和二三年六月二三日大法廷判決）。〉

日本国との平和条約（昭和二七年条約第五号）の発効とともに、右のポツダム緊急勅令が廃止されたことはいうまでもないが（ポツダム宣言の受諾に伴い発する命令に関する件の廃止に関する法律（昭和二七年法律第八一号））、右緊急勅令に基づいて発せられた各種の命令については、新たな事態に対処するため、新たに法律によって整理改廃の措置がとられることになり（ポツダム宣言の受諾に伴い発する命令に関する件に基づく経済安定本部関係諸命令の措置に関する法律第四条等）、これにより、ポツダム勅（政）令で平和条約発効日の昭和二七年四月二八日以後も法律としての効力を持続することになったものとして、旧地代家賃統制令（昭和二一年勅令第四四三号）〈編注　同令は許可、認可等民間活動に係る規制の整理及び合理化に関する法律（昭和六〇年法律第一〇二号）により、昭和六一年一二月三一日限り失効した。〉、物価統制令（昭和二一年勅令第一一八号）、特別調達資金設置令（昭和二六年政令第二〇五号）などがある（なお、省令でこの種のものに当たるものとして、死産の届出に関する規程（昭和二一年厚生省令第四二号）などがある。）。〈編注　昭和二七年法律第一二六号による改正前の出入国管理令（昭和二六年政令第三一九号）も、法律としての効力を持続することになったものの一つであるが、「難民の地位に関する条約等への加入に伴う出入国管理令その他関係法律の整備に関する法律」（昭和五六年法律第八六号）第一条による改正により、その題名は、「出入国管理及び難民認定法」に改められた。しかし、その改正が全部改正ではなく一部改正であるため、法令番号まで改められるに至らず、法令番号としては、政令番号がそのまま用いられる。〉

ポツダム勅（政）令という呼称は、それが現に法律としての効力を有するものであるにもかかわらず、いわばその沿革に着目してのことであるが、これらについては、形式的にも法律に改めるべきではないかと国会で問題にされたこともある。しかし、現に法律によって法律としての効力を与えられているものであり、その内容がそのまま現時点に適応できるというものであれば、法律的には、強いてこれらを統一的に法律として書き改めるまでには及ばないであろうとされている（第五五回国会　衆議院内閣委員会会議録第二四号四頁　参照）。

なお、これらのポツダム命令の制定に関しては、当時、いわゆるポツダム命令であることを明らかにする趣旨で、「内閣は、ポツダム宣言の受諾に伴い発する命令に関する件（昭和二十年勅令第五百四十二号）に基き、この政令を制定する」旨の制定文が付けられることになったが、一般の政令に制定文〈問55　参照〉が付けられるようになったのも、これを契機とするものであった。

〔上位法令違反の法令〕

問20　上位法令に違反する法令の効力は、どうなるのか。

答一　法令には各種のものがあるところ、仮に二つ以上の法令の内容相互間に矛盾が見られるような場合、それらの法令がその形式的効力を異にするものであるときには、法の全体的な統一の体系保持のため、その効力の上下、優劣の関係に基づいて、形式的効力の上位の法令がその下位の法令に優先するのが原則である〈問1　参照〉。したがって、ある法令が上位法令に違反するものである場合、その法令は、その違反する限度において効力を有しないことになる。

二　ある法令が上位法令に違反するかどうかは、最終的には、裁判所によって確定される。けだし、憲法は、「最高裁判所は、一切の法律、命令、規則又は処分が憲法に適合するかしないかを決定する権限を有する終審裁判所である」（第八一条）旨を定め、裁判所に、法令の形式的審査権にとどまらず実質的審査権をも認めているからである。ところで、憲法に適合しないとの裁判のあった法令の効力については、効力を有しないこととされるのは当該事件についてであるとする個別的効力説と、当該事件に限らず法令そのものを客観的に無効とするものであるとする一般的効力説とがあるが、我が国では一般に前者の考え方がとられている。〈編注　法律、命令、規則又は処分が憲法に適合しないとの裁判をするには、八人以上の最高裁判所裁判官の意見の一致を要し、右の裁判があったときは、その要旨が官報に公告されるとともに、その裁判書の正本が内閣に送付される。その裁判が、法律が憲法に適合しないと判断したものであるときは、その裁判書の正本は、国会にも送付される（最高裁判所裁判事務処理規則第一二条・第一四条）。〉

右に述べたところは、法律に適合しないとの裁判のあった政令の効力についても当てはまる。法律の委任に基づく政令を制定するに当たっては、その内容が委任の範囲を逸脱しないように常に細心の注意が払われるべきことはいうまでもないところであるが、仮に政令の規定が法律の委任の範囲を超え、無効のものとされたような場合には、内閣は、裁判所の見解に従い、その改正を図るべきであり、このことは、「法律を誠実に執行」（憲法第七三条第一号）すべき責務を有する内閣として、当然の義務といわなければならない。〈編注　昭和四六年政令第一三号による改正前の農地法施行令（昭和二七年政令第四四五号）第一六条について、最高裁判所は、同条が、旧自作農創設特別措置法（昭和二一年法律第四三号）第三条による買収農地につき、農地法第八〇条第一項の認定をすることのできる場合を、農地法施行令第一六条第四号所定の場合に限ることとし、当該買収農地自体、社会的、経済的にみて、その農地としての現況を将来にわたって維持すべき意義を失い、近く農地以外のものとすることを相当とするもののような、明らかに農地法が売払いの対象として予定しているものにつき、同法第八〇条第一項の認定をすることができないとしたことは、法の委任を超えるもので無効というべきである旨を判示した（昭和四六年一月二〇日大法廷判決）。これに伴い、農地法施行令の改正が検討されたが、その売渡価格に問題があるとされ、議員立法により、新たに国有農地等の売払いに関する特別措置法（昭和四六年法律第五〇号）が制定された。〉

〔法律と条例〕

問21　法律と条例との関係については、どのように考えるのか。

答　一　法律が社会生活の規範として「国の唯一の立法機関」（憲法第四一条）たる国会によって定立される法であるのに対し、「法律の範囲内で」（憲法第九四条）地方公共団体の議会によって定立される法が条例である。この点、条例の制定は、国会をもって「国の唯一の立法機関」とする憲法第四一条の例外をなすものであるが、それは、憲法第九四条によって保障されているものであるから、法律をもって地方公共団体の条例制定権を奪うことができないことはいうまでもない（最高裁判所は、「地方公共団体の制定する条例は、憲法が特に民主主義政治組織の欠くべからざる構成として保障する地方自治の本旨に基き、直接憲法第九四条により法律の範囲内において制定する権能を認められた自治立法にほかならない」（昭和二九年一一月二四日大法廷判決）と判示している。）。

二　条例は、命令が法律に基づくものであるのとは異なり、地方自治の本旨に基づいて制定される地方公共団体の自主立法である点において、法律と並ぶものである。しかし、条例は、法律の範囲内において制定される（憲法第九四条、地方自治法第一四条第一項）という点で、法律の下に立つものであり、条例制定権には種々の限界が認められる。

1　条例によって規制しようとする事項は、地方自治法第二条第二項の事務（地域における事務及びその他の事務で法律又はこれに基づく政令により処理することとされるもの）であることを要する（同法第一四条第一項）。このことは、条例が地方公共団体の法である以上当然のことである。

なお、いわゆる地方分権一括法の施行により従来地方公共団体の条例制定権の対象外とされていた機関委任事務が廃止された。これにより、従来機関委任事務とされていた事務のうち地方公共団体の事務とされたものについては、法令に違反しない限りにおいて条例で規律することが可能となった〈問1 参照〉。

2 次に、条例の内容は、法令に違反するものであってはならない。したがって、次のような場合には、条例による規制は認められない。

㈠ 条例の内容が法令の明文の規定に抵触する場合

㈡ 国の法令と条例のそれぞれの趣旨、目的、内容及び効果等を比較し、両者の間に矛盾抵触がある場合（例えば、旧河川法が定める以上に規制の強い普通河川の管理を条例の制定により行うことはできないとした最高裁判所昭和五三年一二月二一日第一小法廷判決参照）

三 これに対し、法律がその細部について条例の制定を予定している場合はもちろん、少なくとも次のような場合には、条例がその規制の対象とすることができる。

1 法令が規制している事項・対象と同一の事項・対象についての規制であっても、その規制目的が法令のそれとは異なるものである場合（例えば、狂犬病予防法の規制目的とは別個の危害防止の観点から畜犬の取締りを行うこと。）

2 法令が予定している目的と同一目的のものではあるが、国の法令が規制範囲外としている事項又は対象について規制する場合（例えば、食品衛生法で規格を定めていない食品について、地方的特殊性からその食品の規格を定めること。)

3　当該事項を規律する国の法令が全くなく、国法上空白とされている事項について定める場合

なお、社会保障制度など一般的には全国画一の制度によるべきとされる分野についても、法律の規定が全国的な最低限度の基準を設定しているときには、条例により国の基準を上回る内容を定め得る場合も考えられる。経済統制の性質をもつ物資の移動統制分野についても同様である。したがってある条例が法令に違反するかどうかは、関連する法律の趣旨、目的、内容及び住民生活上の観点から条例による地域的規制の合理性、必要性を総合的にみて判断することになろう。

ただ、実際問題としては、例えば国の法令の規定が空白であるといっても、それが、当該事項について国が規制の対象としない趣旨のものであるのか、それとも、一応規制の対象とはしているが規制することとはしない趣旨のものであるのか、具体的ケースになると、判定の困難な場合が少なくない。このため、法律によっては、次の例に示すように、条例との関係に関する規定を置くものもある。

■例■

○高齢者、障害者等の移動等の円滑化の促進に関する法律（平成十八年法律第九十一号）

（路外駐車場管理者等の基準適合義務等）

第十一条　（略）

3　地方公共団体は、その地方の自然的社会的条件の特殊性により、前二項の規定のみによっては、高齢者、障害者等が特定路外駐車場を円滑に利用できるようにする目的を十分に達成することができないと認める場合においては、路外駐車場移動等円滑化基準に条例で必要な

事項を付加することができる。

（以下略）

○**景観法**（平成十六年法律第百十号）

（条例との関係）

第六十七条　第六十三条第二項及び前条第三項の規定は、市町村が、これらの規定による認定の審査の手続について、これらの規定に反しない限り、条例で必要な規定を定めることを妨げるものではない。

〔法律案が一院で修正された場合〕

問22　一院で修正された場合の内閣提出に係る法律案の他院における審議対象は、内閣提出に係る原案又はその修正案のいずれになるのか。

答一　内閣の提出する法律案について衆議院又は参議院のいずれに先に提出するかについては、法律上、別段の定めはない（もっとも、予算に関係のある法律案は、衆議院に先に提出されるのが例である。）。

ところで、先議の衆議院又は参議院のいずれかの議院で修正可決された法律案は、他の議院に送付されることになるが（国会法第八三条第一項）、その他院における審議対象は、いうまでもなく先議の議院で修正可決された法律案である。これは、その提出が内閣によるものであるとはいっても、提出者が内閣であるというにとどまり、国会に提出された法律案の審議が議員提出に係るものと内閣提出に係るものとで別異に扱われることはないことによるものである。もっとも、内閣の提出した法律案について先議の議院で修正された場合、内閣の提出した原案における考え方について論議の対象となることがあるにしても、そのことは、ここでの問題ではない。

二　なお、委員会における議案の修正については、委員一人でも修正動議を提出することができるが、法律案に対する修正案で予算の増額を伴うもの又は予算を伴うこととなるものについては、修正の結果必要となる経費を明らかにした文書を添えなければならないほか（衆議院規則第四七条、参議院規則第四六条）、内閣に対して意見を述べる機会を与えなければならないこととされている（国会法第五七条の三）。

本会議における議案修正動議は、衆議院においては議員二〇人以上、参議院においては議員一〇人以上の賛成が必要であり、法律案に対する修正の動議で予算の増額を伴うもの又は予算を伴うこととなるものについては、衆議院においては議員五〇人以上、参議院においては議員二〇人以上の賛成を必要とし（国会法第五七条）、この点、委員会におけるよりは厳重になっている。そして、修正に関する採決については、議員の提出した修正案が委員会の修正案より先に、また議員から数個の修正案が提出された場合には議長の定める順序により原案から最も遠いものから先に、採決が行われる。なお、修正案が全て否決されたときには原案について採決が行われることはいうまでもない（衆議院規則第一四四条～第一四六条、参議院規則第一二九条～第一三一条）。

なお、〈問24　参照〉。

〔法律案が修正されて成立した場合〕

問23　内閣提出に係る法律案で、国会で修正されて成立したものと原案のとおり成立したものとでは、

答　憲法は、「法律案は、この憲法に特別の定のある場合を除いては、両議院で可決したとき法律となる」（第五九条第一項）旨を定めている。

ところで、内閣提出に係る法律案といっても、それは当該法律案の提案者が議員ではなく内閣であるというにとどまり、法律の制定機関は「国会」（憲法第四一条）であるから、内閣提出に係る法律案について、国会で修正されて成立したものと原案のとおり成立したものとで、法律的に何か違いがあるというような問題を生ずるはずはない。

何か違いがあるのか。

〔法律案の立案から公布まで〕

問24 内閣提出に係る法律案の立案、成立及び公布の過程を図解すれば、どのようになるのか。

ちなみに、国会に提出された法律案のうち、内閣から第一九〇国会（会期平成二八年一月四日から六月一日まで）に提出されたものについてみると、同国会に提出された法律案一二八件のうち、四割強に当たる五六件が内閣から提出され、このうち五〇件（前国会からの継続審査案件を含めた場合五四件）が、修正の上、又は原案のとおり成立している。

答 内閣提出の法律案の立案、成立及び公布の過程を図解すれば、別図のとおりであるが、その主要な各段階について簡単に述べれば、次のとおりである。ただ、五の「国会における審議」については、説明の便宜上、内閣提出の法律案が内閣が提出した原案のとおり成立するという最も単純な場合について述べるにとどまるので、内閣提出の法律案について、修正が行われる場合、両議院の議決が一致しない場合又は継続審査に付される場合等は、より複雑な手続がとられることになることはいうまでもない。なお、内閣提出の法律案の修正に関しては、〈問22 参照〉。

一 主管府省等における原案の作成

ある府省等において、所管行政の遂行上決定された施策目標を実現するため、新たな法律の制定又は既存の法律の改正若しくは廃止の方針が決定されると、当該府省等の所管部局は、まず、その第一次案を作成する。そして、この第一次案を基に、関係各省との折衝、意見調整が行われ、与党との意見調整が図られる。更に、審議会に対する諮問又は公聴会における意見聴取等を必要とする場合には、これらの手続を済ませる。そして、法律案提出の見通しがつくと、当該府省等は、その最終案について法文化の作業を行い、法律案の原案（実際には、この原案は、内閣法制局の予備審査を経たものである。後述三　参照）ができ上がる。

二　主任の国務大臣からの閣議請議

主管府省等としての法律案の原案ができ上がると、当該府省等は、所定の様式（一行四八字、一ページ一三行詰とされている。）に従いワープロ浄書の上、大臣の決裁を経て、主任の国務大臣から内閣総理大臣に対し、案を添えてその国会提出について閣議請議する（内閣法第四条第三項。なお、当該法律案に係る主任の国務大臣が複数であるときは、閣議請議は、共同して行われる。なお、右の案には、末尾に、その法律案を提出する理由を具体的に記した文書が添付される。）。閣議請議案が主管府省等から内閣官房に提出されると、内閣官房は、これを内閣法制局に審査のため送付する。

三　内閣法制局における審査

閣議請議される法律案については、全て内閣法制局における審査が行われる（内閣法制局設置法第三条第一号）。内閣法制局における審査は、本来、当該法律案に係る主管府省等から出された内閣総理大臣宛ての閣議請議案の送付を受けてから開始されるべきものであるが、現在では、少なくとも事務的にはその内容に関して主管府省等の議がまとまったものについて、いわば予備審査の形で進められる。したがって、右の二に述べた主管府省等から出される閣議請議案たる法律案の原案は、一応、内閣法制局の予備審査を経たものとなっている。

主管府省等から閣議請議案が提出されると、内閣官房から内閣法制局に対し同請議案が送付されることは右の二に述べたところであるが、この場合、内閣法制局では、予備審査における審査の結果とも照らし合わせつつ、最終的な審査を行い、必要があれば職権修正の上（内閣法制局設置法第三条第一号）、送付を受けた閣議請議案に、「別紙○○大臣請議○○法律案を審査したが、右は請議のように閣議決定の上、国会に提出されてよいと認める」旨の内閣法制局長官の意見を付けて、内閣官房に回付する（なお、内閣法制局は、自ら法律案を立案して、閣議に上申することができることとされている（同法第三条第二号）。）。

四　国会提出のための閣議決定

閣議請議された法律案について異議なく閣議決定が行われると、内閣総理大臣から当該法律案が国会に提出される。提出に当たって、衆議院又は参議院のいずれに先に提出するかは内閣の任意であるが、予算に関係のある法律案（いわゆる予算関係法律案）については、衆議院に先に提出されるのが例である（これら一連の手続事務は、内閣官房がつかさどる（内閣法第一二条第二項）。）。

五　国会における審議

1　内閣提出の法律案が衆議院又は参議院に提出されると、原則として、本会議で直ちに審議されることなく〈編注　もっとも、議院運営委員会が特にその必要を認めた場合には、本会議において、その議案の趣旨説明が行われることになる（国会法第五六条の二）。〉、当該議院の議長は、これを適当な委員会に付託する（同法第五六条第二項）。委員会における審議は、まず、内閣を代表して行われる国務大臣の法律案の提案理由説明から始まり、審査に入る。審査は、主として法律案に対する質疑応答の形式で進められる。

委員会における質疑、討論が終局したときは、委員長は、問題を宣告して、表決に付する（衆議院規則第五〇条、参議院規則第四九条）。

2 委員会における法律案の審議が終了すれば、その審議は、本会議に移行する。この場合、まず委員会における審議の経過及び結果を委員長が報告し、次いで、少数意見者が少数意見の報告をする（衆議院規則第一一五条、参議院規則第一〇四条・第一〇六条）。

次に、質疑、討論の段階となるが、質疑は、同一議題について三回を超えてはならず（衆議院規則第一三四条の二、参議院規則第一一〇条）、議題の範囲を超えたりしてはならない点で（衆議院規則第一三四条、参議院規則第一〇〇条）、委員会の場合とは異なる。そして、質疑終局又は質疑打切り動議可決によって、討論に移る（衆議院規則第一一八条・第一三九条・第一四〇条、参議院規則第一一一条〜第一一三条）。

なお、重要法案以外は、右の本会議での質疑、討論は行われないことが多い。

3 内閣提出の法律案が、衆議院又は参議院のいずれか先に提出された議院において、右の1及び2の手続を経て可決されると、同法律案は、他の議院に送付される（国会法第八三条第一項）。送付を受けた議院においても、右の1及び2の手続が繰り返されて、その送付案に同意したときは、その旨を他の議院に通知する（国会法第八三条第二項）。

なお、ここでは、内閣提出の法律案について述べているが、法律案の国会における審議方法については、提案者の別により提案理由の説明者が国務大臣であるか議員であるかというような点は別として、それが議員提出のものであると内閣提出のものであるとで異なるところがないのは、いうまでもない。

六　法律の成立

「法律案は、この憲法に特別の定のある場合を除いては、両議院で可決したとき法律となる」（憲法第五九条第一項）。右の「法律となる」とは、法律案が、両議院の可決によって、可決と同時にすなわち先議院で可決した法律案について後議院が可決した時に法律として確定するということである。

七　法律の公布

憲法第七条第一号は天皇の国事行為の一つとして「憲法改正、法律、政令及び条約を公布すること。」を掲げており、法律（憲法第九五条に基づく特別法〈問14　参照〉を除く。）が成立したときは、後議院の議長から内閣を経由して奏上される（国会法第六五条第一項）。法律は、奏上の日から三〇日以内に公布されなければならない（国会法第六六条）。

公布に当たっては、法律の末尾に主任の国務大臣が署名し、更にその後に内閣総理大臣が連署する〈問8　参照〉。法律の公布文は、「○○法をここに公布する。」と記され、天皇が親書の上、御璽を押す（官報上では「御名御璽」と表記される。）。御名御璽のあとに年月日及び内閣総理大臣の副署が記される。この副署は天皇の公布行為に対し、内閣が助言と承認を行ったこと（公布のための閣議決定が行われる。）を示すものである。公布に際しては、公布順に法律番号が付される〈問6　参照〉。

次いで内閣官房から独立行政法人国立印刷局に印刷原稿が出され、官報に掲載されることによって公布が行われる（当該官報で公布された法律及び政令については、一般の理解に資するため、「法令のあらまし」が掲載されている。）。

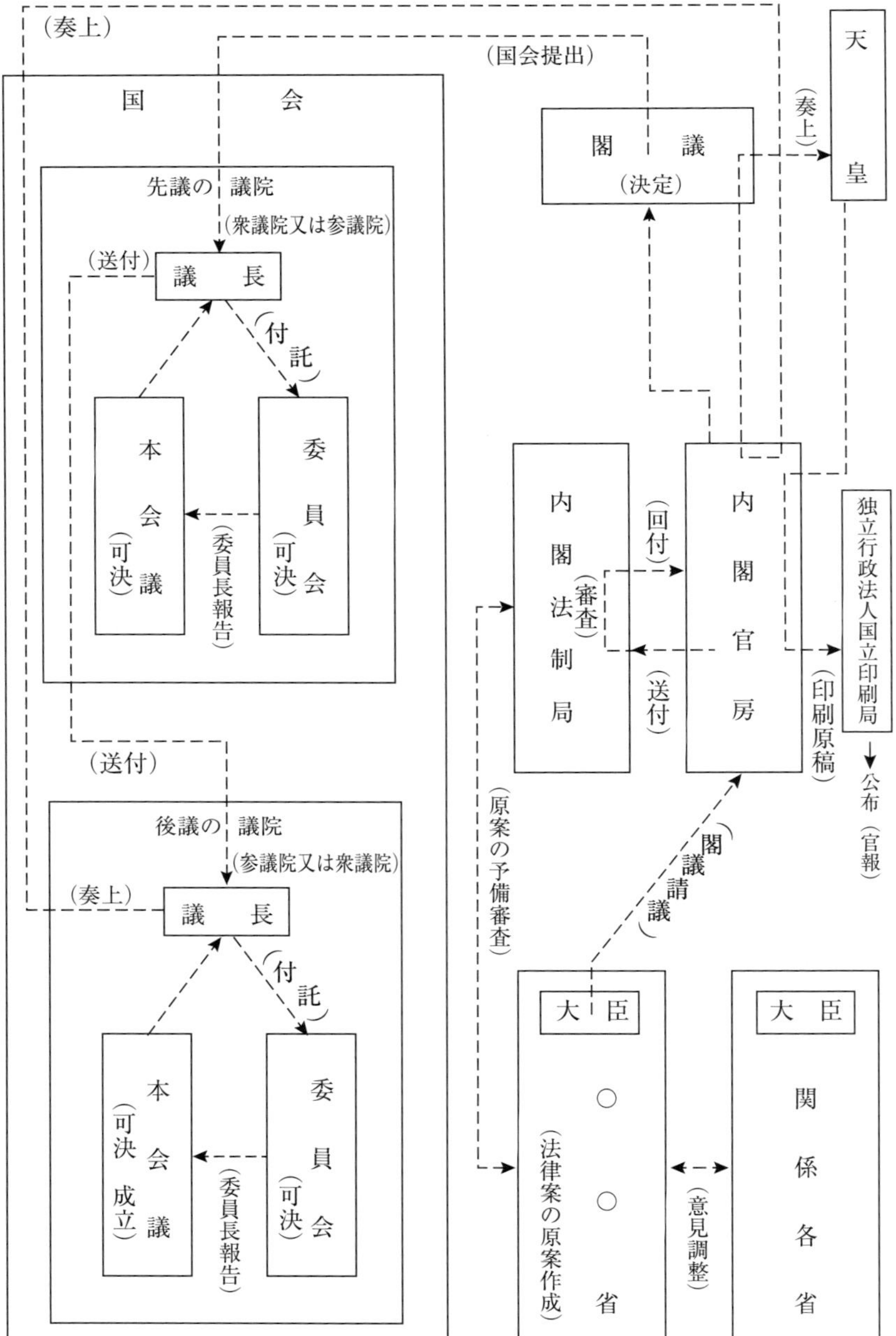
（奏上）
（国会提出）
天皇
国会
閣議
（決定）
（奏上）
先議の議院
（衆議院又は参議院）
（送付）
議長
（付託）
本会議
（可決）
委員会
（可決）
（委員長報告）
（送付）
後議の議院
（参議院又は衆議院）
（奏上）
議長
（付託）
本会議
（可決 成立）
委員会
（可決）
（委員長報告）
内閣法制局
（審査）
（回付）
（送付）
内閣官房
（印刷原稿）
独立行政法人国立印刷局
公布（官報）
（原案の予備審査）
（閣議請議）
大臣
○○省
（法律案の原案作成）
（意見調整）
大臣
関係各省

基礎編

第一章　一般的事項

〔法令の形式、構成と規定の順序〕

問25　法令の形式については、何かよるべき基準が定められているのか。法令の構成、規定の順序については、どうか。

答　法令の形式、構成及び規定の順序については、明文をもって定められた基準はない。しかしながら、立法上の表現の正確さ、分かりやすさという観点から、多年の立法を通じておのずから一定の基準ともいうべきものが形成されてきている。その個々の詳細は、それぞれ該当の箇所において述べられているが、一括してその概要を示せば、次のとおりである。

一　法令には、題名を付ける。

二　法令を本則と附則とに分け、本則には本体的規定を置き、附則には本則に付随する内容を定める規定を置く。

三　本則は、原則として、条に分ける。

四　条には、原則として、その内容を簡潔に表す見出しを付ける。

五　条は、その規定する内容により、項に分け、二項以上の項を設ける場合には、第二項以下に項番号を付ける。

六　法律の本則における規定の順序は、原則として、その法律全体に通ずる目的規定、定義規定等の総則的規定、その法律の立法目的を直接的に実現するための実体的規定、この実体的規定に附属するいろいろの雑則的規定、罰則規定の順序とする。

七　複雑な長い法令は、本則を、適宜、章、節等に区分する。
八　章、節等の区分のある法令には、本則の前に目次を付ける。
九　附則は、原則として項に分け、場合により条及び項に分ける。
一〇　附則においても、必要に応じ、項（条及び項に分けられた場合には、条）に見出しを付ける。
一一　附則における規定の順序は、原則として、その法令の施行期日に関する規定、既存の法令の廃止に関する規定、その法令の施行に伴う経過的規定、他の法令の改正に関する規定の順序とする。
一二　題名、目次、章、節、条、項等の書き方については、それぞれ一定の形式による。
一三　既存の法令の一部を改正する法令における改正規定の書き方についても、一定の形式による。

〔法令案の立案〕

問26　法令案の立案に当たって、注意すべき点は何か。

答　一　法令案の立案に当たっては、内容及び形式の両面にわたって十分な検討吟味が行われなければならない。
二　まず、法令案の内容の面においては、第一に、規定しようとする実体関係について検討し、第二に、憲法を始めとする基本的な法令との関係はもちろん、その実体関係に係る分野の法令との関係についても吟味し、第三に、関連を有すると考えられる行政実務の慣行、判例、学説等を調査することが必要であり、これによって、次に掲げる要請に十分に応えられるものとしなければならない。

1　その法令案の内容が、法規範として妥当であり、法たるに適する強要性を有すること。
2　その法令案の内容が、遵守されることを期待でき、その法の内容を実現し得るだけの実効性を有すること。
3　その法令案の内容が、個人の尊重と社会全体の福祉との調和、公正な権力の行使、社会秩序の安定性の確保等の観点から正当性を有すること。
4　その法令案の内容が、実定法全体の階層的な構造の中において他の法令との間に協調を保ち、全体として統一整序された体系を形成していること。

三　次に、法令案の形式の面においては、規定すべき内容にかなった表現を選択し、立法意図を正確に、かつ、分かりやすく表現するよう留意しなければならない。

〔附則以外の部分〕

問27　法令の附則以外の部分は、何というのか。この部分に配置すべき規定としては、どのような規定があるのか。また、その順序は、どのようにするのか。

答一　法令の附則以外の部分は、別表等のほか、題名、制定文及び目次を除いて、本則と呼ばれる。附則については、その始めに必ず「附則」という表示がされ、そこから附則となる（別表等がある場合には、別表等の前までが附則に当たる。）ことが明らかにされているのに対し、本則においては、それが本則であることを示す特別の表示はなく、附則以外の部分（別表等は除く。）が本則であると解されている。〈問105　参照〉

二　法令の本則には、その法令の立法目的である事項についての実質的規定が置かれる。この場合、実質的規定の範囲は、その法令の立法目的である事項により異なるので、一概にいうことはできないが、新たに制定される法律の場合には、通常、その法律全体に通ずる目的規定、定義規定等の総則的規定、その法律の立法目的を直接的に実現するための実体的規定、その実体的規定に附属するいろいろの雑則的規定及び罰則規定がその範囲に含まれる。

三　章の区分が設けられている幾つかの法律について、目次によってその構成を示せば、次の例のとおりである。

■例一■

○水銀による環境の汚染の防止に関する法律（平成二十七年法律第四十二号）

目次

第一章　総則（第一条・第二条）

第二章　水銀等による環境の汚染の防止に関する計画（第三条）

第三章　水銀鉱の掘採の禁止（第四条）

第四章　水銀使用製品の製造等に関する措置（第五条―第十八条）

第五章　水銀等を使用する製造工程に関する措置（第十九条）

第六章　水銀等を使用する方法による金の採取の禁止（第二十条）

第七章　水銀等の貯蔵に関する措置（第二十一条・第二十二条）

第八章　水銀含有再生資源の管理に関する措置（第二十三条・第二十四条）

第九章　雑則（第二十五条―第三十条）

第十章　罰則（第三十一条―第三十五条）

附則

■例二■

○資金決済に関する法律（平成二十一年法律第五十九号）

目次

第一章　総則（第一条・第二条）

第二章　前払式支払手段
　第一節　総則（第三条・第四条）
　第二節　自家型発行者（第五条・第六条）
　第三節　第三者型発行者（第七条—第十二条）
　第四節　情報の提供、発行保証金の供託その他の義務（第十三条—第二十一条の二）
　第五節　監督（第二十二条—第二十九条）
　第六節　雑則（第二十九条の二—第三十六条）
第三章　資金移動
　第一節　総則（第三十七条—第四十二条）
　第二節　業務（第四十三条—第五十一条の二）
　第三節　監督（第五十二条—第五十八条）
　第四節　雑則（第五十九条—第六十三条）
第三章の二　仮想通貨
　第一節〜第四節　（略）
第四章　資金清算
　第一節〜第四節　（略）
第五章　認定資金決済事業者協会（第八十七条—第九十八条）
第六章　指定紛争解決機関（第九十九条—第百一条）
第七章　雑則（第百二条—第百六条）
第八章　罰則（第百七条—第百十八条）
附則

■例三■

○海賊多発海域における日本船舶の警備に関する特別措置法（平成二十五年法律第七十五号）

目次
第一章　総則（第一条・第二条）
第二章　特定警備実施要領（第三条）
第三章　特定警備計画の認定（第四条―第六条）
第四章　特定警備に従事する者の確認等（第七条―第十条）
第五章　特定警備の実施等
　第一節　通則（第十一条・第十二条）
　第二節　特定警備の実施（第十三条―第十七条）
　第三節　雑則（第十八条―第二十条）
第六章　雑則（第二十一条―第二十三条）
第七章　罰則（第二十四条―第二十七条）
附則

■例四■
○生活困窮者自立支援法（平成二十五年法律第百五号）
目次
第一章　総則（第一条―第三条）
第二章　都道府県等による支援の実施（第四条―第九条）
第三章　生活困窮者就労訓練事業の認定（第十条）
第四章　雑則（第十一条―第十九条）
第五章　罰則（第二十条―第二十三条）
附則

■例五■
○地方公共団体情報システム機構法（平成二十五年法律第二十九号）
目次

〔目的規定〕

問28　法令の第一条には、必ず目的規定を設けるのか。また、目的規定の書き方としては、どのようなものがあるのか。

第一章　総則（第一条―第七条）
第二章　代表者会議（第八条―第十条）
第三章　役員及び職員（第十一条―第二十一条）
第四章　業務（第二十二条―第二十七条）
第五章　財務及び会計（第二十八条―第三十四条）
第六章　雑則（第三十五条―第三十七条）
第七章　罰則（第三十八条―第四十条）
附則

答　一　法律においては、内容の極めて簡単な法律、既存の法律の一部を改正する法律、ある法律の施行法等を除いては、第一条に目的規定を設けるのが通例である。なお、法律によっては、目的規定に代えて、趣旨規定を設けるものもある。〈次問　参照〉

これに対して、政令、府省令等の場合には、目的規定が設けられるのはむしろ例外である。これは、政令以下の命令は、法律の委任に基づくか、あるいは法律を実施するためのものであり〈問15　参照〉、したがって、政令以下の命令には一つのまとまった体系的な内容をもち、その目的を特に規定するだけの価値のあるものが極めてまれだからである（政令で目的規定を設けているものとしては、次の例六及び例七に示すように、動産・債権譲渡登記令、後見登記等に関する政令等がある。）。

二　目的規定の書き方には、幾つかの類型があり、法令案の立案に当たっては、その立法目的、規定すべき内容等に照らして、最も適切なものを選択しなければならない。

目的規定の書き方を類型化すれば、次の例一のように立法の目的のみを掲げたもの、例二のように立法の目的とその達成の手段とを掲げたもの、例三のように法令制定に至る認識、動機を規定するとともに、立法の目的とその達成の手段とを掲げたもの、例四のように直接の目的とその達成の手段とに加えて窮極的な目的をも掲げたものとなる。

なお、特殊な例として、特別の法人の組織を定めることを目的とする法律の場合には、その法人の設立の目的が同時にその法律の立法目的でもあることから、例五のように、第一条にその法人の設立の目的を示す規定を置くことが通例とされている。また、各独立行政法人の目的については、独立行政法人通則法の定める独立行政法人の目的の範囲内で、個別法で定める（同法第五条）こととされているが、各個別法の目的規定では通常の法律と同様にその法律の制定目的を規定し、その法人設立目的を示す規定は別に設けるのが通例である（独立行政法人医薬品医療機器総合機構法第一条、第三条参照）。

■例一■

○**緑の気候基金への拠出及びこれに伴う措置に関する法律**（平成二十七年法律第二十四号）

（目的）

第一条　この法律は、気候変動に関する国際連合枠組条約の資金供与の制度の運営を委託された緑の気候基金（以下「基金」という。）に拠出するために必要な措置を講じ、及び同条約の円滑な履行を確保することを目的とする。

■例二■

○**少年院法**（平成二十六年法律第五十八号）

（目的）
第一条　この法律は、少年院の適正な管理運営を図るとともに、在院者の人権を尊重しつつ、その特性に応じた適切な矯正教育その他の在院者の健全な育成に資する処遇を行うことにより、在院者の改善更生及び円滑な社会復帰を図ることを目的とする。

■例三■

○まち・ひと・しごと創生法（平成二十六年法律第百三十六号）

（目的）
第一条　この法律は、我が国における急速な少子高齢化の進展に的確に対応し、人口の減少に歯止めをかけるとともに、東京圏への人口の過度の集中を是正し、それぞれの地域で住みよい環境を確保して、将来にわたって活力ある日本社会を維持していくためには、国民一人一人が夢や希望を持ち、潤いのある豊かな生活を安心して営むことができる地域社会の形成、地域社会を担う個性豊かで多様な人材の確保及び地域における魅力ある多様な就業の機会の創出を一体的に推進すること（以下「まち・ひと・しごと創生」という。）が重要となっていることに鑑み、まち・ひと・しごと創生について、基本理念、国等の責務、政府が講ずべきまち・ひと・しごと創生に関する施策を総合的かつ計画的に実施するための計画（以下「まち・ひと・しごと創生総合戦略」という。）の作成等について定めるとともに、まち・ひと・しごと創生本部を設置することにより、まち・ひと・しごと創生に関する施策を総合的かつ計画的に実施することを目的とする。

■例四■

○特定国立研究開発法人による研究開発等の促進に関する特別措置法（平成二十八年法律第四十三号）

（目的）
第一条　この法律は、産業構造及び国際的な競争条件の変化、急速な少子高齢化の進展その他の経済社会情勢の変化に対応して、産業競争力を強化するとともに、国民が豊かで安心して暮らすことができる社会を実現するためには我が国の科学技術の水準の著しい向上を図ることが重要であることに鑑み、特定国立研究開発法人による研究開発等を促進するため、政府による基本方針の策定、中長期目標等に関する特例その他の特別の措置等について定めることにより、世界最高水準の研究開発の成果の創出並びにその普及及び活用の促進を図り、もって国民経済の発展及び国民生活の向上に寄与することを目的とする。

■例五■

○地方公共団体情報システム機構法（平成二十五年法律第二十九号）

（目的）

第一条　地方公共団体情報システム機構は、地方公共団体が共同して運営する組織として、住民基本台帳法（昭和四十二年法律第八十一号）、電子署名等に係る地方公共団体情報システム機構の認証業務に関する法律（平成十四年法律第百五十三号）及び行政手続における特定の個人を識別するための番号の利用等に関する法律（平成二十五年法律第二十七号）の規定による事務並びにその他の地方公共団体の情報システムに関する事務を地方公共団体に代わって行うとともに、地方公共団体に対してその情報システムに関する支援を行い、もって地方公共団体の行政事務の合理化及び住民の福祉の増進に寄与することを目的とする。

■例六■

○動産・債権譲渡登記令（平成十年政令第二百九十六号）

（目的）

第一条　この政令は、動産及び債権の譲渡の対抗要件に関する民法の特例等に関する法律（平成十年法律第百四号。以下「法」という。）第十一条第二項第二号又は第三号（法第十四条第一項において準用する場合を含む。）に規定する動産の譲渡又は債権の譲渡若しくは債権を目的とする質権の設定につき利害関係を有する者の範囲その他法に定める登記に関し必要な事項を定めることを目的とする。

■例七■

〔目的規定と趣旨規定〕

問29　目的規定と趣旨規定とは、どのように違うのか。

答　一　通常の目的規定は、その法令の立法目的を簡潔に表現したものであり、その法令の達成しようとする目的の理解を容易ならしめるとともに、その法令の他の条文の解釈にも役立たせるという趣旨で設けられるものである。なお、特別の法人の組織を定めることを目的とする法律の場合には、その法人の設立の目的を示す規定が冒頭に置かれるのが通例であるが、この設立の目的として掲げられた事項によって、その法人の権利能力は制約されるわけであるから、この場合の目的規定は、その意味で、通常の目的規定とは若干異なった実質的な意義をも有している〈前問　参照〉。

二　これに対して、趣旨規定は、次の例一及び例二に示すように、その法令で規定する事項の内容そのものを要約したものである。なお、例三のように、立法目的あるいは法令で規定する事項の内容を直接的には掲げず、間接的にその法令の趣旨を示すものがあるが、これも、趣旨規定の一つと考えられる。〈前問　参照〉

■例一■

○**地方法人税法**（平成二十六年法律第十一号）

（趣旨）

第一条　この法律は、地方交付税の財源を確保するための地方法人税について、納税義務者、課税の対象、税額の計算の方法、申告及び納付の手続並びにその納税義務の適正な履行を確

○**後見登記等に関する政令**（平成十二年政令第二十四号）

（目的）

第一条　この政令は、後見登記等に関する法律（以下「法」という。）第一条に規定する後見登記等に関し、登記申請の方式その他必要な細目を定めることを目的とする。

保するため必要な事項を定めるものとする。

■例二■

○**公共施設等運営権登録令**（平成二十三年政令第三百五十六号）

（趣旨）

第一条　この政令は、公共施設等運営権及び公共施設等運営権を目的とする抵当権の登録に関し必要な事項を定めるものとする。

■例三■

○**家事事件手続法**（平成二十三年法律第五十二号）

（趣旨）

第一条　家事審判及び家事調停に関する事件（以下「家事事件」という。）の手続については、他の法令に定めるもののほか、この法律の定めるところによる。

〔用語の定義が必要な場合〕

問30　法令において用語を特に定義している場合があるが、どのような場合に用語を定義するのか。

答　法令、特に法律においてある用語を使用しようとする場合に、その用語について、社会通念からすれば、その意義に広狭があり、あるいはいろいろに解釈される余地があるというようなことがある。このような用語について、その法令において用いる特定の意義、用法を確定し、明らかにしておくことは、法令を分かりやすくし、また解釈上の疑義を少なくするために特に必要なことである。法令において用語についての定義が設けられるのは、このような用語についてである。

これに対して、社会通念上、一定の意味を有する用語を法令においてもそのまま使用しても特に紛れがないと考えられる場合には、その用語を定義する必要はなく、このような用語についてまでその定義を置くときはかえって法令を分かりにくくすることがあることに留意しなければならない。

〈用語の定義の仕方〉

問31 用語の定義の仕方として、定義のための規定を設けるものと、法令の規定中で括弧を用いて定義しているものとがあるが、両者は、どのように違うのか。また、どのように使い分けるのか。

なお、用語を定義するに当たっては、法令の分かりやすさという観点から、その用語が社会通念上有すると認められる一定の内包と外延とを考慮して、通常の用法と著しく異なることとならない範囲で定義するように努めなければならない。

答 一 用語の定義の仕方として、定義のための規定を特に設けるものと法令の規定中で括弧を用いて定義するものとの二通りがあるが、そのいずれを用いるかについての明確な基準があるわけではない。

しかしながら、法令の内容が複雑であり、かつ、その法令において、その用語が重要な意義を有する場合、あるいはその用語の用いられる度数が比較的多い場合には、次の例一に示すように、定義のための規定が設けられ、その他の場合には、例二に示すように、法令の規定中で括弧を用いて定義することとするのが普通である。

■例一■

○**小規模企業振興基本法**（平成二十六年法律第九十四号）

（定義）

第二条 この法律において「小規模企業者」とは、中小企業基本法第二条第五項に規定する小規模企業者をいう。

2 この法律において「小企業者」とは、おおむね常時使用する従業員の数が五人以下の事業者をいう。

■例二■

○**少年院法**（平成二十六年法律第五十八号）

（教科指導）

第二十六条　少年院の長は、学校教育法（昭和二十二年法律第二十六号）に定める義務教育を終了しない在院者その他の社会生活の基礎となる学力を欠くことにより改善更生及び円滑な社会復帰に支障があると認められる在院者に対しては、教科指導（同法による学校教育の内容に準ずる内容の指導をいう。以下同じ。）を行うものとする。
（以下略）

二　用語の定義をするために設けられる規定すなわち定義規定は、原則として、その法令全体に通ずる総則的部分に置かれ、その用語の定義は、その法令全体に及ぶこととなる。これに対し、法令の規定中で括弧を用いて定義する場合には、その用語の定義は、当該括弧内で示す範囲で用いられるが、その置かれた位置以後の同一の用語にのみ及ぼし得るのであって、その位置より前に同一の用語があってもこれに及ぶものではない。

〈括弧を用いた定義〉

問32　法令の規定中で括弧を用いて定義する場合でも、「（以下「○○」という。）」という規定の仕方と、「（……をいう。以下同じ。）」という規定の仕方とがあるが、どのような規定の仕方とがあるが、どのよう

答一　「（以下「○○」という。）」という規定の仕方と「（……をいう。以下同じ。）」という規定の仕方とについては、両者を使い分ける特に明確な基準があるわけではない。しかしながら、次の例に示すように、前者、すなわち「（以下「○○」という。）」という方式は、ある字句を要約する形で定義を行うものであり、これに対して、後者、すなわち「（……をいう。以下同じ。）」という方式は、ある字句を説明する形で定義を行うものである。したがって、使用される字句によっていずれの方式によって定義するのがより適切であるかを考慮して使い分けることになる。また、後者と定義のための規定を設ける場合との差異については、〈前問　参照〉。

に使い分けるのか。また、その表現にも各種のものがあるようであるが、何か基準があるのか。

なお、ここで行われた定義をその位置以後の本則、附則及び別表等の当該用語全てに及ぼすのではなく、特定の条項中の用語にのみ及ぼすこととする場合については、〈問37　参照〉。

■例一■

○**人工衛星等の打上げ及び人工衛星の管理に関する法律**（平成二十八年法律第七十六号）

（許可）

第四条　（略）

2　前項の許可を受けようとする者は、内閣府令で定めるところにより、次に掲げる事項を記載した申請書に内閣府令で定める書類を添えて、これを内閣総理大臣に提出しなければならない。

（略）

四　人工衛星等の打上げを予定する時期、人工衛星の打上げ用ロケットの飛行経路並びに当該飛行経路及び打上げ施設の周辺の安全を確保する方法を含む人工衛星等の打上げの方法を定めた計画（以下「ロケット打上げ計画」という。）

（以下略）

■例二■

○**行政不服審査法**（平成二十六年法律第六十八号）

（不作為についての審査請求）

第三条　法令に基づき行政庁に対して処分についての申請をした者は、当該申請から相当の期間が経過したにもかかわらず、行政庁の不作為（法令に基づく申請に対して何らの処分をもしないことをいう。以下同じ。）がある場合には、次条の定めるところにより、当該不作為についての審査請求をすることができる。

二　ところで、「(以下「○○」という。)」という方式は、括弧の上の字句を要約するのに適しているので、定義をする場合のほか、略称を定める場合にも用いられる。なお、略称を定める場合に、これに類似した規定の仕方として「(以下単に「○○」という。)」又は「(以下「○○等」という。)」、「(以下「○○」と総称する。)」とされることもある。〈問35　参照〉

三　「(以下「○○」という。)」という基本形のほかに、次の例一及び例二に示すように、括弧の上の字句から特定の範囲のものを除外し、その字句に特定の範囲のものを含ませ、その字句を特定の範囲に限定し、又はその字句を特定の場合に別の字句に置き換えることとした上で、定義を行うことも多い。また、このようにある字句から特定の範囲のものを除外したりする際に、例三及び例四に示すように、「(……を除く。以下同じ。)」等の方式を用いる例も極めて多い。

■例一■

○子ども・子育て支援法（平成二十四年法律第六十五号）

第七条　（略）

4　この法律において「教育・保育施設」とは、就学前の子どもに関する教育、保育等の総合的な提供の推進に関する法律（平成十八年法律第七十七号。以下「認定こども園法」という。）第二条第六項に規定する認定こども園（以下「認定こども園」という。）、学校教育法（昭和二十二年法律第二十六号）第一条に規定する幼稚園（認定こども園法第三条第一項又は第三項の認定を受けたもの及び同条第九項の規定による公示がされたものを除く。以下「幼稚園」という。）及び児童福祉法第三十九条第一項に規定する保育所（認定こども園法第三条第一項の認定を受けたもの及び同条第九項の規定による公示がされたものを除く。以下「保育所」という。）をいう。

（以下略）

■例二■

○**少年鑑別所法**（平成二十六年法律第五十九号）

（診療等）

第三十六条　少年鑑別所の長は、在所者が次の各号のいずれかに該当する場合には、速やかに、少年鑑別所の職員である医師等（医師又は歯科医師をいう。以下この項及び次条において同じ。）又は少年鑑別所の長が委嘱する医師等による診療（栄養補給の処置を含む。以下同じ。）を行い、その他必要な医療上の措置を執るものとする。ただし、第一号に該当する場合において、その者の心身に著しい障害が生じ、又は他人にその疾病を感染させるおそれがないときは、その者の意思に反しない場合に限る。

（以下略）

■例三■

○**高等学校等就学支援金の支給に関する法律**（平成二十二年法律第十八号）

（定義）

第二条　この法律において「高等学校等」とは、次に掲げるものをいう。

一　高等学校（専攻科及び別科を除く。以下同じ。）

（以下略）

■例四■

○**専門的知識等を有する有期雇用労働者等に関する特別措置法**（平成二十六年法律第百三十七号）

（定義）

第二条　（略）

3　この法律において「特定有期雇用労働者」とは、次の各号のいずれかに該当する有期雇用労働者をいう。
一　（略）
二　定年（六十歳以上のものに限る。以下同じ。）に達した後引き続いて当該事業主（高年齢者等の雇用の安定等に関する法律（昭和四十六年法律第六十八号）第九条第二項に規定する特殊関係事業主にその定年後に引き続いて雇用される場合にあっては、当該特殊関係事業主。以下同じ。）に雇用される有期雇用労働者

〔定義の下位法令での引用の要否〕

問33　法律で定義規定を設けた場合でその法律に基づく政令においても当該定義された字句を用いるときに、法律の定義を引用したものと引用しないものとがあるが、どのように使い分けるのか。

答　一　法律で一定の字句について定義規定を設けた場合、その法律に基づく政令のうちに、法律上の定義を引用した上でその字句を用いている政令と法律上の定義を引用することなくその字句を用いている政令の二通りがあり、従来、必ずしもその使い分けの基準が明確ではなかった。

しかし、現在は政令中のその字句の解釈に疑問を生ずるおそれがなければ、その政令において法律上の定義を引用する必要はないこととされている。

二　法律上の定義を引用しなければ政令中の字句の解釈に疑問を生ずるおそれがあるものの例としては、次の例一に示すように、滞納処分と強制執行等との手続の調整に関する法律に基づく滞納処分と強制執行等との手続の調整に関する政令がある。これは、右の政令中の字句が、右の法律で用いられているほか、民事執行法、各税法等においても用いられており、しかも、右の政令が、これらの法律と密接な関連を有しているので、基準をどれに求めて解釈すべきか、疑問を生ずるおそれがあるからである。例二も同様の例である。

■例一■

○**滞納処分と強制執行等との手続の調整に関する法律**（昭和三十二年法律第九十四号）

（定義）

第二条　この法律において「滞納処分」とは、国税徴収法（昭和三十四年法律第百四十七号）による滞納処分及びその例による滞納処分をいう。

2　この法律において「徴収職員等」とは、徴収職員、徴税吏員その他滞納処分を執行する権限を有する者をいう。

3　この法律において「動産」とは民事執行法（昭和五十四年法律第四号）第百二十二条第一項に規定する動産をいい、「不動産」とは同法第四十三条第一項に規定する不動産（同条第二項の規定により不動産とみなされるものを含む。）をいい……、「債権」とは、民事執行法第百四十三条に規定する債権をいい、「その他の財産権」とは動産、不動産、船舶、航空機、自動車、建設機械、小型船舶及び債権以外の財産権をいう。

○**滞納処分と強制執行等との手続の調整に関する政令**（昭和三十二年政令第二百四十八号）

（定義）

第一条　この政令において「滞納処分」、「徴収職員等」、「動産」、「不動産」…又は「債権」とは、それぞれ滞納処分と強制執行等との手続の調整に関する法律（以下「法」という。）第二条に規定する滞納処分、徴収職員等、動産、不動産…又は債権をいう。

（以下略）

■例二■

○**自動車の運転により人を死傷させる行為等の処罰に関する法律**（平成二十五年法律第八十六号）

（定義）

第一条　この法律において「自動車」とは、道路交通法（昭和三十五年法律第百五号）第二条第一項第九号に規定する自動車及び同項第十号に規定する原動機付自転車をいう。
（以下略）

○自動車の運転により人を死傷させる行為等の処罰に関する法律施行令（平成二十六年政令第百六十六号）
（定義）
第一条　この政令において「自動車」とは、自動車の運転により人を死傷させる行為等の処罰に関する法律（以下「法」という。）第一条第一項に規定する自動車をいう。

三　なお、このほかに、次の例に示すように、法律中の定義規定において、同時にその法律とこれに基づく命令の用語の定義をしているものもあるが、これも、右の一で述べたところと同様に、その法律に基づく命令でその用語が用いられる場合に解釈上の疑義を生ずるおそれがないと考えられるならば、法律中の定義規定で命令をも含めて規定する必要はないであろう。

■例■
○通関業法（昭和四十二年法律第百二十二号）
（定義）

第二条　この法律又はこの法律に基づく命令において、次の各号に掲げる用語は、当該各号に掲げる定義に従うものとする。

（以下略）

〔総則に置かれる規定〕

問34 総則の章が設けられる場合、総則に置かれる規定としては、目的規定、趣旨規定又は定義規定のほかに、どのような規定があるのか。また、その順序は、どのようにするのか。

答

一　総則の章が設けられる場合、目的規定、趣旨規定又は定義規定以外に、どのような規定を総則に置くべきかということについては、法令一般に通ずるような原則はない。

しかしながら、総則という以上は、その法令全体に通ずる原則あるいはその法令における基本的な事項を定める規定を総称してそのように呼ぶのであるから、その法令の基本理念、運用方針、適用範囲等に関するような規定は、置く必要があるとすれば、それは総則に置かれるべく、また、特別の法人の組織を定めることを目的とする法律にあっては、法人格とか、住所とか、一般社団法人及び一般財団法人に関する法律の準用に関する規定等はやはり総則に置かれるべきものである。なお、独立行政法人にあっては、法人格、一般社団法人及び一般財団法人に関する法律の準用規定等各法人に共通な事項は、独立行政法人通則法に規定されており、各法人の組織を定める個別法においては、住所、資本金等が総則に置かれるべき事項となる〈問28　参照〉。

二　具体的な事例において、ある規定を総則に置くべきか、それとも、実体規定の次に設けられる雑則の中に置くべきか疑問の生ずることもあるが、これについては、その規定が、その法令の実体規定の前提となるような原則あるいは基本的事項に関するものであるか、又はその法令の実体規定を前提とし、その全般にわたって適用されるような手続的、付随的なものであるかどうかという点を一応のめどとして考えるべきである。〈問40　参照〉

三　総則の章が設けられている幾つかの法律について、総則に置かれている規定とその順序を示せば、次の例のとおりである。

■例一■

○**健康・医療戦略推進法**（平成二十六年法律第四十八号）

第一章　総則

第一条　目的

第二条　基本理念

第三条　国の責務

第四条　地方公共団体の責務

第五条　研究機関の責務

第六条　医療機関の責務

第七条　健康・医療に関する先端的研究開発及び新産業創出を行う事業者の責務

第八条　連携の強化

第九条　法制上の措置等

■例二■

○**行政不服審査法**（平成二十六年法律第六十八号）

第一章　総則

第一条　目的等

第二条　処分についての審査請求

第三条　不作為についての審査請求

第四条　審査請求をすべき行政庁

第五条　再調査の請求

第六条　再審査請求

第七条　適用除外

第八条　特別の不服申立ての制度

■例三■

○建築物のエネルギー消費性能の向上に関する法律（平成二十七年法律第五十三号）

第一章　総則

第一条　目的

第二条　定義

■例四■

○国際平和共同対処事態に際して我が国が実施する諸外国の軍隊等に対する協力支援活動等に関する法律（平成二十七年法律第七十七号）

第一章　総則

第一条　目的

第二条　基本原則

第三条　定義等

■例五■

○国立研究開発法人日本医療研究開発機構法（平成二十六年法律第四十九号）

第一章　総則

第一条　目的

第二条　名称

第三条　機構の目的

第三条の二　国立研究開発法人

第四条　事務所

第五条　資本金

第六条　名称の使用制限

〈編注　いずれも、章名及び条名と条の見出しだけを掲げた。〉

〔略称規定〕

問35　略称規定とは、何か。

略称規定は、用いる場所に限定があるのか。

答　一　略称規定とは、次の例に示すように、法令文中で長い表現が繰り返して用いられるのを避け、法令文を簡潔にするために置かれる規定をいう。この場合、略称であるからといって、その略称が本来の表現から余りにもかけ離れたものとなることのないように留意する必要がある。

■例一■

○特定国立研究開発法人による研究開発等の促進に関する特別措置法（平成二十八年法律第四十三号）

（基本方針）

第三条　政府は、特定国立研究開発法人による研究開発等を促進するための基本的な方針（以下「基本方針」という。）を定めなければならない。

（以下略）

■例二■

○平成三十二年東京オリンピック競技大会・東京パラリンピック競技大会特別措置法（平成二十七年法律第三十三号）

（趣旨）

第一条　この法律は、平成三十二年に開催される東京オリンピック競技大会及び東京パラリンピック競技大会（以下「大会」と総称する。）が大規模かつ国家的に特に重要なスポーツの競技会であることに鑑み、大会の円滑な準備及び運営に資するため、東京オリンピック競技大会・東京パラリンピック競技大会推進本部の設置及び基本方針の策定等について定めるとともに、国有財産の無償使用等の特別の措置を講ずるものとする。

■例三■

○国際的な子の奪取の民事上の側面に関する条約の実施に関する法律（平成二十五年法律第四十八号）

〈定義規定と略称規定〉

問36　定義規定と略称規定とは、どのように違うのか。また、当該定義又は略称は、附則及び別表等にも及ぶのか。

（子の参加）
第四十八条　（略）
6　第一項又は第二項の規定により子の返還申立事件の手続に参加した子（以下単に「手続に参加した子」という。）は、当事者がすることができる手続行為（子の返還の申立ての取下げ及び変更並びに裁判に対する不服申立て及び裁判所書記官の処分に対する異議の取下げを除く。）をすることができる。ただし、裁判に対する不服申立て及び裁判所書記官の処分に対する異議の申立てについては、手続に参加した子が不服申立て又は異議の申立てに関するこの法律の他の規定によりすることができる場合に限る。

二　略称規定は、用語の定義とは異なり、法令の冒頭の部分にそのための規定が設けられることはなく、通常、当該法令文中でその表現が最初に用いられるところで、括弧書きにより書かれることになる。

答

一　定義規定は、用語の意義に社会通念上広狭の二義があったり、あるいはいろいろと解釈される余地があるというような場合に、その法令において使用するその用語の意義、用法を確定するために設けられるものである。これに対して、略称規定は、法令文中で長い表現が繰り返し用いられるのを避けて、法令文を簡潔にするために設けられるものである。〈問30及び前問　参照〉

二　定義規定も略称規定も、特にその及ぶべき条項を限定した場合を除いては、その法令の附則及び別表等にも及ぶものとされている〈次問　参照〉。なお、その法令が一部改正された場合における一部改正法の附則は、当初の附則とは別のものであるとされているので、定義規定も略称規定も、一部改正法の附則にまで及ぶことがないのは

〔定義・略称の限定使用〕

問37　ある定義又は略称を特定の条項中の用語だけに限定し、他の条項中の用語には及ぼさないものとする場合には、どのように表現するのか。

いうまでもない。〈問137　参照〉

答　定義又は略称を特定の条項の中に使われている用語だけに限定する場合には、次の例に示すように、括弧書きの中で、積極的に又は消極的に当該条項を限定して規定することになる。この場合、「この章」、「この条」、「この項」等が含まれる場合には、「以下……」とするのに対し、これらが含まれない場合には、「以下……」とはしない。

■例一■

○**特定防衛調達に係る国庫債務負担行為により支出すべき年限に関する特別措置法**（平成二十七年法律第十六号）

（趣旨）

第一条　この法律は、現下の厳しい財政状況の下で防衛力の計画的な整備を行うため、特定防衛調達（専ら自衛隊の用に供するために製造又は輸入される装備品、船舶及び航空機（以下この条において「装備品等」という。）並びに当該装備品等の整備に係る役務の調達であって、防衛力の計画的な整備を行うために必要なものであり、かつ、長期契約（支出すべき年限が五箇年度を超える国の債務負担の原因となる契約をいう。第三条において同じ。）により行うことが当該調達に要する経費の縮減及び当該調達の安定的な実施に特に資するものとして防衛大臣が財務大臣と協議して定めるものをいう。以下同じ。）に係る国庫債務負担行為により支出すべき年限に関する特別の措置を定めるものとする。

■例二■

○**少年院法**（平成二十六年法律第五十八号）

（物品の貸与等）

第六十条　在院者には、次に掲げる物品（書籍等及び新聞紙を除く。以下この章において同じ。）であって、少年院における日常生活に必要なもの（第六十二条第一項各号に掲げる物品を除く。）を貸与し、又は支給する。

（以下略）

■例三■

○建築物のエネルギー消費性能の向上に関する法律（平成二十七年法律第五十三号）

（認定建築主に対する報告の徴収）

第三十二条 所管行政庁は、認定建築主に対し、第三十条第一項の認定を受けた建築物エネルギー消費性能向上計画（変更があったときは、その変更後のもの。次条及び第三十五条において「認定建築物エネルギー消費性能向上計画」という。）に基づくエネルギー消費性能の向上のための建築物の新築等の状況に関し報告を求めることができる。

■例四■

○地方公共団体の議会の議員及び長の選挙期日等の臨時特例に関する法律（平成二十六年法律第百二十五号）

（選挙期日）

第一条 （略）

3 統一地方選挙の対象の地方公共団体の議会の議員又は長（第一項の地方公共団体の議会の議員又は長であって当該地方公共団体の議会の議員又は長の任期満了による選挙について公職選挙法第三十四条の二第二項（同条第四項において準用する場合を含む。）の規定による告示がなされていないもの及び前項前段の地方公共団体の議会の議員又は長であって当該地方公共団体の議会の議員又は長の任期満了による選挙について同項後段の規定による告示がなされているものをいう。次項において同じ。）について、任期満了による選挙以外の選挙を行うべき事由が生じた場合において、同法第三十三条第二項又は第三十四条第一項の規定により当該選挙を行うべき期間が平成二十七年四月一日以後にかかり、かつ、当該期間が次条各号に掲げる選挙の区分に応じ当該各号に定める日前五日までに始まるときは、当該選挙を同年二月二十八日以前に行う場合を除き、当該選挙の期日は、同法第三十三条第二項又は第三十四条第一項の規定にかかわらず、それぞれ第一項に規定する期日とする。

（以下略）

■例五■

○**地方法人税法**（平成二十六年法律第十一号）

（代表者等の自署押印）

第三十条　法人税法第百五十一条の規定は、法人の提出する地方法人税中間申告書、第十六条第九項の規定による申告書（当該申告書に係る期限後申告書を含む。第三十五条において同じ。）、地方法人税確定申告書及び第十九条第六項の規定による申告書（当該申告書に係る期限後申告書を含む。第三十五条において同じ。）並びにこれらの申告書に係る修正申告書について準用する。

■例六■

○**東日本大震災に対処するための特別の財政援助及び助成に関する法律**（平成二十三年法律第四十号）

（独立行政法人中小企業基盤整備機構の行う工場整備事業等）

第百三十条　独立行政法人中小企業基盤整備機構（以下この条から第百三十二条までにおいて「機構」という。）は、特定被災区域その他政令で定める地域（以下この条から第百三十二条までにおいて「特定地域」という。）における特定事業者（東日本大震災により著しい被害を受けた事業者をいう。以下この条から第百三十二条までにおいて同じ。）の事業活動の活性化のための基盤を整備するため、特定地域において、工場、事業場又は工場若しくは事業場の利用者の利便に供する施設の整備並びにこれらの賃貸その他の管理及び譲渡の業務を行う。

（以下略）

■例七■

○**独立行政法人原子力安全基盤機構の解散に関する法律**（平成二十五年法律第八十二号）

（独立行政法人通則法の特例）

第二条　機構の解散の日の前日を含む事業年度（同日が三月三十一日である場合の当該事業年度を除く。）は、独立行政法人通則法（平成十一年法律第百三号。附則第十五条を除き、以下「通則法」という。）第三十六条第一項の規定にかかわらず、機構の解散の日の前日に終わるものとする。

（以下略）

■例八■

○**国家戦略特別区域法**（平成二十五年法律第百七号）

（定義等）

第二条　（略）

4　この法律において「地方公共団体」とは、都道府県、市町村（特別区を含む。第十八条（第二項を除く。）及び第十九条を除き、以下同じ。）又は地方自治法（昭和二十二年法律第六十七号）第二百八十四条第一項の一部事務組合若しくは広域連合をいい、港湾法（昭和二十五年法律第二百十八号）第四条第一項の規定による港務局を含むものとする。

（以下略）

■例九■

○**再生医療等の安全性の確保等に関する法律**（平成二十五年法律第八十五号）

（再生医療等提供計画の提出）

第四条　再生医療等を提供しようとする病院又は診療所（医療法第五条第一項に規定する医師又は歯科医師の住所を含む。第三号を除き、以下同じ。）の管理者（同項に規定する医師又は歯科医師を含む。以下この章及び次章において同じ。）は、厚生労働省令で定めるところにより、あらかじめ、第一種再生医療等、第二種再生医療等及び第三種再生医療等のそれぞれにつき厚生労働省令で定める再生医療等の区分ごとに、次に掲げる事項（第二号に掲げる再生医療等が第三種再生医療等である場合にあっては、第三号に掲げる事項を除く。）を記載した再生医療等の提供に関する計画（以下「再生医療等提供計画」という。）を厚生労働大臣に提出しなければならない。
（以下略）

〔解釈規定〕

問38 解釈規定とは、何か。また、どのような例があるのか。

答 一　法令は、それが制定された後は、その法文に即して解釈されることとなるが、法令文の表現については、いかにその正確を期したとしても、なおかつ文理解釈上紛れの生ずる余地を避けることはできない。そこで、これに備えて、その法令中に解釈の指針を示す規定が設けられることがある。これが、解釈規定と呼ばれるものである。

二　解釈規定としては、次の例一に示すように、ある法令の解釈指針又は解釈と運用の指針を端的に示したもの、例二に示すように、ある法令の適用の限界を示し、拡張解釈を禁止するという形で解釈指針を示したもの、更には、例三に示すように、ある方向の解釈を禁止するという形で解釈指針を示したものなどがある。

例一

○**地方自治法**（昭和二十二年法律第六十七号）

第二条　（略）

⑫　地方公共団体に関する法令の規定は、地方自治の本旨に基づいて、かつ、国と地方公共団体との適切な役割分担を踏まえて、これを解釈し、及び運用するようにしなければならない。この場合において、特別地方公共団体に関する法令の規定は、この法律に定める特別地方公共団体の特性にも照応するように、これを解釈し、及び運用しなければならない。

（以下略）

○**生活保護法**（昭和二十五年法律第百四十四号）

（この法律の目的）
第一条 この法律は、日本国憲法第二十五条に規定する理念に基き、国が生活に困窮するすべての国民に対し、その困窮の程度に応じ、必要な保護を行い、その最低限度の生活を保障するとともに、その自立を助長することを目的とする。
（無差別平等）
第二条 すべて国民は、この法律の定める要件を満たす限り、この法律による保護（以下「保護」という。）を、無差別平等に受けることができる。
（最低生活）
第三条 この法律により保障される最低限度の生活は、健康で文化的な生活水準を維持することができるものでなければならない。
（保護の補足性）
第四条 保護は、生活に困窮する者が、その利用し得る資産、能力その他あらゆるものを、その最低限度の生活の維持のために活用することを要件として行われる。
2 民法（明治二十九年法律第八十九号）に定める扶養義務者の扶養及び他の法律に定める扶助は、すべてこの法律による保護に優先して行われるものとする。
3 前二項の規定は、急迫した事由がある場合に、必要な保護を行うことを妨げるものではない。
（この法律の解釈及び運用）
第五条 前四条に規定するところは、この法律の基本原理であつて、この法律の解釈及び運用は、すべてこの原理に基いてされなければならない。

■例二■

○**特定秘密の保護に関する法律**（平成二十五年法律第百八号）
（この法律の解釈適用）
第二十二条 この法律の適用に当たっては、これを拡張して解釈して、国民の基本的人権を不当に侵害するようなことがあってはならず、国民の知る権利の保障に資する報道又は取材の自由に十分に配慮しなければならない。

2　出版又は報道の業務に従事する者の取材行為については、専ら公益を図る目的を有し、かつ、法令違反又は著しく不当な方法によるものと認められない限りは、これを正当な業務による行為とするものとする。

■例三■

○競争の導入による公共サービスの改革に関する法律（平成十八年法律第五十一号）

（解釈規定）

第五十条　この法律のいかなる規定も、国の行政機関の長が実施する官民競争入札及び民間競争入札に対する会計法第四章の規定の適用を妨げるものと解釈してはならない。

三　なお、立入検査に関する規定〈問42　参照〉が設けられる場合には、次の例に示すように、「犯罪捜査のために認められたものと解釈してはならない」とする規定が置かれるが、これも、解釈規定の一つである。この規定については、現に行政機関の立入検査等について定める立法でこの種の規定が置かれていないものもあり、他方、行政機関の立入検査等の権限は、行政監督等の必要に基づき、またその限度において行使されるものであって、刑事手続として行われるものではないから、必ずしもこの種の規定は必要としないのではないかという考え方もあり得ようが、憲法第三五条の規定との関連を考慮し、現在では、行政機関等の立入検査等の権限を認める場合には、必ずこの種の規定を置くこととされている。次の例の「……と解釈してはならない」の部分を「……と解してはならない」とするものもある。

〔訓示規定〕

問39　訓示規定とは、何か。
また、どのような例があるのか。

答一　訓示規定とは、効力規定に対する概念で、次の例に示すように、各種の手続を定める規定のうち、専ら裁判所や行政機関などの公の機関に義務を課しているもので、これらの機関がそれに違反しても行為の効力には別段の影響がない場合に、その規定を指すものである。

■例■
○**難病の患者に対する医療等に関する法律**（平成二十六年法律第五十号）
（報告等）
第二十一条　（略）
3　第一項の規定による権限は、犯罪捜査のために認められたものと解釈してはならない。
（以下略）

■例■
○**民事訴訟法**（平成八年法律第百九号）
（言渡期日）

第二百五十一条　判決の言渡しは、口頭弁論の終結の日から二月以内にしなければならない。ただし、事件が複雑であるときその他特別の事情があるときは、この限りでない。

（以下略）

二　訓示規定が総則に置かれることもある。この場合には、国、政府、地方公共団体、国民などに対し一般的な責務を課すことが多い。それ自体は個別、具体的な義務を課したり、具体的な法的効力を直接的にもつものではない。その規定に違反しても、その違反行為の効力には影響がなく、また、違反行為に対する罰則等の制裁措置も伴わない。公の機関や国民等に対し、その責任を明らかにし、あるべき方向性を示すにとどまる規定で、いわゆる基本法などにも多いものである。

■例一■

○健康・医療戦略推進法（平成二十六年法律第四十八号）

（国の責務）

第三条　国は、前条に定める基本理念（以下「基本理念」という。）にのっとり、健康・医療に関する先端的研究開発及び新産業創出に関する施策を総合的かつ計画的に策定し、及び実施する責務を有する。

（地方公共団体の責務）

第四条　地方公共団体は、基本理念にのっとり、健康・医療に関する先端的研究開発及び新産業創出に関し、国との適切な役割分担の下、地方公共団体が実施すべき施策として、その地方公共団体の区域の特性を生かした自主的な施策を策定し、及び実施する責務を有する。

（研究機関の責務）

第五条　大学、研究開発法人（研究開発システムの改革の推進等による研究開発能力の強化及び研究開発等の効率的推進等に関する法律（平成二十年法律第六十三号）第二条第八項に規定する研究開発法人をいう。）その他の研究機関（以下単に「研究機関」という。）は、基本理念にのっとり、医療分野の研究開発及びその成果の普及並びに人材の育成に積極的に努めなければならない。

2　研究機関は、医療分野の研究開発を行うに当たっては、先端的、学際的又は総合的な研究に努めなければならない。

（医療機関の責務）

第六条　医療機関は、基本理念にのっとり、第三条の規定に基づき国が実施する施策及び第四条の規定に基づき地方公共団体が実施する施策に協力するよう努めなければならない。
（健康・医療に関する先端的研究開発及び新産業創出を行う事業者の責務）
第七条　健康・医療に関する先端的研究開発及び新産業創出を行う事業者（次条、第十二条及び第十六条において単に「事業者」という。）は、基本理念にのっとり、自ら研究開発に努めるとともに、第三条の規定に基づき国が実施する施策及び第四条の規定に基づき地方公共団体が実施する施策に協力するよう努めなければならない。

■例二■

○子ども・子育て支援法（平成二十四年法律第六十五号）
（国民の責務）
第五条　国民は、子ども・子育て支援の重要性に対する関心と理解を深めるとともに、国又は地方公共団体が講ずる子ども・子育て支援に協力しなければならない。

〔雑則に置かれる規定〕

問40　雑則の章が設けられる場合、雑則に置かれる規定としては、どのような規定があるのか。また、その順序は、どのようにするのか。

答　**一**　雑則の章が設けられる場合、雑則にどのような規定を置くべきかということについては、総則における場合と同様〈問34参照〉、法令一般に通ずるような原則はない。

雑則に置かれる規定としては、それぞれの法令の内容に応じて、その法令の実体規定を前提としつつ、実体規定全般に共通的に適用されるような事項で、しかも総則として法令の冒頭の部分において規定するには当たらないような技術的、手続的なものが一応これに該当すると考えるべきであろう。

二　このような考え方に従って、雑則に置かれることが適当と思われる規定を挙げれば、手数料、報告の徴収、立入検査、特定の審議会等の設置及びその審議会等への付議、参考人等の意見聴取、条件その他の付款、適用除外その他の他の法令との関係、関係行政機関の間の権限の調整、権限の委任、地方自治法上の事務の区分、実施細目の命令への委任に関する規定等文字どおり多岐にわたることになる。

なお、章の区分をしない、内容の比較的簡単な法令にあっても、これらの規定は、実体規定の後に置かれるのが通例である。

三　雑則の章が設けられている幾つかの法律について、雑則に置かれている規定の内容とその順序とを示せば、次の例のとおりである。

■例一■

○水銀による環境の汚染の防止に関する法律（平成二十七年法律第四十二号）

第九章　雑則

第二十五条　報告の徴収
第二十六条　立入検査等
第二十七条　資料の提出の要求
第二十八条　主務大臣等
第二十九条　権限の委任
第三十条　経過措置

■例二■

○行政手続における特定の個人を識別するための番号の利用等に関する法律（平成二十五年法律第二十七号）

第八章　雑則

第四十三条　指定都市の特例
第四十四条　事務の区分
第四十五条　権限又は事務の委任
第四十六条　主務省令

第四十七条　政令への委任

■例三■

○再生医療等の安全性の確保等に関する法律（平成二十五年法律第八十五号）

第五章　雑則

第五十五条　厚生科学審議会の意見の聴取

第五十六条　権限の委任

第五十七条　手数料

第五十八条　経過措置

■例四■

○国立研究開発法人日本医療研究開発機構法（平成二十六年法律第四十九号）

第四章　雑則

第十八条　主務大臣等

第十九条　日本医療研究開発機構審議会

第二十条　中長期目標等に関する健康・医療戦略推進本部の関与

第二十一条　国家公務員宿舎法の適用除外

〈編注　いずれも、章名及び条名と条の見出しだけを掲げた。〉

〈報告徴収〉

問41　報告徴収に関する規定の仕方で、注意すべき点は何か。

答

一　国又は地方公共団体の行政機関が、その事務を執行するに当たって、その事務に関係のある個人若しくは法人から、又は国の下級の機関若しくは地方公共団体の機関から報告を徴収する必要を生ずることがある。

国又は地方公共団体の行政機関が、個人又は法人から報告を徴収するには、その者が法令に基づいて国又は地方公共団体の全面的な監督に服する場合を除き、国民に義務を課するのであるから、法律又は条例の根拠を必要とする（内閣法第一一条、内閣府設置法第七条第四項、国家行政組織法第一二条第三項、地方自治法第一四条第二項参照）。

国又は地方公共団体の行政機関が、国の下級の機関又は地方公共団体の機関から報告を徴収するのは、上級機関と下級機関との意思を統一し、矛盾抵触を避けるための監督権の作用であるから、原則として、法令の根拠を要しない。訓令、通達でも足りることである。しかし、法律でこの種の報告徴収を定める場合が少なくない。

二　報告徴収に関する規定については、どういう機関が、どういう事項について、だれに対して報告を求めるのかということを明定する必要があるわけであるが、注意すべき点としては、第一に、報告徴収の範囲は、その法令が目的としている事項に限定し、その法令の目的を達成するための必要最小限度のものとすべきであり、第二に、報告を怠った者に対して罰金、過料等の罰則を設ける場合には、報告義務違反の既遂時期を明確にするため、報告の期限をはっきりさせるようにすべきであり〈問100参照〉、第三に、報告徴収の主体は、行政庁（各省各庁の長、地方公共団体の長等）とすべきである。次に、報告徴収に関する立法例を示す。

■例一■

○特定農林水産物等の名称の保護に関する法律（平成二十六年法律第八十四号）

（報告及び立入検査）

第三十四条　農林水産大臣は、この法律の施行に必要な限度において、登録生産者団体、生産業者その他の関係者に対し、その業務に関し必要な報告を求め、又はその職員に、これらの者の事務所、事業所、倉庫、ほ場、工場その他の場所に立ち入り、業務の状況若しくは農林水産物等、その原料、帳簿、書類その他の物件を検査させることができる。
（以下略）

■例二■

○建築物のエネルギー消費性能の向上に関する法律（平成二十七年法律第五十三号）

（基準適合認定建築物に係る報告、検査等）

第三十八条　所管行政庁は、前条の規定の施行に必要な限度において、政令で定めるところにより、第三十六条第二項の認定を受けた者に対し、基準適合認定建築物の建築物エネルギー消費性能基準への適合に関する事項に関し報告させ、又はその職員に、基準適合認定建築物若しくはその工事現場に立ち入り、基準適合認定建築物、建築設備、建築材料、書類その他の物件を検査させることができる。

■例三■

○産業競争力強化法（平成二十五年法律第九十八号）

（報告の徴収）

第百三十七条　主務大臣は、認定新事業活動実施者、認定特定研究成果活用支援事業者（当該認定特定研究成果活用支援事業者が投資事業有限責任組合である場合にあっては、当該投資事業有限責任組合の無限責任組合員）、認定事業再編事業者、認定特定事業再編事業者又は認定中小企業承継事業再生事業者に対し、認定新事業活動計画、認定特定研究成果活用支援事業計画、認定事業再編計画、認定特定事業再編計画又は認定中小企業承継事業再生計画の実施状況について報告を求めることができる。

2　第八条第三項の関係行政機関の長は、認定新事業活動実施者に対し、当該規制の特例措置の適用の状況について報告を求めることができる。

3　主務大臣は、認定市町村に対し、認定創業支援事業計画の実施状況について報告を求めることができる。

4　経済産業大臣は、認定特定新事業開拓投資事業組合の無限責任組合員に対し、認定特定新事業開拓投資事業計画の実施状況について報告を求めることができる。
5　経済産業大臣は、認定支援機関に対し、中小企業再生支援業務の実施状況について報告を求めることができる。
6　経済産業大臣は、この法律の施行に必要な限度において、特定認証紛争解決事業者に対し、特定認証紛争解決手続の業務、第五十六条第一項に規定する償還すべき社債の金額の減額に係る確認の業務又は第五十八条第一項に規定する資金の借入れに係る確認の業務の実施状況について報告を求めることができる。

■例四■
○**食品衛生法**（昭和二十二年法律第二百三十三号）
第二十八条　厚生労働大臣、内閣総理大臣又は都道府県知事等は、必要があると認めるときは、営業者その他の関係者から必要な報告を求め……ることができる。
（以下略）

■例五■
○**旅館業法**（昭和二十三年法律第百三十八号）
第七条　都道府県知事は、必要があると認めるときは、営業者その他の関係者から必要な報告を求め……ることができる。
（以下略）

右に示した例一及び例二は、一定の事業者等に対して、業務一般について報告を徴収する必要がある場合の典型的な例である。「この法律の施行に必要な限度において」、「前条の規定の施行に必要な限度において」ということにより、それらの法律が目的としている事項に限定しようとするのである。例三は、より具体的に報告事項を限定している。このように具体的に限定できる場合には、その方が望ましいわけであるが、業務一般について報告を求め得るようにするためには、例一の程度の限定であっても、やむを得ないこともあろう。例二は、政令（建築物のエネルギー消費性能の向上に関する法律施行令第一四条）で報告事項を限定している。報告事項は、法律自体で定めることが望ましいが、それが困難な場合には、政令、省令等に委任することもやむを得ない。

古い立法例では、例四又は例五のように、「必要があると認めるときは、（……に関し）必要な報告を求めることができる」というように、漠然とした規定が設けられていたが、最近においては、できる限り、法文上明確に限定するよう努力されているし、そうすることが望ましいことはいうまでもない。

〔立入検査〕

問42　立入検査に関する規定の仕方で、注意すべき点は何か。

答　行政機関の職員が、法令の執行を確保するために、当該行政機関の監督を受ける個人又は法人の事務所、事業場、工場、倉庫等に、帳簿書類その他の物件の検査又は質問のために立ち入ることを必要とする場合がある。このような立入りを、法令上「立入検査」又は「立入り」という。

立入検査又は立入りは、行政法令の円滑な執行を目的とするものであって、犯罪捜査等の刑事手続と異なるのはもちろんであるが、行政機関の職員が、一般個人又は法人の事務所、事業場、工場、倉庫等に強制的に立ち入ることは、これを受ける側からみれば、相当大きな権利又は自由の制限になることであるから、立入りについては、公益上必要がある場合に限り、しかも公益上必要な最小限度のものとすべきであり、その根拠規定は、法律又は条例で定める必要がある（内閣法第一一条、内閣府設置法第

七条第四項、国家行政組織法第一二条第三項、地方自治法第一四条第二項参照）。

二　立入検査又は立入りに関する規定は、通常、次の例に示すようなものである。

■例一■

○株式会社海外通信・放送・郵便事業支援機構法（平成二十七年法律第三十五号）

（報告の徴収等）

第三十九条　総務大臣は、この法律を施行するため必要があると認めるときは、機構からその業務に関し報告をさせ、又はその職員に、機構の営業所、事務所その他の事業場に立ち入り、帳簿、書類その他の物件を検査させることができる。

2　前項の規定により立入検査をする職員は、その身分を示す証明書を携帯し、関係人にこれを提示しなければならない。

3　第一項の規定による立入検査の権限は、犯罪捜査のために認められたものと解してはならない。

■例二■

○特定農林水産物等の名称の保護に関する法律（平成二十六年法律第八十四号）

（報告及び立入検査）

第三十四条　農林水産大臣は、この法律の施行に必要な限度において、登録生産者団体、生産業者その他の関係者に対し、その業務に関し必要な報告を求め、又はその職員に、これらの者の事務所、事業所、倉庫、ほ場、工場その他の場所に立ち入り、業務の状況若しくは農林水産物等、その原料、帳簿、書類その他の物件を検査させることができる。

2　前項の規定により立入検査をする職員は、その身分を示す証明書を携帯し、関係人にこれを提示しなければならない。

3　第一項の規定による立入検査の権限は、犯罪捜査のために認められたものと解してはならない。

■例三■

○**食品表示法**（平成二十五年法律第七十号）

（立入検査等）

第八条　内閣総理大臣は、販売の用に供する食品に関する表示の適正を確保するため必要があると認めるときは、食品関連事業者等若しくは食品関連事業者とその事業に関して関係のある事業者に対し、販売の用に供する食品に関する表示について必要な報告若しくは帳簿、書類その他の物件の提出を求め、又はその職員に、これらの者の事務所、事業所その他の場所に立ち入り、販売の用に供する食品に関する表示の状況若しくは食品、その原材料、帳簿、書類その他の物件を検査させ、従業員その他の関係者に質問させ、若しくは試験の用に供するのに必要な限度において、食品若しくはその原材料を無償で収去させることができる。

2　農林水産大臣は、第六条第一項の内閣府令・農林水産省令で定める表示事項以外の表示事項又は同項の内閣府令・農林水産省令で定める遵守事項以外の遵守事項に関し販売の用に供する食品（酒類を除く。以下この項において同じ。）に関する表示の適正を確保するため必要があると認めるときは、食品関連事業者若しくはその者とその事業に関して関係のある事業者に対し、販売の用に供する食品に関する表示について必要な報告若しくは帳簿、書類その他の物件の提出を求め、又はその職員に、これらの者の事務所、事業所その他の場所に立ち入り、販売の用に供する食品に関する表示の状況若しくは食品、その原材料、帳簿、書類その他の物件を検査させ、若しくは従業員その他の関係者に質問させることができる。

3　財務大臣は、第六条第三項の内閣府令・財務省令で定める表示事項以外の表示事項又は同項の内閣府令・財務省令で定める遵守事項以外の遵守事項に関し販売の用に供する酒類に関する表示の適正を確保するため必要があると認めるときは、食品関連事業者若しくはその者とその事業に関して関係のある事業者に対し、販売の用に供する酒類に関する表示について必要な報告若しくは帳簿、書類その他の物件の提出を求め、又はその職員に、これらの者の事務所、事業所その他の場所に立ち入り、販売の用に供する酒類に関する表示の状況若しくは酒類、その原材料、帳簿、書類その他の物件を検査させ、若しくは従業員その他の関係者に質問させることができる。
4　前三項の規定による立入検査、質問又は収去をする職員は、その身分を示す証明書を携帯し、関係者の請求があるときは、これを提示しなければならない。
5　第一項から第三項までの規定による権限は、犯罪捜査のために認められたものと解釈してはならない。
（以下略）

三　憲法第三五条は、現行犯等憲法第三三条の場合を除いて、他人の住居、書類及び所持品について、侵入、捜索及び押収をするについては、司法官憲の発する令状を必要とする旨を定めているが、この規定は、一般に、刑事手続に関するもので、行政権の行使としてされるものについては適用がないと解されている。したがって、ここで問題にしている行政上の立入検査については、裁判官の令状なしにその権限を付与することとしているが、行政上の取締り等についてのみ立入検査の権限を与えるのであって、犯罪捜査とは無関係であることを明確にするため、例一及び例二の第三項や例三の第五項にあるような規定を置いている〈問38　参照〉。行政上の目的のための立入りでも、刑事手続と密接な関連のある場合、強制的な捜索・押収等の強力な権限を与える場合には、裁判官の令状を必要としている（国税通則法第一三二条第一項、関税法第一二一条、出入国管理及び難民認定法第三一条参照）。〈編注　昭和四〇年法律第三三号による改正前の所得税法の規定に基づく質問検査権に関し、最高裁判所は、「憲法三五条一項の規定は、本来、主として刑事責任追及の手続における強制について、それが司法権による事前の抑制の下におかれるべきことを保障した趣旨であるが、当該手続が刑事責任追及を目的とするものでないとの理由のみで、その手続における一切の強制が当然に右規定による保障の枠外にあると判断することは相当でない」（昭和四七年一一月二二日大法廷判決）と判示している。もっとも、所得税法の規定に基づく質問検査権自体については、「右検査が、実質上、刑事責任追及のための資料収集に直接結びつく作用を一般的に有するものと認めるべきことにはなら」ず、「国家財政の基本となる徴税権の適正な運用を確保し、所得税の公平確実な賦課徴収を図るという公益上の目的を実現するために収税官吏による実効性のある検査制度が欠くべからざるものであることは、何人も否定しがたいものであるところ、その目的、必要性にかんがみれば、右の程度の強制は、実効性確保の手段として、あながち不均衡、不合理なものとはいえない」と判示し、更に、所得税の質問検査権と憲法第三八条第一項との関係について、同判決は、「憲法三八条一項の法意が、何人も自己の刑事上の責任を問われるおそれのある事項について供述を強要されないことを保障したものであると解すべきことは、当裁判所大法廷の判例（……三二年二月二〇日判決……）とするところであるが、右規定による保障は、純然たる刑事手続においてばかりでなく、それ以外の手続においても、実質上、刑事責任追及のための資料の収集に直接結びつく作用を一般的に有する手続には、ひとしく及ぶものと解するを相当とする。しかし、旧所得税法……の調査、質問の性質が上述のようなものである以上、右各規定そのものが憲法三八条一項にいう「自己に不利益な供述」を強要するものとすることはでき」ないと判示した。本件は、昭和四〇年法律第三三号による改正前の所得税法に関するものであるが、質問調査権については、同改正後の所得税法第二三四条に旧法とほぼ同じ規定が置かれ、現在は、国税通則法第七四条の二として引き継がれて規定されているから、右判決は、現行法についても、そのまま妥当する。〉

四　既に述べたように、立入検査又は立入りは、自由に対する侵害を伴うものであるから、具体的な規定の書き方としては、できるだけ制限的に、明確にすることが望ましい。すなわち、「この法律の施行に必要な限度において」等の限定を付け、立入りを行う場所を明確に限定し、立ち入った後に行う権限の範囲も明確にすべきである。事項についての限定が可能な場合であれば、右の例三に示すような書き方も考えるべきである。特に、検査等のための少量の物品の集取又は収去については、やむを得ない場合でなければならない（例三のほか、消費者安全法第四五条第一項、愛がん動物用飼料の安全性の確保に関する法律第一二条第一項等参照）。〈編注　右の物品の収去については、財産権の保障について定める憲法第二九条との関係が問題になり得るが、例三の食品表示法の場合であれば、当該立入検査等における食品又は原材料の収去が販売の用に供する食品に関する表示の適正を確保し、もって一般消費者の利益の増進を図る（同法第一条参照）という見地から受忍されるべきものであること、及び収去される物品が当該検査に必要最小限度のもので無視できるほどのものであることを理由として認められるものである。なお、前掲の消費者安全法及び愛がん動物用飼料の安全性の確保に関する法律においては、物品等を集取する場合には、時価によってその対価を支払わなければならないとされている。〉

五　立入検査又は質問を拒んだような場合には、刑事罰又は行政罰を科するのが通例であり、このような罰則がある場合には、立入検査又は質問の権限は、罰則による間接強制によってのみ担保されるのであって、相手方が拒否した場合に、その抵抗を排除してまで立入検査又は質問を行う権限を行政機関の職員に与えるものではない。

六　立入検査又は立入りは、私人の自由の制限を伴うものであるから、その権限を行使する者が正当にこれを行うものであることを知らせる必要があり、そのために、右の例一や例二の第二項、例三の第四項のような規定が置かれるが、請求を受けて初めて証明書を見せることとするより、あらかじめ職員の方から証明書を提示すべきであるとする例一や例二の規定の方がよいと思われる。

なお、提示の相手先については「関係人」と表現する例（右の例一、例二）と「関係者」と表現する例（右の例三）があるが、特段の差異はない。「犯罪捜査のために認められたものと解してはならない」（右の例一、例二）と「解釈してはならない」（右の例三）についても同様である〈問38　参照〉。

〈編注　帳簿書類その他の物件の検査に当たり大蔵大臣の定める検査章の携帯を命じた、昭和四〇年政令第九六号による改正前の所得税法施行規則（昭和二二年勅令第一一〇号）第六三条について、最高裁判所は、「この規定は、専ら、物件検査の性質上、相手方の自由及び権利に及ぼす影響の少なからざるを顧慮し、収税官吏が右の検査を為すにあたり、自らの判断により、又は相手方の要求があるときは、右検査章を相手方に提示してその権限あるものであることを証することによって、相手方の危惧の念を除去し、検査の円滑な施行を図るため、特に検査章の携帯を命じたものであって、同条は単なる訓示規定と解すべきではなく、殊に相手方が検査章の提示を求めたのに対し、収税官吏が之を携帯せず又は携帯するも呈示しなかった場合には、相手方はその検査を拒む正当な理由があるものと認むべきである」（昭和二七年三月二八日第二小法廷判決）旨を判示している。しかし、同時に、「さればといって、収税官吏の前記検査権は右検査章の携帯によって始めて賦与されるものでないことは前記のとおりであるから、相手方が何等検査章の呈示を求めていないのに、収税官吏において偶々これを携帯していなかったからといって直ちに収税官吏の検査行為をその権限外の行為であると解すべきではない。即ち、所得税に関する調査等をする職務を有する収税官吏が所得調査のため所得税法六三条により同条所定の物件を検査するに当たって、検査章を携帯していなかったとしても、その一事を以て、右収税官吏の検査行為を公務の執行でないということはできない。従って、之に暴行又は脅迫を加えたときは公務執行妨害罪に該当するものといわなければならない」と判示している。本件は、昭和四〇年法律第三三号による改正前の所得税法下の事件であるが、現行法では、国税通則法第七四条の一三に、右の例三の第四項と同旨の規定を置いている。〉

〔聴聞、弁明手続等〕

問43　聴聞に関する規定には、どのようなものがあるのか。弁明手続、公聴会、意見の聴取、パブリックコメントについては、どうか。

答　一　聴聞は、（public）hearing の訳で、行政機関が一定の行為をする場合に、それが必要かどうか、妥当かどうか等の判断に資するため、行為の相手方その他の利害関係人又は学識経験者等の意見を聴くための手続として、占領時代に行政民主化の趣旨から取り入れられ、行政立法における欠くことのできない制度の一つとなったものである。

従来、右の聴聞が法令で規定される場合としては、一定の行政処分をするに際して行われるもの（いわゆる事前聴聞）、行政処分に対する不服申立ての審理の段階で行われるもの（いわゆる事後聴聞）、行政機関の法令の立案に際して行われるものなどがあった。

その後、行政運営における公正の確保と透明性の向上を図ることを目的として、行政手続法（平成五年法律第八八号）及び行政手続法の施行に伴う関係法律の整備に関する法律（平成五年法律第八九号）により、行政機関の行う処分等に関する手続についての共通事項が定められ、その一環として、聴聞についての一般規定が設けられた。さらに、行政手続法の一部を改正する法律（平成一七年法律第七三号）により、行政機関がその策定する命令等を定めるに際して、広く一般からの意見を公募する手続（いわゆるパブリック・コメント手続）が法制化された。

二　現行法制下での聴聞とは、行政機関が許認可等を取り消したり、法人の役員の解任を命ずるなど行政庁の一方的な意思表示により、現に形成されている一定の法律関係が直接消滅させせられるような不利益処分を行おうとする場合（行政手続法第一三条第一項第一号参照）に、公正適切な処分が行われ、関係者の権利ないしは利益を不当に害さないようにしようとする目的で行われるもので、行政手続法に通則的な規定が置かれている（同法第三章第二節）。すなわち、聴聞とは、主として、行政庁による不利益処分の理由の説明とそれに対する相手方への反論の場の提供を目的として行われるもので、同法は、不利益処分の原因となる事実についての審理が「主宰者」の下で行われること（第一九条）や、処分の相手方等の聴聞期日における意見陳述権、証拠提出権及び職員に対する質問権などを規定している（第二〇条第二項等）。

三　次に弁明手続とは、同じく行政機関による不利益処分のうち、許認可等に係る業務等の停止を命ずる処分、行為の禁止や中止を命ずる処分など相手方に一定の作為義務又は不作為義務を課すものが行われようとする場合（行政手続法第一三条第一項第二号参照）の手続で、主として処分の相手方からの意見の表明及び自己に有利な証拠の提出を目的として、原則として、文書により行われる、比較的簡易な手続である（同法第三章第三節）。なお、行おうとする不利益処分の内容が弁明手続に該当する場合であっても、行政庁が相当と認めるときは、聴聞手続を執ることができる（同法第一三条第一項第一号ニ）。

また、行政手続法の規定による聴聞、弁明の手続については、公益上、緊急に不利益処分をする必要があるため、事前手続を執ることができないときなどには、聴聞又は弁明の機会付与の規定が適用されない（同法第一三条第二項）。さらに、組合等の総会決議の取消処分、年金や保険の被保険者資格を確認する処分等実務上、事前手続を経ることが必要でないと認められる特殊な処分については、例一に示すように、個別法の特例規定により聴聞、弁明の手続の適用が除外されている。なお、個別法の規定による事前手続を用いたほうが望ましいとして行政手続法の適用除外としたものとしては、例二に示す審議会等合議制の機関において事前手続が行われることとされている処分等がある。

行政手続法の規定する聴聞、弁明手続に関する通則的規定を一律に適用することが適当でない場合には、個別法で特例規定を設けている。すなわち、同法に規定する聴聞、弁明手続の振り分け区分の特例として、その区分にかかわらず聴聞を行う旨の規定を設けるもの（例三）、聴聞における審理の公開や利害関係人の参加に関し同法の特則を規定するもの（例四）などがこれに当たる。なお、従来個別法で「聴聞」という用語が使われていたもので、行政手続法第三章の規定の適用を受けないものについては、同法に規定する「聴聞」との区別を明確にするため、例二にみられるように、「意見の聴取」の用語を用いることとされている。

■例一■

○農住組合法（昭和五十五年法律第八十六号）

（議決、選挙及び当選の取消し）

第八十五条　組合員（准組合員を除く。）が総組合員（准組合員を除く。）の十分の一以上の同意を得て、総会の招集手続、議決の方法又は選挙が法令等に違反することを理由とし、その議決又は選挙若しくは当選決定の日から一月以内にその議決又は選挙若しくは当選の取消しを請求した場合において、都道府県知事は、その違反の事実があると認めるときは、その議決又は選挙若しくは当選を取り消すことができる。

2　前項の規定は、創立総会の場合について準用する。

3　前二項の規定による処分については、行政手続法（平成五年法律第八十八号）第三章（第十二条及び第十四条を除く。）の規定は、適用しない。

■例二■

○電波法（昭和二十五年法律第百三十一号）

（意見の聴取）

第九十九条の十二　電波監理審議会は、前条第一項第三号の規定により諮問を受けた場合には、意見の聴取を行わなければならない。

2　電波監理審議会は、前項の場合のほか、前条第一項各号（第三号を除く。）の規定により諮問を受けた場合において必要があると認めるときは、意見の聴取を行うことができる。

（略）

8　第一項又は第二項の規定による意見の聴取を経てされる処分であつて、不利益処分に該当するものについては、行政手続法第三章（第十二条及び第十四条を除く。）の規定は、適用しない。

■例三■

○特定地域及び準特定地域における一般乗用旅客自動車運送事業の適正化及び活性化に関

する特別措置法（平成二十一年法律第六十四号）

（聴聞の特例）

第十八条の四　地方運輸局長は、その権限に属する一般乗用旅客自動車運送事業の停止の命令をしようとするときは、行政手続法（平成五年法律第八十八号）第十三条第一項の規定による意見陳述のための手続の区分にかかわらず、聴聞を行わなければならない。

（以下略）

■例四■

○工業所有権に関する手続等の特例に関する法律（平成二年法律第三十号）

（聴聞の方法の特例）

第三十二条　第三十条の規定による処分に係る聴聞の期日における審理は、公開により行わなければならない。

2　前項の聴聞の主宰者は、行政手続法（平成五年法律第八十八号）第十七条第一項の規定により当該処分に係る利害関係人が当該聴聞に関する手続に参加することを求めたときは、これを許可しなければならない。

四　次に、行政庁に対し許認可等の公権力の行使に当たる行為（処分）を求める行為（申請）に対する処分について、行政手続法は、審査基準の設定と公表、標準処理期間設定の努力義務、申請に対する審査開始、形式上の要件に適合しない申請についての応答、拒否処分をする場合の理由の提示、申請者に対する情報の提供などについて通則的な規定を設けている（同法第二章）。許認可等の処分をしようとする場合には、従来次の例に示すように個別法により、申請者以外の者の個別的利害を保護するため、その第三者から意見を聴取する手続を定めているものがある一方で、このような手続を規定しないものもあった。このため行政手続法は、申請者以外の第三者に関しては、申請者以外の者の利害を考慮すべきことが当該法令において許認可等の要件とされている場合には、当該第三者からの意見聴取に係る具体的な規定がない場合であっても、必要に応じ、公聴会その他の適当な方法により申請者以外の者の意見を聴く機会を設けるよう努めなければならない旨補充的な規定を置いている（同法第一〇条）。

■例■

○**建築基準法**（昭和二十五年法律第二百一号）

（用途地域等）

第四十八条　（略）

14　特定行政庁は、前各項のただし書の規定による許可をする場合においては、あらかじめ、その許可に利害関係を有する者の出頭を求めて公開による意見の聴取を行い、かつ、建築審査会の同意を得なければならない。ただし、前各項のただし書の規定による許可を受けた建築物の増築、改築又は移転（これらのうち、政令で定める場合に限る。）について許可をする場合においては、この限りでない。

なお、行政手続法の規定による聴聞若しくは弁明の機会の付与又は個別法の規定によるこれらに相当する事前の意見聴取手続を経ないでなされた処分は、無効と解される。申請に対する処分について、個別法の規定による意見聴取がなされなかった場合も、同様である。

〈編注　一般乗合自動車運送事業の免許に係る聴聞手続及び運輸審議会の審理手続に関し、最高裁判所は、「行政庁が行政処分をするにあたって、諮問機関に諮問し、その決定を尊重して処分をしなければならない旨を法が定めているのは、処分行政庁が、諮問機関の決定（答申）を慎重に検討し、これに十分な考慮を払い、特段の合理的な理由のないかぎりこれに反する処分をしないように要求することにより、当該行政処分の客観的な適正妥当と公正を担保することを法が所期しているためであると考えられるから、かかる場合における諮問機関に対する諮問の経由は、極めて重大な意義を有するものというべく、したがって、行政処分が諮問を経ないでなされた場合はもちろん、これを経た場合においても、当該諮問機関の審理、決定（答申）の過程に重大な法規違反があることなどにより、その決定（答申）自体に法が諮問機関に対する諮問を経ることを要求した趣旨に反すると認められるような瑕疵があるときは、これを経てなされた処分も違法として取消をまぬがれないこととなるものと解するのが相当である」（昭和五〇年五月二九日第一小法廷判決）旨、判示している。〉

五　次に、政省令など行政機関が策定する命令等を定めるに際しての事前手続として、行政手続法の一部を改正する法律（平成一七年法律第七三号）により、いわゆるパブリック・コメント手続（意見公募手続）が行政手続上の通則的な制度として整備された。従来から、例えば法律が一定の事項を定めることを政令に委任した場合にその制定に当たり利害関係人、学識経験者等の意見を聴くべきことを法律で定めることがあった。法律等による委任の範囲が広く、しかも、委任された事項が一般の利害に重大な関係があり、又は専門的事項にわたるような場合に、当該事項を定める法令の制定権者の恣意、独断を排除しようというものである。同法により、パブリック・コメント手続は政省令等を定める際の一般原則として法定され、具体的な手続として、意見提出期間、提出意見の考慮義務、提出意見等の公示などに関し、規定が整備された

（行政手続法第六章）。なお、従来から個別法で利害関係人、学識経験者等の意見聴取の規定を有していたものについては、行政手続法によるパブリック・コメント手続の施行とともに廃止されたもの（旧ガス事業法第四八条による政令制定、改廃の立案に際しての公聴会の開催等）と、法律又は政令の規定により、いわゆる三者構成の委員会や審議会を経て定めることとされているため、あらためて行政手続法による意見公募手続を経る必要がないとされているもの（同法第三九条第四項第四号参照）とがある。後者の例は次のとおり。

■例■

○労働基準法（昭和二十二年法律第四十九号）

（命令の制定）

第百十三条　この法律に基いて発する命令は、その草案について、公聴会で労働者を代表する者、使用者を代表する者及び公益を代表する者の意見を聴いて、これを制定する。

この種の意見聴取については、公聴会と呼ばれることが多く、右の例のほか、船員法第一二一条等にも、同様の規定がある。

なお、一般の公聴会方式による意見聴取に代えて、学識経験者等で構成される審議会等の諮問機関の意見を聴くことを義務付けた立法例も少なくないし（次に示す例のほか、森林環境税及び森林環境譲与税に関する法律第三三条、愛がん動物用飼料の安全性の確保に関する法律第五条第二項等がある。）、諮問を受けた審議会が、答申の議決前に意見の聴取を行うことができるという極めて丁寧な例（電波法第九九条の一一第一項第一号及び第九九条の一二第二項参照）もある。

■例■

○**再生医療等の安全性の確保等に関する法律**（平成二十五年法律第八十五号）

（厚生科学審議会の意見の聴取）

第五十五条　厚生労働大臣は、次に掲げる場合には、あらかじめ、厚生科学審議会の意見を聴かなければならない。

一　第二条第二項の政令の制定又は改廃の立案をしようとするとき。

二　第二条第五項又は第六項の厚生労働省令を制定し、又は改廃しようとするとき。

三　再生医療等提供基準を定め、又は変更しようとするとき。

四　（略）

〈編注　第三号の「再生医療等提供基準」は、厚生労働省令で定めることとされている。〉

六　次に、行政機関がした処分に対する不服申立ての審理の段階で申立人に意見を述べる機会を与えるものがある。許認可等の処分に先立って行われる聴聞や意見聴取等を広義の事前「聴聞」というのに対して、これを事後「聴聞」ということもある。全部改正された行政不服審査法（平成二六年法律第六八号）によれば、審査請求人又は参加人の申立てがあったときは、審査庁から指名された審理員は、申立人に口頭で意見を述べる機会を与えなければならないし（第三一条第一項本文）、審査請求人又は参加人は、証拠書類又は証拠物を提出することができるのであり（第三二条第一項）、これらの規定は、処分についての再調査の請求及び再審査請求に準用され（第六一条、第六六条）、また行政不服審査会が行う調査審議においても審査請求人又は参加人の申立てがあったときは、同審査会は口頭で意見を述べる機会を与えなければならないとされている（第七五条第一項本文）のであるから、不服審査一般について、処分を受けた者の権利の擁護に意が払われている。ただし、同法では不服審査については、公開が義務付けられておらず、実務上非公開とされているので、次の例に示すように個別法に規定することによって公開を義務付け、より慎重な手続としているものがある（例一、例二のほか同様のものとして割賦販売法第四四条第一項、高圧ガス保安法第七八条第一項、電気事業法第一一〇条第一項等がある。）。これらの例は、いわゆる事前聴聞を経たものについても、更に公開による当事者からの意見聴取を義務付けた極めて慎重な手続を定めたものである。

なお、いわゆる事後「聴聞」については行政手続法による不利益処分に係る「聴聞」と区別するため従来個別法に規定されていた「聴聞」の用語に代えて「意見の聴取」の用語が使われるようになった。意見の聴取を経ないでされた裁決又は決定が原則として無効となると解すべきことは、いわゆる事前聴聞の場合と同様であろう。

例一

○**計量法**（平成四年法律第五十一号）

（審査請求の手続における意見の聴取）

第百六十四条　この法律又はこの法律に基づく命令の規定による処分又はその不作為についての審査請求に対する裁決は、行政不服審査法第二十四条の規定により当該審査請求を却下する場合を除き、審査請求人に対し、相当な期間をおいて予告をした上、同法第十一条第二項に規定する審理員が公開による意見の聴取をした後にしなければならない。

2　前項の意見の聴取に際しては、審査請求人及び利害関係人に対し、その事案について証拠を提示し、意見を述べる機会を与えなければならない。

（以下略）

■例二■

○**消費生活用製品安全法**（昭和四十八年法律第三十一号）

（審査請求の手続における意見の聴取）

第五十条 この法律又はこの法律に基づく命令の規定による処分又はその不作為についての審査請求に対する裁決は、行政不服審査法第二十四条の規定により当該審査請求を却下する場合を除き、審査請求人に対し、相当な期間をおいて予告をした上、同法第十一条第二項に規定する審理員が公開による意見の聴取をした後にしなければならない。

2 前項の意見の聴取に際しては、審査請求人及び利害関係人に対し、当該事案について証拠を提示し、意見を述べる機会を与えなければならない。

（以下略）

〈編注1 憲法第三一条の適正手続の保障が行政手続についても適用されるか否かについて、最高裁判所は、個人タクシー事業の免許申請の審査に関し、直接憲法第三一条を根拠としてではないが、審査、判定の手続、方法等に関する明文規定のない場合であっても、利害関係人にその主張と証拠の提出を認め、公正な手続による保障を与えなければならない旨を判示（昭和四六年一〇月二八日判決）した。すなわち、「おもうに、道路運送法においては、個人タクシー事業の免許申請の許否を決する手続について、同法一二二条の二の聴聞の規定のほか、とくに、審査、判定の手続、方法等に関する明文規定は存しない。しかし、同法による個人タクシー事業の免許の許否は個人の職業選択の自由にかかわりを有するものであり、このことと同法六条および前記一二二条の二の規定等とを併せ考えれば、本件におけるように、多数の者のうちから少数特定の者を、具体的個別的事実関係に基づき選択して免許の許否を決しようとする行政庁としては、事実の認定につき行政庁の独断を疑うことが客観的にもっともと認められるような不公正な手続をとってはならないものと解せられる。すなわち、右六条は抽象的な免許基準を定めているにすぎないのであるから、内部的にせよ、さらに、その趣旨を具体化した審査基準を設定し、これを公正かつ合理的に適用すべく、とくに、右基準の内容が微妙、高度の認定を要するようなものである等の場合には、右基準を適用するうえで必要とされる事項について、申請人に対し、その主張と証拠の提出の機会を与えなければならないというべきである。免許の申請人はこのような公正な手続によって免許の許否につき判定を受くべき法的利益を有するものと解すべく、これに反する審査手続によって免許の却下処分がされたときは、右利益を侵害するものとして、右処分の違法事由となるものというべきである。」とした。なお、直接、聴聞等に関するものではないが、行政手続と適正手続の保障に関する判例として、前問〈編注〉の最高裁判所の昭和四七年一一月二二日大法廷判決参照。〉

〈編注２　憲法第三一条と行政手続の関係について最高裁判例は、新東京国際空港の安全確保に関する緊急措置法（昭和五十三年法律第四十二号）（成田新法）第三条第一項に基づく工作物の利用禁止処分に関し、「憲法三一条の定める法定手続の保障は、直接には刑事手続に関するものであるが、行政手続については、それが刑事手続ではないとの理由のみで、そのすべてが当然に同条による保障の枠外にあると判断することは相当ではない。しかしながら、同条による保障が及ぶと解すべき場合であっても、一般に、行政手続は、刑事手続とその性質においておのずから差異があり、また、行政目的に応じて多種多様であるから、行政処分の相手方に事前の告知、弁解、防御の機会を与えるかどうかは、行政処分により制限を受ける権利利益の内容、性質、制限の程度、行政処分により達成しようとする公益の内容、程度、緊急性等を総合較量して決定されるべきものであって、常に必ずそのような機会を与えることを必要とするものではないと解するのが相当である。」とし、処分にあたってその相手方に対し事前に弁明等の機会を与える旨の規定がなくとも、同法第三条が憲法第三一条に反するものではないとした（最高裁判所平成四年七月一日大法廷判決）。なお、行政手続法の制定に際し、成田新法には、当該禁止処分については行政手続法の規定は適用しない旨の規定が新設された（成田新法第八条の二）。また、成田新法の題名は、平成一五年法律第一二四号により、成田国際空港の安全確保に関する緊急措置法に改正され、同条は第八条に繰り上げられた。〉

〈他法令の題名の引用〉

問44　法令中に他の法令の題名を引用する場合、どのように表現するのか。引用が一回の場合と二回以上の場合とで、違うのか。また、引用が題名中である場合には、どのようにするのか。

答　法令中に他の法令の題名を引用する場合には、次の例一に示すように、その引用する法令の題名を掲げ、その下にその法令の法令番号を括弧書きするのが原則である。この場合、法令の題名はその法令に固有のものであるから、引用する法令の題名が片仮名書きの場合には片仮名のまま引用するし、題名に常用漢字でない漢字が用いられている場合にもそのままの漢字を使うこととされている。題名が付けられていない法令を引用する場合については、〈問54　参照〉。また、引用する法令の題名に通用字体でない字体が用いられている場合については、〈問275　参照〉。なお、法令中に条約の題名を引用する場合は、次の例二に示すように、他の法令の題名を引用する場合と異なり、条約番号は引用しない。

■例一■

○**特定国立研究開発法人による研究開発等の促進に関する特別措置法**（平成二十八年法律第四十三号）

（定義）

第二条　この法律において「特定国立研究開発法人」とは、国立研究開発法人（独立行政法人通則法（平成十一年法律第百三号。以下「通則法」という。）第二条第三項に規定する国立研究開発法人をいう。以下同じ。）のうち、当該国立研究開発法人に係る研究開発等の実績及び体制を総合的に勘案して世界最高水準の研究開発の成果の創出が相当程度見込まれるものとして別表に掲げるものをいう。

（以下略）

■例二■

○原子力損害の補完的な補償に関する条約の実施に伴う原子力損害賠償資金の補助等に関する法律（平成二十六年法律第百三十三号）

（趣旨）

第一条　この法律は、原子力損害の補完的な補償に関する条約（以下「条約」という。）の実施に伴い、原子力損害を賠償するために必要な資金（第三条及び第十一条において「原子力損害賠償資金」という。）の補助その他必要な事項を定めるものとする。

〈編注　原子力損害の補完的な補償に関する条約の条約番号は平成二七年条約第一号である。〉

二　一の法令中に同一の法令の題名を二回以上引用する場合には、次の例に示すように、最初の引用のときにだけ、右の一に述べた原則どおり、法令の題名を掲げ、その下に法令番号を括弧書きするが、第二回目以後の引用のときには、題名のみを掲げることとされている。

■例■

○**少年院法**（平成二十六年法律第五十八号）

（定義）

第二条 この法律において、次の各号に掲げる用語の意義は、それぞれ当該各号に定めるところによる。

一 （略）

二 保護処分在院者 少年法（昭和二十三年法律第百六十八号）第二十四条第一項第三号の保護処分（第百三十八条第二項及び第四項（第百三十九条第三項において準用する場合を含む。）並びに第百三十九条第二項の規定による措置並びに更生保護法（平成十九年法律第八十八号）第七十二条第一項の規定による措置を含む。次条第一号及び第四条第一項第一号から第三号までにおいて単に「保護処分」という。）の執行を受けるため少年院に収容されている者をいう。

三 受刑在院者 少年法第五十六条第三項の規定により懲役若しくは禁錮の刑の執行を受けるため少年院に収容されている者又は国際受刑者移送法（平成十四年法律第六十六号）第二十一条の規定により適用される少年法第五十六条第三項の規定により国際受刑者移送法第十六条第一項各号の共助刑の執行を受けるため少年院に収容されている者をいう。

四 保護者 少年法第二条第二項に規定する保護者をいう。

（以下略）

三 また、最初の引用の位置が題名中である場合には、題名は簡潔であることが望ましいので、次の例一に示すように、題名中の引用は法令の題名のみにとどめ、制定文又は本則中で最初に引用するときに、法令の題名の下に法令番号を括弧書きすることとされている。このことはまた、例二に示すように、最初の引用の位置が章名、節名等である場合にも、見出しである場合にも、同様である。

〔他法令の規定の引用〕

問45　法令中に他の法令の規定を引用する場合、条名等の下に要旨を括弧書きにして付けたものと単に条名等だけのものとがあるが、その使い分けの基準は何か。

■例一■
○東日本大震災に対処するための土地改良法の特例に関する法律（平成二十三年法律第四十三号）
（趣旨）
第一条　この法律は、東日本大震災に対処するため、国又は都道府県が行う土地改良事業等について、土地改良法（昭和二十四年法律第百九十五号）の特例を定めるものとする。

■例二■
○国立研究開発法人日本医療研究開発機構法（平成二十六年法律第四十九号）
（国家公務員宿舎法の適用除外）
第二十一条　国家公務員宿舎法（昭和二十四年法律第百十七号）の規定は、機構の役員及び職員には適用しない。

答　法令中に他の法令の規定を引用する場合、その引用される規定の内容の理解を容易にするために、次の例に示す消費税法における規定のように、条名等の下に要旨を括弧書きにして付けることがある。しかしながら、全ての法令について他の法令の規定を引用する場合に要旨を付けることとされているわけではない。これは、引用条文の全てに機械的に要旨を付けるときは、全く分かりきったものにも要旨を付けることになり、法令文がいたずらに冗長なものとなるおそれがあるからである。

したがって、消費税法のように、その法令の体系が複雑であるかどうか、また、引用される規定についてその要旨を付けることが法令の理解のために適切であるかどうかを判断し、それによって使い分けるべきであろう。

なお、要旨を付けることとした場合、要旨の表現が適切を欠くときは、かえって法令を誤って理解させるおそれもある点に留意する必要がある。

■例■

○**消費税法**（昭和六十三年法律第百八号）

（輸出免税等）

第七条　事業者（第九条第一項本文の規定により消費税を納める義務が免除される事業者を除く。）が国内において行う課税資産の譲渡等のうち、次に掲げるものに該当するものについては、消費税を免除する。

一　（略）

二　外国貨物の譲渡又は貸付け（前号に掲げる資産の譲渡又は貸付けに該当するもの及び輸入品に対する内国消費税の徴収等に関する法律（昭和三十年法律第三十七号）第八条第一項第三号（公売又は売却等の場合における内国消費税の徴収）に掲げる場合に該当することとなつた外国貨物の譲渡を除く。）

（以下略）

〔限時法〕

問46　限時法とは、何か。限時法は、有効期間を経過したら、どうなるのか。

答　一　通常、法令においては、施行期日を定めるだけで、終期を定めることはしないが、法令によっては、その法令中にあらかじめその終期を明示しているものがある。これが限時法と呼ばれるものであり、次の例に示すように、女性の職業生活における活躍の推進に関する法律、ホームレスの自立の支援等に関する特別措置法等がこれに当たる。

■例一■

○**女性の職業生活における活躍の推進に関する法律**（平成二十七年法律第六十四号）

附　則

（この法律の失効）

第二条　この法律は、平成三十八年三月三十一日限り、その効力を失う。

2・3　（略）

4　この法律の失効前にした行為に対する罰則の適用については、この法律は、第一項の規定にかかわらず、同項に規定する日後も、なおその効力を有する。

■例二■

○**ホームレスの自立の支援等に関する特別措置法**（平成十四年法律第百五号）

附　則

（この法律の失効）

第二条　この法律は、この法律の施行の日から起算して二十五年を経過した日に、その効力を失う。

〈編注　この法律の施行の日は、平成一四年八月七日である。〉

なお、次の例に示すように、法令全体でなく、当該法令の中の一部の規定だけについてその終期を定めている郵政民営化法のような例もあるが、この場合にも、当該規定は、限時法と考えるべきものである。

■例■

○**郵政民営化法**（平成十七年法律第九十七号）

附　則

（失効）

第二条　次の各号に掲げる規定は、当該各号に定める日限り、その効力を失う。
一　第四章の規定　平成十九年九月三十日
二　第五章第五節、第七章第四節、第八章第三節、第九章第三節及び第十章第三節の規定
移行期間の末日
（罰則に関する経過措置）
第十一条　第四章の規定の施行前にした行為及び附則第二条各号に掲げる規定の失効前にした行為に対する罰則の適用については、なお従前の例による。

二　限時法においては、その明示した終期が到来すれば、その法令を廃止し、あるいはその規定を削除するための特段の措置をとることなく、当該法令は、自動的に失効することとなる。

なお、限時法については、明示した終期が到来すれば自動的に失効するものであるから、刑罰法規の適正かつ衡平な運用の見地から、一般の法令と異なり、当該法律の失効前にした行為に対する罰則の適用についてなお従前の例による旨の明文の規定が置かれていなくても、こういう規定が置かれているのと同じように解すべきであるとする説も有力である。しかしながら、刑罰法規に関することでもあり、解釈上の紛れを避ける意味で、右の例一及び例に示すように（ホームレスの自立の支援等に関する特別措置法には、罰則規定がない。）、失効前にした行為に対する罰則の適用については従前の例によるという趣旨の規定を、制定の際に、あらかじめ設けておくのが最近の例である。

三　法令のうちには、一見、限時法のように見えて、実は、限時法と異なるものがあ

る。すなわち、次の例一に掲げる高度テレビジョン放送施設整備促進臨時措置法附則第二条の規定は、形は限時法の失効規定に似ているが、実はその定められた期限内に当該法律を廃止し又は失効させることについての立法者の意思、方針を宣明した規定で、そのとおりに当該法律を廃止し又は失効させるためには、更に別の立法措置が必要である。仮にその定められた期限内に当該法律を廃止し又は失効させる立法措置が講ぜられなかったとしても、その期限の経過によって当該法律が当然に廃止され又は失効することになるものではないのであって、このような法律が限時法であるということはできない。また、例二に掲げる特定タンカーに係る特定賠償義務履行担保契約等に関する特別措置法のように特定の条件が成就したときに「廃止するものとする」とする場合も同様である。

なお、例三に掲げる義務教育諸学校における教育の政治的中立の確保に関する臨時措置法のように、当該法律が「当分の間」〈問322参照〉と定めているからといって、当該法律が限時法であるということはできない。

また、運輸事業の振興の助成に関する法律では、趣旨規定で「当分の間の措置として、……定めるものとする」旨規定するとともに、附則第二項において「この法律の施行の状況について検討を加え、必要があると認めるときは、その結果に基づいて必要な措置を講ずるものとする。」と規定している。これもまた、限時法であるということはできない。

さらに、例四に掲げる地方公共団体の議会の議員及び長の選挙期日等の臨時特例に関する法律のように、本則中の規定の内容がある時点以降事実上適用の余地がなくなるとしても、規定そのものが別段その時点で失効するものではないから、同法が限時法であるということはできない。

なお、〈問119及び問260 参照〉。

■例一■

○高度テレビジョン放送施設整備促進臨時措置法（平成十一年法律第六十三号）

附　則

（この法律の廃止）

第二条　この法律は、平成二十七年三月三十一日までに廃止するものとする。

〈編注　この法律は、高度テレビジョン放送施設整備促進臨時措置法を廃止する法律（平成二七年法律第一五号）により廃止された。〉

■例二■

○特定タンカーに係る特定賠償義務履行担保契約等に関する特別措置法（平成二十四年法律第五十二号）

附　則

（この法律の廃止）

第二条　この法律は、イランをめぐる国際情勢その他の情勢の変化により、特定タンカーについて、特定タンカー所有者損害を填補するための保険契約であってその保険金額が第二条第十一号ロの政令で定める金額以上のものの締結が可能であると認められるに至ったとき、又は特定運航が行われなくとも国民生活の安定及び国民経済の円滑な運営に支障を生じないと認められるに至ったときは、速やかに、廃止するものとする。

■例三■

○義務教育諸学校における教育の政治的中立の確保に関する臨時措置法（昭和二十九年法律第百五十七号）

附　則

この法律は、公布の日から起算して十日を経過した日から施行し、当分の間、その効力を有する。

〈編注　この法律の施行の日は、昭和二九年六月一三日である。〉

■例四■

○地方公共団体の議会の議員及び長の選挙期日等の臨時特例に関する法律（平成二十六年法律第百二十五号）

（選挙期日）

第一条　平成二十七年三月一日から同年五月三十一日までの間に任期が満了することとなる地方公共団体（……）の議会の議員又は長の任期満了による選挙の期日は、当該選挙を同年二月二十八日以前に行う場合及び公職選挙法（……）の規定により行う場合を除き、同法第三十三条第一項の規定にかかわらず、都道府県及び地方自治法（昭和二十二年法律第六十七号）第二百五十二条の十九第一項の指定都市（……）の議会の議員及び長の選挙にあっては平成二十七年四月十二日、指定都市以外の市、町村及び特別区（以下「市区町村」という。）の議会の議員及び長の選挙にあっては同月二十六日とする。

2　平成二十七年六月一日から同月十日までの間に任期が満了することとなる地方公共団体の議会の議員又は長の任期満了による選挙の期日は、公職選挙法第三十三条第一項の規定にかかわらず、それぞれ前項に規定する期日とすることができる。（略）

3　統一地方選挙の対象の地方公共団体の議会の議員又は長（……）について、任期満了による選挙以外の選挙を行うべき事由が生じた場合において、同法第三十三条第二項又は第三十四条第一項の規定により当該選挙を行うべき期間が平成二十七年四月一日以後にかかり、かつ、当該期間が次条各号に掲げる選挙の区分に応じ当該各号に定める日前五日までに始まるときは、当該選挙を同年二月二十八日以前に行う場合を除き、当該選挙の期日は、同法第三十三条第二項又は第三十四条第一項の規定にかかわらず、それぞれ第一項に規定する期日とする。
4　統一地方選挙の対象の地方公共団体の議会の議員又は長以外の地方公共団体の議会の議員又は長（……）について、選挙を行うべき事由が生じた場合（同法第百十七条の規定により選挙を行うべき事由が生じた場合を除く。）において、同法第三十三条第二項又は第三十四条第一項の規定により当該選挙を行うべき期間が平成二十七年四月一日以後にかかり、かつ、当該期間が次条各号に掲げる選挙の区分に応じ当該各号に定める日前十日までに始まるときは、当該選挙を同年二月二十八日以前に行う場合を除き、当該選挙の期日は、同法第三十三条第二項又は第三十四条第一項の規定にかかわらず、それぞれ第一項に規定する期日とする。

〔限時法の有効期間〕

問47　限時法の有効期間についての規定は、どのように表現すればよいのか。

答　前問及び問119　参照

第二章　題名関係

〔題名〕

問48　法令には、必ず題名が必要か。題名のない法令はないのか。

答　一　現在では、法令には、原則として題名が付けられることとなっており、少なくとも、法律及び政令には、全て題名が付けられている。

二　しかしながら、昭和二二年ごろまでは、法律においても、題名が付けられるものと付けられないものとがあり、重要な法令は別として、既存の法令の一部を改正する法令、一時的な問題を処理するために制定される法令、内容の比較的重要でない法令、簡潔な題名を付けることが困難な法令等については、むしろ題名が付けられないのが通例であったから、現存する法令にも、題名の付いていないものがある。〈問54　参照〉

〔題名の付け方〕

問49　題名の付け方には、何か原則、基準があるのか。

答　一　法令を新たに制定する場合には、通常、次の例一に示すように題名を付ける。〈次問　参照〉

既存の法令の一部を改正するための法令の場合には、例二に示すように題名を付けるのが通例である〈問164　参照〉が、既存の法令の一部改正と同時に、ある法令の廃止をも行う法令の場合には例三に示すように〈問165　参照〉、また、ある法令の制定改廃に伴って多数の関係する法令の関係規定を並列的に改正する必要があり、これを

独立の法令を制定して行う場合には例四に示すように題名を付けるのが普通である。〈問169　参照〉

既存の法令の全部を改正するための法令の場合には、「○○法の全部を改正する法律」等とはしないで、例五に示すように法令を新たに制定する場合と同じ形式で題名を付け、制定文においてのみ全部改正であることが明らかにされることとなっている。〈問255及び問256　参照〉

既存の法令を廃止するための法令の場合には、例六に示すように題名を付けるのが普通である。〈問259　参照〉

■例一■

○平成三十二年東京オリンピック競技大会・東京パラリンピック競技大会特別措置法（平成二十七年法律第三十三号）

○女性の職業生活における活躍の推進に関する法律（平成二十七年法律第六十四号）

○建築物のエネルギー消費性能の向上に関する法律施行令（平成二十八年政令第八号）

○水酸化カリウムに対して課する不当廉売関税に関する政令（平成二十八年政令第百九十六号）

■例二■

○独立行政法人科学技術振興機構法の一部を改正する法律（平成二十六年法律第一号）

○地方交付税法及び特別会計に関する法律の一部を改正する法律（平成二十五年法律第四号）

○河川法施行令の一部を改正する政令（平成二十八年政令第三百六十六号）

■例三■

○地方税法等の一部を改正する等の法律（平成二十八年法律第十三号）

■例四■
○少年院法及び少年鑑別所法の施行に伴う関係法律の整備等に関する法律（平成二十六年法律第六十号）

■例五■
○行政不服審査法（平成二十六年法律第六十八号）
行政不服審査法（昭和三十七年法律第百六十号）の全部を改正する。

■例六■
○独立行政法人日本万国博覧会記念機構法を廃止する法律（平成二十五年法律第十九号）

二　新たに制定される法令の題名については、それがその法令に固有のものであることからくる呼びやすさという要請と、その題名から内容を一応推察させ、あるいは少なくとも内容を誤解させず、他との紛れも生じさせないようにしなければならないという要請とがある。

しかしながら、この二つの要請は、しばしば矛盾背反することがあり、題名を付ける場合に、いずれの要請に重点を置くべきかが問題となることが少なくない。このような場合、一般的には、なるべく簡潔な表現をとる方に重点を置いて考えるべきであろうが、法令によっては、次の例に示すように、簡潔な題名を付けることが難しく、あるいは適当でないと考えられる場合もある。

なお、題名を簡潔なものとするために、幾つかの事項を内容とする法令においては、その題名に「等」を用いることがあるが、この「等」を濫用することのないよう留意すべきである。〈問53及び問165　参照〉

〔法形式の表示〕

問50　題名は、法律の場合は法律、政令の場合は政令といった具合に、必ずその属する法形式を示さなければならないのか。

答　法令には、法律、政令、府・省令、条例等各種の法形式があるが〈問1　参照〉、法令の題名は、それがいかなる法形式に属するものであるかが、一見して判然とするように付けられるのが望ましい。事実、最近における立法を見ると、法律の場合には「法律」又は「法」という字句が付けられ、政令の場合には「政令」又は「令」という字句が付けられている〈前問　参照〉。しかしながら、制定の時期が古い法令の中には、地方自治法施行規程（昭和二二年政令第一九号）のように、この原則に対する例外をなすものがある。〈問168　参照〉

■例■

○国際連合安全保障理事会決議第千二百六十七号等を踏まえ我が国が実施する国際テロリストの財産の凍結等に関する特別措置法（平成二十六年法律第百二十四号）

○東日本大震災からの復興に関し地方公共団体が実施する防災のための施策に必要な財源の確保に係る地方税の臨時特例に関する法律（平成二十三年法律第百十八号）

〔基本法〕

問51　法律の中には「○○基本法」という題名の付いたものがあるが、これは、どのようなものか。

答一　現在、「○○基本法」という題名が付けられている法律は、次のとおり四九に達している。

・原子力基本法（昭和三〇年法律第一八六号）
・災害対策基本法（昭和三六年法律第二二三号）
・中小企業基本法（昭和三八年法律第一五四号）
・森林・林業基本法（昭和三九年法律第一六一号）

・消費者基本法（昭和四三年法律第七八号）
・障害者基本法（昭和四五年法律第八四号）
・交通安全対策基本法（昭和四五年法律第一一〇号）
・土地基本法（平成元年法律第八四号）
・環境基本法（平成五年法律第九一号）
・高齢社会対策基本法（平成七年法律第一二九号）
・科学技術基本法（平成七年法律第一三〇号）
・中央省庁等改革基本法（平成一〇年法律第一〇三号）
・ものづくり基盤技術振興基本法（平成一一年法律第二号）
・男女共同参画社会基本法（平成一一年法律第七八号）
・食料・農業・農村基本法（平成一一年法律第一〇六号）
・循環型社会形成推進基本法（平成一二年法律第一一〇号）
・高度情報通信ネットワーク社会形成基本法（平成一二年法律第一四四号）
・水産基本法（平成一三年法律第八九号）
・文化芸術基本法（平成一三年法律第一四八号）
・エネルギー政策基本法（平成一四年法律第七一号）
・知的財産基本法（平成一四年法律第一二二号）
・食品安全基本法（平成一五年法律第四八号）
・少子化社会対策基本法（平成一五年法律第一三三号）
・犯罪被害者等基本法（平成一六年法律第一六一号）

・食育基本法（平成一七年法律第六三号）
・住生活基本法（平成一八年法律第六一号）
・自殺対策基本法（平成一八年法律第八五号）
・がん対策基本法（平成一八年法律第九八号）
・観光立国推進基本法（平成一八年法律第一一七号）
・教育基本法（平成一八年法律第一二〇号）
・海洋基本法（平成一九年法律第三三号）
・地理空間情報活用推進基本法（平成一九年法律第六三号）
・宇宙基本法（平成二〇年法律第四三号）
・生物多様性基本法（平成二〇年法律第五八号）
・国家公務員制度改革基本法（平成二〇年法律第六八号）
・公共サービス基本法（平成二一年法律第四〇号）
・バイオマス活用推進基本法（平成二一年法律第五二号）
・肝炎対策基本法（平成二一年法律第九七号）
・東日本大震災復興基本法（平成二三年法律第七六号）
・スポーツ基本法（平成二三年法律第七八号）
・交通政策基本法（平成二五年法律第九二号）
・強くしなやかな国民生活の実現を図るための防災・減災等に資する国土強靱化基本法（平成二五年法律第九五号）
・アルコール健康障害対策基本法（平成二五年法律第一〇九号）

・水循環基本法（平成二六年法律第一六号）
・小規模企業振興基本法（平成二六年法律第九四号）
・アレルギー疾患対策基本法（平成二六年法律第九八号）
・サイバーセキュリティ基本法（平成二六年法律第一〇四号）
・都市農業振興基本法（平成二七年法律第一四号）
・官民データ活用推進基本法（平成二八年法律第一〇三号）

二　これらの法律は、教育、環境、少子化社会対策等国政に重要なウェイトを占める分野について国の制度、政策、対策に関する基本方針を明示したものである。したがって、次の例一に示す男女共同参画社会基本法、少子化社会対策基本法等に見られるように、特に前文を置いて、その制定の背景、決意、ねらい等を格調高くうたい、あるいは、例二に示す小規模企業振興基本法、科学技術基本法等に見られるように、第一条の目的規定において、施策の「基本となる事項を定める」旨を明らかにするのが通例である。

■例一■

○**男女共同参画社会基本法**（平成十一年法律第七十八号）

我が国においては、日本国憲法に個人の尊重と法の下の平等がうたわれ、男女平等の実現に向けた様々な取組が、国際社会における取組とも連動しつつ、着実に進められてきたが、なお一層の努力が必要とされている。

一方、少子高齢化の進展、国内経済活動の成熟化等我が国の社会経済情勢の急速な変化に対応していく上で、男女が、互いにその人権を尊重しつつ責任も分かち合い、性別にかかわりなく、その個性と能力を十分に発揮することができる男女共同参画社会の実現は、緊要な課題となっている。

このような状況にかんがみ、男女共同参画社会の実現を二十一世紀の我が国社会を決定する最重要課題と位置付け、社会のあらゆる分野において、男女共同参画社会の形成の促進に関する施策の推進を図っていくことが重要である。

ここに、男女共同参画社会の形成についての基本理念を明らかにしてその方向を示し、将来に向かって国、地方公共団体及び国民の男女共同参画社会の形成に関する取組を総合的かつ計画的に推進するため、この法律を制定する。

■例二■
○小規模企業振興基本法（平成二十六年法律第九十四号）
（目的）
第一条　この法律は、中小企業基本法（昭和三十八年法律第百五十四号）の基本理念にのっとり、小規模企業の振興について、その基本原則、基本方針その他の基本となる事項を定めるとともに、国及び地方公共団体の責務等を明らかにすることにより、小規模企業の振興に関する施策を総合的かつ計画的に推進し、もって国民経済の健全な発展及び国民生活の向上を図ることを目的とする。

三　また、これらの法律は、その規律の対象としている分野については、基本法として他の法律に優越する性格をもち、他の法律がこれに誘導されるという関係に立っている。すなわち、次の例一に示す交通政策基本法に見られるように、包括的に施策を実施するために必要な法制上の措置を講ずべき旨を定め、あるいは、例二に示す教育基本法に見られるように、個別的に原則や施策の基本を明らかにしつつその具体的内容を「別に法律で定める」こととする等、規定の仕方に差はあっても、その一連の規定中で、このような他の法律との関連性が明らかにされている。
反面、これらの法律は、災害対策基本法等の一部の例外を除けば、直接に国民の権利義務に影響を及ぼすような規定は設けられず、訓示規定とかいわゆるプログラム規定でその大半が構成されている。〈問39　参照〉

■例一■

○**交通政策基本法**（平成二十五年法律第九十二号）

（法制上の措置等）

第十三条　政府は、交通に関する施策を実施するため必要な法制上又は財政上の措置その他の措置を講じなければならない。

■例二■

○**教育基本法**（平成十八年法律第百二十号）

（義務教育）

第五条　国民は、その保護する子に、別に法律で定めるところにより、普通教育を受けさせる義務を負う。

（以下略）

四　さらに、これらの法律においては、その運用に当たっての重要性にかんがみ、次の例に示すように、通常の諮問機関とは異なる、基本的な施策の推進等の事務をつかさどる機関が設けられる例も多い。

■例■

○**国家公務員制度改革基本法**（平成二十年法律第六十八号）

（国家公務員制度改革推進本部の設置）

第十三条　国家公務員制度改革を総合的かつ集中的に推進するため、内閣に、国家公務員制度改革推進本部（以下「本部」という。）を置く。

（所掌事務）
第十四条　本部は、次に掲げる事務をつかさどる。
一　国家公務員制度改革の推進に関する企画及び立案並びに総合調整に関すること。
二　国家公務員制度改革に関する施策の実施の推進に関すること。

五　なお、題名に基本法の文言を用いてはいないが、以上のような観点から基本法的な性格を有するとみられるものとして、文字・活字文化振興法等がある。

〔暫定措置法、特別措置法等〕

問52　法律の題名には、「暫定措置法」、「緊急措置法」、「臨時措置法」、「特別措置法」更には「特例法」というものがあるが、これらは、どのような違いがあるのか。

答　一般に法令の題名が法令の内容に即して付けられるべきものであることはいうまでもなく、したがって、法律の題名において「暫定措置法」、「緊急措置法」、「特別措置法」、「臨時措置法」又は「特例法」という表現が用いられる場合には、それぞれの法律の内容がこのような表現にふさわしい事項を規定している結果とみることができる。

しかしながら、その場合においても、それぞれの法律が規定する内容に絶対的な差異があるものではなく、当該法律が規定する内容についての重点の置きどころ、視点の差異に着目して、いずれの表現を用いるかの選択がされるのが通例である。すなわち、次の例一及び例二に示すように、暫定的な措置という見地を強調する場合に「暫定措置法」という表現が、例三及び例四に示すように、緊急事態に対処する措置という見地を強調する場合に「緊急措置法」という表現が、例五及び例六に示すように、特例的なあるいは特別の事態に対処する措置という見地を強調する場合に「特別措置法」という表現が用いられ、一般的に臨時の措置であり恒久的なものではないことを示すにとどまる場合には、例七に示すように「臨時措置法」という表現をとるのが通例である。このほか、例八及び例九に示すように、特別の場合に適用される例外の規範であることを強調するため「特例」又は「臨時特例」の文言を用いた表現をとる場合もある。

■例一■

○**深海底鉱業暫定措置法**（昭和五十七年法律第六十四号）

（趣旨）

第一条　この法律は、最近における新しい海洋秩序への国際社会の急速な歩みその他の深海底鉱業を取り巻く国際環境の著しい変化等に対応し、深海底鉱物資源を合理的に開発することによつて公共の福祉の増進に寄与するため、深海底鉱業の事業活動の調整等に関し必要な暫定措置を定めるものとする。

（以下略）

■例二■

○**林業経営基盤の強化等の促進のための資金の融通等に関する暫定措置法**（昭和五十四年法律第五十一号）

（目的）

第一条　この法律は、林業をめぐる諸情勢の著しい変化に対処して、当分の間、育成すべき林業経営の経営基盤の強化並びに木材の生産及び流通の合理化を図るために必要な資金の融通等に関する措置を講ずることにより、林業並びに木材の製造業及び卸売業の健全な発展に資することを目的とする。

■例三■

○**大都市地域における優良宅地開発の促進に関する緊急措置法**（昭和六十三年法律第四十七号）

（目的）

第一条　この法律は、大都市地域において一の都府県の区域を超える広範な地域に及ぶ著しい住宅地需要が存していることにかんがみ、優良な宅地開発を促進するための緊急の措置を講ずることにより、良質な住宅地の円滑な供給を図り、もつて大都市地域における住民の生活の安定と当該地域の秩序ある発展に寄与することを目的とする。

■例四■

○**阪神・淡路大震災に伴う許可等の有効期間の延長等に関する緊急措置法**（平成七年法律第十九号）

（趣旨）

第一条　この法律は、阪神・淡路大震災の被災者等について、行政上の権利利益の回復又は保全のための期間の満了日の延長及び法令上の義務が期限内に履行されなかった場合の責任の免除に関して定めるものとする。

〈編注　この法律に代わる恒久的なものとして、特定非常災害の被害者の権利利益の保全等を図るための特別措置に関する法律（平成八年法律第八五号）が制定された。〉

■例五■

○**特定国立研究開発法人による研究開発等の促進に関する特別措置法**（平成二十八年法律第四十三号）

（目的）

第一条　この法律は、産業構造及び国際的な競争条件の変化、急速な少子高齢化の進展その他の経済社会情勢の変化に対応して、産業競争力を強化するとともに、国民が豊かで安心して暮らすことができる社会を実現するためには我が国の科学技術の水準の著しい向上を図ることが重要であることに鑑み、特定国立研究開発法人による研究開発等を促進するため、政府による基本方針の策定、中長期目標等に関する特例その他の特別の措置等について定めることにより、世界最高水準の研究開発の成果の創出並びにその普及及び活用の促進を図り、もって国民経済の発展及び国民生活の向上に寄与することを目的とする。

■例六■

○**租税特別措置法**（昭和三十二年法律第二十六号）

（趣旨）

第一条　この法律は、当分の間、所得税、法人税、相続税、贈与税、地価税、登録免許税、消費税、酒税、たばこ税、揮発油税、地方道路税、石油石炭税、航空機燃料税、自動車重量税、印紙税その他の内国税を軽減し、若しくは免除し、若しくは還付し、又はこれらの税に係る納税義務、課税標準若しくは税額の計算、申告書の提出期限若しくは徴収につき、所得税法（昭和四十年法律第三十三号）……及び国税徴収法（昭和三十四年法律第百四十七号）の特例を設けることについて規定するものとする。

■**例七**■

○**食品の製造過程の管理の高度化に関する臨時措置法**（平成十年法律第五十九号）

（目的）

第一条　この法律は、食品の製造過程において、食品に起因する衛生上の危害の発生の防止と適正な品質の確保を図るため、その管理の高度化を促進する措置を講じ、もって公衆衛生の向上及び増進に寄与するとともに、食品の製造又は加工の事業の健全な発展に資することを目的とする。

■**例八**■

○**矯正医官の兼業の特例等に関する法律**（平成二十七年法律第六十二号）

（目的）

第一条　この法律は、矯正施設に収容されている者に対する医療の重要性に鑑み、矯正医官について、その兼業についての国家公務員法（昭和二十二年法律第百二十号）の特例等を定めることにより、その能力の維持向上の機会の付与等を図り、もってその人材の継続的かつ安定的な確保に資することを目的とする。

■**例九**■

○**国家公務員の給与の改定及び臨時特例に関する法律**（平成二十四年法律第二号）

〈題名における「等」の用法〉

問53　しばしば「等」の文言を用いている題名を見受けるが、この「等」は、どのような場合に用いるのか。

（趣旨）
第一条　この法律は、人事院の国会及び内閣に対する平成二十三年九月三十日付けの職員の給与の改定に関する勧告に鑑み、一般職の職員、内閣総理大臣等の特別職の職員及び防衛省の職員の給与の改定について定めるとともに、我が国の厳しい財政状況及び東日本大震災に対処する必要性に鑑み、一層の歳出の削減が不可欠であることから、国家公務員の人件費を削減するため、一般職の職員の給与に関する法律（昭和二十五年法律第九十五号）等の特例を定めるものとする。

答　法令の題名は、簡潔であると同時に、その内容をできるだけ正確に表現するという要請を満たすものでなければならない。〈問49　参照〉

しかしながら、法令によっては、その規定する内容が幾つかの事項に分かれ、これをある程度正確に表現しようとすると、その題名が長くなり、簡潔さの面からは満足し難い場合が生ずることがある。規定する主たる内容が二つないし三つの事項にとどまる場合には、「緑の気候基金への拠出及びこれに伴う措置に関する法律」や「外国人の技能実習の適正な実施及び技能実習生の保護に関する法律」のように、「及び」で結んでこれを表現することができ、またそうすることが適当であると考えられるが、規定する内容が数多くの事項にわたる場合には、このような表現をとることは妥当でないので、通例、「等」を用いて、題名を簡潔にするとともに、題名に直接掲げられた事項以外の事項についても規定しているという趣旨を表すこととしている。「専門的知識等を有する有期雇用労働者等に関する特別措置法」、「難病の患者に対する医療等に関する法律」等は、その例である。

題名に「等」を用いる場合、題名に掲げられた事項からは類推できないような内容までも「等」の中に含ませることは、厳に避けるよう留意しなければならない。これは、「等」の濫用であり、法令の内容について誤解を生じさせることにもなるからである。なお、既存の法令の一部を改正するための法令の題名における「等」の用法については、〈問165　参照〉。

〔件名〕

問54　「件名」ということを聞くことがあるが、件名とは何か。また、件名を引用する場合には、どのようにするのか。

答

一　現在は、法令には原則として題名が付けられることとなっているが、古い法令には題名の付いていないものがかなり多く見られる。〈問48　参照〉

このような題名の付いていない法令については、その法令の公布文に引用されている字句をもって、その法令の同一性を表す名称としている。これが「件名」と呼ばれるものであり、その例としては、決闘罪ニ関スル件（明治二二年法律第三四号）、立木ニ関スル法律（明治四二年法律第二二号）、経済関係罰則ノ整備ニ関スル法律（昭和一九年法律第四号）等がある。

二　この件名を他の法令において引用する場合には、次の例に示すように、最近では、題名と同じように取り扱って、まず件名を掲げ、その下にその法令の法令番号を括弧書きすることとされている。

■例■

○**行政不服審査法の施行に伴う関係法律の整備等に関する法律**（平成二十六年法律第六十九号）

（私的独占の禁止及び公正取引の確保に関する法律の一部改正）

第十三条　私的独占の禁止及び公正取引の確保に関する法律（昭和二十二年法律第五十四号）の一部を次のように改正する。

〈編注　右の「私的独占の禁止及び公正取引の確保に関する法律」は、題名でなく、いわゆる件名に当たる。〉

しかしながら、題名がその法令に固有のものであるのに対し、件名は、その法令についての便宜的な呼び名であることから、件名の引用の仕方には、題名の引用の仕方とおのずから異なったところがあることに留意しなければならない。〈問44　参照〉すなわち、件名を引用する場合には、題名を引用する場合と異なり、いわゆる地の文章に従って、片仮名書き・文語体の法令に引用するときは片仮名書き・文語体で、また平仮名書き・口語体の法令に引用するときは当該件名が片仮名書き・文語体であっても平仮名書き・口語体で引用してもよいこととされ、更に、件名に常用漢字でない漢字が用いられているときは、その字を平仮名書きにすることも許される。

三　なお、題名については、その全部又は一部が改正されることがあり、また、その改正のためには法令改正の手続を要するのに対し、件名については、その全部又は一部の改正ということはなく、法令の内容が改正されることによって当初の公布文に書かれたところと異なることとなったときは、改正後の内容に即した件名を付けることができることとされている。これは、題名がその法令の一部を成すものであるのに対し、件名は、その法令の公布文に基づくもので、その法令の一部を成すものではないことによるものである。〈問167　参照〉

第三章　制定文関係

〔制定文〕

問55　制定文とは、何か。制定文は、法令の一部なのか。また、制定文は、全ての法令に付けられるのか。

答　制定文とは、一般に、次の例に示すように、政令の題名の次に置かれる当該政令を制定するについての根拠を明らかにするための文章及び既存の法律の全部改正法の題名の次に置かれる既存の法律の全部を改正するものである旨を明らかにする文章をいう。そして、この制定文は、いずれも当該法令の一部を成すものと考えられている。制定文が付けられるようになったのは、昭和二三年ごろからのことであるが〈問19参照〉、内閣府令、省令等の下位法令においても、政令にならって制定文が付けられることが多い。

なお、題名の次に置かれる文章の中には、憲法、男女共同参画社会基本法、教育基本法等に見られるように、その法律の基本的理念、理想等を述べたものがある〈問51参照〉。これらは、通常、前文〈問62参照〉と呼ばれるが、それが主として当該法律の趣旨を述べたものであるところから、制定文と呼ばれることもある。

■例一■

○成年後見制度利用促進委員会令（平成二十八年政令第二百十六号）

内閣は、成年後見制度の利用の促進に関する法律（平成二十八年法律第二十九号）第二十二条の規定に基づき、この政令を制定する。

○**道路法施行令の一部を改正する政令**（平成二十九年政令第二号）

内閣は、道路法（昭和二十七年法律第百八十号）第三十九条第二項本文（同法第九十一条第二項において準用する場合を含む。）の規定に基づき、この政令を制定する。

○**建築物のエネルギー消費性能の向上に関する法律施行令**（平成二十八年政令第八号）

内閣は、建築物のエネルギー消費性能の向上に関する法律（平成二十七年法律第五十三号）第二条第二号及び第五号ただし書、第三十五条並びに第三十八条第一項の規定に基づき、この政令を制定する。

■**例二**■

○**行政不服審査法**（平成二十六年法律第六十八号）

行政不服審査法（昭和三十七年法律第百六十号）の全部を改正する。

〈編注　行政不服審査法の場合、この制定文の次に、目次が置かれる。〉

二　政令は、法律の規定を実施するため、又は法律の委任に基づいて制定されるものであり、旧憲法時代のように、いわゆる独立命令（法律から独立して発せられる命令をいう。）により、法律の根拠なしに国民の権利、自由に対して制限を課することが許されないことはいうまでもない〈問1及び問15　参照〉。したがって、政令については、右の例一に示すように、その制定文を付け、当該政令が、いかなる法律のいかなる条項の規定に基づき、又はいかなる法律を実施するためのものであるかなど、その政令の制定の根拠を明らかにすることにしているわけである。

三　内閣府令、省令等の下位法令は別として、政令にあっても、全ての場合に制定文が付けられるわけではない。既存の実施政令を廃止する政令やこれの一部改正を行う政令（例としては、明治二二年勅令第三八号を廃止した勲章還納の件を廃止する政令（昭和四八年政令第二八七号）や明治一四年太政官布告第六三号の一部改正を行った褒章条例の一部を改正する政令（平成一四年政令第二七八号）が、これに当たる。なお、委任政令廃止の際の制定文については、〈問58一例　参照〉。）、根拠法が限時法〈問46　参照〉である場合のその失効に伴う当該委任政令を廃止する政令等には、制定文を付けないことがある。

　また、法律に制定文が付けられるのは、右の一に述べたように、当該法律が既存の法律の全部を改正する法律である場合に限られる。〈問255　参照〉

〔制定文改正の要否〕

問56　政令の制定文に引用されている法律の題名や条名等が変更された場合、制定文も改正されるのか。改正されないとすれば、それは、どうしてか。

答　政令の制定文は、政令の一部を成すものではあるが、当該制定文に引用されている法律の題名や条名等がその後の改正の結果変更されても、制定文の改正は行わないこととされている。これは、制定文は、当該政令の制定当時の根拠を示すものであるという考え方によるものである。〈編注　法令集において、制定文における法律の題名や条名等に傍線を付けてあるものがあるが、これは、その根拠に変更があったことを示すための法令集編集者の便宜的な措置で、実際の制定文について、このような措置がとられるわけではない。〉

〔「……の規定に基づき」等の用法〕

問57　政令の制定文には、「……の規定に基づき」というもの、「……を実施するため」というもの、更には両者を併せ規定するものがあるが、これらは、どのような違いがあるのか。

答　当該政令が法律の委任に基づくもの（委任政令〈問15　参照〉）である場合、すなわち、ある法律が「……については、政令で定める」又は「……は、政令で定めるところにより……する」というような規定を置き、その具体的な定めを政令に委任している場合において、その根拠に基づき、その内容を政令に規定するものであるときは、次の例一に示すように、当該政令の制定文において、「……の規定に基づき」の表現を用い、当該政令が法律を実施するためのもの（実施政令〈問15　参照〉）である場合、すなわち、右のように特段法律の委任がある場合でなくて、当該法律を実施するため、これに関する規定を当該政令が定めるものであるときは、その制定文において、「……を実施するため」の表現を用いる。したがって、次の例二に示すように、政令の制定文において右の両者の表現が併せ用いられているのは、当該政令が委任政令と実施政令との両者の性格を有するものである場合においてである。

■例一■

○**計量法関係手数料令の一部を改正する政令**（平成二十九年政令第三十四号）

内閣は、計量法（平成四年法律第五十一号）第百五十八条第一項の規定に基づき、この政令を制定する。

〈編注　計量法第百五十八条第一項は、「次に掲げる者（経済産業大臣、研究所、機構又は日本電気計器検定所に対して手続を行おうとする者に限る。）は、実費を勘案して政令で定める額の手数料を納付しなければならない。」と規定している。〉

■例二■

○**産業競争力強化法施行令**（平成二十六年政令第十三号）

内閣は、産業競争力強化法（平成二十五年法律第九十八号）第二条第十四項、第十七項第五

号及び第八号並びに第二十六項、第二十八条第一項、第三十四条第一項及び第三項、第三十五条第一項、第三十九条第一項各号、第四十一条第一項第一号及び第四項第一号、第五十四条第三項、第五十五条第三項、第六十一条第一項、第七十五条、第九十九条第二項ただし書、第百十五条第四項及び第五項、第百二十一条第三項及び第八項、第百二十八条第六項並びに第百三十三条第一号の規定に基づき、並びに同法を実施するため、この政令を制定する。

〈「……の施行に伴い」等の用法〉

問58 政令の制定文には、「……の施行（廃止）に伴い、……」、「……の施行（廃止）に伴い、……の規定に基づき」又は「○○令の全部を改正するこの政令を制定する」というものがあるが、これらは、それぞれどのような場合に用いるのか。

答 政令の制定文に「……の廃止に伴い、……」又は「……の施行に伴い、……」の文言を用いるのは、ある政令の根拠であった法律が廃止され、又はその一部改正が行われて、当該政令の全部又は一部が根拠を失うこととなったため、当該政令を廃止し、又はその一部改正を行う場合においてである。当該法律の廃止が当該法律の廃止のみを内容とする法律（「○○法を廃止する法律」）により行われて、当該政令が根拠を失うこととなったため、当該政令を廃止する場合には、次の例一に示すように前者の文言が用いられる。一方、当該法律の廃止が当該廃止以外の内容を含む法律（「○○法を廃止する等の法律」等）の当該廃止を内容とする規定により行われて、当該政令が根拠を失うこととなったため、当該政令を廃止する場合及びある法律の一部改正により当該政令の全部又は一部が根拠を失うこととなったため、当該政令を廃止し、又はその一部改正を行う場合には、次の例二及び例三に示すように後者の文言がそれぞれ用いられる。この場合、当該政令の制定は当該法律の廃止法、一部改正法等を実施するためのものではあるが、その制定文においては、「○○法を廃止する法律を実施するため」というような書き方はしないで、当該政令の廃止の動機を書くこととされている。

■例一■

○義務教育諸学校等の女子教育職員及び医療施設、社会福祉施設等の看護婦、保母等の育児休業に関する法律施行令を廃止する政令（平成四年政令第五十一号）

内閣は、義務教育諸学校等の女子教育職員及び医療施設、社会福祉施設等の看護婦、保母等の育児休業に関する法律（昭和五十年法律第六十二号）の廃止に伴い、この政令を制定する。

〈編注 右の法律は、義務教育諸学校等の女子教育職員及び医療施設、社会福祉施設等の看護婦、保母等の育児休業に関する法律を廃止する法律（平成三年法律第一一二号）により廃止された。〉

■例二■

○経済社会の変化等に対応して早急に講ずべき所得税及び法人税の負担軽減措置に関する法律施行令を廃止する政令（平成十八年政令第百三十六号）

内閣は、所得税法等の一部を改正する等の法律（平成十八年法律第十号）第十四条の規定の施行に伴い、この政令を制定する。

〈編注 右の法律第一四条の規定は、経済社会の変化等に対応して早急に講ずべき所得税及び法人税の負担軽減措置に関する法律（平成一一年法律第八号）を廃止したものである。〉

■例三■

○戸籍手数料令を廃止する政令（平成十一年政令第三百五十七号）

内閣は、地方分権の推進を図るための関係法律の整備等に関する法律（平成十一年法律第八十七号）の施行に伴い、この政令を制定する。

〈編注 右の法律による戸籍法（昭和二二年法律第二二四号）の一部改正により、戸籍法に係る事務が地方自治法上の第一号法定受託事務とされ、関係手数料に係る規定が削

除された。〉

二　政令の制定文に「……の施行に伴い、……の規定に基づき」又は「……の廃止に伴い、……の規定に基づき」の文言を用いるのは、①次の例一に示すように、ある法律の一部改正によりその条項が移動したことに伴い、当該条項を引用している関係政令についての改正を行う場合で、当該改正政令の委任の根拠を示すとともに、当該改正政令の制定の動機ないし趣旨を明らかにしたいとき（この場合、極めて特殊な例として、例四に示すような文言が用いられることもある。）、②次の例二及び例三に示すように、同一の改正政令中に法律の改廃によりその根拠を失うこととなったことに伴う政令の廃止又は一部改正に該当するもの（制定文の文言に右の一で説明した文言を用いるような内容を有するもの）と通常の委任政令又は実施政令に該当するものとが含まれている場合においてである。

■例一■

○保険法及び保険法の施行に伴う関係法律の整備に関する法律の施行に伴う関係政令の整備に関する政令（平成二十一年政令第二百九十四号）

内閣は、保険法（平成二十年法律第五十六号）及び保険法の施行に伴う関係法律の整備に関する法律（平成二十年法律第五十七号）の施行に伴い、並びに関係法律の規定に基づき、この政令を制定する。

〈編注　この政令においては、右の保険法の施行に伴う関係法律の整備に関する法律により中小企業等協同組合法（昭和二四年法律第一八一号）の条項が移動したことに伴い、当該条項を引用している中小企業等協同組合法施行令（昭和三三年政令第四三号）、金融商品取引法施行令（昭和四〇年政令第三二一号）及び金融商品の販売等に関する法律施行令（平成一二年政令第四八四号）の字句の整理を行っている。〉

■例二■

○独立行政法人日本万国博覧会記念機構法の廃止に伴う関係政令の整備及び経過措置に関する政令（平成二十六年政令第二十三号）

内閣は、独立行政法人日本万国博覧会記念機構法（平成十四年法律第百二十五号）の廃止に伴い、並びに独立行政法人日本万国博覧会記念機構法を廃止する法律（平成二十五年法律第十九号）附則第二条第七項及び第十八項並びに第四条並びに関係法律の規定に基づき、この政令を制定する。

〈編注　この政令においては、独立行政法人日本万国博覧会記念機構法施行令（平成一五年政令第三二七号）の廃止及び国家公務員退職手当法施行令（昭和二八年政令第二一五号）等の一部改正を行っている。〉

■例三■

○独立行政法人大学評価・学位授与機構法の一部を改正する法律の施行に伴う関係政令の整備及び経過措置に関する政令（平成二十八年政令第十一号）

内閣は、独立行政法人大学評価・学位授与機構法の一部を改正する法律（平成二十七年法律第二十七号）の施行に伴い、並びに同法附則第二条第三項及び第九項、第三条第三項並びに第十四条並びに関係法律の規定に基づき、この政令を制定する。

〈編注　この政令においては、右の一部改正法により、独立行政法人大学評価・学位授与機構が独立行政法人大学改革支援・学位授与機構と改称されるとともに、独立行政法人国立大学財務・経営センター法（平成一五年法律第一一五号）が廃止されて独立行政法人国立大学財務・経営センターが同機構に統合されたことに伴い、独立行政法人国立大学財務・経営センター法施行令（平成一五年政令第四八一号）を廃止するとともに、「独立行政法人大学評価・学位授与機構」及び「独立行政法人国立大学財務・経営センター」の名称を引用している道路運送車両法施行令（昭和二六年政令第二五四号）、国家公務員退職手当法施行令（昭和二八年政令第二一五号）等九政令において字句の整理を行う等している。〉

■例四■

○許可、認可等の整理に関する政令（昭和四十七年政令第二百六十三号）

内閣は、行政の簡素化及び合理化を図るため、統計法（昭和二十二年法律第十八号）第十八条、会計法（昭和二十二年法律第三十五号）第二十九条の三第五項……並びに地方交付税法（昭和二十五年法律第二百十一号）第十七条の三の規定に基づき、この政令を制定する。

〈編注　この政令においては、行政事務の簡素合理化を図るため、統計法等九法律の施行令の一部改正を行っている。〉

三　次に、政令の制定文に「○○令の全部を改正するこの政令を制定する」の文言を用いるのは、次の例に示すように、また、その文言からも明らかなように、当該政令が既存の政令の全部を改正する政令である場合においてである。この場合には、通常の政令の制定文と同様に、その根拠を示すとともに当該政令が全部改正政令であることを明らかにする趣旨で、このような文言を用いることとされている。

■例■

○スポーツ基本法施行令（平成二十三年政令第二百三十二号）

内閣は、スポーツ基本法（平成二十三年法律第七十八号）第九条第二項及び第三十三条第一項の規定に基づき、スポーツ振興法施行令（昭和三十七年政令第百七十六号）の全部を改正するこの政令を制定する。

〔根拠法令が多数の場合〕

問59　政令の根拠となる法令が多数ある場合でも、制定文には、一々根拠法令名を掲げなければならないのか。

答　政令の根拠条文又は根拠法令が多数ある場合には、次の例に示すように、「○○法の規定に基づき」又は「関係法律の規定に基づき」等の表現を用い、一々個々の条名又は法令名を掲げなくてもよいこととされている。

■例一■

○**行政手続における特定の個人を識別するための番号の利用等に関する法律施行令**（平成二十六年政令第百五十五号）

内閣は、行政手続における特定の個人を識別するための番号の利用等に関する法律（平成二十五年法律第二十七号）の規定に基づき、この政令を制定する。

■例二■

○**銀行法施行令等の一部を改正する政令**（平成二十九年政令第四十七号）

内閣は、情報通信技術の進展等の環境変化に対応するための銀行法等の一部を改正する法律（平成二十八年法律第六十二号）の施行に伴い、及び関係法律の規定に基づき、この政令を制定する。

〈編注　この政令においては、銀行法施行令のほか、信用金庫法施行令等の一三政令の一部改正を行っているが、その改正の根拠法を一々制定文に列記することは、煩さであるので、「関係法律の規定に基づき」という表現でこれを省略している。〉

なお、制定文に個別的に根拠条文を掲げる場合においても、字句の形式的な改正あるいは条文の移動や他の改正に伴う見出しのみの改正にとどまるときは、次の例に示すように、その根拠条文は掲げなくてもよいこととされている。

■例■

〔準用条文の委任に基づく場合〕

問60　A条において準用するB条の委任に基づき政令を制定する場合の制定文は、どのように表現するのか。

答　A条において準用するB条の委任に基づき政令を制定する場合の制定文は、次の例に示すように、「……A条において準用するB条の規定に基づき、……」として、準用するB条まで引いて表現する。

■例■

○**防衛省の職員の配偶者同行休業に関する政令**（平成二十六年政令第四十一号）

内閣は、国家公務員の配偶者同行休業に関する法律（平成二十五年法律第七十八号）第十一条において準用する同法第二条第四項、第四条第二項、第六条第二項、第八条及び第十条の規定に基づき、この政令を制定する。

○**貿易保険法施行令の一部を改正する政令**（平成二十八年政令第一号）

内閣は、貿易保険法及び特別会計に関する法律の一部を改正する法律（平成二十七年法律第五十九号）の一部の施行に伴い、並びに貿易保険法（昭和二十五年法律第六十七号）第三十一条第二項第一号ト、第三十四条第二項及び第五十二条第三項の規定に基づき、この政令を制定する。

（略）

貿易保険法施行令（昭和二十八年政令第百四十一号）の一部を次のように改正する。

第二十条の前の見出しを削り、同条を第二十一条とし、第十九条の次に次の見出し及び一条を加える。

（以下略）

〈編注　右政令の改正規定による改正後の貿易保険法施行令第二一条の規定は、貿易保険法第三一条第二項第二号の規定の委任に基づくものであるが、右政令の制定文においては、この根拠条文は、特に掲げられていない。〉

また、A条においてB条を準用する場合を含め、B条の委任に基づく政令を制定する場合の制定文は、次の例に示すように、「……B条（同法A条において準用する場合を含む。）の規定に基づき、……」と表現する。この場合、従来の例では、「同法」の文言を用いていないものがあるが、現在では、「同法A条」とすることに統一されている。

■例■

○国民健康保険法施行令の一部を改正する政令（平成二十八年政令第三十三号）

内閣は、国民健康保険法（昭和三十三年法律第百九十二号）第五十七条の二第二項（同法第五十七条の三第二項において準用する場合を含む。）及び第八十一条の規定に基づき、この政令を制定する。

〔附則の規定の委任に基づく場合〕

問61　法律の附則の規定の委任に基づき政令の附則に規定を設ける場合、制定文には、その根拠条文を引用する必要があるのか。

答　法律の施行に伴い必要となる経過措置等については、通常は、当該法律の附則において規定されることになるが〈問25及び問125参照〉、この場合、当該附則の規定において特定の事項についての定めを政令へ委任することがある。この委任に基づく政令の規定は、当該法律の施行に伴い制定される政令の附則に規定されることが多いが、この場合の当該政令の制定文には、次の例に示すように、その根拠となる当該法律の附則の条文を引用することとされている。

■例■

○電気事業法等の一部を改正する等の法律の施行に伴う経過措置に関する政令の一部を改正する政令（平成二十八年政令第二百三十号）

内閣は、電気事業法等の一部を改正する等の法律（平成二十七年法律第四十七号）附則第十八条第一項、第十九条第一項及び第四十一条第四項の規定に基づき、この政令を制定する。

（略）

第二条中……同条を第五条とし、第一条の次に次の三条を加える。

（一般ガス導管事業に係る託送供給約款の認可の申請の期限）

第二条　改正法附則第十八条第一項の政令で定める日は、平成二十八年七月二十九日とする。

（一般ガス導管事業に係る最終保障供給に係る約款の届出の期限）

第三条　改正法附則第十九条第一項の政令で定める日は、平成二十八年十二月二十八日とする。

（一般ガス事業者等に係る権限の委任）

第四条　次の表の上欄に掲げる経済産業大臣の権限は、それぞれ同表の下欄に定める経済産業局長が行うものとする。

（表略）

〈編注　附則第四一条は、経済産業大臣から経済産業局長への権限の委任に関する規定である。〉


なお、次の例に示すように、法律の本則に、当該法律の規定に基づく命令の制定又は改廃に伴う経過措置を当該命令で定めることができる旨の委任規定が置かれる場合があるが、この場合にも、当該政令の制定文には、その委任の根拠である当該法律の本則の条文を引用することとされている。

■例■
○不動産特定共同事業法（平成六年法律第七十七号）
（経過措置）
第五十一条　この法律の規定に基づき命令を制定し、又は改廃する場合においては、その命令で、その制定又は改廃に伴い合理的に必要とされる範囲内において、所要の経過措置（罰則に関する経過措置を含む。）を定めることができる。

○不動産特定共同事業法施行令及び犯罪による収益の移転防止に関する法律施行令の一部を改正する政令（平成二十六年政令第八号）

内閣は、不動産特定共同事業法（平成六年法律第七十七号）第四十九条第四項及び第五十一条並びに犯罪による収益の移転防止に関する法律（平成十九年法律第二十二号）第二十一条第十項の規定に基づき、この政令を制定する。

（略）

附　則

（不動産特定共同事業法施行令の一部改正に伴う経過措置）

第二条　この政令の施行前に不動産特定共同事業法（次項において「法」という。）第十条、第十一条第一項、第三十三条又は第四十条の二第二項、第四項若しくは第七項の規定により金融庁長官又は国土交通大臣に対してした届出又は提出は、相当の財務局長若しくは福岡財務支局長又は地方整備局長若しくは北海道開発局長に対してした届出又は提出とみなす。

2　この政令の施行前に法第十条、第十一条第一項、第三十三条又は第四十条の二第二項、第四項若しくは第七項の規定により金融庁長官又は国土交通大臣に対し届出又は提出をしなければならない事項で、この政令の施行前に当該届出又は提出がされていないものについては、これを、これらの規定により財務局長若しくは福岡財務支局長又は地方整備局長若しくは北海道開発局長に対して届出又は提出をしなければならない事項について当該届出又は提出がされていないものとみなして、法の規定を適用する。

第四章　前文関係

〔前文〕

問62　前文とは、何か。法律によっては前文のあるものがあるが、前文は、どのような意味及び効力を有するのか。

答　周知のように、憲法には、各本条の前に、憲法制定の由来と憲法の理念が述べられている。憲法以外の法律の中にも、次の例一に示すように、このような文章が付いているものがある（国立国会図書館法、日本学術会議法、男女共同参画社会基本法、高齢社会対策基本法、文化芸術基本法等）。

このように、法令の各本条の前に置かれ、その法令の制定の趣旨、目的、基本原則を述べた文章を「前文」という（法令の制定の趣旨が述べられている点に着目して、制定文〈問55参照〉と呼ばれることもある。）。前文は、その法令の制定の理念を強調して宣明する必要がある場合に置かれることが多く、憲法以外の法令では、いわゆる基本法関係〈問51参照〉に多い。最近では、法令の第一条に目的規定又は趣旨規定を置くものが多く〈問28及び問29参照〉、わざわざ前文を置かなくても、法令の制定の目的を知ることができる。昭和二二年に制定された警察法には前文が置かれていたが、昭和二九年に同法が全部改正された際には、前文は置かれることなく、例二に示すように、ほぼ同趣旨のことが第一条の目的規定に取り入れられた。

前文は、具体的な法規を定めたものではなく、その意味で、前文の内容から直接法的効果が生ずるものではないが、各本条とともに、その法令の一部を構成するものであり、各条項の解釈の基準を示す意義・効力を有する。したがって、前文を改正しようとすれば、憲法であれば憲法改正の手続（憲法第九六条）、その他の法令であれば所定の改正手続を経なければならないわけである。〈問171 参照〉〈編注 条約には、各本条の前に、通常、前文が置かれ、そこで、締約国名、締結の動機等が明らかにされている。〉

■例一■

○**高齢社会対策基本法**（平成七年法律第百二十九号）

我が国は、国民のたゆまぬ努力により、かつてない経済的繁栄を築き上げるとともに、人類の願望である長寿を享受できる社会を実現しつつある。今後、長寿をすべての国民が喜びの中で迎え、高齢者が安心して暮らすことのできる社会の形成が望まれる。そのような社会は、すべての国民が安心して暮らすことができる社会でもある。

しかしながら、我が国の人口構造の高齢化は極めて急速に進んでおり、遠からず世界に例を見ない水準の高齢社会が到来するものと見込まれているが、高齢化の進展の速度に比べて国民の意識や社会のシステムの対応は遅れている。早急に対応すべき課題は多岐にわたるが、残されている時間は極めて少ない。

このような事態に対処して、国民一人一人が生涯にわたって真に幸福を享受できる高齢社会を築き上げていくためには、雇用、年金、医療、福祉、教育、社会参加、生活環境等に係る社会のシステムが高齢社会にふさわしいものとなるよう、不断に見直し、適切なものとしていく必要があり、そのためには、国及び地方公共団体はもとより、企業、地域社会、家庭及び個人が相互に協力しながらそれぞれの役割を積極的に果たしていくことが必要である。

ここに、高齢社会対策の基本理念を明らかにしてその方向を示し、国を始め社会全体として高齢社会対策を総合的に推進していくため、この法律を制定する。

■例二■

○**警察法**（昭和二十九年法律第百六十二号）

（この法律の目的）

第一条　この法律は、個人の権利と自由を保護し、公共の安全と秩序を維持するため、民主的理念を基調とする警察の管理と運営を保障し、且つ、能率的にその任務を遂行するに足る警察の組織を定めることを目的とする。

第五章　目次及び章・節等関係

〔目次を置く基準〕

問63　法令には目次を置くものがあるが、目次を置く基準は何か。条数の多寡と関係があるのか。

答一　条文の数が多くなればなるほど、その法令に規定される内容も多岐にわたるのが通常であり、一見して、おおよそどのようなことが、どの辺りに規定されているかを知るための手段を講じておくことが、法令の内容の理解と規定の検索のために便利であることは、いうまでもない。そのためには、まず、法令の本則を章・節等に区分し〈問65　参照〉、その区分を一括して「目次」として置く方法がとられる。大正一五年六月一日内閣訓令（号外）「法令形式ノ改善ニ関スル件」〈問282　参照〉においても、大法典には目次を付け、章・節に分けることとされている。章・節等の区分のある法令でも、目次のないもの（手形法等）も少なくないが、現在では、章・節等の区分をする場合には、必ず目次を付けることとされている。〈次問　参照〉

二　他法令の一部を改正する法令は、他法令を改正することによってその使命を終わり〈問137　参照〉、後に至ってこれを検索する必要性の生ずることは少なく、したがって、通常、目次を付けない。しかし、次の例一に示すように、一の法令で多くの法令を改正する場合に、目次を付けて検索の便を図っているもの、例二に示す都市計画法施行法のように、施行期日、経過措置とともに、関係法律の一部改正を定めた各条の全部を目次に列記したものもある。

■例一■

○**会社法の一部を改正する法律の施行に伴う関係法律の整備等に関する法律**（平成二十六年法律第九十一号）

目次

■例二■

○**都市計画法施行法**（昭和四十三年法律第百一号）

目次

〔目次の形式〕

問64 目次の形式は、どのようにするのか。

第三条　都市計画事業の経過措置
第四条　下付を受けた河岸地の管理及び処分の経過措置
（略）
第七条　住宅地造成事業に関する法律の廃止に伴う経過措置
第八条　建設省設置法の一部改正
第九条　建設省設置法の一部改正
第十条　屋外広告物法の一部改正
（略）
第七十四条　旧防災建築街区造成法の一部改正
附則

〈編注　例一及び例二とも、制定時の目次である。〉

答 目次は、題名の次に、次の例に示すような形式で置かれる。

■例■

○**家事事件手続法**（平成二十三年法律第五十二号）

目次
第一編　総則
第一章　通則（第一条―第三条）
第二章　管轄（第四条―第九条）
第三章　裁判所職員の除斥及び忌避（第十条―第十六条）
第四章　当事者能力及び手続行為能力（第十七条―第二十一条）
第五章　手続代理人及び補佐人（第二十二条―第二十七条）
第六章　手続費用

第一章　総則
第一節　通則（第二百四十四条―第二百五十四条）
第二節　家事調停の申立て等（第二百五十五条―第二百五十七条）
第三節　家事調停の手続（第二百五十八条―第二百六十七条）
第四節　調停の成立（第二百六十八条―第二百七十条）
第五節　調停の成立によらない事件の終了（第二百七十一条―第二百七十三条）
第六節　付調停等（第二百七十四条―第二百七十六条）
第二章　合意に相当する審判（第二百七十七条―第二百八十三条）
第三章　調停に代わる審判（第二百八十四条―第二百八十七条）
第四章　不服申立て等（第二百八十八条）
第四編　履行の確保（第二百八十九条・第二百九十条）
第五編　罰則（第二百九十一条―第二百九十三条）
附則

　このように、目次は、編・章・節・款・目等の本則の各区分と附則とを表示し、本則の最小単位の区分となる章等に属する条文の範囲をそれぞれの章名等の下に括弧書きで続けて示すこととされている。その表示の方法は、その属する条文が、単一の場合は（第○条）、二条の場合は（第○条・第△条）、三条以上の場合は（第○条―第△条）とする。なお、章に属する条文の一部がその章の細分である節に属さないような場合には、節名のほか、章名の下にも、その章に属する条文の範囲を括弧書きで示すこととされている。古い法令では、条文の範囲は示されていない（労働基準法、地方自治法等）。また、古くは、「○○法目次」とされていた（裁判所法、消防法等）。附則の下には、通常、このような括弧書きを付けない。また、その法令に別表、付録、様式等がある場合でも、これらは、目次には示さない。

〔章・節等の区分〕

問65　章・節等の区分が設けられるのは、どのような場合か。また、これを設けるメリットは何か。

答一　法令の本則は、多くの場合幾つかの条文から成り、多いものは千条を超えるものがある。大正一五年六月一日内閣訓令（号外）「法令形式ノ改善ニ関スル件」〈問282　参照〉においても、大法典には目次を付け、章・節に分けることとされているように、古くから、条文数の多い法令は、章・節等に区分することが行われ、法令の内容の理解と規定の検索、引用の便宜を図っている。すなわち、条文数の多い法令は、通常、その内容も複雑多岐にわたり、どこにどのようなことが規定されているかを知ること自体が容易ではないので、章・節等の区切りを設けて、これらにそれぞれ名称を付けておけば、規定の検索も容易となり、加えて、法令の理解にも資することになるからである。

二　この種の区分として最も基本的に用いられるのは、章の区分である。章の中を更に細かく分ける場合には、節に分け、節を更に細かく分ける場合には款を、款を更に細かく分ける場合には、目（もく）をそれぞれ用いる。また、民法、商法、会社法、地方自治法、所得税法、法人税法、民事訴訟法のような大法典では、章の区分の上に、編という大きな区分が設けられることがある。目まで区分される法令は、それほど多くはなく、所得税法、法人税法、地方税法、会社法等にその例が見られる。章・節等の区分をした法令については、題名の次に目次を付けることとされている。〈問63　参照〉

三　これらの区分に応じて規定される事項は、法令の内容により異なってくることはもちろんであるが、章に区分される法令を例にとっていえば、第一章を総則として、法令の目的、当該法令で用いられる用語の定義その他通則的な規定を置き、第二章以下において、当該法令の主要部分である実体規定を置き、次いで、雑則規定の章を設け、最後に罰則規定の章を設けるのが通例といえる。〈問27 参照〉

第六章　見出し関係

〔見出し〕

問66　見出しとは、何か。また、見出しを付けるのは、どうしてか。見出しは、必ず付けなければならないのか。

答　見出しは、次の例に示すように、条文の内容を簡潔に表現して、条文の右肩に括弧書きにして付けられたもの（以前には、条名の下に括弧書きにして付けた例もある〈問70参照〉。）であり、これを付けることによって、条文の規定している内容の理解と検索の便に供しようとするものである。

見出しは、学校教育法（昭和二二年法律第二六号）や消防法（昭和二三年法律第一八六号）のような古い法令の条文には、付けられていないものもあるが、利用上の便宜が極めて大きいので、構成の極めて簡単な法令で検索の手掛かりを特に必要としないものを除いては、最近では、例外なく見出しが付けられる。ただし、章・節等が一条から成る場合には見出しを省略することができることとされ、章・節等にまとめて置かれる罰則の各条についても同様とされている。なお、〈問69及び問185参照〉。

例

○**株式会社海外交通・都市開発事業支援機構法**（平成二十六年法律第二十四号）

（株式の政府保有）

第四条　政府は、常時、機構が発行している株式（株主総会において決議することができる事項の全部について議決権を行使することができないものと定められた種類の株式を除く。以下この条において同じ。）の総数の二分の一以上に当たる数の株式を保有していなければならない。

〔条以外の見出し〕

問67 見出しを付けるのは、条に限られるのか。附則が項で成り立っている場合は、どうか。

答 本則においては、見出しは、条にのみ付けられ、項、号等に付けられることはない。

これに対し、附則においては、次の例に示すように、附則が条で成り立っている場合に条に付けられることがあるばかりでなく、最近では、附則が項で成り立っている場合にその項に見出しが付けられることも多くなっている〈問108参照〉。

■例一■

○**人工衛星等の打上げ及び人工衛星の管理に関する法律**（平成二十八年法律第七十六号）

附　則

（施行期日）

第一条　この法律は、公布の日から起算して二年を超えない範囲内において政令で定める日から施行する。ただし、次の各号に掲げる規定は、当該各号に定める日から施行する。

一　附則第三条及び第十条の規定　公布の日

二　次条の規定　公布の日から起算して一年を超えない範囲内において政令で定める日

■例二■

○**国と地方の協議の場に関する法律**（平成二十三年法律第三十八号）

附　則

（施行期日）

1　この法律は、公布の日から施行する。

〈編注　制定時の条文である。〉

〔見出しと条の関係〕

問68 見出しと条とは、どのような関係にあるのか。見出しは、当該条の一部か。見出しの付いた条と見出しの付かない条とがあるが、これは、どうしてか。

答 一 見出しは、条文の内容を簡潔に表現したものであるから、一条ごとに付けられるのが普通であり、その場合には、見出しは、その条の一部を成すものと考えられている。

しかしながら、連続する二以上の条文がその内容からみて同じカテゴリーに属する事項を規定している場合には、その二以上の条文にそれぞれ見出しを付けることはしないで、そのグループの冒頭の条文に一つの見出しを付けることがある。このような場合には、その見出しは、連続する二以上の条文のグループ全体に属するものであって、見出しの直後の一条だけの一部を成すものとは考えられていない〈次問　参照〉。

見出しを改正する場合には、一条ごとに付けられたものか、連続する二以上の条文のグループに付けられたものかによって、改正方式が異なることとなるので、特に注意する必要があるほか〈問184　参照〉、一条ごとに付けられた見出しの改正についても、見出しに用いられている字句と同一の条文中に用いられている字句とを改める場合には、その方式について注意する必要がある〈問186　参照〉。

二 連続する二以上の条文のグループについて見出しが付けられている場合には、そのグループのうち冒頭の条文以外の条文については、一見、見出しが付いていないように見えるが、前述のとおり、これらの条文についても、グループとして見出しが付けられているわけである。

〔共通見出し〕

問69 共通見出しとは、何

答 一 見出しは、通常、一条ごとに付けられるが〈前問　参照〉、次の例一に示すように、連続する二以上の条文をまとめて、その冒頭の条文に一つの見出しを付けること

か。共通見出しは、どのような場合に付けるのか。

がある。この見出しを、その二以上の条文のグループに共通する見出しという意味で、「共通見出し」と呼んでいる。

二　共通見出しは、連続する二以上の条文がその内容からみて同じカテゴリーに属する事項を規定している場合で、その二以上の条文のグループについて一つの見出しを付けることが、一条ごとに見出しを付けるよりも、かえって条文の規定している内容の理解と検索に便利と考えられるときに、用いられる。なお、例二に示すように、附則が項で成り立っている場合にもその項に共通見出しが用いられることがある。

なお、共通見出しの改正方式については、〈問184　参照〉。

■例一■

○子ども・子育て支援法（平成二十四年法律第六十五号）

（定義）

第六条　この法律において「子ども」とは、十八歳に達する日以後の最初の三月三十一日までの間にある者をいい、「小学校就学前子ども」とは、子どものうち小学校就学の始期に達するまでの者をいう。

2　この法律において「保護者」とは、親権を行う者、未成年後見人その他の者で、子どもを現に監護する者をいう。

第七条　この法律において「子ども・子育て支援」とは、全ての子どもの健やかな成長のために適切な環境が等しく確保されるよう、国若しくは地方公共団体又は地域における子育ての支援を行う者が実施する子ども及び子どもの保護者に対する支援をいう。

2　この法律において「教育」とは、満三歳以上の小学校就学前子どもに対して義務教育及びその後の教育の基礎を培うものとして教育基本法（平成十八年法律第百二十号）第六条第一項に規定する法律に定める学校において行われる教育をいう。

〔見出しの位置〕

問70　見出しの位置には各種のものがあるようであるが、何か基準はないのか。

（以下略）

■例二■

○消費者庁及び消費者委員会設置法（平成二十一年法律第四十八号）

　　附　則

（検討）

1　（略）

2　政府は、消費者委員会の委員について、この法律の施行後二年以内の常勤化を図ることを検討するものとする。

3～5　（略）

6　政府は、消費者庁関連三法の施行後三年を目途として、加害者の財産の隠匿又は散逸の防止に関する制度を含め多数の消費者に被害を生じさせた者の不当な収益をはく奪し、被害者を救済するための制度について検討を加え、必要な措置を講ずるものとする。

答　見出しは、最近においては、次の例一に示すように、例外なく条文の右肩に付けることとされている。

古い法令のうちには、例二に示す裁判所法のように、第○条という条名の下に括弧書きして付けた例もあるが、この方式による場合には、条文ごとに見出しを付けなければならず、共通見出しを付けることができなくなり、また、条文の検索のためにも、条文の右肩に付ける方式がより優れているので、条文の下に括弧書きする方式は、現在はとられていない。

■例一■

〔（　）書きと〔　〕書きの見出し〕

問71　見出しには、（　）書きのものと〔　〕書きのものとがあるようであるが、両者は、どのように違うのか。

○**地方法人税法**（平成二十六年法律第十一号）
（趣旨）
第一条　（略）
（定義）
第二条　（略）
■例二■
○**裁判所法**（昭和二十二年法律第五十九号）
第一条（この法律の趣旨）（略）
第二条（下級裁判所）（略）

答　現行の法令における見出しには、第○条という条名の下に付けられたものと条文の右肩に付けられたものとがあるが〈前問　参照〉、これらは、その位置のいかんにかかわらず、いずれも（○○○）という形で付けられている。

六法全書等の法令集において、条名の下に〔○○○〕という形で見出しが付けられていることがあるが、これは、見出しの付けられていない法令（古い法令には、見出しが付けられていないものがかなりある〈問66　参照〉。）について、編集者の立場から、利用者の検索等の便宜のために付けられたものであり、法令に本来付けられている見出しとは異なるものである。この点については、法令の改正に当たって、特に注意する必要がある。

第七章　条関係

〔条〕

問72　条とは、何か。

答一　法令は、いかに的確に表現されていても、だらだらと書き並べられていては、その内容を理解するにも、検索するにも、多大な困難が伴う。そこで、法令は、必然的に箇条書の形をとることが要請されることになる。そして、この箇条書の一つに相当するものが「条」であるといえる。

法令の本則は、極めて簡単なものを除き、第一条、第二条というように、条に区分する。本則は、法令の主たる部分であり、その内容が多岐にわたることが多いから、理解しやすいように、内容に従って条に区分するのである。附則も、規定する事項が多い場合には、条に区分する。その場合、附則の条名を本則と通しの条名を付ける方法と、本則とは別に、附則だけで第一条から始める方法とがあるが、現在では、後の方法によっている〈問107及び問109　参照〉。

二　一つの条を、更に規定の内容に従って区分する必要がある場合には、別行から書き出す方法がとられる。このように、条の中で別行で区分される段落を「項」という。口語文語体・片仮名書きの法令では、行を変えるだけで項の区切りを付けていたが、口語体・平仮名書きになってからは、別行の初字を一字下げて項の段落をはっきりさせることになり、更に昭和二三年ごろからは、第二項以下の項には、算用数字で項番号を付けることとされているので〈問82　参照〉、それが第何項であるかは、容易に知ることができるようになった。

条に分けるほどではない附則は、項に分けた形で規定するし〈問107　参照〉、本則も、極めて簡単なものは、項で成り立っている場合がある。これらの場合には、項の数が二以上であるときは、第一項から順次、項番号を付ける。項の数が一のときには、項番号は付けない。〈問84　参照〉

三　条又は項の中において、幾つかの事項を列記する必要のある場合には、「一、二、三、……」と漢数字を用いた番号を付けて列記する。これを「号」という。号の中で更に細かく幾つかの列記事項に分ける必要のある場合には、イ、ロ、ハ等に分ける。〈問87　参照〉

〔複数の文章から成る条〕

問73　一つの条が複数の文章から成り立っている場合、各部分は、どのように呼ぶのか。

答　法文の条項の規定が複数の文章から成り立っている場合として、次の例に示すようなものがある。

■例一■

○**女性の職業生活における活躍の推進に関する法律**（平成二十七年法律第六十四号）

（一般事業主行動計画の策定等）

第八条　国及び地方公共団体以外の事業主（以下「一般事業主」という。）であって、常時雇用する労働者の数が三百人を超えるものは、事業主行動計画策定指針に即して、一般事業主行動計画（一般事業主が実施する女性の職業生活における活躍の推進に関する取組に関する計画をいう。以下同じ。）を定め、厚生労働省令で定めるところにより、厚生労働大臣に届け出なければならない。これを変更したときも、同様とする。

（以下略）

■例二■

○**衛星リモートセンシング記録の適正な取扱いの確保に関する法律**（平成二十八年法律第七十七号）

（変更の許可等）

第七条　第四条第一項の許可を受けた者（以下「衛星リモートセンシング装置使用者」という。）は、同条第二項第二号から第八号までに掲げる事項を変更しようとするときは、内閣府令で定めるところにより、内閣総理大臣の許可を受けなければならない。ただし、内閣府令で定める軽微な変更については、この限りでない。

（以下略）

■例三■

○**公職選挙法**（昭和二十五年法律第百号）

（異議の申出）

第二十四条　（略）

2　市町村の選挙管理委員会は、前項の異議の申出を受けたときは、……その異議の申出が正当であるかないかを決定しなければならない。その異議の申出を正当であると決定したときは、……その旨を……告示しなければならない。その異議の申出を正当でないと決定したときは、直ちにその旨を異議申出人に通知しなければならない。

（以下略）

右の例一に示すように、ある条項の文章が二つに区切られている場合には、前の方の文章を「前段」と呼び、後の方の文章を「後段」と呼ぶ。

例二に示すように、法令においては、後段に該当する部分が「ただし、」で始まる文章が用いられることが多いが、このような場合には、その部分を「ただし書」〈次問　参照〉

〔ただし書〕

問74 ただし書は、どのような場合に用いられるのか。

と呼び、前段に該当する部分を「本文」と呼ぶ。

例三に示すように、ある条項の文章が三つに区切られている場合には、最初の文章を「前段」、第二番目の文章を「中段」、最後の文章を「後段」と呼ぶ。類例としては、国立国会図書館法（昭和二三年法律第五号）第四条第二項、関税定率法（明治四三年法律第五四号）別表第一六類注2の規定がある。一つの条項が四つの文章に区切られているまれな例として、国立国会図書館法第九条の規定がある。これについては、第一段、第二段、第三段、第四段と呼ぶことになる。

答 ただし書は、本文の文章に対する例外を規定するための立法技術として用いられるのが通例であり、この場合には、次の例一に示すように、「ただし、……については、この限りでない」〈問307参照〉という形をとることが多い。しかし、場合によっては、例二に示すように、ただし書が本文に対する説明的なものとして規定されることもある。

■例一■

○**少年鑑別所法**（平成二十六年法律第五十九号）

（運動）

第三十一条 在所者には、日曜日その他法務省令で定める日を除き、できる限り戸外で、その健全な心身の成長を図るため適切な運動を行う機会を与えなければならない。ただし、審判期日又は公判期日への出頭その他の事情により少年鑑別所の執務時間内にその機会を与えることができないときは、この限りでない。

〔先行する条を指示する表現〕

問75　ある条においてその直前に先行する条の全て又は一部を指示する場合には、どのように表現すればよいのか。

■例二■

○日本国憲法

第七十五条　国務大臣は、その在任中、内閣総理大臣の同意がなければ、訴追されない。但し、これがため、訴追の権利は、害されない。

また、古い立法例においては、準用条文の読替規定〈問77　参照〉として、「但し、第○条中「○○○」とあるのは、「×××」と読み替えるものとする」というような使われ方をしたこともあるが、最近では、このような場合には、「この場合において、第○条中「○○○」とあるのは、「×××」と読み替えるものとする」という後段方式によっている。

答　ある条においてその直前に先行する条の全てを指示する場合には、指示する条の数が四以上のときは、「前各条」とし、指示する条の数が三以下のときは、「前三条」、「前二条」又は「前条」とする。

また、ある条においてその直前に先行する条の一部を指示する場合には、指示する条の数が四以上のときは、「第○条から前条まで」とし、指示する条の数が三以下のときは、「前三条」、「前二条」又は「前条」とする。

以上のことは、ある項又は号においてそれぞれの直前に先行する項又は号を指示する場合にも、全て妥当する。

注意を要するのは、「前条（項・号）」と指示したある条と同一の条（項・号）において、その後、他の条（項・号）の指示が介入しない状態の下で再び先に指示した前条

（項・号）を指示する場合には、「前条（項・号）」とはしないで、「同条（項・号）」とすることである。〈次問及び問320　参照〉

■例一■

○難病の患者に対する医療等に関する法律（平成二十六年法律第五十号）

（特定医療費の審査及び支払）

第二十五条　都道府県知事は、指定医療機関の診療内容及び特定医療費の請求を随時審査し、かつ、指定医療機関が第七条第七項の規定によって請求することができる特定医療費の額を決定することができる。

2〜4　（略）

5　前各項に定めるもののほか、特定医療費の請求に関し必要な事項は、厚生労働省令で定める。

6　（略）

■例二■

○特定国立研究開発法人による研究開発等の促進に関する特別措置法（平成二十八年法律第四十三号）

（基本方針）

第三条　政府は、特定国立研究開発法人による研究開発等を促進するための基本的な方針（以下「基本方針」という。）を定めなければならない。

2　基本方針には、次に掲げる事項を定めるものとする。

一〜三　（略）

四　前三号に掲げるもののほか、特定国立研究開発法人による研究開発等の促進に関し必要な事項

（以下略）

■例三■
○特定農林水産物等の名称の保護に関する法律（平成二十六年法律第八十四号）
（指定の実施）

第二十八条　農林水産大臣は、第二十四条から前条までの規定による手続を終えたときは、次条第一項の規定により指定をしないこととする場合を除き、指定をしなければならない。

（以下略）

〔括弧書きがある場合の「同条」の用法〕

問76　括弧書きの前にも括弧書きの中にも第○条（項）という条（項）名がある場合に、括弧書きの直下で同条（項）といえば、括弧書きの中の条（項）を指すのか、それとも括弧の直上の条（項）を指すのか。

答　「同条」又は「同項」の用法は、その直前の条（項）を指すこととされており、したがって、設問の場合は、形式的にみれば、括弧書きの中の条（項）を指すというべきであろう。しかし、括弧書きを用いる場合は別だという考え方に立てば、それは括弧書きを除いた直前の条（項）を指すという考え方もとれなくはないので、誤解を生じないように、設問のような場合には、同条（項）の表現を避けることとされている。すなわち、

「……第A条……（……第B条……）……同条」

という用い方はしない。ただ、次のように、疑問のない場合には、同条（項）を用いてもよい。〈問320　参照〉

「……第○条……（…………）……同条」

「…………（……第○条……）……同条」

「……第○条……（……同条……）……同条」

〈準用、読替え及び読替え適用〉

問77　ある規定を準用する場合には、どのように表現すればよいのか。準用に当たっては、当該規定の読替えが行われる例が多いが、読替えは、どのような場合に行い、どのように表現すればよいのか。また、「読替え」適用とはどう違うのか。

答一　原則としては、

「……の規定は、……について準用する。」

とするが、先行する文章との関係によっては、

「……の場合においては、……の規定を準用する。」又は、

「……については、……の規定を準用する。」

とすることもある。前者の方式は、次の例一から例三までに示すように、準用規定として独立した条又は項の場合に多くとられ、後者の方式は、例四に示すように、後段において、前段で規定する事項についての準用規定を設ける場合にとられることが多い。例五は、後者の方式が独立した項による準用規定にとられたものである。

■例一■

○**建築物のエネルギー消費性能の向上に関する法律**（平成二十七年法律第五十三号）

（基本方針）

第三条　（略）

6　前三項の規定は、基本方針の変更について準用する。

■例二■

○**国際平和共同対処事態に際して我が国が実施する諸外国の軍隊等に対する協力支援活動等に関する法律**（平成二十七年法律第七十七号）

（捜索救助活動の実施等）

第八条　（略）

7　第一項の規定は、同項の実施要項の変更（第四項において準用する前条第四項の規定により実施区域を縮小する変更を除く。）について準用する。

（以下略）

■例三■

○原子力損害の補完的な補償に関する条約の実施に伴う原子力損害賠償資金の補助等に関する法律（平成二十六年法律第百三十三号）

（準用）

第十二条 第六条から第九条までの規定は、第十条第一項に規定する原子力事業者から徴収する特別負担金について準用する。この場合において、第六条第一項中「前条」とあるのは「第十一条」と、第八条及び第九条中「この節」とあるのは「次節」と読み替えるものとする。

■例四■

○平成三十二年東京オリンピック競技大会・東京パラリンピック競技大会特別措置法（平成二十七年法律第三十三号）

（国の職員の派遣）

第十七条 （略）

4 任命権者は、第一項の取決めの内容を変更しようとするときは、当該国の職員の同意を得なければならない。この場合においては、第二項の規定を準用する。

（以下略）

■例五■

○少年院法（平成二十六年法律第五十八号）

（受刑在院者の出院）

第十七条 （略）

2 受刑在院者の出院については、前項の規定による出院を除き、刑事収容施設及び被収容者等の処遇に関する法律（平成十七年法律第五十号）第百七十一条の規定を準用する。

二 「準用」とは、ある事項に関する規定を、それに類似するが異なる事項について、必要な変更を加えた上で当てはめることであるから〈問319 参照〉、そのままの形の規定として用いる「適用」とは異なり、当然、異なる事項への当てはめのための変更を加える必要がある。準用に当たっての読替えは、その変更がどのように行われるかを示すものである。準用という事柄の性質上、そのままの形で用いることができない場合が多いのは当然のことではあるが、Aについて記述されているものをBについて準用するための変更を加えるに当たり、至極当然だと考えられる部分とそうでない部分とがある。法令を解釈するに際し、だれしも疑問なく変更が加えられるような部分については、わざわざ読替えのための規定を置かなくても、心配はない。どう読み替えて当てはめることとすればよいかが気懸かりな部分であるとか、政策的考慮からの変更を加えるような部分については、変更のための読替規定を置く必要がある。

読替えのための規定は、右一の例三に示すように、準用規定の後段で、「この場合において、第○条中「○○」とあるのは、「××」と読み替えるものとする」という方式をとる。非常に多くの条文を準用し、その読替えが多くなるような場合には、表を用いて読替えを行うことになるが、このような場合には、次の例に示すように、その読替えの一部又は全部を政令に委任し、政令において表を用いて読み替える方法がとられることが多い。〈問94 参照〉

■例■

○警察等が取り扱う死体の死因又は身元の調査等に関する法律（平成二十四年法律第三十四号）

（準用）

第十二条　第二条から前条までの規定は、海上保安庁が死体を取り扱う場合について準用する。この場合において、これらの規定中「警察官」とあるのは「海上保安官又は海上保安官補」と、第四条第一項中「警察署の警察署長」とあるのは「海上保安部長等（政令で定める管区海上保安本部の事務所の長をいう。以下同じ。）」と、同条第二項及び第三項、第五条第一項、第六条第一項から第三項まで、第八条第一項、第九条並びに第十条中「警察署長」とあるのは「海上保安部長等」と、前条中「警察」とあるのは「海上保安庁」と、「国家公安委員会規則」とあるのは「国土交通省令」と読み替えるほか、必要な技術的読替えは、政令で定める。

○**警察等が取り扱う死体の死因又は身元の調査等に関する法律施行令**（平成二十五年政令第四十九号）

（技術的読替え）

第五条　法第十二条の規定による技術的読替えは、次の表のとおりとする。

法の規定中読み替える規定	読み替えられる字句	読み替える字句
第六条第三項	国家公安委員会	海上保安庁長官
	都道府県公安委員会	管区海上保安本部長

読替規定の書き方で注意すべき点は、片仮名書き・文語体の法令を平仮名書き・口語体の法令で準用して、その読替規定を書くときである。古くは、平仮名書き、口語体で読み替えた例もあるが、現在では、次の例に示すように、準用される条文が片仮名書き・文語体であれば、片仮名書き・文語体で読み替えることとされている。

■例■

○**観光施設財団抵当法**（昭和四十三年法律第九十一号）

（工場抵当法の準用）

第十一条　財団については、工場抵当法（明治三十八年法律第五十四号）第八条第二項及び第三項、第十条、第十三条、第十五条から第二十一条まで並びに第二十三条から第四十八条までの規定を準用する。この場合において、これらの規定（第十五条第一項、第四十二条ノ二第一項及び第四十二条ノ三第一項の規定を除く。）中「工場財団」とあるのは「観光施設財団」と、「工場」とあるのは「観光施設」と、「工場財団目録」とあるのは「観光施設財団目録」と、「工場財団登記簿」とあるのは「観光施設財団登記簿」と、「自動車」とあるのは「自動車、航空法第二条第一項ニ規定スル航空機」と、同法第十五条第一項、第四十二条ノ二第一項及び第四十二条ノ三第一項中「工場ノ所有者」とあり、同法第三十八条第一項及び第四十四条ノ二中「所有者」とあるのは「観光施設ヲ観光旅行者ノ利用ニ供スル事業ヲ営ム者」と、同法第十五条第一項、第四十二条ノ二第一項及び第四十二条ノ三第一項中「工場財団」とあるのは「観光施設財団」と、「工場」とあるのは「観光施設」と読み替えるものとする。

また、読替えを規定する場合において、異なる二以上の字句を同時に同一の字句に読み替えるものとするときには、以前は、

「第○条中「○○」及び「△△」とあるのは、「××」と読み替えるものとする。」

「第○条中「○○」とあり、「△△」とあるのは、「××」と読み替えるものとする。」

「第○条中「○○」とあり、又は「△△」とあるのは、「××」と読み替えるものとする。」

「第○条中「○○」とあり、及び「△△」とあるのは、「××」と読み替えるもの

とする。」

というように、いろいろな表現が用いられていたが、現在では、次の例に示すように、四番目の方式によることに統一されている。

■例■

○電子記録債権法（平成十九年法律第百二号）

（善意取得及び抗弁の切断）

第三十八条　第十九条及び第二十条の規定は、質権設定記録について準用する。この場合において、第十九条第一項中「譲受人」とあるのは「質権者」と、「当該電子記録債権」とあるのは「その質権」と、同条第二項第二号中「譲受人」とあるのは「質権者」と、同項第三号中「された譲渡記録」とあるのは「された質権設定記録」と、第二十条第一項中「債権者に当該電子記録債権を譲渡した」とあるのは「質権者にその質権を設定した」と、「当該債権者に」とあるのは「当該質権者に」と、同項ただし書中「当該債権者が」とあるのは「当該質権者が」と、「当該電子記録債権を取得した」とあるのは「当該質権を取得した」と、同条第二項第二号中「債権者」とあり、及び「譲受人」とあるのは「質権者」と読み替えるものとする。

三　「準用」が「適用」と異なり被準用条項について当然必要な変更が加えられることは既に述べたとおりであるが、ある規定の「適用」についても、一定の変更を加える必要のある場合がある。

すなわち「適用」は「準用」と異なり本来その規定が対象とする事柄に当てはめるものであるが、何らかの政策的な配慮により、当該規定の一部に変更を加える場合であり、「変更適用」とか「読替え適用」とか呼ばれるものである。準用読替えと違う点は、「「○○」とあるのは、「××」とする。」と表現することである。

次に示す例一では、ある法人が毎事業年度の開始前に予算、事業計画等について主務大臣の認可を受けなければならないとされている場合に、設立後最初の事業年度において当該認可を受けるべき時期について本則の規定を読み替えて適用する規定を附則に設けている。また、例二は、特定の場合に法令の規定中の字句を読み替えて適用する特例を設ける例であり、この場合は、独立行政法人が特定国立研究開発法人である場合について独立行政法人通則法の規定の適用の特例を定めている。

■例一■
○**株式会社海外需要開拓支援機構法**（平成二十五年法律第五十一号）
附　則
第三条　機構の成立の日の属する事業年度の機構の予算については、第二十九条第一項中「毎事業年度の開始前に」とあるのは、「その成立後遅滞なく」とする。
〈編注　本則の第二九条第一項において、毎事業年度の開始前に、その事業年度の予算について認可を受けなければならないとされている。〉

■例二■
○**特定国立研究開発法人による研究開発等の促進に関する特別措置法**（平成二十八年法律第四十三号）
（中長期目標等に関する特例）
第五条　（略）
2　特定国立研究開発法人に関する通則法第三十五条の四第二項及び第三項、第三十五条の五第二項、第三十五条の六第七項及び第八項並びに第三十五条の七第三項及び第四項の規定の適用については、通則法第三十五条の四第二項第三号及び第三十五条の五第二項第二号中

「業務運営の」とあるのは「業務運営の改善及び」と、通則法第三十五条の四第三項、第三十五条の六第七項及び第八項並びに第三十五条の七第三項及び第四項中「委員会」とあるのは「総合科学技術・イノベーション会議及び委員会」とする。
〈編注　「通則法」とは、独立行政法人通則法である。〉

〔他法令を準用して読み替える場合の略称等の扱い〕

問78　A法においてB法を準用し、必要な読替えをA法の中で書く場合に、A法において用いられている略称をそのまま用いることができるか。また、読替規定中でA法を引用する場合には、その法律番号まで引用しなければならないのか。

答一　同一法令中の規定を準用する場合と異なり、他法令を準用して読替規定を書く場合には、立法技術上の問題点が多く、設問の前段については、立法例としては、両方の例が見受けられる。A法で定義されている字句又はA法で用いられている略称をB法の準用読替えでそのまま用いた例として、次の例一に示す都市再開発法第六八条第二項のほか、石炭鉱業年金基金法第二〇条等があり、逆の例として、例二に示す難病の患者に対する医療等に関する法律第一五条第二項のほか、構造改革特別区域法第一八条第四項等がある。

A法中のある事項についてのB法の準用であり、A法中において読替規定を書くとはいっても、A法の外にあるB法の読替えであるから、A法で定義された字句なり、A法で用いられている略称なりをそのまま用いるのは疑問であるとする考えと、B法の読替えだとしても、A法中で書くことであり、A法における事項への当てはめであるから、これらをそのまま用いても差し支えないとする考えとがあった。いずれにしても、B法で用いられている字句等との関係から、A法で定義された字句等をそのまま用いると疑義を生ずるおそれのある場合にはその用法を避けるべきはもちろんであるが、そうでない場合に考え方が分かれていた。

ただし、現在では、片仮名書き・文語体の法令を平仮名書き・口語体の法令で準用して読替規定を置くときに片仮名書き・文語体で読み替える扱いがとられていること〈前問　参照〉は、むしろB法において読むという考え方が強いと考えられるのと、A・B両法で定義された同一の字句が若干その内容を異にするような場合があれば、読替えに当たっても、定義をそのまま用いるわけにはいかないとの考え方から、例二のように、A法における略称をそのまま用いない取扱いに統一されている。

■例一■

○**都市再開発法**（昭和四十四年法律第三十八号）

（土地調書及び物件調書）

第六十八条　（略）

2　土地収用法第三十六条第二項から第六項まで及び第三十七条から第三十八条までの規定は、前項の土地調書及び物件調書について準用する。この場合において、同法第三十七条第一項及び第二項並びに第三十七条の二中「第三十六条第一項」とあるのは「都市再開発法第六十八条第一項」と、同法第三十七条第一項及び第二項中「収用し、又は使用しようとする土地」とあるのは「施行地区内の各個の土地」と、……と読み替えるものとする。

〈編注　右の「施行地区」は、都市再開発法第二条第三号で定義されている。〉

■例二■

○**難病の患者に対する医療等に関する法律**（平成二十六年法律第五十号）

（指定の更新）

第十五条　（略）

2　健康保険法第六十八条第二項の規定は、前項の指定医療機関の指定の更新について準用する。この場合において、同条第二項中「保険医療機関（第六十五条第二項の病院及び診療所を除く。）又は保険薬局」とあるのは「難病の患者に対する医療等に関する法律第五条第一項に規定する指定医療機関」と、「前項」とあるのは「同法第十五条第一項」と、「同条第一項」とあるのは「同法第十四条第一項」と読み替えるものとする。

〈編注　右の規定自体から明らかなように、難病の患者に対する医療等に関する法律では、第五条第一項で都道府県知事が指定する医療機関の略称として「指定医療機関」を用いる旨を定めている。〉

二　設問の後段についても、従来、立法例は分かれていた。A法を引用する都度、その法律番号を引用した例はないが、A法の最初の引用について法律番号を引用した例として、次の例一に示す国際的な子の奪取の民事上の側面に関する条約の実施に関する法律第五八条のほか、大規模災害からの復興に関する法律第三六条の三第二項等があり、全く法律番号を引用しない例として、例二に示す農業の有する多面的機能の発揮の促進に関する法律第一二条第二項のほか、民間の能力を活用した国管理空港等の運営等に関する法律第七条第二項等がある。この点について立法例が分かれるのも、準用についての考え方の相違によるものと思われる。

もっとも、最近では、A法の最初の引用の場合にも、法律番号を入れない取扱いに統一されている。

■例一■

○国際的な子の奪取の民事上の側面に関する条約の実施に関する法律（平成二十五年法律第四十八号）

（手続費用に関する民事訴訟法の準用等）

第五十八条　民事訴訟法第六十八条から第七十四条までの規定（裁判所書記官の処分に対する異議の申立てについての決定に対する即時抗告に関する部分を除く。）は、手続費用の負担について準用する。この場合において、同法第七十三条第一項中「補助参加の申出の取下げ又は補助参加についての異議」とあるのは「国際的な子の奪取の民事上の側面に関する条約の実施に関する法律（平成二十五年法律第四十八号）第四十七条第一項又は第四十八条第一項の規定による参加の申出」と、同条第二項中「第六十一条から第六十六条まで及び」とあるのは「国際的な子の奪取の民事上の側面に関する条約の実施に関する法律第五十八条第一項において準用する」と読み替えるものとする。

（略）

■例二■

○農業の有する多面的機能の発揮の促進に関する法律（平成二十六年法律第七十八号）

（土地改良法の特例）

第十二条　（略）

2　土地改良法第九十四条の六第二項の規定は、前項の規定による委託について準用する。この場合において、同条第二項中「国営土地改良事業」とあるのは「都道府県営土地改良事業」と、「土地改良財産たる土地改良施設（農林水産省令で定める」とあるのは「土地改良施設（農業の有する多面的機能の発揮の促進に関する法律第七条第四項（同法第八条第四項において準用する場合を含む。）の同意に係る」と、「準拠して」とあるのは「準拠するとともに、同法第八条第二項に規定する認定事業計画に記載された同法第七条第三項に規定する当該土地改良施設についての管理に関する事項の内容に即して」と読み替えるものとする。

〔期間の計算方法〕

問79 法令における期間の計算方法に関する規定には、起算日を算入するものと起算日を算入しないものとがあるが、両者は、どのように使い分けるのか。また、逆算によって期間を計算する場合には、どのように表現すればよいのか。

答一 期間の計算について、どのような方法をとるかは、立法上の考慮によって決められる問題である。基本的な原理としては、公法においても、私法においても、異なるところはないはずである。したがって、特段の規定（国会法第一四条、戸籍法第四三条第一項等）のない限り、公法における期間の計算についても、民法の期間の計算に関する規定（第一三八条～第一四三条）が働くと考えるのが一般的である。

期間の計算について、「この法律又はこの法律に基づく命令に規定する期間の計算については、別段の定めがある場合を除き、民法の期間に関する規定を準用する」旨を定める法律がある（厚生年金保険法第九三条、公害健康被害の補償等に関する法律第一四二条、確定給付企業年金法第一〇三条等）。これは、前述した点から考えると、念のための規定といえよう。

このように、民法の期間の計算に関する規定が公法についても働くとすれば、日、週、月又は年をもって期間を定める通常の場合には、初日を算入しない（期間が午前零時より始まるときは、初日を算入する。）こととなる。

二 一般的にいえば、法律の施行期日を政令に委任する場合には、「この法律は、公布の日から起算して〇月を超えない範囲内において政令で定める日から施行する」とするように、起算日算入の方式をとり、委員等の任期を定める規定は、「委員の任期は、三年とする」として、起算日算入を明示しない。取扱いに差があると思われるのは、届出期間であるとか、請求期間であるとかにあるようである。

■例一■

○行政不服審査法（平成二十六年法律第六十八号）

（審査請求期間）

第十八条　処分についての審査請求は、処分があったことを知った日の翌日から起算して三月（当該処分について再調査の請求をしたときは、当該再調査の請求についての決定があったことを知った日の翌日から起算して一月）を経過したときは、することができない。ただし、正当な理由があるときは、この限りでない。

2　処分についての審査請求は、処分（当該処分について再調査の請求をしたときは、当該再調査の請求についての決定）があった日の翌日から起算して一年を経過したときは、することができない。ただし、正当な理由があるときは、この限りでない。

（以下略）

■例二■

○行政事件訴訟法（昭和三十七年法律第百三十九号）

（出訴期間）

第十四条　取消訴訟は、処分又は裁決があつたことを知つた日から六箇月を経過したときは、提起することができない。ただし、正当な理由があるときは、この限りでない。

2　取消訴訟は、処分又は裁決の日から一年を経過したときは、提起することができない。ただし、正当な理由があるときは、この限りでない。

3　処分又は裁決につき審査請求をすることができる場合又は行政庁が誤つて審査請求をすることができる旨を教示した場合において、審査請求があつたときは、処分又は裁決に係る取消訴訟は、その審査請求をした者については、前二項の規定にかかわらず、これに対する裁決があつたことを知つた日から六箇月を経過したとき又は当該裁決の日から一年を経過したときは、提起することができない。ただし、正当な理由があるときは、この限りでない。

ところで、「通知を受けた日から三十日以内に届け出なければならない」とするのと、「通知を受けた日から起算して三十日以内に届け出なければならない」とするのとでは、通知が午前零時にあった場合のほかは、前者の方が一日多いことになる。しかし、後者の方式をとる方が一律であるといえる。どちらでなければならないとはいえないが、特段の理由がある場合のほか、同一法令中においては、統一した使い方をすべきであろう。

三　次に、逆算によって期間を計算しなければならない場合について定める規定がいろいろな法令にあるが、このことは、とりも直さず逆算による期間の設定を必要とする規定を設ける必要性が多いということである。その表現は、次の例に示すように、「〇日前に」、「……の日から〇日前に」、「……の日前〇日までに」、「……の日の〇日前までに」等多岐にわたる。仮に〇日を三日とした場合、これらの規定が、中三日を置くこととする趣旨なのか、それとも中二日を置くこととする趣旨なのかは、必ずしも判然としない。一日前といえば通常前日と考えられ、その点からすれば、三日前というのは中二日を置く趣旨だともいえそうである。

ところが、会社法の施行に伴う関係法律の整備等に関する法律（平成一七年法律第八七号）による改正前の商法第二三二条第一項の「会日ヨリ二週間前ニ」の表現〈編注　改正後の会社法第二九九条第一項では、「株主総会の日の二週間（…）前までに」と規定している。〉については、二週間前に通知を発するというのは、通知書を発した日の翌日から起算して会日までの間に少なくとも二週間の日数が存することを要するとするのが判例（昭和一〇年七月一五日大審院判決）であり、学説も、会日と発信の日を除いて中一四日を要するとするのが通説である。

他方、公職選挙法第三四条第六項第五号（昭和三四年当時のもの）の「少くとも七日前に」の意味について、最高裁判所は、選挙期日の前日を第一日として逆算して七日目に当たる日以前を指すとし（昭和三四年六月二六日第二小法廷判決）、また、同法第八六条第一項第五号（昭和三四年当時のもの）の「選挙の期日前四日」の意義について、最高裁判所は、選挙期日を第一日として逆算して四日目に当たる日を指すのであるから、町村長の候補者となろうとする者は、その四日目の始まる前までに立候補届出をすることを要するとし（昭和三四年二月一六日第三小法廷判決）、いずれも、中六日又は中三日を置けば足りる趣旨に解している。しかも、第二小法廷の判決では、株主総会の招集通知に関する大審院の判例については、場合を異にし、直ちに先例とできない旨を判示している。

以上の点から考えると、「……の日前三日までに」と表現するものについて中二日で足りるとする判例があり、「……の三日前に」と表現するものについては、中三日とする大審院判例と中二日で足りるとする最高裁判例とがあるわけで、表現の点から一義的な結論は出し得ないというほかない。〈編注　前掲最高裁判所の判例の詳細については、最高裁判所判例解説　民事編　昭和三四年度一一五ページ以下参照〉

■例一■

○国会法（昭和二十二年法律第七十九号）

第一条　（略）

②　常会の召集詔書は、少なくとも十日前にこれを公布しなければならない。

（以下略）

■例二■

○**会社法**（平成十七年法律第八十六号）

（株主総会の招集の通知）

第二百九十九条　株主総会を招集するには、取締役は、株主総会の日の二週間（前条第一項第三号又は第四号に掲げる事項を定めたときを除き、公開会社でない株式会社にあっては、一週間（当該株式会社が取締役会設置会社以外の株式会社である場合において、これを下回る期間を定款で定めた場合にあっては、その期間））前までに、株主に対してその通知を発しなければならない。

（以下略）

■例三■

○**地方自治法**（昭和二十二年法律第六十七号）

第百一条　（略）

⑦　招集は、開会の日前、都道府県及び市にあつては七日、町村にあつては三日までにこれを告示しなければならない。ただし、緊急を要する場合は、この限りでない。

■例四■

○**東日本大震災復興特別区域法**（平成二十三年法律第百二十二号）

（届出対象区域内における建築等の届出等）

第六十四条　（略）

4　届出対象区域内において、土地の区画形質の変更、建築物その他の工作物の新築、改築又は増築その他政令で定める行為をしようとする者は、当該行為に着手する日の三十日前までに、内閣府令で定めるところにより、行為の種類、場所、設計又は施行方法、着手予定日その他内閣府令で定める事項を被災関連市町村長に届け出なければならない。ただし、次に掲げる行為については、この限りでない。

（以下略）

■例五■

○**公職選挙法**（昭和二十五年法律第百号）

（公職の候補者の立候補の届出等）

第八十六条　公職の候補者となろうとする者は、当該選挙の期日の公示又は告示があつた日から、左の各号の区分による日までに、文書でその旨を当該選挙長に届け出なければならない。

（略）

五　町村の議会の議員及び長の候補者にあつては、その選挙の期日前四日

■例六■

○**公職選挙法**

（その他の選挙）

第三十四条　（略）

⑥　第一項の選挙の期日は、特別の定がある場合を除く外、左の各号の区分により、告示しなければならない。

（略）

五　町村の議会の議員及び長の選挙にあつては、少くとも七日前に

〈編注　例五及び例六の規定は、いずれも、昭和三四年当時のものである。〉

第八章　項関係

〔項〕

問80　項とは、何か。

答　問72　参照

〔項数〕

問81　項の数には、何か制限があるのか。

答　項の数には、特に制限があるわけではない。しかしながら、法令の内容を理解しやすいものにするために、その規定する内容に応じて条に分け、更に、条の中で項に分けるのであるから、やたらに項の数が多くなることは、かえって法令の内容の理解と規定の検索、引用の便を害することにもなる。したがって、一の条における項の数は、その内容を分類して、適当な数にとどめ、それ以外のものは別条とすることが望ましい。一の条における項の数の多い例としては、電波法第一〇三条の二（四五項）、地方税法第五三条（四四項）、租税特別措置法第七〇条の六（四四項）、市町村の合併の特例に関する法律第五条（三三項）、育児休業、介護休業等育児又は家族介護を行う労働者の福祉に関する法律第六一条（三四項）、介護保険法第八条（二八項）等が挙げられる。都市計画法第四条（一六項）、同法第九条（二二項）も項の数が多いが、これらは、いずれも別条とするのに適しないため、項の数が多くなっている例といえよう。

なお、附則について、項の数が多くなるということは、規定する内容が複雑であるか

らでもあり、条で構成することも考えるべきであろう。〈問107　参照〉

〔項番号〕

問82　項番号とは、何か。項番号のあるものと項番号のないものとがあるのは、どうしてか。

答　法令においては、算用数字（アラビア数字）でもって、「2、3、4……」又は「1、2、3、4……」と番号が付けられている。この番号を「項番号」という。

項番号は、条の中の項について、第二項以下に「2、3、4……」と、また条で構成されない法令の本則又は附則が二項以上で成り立っているとき、第一項から順次「1、2、3、4……」と付けられる。項番号は、検索、引用の便を図るため、昭和二三年ごろから付けられるようになった。したがって、それ以前の法令には、項番号は付いていない〈問193　参照〉。もっとも、法令集には、「①、②、③、④……」の形で、項番号類似のものが付けられていることが多いが〈編注　本書の規定例でも、同様の扱いがされている。〉、これは、法令集の編集者が、検索、引用の便を図るため、便宜、付けたもので、正式の項番号ではない。したがって、その一部改正に際しては、注意を要する。

〔第一項の項番号〕

問83　条の第一項に項番号を付けないのは、どうしてか。

答　「項」は、もともと、条の中の文章の段落を意味するものであり、「条」及び「号」ほどの独立性を有するものとは観念されていない。第二項以下に項番号が付けられるのは、検索、引用の便を図るためであり〈前問　参照〉、そうだとすれば、条の中の第一項は、第○条という条名の下から書き出すので、項番号がなくても、それが第一項であることは明らかで、検索、引用に不便はない。したがって、条の中の第一項には、殊更、項番号を付ける必要がないわけである。

〔項だけの本則と項番号〕

問84　項だけの本則の場合、項番号の付け方は、どのようにするのか。

答　法令の本則が一項にとどまる場合には、次の例一に示すように、項番号を付けない。本則の項の数が二以上の場合には、「1、2、3、4………」というように、項番号を付ける。

■例一■

○平成二十二年度歳入歳出の決算上の剰余金の処理の特例に関する法律（平成二十三年法律第八十八号）

財政法（昭和二十二年法律第三十四号）第六条第一項の規定は、平成二十二年度の一般会計歳入歳出の決算上の剰余金については、適用しない。

■例二■

○子どもの貧困対策の推進に関する法律第八条第二項第二号の子どもの貧困率及び生活保護世帯に属する子どもの高等学校等進学率の定義を定める政令（平成二十六年政令第五号）

内閣は、子どもの貧困対策の推進に関する法律（平成二十五年法律第六十四号）第八条第六項の規定に基づき、この政令を制定する。

1　子どもの貧困対策の推進に関する法律（以下「法」という。）第八条第二項第二号の「子どもの貧困率」とは、相対的に貧困の状況にある十八歳未満の者の数として厚生労働大臣が定めるところにより算定した数が十八歳未満の者の総数のうちに占める割合をいう。

2　法第八条第二項第二号の「生活保護世帯に属する子どもの高等学校等進学率」とは、生活保護法（昭和二十五年法律第百四十四号）第六条第一項に規定する被保護者であってその年度に中学校（義務教育学校の後期課程、中等教育学校の前期課程及び特別支援学校の中学部を含む。）を卒業した者の総数のうちにその年度の翌年度に高等学校（中等教育学校の後期課程及び特別支援学校の高等部を含む。）、高等専門学校又は専修学校の高等課程に入学した者の数の占める割合をいう。

〔先行する項を指示する表現〕

問85　ある項においてその直前に先行する項の全て又は一部を指示する場合には、どのように表現すればよいのか。

答　問75　参照

第九章 号関係

〔号〕

問86 号とは、何か。

答 問72 参照

〔号の細分〕

問87 号を更に細分する場合には、どのようにするのか。

答 号は、「一、二、三……」と号名を漢数字で表すが、号の中を更に細分して列記するときは、まず、「イ、ロ、ハ……」を用いる。これを更に細分して列記するときには、「(1)、(2)、(3)……」を用いた例、「(一)、(二)、(三)……」を用いた例があるが、現在では、「(1)、(2)、(3)……」を用いることに統一されている。これを更に細分して、「(i)、(ii)、(iii)……」を用いて列記した次のような例もある。

■例■

○**平成二十三年度における子ども手当の支給等に関する特別措置法**（平成二十三年法律第百七号）

（子ども手当の額）

第五条 子ども手当は、月を単位として支給するものとし、その額は、一月につき、次の各号に掲げる子ども手当の区分に応じ、それぞれ当該各号に定める額とする。

一 子ども手当（中学校修了前の子どもに係る部分に限る。） 次のイ又はロに掲げる場合の区分に応じ、それぞれイ又はロに定める額

〔号の末尾の句点〕

問88 号の末尾に句点を付けたものと句点を付けないものとがあるが、この区別の基準は何か。

イ 次条の認定を受けた受給資格に係る支給要件子どもの全てが……である場合 次の(1)から(3)までに掲げる場合の区分に応じ、それぞれ(1)から(3)までに定める額
(1) 当該支給要件子どもの全てが三歳に満たない子ども又は三歳以上小学校修了前の子どもである場合 次の(i)から(iii)までに掲げる場合の区分に応じ、それぞれ(i)から(iii)までに定める額
(i) 当該支給要件子どもの全てが三歳に満たない子どもである場合 一万五千円に当該三歳に満たない子どもの数を乗じて得た額
(ii) 当該三歳以上小学校修了前の子どもが一人又は二人いる場合 一万五千円に当該三歳に満たない子どもの数を乗じて得た額と、一万円に当該三歳以上小学校修了前の子どもの数を乗じて得た額とを合算した額
(iii) 当該三歳以上小学校修了前の子どもが三人以上いる場合 一万五千円に当該三歳に満たない子どもの数を乗じて得た額と、一万五千円に当該三歳以上小学校修了前の子どもの数を乗じて得た額から一万円を控除して得た額とを合算した額
(以下略)

答 号の中の字句が名詞形で終わる場合には、次の例一に示すように、原則として、句点を付けない。しかし、例二に示すように、最後の字句が「こと」又は「とき」で終わる場合と、例三に示すように、名詞形で一旦切れる字句の後にただし書等の文章が続く場合は、句点を付ける。名詞形で終わらない場合には、例四に示すように、常に句点を付ける。〈問287 参照〉

なお、号の書き出しの部分の「とき」という字句が一字の空白により一旦区切られ、更に字句が続く場合、従来「とき」の後に句点を付けた例（例五）と付けない例（例

六）があったが、号の文章が「とき」で終了しているという訳ではなく、また、号の後半の最後には句点が付かないこととの対比からして、現在は句点を付けないこととされている。

■例一■

○**水銀による環境の汚染の防止に関する法律**（平成二十七年法律第四十二号）

（特定水銀使用製品の製造の許可）

第六条　（略）

2　前項の許可を受けようとする者は、主務省令で定めるところにより、次の事項を記載した申請書を主務大臣に提出しなければならない。

一　氏名又は名称及び住所並びに法人にあっては、その代表者の氏名

二　製造しようとする特定水銀使用製品の種類及びその数量

三　製造しようとする特定水銀使用製品の用途

四　その他主務省令で定める事項

（以下略）

■例二■

○**小規模企業振興基本法**（平成二十六年法律第九十四号）

（基本方針）

第六条　政府は、次に掲げる基本方針に基づき、小規模企業の振興に関する施策を講ずるものとする。

一　国内外の多様な需要に応じた商品の販売又は役務の提供の促進及び新たな事業の展開の促進を図ること。

二　小規模企業の経営資源の有効な活用並びに小規模企業に必要な人材の育成及び確保を図

ること。

三 地域経済の活性化並びに地域住民の生活の向上及び交流の促進に資する小規模企業の事業活動の推進を図ること。

四 小規模企業への適切な支援を実施するための支援体制の整備その他必要な措置を図ること。

○特定農林水産物等の名称の保護に関する法律（平成二十六年法律第八十四号）

（登録の失効）

第二十条 次の各号のいずれかに該当する場合には、登録（当該登録に係る登録生産者団体が二以上ある場合にあっては、第十二条第二項第三号に掲げる事項のうち当該各号のいずれかに該当する登録生産者団体に係る部分に限る。以下この条において同じ。）は、その効力を失う。

一 登録生産者団体が解散した場合においてその清算が結了したとき。

二 登録生産者団体が生産行程管理業務を廃止したとき。

（以下略）

■例三■

○存続都道府県中央会等の組織変更の登記に関する政令（平成二十八年政令第二十八号）

（存続全国中央会の組織変更の登記）

第二条 （略）

3 組織変更後の一般社団法人についてする第一項の登記の申請書には、一般社団法人及び一般財団法人に関する法律（平成十八年法律第四十八号）第三百十七条及び同法第三百三十条において準用する商業登記法第十八条に規定する書面のほか、次に掲げる書面を添付しなければならない。

（略）

四 会計監査人を選任したときは、次に掲げる書面

イ　就任を承諾したことを証する書面
ロ　会計監査人が法人であるときは、当該法人の登記事項証明書。ただし、当該登記所の管轄区域内に当該法人の主たる事務所がある場合を除く。
ハ　会計監査人が法人でないときは、その者が公認会計士であることを証する書面
（以下略）

■例四■
○矯正医官の兼業の特例等に関する法律（平成二十七年法律第六十二号）
（定義）
第二条　この法律において、次の各号に掲げる用語の意義は、それぞれ当該各号に定めるところによる。
一　矯正施設　刑務所、少年刑務所、拘置所、少年院、少年鑑別所及び婦人補導院をいう。
二　矯正医官　矯正施設に勤務する一般職の職員の給与に関する法律（昭和二十五年法律第九十五号。第四条第四項において「給与法」という。）別表第八イ医療職俸給表（一）の適用を受ける職員をいう。

■例五■
○犯罪利用預金口座等に係る資金による被害回復分配金の支払等に関する法律（平成十九年法律第百三十三号）
（預金保険機構への納付）
第十九条　金融機関は、第八条第三項又は前条第二項の規定による公告があった場合において、次の各号のいずれかに該当するときは、当該各号に定める額に相当する額の金銭を、預金保険機構に納付しなければならない。
一　第八条第三項の規定による公告があったとき又は前条第二項の規定による公告があった場合において被害回復分配金の支払を行わなかったとき。　消滅預金等債権の額
二　前条第二項の規定による公告があった場合において、当該公告に係る対象預金口座等に

ついて支払った被害回復分配金の額の合計額が消滅預金等債権の額に満たないとき。　消滅預金等債権の額から当該被害回復分配金の額の合計額を控除した額

■例六■

○少年鑑別所法（平成二十六年法律第五十九号）

（逃走者等の遺留物）

第六十三条　在所者が次の各号のいずれかに該当する場合において、当該各号に定める日から起算して六月を経過する日までに、その者又はその親権を行う者等から引渡しを求める申出がなく、又は引渡しに要する費用の提供がないときは、その遺留物は、国庫に帰属する。

一　逃走したとき　逃走した日

二　第七十九条第二項の規定により解放された場合において、同条第三項に規定する避難を必要とする状況がなくなった後速やかに同項に規定する場所に出頭しなかったとき　避難を必要とする状況がなくなった日

（以下略）

〈先行する号を指示する表現〉

問89　ある号においてその直前に先行する号の全て又は一部を指示する場合には、どのように表現すればよいのか。

答　問75　参照

第一〇章 表・別表関係

〔表〕

問90 表を用いるのは、どのような場合か。

答 法文に表現しようとする内容によっては、表を用いて表現した方が、簡単かつ便利であり、また、条文を読む人にとっても理解が容易であると考えられる場合がある。法令において表が用いられるのは、一般的にいえば、このような場合においてである。

一 具体的な例としては、まず、次の例に示すように、税法や給与関係法において多数の区分にそれぞれ対応した数額等を規定しようとする場合が挙げられる。

■例■

○たばこ税法（昭和五十九年法律第七十二号）

（課税標準）

第十条 （略）

2 前項の製造たばこの本数は、第一種の製造たばこの本数によるものとし、次の表の上欄に掲げる製造たばこの本数の算定については、同欄の区分に応じ、それぞれ当該下欄に定める重量をもつて第一種の製造たばこの一本に換算するものとする。

区分	重量
一 喫煙用の製造たばこ	

(1)　第二種	一グラム
(2)　第三種	一グラム
(3)　第四種	二グラム
二　かみ用の製造たばこ	二グラム
三　かぎ用の製造たばこ	二グラム

（以下略）

二　また、次の例に示すように、各省組織令において地方支分部局の名称、位置及び管轄区域を規定しようとする場合にも、表が用いられる。

■例■

○**総務省組織令**（平成十二年政令第二百四十六号）

（管区行政評価局の名称、位置及び管轄区域）

第百三十三条　管区行政評価局の名称、位置及び管轄区域は、次のとおりとする。

名称	位置	管轄区域
北海道管区行政評価局	札幌市	北海道
東北管区行政評価局	仙台市	青森県　岩手県　宮城県　秋田県　山形県　福島県
関東管区行政評価局	さいたま市	茨城県　栃木県　群馬県　埼玉県　千葉県　東京都　神奈川県　新潟県　山梨県　長野県

（以下略）

三　法令において表が用いられるのは、以上に見るように、同一の性質を有する事項を列挙的に規定する場合が多いのであるが、このほか、表を用いる特殊な場合として、次の例に示すように、条数の多い法令を準用する場合において、多数の読替え〈問77　参照〉を必要とする場合が挙げられる。〈問94　参照〉

■例■

○行政手続における特定の個人を識別するための番号の利用等に関する法律（平成二十五年法律第二十七号）

（情報提供等の記録についての特例）

第三十一条　（略）

4　独立行政法人等個人情報保護法第三条、第五条から第九条第一項まで、第十二条から第二十条まで、第二十三条、第二十四条、第二十六条から第三十二条まで、第三十五条及び第四十六条第一項の規定は、行政機関、地方公共団体、独立行政法人等及び地方独立行政法人以外の者が保有する第二十三条第一項及び第二項に規定する記録に記録された特定個人情報について準用する。この場合において、次の表の上欄に掲げる独立行政法人等個人情報保護法の規定中同表の中欄に掲げる字句は、同表の下欄に掲げる字句に読み替えるものとする。

読み替えられる独立行政法人等個人情報保護法の規定	読み替えられる字句	読み替える字句
第九条第一項	法令に基づく場合を除き、利用目的	利用目的
	自ら利用し、又は提供してはならない	自ら利用してはならない

第十二条第二項	未成年者又は成年被後見人の法定代理人	未成年者若しくは成年被後見人の法定代理人又は本人の委任による代理人（以下「代理人」と総称する。）
第十三条第二項及び第二十八条第二項	法定代理人	代理人
第十四条第一号及び第二十七条第二項	未成年者又は成年被後見人の法定代理人	代理人
第二十三条第一項	及び開示請求者	、開示請求者及び開示請求を受けた者

（以下略）

〔表の区分〕

問91 表の区分の呼び方には、何か決まったものがあるのか。

答 法令において用いる表については、原則として、縦の線と横の線で区画することとされており、縦の線で区画されている区切りを「項」と呼び、横の線で区画されている区切りを「欄」と呼ぶ（前問二の例に示した管区行政評価局の表についていえば、それぞれ縦の区切りを「北海道管区行政評価局の項」、「東北管区行政評価局の項」……、それぞれ横の区切りを「名称の欄」、「位置の欄」、「管轄区域の欄」と呼ぶ。）。かつて、縦線で区画されていない表について、その縦の区切りを「部」と呼んだこともあった（この呼び方によれば、同じく右の表において、各管区行政評価局の間の縦の線がないものとした場合に、この縦の区切りの一は、例えば「北海道管区行政評価局の部」と呼ぶことになる。）が、現在では、縦線による区画の有無を問わず、これを「項」と呼ぶことに統一されている。

なお、表の一番上に番号の欄を設け、縦の区切りごとに「一、二……」の番号を付けたり、番号の欄は設けず、一番上の欄に規定する事項に付番をしたりして、縦の区分そのものを「第○号」と呼んでいる例もある（印紙税法第四条・別表第一等及び租税特別措置法第一一条第一項等）。

〔条中の表と別表〕

問92　条中にある表と別表とでは、どのように違うのか。そのいずれを用いるかについて、何か基準があるのか。

答　法令で用いる表については、原則として、本則の条文中に置かれる表を「第○条の表」、法令の末尾すなわち附則の次に置かれる表を「別表」という。

条中にある表と別表とでその効果について差異があるわけではなく、また、そのいずれを用いるかについて特に決まった基準があるわけではないが、そのいずれを用いるかについては次に述べるようなそれぞれの得失があるので、そのときどきの規定の性格ないしは法令の構成等といった要素を考慮して決めることになる。すなわち、表形式として示そうとするものが比較的単純で簡単なものであれば、法令の末尾に置くよりも本則の条文中に置く方が当該条文と関連させて見やすいので、次の例一に示すように、当該条の「表」として、本則の条文中に置くのが適当である（もっとも、法令によっては、相当長い表を条文中に置くものもないではない。）。これに対し、複雑で長いものあるいは表としてまとめる方がむしろ適当と考えられるものは、例二に示すように、「別表」として、法令の末尾―附則の次に置くのが通例である。別表を用いる場合には、本則の方の体裁が整うとか、表としてのまとまりがあるというような利点はあるが、反面、複雑で長い法令のときには、別表と別表について規定する条との関係が分かりにくいという難点があることは否めない（このため、別表については、これについて定める本則の規定との関係を示すことになっている〈次問　参照〉。）。なお、二以上の別表を置く場合には、「別表第二」、「別表第二」等の表示をしたり、当該別表に名称を付ける〈問96　参照〉。

■例一■

○**消費者の財産的被害の集団的な回復のための民事の裁判手続の特例に関する法律**（平成二十五年法律第九十六号）

（消費者契約法の特例）

第八十八条　特定適格消費者団体である適格消費者団体に対する消費者契約法の規定の適用については、次の表の上欄に掲げる同法の規定中同表の中欄に掲げる字句は、それぞれ同表の下欄に掲げる字句とする。

第二十九条第一項	その行う差止請求関係業務	その行う差止請求関係業務及び消費者裁判手続特例法第六十五条第二項に規定する被害回復関係業務（以下単に「被害回復関係業務」という。）
第三十一条第二項	、差止請求関係業務	、差止請求関係業務及び被害回復関係業務
	差止請求関係業務その他の業務がこの法律	差止請求関係業務、被害回復関係業務その他の業務がこの法律及び消費者裁判手続特例法
第三十一条第三項第七号	差止請求関係業務	差止請求関係業務及び被害回復関係業務
第三十二条第一項	この法律	この法律又は消費者裁判手続特例法

■例二■

○**国家行政組織法**（昭和二十三年法律第百二十号）

（行政機関の設置、廃止、任務及び所掌事務）

第三条　（略）

4　第二項の国の行政機関として置かれるものは、別表第一にこれを掲げる。

附　則

（略）

別表第一（第三条関係）

省	委員会	庁
総務省	公害等調整委員会	消防庁
法務省	公安審査委員会	公安調査庁
外務省		
財務省		国税庁
文部科学省		スポーツ庁 文化庁
厚生労働省	中央労働委員会	
農林水産省		林野庁 水産庁
経済産業省		資源エネルギー庁 特許庁 中小企業庁
国土交通省	運輸安全委員会	観光庁 気象庁 海上保安庁
環境省	原子力規制委員会	

〔表の型〕

問93 表の型には各種のものがあるようであるが、何か原則があるのか。

防衛省	防衛装備庁

答 表で表現しようとする事項には、各種各様のものがあるので、表の型もそこで表現しようとする事項に応じて、各種のものがあり得る。原則的には、表全体を枠で囲み、縦線と横線で区画して、表現しようとする事項を一定の基準に従ってその区画の中に規定していくこととされている。この場合、表に規定する事項が多いため縦の区切り（項）が多くなるときは、他の条又は後日その表を改正する場合の改正規定において引用しやすいように、次の例一に示すように、項ごとに番号を付けること、欄の右端にその欄中に規定する事項の内容が分かるような見出しを付けることとする等の配慮が望ましい。

別表の中には、全体を枠で囲まないものもある（例えば、消費税法第六条の規定に基づく別表第一及び別表第二は、それぞれ箇条書のものを別表と呼んでいる。）。なお、別表については、別表と当該別表について定める本則の規定との関係が分かりにくいという難点を少なくする一方策として、別表において、別表の右肩に置かれる「別表」の表示の下に、当該別表について定める本則中の規定を次の方式により括弧書きで示すこととされている。

別表（第○条、第△条、第×条関係）

別表第一　○○○（第○条―第×条関係）

右に示した方式から明らかなように、本則中の規定の示し方は、関係規定の条名を単位として示し、二条以上であるときは読点「、」（連続した三条以上であるときは「―」）を用いてつなぎ、末尾に「関係」の文字を付ける方式による。

なお、既存の別表でその根拠規定を示す括弧書きのないものについてその根拠規定を示す場合の改正方式は、例二に示すとおりであるが、この場合、この部分の根拠条名については、当該改正法令の制定文に掲名の必要はないものとされている。

■例一■

○国家戦略特別区域法（平成二十五年法律第百七号）

（定義等）

第二条 （略）

2 この法律において「特定事業」とは、第十条を除き、次に掲げる事業をいう。

一 別表に掲げる事業で、第十二条の二から第二十七条までの規定による規制の特例措置の適用を受けるもの

（以下略）

別表（第二条関係）

項	事業	関係条項
一	公証人役場外定款認証事業	第十二条の二
一の二	公立国際教育学校等管理事業	第十二条の三
一の三	国家戦略特別区域小規模保育事業	第十二条の四
一の四	国家戦略特別区域限定保育士事業	第十二条の五
一の五	国家戦略特別区域外国人滞在施設経営事業	第十三条
二	国家戦略特別区域高度医療提供事業	第十四条

〈読替えにおける表の用法〉

問94 読替えをする場合に表形式を用いるものとそうでないものとがあるが、その基準は何か。

	（略）	
十四	政令等規制事業で第二十六条の規定による政令又は内閣府令・主務省令で定めるもの	第二十六条
十五	地方公共団体事務政令等規制事業で第二十七条の規定による政令又は内閣府令・主務省令で定めるもの	第二十七条

■例二■

○**航空法の一部を改正する法律**（平成六年法律第七十六号）

（略）

別表中「別表」を「別表（第二十八条関係）」に改め、……次の一号を加える。

（以下略）

答 多数の条文を準用する場合には、多くの読替えを必要とすることが多い。このような場合には、「第○条中「A」とあるのは「B」と、第×条中「C」とあるのは「D」と、第△条中「E」とあるのは「F」と…………読み替えるものとする」、あるいは「第○条中「A」とあり、及び「B」とあるのは、「C」と読み替えるものとする」というように読替規定〈問77 参照〉を連続して書くよりも、表を利用した方が分かりやすい。表形式を用いる場合の基準というものが特にあるわけではないが、右に述べたように、読替えについて表形式を用いるのは、非常に多くの条文を準用し、その読替えが多くなるような場合〈問90三例 参照〉又はその読替えが政令に委任されたような場合〈問77二例 参照〉で、表形式を用いることにより、その準用、読替えの関係が分かりやすくなると考えられるときにおいてである。

〔表中の名詞の列記〕

問95 表中に名詞を列記する場合には、どのようにするのか。

答 各省組織令等において、ある官署の管轄区域を定めるために、表を用い、地方公共団体名を列記する場合のように、単純でしかも同性質の名詞を列記する場合で、表全体も同一方式で統一できるようなときには、次の例に示すように、例えば、「東京都、神奈川県、埼玉県、……」とはしないで〈編注 古い法令では、この方式によったものもある。〉、「東京都　神奈川県　埼玉県……」のように、一字空けて名詞を続けて書いていくのが普通である。

■例■

○法務省組織令（平成十二年政令第二百四十八号）

（法務局の名称、位置及び管轄区域）

第六十九条 法務局の名称、位置及び管轄区域は、次のとおりとする。ただし、次項の規定による事務以外の事務の管轄区域については、地方法務局の管轄する区域を除く。

名称	位置	管轄区域
札幌法務局	札幌市	北海道
仙台法務局	仙台市	青森県　岩手県　宮城県　秋田県　山形県　福島県
東京法務局	東京都	茨城県　栃木県　群馬県　埼玉県　千葉県　東京都　神奈川県　新潟県　山梨県　長野県　静岡県
（以下略）		

〔別表の名称の付し方〕

問96 別表に名称を付ける場

答 本則中に置かれる表は、各条項ごとに一つであるのが通常であるから、特に名称を付け、その性格を明らかにするまでのことはないが、「別表」は、まとめて法令の末尾に合には、どのようにするのか。

置かれることでもあり、特に別表が二以上あるような場合には、その理解を容易にするため、それぞれの別表の性格を明らかにする措置をとることが適当と認められる場合がある。このような場合には、別表に名称を付ける。この場合の名称は、次の例に示すように、「別表第一　〇〇〇」のような形式で付けるが、古くは、「別表第一　〇〇〇」のように付ける例があった。なお、別表において当該別表と当該別表について定める本則中の規定との関係を明らかにするための取扱いについては、〈問93　参照〉。

■例■

〇一般職の職員の給与に関する法律（昭和二十五年法律第九十五号）

別表第一　行政職俸給表（第六条関係）
別表第二　専門行政職俸給表（第六条関係）
別表第三　税務職俸給表（第六条関係）
別表第四　公安職俸給表（第六条関係）
別表第五　海事職俸給表（第六条関係）
別表第六　教育職俸給表（第六条関係）
別表第七　研究職俸給表（第六条関係）
別表第八　医療職俸給表（第六条関係）
別表第九　福祉職俸給表（第六条関係）
別表第十　指定職俸給表（第六条関係）

〈編注　いずれも、それぞれの別表の名称だけを掲げた。〉

〈別表における規定の順序〉

問97 別表における規定の順序については、何か決まりがあるのか。

答 別表である事項を列挙的に規定しようとする場合にどういう順序で規定していくかについては、事柄の性格上、全ての場合に通ずる統一的な原則があるわけではない。その表それぞれの性格からみて、合理的な法則を設定し、それに従って規定していけばよい。例えば、法人税法別表第二の公益法人等の表は、次の例に示すように、列挙する法人の名称の五十音順により、総務省組織令第一三三条の管区行政評価局の名称、位置及び管轄区域を定める表〈問90二例 参照〉は当該管区行政評価局の地理上の位置の北からの順番により、また行政手続における特定の個人を識別するための番号の利用等に関する法律第三一条第四項の読替えの表〈問90三例 参照〉は読み替える条文の順序によっている。

■例■

○**法人税法**（昭和四十年法律第三十四号）

別表第二　公益法人等の表（第二条、第三条、第三十七条、第六十六条関係）

名称	根拠法
委託者保護基金	商品先物取引法（昭和二十五年法律第二百三十九号）
一般財団法人（非営利型法人に該当するものに限る。）	一般社団法人及び一般財団法人に関する法律（平成十八年法律第四十八号）
一般社団法人（非営利型法人に該当するものに限る。）	
医療法人（医療法第四十二条の二	医療法

〔表の（注）と（備考）〕

問98　表に（注）又は（備考）の付いているものがあるが、（注）又は（備考）は、どのような場合に付けるのか。また、（注）又は（備考）に類するものとして、どのようなものがあるのか。

第一項（社会医療法人）に規定する社会医療法人に限る。）	
外国人技能実習機構	外国人の技能実習の適正な実施及び技能実習生の保護に関する法律（平成二十八年法律第八十九号）
（略）	
労働災害防止協会	労働災害防止団体法

答　表に（注）又は（備考）が付けられることがあるが、これらは、次の例一に示すように、表の中に用いられている語句の定義や表を適用する場合の留意事項、細則等を規定する場合に用いられる。また、これらに類するものとしては、別表の適用上の留意事項を規定するのに、（備考）として別表の後に付けるのではなく、例二に示すように、その表の適用に関する通則として別表の最初に置くもの等がある（右の（備考）については、例に示すように、括弧が付けられないこともある。）。

■例一■

○**所得税法**（昭和四十年法律第三十三号）

別表第二　給与所得の源泉徴収税額表（月額表）（第百八十五条、第百八十六条、第百八十九条関係）

(一)

（略）

（略）

（注）この表における用語については、次に定めるところによる。

（一）「扶養親族等」とは、控除対象配偶者及び扶養親族をいう。

（略）

（備考）税額の求め方は、次のとおりである。

（一）給与所得者の扶養控除等申告書の提出があった居住者については、

（1）まず、その居住者のその月の給与等の金額から、その給与等の金額から控除される社会保険料等の金額を控除した金額を求める。

（以下略）

○採用試験の対象官職及び種類並びに採用試験により確保すべき人材に関する政令（平成二十六年政令第百九十二号）

別表（第三条関係）

総合職試験	院卒程度の者	一　人文科学、社会科学又は自然科学のいずれかの分野における特定の専門領域に関する知識又は技術及びその関連領域における知識を備えるとともに、これらに係る応用能力を備えていること。 二　困難な課題を解決できる論理的な思考力、判断力、表現力その他総合的かつ高度な能力並びに適切かつ効果的に説明及び討議を行う能力を備えていること。 三　前二号に掲げる事項の基盤となる基礎的な外国語の能力を備えていること。 四　採用後の研修又は職務経験を通じて第一号に規定する特定の専門領域に関する知識又は技術及びその関連領域

における知識並びに前三号に規定する能力の向上が見込まれること。

五　前各号に掲げるもののほか、採用試験の種類の全てを通じて備えているべき知識、能力等を備えていること。

（略）

備考

一　この表における次に掲げる用語の意義は、それぞれ次に定めるとおりとする。

イ　総合職試験　法第四十五条の二第一項第一号に掲げる官職への採用を目的とした競争試験

ロ　一般職試験　法第四十五条の二第一項第二号に掲げる官職への採用を目的とした競争試験

（略）

二　この表において「採用試験の種類の全てを通じて備えているべき知識、能力等」とは、次に掲げるものをいう。

イ　我が国の歴史及び文化その他の人文科学、社会科学及び自然科学の分野における基礎的な知識

ロ　基礎的な課題について十分に理解した上で、着実に取り組み、正確かつ迅速に処理し、その結果を踏まえた説明を適切に行うことができる基礎的な能力

ハ　公共の利益のために勤務することについての明確な自覚及び国際的かつ多角的な視点

○一般職の職員の給与に関する法律（昭和二十五年法律第九十五号）

別表第一　行政職俸給表（第六条関係）

イ　行政職俸給表(一)

職員の区分	職務の級／号俸	1級	2級	3級	4級	5級	6級	7級	8級	9級	10級
		俸給月額	俸給月額	俸給月額	俸給月額	俸給月額	俸給月額	俸給月額	俸給月額	俸給月額	俸給月額
（略）	1	円 141,600	円 191,700	円 227,900	円 261,100	円 287,100	円 317,700	円 361,800	円 407,300	円 457,600	円 520,900
（略）											

備考

㈠　この表は、他の俸給表の適用を受けない全ての職員に適用する。ただし、第二十二条及び附則第三項に規定する職員を除く。

（以下略）

○新型インフルエンザ予防接種による健康被害の救済に関する特別措置法施行令（平成二十一年政令第二百七十七号）

別表（第四条―第六条関係）

等　級	障　害　の　状　態
一　級	一　両眼の視力の和が〇・〇四以下のもの （以下略）
二　級	一　両眼の視力の和が〇・〇八以下のもの （以下略）

備考　視力の測定は、万国式試視力表によるものとし、屈折異常があるものについては、矯正視力によって測定する。

〔表に類するもの〕

問99　表に類するものとして、どのようなものがあるのか。あるとして、それらの法令における配置の基準は、どうなっているのか。

■例二■

○印紙税法（昭和四十二年法律第二十三号）

別表第一　課税物件表（第二条―第五条、第七条、第十一条、第十二条関係）

課税物件表の適用に関する通則

1　この表における文書の所属の決定は、この表の各号の規定による。この場合において、当該各号の規定により所属を決定することができないときは、2及び3に定めるところによる。

（略）

6　1から5までに規定するもののほか、この表の規定の適用に関し必要な事項は、政令で定める。

番号	課税物件		課税標準及び税率	非課税物件
	物件名	定義		
（略）				

答一　表に類するものとしては、付録、様式、書式、別図等がある。いずれも、別表と同様に、法令の末尾に置かれるのが通常であるが、まれには、道路構造令第三九条第四項の図〈編注　自転車専用道路及び自転車歩行者専用道路の建築限界を示すためのもの〉のように、条文中に置かれることもある。付録は、主として計算式を規定する場合に、様式又は書式は、主として申請書、届出書等の様式を規定する場合に、別図又は図は、主として服制や建築の技術的基準のように文章として書くことが極めて困難で、図で示さざるを得ないようなものを規定する場合に用いられる。また、付録、様式、書

式、別図等と別表との使い分けについても、必ずしも明確な基準があるわけではなく、申請書、届出書の様式や図を規定する場合に別表という名称を用いる場合もある（国旗及び国歌に関する法律では、日章旗の制式と君が代の歌詞及び楽曲がそれぞれ別記として規定されている。また、自衛隊法施行令別表第一では、自衛隊旗を図でもって規定しているが、「別図」とはされていない。）。

二　同一の法令において、別表、付録、様式等各種のものを末尾に置く場合の配列についても、特に基準というほどのものはないが、当該別表、付録、様式等の根拠となる本則の条文の順序、当該法令中における別表、付録、様式等の重要性の順序等によることも、一つの方法である。ただ、別表、付録、様式等がそれぞれ複数ある場合には、別表は別表、付録は付録としてまとめて配置すべきであろう（例えば、中小企業退職金共済法施行令においては、別表、付録の順に配列されている。）。

なお、付録についても、本則中の規定との関係が括弧書きで示されることは、別表の場合と同様である。

第一一章　罰則関係

〔罰則規定〕

問100　罰則の規定の仕方で、特に注意すべき点は何か。

答一　法令の実体規定には、国民に対して義務を課することを定めたものが多いが、法令で一定の作為又は不作為を義務付ける以上、それが守られなければ当該法令を制定した意義はなくなる。したがって、義務を課する法令では、その義務の履行を確保するための手段を講じておくのが通常であり、その最も強力なものが、法令上の義務違反があった場合に違反者に対して罰が科せられるべきことを定めた罰則である。すなわち、罰則は、これによって、法令上の義務違反を一般的に予防するとともに、その義務違反が現実に行われた場合には、予定された刑罰又は過料を科そうとするものである。

生命、自由及び幸福追求に対する国民の権利については、公共の福祉に反しない限り、立法その他の国政の上で、最大の尊重を必要とする（憲法第一三条）のであるから、国民に対して法令上の義務を課することには、常に慎重でなければならないし、その義務の履行を図るための罰則は、刑罰又は過料という身体の自由の制限又は財産権の侵害を内容とするものだけに、特に慎重でなければならないのは当然である。

二　法令の立案に当たっては、まず、その法令に罰則を設けることが法律上許されるかどうかということと、その法令に罰則を設けるべきであるかどうかを検討すべきである。

憲法上、罰則は、法律で定めるのが原則であり（憲法第三一条）、政令その他の命令には、法律の委任がなければ、罰則を設けることができない。ただ、地方公共団体の条例及び規則については、地方自治法第一四条第三項及び第一五条第二項に特別の規定があり、相当包括的に罰則の設定が委任されている〈問1及び問103参照〉。すなわち、罰則は、それが法律で定められる場合は別として、法律以外の命令又は地方公共団体の条例若しくは規則については、法制上の制約があるのであり、この点を十分注意しなければならない。

法制上、罰則を設けることが許される場合であっても、次には、実体規定との関係で、罰則を設けるべきかどうかが検討されなければならない。通常、罰則を必要とするのは、法令が一定の作為又は不作為を命ずることを内容とする義務規定についてである。しかし、義務規定であれば、全て罰則を設けなければならないわけのものではない。およそ法令上義務を命ずる場合には、その義務が履行されることを期待し、強要していることは、いうまでもない。しかし、その強要には、公共の福祉との関連に応じて、程度の差があるのであって、その程度の差により、あるいは義務違反行為に対しては直ちに処罰するものとし、あるいは義務違反行為があった場合においては、まず行政庁の監督処分により是正することとし、これが実効を挙げ得ないときに、監督処分についての違反行為を処罰するものとし、あるいは罰則による強要を不要のものとする。これらのうち、そのいずれを選ぶべきかについて、慎重な検討が必要である。そして、立法事務に携わる者としては、罰則を設けるに当たって、なるべく謙虚であると同時に、他法令との均衡をも十分配慮すべきである。

ところで、罰則を設けるべきであるとの結論に到達した場合、次に注意すべきことは、法定刑又は過料の最高額が違法行為の可罰性の程度に応じた相当のものでなければならないということである。つまり、重大な違反行為に対しては重く、軽度の違反行為に対しては軽く処罰するようにすることである。そのようにしてこそ、公共の福祉との関連における義務の要請の強弱の判断を的確ならしめ、遵法精神を涵《かん》養することにもなるからである。

三　次に、ある義務違反行為に対して罰則を設け、その違反者を処罰することとする場合に、刑罰、すなわち、懲役、禁錮、罰金、科料、拘留等の刑を科すべきか、秩序罰としての過料を科すべきかの問題がある。義務違反の態様が、一般社会の法益を侵害する程度に重大であれば、刑罰を科し、単に行政上、民事上又は訴訟手続上の秩序を乱す程度のものであれば、過料を科するにとどめるのが適当だと考えられている。したがって、違反行為の重大性により、いずれを選ぶべきかを定めるのがよいであろう。そして、法定刑又は過料の最高額を定める場合には、その幅を極端に広くすることは罪刑法定主義の建前から好ましくないが〈問103参照〉、ある程度の幅をもたせ、裁判所が具体的事件について、その罰則を適用して刑又は過料を言い渡す場合に、事案の内容に応じた妥当な量刑ができる余地を残すようにすべきである。この場合においても、我が国の法制上、当該違反行為と類似する行為がどのように評価されているかを十分検討すべきであろう。

四　さて、いよいよ具体的に罰則を規定することとなった場合に、立法技術上、どのような点に注意すべきかについて触れてみよう。

1　罰則を定める場合には、どのような行為が犯罪を構成し、犯罪として処罰されるのか、いつ犯罪が既遂となるのかなど、犯罪の構成要件を明確に表示すべきである。犯罪の構成要件が明確でなければ、違反行為があっても、正しい罰則規定の適用を期待できないことになるからである。ところで、罰則規定の書き方には二種のものがあり、「他人の財物を窃取した者は、十年以下の懲役に処する」というように、犯罪の構成要件の全部をまとめて表示する方法と、「一般送配電事業を営もうとする者は、経済産業大臣の許可を受けなければならない」という義務規定を置き、罰則で「第○条の規定に違反して一般送配電事業を営んだ者は、三年以下の懲役若しくは三百万円以下の罰金に処し、又はこれを併科する」という処罰規定を設け、両者を併せて犯罪の構成要件が明確になるという方法とがある。前者の方法は、自然犯又は刑事犯といわれているものについて多く用いられ、後者の方法は、行政犯又は法定犯といわれているものに多く用いられている。前者の場合は、その行為が社会的に悪として認識されているので、わざわざ義務規定を置くまでのことはないが、後者の場合は、本来、反社会的でない行為について、行政上の要請から一定の義務を課し、その義務違反を処罰する公共の福祉の要請があるため、義務規定を置いてそのことを明らかにするのである。行政法令においては、多くは、後者の形態をとる。そして、その形の罰則については、実体上の義務規定と罰則との表現が整合し、うまく対応するようにしておかないと、犯罪の構成要件が不明確になる。罰則には、よく、「第○条の規定に違反した者」を処罰する旨定めるが、第○

条に該当する実体規定の書き方いかんによっては、第○条の規定に違反するということの意味が判然としないこともある。昭和五六年法律第六五号による改正前の外国為替及び外国貿易管理法第五一条は、「通商産業大臣は、特に緊急の必要があると認めるときは、命令で定めるところにより、一月以内の期限を限り、品目又は仕向地を指定し、貨物の船積を差し止めることができる」旨を定め、同法第七〇条において、「第五十一条の規定に違反した者」を処罰する旨を定めていたが（第一九号）、この両者を併せ読んでみると、どのような行為を処罰する趣旨であるのか明確ではない。緊急の必要がないのに貨物の船積みを差し止めた場合の通商産業大臣を処罰する規定であるともとり得るのである。このような場合には、「第五十一条の規定による差止めに違反して貨物を船積みした者」を処罰するように表現すべきである。義務規定と処罰規定との両者を設ける方法をとる多くの行政法規については、両者を併せ読んでみて、犯罪の構成要件が不明確でないかを注意すべきである。

2　次に、犯罪の構成要件の表示に関連して問題となるのは、犯罪の既遂時期を明確にしなければならないということである。このことは、特に不作為犯について問題となることが多い。例えば、一定の事実が発生した場合に、行政庁に対して届出又は報告の義務を課し、その義務違反行為を処罰しようとするときには、実体規定の方で、届出時期又は報告時期が明確に定められていればよいが、単に、「……のときは、速やかに届け出なければならない」とか「……のときは、遅滞なく報告しなければならない」旨を規定し、罰則が「第○条の規定に違反した者」を処罰するとしただけでは、「速やかに」又は「遅滞なく」の時期が判然としないのである。罰則の方で、「……のときから〇日以内に第〇条の規定による届出（報告）をしなかった者」を処罰する旨定めれば、その点は、明確になる。「速やかに」とか「遅滞なく」というのは、法令上よく用いられる言葉であり〈問318　参照〉、それ自体の意味が曖昧であるとはいえないが、犯罪の既遂時期との関連においては、十分でないといわざるを得ないのである。

3　また、包括的、抽象的な意味の表現は、なるべく用いないようにすべきである。字句の意味が明確でないことは、直ちに、犯罪の構成要件の不明確さをもたらすからである。例えば、「……の行為その他これに類する行為」を禁止するような表現は、原則として、好ましくない。

4　刑法第三八条第一項は、過失犯を処罰するためには、それぞれの罰則規定において、過失犯を処罰する旨を特別に定めなければならないとし、同法第八条により、刑法総則の規定は、刑法以外の法令で刑を定めた場合にも適用されることとされているから、行政法令の罰則においても、過失犯を処罰しようとする場合には、その旨を明示すべきである。もっとも、特殊な行政上の義務については、法文上、過失犯を処罰する旨の明文の規定がなくても、法令全体の趣旨、事柄の本質等から、過失犯をも処罰する旨の規定があるのと同様に解すべきであるとする最高裁判所の判例（旧外国人登録令第一〇条に関し昭和二八年三月五日第一小法廷判決、古物営業法第一七条及び旧第二九条に関し昭和三七年五月四日第二小法廷判決）があるが、立法に携わる者の態度としては、解釈上の疑義を避ける意味から、過失犯を処罰する場合には、その旨を明記するようにすべきであろう。

5　両罰規定については、〈問102参照〉。

6　以上が、罰則の一般的な事項についての注意すべき点であるが、そのほか、法令の目的等から、特殊なものとして、没収、追徴を定める必要がある場合、未遂罪又は予備罪を処罰する必要がある場合、教唆犯、煽《せん》動犯又は幇《ほう》助犯を処罰する必要がある場合、刑の減軽及び免除を規定する必要がある場合等について注意しなければならない。

〔罰則規定の順序〕

問101　罰則の規定の順序については、何か基準があるのか。

答　一　罰則は、その法令が、章・節等に区分されている場合には、次の例に示すように、実体規定及び雑則の次に、「罰則」という章を設けてまとめて規定され、章・節等に区分されていない場合には、本則の末尾に規定されるのが通例である。罰則の数が少ない場合に、便宜、雑則の章の中に置かれた例（港湾法等）もあり、罰則をまとめないで各章の実体規定ごとに、ある程度まとめ、又は個別的に規定した例（地方税法、地方自治法等）もあり、また、当該法令の制定の趣旨から重要と思われる罰則を実体規定中に置き、他をまとめて規定した例（出資の受入れ、預り金及び金利等の取締等に関する法律）もあるが、このような方式は、一般的ではない。

二　罰則をまとめて規定する場合には、次の例に示すように、法定刑の同じ罪ごとに条に分け、その重いものから順次軽いものへと並べ、同一条項中で二以上の実体規定の条名を引用するときは、数の少ない条名から引用するのが通例である。例外として、基本的類型の罪とその刑を加重又は減軽する類型の罪とを規定する場合に、法定刑を異にするがこれらを同一条中で規定し（麻薬及び向精神薬取締法）、身分犯がある場合に、その身分犯ごとにまとめて規定し（船員法）、法定刑の軽重とは無関係に、実体規定の条文の順序に従って規定した（母体保護法）ものがある。

両罰規定〈次問　参照〉を置く場合には、それに関係のある罰則規定の直後に置き、過料は、罰金等の刑罰の後に並べるのが通例である。

■例■

○水銀による環境の汚染の防止に関する法律（平成二十七年法律第四十二号）

第十章　罰則

第三十一条　第四条の規定に違反した者は、五年以下の懲役若しくは三百万円以下の罰金に処し、又はこれを併科する。

第三十二条　次の各号のいずれかに該当する者は、三年以下の懲役若しくは百万円以下の罰金に処し、又はこれを併科する。

一　第五条の規定に違反した者

二　偽りその他不正の手段により第六条第一項又は第九条第一項の許可を受けた者

三　第十二条の規定に違反した者

四　第十九条の規定に違反した者

五　第二十条の規定に違反した者

第三十三条　次の各号のいずれかに該当する者は、三十万円以下の罰金に処する。

一　第十四条第二項の規定による届出をせず、又は虚偽の届出をして新用途水銀使用製品の製造等をした者

二　第二十二条第一項の規定による報告をせず、又は虚偽の報告をした者

三　第二十四条第一項の規定による報告をせず、又は虚偽の報告をした者

〔両罰規定〕

問102　両罰規定とは、何か。両罰規定が設けられるのは、どのような場合か。

四　第二十五条の規定による報告をせず、又は虚偽の報告をした者
五　第二十六条第一項の規定による検査若しくは収去を拒み、妨げ、若しくは忌避し、又は同項の規定による質問に対して答弁せず、若しくは虚偽の答弁をした者
第三十四条　法人の代表者又は法人若しくは人の代理人、使用人その他の従業者が、その法人又は人の業務に関し、前三条の違反行為をしたときは、その行為者を罰するほか、その法人又は人に対しても、各本条の罰金刑を科する。
2　前項の規定により第三十一条の違反行為につき法人又は人に罰金刑を科する場合における時効の期間は、同条の罪についての時効の期間による。
第三十五条　第九条第二項又は第十一条第二項の規定による届出をせず、又は虚偽の届出をした者は、十万円以下の過料に処する。

答　一　ある犯罪が行われた場合に、行為者本人のほか、その行為者と一定の関係にある自然人又は法人をも処罰する旨の規定が設けられることがある。「法人の代表者又は法人若しくは人の代理人、使用人その他の従業者が、その法人又は人の業務（又は財産）に関して前○条の違反行為をしたときは、行為者を罰するほか、その法人又は人に対して各本条の罰金刑を科する」という形の規定がそれであり、この規定を「両罰規定」と呼んでいる。

二　罰則規定は、特に規定がない限り、通常は、行為者である自然人を処罰する意味のみをもつものであり、「第○条の規定に違反して、許可を受けないで○○業を営んだ者は、三年以下の懲役又は三百万円以下の罰金に処する」という罰則がある場合に、仮に、ある法人が無許可でその○○業を営んだとすると、この罰則により処罰される

のは、その法人ではなく、具体的な営業活動を行った法人の代表者とか幹部職員とかである。しかしながら、このような場合に、行為者である自然人を処罰しただけでは、十分に目的を達することができない。違反行為によって利益を得ているのは法人であり、社会的、経済的にみると、○○業を営んでいるのは法人であるからである。法人税法違反について考えてみても、そのことはよく分かるはずである。したがって、このような場合には、法人自体を処罰すべきであるという考え方が出てくる。この目的を達するための方策としてとられるのが、この両罰規定に基づく処罰方式にほかならない。

もっとも、両罰規定は、法人についてのみ作用するのではなく、自然人である事業主なり、財産所有者に対しても働く。すなわち、自然人がある事業を営んだり、財産を管理するに当たり、代理人、その他使用人を使っている場合等である。このような場合でも、罰則により違反行為が処罰されるのは、まず、行為者本人であると解され、事業主等が処罰されるのは、両罰規定があることによってというわけである。

三　両罰規定は、以上のような趣旨に基づいて設けられるのであるから、これにより自然人又は法人が処罰されるのは、犯罪が自然人又は法人の業務（又は財産）に関して行われた場合に限られるのは当然であり、両罰規定により自然人又は法人に科せられる刑は、罰金その他の財産刑に限られている。これは、法人について自由刑を科することは刑の性質上不能に属するとともに、自然人についても、自由刑まで科する必要性がないと考えてのことであろう。

四　両罰規定の一般的な表現は、既に述べたとおりであるが、古い立法例では、「ただし、法人又は人の代理人、使用人その他の従業者の当該違反行為を防止するため、当該業務に対し相当の注意及び監督が尽くされたことの証明があつたときは、その法人又は人については、この限りでない」旨のただし書が付けられているが（内航海運組合法第七三条等）、現在では、このようなただし書は付けない。というのは、このようなただし書がなくても、ただし書が付けられているのと同様に解すべきものであるからである。そうでないと、不能を強いることになりかねない。この点については、次のような最高裁判所の判例（昭和三二年一一月二七日大法廷判決）がある。

「所論は、廃止前の入場税法一七条の三（但し昭和二三年法律第一四二号による改正前の条文）のいわゆる両罰規定は、憲法三九条に違反すると主張する。しかし、同条は事業主たる、人の「代理人、使用人其ノ他ノ従業者」が入場税を逋脱しまたは逋脱せんとした行為に対し、事業主として右行為者らの選任、監督その他違反行為を防止するために必要な注意を尽さなかった過失の存在を推定した規定と解すべく、したがって事業主において右に関する注意を尽したことの証明がなされない限り、事業主もまた刑責を免れ得ないとする法意と解するを相当とする。それ故、両罰規定は故意過失もなき事業主をして他人の行為に対し刑責を負わしめたものであるとの前提に立脚して、これを憲法三九条違反であるとする所論は、その前提を欠くものであって理由がない。」

五　両罰規定の特殊なものとして「事業主又は法人の代表者が違反の計画を知りその防止に必要な措置を講じなかった場合、違反行為を知り、その是正に必要な措置を講じなかった場合等に当該事業主又は代表者も行為者として罰する」とした、労働基準法

第一二一条第二項、私的独占の禁止及び公正取引の確保に関する法律第九五条の二がある。

六　両罰規定が設けられた場合の罰金刑の額は、従来は、法人等と行為者との間に相互に連動して同一の額とされていたが、近年次の例にみられるように企業等の法人について罰金額を抜本的に引き上げ、五億円、一億円等と規定するものがある（いわゆる法人重罰規定）。これは、経済法の領域において、企業等は一個人と比し大きな資力を有するものであり、かつ、違反行為により莫大な額の不当な利益を得るにもかかわらず制裁措置としての罰金の額が過少であったことから、引き上げられたものである。

■例■

○食品表示法（平成二十五年法律第七十号）

第六章　罰則

第十七条　第六条第八項の規定による命令に違反した者は、三年以下の懲役若しくは三百万円以下の罰金に処し、又はこれを併科する。

第十八条　第六条第八項の内閣府令で定める事項について、食品表示基準に従った表示がされていない食品の販売をした者は、二年以下の懲役若しくは二百万円以下の罰金に処し、又はこれを併科する。

第十九条　食品表示基準において表示されるべきこととされている原産地（原材料の原産地を含む。）について虚偽の表示がされた食品の販売をした者は、二年以下の懲役又は二百万円以下の罰金に処する。

第二十条　第六条第五項の規定による命令に違反した者は、一年以下の懲役又は百万円以下の罰金に処する。

第二十一条　次の各号のいずれかに該当する者は、五十万円以下の罰金に処する。

一　第八条第一項から第三項までの規定による報告若しくは物件の提出をせず、若しくは虚偽の報告若しくは虚偽の物件の提出をし、又は同条第一項から第三項まで若しくは第九条第一項の規定による検査を拒み、妨げ、若しくは忌避し、若しくは質問に対して答弁をせず、若しくは虚偽の答弁をした者

二　第八条第一項の規定による収去を拒み、妨げ、又は忌避した者

第二十二条　法人（人格のない社団又は財団で代表者又は管理人の定めのあるものを含む。以下この項において同じ。）の代表者若しくは管理人又は法人若しくは人の代理人、使用人その他の従業者が、その法人又は人の業務に関して、次の各号に掲げる規定の違反行為をしたときは、行為者を罰するほか、その法人に対して当該各号に定める罰金刑を、その人に対して各本条の罰金刑を科する。

一　第十七条　三億円以下の罰金刑

二　第十八条から第二十条まで　一億円以下の罰金刑

三　前条　同条の罰金刑

（以下略）

七　ところで、行政処分の理由となる違反行為については、法人の代表者又は従業者が法人の業務に関して違反行為をすれば、それは、とりもなおさず法人自体が違反行為をしたという評価がされ、過料処分の対象とされることがある。

思うに、過料の処分は刑と行政処分とのいわば中間的な性格を有するものと解されるところ、過料責任なるものは、刑罰責任とは異なり、特に個人の違反行為を追及するという要素が少ないといえることは確かである。そうだとすれば、過料処罰の基礎となる作為・不作為の義務主体が、自然人でも法人でもあり得る場合、又は法人以外にはあり得ない場合であれば、法律によって、直接に法人又は代表者の定めのある団

〈法律以外の法令と罰則〉

問103　法律以外の法令で、罰則を定めることができるか。また、この場合、留意すべき事項は何か。

体に対して過料責任を認めることができるものと解される（この場合、過料処分の対象となる「違反した者」について定める規定に、括弧書きにより「（法人であるときは、その代表者）」（高年齢者等の雇用の安定等に関する法律第五七条）又は「（法人にあつては、業務を執行する役員）」（小売商業調整特別措置法第二五条）とするものがあるが、これらの括弧書きの部分の表現は、その責任帰属を法人の代表者に転嫁した趣旨を表すものと解される。）。

答　一　憲法第三一条は、「何人も、法律の定める手続によらなければ、その生命若しくは自由を奪はれ、又はその他の刑罰を科せられない」と規定しているが、同条は、手続のみを規定するものではなく、要件をも規定するもの、すなわち、罪刑法定主義を規定するものと解されている。したがって、罰則は、法律で定めるのが原則である。しかしながら、あらゆる場合に、法律でしか罰則を定めることができないわけのものではない。このことは、憲法自身の容認するところで、憲法第七三条は、内閣の行う事務について規定しているが、その第六号に、「この憲法及び法律の規定を実施するために、政令を制定すること。但し、政令には、特にその法律の委任がある場合を除いては、罰則を設けることができない」と定めている。つまり、憲法第三一条は、必ずしも刑罰が全て法律そのもので定められなければならないとするものではなく、法律の授権があれば、下位の法令で定めることができると解すべきである（同旨の最高裁判所の判例がある。昭和三七年五月三〇日大法廷判決）。しかし、その授権は、一般的、包括的なものであってはならないが、地方自治法第一四条第三項は「普通地方公共団体は、法令に特別の定めがあるものを除くほか、その条例中に、条例に違反した者に対し、二年以下の懲役若しくは禁錮《こ》、百万円以下の罰金、拘留、科料若しくは没収の刑又は五万円以下の過料を科する旨の規定を設けることができる」と、地方公共団体の条例について相当広く罰則を設けることを認めている。この点については、条例は、住民の代表機関で公選による者をもって組織する議会の議決により成立するもので、実質的に法律に準じて考えることができること、条例の規定事項の範囲は地方自治法第二条第二項の事務に限られ、条例への委任は、地方議会の議決を経るものであるから、政令への委任に比べてその個別性、具体性が緩和されること、憲法第九四条の地方自治体の条例制定権の定めから罰則も当然条例で定めると考えられることなどを根拠に合憲と解されている。なお、前掲最高裁判所の判決では、いわゆる地方分権一括法による改正前の地方自治法の規定について次のように判示されている。

「ところで、地方自治法二条に規定された事項のうちで、本件に関係のあるのは三項七号及び一号に挙げられた事項であるが、これらの事項は相当に具体的な内容のものであるし、同法一四条五項による罰則の範囲も限定されている。しかも、条例は、法律以下の法令といっても、上述のように、公選の議員をもって組織する地方公共団体の議会の議決を経て制定される自治立法であって、行政府の制定する命令等とは性質を異にし、むしろ国民の公選した議員をもって組織する国会の議決を経て制定される法律に類するものであるから、条例によって刑罰を定める場合には、法律の授権が相当な程度に具体的であり、限定されておればたりると解するのが正当である。そうしてみれば、地方自治法二条三項七号及び一号のように相当に具体的な内容の事項につき、同法一四条五項のように限定された刑罰の範囲内において、条例をもって罰則を定めることができるとしたのは、憲法三一条の意味において法律の定める手続によって刑罰を科するものということができるのであって、所論のように同条に違反するとはいえない。従って地方自治法一四条五項に基づく本件条例の右条項も憲法同条に違反するものということができない。」〈編注 地方自治法第一四条第五項の規定は、繰上げにより現在は同条第三項となっている。また、同法の旧第二条第三項の地方公共団体の事務を例示する規定は、平成一一年いわゆる地方分権一括法により削除されている。〉

二 上述のように、罰則は、法律で定めるべきであるとする憲法上の原則が尊重されなければならないことはいうまでもないところであり、みだりに、罰則の設定を下位の法令に委任すべきではない。罰則は、その前提として、実体上の義務規定があるが、その義務の設定自体を下位の法令に委任しなければならない理由があり、しかも、下位の法令により設定される義務に違反する行為の可罰性に軽重が予想されるような場合には、義務の設定とともに、その義務違反に対する罰則が委任されるのが通常であろう。したがって、みだりに下位の法令に罰則を委任すべきでないということは、罰則によってその履行を担保すべき義務の設定をみだりに下位の法令に委任すべきでないということになる。例えば、河川法第二九条第一項は、「河川の流水の方向、清潔、流量、幅員又は深浅等について、河川管理上支障を及ぼすおそれのある行為については、政令で、これを禁止し、若しくは制限し、又は河川管理者の許可を受けさせることができる」と定めているが、政令で定められるべき事項が相当多く、細かい事項にわたることが予想される上、禁止又は制限される行為と許可を受けなければしてはならない行為とを定めるのであるから、義務の内容に応ずる違反行為の可罰性にも軽重のあるべきことが考えられ、あらかじめ、法律で刑を定めることは必ずしも容易なことではない。このため、河川法は、その第一〇九条第一項において、同法第二九条第一項の規定に基づく政令には、必要な罰則を設けることができる旨、また、第一〇九条第二項において、その罰則は、六月以下の懲役、三〇万円以下の罰金、拘留又は科料とする旨を定めている。

三　このように、法律が一定の義務の設定を命令に委任する場合には、その命令により設定される義務違反の行為について、その可罰性の程度をあらかじめ評価できるときは別として、その義務違反に対する罰則をも命令に委任する方が、妥当な法定刑を定めることができるわけで、そのような方式をとることは、むしろ、憲法の趣旨にも沿うものと考えられる。

罰則の設定を下位の法令に委任する場合には、法定刑の最高限度を法律で規定するのが通例である。これは、極めて重要なことであり、下位法令の罰則の委任が、むしろ憲法の趣旨に沿う場合があるというのも、委任した法律が、法定刑の最高限度を定め、義務の内容により、その義務違反についての可罰性の程度に応じた法定刑を定めることができればこそである。

四　刑法の総則規定は、当該法令に特別の規定がある場合を除いて、他の法令の罪についても適用される（刑法第八条）のであり、同法第九条によれば、死刑・懲役・禁錮・罰金・拘留及び科料が主刑とされ、没収を付加刑とし、同法第一九条の二により、一定の物については、その全部又は一部を没収することができないときは、その価額を追徴することができるとされている。したがって、下位法令に委任する罰則につき、主刑の種類と法定刑の最高限度とが法律で定められていれば、付加刑としての没収とそれに代わる追徴については、特段の定めがなくても、下位法令で規定できなくはないであろう。次に示す例は、これらの点について規定を設けることを定めた周到な立法例として、参考とすべきであろう。

■例■

○漁業法（昭和二十四年法律第二百六十七号）

（漁業調整に関する命令）

第六十五条　（略）

3　前項の規定による農林水産省令又は規則には、必要な罰則を設けることができる。

4　前項の罰則に規定することができる罰は、農林水産省令にあつては二年以下の懲役、五十万円以下の罰金、拘留若しくは科料又はこれらの併科、規則にあつては六月以下の懲役、十万円以下の罰金、拘留若しくは科料又はこれらの併科とする。

5　第二項の規定による農林水産省令又は規則には、犯人が所有し、又は所持する漁獲物、その製品、漁船及び漁具その他水産動植物の採捕の用に供される物の没収並びに犯人が所有していたこれらの物件の全部又は一部を没収することができない場合におけるその価額の追徴に関する規定を設けることができる。

（以下略）

また、罰則の委任がある場合に、その委任に基づいて両罰規定〈前問　参照〉を置くことができるかどうかの問題がある。法律の委任の趣旨は、義務規定の違反者に対する罰則を設けることであり、両罰規定により処罰される自然人又は法人は、厳密には、義務規定の違反者ではないと考えられる。しかし、法律の罰則に両罰規定を置くことは、むしろ通常であるといってよく、特に両罰規定を置くことを排除しているとみられない限りは、委任を受けた下位法令の罰則中に両罰規定を置くことが否定されるものではあるまい。もっとも、次の例に示すように、明文でその旨を規定する方が、立法技術の上では優れているといえよう。

例

○主要食糧の需給及び価格の安定に関する法律（平成六年法律第百十三号）

第六十一条　第四十条第一項の規定に基づく政令には、その政令若しくはこれに基づく命令の規定又はこれらに基づく処分に違反した者を五年以下の懲役若しくは五百万円以下の罰金に処し、又はこれを併科する旨の規定及び法人の代表者又は法人若しくは人の代理人、使用人その他の従業者が、その法人又は人の業務に関し、当該違反行為をしたときは、行為者を罰するほか、その法人又は人に対しても各本条の罰金刑を科する旨の規定を設けることができる。

五　最後に、地方公共団体の条例に罰則を委任する場合に注意すべき点について触れる。条例中に、条例に違反した者に対して科する罰則として規定できるものは、地方自治法第一四条第三項によれば、法令に特別の定めがあるものを除いて、二年以下の懲役若しくは禁錮、一〇〇万円以下の罰金、拘留、科料若しくは没収の刑又は五万円以下の過料についてであるから、条例に、これらの刑より重い法定刑又は過料を定めることを委任する必要がある場合及び条例で定めることができる罰則の範囲をこれらの罰則の範囲より狭くする必要がある場合にのみ、次の例に示すような特別の委任をすべきものであろう。

〔罰則の準用〕

問104 罰則について、準用ということが考えられるか。

■例■
○景観法（平成十六年法律第百十号）
第百八条 第七十二条第一項、第七十三条第一項、第七十五条第一項若しくは第二項又は第七十六条第一項の規定に基づく条例には、これに違反した者に対し、五十万円以下の罰金に処する旨の規定を設けることができる。

答 一 罰則の規定だけが準用されることはない。罰則は、実体規定を前提として、そこに規定されている義務の実現を図るためのものであるから、実体規定と離れて、罰則だけが準用される余地はないからである。もっとも、一般に、自然犯の罰則の規定の仕方として用いられている犯罪の構成要件の全部を罰則自体の中に表示しているものについては、次の例に示すように、罰則の規定が準用されることがある。

■例■
○地方自治法（昭和二十二年法律第六十七号）
第七十四条の四 条例の制定又は改廃の請求者の署名に関し、次の各号に掲げる行為をした者は、四年以下の懲役若しくは禁錮《こ》又は百万円以下の罰金に処する。
一 署名権者又は署名運動者に対し、暴行若しくは威力を加え、又はこれをかどわかしたとき。
（略）
第八十一条
② 第七十四条第五項の規定は前項の選挙権を有する者及びその総数の三分の一の数（……）について、同条第六項の規定は前項の代表者について、同条第七項から第九項まで及び第七

十四条の二から第七十四条の四までの規定は前項の規定による請求者の署名について、第七十六条第二項及び第三項の規定は前項の請求について準用する。

また、罰則で担保されている実体上の義務規定を準用する場合には、同時に、その義務違反に対する罰則を準用することがある。

例

○**農住組合法**（昭和五十五年法律第八十六号）

（土地改良法の準用）

第十一条 土地改良法（昭和二十四年法律第百九十五号）第九十九条（第一項及び第二項を除く。）、第百一条第二項、第百二条から第百七条まで、第百八条第一項及び第二項、第百九条、第百十二条、第百十三条、第百十四条第一項、第百十五条、第百十八条（第一項第二号から第五号まで及び第二項を除く。）、第百二十一条から第百二十三条まで、第百三十七条、第百三十八条（第二号から第四号までを除く。）、第百三十九条並びに第百四十二条の規定は、交換分合について準用する。この場合において、これらの規定の準用について必要な技術的読替えは、政令で定める。

〈編注 右の準用規定のうち、土地改良法第一三七条が同法第一〇九条（同法第一一一条で準用される場合を含む。）に関する罰則規定（同法第一四二条は、両罰規定）である。〉

右の例に示すように、ある程度包括的に他法令の規定を準用するような場合には、その実体規定に係る罰則をもまとめて準用する方が分かりやすいし、準用する側の法令の罰則も複雑にならなくて済むというメリットがある。

二　これに対して、次の例に示すように、実体上の義務規定だけを準用し、罰則は独自に規定する方法をとることもある。

■例■

○女性の職業生活における活躍の推進に関する法律（平成二十七年法律第六十四号）

（委託募集の特例等）

第十二条　（略）

5　職業安定法第三十七条第二項の規定は前項の規定による届出があった場合について、同法第五条の三第一項及び第三項、第五条の四、第三十九条、第四十一条第二項、第四十八条の三、第四十八条の四、第五十条第一項及び第二項並びに第五十一条の二の規定は前項の規定による届出をして労働者の募集に従事する者について、同法第四十条の規定は同項の規定による届出をして労働者の募集に従事する者に対する報酬の供与について、同法第五十条第三項及び第四項の規定はこの項において準用する同条第二項に規定する職権を行う場合について、それぞれ準用する。この場合において、同法第三十七条第二項中「労働者の募集を行おうとする者」とあるのは「女性の職業生活における活躍の推進に関する法律第十二条第四項の規定による届出をして労働者の募集に従事しようとする者」と、同法第四十一条第二項中「当該労働者の募集の業務の廃止を命じ、又は期間」とあるのは「期間」と読み替えるものとする。

（以下略）

第三十一条　次の各号のいずれかに該当する者は、六月以下の懲役又は三十万円以下の罰金に処する。

（略）

二　第十二条第五項において準用する職業安定法第三十七条第二項の規定による指示に従わなかった者

三　第十二条第五項において準用する職業安定法第三十九条又は第四十条の規定に違反した者

右の例の場合は、他法令の特定の実体規定を準用するにとどまるので、その実体規定に係る罰則は、準用する側の法律の罰則中に規定したのであろう。

三　地方自治法第二九二条は、地方公共団体の組合について、法律又はこれに基づく政令に特別の定めがあるものを除くほか、都道府県の加入するものにあっては都道府県に関する規定、市及び特別区の加入するもので都道府県の加入しないものにあっては市に関する規定、その他のものにあっては町村に関する規定を準用する旨を定めており、都道府県、市又は町村に関する規定の中には罰則（同法第七四条の四等）の規定が含まれている。このように、ある制度の全体をまとめて一連のものとして準用するような方式もある。地方自治法の場合は、犯罪の構成要件の全部が罰則に規定され、しかも、実体規定中に置かれているから疑問はないが、まず実体規定があり、その違反について別に罰則が設けられているような法定犯の場合には、「○○については、××に関する規定（これに係る罰則を含む。）を準用する」として、準用される実体規定に係る罰則が準用されることを念のため明示する方式をとるのがよかろう。ある制度の全体をまとめて準用する必要がある場合には、その実体規定に係る罰則も当然準用すべきであり、それでこそ、制度全体の仕組みを準用する意義もあるはずである。そうでなければ、準用される側と準用する側との制度の整合性を欠くことになる。しかしながら、包括的な準用は、どの条項が準用されるのか判然としない点がないとはいえない。したがって、特段の理由がある場合を除いて、努めて避けるべきであろう。

■例■

○資金決済に関する法律（平成二十一年法律第五十九号）

（指定紛争解決機関に関する銀行法の規定の準用）

第百一条　銀行法第二条第十九項から第二十二項まで及び第五十二条の六十三から第五十二条の八十三までの規定（これらの規定に係る罰則を含む。次項において「銀行法規定」という。）は、指定紛争解決機関について準用する。この場合において、次項に定める場合を除き、これらの規定中次の表の上欄に掲げる字句は、それぞれ同表の下欄に掲げる字句と読み替えるものとする。

銀行業務関連苦情	資金移動業等関連苦情
銀行業務関連紛争	資金移動業等関連紛争
加入銀行	加入資金移動業等関係業者
顧客	利用者

（以下略）

第一二章　附則関係（経過措置関係を除く。）

〔附則〕

問105　附則とは、何か。法令には、全て附則が置かれるのか。

答　附則とは、当該法令の施行期日、経過規定、関係法令の改廃等に関する事項等当該法令の付随的事項を規定する部分の総括的名称であり、当該法令の本体を成す部分の後に置かれる。当該法令の本体を成す部分は、「本則」という。〈問27及び次問　参照〉

法令には、最小限、当該法令の施行期日に関する規定を定める必要があるから、一般的には附則のない法令はないといってよい。ただ、法律の委任に基づき、当該法律の施行期日を定める政令については、当該政令そのものの施行期日に関する規定を置かないこととされている。この政令自体の施行期日については、その本文に規定された法律の施行日に当該政令が施行されると解することもできようが、当該政令は、公布の日から施行されると解するのが自然であろう。いずれにせよ、この場合は、その政令自体の施行の時期を論議する実益もないから、わざわざ附則に施行期日に関する規定を置くことはしないわけである。〈問115　参照〉

〔附則の規定と順序〕

問106　附則には、どのような事項が規定されるのか。また、その順序については、何か決まりがあるのか。

答　附則に規定する事項は、当該法令の施行期日、当該法令の各規定の適用関係、既存の法律関係と本則に定められた新しい法律関係との間の調整などの経過措置、当該新しい法令の制定に伴う既存の法令についての改廃規定などである。

その規定の順序は、①当該法令の施行期日に関する規定〈問116　参照〉、②既存の他法令の廃止に関する規定〈問264　参照〉、③当該法令の施行に伴う経過措置に関する規定〈問125以下　参照〉、④既存の他法令の改正に関する規定、⑤当該法令の有効期限に関する規定〈問46及び問119　参照〉、⑥その他の規定というようにするのが普通であるといわれるが、当該法令の性格及びその中での当該規定の重要性などにより、柔軟性が認められる。右の①の施行期日に関する規定が最初に置かれるのは決まりであり、右の③の経過規定の後に右の④の他法令の改正規定が置かれるのもまず変わらないが、右の②の廃止規定が右の③の経過規定の後になったり、右の⑤の有効期限に関する規定や右の⑥のその他の規定（例えば、いわゆる検討条項）が右の③の経過規定の前に置かれることもある。

順序について、多少の留意点を挙げてみる。右の③の経過措置に関する規定は、法令によって種々のものが必要となることがあるが、経過規定が多数ある場合には、例えば、関連する本則の規定の順序に従って、それぞれの規定に対応する経過規定を置く等の秩序ある規定の仕方が必要である。右の④の他法令の改正規定が多数ある場合には、当該他法令の公布の順序に従って当該改正規定が置かれるのが普通であるが、本則と関係の深い他法令の改正規定をまとめて、まず最初に置くこともある。これに対し、各省設置法関係の法令の改正規定は、その最後に、建制順〈問17　参照〉に従って置かれるのが普通である。右の②の廃止規定、③の経過規定、④の他法令の改正規定等に伴って経過措置（罰則に係るものを含む。）が必要となる場合には、当該経過措置に関する規定は、それぞれ、その規定を必要とする規定の直後に置かれる。さらに、数個の他法令の改正に伴う共通の経過規定が必要な場合には、当該経過規定は、これらの改正規定のうちの最後のものの次に置かれるのが通例である。〈問126　参照〉

■例一■

○**産業競争力強化法**（平成二十五年法律第九十八号）

　附　則

（施行期日）

第一条　（略）

（見直し）

第二条　政府は、この法律の施行後平成三十年三月三十一日までの間に、経済社会情勢の変化を勘案しつつ、第五章の規定の施行の状況について検討を加え、その結果に基づいて必要な措置を講ずるものとする。

2　政府は、この法律の施行後平成三十年三月三十一日までの間に、経済社会情勢の変化を勘案しつつ、この法律（第五章の規定を除く。）の施行の状況について検討を加え、その結果に基づいて廃止を含めて見直しを行うものとする。

（訓令又は通達に関する措置）

第三条　関係行政機関の長が発する訓令又は通達のうち新事業活動に関するものについては、産業競争力を強化することの必要性に鑑み、この法律の規定に準じて、必要な措置を講ずるものとする。

（産業活力の再生及び産業活動の革新に関する特別措置法の廃止）

第四条　産業活力の再生及び産業活動の革新に関する特別措置法（平成十一年法律第百三十一号）は、廃止する。

（事業再構築計画に関する経過措置）

第五条　この法律の施行前にされた前条の規定による廃止前の産業活力の再生及び産業活動の革新に関する特別措置法（以下「旧産活法」という。）第五条第一項の認定の申請であって、この法律の施行の際、認定をするかどうかの処分がされていないものに係る認定については、なお従前の例による。

2　（略）

（経営資源再活用計画に関する経過措置）

第六条　（略）

（経営資源融合計画に関する経過措置）

第七条　（略）

（資源生産性革新計画に関する経過措置）

第八条　（略）

（事業革新新商品生産設備導入計画に関する経過措置）

第九条　（略）

（資源制約対応製品生産設備導入計画に関する経過措置）

第十条　（略）

（独立行政法人中小企業基盤整備機構の行う事業再構築円滑化等業務に関する経過措置）

第十一条　（略）

（公庫の行う損失補填業務に関する経過措置）

第十二条　（略）

（公庫の行う事業再構築等促進円滑化業務に関する経過措置）

第十三条　（略）

（旧産活法第二十四条の五第一項に規定する指定金融機関の行う事業再構築等促進業務に関する経過措置）

第十四条　（略）

（株式会社産業革新機構に関する経過措置）

第十五条　この法律の施行の際現に存する株式会社産業革新機構は、この法律及び会社法の規定に基づく株式会社産業革新機構として同一性をもって存続するものとする。

2～4　（略）

（取締役等の秘密保持義務に関する経過措置）

第十六条　（略）

（中小企業経営資源活用計画に関する経過措置）

第十七条　（略）

（創業関連保証に関する経過措置）

第十八条　（略）

（特定信用状関連保証に関する経過措置）

第十九条　（略）

（中小企業承継事業再生計画に関する経過措置）

第二十条　（略）

（認定支援機関に関する経過措置）

第二十一条　（略）

（役員等の秘密保持義務に関する経過措置）

第二十二条　（略）

（認証紛争解決事業者の認定に関する経過措置）

第二十三条　（略）

（独立行政法人中小企業基盤整備機構の行う事業再生円滑化業務に関する経過措置）
第二十四条　（略）
（事業再生円滑化関連保証に関する経過措置）
第二十五条　（略）
（特許料等の特例に係る経過措置）
第二十六条　（略）
（罰則に関する経過措置）
第二十七条　（略）
（その他の経過措置の政令への委任）
第二十八条　（略）
（租税特別措置法の一部改正）
第二十九条　（略）
（租税特別措置法の一部改正に伴う経過措置）
第三十条　（略）
（租税特別措置法の一部改正に伴う調整規定）
第三十一条　（略）
第三十二条～第四十四条　（略）〈編注　他法の一部改正〉

■例二■

○女性の職業生活における活躍の推進に関する法律（平成二十七年法律第六十四号）

附　則

（施行期日）
第一条　（略）
（この法律の失効）
第二条　この法律は、平成三十八年三月三十一日限り、その効力を失う。

２　第十八条第三項の規定による委託に係る事務に従事していた者の当該事務に関して知り得た秘密については、同条第四項の規定（同項に係る罰則を含む。）は、前項の規定にかかわらず、同項に規定する日後も、なおその効力を有する。
３　協議会の事務に従事していた者の当該事務に関して知り得た秘密については、第二十四条の規定（同条に係る罰則を含む。）は、第一項の規定にかかわらず、同項に規定する日後も、なおその効力を有する。
４　この法律の失効前にした行為に対する罰則の適用については、この法律は、第一項の規定にかかわらず、同項に規定する日後も、なおその効力を有する。

（政令への委任）
第三条　前条第二項から第四項までに規定するもののほか、この法律の施行に伴い必要な経過措置は、政令で定める。

（検討）
第四条　政府は、この法律の施行後三年を経過した場合において、この法律の施行の状況を勘案し、必要があると認めるときは、この法律の規定について検討を加え、その結果に基づいて必要な措置を講ずるものとする。

（社会保険労務士法の一部改正）
第五条　（略）

（内閣府設置法の一部改正）
第六条　（略）

〔附則の構成〕

問107　附則には、条で成り立っているものと項で成り立っているものとがあるが、その基準は何か。

答　昭和二三、四年ごろから昭和三〇年ごろまでの間は、附則の構成を明確に本則と区別するため、附則については、項数がどれほど多くなろうと、原則として、項に区分するという方式がとられていたが、現在では、附則で多数の事項を規定する場合には条に区分した方が理解しやすいということで、例一に示すように、条に区分する方式がとられている。項建てとする附則は、次の例二に示すように、附則において規定すべき事項が比較的少ない場合であるが、一定の項数以上になるときには必ず条建てとするというほどの厳密な基準はない。

■例一■

○臨床研究法（平成二十九年法律第十六号）

附　則

（施行期日）

第一条　（略）

（検討）

第二条　（略）

（経過措置）

第三条　（略）

（施行前の準備）

第四条　（略）

第五条　（略）

（独立行政法人医薬品医療機器総合機構法の一部改正）

第六条　（略）

（厚生労働省設置法の一部改正）

〔附則中の見出し〕

問108　附則の条又は項には、見出しを付けるのか。附則が一項から成り立っている場合は、どうか。

第七条　（略）

（政令への委任）

第八条　（略）

■例二■

○原子力損害の補完的な補償に関する条約の実施に伴う原子力損害賠償資金の補助等に関する法律（平成二十六年法律第百三十三号）

附　則

（施行期日）

1　（略）

（経過措置）

2　（略）

答　法令において見出しを付ける理由は、見出しとして簡潔な字句を掲げることによって、当該条項に規定されている内容が一見して分かるようにし、これによって、当該法令の理解と検索の便に供しようとするためである〈問66　参照〉。その必要性は、附則についても同様であるといえるが、附則に規定する事項は、施行期日、経過措置、他法令の改廃等のように、本則に比べた場合、定型的なものであるといえるから、附則が二項又は二条以上から成り立っている場合には必ず見出しを付けるという画一的な取扱いはされていない。附則が一項だけから成り立っている場合には、見出しは付けない。〈問67　参照〉

■例一■

○特定国立研究開発法人による研究開発等の促進に関する特別措置法（平成二十八年法律第四十三号）

附　則

（施行期日）

第一条　（略）

（準備行為等）

第二条　（略）

第三条　（略）

（政令への委任）

第四条　（略）

（検討）

第五条　（略）

（内閣府設置法の一部改正）

第六条　（略）

■例二■

○裁判官の配偶者同行休業に関する法律（平成二十五年法律第九十一号）

附　則

（施行期日）

1　（略）

（国家公務員の留学費用の償還に関する法律の一部改正）

2　（略）

（調整規定）

3　（略）

■例三■

〔本則と通し条名の附則〕

問109　条から成る附則で、その条名が本則と通し条名になっているものとそうでないものとがあるのは、どうしてか。

○東日本大震災に係る原子力損害賠償紛争についての原子力損害賠償紛争審査会による和解仲介手続の利用に係る時効の中断の特例に関する法律（平成二十五年法律第三十二号）

附　則

この法律は、公布の日から施行する。

■例四■

○財政運営に必要な財源の確保を図るための公債の発行の特例に関する法律（平成二十四年法律第百一号）

附　則

1　この法律は、公布の日から施行する。

2　政府は、平成二十四年度の補正予算において、政策的経費を含む歳出の見直しを行い、同年度において第二条第一項の規定により発行する公債の発行額を抑制するものとする。

〈編注　制定当初の規定であり、平成二八年法律第二三号により、附則は一項だけのものに改正されている。〉

答　附則の条名で本則からの通し条名になっているのは、次の例に示すように、古い法令においてである。現在では、附則の条名を本則と通し条名とすることはしないで、附則の条名は、附則だけで新たに起こすこととされている。

附則の条名が本則と通し条名になっている法律を改正する場合に、附則独自の条名として整備することがある。〈問252　参照〉

■例■

○地方財政法（昭和二十三年法律第百九号）

（地方財政の状況に関する報告）

第三十条の二　（略）

〔本則と通し条名の附則を指示する表現〕

問110　本則と通し条名になっている附則の条名を指示する場合には、どのように表現すればよいのか。

（事務の区分）
第三十条の三　（略）
　　附　則
（施行期日）
第三十一条　（略）
（当せん金付証票の発売）
第三十二条　（略）

答一　附則中の条文を引用する場合に、当該条名が本則と通し条名になっているときは、次の例に示すように、単に「第○条」と表現する。

■例■
○弁護士法（昭和二十四年法律第二百五号）
　　附　則
（施行の日）
第八十条　この法律は、昭和二十四年九月一日から施行する。
（日本弁護士連合会設立の準備手続）
第九十条　日本弁護士連合会の設立について必要な準備手続は、第八十条に規定する期日よりも前に行うことができる。

二　これに対し、当該条名が附則だけで新たに起こされている場合には、次の例に示すように、本則の条名との混同を避けるため、「附則第○条」と表現する。

■例■

○**外国人の技能実習の適正な実施及び技能実習生の保護に関する法律**（平成二十八年法律第八十九号）

附　則

（技能実習に関する経過措置）

第三条　附則第十三条第一項の規定によりなお従前の例によることとされた附則第十二条の規定による改正前の出入国管理及び難民認定法（以下「旧入管法」という。）別表第一の二の表の技能実習の在留資格をもって在留する者が行う活動は、技能実習に該当しないものとする。

2～5　（略）

（出入国管理及び難民認定法の一部改正）

第十二条　（略）

（出入国管理及び難民認定法の一部改正に伴う経過措置）

第十三条　この法律の施行の際現に旧入管法別表第一の二の表の技能実習の在留資格をもって本邦に在留する者並びに第三項第二号及び第四項の規定によりなお従前の例によることとされる場合における旧入管法第三章第一節又は第二節の規定による上陸許可の証印又は許可（在留資格の決定を伴うものに限る。）を受けて在留する者の在留資格及び在留期間については、なお従前の例による。ただし、旧入管法第二十条の二第一項第二号に掲げる在留資格への変更及び在留期間の更新については、この限りでない。

2～4　（略）

〔附則の複数の条（項）を指示する表現〕

問111 附則中の二以上の条又は項を指示する場合には、条名又は項名の上に必ず「附則」の文言を冠するのか。

答 誤解のおそれがない場合には、「附則第○条から附則第×条まで」又は「附則第A項、附則第B項及び附則第D項」とすることなく、例えば、「附則第○条から第×条まで」又は「附則第A項、第B項及び第D項」として、条項名の上に一々「附則」の文言を付けずに表現する。

■例■

○金融商品取引法の一部を改正する法律（平成二十九年法律第三十七号）

附　則

（その他の経過措置の政令への委任）

第二十六条　附則第二条から第四条まで及び前条に定めるもののほか、この法律の施行に関し必要な経過措置（罰則に関する経過措置を含む。）は、政令で定める。

〔本則で用いられた略称の附則での使用〕

問112 本則で「（以下「○○法」という。）」として略称を用いることとした他法令名については、附則においてもその略称を用いることとしてよいのか。

答 本則で「……法（平成○年法律第○号。以下「○○法」という。）」として略称を用いることとした場合の「以下」は、本則だけでなく、当該法令の附則にも及ぶから〈問32及び問36 参照〉、附則において当該略称に相当する文言を用いる必要がある場合には、当該略称をそのまま用いるのが原則である。

しかし、附則において他法令の一部改正を行う場合で当該他法令に本則で略称を用いることとしたものがあるときに、当該略称に相当する「○○法」をそのまま用いて「○○法の一部を次のように改正する」とするときは、その用法に誤りはないにしても、それが何法についての改正であるかが分かりにくく、また、誤解を生じさせるおそれがないとはいえない。そこで、このような場合には、当該略称ではなくその本来の法令名に

〈附則で用いられた略称と「同」の使用〉

問113　「新法」、「旧法」、「法律第○○号」、「施行日」、「適用日」等の略称を用いることとした場合には、これらについては、その後、「同法」、「同日」等でうけることなく、必ずその略称を用いることになるのか。

より、「……法の一部を次のように改正する」とするのが適当とされている。もっとも、この場合、法令番号については、本則において既に引用されているので、改めて引用するには及ばないとする扱いである。

答　法令において略称としての「同」を用いるのは、「○○法」、「第○条」、「第○項」、「第○号」あるいは「平成○○年○月○日」といった固有名詞的なものについてであることが多い。なるほど、「施行日」とか「適用日」というのは、結果的には具体的な特定された月日と一致することにはなるが、「施行日」又は「適用日」という文言自体を固有名詞と同視するわけにはいかない。まして、「（以下「○○」という。）」として、「新法」等の略称を設定した以上は、当該略称をもって表すのが適当であり、特に一つの条又は項の中に二つ以上の法律名が混在して規定されるような場合には、それぞれ当該略称に従って表現した方が分かりやすい。古い規定例では、次の例一に示すように、「施行日」と「同日」の両方が用いられているものもあるが、現在では、設問にある略称を用いることとした場合には、例二のように、全て当該略称どおりの用い方をすることとされている。

■例一■

○有価証券取引税法の一部を改正する法律（昭和四十八年法律第五号）

附　則

2　改正後の有価証券取引税法（以下「新法」という。）の規定は、別段の定めがあるものを除き、この法律の施行の日（以下「施行日」という。）以後に納付すべき有価証券取引税について適用し、同日前に納付すべき有価証券取引税については、なお従前の例による。
3　新法第十条の規定は、施行日以後の同条の有価証券の譲渡に係る有価証券取引税について適用し、同日前の当該有価証券の譲渡に係る有価証券取引税については、なお従前の例による。

〈編注　有価証券取引税法は、有価証券取引税法及び取引所税法を廃止する法律（平成一一年法律第一〇号）により、廃止されている。〉

■例二■

○サイバーセキュリティ基本法及び情報処理の促進に関する法律の一部を改正する法律

（平成二十八年法律第三十一号）

附　則

（情報処理の促進に関する法律の一部改正に伴う経過措置）

第二条　経済産業大臣は、この法律の施行の日（以下「施行日」という。）から独立行政法人情報処理推進機構（以下「機構」という。）に第二条の規定による改正後の情報処理の促進に関する法律（以下「新情報処理促進法」という。）第十条第一項に規定する支援士試験事務（以下この項において「支援士試験事務」という。）を行わせようとするときは、施行日前においても、施行日から機構が支援士試験事務を行う旨を官報で公示することができる。

2・3　（略）

第三条　経済産業大臣は、施行日から機構に新情報処理促進法第二十二条に規定する登録事務（以下この項において「登録事務」という。）を行わせようとするときは、施行日前においても、施行日から機構が登録事務を行う旨を官報で公示することができる。

2・3　（略）

〔遡及適用〕

問114　法令の遡及適用とは、

答　一　法令は、施行されると同時に、原則として、現実の事象に対し法規範としての効力を発揮することになるが、その効力は、法施行の時点以後の事象に対して生ずる。すどういうことか。また、それが許されるのは、どのような場合か。

なわち、その法律は将来に向かって適用されるものである〈問10及び問11　参照〉。しかし、場合によっては、ある法令をその施行の時点よりも遡ってそれ以前の事象に対して適用する必要がある場合がある。例えば、ベースアップを内容とする公務員の給与関係法律の一部改正法を平成二八年一月二六日に公布・施行し、平成二七年四月一日以後の給与について適用する必要がある場合等である。このような場合には、次の例に示すように、その附則において、「この法律は、公布の日から施行する」とした上で「改正後の○○法の規定は、平成二七年四月一日から適用する」旨を規定し、当該法律が過去の時点まで遡って適用されることを明らかにする。このように、法令が過去の時点まで遡り、過去の事象に対して適用されることを「遡及適用」という。

〈編注　前年度までに及ぶ遡及適用が行われた特異な例として、一般職の職員の給与に関する法律の一部を改正する法律（昭和五二年法律第八八号）により創設された義務教育諸学校等の女子教育職員等に対する育児休業給の支給がある。右の一部改正法の施行はその公布の日（昭和五二年一二月二一日）であるが、育児休業給の支給に関する規定は、昭和五一年四月一日から適用することとされた。〉

■例■

○一般職の職員の給与に関する法律等の一部を改正する法律（平成二十八年法律第一号）

附　則

（施行期日等）

第一条　この法律は、公布の日から施行する。ただし、第二条、第三条、第五条及び第七条並びに附則第五条及び第六条の規定は、平成二十八年四月一日から施行する。

2　第一条の規定による改正後の一般職の職員の給与に関する法律……の規定は、平成二十七年四月一日から適用する。
〈編注　この法律の公布の日は、平成二八年一月二六日である。〉

二　ところで、一口に遡及適用といっても、法令の内容によってはその効果に差異があることに注意を要する。例えば、法人税法の改正をある年の四月一日に施行することとした上で「四月一日以後終了する事業年度の所得に対する法人税について適用する」とした場合には、新しい税率が適用される所得の中には四月一日前の取引によって生じたものが含まれているという意味では、一種の遡及適用ということもできるが、法人税の納税義務が成立するのは事業年度終了の時であり、現実に法人税を納付するのは、いずれにしても四月一日以降であるから、遡及適用といっても、過去に生じた具体的な法律関係に変更をもたらすものではない。

これに対し、一に示した例のような場合には、改正法の公布・施行の時点では既に改正前の給与関係法律の規定に基づいて給与が支給されているので、その既に支給された給与をどう取り扱うかという問題が生ずる。この点については、次の例で示すように、改正後の給与関係法律の規定を適用する場合においては、改正前の給与関係法律の規定に基づいて支給された給与は改正後の給与関係法律の規定による給与の内払とみなす旨の措置が講じられるのが通例となっている。

このように、ある法令を遡及適用するについては、過去に生じた法律関係に影響を及ぼすこととなるか否かをよく検討し、それが影響を及ぼすことになる場合には、必要な調整のための規定を附則に置くことを忘れてはならない。〈問127　参照〉

■例■

○一般職の職員の給与に関する法律等の一部を改正する法律（平成二十八年法律第一号）

附　則

（給与の内払）

第三条　改正後の給与法、改正後の任期付研究員法又は改正後の任期付職員法の規定を適用する場合においては、第一条の規定による改正前の一般職の職員の給与に関する法律の規定に基づいて支給された給与（一般職の職員の給与に関する法律等の一部を改正する法律（平成二十六年法律第百五号。以下この条において「平成二十六年改正法」という。）附則第七条の規定に基づいて支給された俸給を含む。）、第四条の規定による改正前の一般職の任期付研究員の採用、給与及び勤務時間の特例に関する法律の規定に基づいて支給された給与（平成二十六年改正法附則第七条の規定に基づいて支給された俸給を含む。）又は第六条の規定による改正前の一般職の任期付職員の採用及び給与の特例に関する法律の規定に基づいて支給された給与（平成二十六年改正法附則第七条の規定に基づいて支給された俸給を含む。）は、それぞれ改正後の給与法の規定による給与（平成二十六年改正法附則第七条の規定による俸給を含む。）、改正後の任期付研究員法の規定による給与（平成二十六年改正法附則第七条の規定による俸給を含む。）又は改正後の任期付職員法の規定による給与（平成二十六年改正法附則第七条の規定による俸給を含む。）の内払とみなす。

三　二に述べた法人税の例のような場合は別として、遡及適用ということは、多くの場合、既に発生、成立している状態に対し法令が後から規制を加え、その法律関係を変更するものであるから、法的安定性の面からみて、みだりに行うべきものでないことはいうまでもない。右に述べた遡及適用が認められるのも、それが適用対象となる者の権利義務に悪影響を与えず、むしろ適用対象者の利益になるケースに当たればこそである。国民の権利や利益を侵害するような遡及適用は、原則として行うべきものではないし、刑罰法規についての遡及適用が絶対に許されないことは、あえていうまでもない（憲法第三九条）。

〔施行期日〕

問115 法令では、必ず施行期日を定めなければならないのか。定めるとして、自由に定めてよいのか。

答一 法令には、必ずその法令がいつから施行されるかを定めた施行期日に関する規定をその附則に置くこととされている。施行期日に関する定めを置かない唯一の例外は、法律の施行期日を定める政令である。〈問105参照〉（法の適用に関する通則法（平成一八年法律第七八号）第二条には、法律の施行期日について、法律で異なる定めをしたとき以外は公布の日から起算して二十日を経過した日から施行する旨規定されているが、従来から「公布の日から起算して二十日を経過した日から施行する」個々の法律にも、附則に施行期日に関する規定が置かれている。）

二 法令は、公布によって国民一般に周知がなされ、施行によって、法規範としての効力を生ずる。しかし、法令を公布の日から直ちに施行したのでは、その法令の適用を受ける側に混乱を生ずるおそれがある場合も考えられる。このような点からみて、一般的には、法令の公布の時期と施行の時期との間には、一定の期間を置くことが望ましいといえる。例えば、自動車の交通方法を改める道路交通法の一部改正法を公布の日から施行したとすると、いたずらに交通混乱を生じ、交通違反者を増加させるだけの結果に終わることが予想され、やはり、そこには、運転者に対する新たな規制について周知させるための期間が必要なわけである〈編注 もっとも、取締規則である旧麻薬取締規則（昭和二一年厚生省令第二五号）が公布と同時に施行され、適用された事件において、最高裁判所は、「新憲法下における解釈としても、違法の認識は犯意成立の要件ではないのであるから、刑罰法令が公布と同時に施行されて、その法令に規定された行為の違法を認識する暇がなかったとしても犯罪の成立を妨げるものではない。されば、被告人が昭和二一年六月一九日麻薬取締規則が公布され同日以降施行されていたことについて、これを知らなかったとしても、かかる法令の不知は未だ犯意の成立を妨げるものではないから、同日以降の被告人の判示行為に対して右規則を適用して処断した原判決は正当である」（昭和二六年一月三〇日第三小法廷判決）と判示したことがある。〉。国民に対しある種の規制を加える法令については、同様な配慮を加える必要があり、また、民法・商法のように、罰則は伴わないが国民の経済取引の基本ルールを定めるような法令についても、同様と考えられる。要するに、その法令が規律しようとする内容をよく検討し、その法令の公布の時期と施行の時期との間に合理的な期間を置くよう努めるべきである。〈問10及び次問　参照〉

〔各種の施行期日の規定〕

問116　施行期日に関する規定には各種のものがあるが、これらは、それぞれどのように違うのか。

答

法令の施行期日に関する規定の仕方には、それぞれ当該法令の内容に応じて各種のものがあり、そのいずれによるべきかは最終的にはそのときどきの判断によることになるが、法令の施行期日に関する規定は、形式面からみると、①当該法令の附則において確定的に定めるものと、②当該法令では確定的に規定しないで他の法令に委任するものとに分けられる。

一　施行期日を当該法令の附則において確定的に規定する方法

法令の施行期日を当該法令の制定権者が自ら定めるという意味からいって、望ましい方式であるといえる。この方式の例としては、次のようなものがある。

1 当該法令の公布の日から即日施行するもの

当該法令の公布の日から即日施行する場合には、次の例に示すように規定する。

■例■

○独立行政法人石油天然ガス・金属鉱物資源機構法の一部を改正する法律（平成二十八年法律第七十八号）

附 則

（施行期日）

1 この法律は、公布の日から施行する。

この場合、公布〈問4 参照〉の具体的な年月日（掲載官報の日付の日）を施行期日として、「この法律は、平成○○年○月○日から施行する」と規定しても結果は同じであるが、公布の日から即日施行する場合には、「公布の日から施行する」と規定する。もっとも、特定の日（例えば、年度の始めの日）を施行期日とする意図であって、公布の日が結果として当該特定の日に至ってしまう場合には、「平成○○年○月○日から施行する」となることもある。

国民に義務を課し、又は国民の権利を制限するような法令について公布の日から即日施行するような施行期日の定め方をすることは、国民一般に当該法令を周知させる猶予期間がないから好ましくない。特に、罰則を伴う内容を有する法令についてこのような措置をとることが適当でないことはあえていうまでもあるまい。〈前問 参照〉

2 一定の猶予期間を置いて施行するもの

一定の猶予期間を置いて施行する場合には、次の例に示すように規定する。この場合、例二のように、「公布の日から起算して」と規定するときの期間の計算は、公布の日を算入して計算する。古くは「起算して」の字句がなく「公布の日から○月を経過した日から」と規定する例もあるが、規定の方式としては、「起算して」の字句のある方が明確であるので、現在では、「起算して」の字句を必ず用いることとされている。〈問79　参照〉

■例一■

○**裁判官の育児休業に関する法律の一部を改正する法律**（平成二十八年法律第九十六号）

附　則

（施行期日）

1　この法律は、平成二十九年一月一日から施行する。

〈編注　この法律の公布の日は、平成二八年一二月二日である。〉

■例二■

○**裁判員の参加する刑事裁判に関する法律の一部を改正する法律**（平成二十七年法律第三十七号）

附　則

（施行期日）

1　この法律は、公布の日から起算して六月を経過した日から施行する。

〈編注　この法律の公布の日は、平成二七年六月一二日である。〉

3　特定の事実の発生にかからせるもの

法令の施行期日を特定の事実の発生にかからせる場合には、次の例に示すように規定する。この方式は、他に当該法令と制度的に一体を成している法律や条約がある場合などにとられる方式である。次の例一は、ある法律の施行法や施行令について主として用いられるが、括弧書きの部分は、それがあった方が具体的な施行期日を知る上で便利であるので、親法の施行期日が既に確定しているときは、これを併せ示すこととするのが最近の例である。例二は、国際条約と関連のある法令について用いられ、当該条約が我が国についていつから効力を発生するかは、当該条約において定められる。

■例一■

○外国人の技能実習の適正な実施及び技能実習生の保護に関する法律施行令（平成二十九年政令第百三十六号）

附　則

（施行期日）

第一条　この政令は、法の施行の日（平成二十九年十一月一日）から施行する。

〈編注　「法」とは、外国人の技能実習の適正な実施及び技能実習生の保護に関する法律（平成二八年法律第八九号）である。〉

■例二■

○原子力損害の補完的な補償に関する条約の実施に伴う原子力損害賠償資金の補助等に関する法律（平成二十六年法律第百三十三号）

附　則

（施行期日）

1　この法律は、条約が日本国について効力を生ずる日から施行する。

〈編注　「条約」とは原子力損害の補完的な補償に関する条約であり、「効力を生ずる日」は平成二七年四月一五日である。〉

二　法令の施行期日を他の法令に委任する方法〈次問　参照〉

〔施行期日の他法令への委任〕

問117　法令の施行期日を他の法令に委任する方式がとられるのは、どのような場合か。また、その場合には、どのように表現すればよいのか。

答　法令の施行期日を他の法令に委任する方式は、当該法令の施行の準備等に要する期間が明らかでない等の理由からその施行期日を当該法令で確定的に定めておくことが困難である場合等にとられる方式である。法令の制定権者が自ら当該法令の施行期日を定めることが望ましいことではあるが、法令の円滑な執行のためには、当該法令の執行に当たる機関の執行上の便宜も十分配慮しなければならないことであり、実際には、この方式により施行期日が定められることになる法令の数は相当多い。ただ、法律の施行期日を政令に委任する場合であっても、全く白紙委任とすることは適当でないので、次の例一又は例二に示すように、政令で定めるべき施行期日の最終期限を当該法律において定めておくのが通例である。例三のような方式は、まれであるが、複数の法律の施行が関連し合ったり、経過規定等が複雑で重要な問題を含んだりして、本法のほかに施行法等を制定する場合〈問124　参照〉にとられる方法である。

なお、他の法令に施行期日を委任する場合において、本法の各規定について別個に施行期日を定める必要があることが当初から予想される場合には、「この法律の施行期日は、公布の日から起算して六月を超えない範囲内において、各規定につき政令で定める」というように、その旨を本法において明らかにしておくことが適当である。

■例一■

○港湾法の一部を改正する法律（平成二十八年法律第四十五号）

附　則

（施行期日）

1　この法律は、公布の日から起算して三月を超えない範囲内において政令で定める日から施行する。

〈編注　この法律の公布の日は平成二八年五月二〇日であり、右の「政令で定める日」は平成二八年七月一日とされた。〉

■例二■

○国立研究開発法人情報通信研究機構法及び特定通信・放送開発事業実施円滑化法の一部を改正する等の法律（平成二十八年法律第三十二号）

附　則

（施行期日）

第一条　この法律は、平成二十八年五月三十一日までの間において政令で定める日から施行する。ただし、……の規定は、公布の日から施行する。

〈編注　この法律の公布の日は平成二八年四月二七日であり、右の「政令で定める日」は平成二八年五月三一日とされた。〉

■例三■

○内閣法の一部を改正する法律（平成十一年法律第八十八号）

附　則

（施行期日）

1　この法律は、別に法律で定める日から施行する。

〈編注　この法律は、中央省庁等改革関係法施行法（平成一一年法律第一六〇号）第二条により、平成一三年一月六日から施行された。〉

〔施行期日を異ならせる場合〕

問118　法令中の特定の規定についてその施行期日を異ならせたい場合には、どのように表現すればよいのか。

答　一つの法令は、一つのまとまった内容を有しているものであるから、その法令の全ての規定について同時に施行するのが普通であるが、法令によっては、その一部の規定についてその施行期日を異ならせる必要のある場合がある。この場合の基本的な表現は、次のようにする。

「この法律は、平成○○年○月○日から施行する。ただし、第○条の規定は同年×月×日から、第△条の規定は公布の日から施行する。」

多くの異なる施行期日を定める場合には、例二のように、号を用いて表現することもある。

なお、当該法令が既存の法令の一部改正法である場合において、その改正規定の一部について施行期日を異ならせたいときの表現については、〈問160及び問250参照〉。

■例一■

○**特定国立研究開発法人による研究開発等の促進に関する特別措置法**（平成二十八年法律第四十三号）

附　則

（施行期日）

第一条　この法律は、平成二十八年十月一日から施行する。ただし、次条から附則第四条までの規定は、公布の日から施行する。

■例二■

○**難病の患者に対する医療等に関する法律**（平成二十六年法律第五十号）

附　則

（施行期日）

第一条　この法律は、平成二十七年一月一日から施行する。ただし、次の各号に掲げる規定は、当該各号に定める日から施行する。
一　附則第三条、……の規定　公布の日
二　第四十条及び附則第四条の規定　平成三十年四月一日

〔法令の終期を定める場合〕

問119　法令の終期を定めたい場合には、どのように表現すればよいのか。

答　ある法令の終期をあらかじめ定めておきたい場合には、当該法令の附則に次のような規定を置く。

「この法律は、平成○○年三月三十一日限り、その効力を失う。」
「この法律は、この法律の施行の日から起算して二年を経過した日に、その効力を失う。」
「この法律は、○○国際博覧会の終了の日から起算して一年を経過した日にその効力を失う。」

右のような規定を置くと、その法律は、それぞれ、四月一日午前零時、二年又は一年を経過した日の午前零時にその効力を自動的に失うことになる。この場合に注意しなければならないのは、①その法律は自動的に失効するから、その失効に伴う経過措置が必要であるか否かを検討し、それが必要である場合には、当該法律自体に経過規定を設けておくこと（必要な具体的経過措置がその制定の際には明確でないときは、「この場合における経過措置に関し必要な事項は、政令で定める」旨の規定を置くこともある。）、②効力を失う法律が罰則を含む法律である場合には、「この法律の失効前にした行為に対する罰則の適用については、この法律は、その時以後も、なおその効力を有する」というような規定を設けることである〈問134　参照〉。右の②の規定を置く理由は、ある法令の有効期限が定められている法律いわゆる限時法〈問46　参照〉が失効した場合に、当該法律の有効期間中になされた行為についてその失効後においても処罰することができるかという問題があり、これについては、②のような規定がなくても処罰できるという説とそのような規定がない以上刑の廃止があったと解すべきだという説との対立があるので、疑義を生じないように、現在では、原則として②のような規定を置くこととされている。

■例■

○**女性の職業生活における活躍の推進に関する法律**（平成二十七年法律第六十四号）

附　則

（この法律の失効）

第二条　この法律は、平成三十八年三月三十一日限り、その効力を失う。

2　第十八条第三項の規定による委託に係る事務に従事していた者の当該事務に関して知り得た秘密については、同条第四項の規定（同項に係る罰則を含む。）は、前項の規定にかかわらず、同項に規定する日後も、なおその効力を有する。

3　協議会の事務に従事していた者の当該事務に関して知り得た秘密については、第二十四条の規定（同条に係る罰則を含む。）は、第一項の規定にかかわらず、同項に規定する日後も、なおその効力を有する。

4　この法律の失効前にした行為に対する罰則の適用については、この法律は、第一項の規定にかかわらず、同項に規定する日後も、なおその効力を有する。

〔検討条項〕

問120 検討条項とは、何か。どのような効果を有するのか。

答 法律の施行後一定の期間内あるいは一定期間の経過を目途に、その法律の施行の状況等をみてそれに基づいて検討を加え、必要があれば法律の見直しなど所要の措置を講ずるよう政府に義務付ける規定が、附則に置かれることがある。これが、いわゆる検討条項である。近年、社会経済情勢がめまぐるしく変化する中で、それに適時適切に対応した法律制度でなければならないという考え方から、よく見受けられるようになっている。例として幾つかの規定を示しているが、いわゆる検討条項が置かれるそれぞれの法律により、具体的規定ぶりや附則の中で置かれる位置は異なる。見直し条項と呼ばれることもある。

政府は、このような規定がなくても、法律を取り巻く状況を踏まえて、必要があれば法律改正案を提出することができるし、むしろそれが責務であると考えられるので、いわゆる検討条項は、特段の法律効果をもつものではなく入念的に設けられているものといえるが、立法権者である国会の意思として、時期の目途を示して政府に検討の義務付けをするという意味をもつものと思われる。

また、近年、政府においては、個々の規制の適正性を担保するという観点から、法律により新たな制度を創設して規制の新設を行うものについては、その趣旨・目的等に照らして適当としないものを除き、当該法律に一定期間経過後当該規制の見直しを行う旨の条項を盛り込むとの方針を採っているようであり、この観点から検討条項を置いている内閣提出の法律案も多くみられる。

■例一■

○**独立行政法人日本学生支援機構法の一部を改正する法律**（平成二十九年法律第九号）

附　則

（検討）

第四条　政府は、この法律の施行後五年を経過した場合において、この法律による改正後の独立行政法人日本学生支援機構法の規定の施行の状況を勘案し、学資の支給に係る制度の在り方について検討を加え、必要があると認めるときは、その結果に基づいて所要の見直しを行うものとする。

■**例二**■

○**臨床研究法**（平成二十九年法律第十六号）

附　則

（検討）

第二条　政府は、この法律の施行後二年以内に、先端的な科学技術を用いる医療行為その他の必ずしも十分な科学的知見が得られていない医療行為についてその有効性及び安全性を検証するための措置について検討を加え、その結果に基づき、法制上の措置その他の必要な措置を講ずるものとする。

2　政府は、この法律の施行後五年以内に、この法律の施行の状況、臨床研究を取り巻く状況の変化等を勘案し、この法律の規定に検討を加え、必要があると認めるときは、その結果に基づいて所要の措置を講ずるものとする。

■**例三**■

○**銀行法等の一部を改正する法律**（平成二十九年法律第四十九号）

附　則

（検討）

第二十一条　政府は、この法律の施行後三年を目途として、この法律による改正後のそれぞれの法律（以下この条及び次条において「改正後の各法律」という。）の施行の状況等を勘案し、必要があると認めるときは、改正後の各法律の規定について検討を加え、その結果に基づいて所要の措置を講ずるものとする。

〔調整規定〕

問121　調整規定とは、何か。

答　ある法律（A法）で他の法律（B法）の改正を行う場合や、B法の規定を引用する場合、A法の施行日とB法の一部を改正する法律（B法改正法）の施行日との先後により、改正・引用の対象であるB法中の規定の字句や位置、あるいはB法の題名が変化することがある。こうした場合に、B法の規定を改正し、あるいは引用しているA法の規定について疑義を生ずるおそれがあり、こうしたおそれを払拭するため、調整規定が置かれることがある。

次の例で、行政不服審査法の施行に伴う関係法律の整備等に関する法律（平成二六年法律第六九号）を「A法」、犯罪による収益の移転防止に関する法律（平成一九年法律第二二号）を「B法」、犯罪による収益の移転防止に関する法律の一部を改正する法律（平成二六年法律第一一七号）を「B法改正法」と呼ぶこととすると、A法第一八条の規定では、B法第二一条第八項の規定中の字句を改めようとしているところ、同条は、B法改正法により、B法第二二条に移動することとされており、仮に、B法改正法の施行日がA法の施行日よりも先になったとすれば、A法第一八条の規定は、B法第二一条第八項の規定中の字句を改めるという目的を果たせなくなるのではないかという疑義を生ずることとなる。

このため、B法改正法附則第四条に調整規定が置かれ、B法改正法の施行日がA法の施行日前である場合、B法第二一条第八項の字句の改正を行うA法第一八条の規定を、

B法第二二条第八項の字句の改正を行う規定として読み替えることにより、こうした事態に対処しようとしている。

なお、A法の施行日がB法改正法の施行日より前になる場合には、この調整規定による読替えは働かず、B法第二一条第八項は、そのままの位置でまずA法による字句改正が行われ、その後にB法改正法の施行日に、当該字句改正後の第八項を含むB法第二一条が同法第二二条に移動することとなる。

■例■

○行政不服審査法の施行に伴う関係法律の整備等に関する法律（平成二十六年法律第六十九号）
（犯罪による収益の移転防止に関する法律の一部改正）

第十八条　犯罪による収益の移転防止に関する法律（平成十九年法律第二十二号）の一部を次のように改正する。

第二十一条第八項中「行政不服審査法（昭和三十七年法律第百六十号）による不服申立て」を「審査請求」に改める。

○犯罪による収益の移転防止に関する法律の一部を改正する法律（平成二十六年法律第百十七号）
（略）

第二十一条第二項中「第九条第一項」を「第九条」に改め、「係る第九条」の下に「及び第十条」を加え、同条第六項中「第十六条及び第十七条」を「第十七条及び第十八条」に改め、同条第十項中「第十四条から第十八条まで」を「第十五条から第十九条まで」に改め、同条を第二十二条とする。

（略）

附　則

（調整規定）

第四条　施行日が行政不服審査法の施行に伴う関係法律の整備等に関する法律（平成二十六年法律第六十九号）の施行の日前である場合には、同法第十八条のうち犯罪による収益の移転防止に関する法律第二十一条第八項の改正規定中「第二十一条第八項」とあるのは、「第二十二条第八項」とする。

〈編注　右の行政不服審査法の施行に伴う関係法律の整備等に関する法律の施行日は、行政不服審査法（平成二十六年法律第六十八号）の施行の日（＝行政不服審査法の「公布の日〈編注　平成二六年六月一三日〉から起算して二年を超えない範囲内において政令で定める日」）とされ、犯罪による収益の移転防止に関する法律の一部を改正する法律の施行日は、「公布の日〈編注　平成二六年一一月二七日〉から起算して二年を超えない範囲内において政令で定める日」とされていた。施行日は、前者が平成二八年四月一日（平成二七年政令第三九〇号）、後者が平成二八年一〇月一日（平成二七年政令第三三七号）であったため、結果として、この調整規定が働くことはなかった。〉

調整規定としては、右の例のほかにも、次の例のように、様々な形式のものが用いられている。

次の例一は、複数の法律を改正する法律中に置かれたもので、当該法律中の一の法律の改正規定について、その法律を改正しようとしている他の法律の施行日が当該法律の施行日より後になった場合の調整規定を置くものである。

また、例二は、新規に制定された法律の例であるが、引用する法律の題名が他の法律で改められた後のものであるところ、当該新規制定法律の施行日が当該他の法律の施行日よりも先になった場合についての調整規定である。

最初の例を含め、以上の例は、調整規定を置いている法律の施行日が先行する場合について規定しているが、例三は、当該法律の施行日の方が後行する場合について、先行することとなる法律中の改正規定（当該法律の施行日が先行することを前提に書かれている。）を適用しないという形式をとっている。

このほか、例四のように、同一の規定についての改正規定が複数の法律にある場合に、その施行日が同一の日となるときの改正の順序について規定している例もある。

■例一■

○会社法の一部を改正する法律の施行に伴う関係法律の整備等に関する法律（平成二十六年法律第九十一号）

（投資信託及び投資法人に関する法律の一部改正）

第二十九条　（略）

（投資信託及び投資法人に関する法律の一部改正に伴う経過措置）

第三十条　（略）

（投資信託及び投資法人に関する法律の一部改正に伴う調整規定）

第三十一条　金融商品取引法等の一部を改正する法律（平成二十五年法律第四十五号。以下「金商法等改正法」という。）附則第一条第三号に掲げる規定の施行の日が施行日後である場合には、第二十九条のうち、投資信託及び投資法人に関する法律第十八条第三項の改正規定中「……」とあるのは「……」と、同法第七十九条第四項の改正規定中「……」とあるのは「……」とし、前条第三項及び第四項の規定は、適用しない。

2　前項の場合において、金商法等改正法第九条のうち投資信託及び投資法人に関する法律第七十九条第四項の改正規定中……とする。

■例二■

○**特定農林水産物等の名称の保護に関する法律**（平成二十六年法律第八十四号）

附　則

（調整規定）

第三条　この法律の施行の日が食品表示法（平成二十五年法律第七十号）の施行の日前である場合には、同日の前日までの間における第三条第二項の規定の適用については、同項中「農林物資の規格化等に関する法律」とあるのは、「農林物資の規格化及び品質表示の適正化に関する法律」とする。

■例三■

○**中小企業の新たな事業活動の促進に関する法律の一部を改正する法律**（平成二十八年法律第五十八号）

附　則

（サイバーセキュリティ基本法及び情報処理の促進に関する法律の一部を改正する法律の一部改正）

第十二条　（略）

（サイバーセキュリティ基本法及び情報処理の促進に関する法律の一部を改正する法律の一部改正に伴う調整規定）

第十三条　サイバーセキュリティ基本法及び情報処理の促進に関する法律の一部を改正する法律の施行の日が施行日前である場合には、前条の規定は、適用しない。

■例四■

○**社会保険の保険料等に係る延滞金を軽減するための厚生年金保険法等の一部を改正する法律**（平成二十一年法律第三十六号）

附　則

（調整規定）

第八条　この法律及び日本年金機構法又は雇用保険法等の一部を改正する法律（平成十九年法

〔他法の附則を引用する場合〕

問122　ある法律の一部改正について定める他法の附則を引用する場合には、どのように表現すればよいのか。

律第三十号）に同一の法律の規定についての改正規定がある場合において、当該改正規定が同一の日に施行されるときは、当該法律の規定は、日本年金機構法又は雇用保険法等の一部を改正する法律によってまず改正され、次いでこの法律によって改正されるものとする。

答　法律の附則において当該法律の本則に関連する他法（問にいう「ある法律」）の一部改正を行うことがあるが、この他法の一部改正について定めている当該附則（問にいう「他法の附則」）の規定を引用する場合には、次の例に示すように、「〇〇法（平成〇年法律第〇号）附則第〇条」又は「〇〇法の一部を改正する法律（平成〇年法律第〇号）附則第〇条」と表現する。なお、〇〇法の附則と〇〇法の一部を改正する法律の附則との関係については、〈問137参照〉。

■例■

〇原子力利用における安全対策の強化のための核原料物質、核燃料物質及び原子炉の規制に関する法律等の一部を改正する法律（平成二十九年法律第十五号）

附　則

第九条　（略）

2　平成二十四年既設発電用原子炉（……）についての新原子炉等規制法第四十三条の三の三十二第一項の規定の適用については、同項中「当該発電用原子炉について最初に第四十三条の三の十一第三項の確認を受けた」とあるのは、「当該発電用原子炉の設置の工事について最初に原子力規制委員会設置法（平成二十四年法律第四十七号）附則第四十一条の規定による改正前の電気事業法（昭和三十九年法律第百七十号）第四十九条第一項の検査に合格した」とする。

〔施行期日を定める政令〕

問123　法律の施行期日を定める政令では、その政令自体の施行期日を定めないのは、どうしてか。

答　問105　参照

〔施行法と整理（整備）法〕

問124　「○○法施行法」や「○○法の施行に伴う関係法律の整理（整備）に関する法律」のような法律が制定されるのは、どのような場合か。これらの法律を制定するのと、そこで規定される事項を○○法の附則で規定するのとでは、どのように違うのか。

答　附則に規定する事項は、各種のものがあるが〈問106　参照〉、規定する事項が非常に多くなる場合には、これを附則から切り離し、別途、次の例一に示すように、「○○法施行法」という単独の法律を立法し、これらの事項を規定することもある。しかし、このような単独法で規定するのと、当該○○法の附則で規定するのとでは、その法形式が異なるだけで、その法律上の効果には、差異はない。施行法を制定する場合でも、当該施行法の前提をなす本法の施行期日に関する規定だけは、本法の附則に規定するのが原則であるが、例二に示すように、本法の附則では「この法律は、施行法の施行の日から施行する」旨規定して、施行法において具体的な施行期日を規定する場合もある。

「○○法の施行に伴う関係法律の整理に関する法律」が制定されるのは、ある法律の施行に伴い、多数の関係法律の改廃を必要とする場合で、この場合には、他法令の改廃事項のみを別に取り出し、これらを一括して単独法として規定する。最近では、例三のように、ある法律の施行に伴う改正ではあるが必然的な改廃とまではいえないものも含

3　（略）

めて「〇〇法の施行に伴う関係法律の整備（等）に関する法律」が制定されることが多い。なお、「整理」、「整備」及び「整理等」については、〈問169参照〉。

■例一■

〇**介護保険法**（平成九年法律第百二十三号）

附　則

（施行期日）

第一条　この法律は、平成十二年四月一日から施行する。ただし、次の各号に掲げる規定は、当該各号に定める日から施行する。

（以下略）

〇**介護保険法施行法**（平成九年法律第百二十四号）

目次

第一章　経過措置（第一条―第十九条）

第二章　関係法律の一部改正（第二十条―第九十条）

附　則

この法律は、介護保険法の施行の日から施行する。ただし、次の各号に掲げる規定は、当該各号に定める日から施行する。

（以下略）

〈編注　介護保険法施行法第一章には、法定居宅給付支給限度基準額に関する経過措置、特例居宅介護サービス費等の支給の経過的特例、特定市町村、都道府県及び国の措置等、指定居宅サービス事業者に関する経過措置など所要の経過措置が一九条にわたり規定されている。〉

■例二■

〇**高速道路株式会社法**（平成十六年法律第九十九号）

附　則

（施行期日）

第一条　この法律は、日本道路公団等民営化関係法施行法（平成十六年法律第百二号）の施行の日から施行する。ただし、……の規定は、公布の日から施行する。

○独立行政法人日本高速道路保有・債務返済機構法（平成十六年法律第百号）

附　則

（施行期日）

第一条　この法律は、施行法の施行の日から施行する。ただし、……の規定は、公布の日から施行する。

〈編注　右の「施行法」は、日本道路公団等民営化関係法施行法（平成一六年法律第一〇二号）である。〉

○日本道路公団等民営化関係法施行法（平成十六年法律第百二号）

附　則

（施行期日）

第一条　この法律は、平成十八年三月三十一日までの間において政令で定める日から施行する。ただし、……の規定は、公布の日から施行する。

■例三■

○行政不服審査法の施行に伴う関係法律の整備等に関する法律（平成二十六年法律第六十九号）

目次

第一章　会計検査院関係（第一条）

第二章　内閣官房関係（第二条—第六条）

第三章　内閣府関係

第一節　本府関係（第七条—第十二条）

第二節　公正取引委員会関係（第十三条）
第三節　国家公安委員会関係（第十四条―第十九条）
第四節　金融庁関係（第二十条―第二十七条）
第五節　消費者庁関係（第二十八条―第三十二条）
第四章　総務省関係（第三十三条―第六十八条）
第五章　法務省関係（第六十九条―第九十条）
第六章　外務省関係（第九十一条）
第七章　財務省関係（第九十二条―第百四条）
第八章　文部科学省関係（第百五条―第百十六条）
第九章　厚生労働省関係（第百十七条―第百八十五条）
第十章　農林水産省関係（第百八十六条―第二百十一条）
第十一章　経済産業省関係（第二百十二条―第二百六十二条）
第十二章　国土交通省関係（第二百六十三条―第三百十九条）
第十三章　環境省関係（第三百二十条―第三百三十三条）
第十四章　防衛省関係（第三百三十四条―第三百四十二条）
附則

附　則

（施行期日）
第一条　この法律は、行政不服審査法（平成二十六年法律第六十八号）の施行の日から施行する。

第一三章　附則関係（経過措置関係）

〔経過規定〕

問125　経過規定とは、何か。
また、経過規定について、注意すべき点は何か。

答一　法は、社会生活の規範であり、人の社会生活は、法によって規律されているのであるから、新しい法令が制定され、又は既存の法令が改廃されると、多かれ少なかれ、法の体系に変更が加えられることになり、そのことが、人の社会生活に影響を及ぼすことになる。法令の制定・改廃は、既存の法秩序をある程度破壊して新しい法秩序を形成することがある。そして、法令の制定・改廃により、一挙に今までの法秩序が破壊され、新しい法秩序に移行することには困難を伴うことが多いし、社会生活に混乱を生ずることにもなりかねない。そこで、新たに法令を制定し、又は既存の法令を改廃する場合に、社会生活における従来の秩序が新しい秩序に円滑に移行するように配慮を加える必要が生ずる。例えば、従来の秩序をある程度容認するとか、新しい秩序の設定に暫定的な特例を設けるとかする経過的な措置を定めるのがそれであり、経過規定とは、このような措置をするための規定をいうのである。

二　経過規定の内容は、それぞれの法令の内容により異なってくることはもちろんであるが、総体的にいえば、①新旧法令の適用関係に関する規定、②従来の法令による行為の効力に関する規定、③従来の法令による文書、物件等の取扱いに関する規定、④従来における一定の状態を新規制定の法令が容認する場合の規定、⑤機関の新設・廃止の場合における当該機関や職員の措置に関する規定、⑥従来の法令に基づいて設立された法人等の解散、財産の処分、組織変更等に関する規定、⑦罰則の適用に関する経過的な取扱いに関する規定等がその主なものであろう。これらの経過規定のそれぞれについては、次問から問136までを参照してもらうこととして、ここでは、一般的に経過規定を立案する上で注意すべき点を述べる。

三　まず第一に考えるべきことは、既得の権利・地位への配慮措置であろう。例えば、従来自由であったある種の営業を一般的に禁止し、許可を受けた者でなければこれを営み得ない制度を設ける法令を制定する場合には、従来の営業者に対して、一定期間法令の適用を猶予する等の何らかの特例を認める措置を講じるのが通例である。許可制度を改正して、許可の基準を強化するような場合においては、従来の法令による許可を、暫定的に又は恒久的に、新法令による許可とみなす等の措置をとることが多い。

次に考えるべきことは、既得の権利・地位への配慮に類似した措置としての暫定的な特例を設けることが必要な場合があるということである。社会保険の保険料率を引き上げるに当たって、一挙に引き上げることはしないで、数年がかりで漸次引き上げていくことにより、新制度への移行を円滑にしようとするような場合が、その例である。

第三には、不利益を与える旧法令の規範の効力を一挙に解消させることなく、旧法令の下において起こった事実については、新法令下においても同様の評価をしようとする措置が必要とされることがあるということである。法令が改廃されたため、改廃前において処分又は処罰されていた行為が、改廃後不問に付されることになったのでは、社会正義に反する場合がある。刑罰の廃止に当たって、廃止前にされた違反行為については、廃止後においても処罰する旨を定めたり、旧法令により行われた行政処分を新法令によりされたものとみなしてその効力を持続させる等の措置がこれである。

第四には、法令の本則の規定を補充するための措置が必要とされることがあるということである。例えば、新たに法令で法人を設立する場合には、法令の施行前にいろいろの準備行為が必要であり、そのための手続規定を附則に設けるのが、通例である。

第五には、法令の本則の規定の例外措置が必要とされることがあるということである。例えば、法令で法人が設立される場合、その法人の事業年度は、毎年四月一日に始まり、翌年三月三一日に終わるとされるのが通常であるが、そのような法令が年度の中途で施行されるときには、最初の事業年度は、設立の日に始まる旨の例外を規定する必要がある。このような例外措置を必要とする場合は、ほかにも考えられよう。

四　法令の附則に規定すべき経過措置は、当該法令の内容とその内容の各事項についての現在の法秩序をどのように評価するかによって決まるのであって、一律に決するわけにはいかないが、おおむね右の三に述べた原則に立って考えるべきであろう。

〔経過規定の順序〕

問126　経過規定の順序については、何か基準があるのか。

答　経過規定の内容は、それぞれの法令の内容により異なるので〈前問参照〉、経過規定に関する全ての事項をまとめて、その順序についての基準がどうだということはできない。したがって、具体的な事例に基づいて説明しよう。

か。

■例一■

○会社法の一部を改正する法律（平成二十六年法律第九十号）

附　則

（経過措置の原則）

第二条　この法律による改正後の会社法（以下「新会社法」という。）の規定（罰則を除く。）は、この附則に特別の定めがある場合を除き、この法律の施行の日（以下「施行日」という。）前に生じた事項にも適用する。ただし、この法律による改正前の会社法（以下「旧会社法」という。）の規定によって生じた効力を妨げない。

（委員会設置会社に関する経過措置）

第三条　この法律の施行の際現に委員会設置会社（旧会社法第二条第十二号に規定する委員会設置会社をいう。次項において同じ。）である株式会社又は施行日前に旧会社法第三十条第一項の規定による定款（同号に規定する委員会を置く旨の定めがあるものに限る。）の認証を受け、この法律の施行後に成立する株式会社の定款には、新会社法第二条第十二号に規定する指名委員会等を置く旨の定めがあるものとみなす。

2　旧会社法の規定による委員会設置会社の登記は、新会社法第九百十一条第三項第二十三号に掲げる事項の登記とみなす。

（社外取締役及び社外監査役の要件に関する経過措置）

第四条　この法律の施行の際現に旧会社法第二条第十五号に規定する社外取締役又は同条第十六号に規定する社外監査役を置く株式会社の社外取締役又は社外監査役については、この法律の施行後最初に終了する事業年度に関する定時株主総会の終結の時までは、新会社法第二条第十五号又は第十六号の規定にかかわらず、なお従前の例による。

（詐害事業譲渡等に関する経過措置）

第五条　施行日前に会社の他の会社に対する事業の譲渡に係る契約が締結された場合における

その事業の譲渡については、新会社法第二十三条の二の規定は、適用しない。
2　施行日前に会社の商人（会社を除く。以下この項において同じ。）に対する事業の譲渡又は商人の営業の譲受けに係る契約が締結された場合におけるその事業の譲渡又は営業の譲受けについては、新会社法第二十四条の規定にかかわらず、なお従前の例による。

（設立時発行株式に関する経過措置）

第六条　施行日前に旧会社法第三十条第一項の認証を受けた定款に係る株式会社の設立に際して発行する設立時発行株式については、新会社法第五十二条の二、第百二条第三項及び第四項、第百二条の二並びに第百三条第二項及び第三項の規定は、適用しない。

（公開会社となる場合における発行可能株式総数に関する経過措置）

第七条　施行日前に公開会社でない株式会社が公開会社となる旨の定款の変更に係る決議をするための株主総会の招集手続が開始された場合におけるその定款の変更後の発行可能株式総数については、新会社法第百十三条第三項の規定にかかわらず、なお従前の例による。

（定款の変更等に係る株式買取請求に関する経過措置）

第八条　施行日前に旧会社法第百十六条第一項各号の行為に係る決議をするための株主総会の招集手続が開始された場合（……）におけるその行為に係る株式買取請求については、なお従前の例による。

（定款の変更に係る新株予約権買取請求に関する経過措置）

第九条　施行日前に旧会社法第百十八条第一項各号に掲げる定款の変更に係る決議をするための株主総会の招集手続が開始された場合におけるその定款の変更に係る新株予約権買取請求については、なお従前の例による。

（全部取得条項付種類株式の取得に関する経過措置）

第十条　施行日前に旧会社法第百七十一条第一項の決議をするための株主総会の招集手続が開始された場合におけるその全部取得条項付種類株式の取得については、なお従前の例による。

（株式の併合に関する経過措置）

第十一条 施行日前に旧会社法第百八十条第二項の決議をするための株主総会の招集手続が開始された場合におけるその株式の併合については、なお従前の例による。

（募集株式に関する経過措置）

第十二条 施行日前に旧会社法第百九十九条第二項に規定する募集事項の決定があった場合におけるその募集株式については、新会社法第二百五条第二項、第二百六条の二、第二百九条第二項及び第三項、第二百十三条の二並びに第二百十三条の三の規定は、適用しない。

（新株予約権に関する経過措置）

第十三条 施行日前に旧会社法第二百三十八条第一項に規定する募集事項の決定があった場合におけるその募集新株予約権については、新会社法第二百四十四条第三項、第二百四十四条の二、第二百八十二条第二項及び第三項、第二百八十六条の二並びに第二百八十六条の三の規定は、適用しない。

2 施行日前に発行された新株予約権（募集新株予約権を除く。）については、新会社法第二百八十二条第二項及び第三項、第二百八十六条の二並びに第二百八十六条の三の規定は、適用しない。

（新株予約権無償割当てに関する経過措置）

第十四条 施行日前に旧会社法第二百七十八条第一項各号に掲げる事項の決定があった場合におけるその新株予約権無償割当てについては、なお従前の例による。

（会計監査人の選任等に関する議案の内容の決定に関する経過措置）

第十五条 施行日前に会計監査人の選任若しくは解任又は会計監査人を再任しないことに関する決議をするための株主総会の招集手続が開始された場合における会計監査人の選任若しくは解任又は会計監査人を再任しないことに係る手続については、新会社法第三百四十四条の規定にかかわらず、なお従前の例による。

（取締役等の責任の一部の免除等に関する経過措置）

第十六条　取締役、会計参与、監査役、執行役又は会計監査人の施行日前の行為に基づく責任の一部の免除及び当該責任の限度に関する契約については、新会社法第四百二十五条から第四百二十七条までの規定にかかわらず、なお従前の例による。この場合において、……の規定の適用については、……とする。

（子会社の株式又は持分の譲渡に関する経過措置）

第十七条　施行日前に子会社の株式又は持分の全部又は一部の譲渡に係る契約が締結された場合におけるその譲渡については、新会社法第四百六十七条第一項及び第五百三十六条第一項の規定にかかわらず、なお従前の例による。

（事業譲渡等に関する経過措置）

第十八条　施行日前に旧会社法第四百六十八条第一項に規定する事業譲渡等に係る契約が締結された場合におけるその事業譲渡等については、新会社法第四百六十九条及び第四百七十条の規定にかかわらず、なお従前の例による。

（株式会社の清算に関する経過措置）

第十九条　施行日前に旧会社法第四百七十五条各号に掲げる場合に該当することとなった清算株式会社の監査役については、新会社法第四百七十八条第六項及び第七項の規定にかかわらず、なお従前の例による。

（株式会社の合併等に関する経過措置）

第二十条　施行日前に合併契約、吸収分割契約若しくは株式交換契約が締結され、又は組織変更計画、新設分割計画若しくは株式移転計画が作成された組織変更、合併、吸収分割、新設分割、株式交換又は株式移転については、なお従前の例による。

（責任追及等の訴えに関する経過措置）

第二十一条　施行日前に旧会社法第八百四十七条第一項に規定する責任追及等の訴えが提起された場合における当該責任追及等の訴えについては、なお従前の例による。

2　施行日前に新会社法第八百四十七条の二第一項各号に掲げる行為の効力が生じた場合につ

いては、同条の規定は、適用しない。

3　施行日前にその原因となった事実が生じた特定責任（新会社法第八百四十七条の三第四項に規定する特定責任をいう。）については、同条の規定は、適用しない。

（監査役の監査の範囲の限定等に係る登記に関する経過措置）

第二十二条　この法律の施行の際現に監査役の監査の範囲を会計に関するものに限定する旨の定款の定めがある株式会社は、この法律の施行後最初に監査役が就任し、又は退任するまでの間は、新会社法第九百十一条第三項第十七号イに掲げる事項の登記をすることを要しない。

2　株式会社についてこの法律の施行の際現に旧会社法第九百十一条第三項第二十五号又は第二十六号の規定による登記がある場合は、当該株式会社は、当該登記に係る取締役又は監査役の任期中に限り、当該登記の抹消をすることを要しない。

（罰則に関する経過措置）

第二十三条　施行日前にした行為及びこの附則の規定によりなお従前の例によることとされる場合における施行日以後にした行為に対する罰則の適用については、なお従前の例による。

（政令への委任）

第二十四条　この附則に規定するもののほか、この法律の施行に関し必要な経過措置は、政令で定める。

■例二■

○貿易保険法及び特別会計に関する法律の一部を改正する法律（平成二十七年法律第五十九号）

附　則

（設立委員）

第二条　経済産業大臣は、設立委員を命じ、株式会社日本貿易保険（以下「会社」という。）の設立に関して発起人の職務を行わせる。

（定款）
第三条　設立委員は、定款を作成して、経済産業大臣の認可を受けなければならない。
2　（略）
（会社の設立に際して発行する株式）
第四条　会社の設立に際して発行する株式に関する次に掲げる事項及び会社が発行することができる株式の総数は、定款で定めなければならない。
一　株式の数
二　株式の払込金額（株式一株と引換えに払い込む金銭又は給付する金銭以外の財産の額をいう。）
三　資本金及び資本準備金の額に関する事項
2　（略）
（株式の引受け）
第五条　会社の設立に際して発行する株式の総数は、政府及び日本貿易保険が引き受けるものとし、設立委員は、これを政府及び日本貿易保険に割り当てるものとする。
2　前項の規定により日本貿易保険に割り当てられた株式による会社の設立に関する株式引受人としての権利は、政府が行使する。
（出資）
第六条　政府は、会社の設立に際し、会社に対し、第二条の規定による改正前の特別会計に関する法律（以下「旧特別会計法」という。）第二条第一項第十四号の規定により設置された貿易再保険特別会計（以下「旧貿易再保険特別会計」という。）に所属する財産（政令で定めるものを除く。）を出資するものとする。
2　日本貿易保険は、会社の設立に際し、会社に対し、その財産の全部を出資するものとする。
（創立総会）

第七条　（略）

（会社の成立）

第八条　附則第六条の規定により政府及び日本貿易保険が行う出資に係る給付は、この法律の施行の時に行われるものとし、会社は、会社法第四十九条の規定にかかわらず、その時に成立する。

（設立の登記）

第九条　会社は、会社法第九百十一条第一項の規定にかかわらず、会社の成立後遅滞なく、その設立の登記をしなければならない。

（政府への無償譲渡）

第十条　日本貿易保険が出資によって取得する会社の株式は、会社の成立の時に、政府に無償譲渡されるものとする。

（会社法の適用除外）

第十一条　（略）

（国の権利義務の承継）

第十二条　会社の成立の際現に国が有する権利及び義務のうち、第一条の規定による改正前の貿易保険法（以下「旧貿易保険法」という。）による政府の再保険事業に関するものは、政令で定めるところにより、政令で定めるものを除き、会社が承継する。

（日本貿易保険の解散等）

第十三条　日本貿易保険は、会社の成立の時において解散するものとし、その一切の権利及び義務は、その時において会社が承継する。

2～6　（略）

（承継される財産の価額）

第十四条　（略）

（日本貿易保険の役員等から引き続き会社の取締役等となった者についての国家公務員共済

組合法の適用に関する経過措置）
第十五条 （略）
（国家公務員共済組合法の長期給付に関する施行法による費用の負担）
第十六条 （略）
（秘密保持義務に関する経過措置）
第十七条 （略）
（商号に関する経過措置）
第十八条 第一条の規定による改正後の貿易保険法（以下「新貿易保険法」という。）第六条の規定は、この法律の施行の際現にその商号中に株式会社日本貿易保険という文字を使用している者については、この法律の施行後六月間は、適用しない。
（事業計画等に関する経過措置）
第十九条 会社の成立の日の属する事業年度の事業計画及び償還計画についての新貿易保険法第十八条及び第二十七条の規定の適用については、これらの規定中「毎事業年度の開始前に」とあるのは、「会社の成立後遅滞なく」とする。
（法人税に係る課税の特例）
第二十条 （略）
（登録免許税に係る課税の特例）
第二十一条 （略）
（業務の委託の認可等に関する経過措置）
第二十二条 （略）
（旧保険に関する経過措置）
第二十三条 附則第一条第二号に掲げる規定の施行の日前に日本貿易保険が引き受けた普通貿易保険、出資外国法人等貿易保険、貿易代金貸付保険及び海外事業資金貸付保険並びに同日前に成立したこれらの貿易保険の再保険の保険関係については、なお従前の例による。

（特別会計に関する法律の一部改正に伴う経過措置）
第二十四条　（略）
（罰則に関する経過措置）
第二十五条　この法律（附則第一条第二号に掲げる規定については、当該規定。以下この条及び次条において同じ。）の施行前にした行為及びこの附則の規定によりなお従前の例によることとされる場合におけるこの法律の施行後にした行為に対する罰則の適用については、なお従前の例による。
（政令への委任）
第二十六条　この附則に定めるもののほか、この法律の施行に関し必要な経過措置（罰則に関する経過措置を含む。）は、政令で定める。

■例三■

○労働者派遣事業の適正な運営の確保及び派遣労働者の保護等に関する法律等の一部を改正する法律（平成二十七年法律第七十三号）

附　則

（一般労働者派遣事業の許可等に関する経過措置）
第三条　この法律の施行の際現にこの法律による改正前の労働者派遣事業の適正な運営の確保及び派遣労働者の保護等に関する法律（以下「旧法」という。）第五条第一項の許可を受けている者は、この法律の施行の日（以下「施行日」という。）に新法第五条第一項の許可を受けたものとみなす。この場合において、当該許可を受けたものとみなされる者に係る同項の許可の有効期間は、施行日におけるその者に係る旧法第十条の規定による許可の有効期間の残存期間と同一の期間とする。
2　この法律の施行の際現にされている旧法第五条第二項の規定によりされた許可の申請は、新法第五条第二項の規定によりされた許可の申請とみなす。
3　この法律の施行の際現に旧法第八条第一項の規定により交付を受けている許可証は、新法

第八条第一項の規定により交付を受けた許可証とみなす。

（欠格事由に関する経過措置）

第四条　新法第六条第四号から第七号までの規定は、施行日以後に同条第四号に規定する許可の取消しの処分を受けた者（当該者が法人である場合にあっては、同条第五号に規定する当該法人の役員であった者）又は同条第六号に規定する届出をした者（当該者が法人である場合にあっては、同条第七号に規定する当該法人の役員であった者）について適用し、施行日前に旧法第六条第四号に規定する許可の取消し若しくは命令の処分を受けた者（当該者が法人である場合にあっては、同条第五号に規定する当該法人の役員であった者）又は同条第六号に規定する届出をした者（当該者が法人である場合にあっては、同条第七号に規定する当該法人の役員であった者）の当該許可の取消し若しくは命令の処分又は届出に係る欠格事由については、なお従前の例による。

（一般労働者派遣事業の許可の取消し等に関する経過措置）

第五条　附則第三条第一項の規定により新法第五条第一項の許可を受けたものとみなされた者に対する新法第十四条第一項の規定による当該許可の取消し又は同条第二項の規定による労働者派遣事業の全部若しくは一部の停止の命令に関しては、施行日前に生じた事由については、なお従前の例による。

（特定労働者派遣事業に関する経過措置）

第六条　この法律の施行の際現に旧法第十六条第一項の規定により届出書を提出して特定労働者派遣事業（旧法第二条第五号に規定する特定労働者派遣事業をいう。）を行っている者は、施行日から起算して三年を経過する日までの間（当該期間内に第四項の規定により労働者派遣事業の廃止を命じられたとき、又は新法第十三条第一項の規定により労働者派遣事業を廃止した旨の届出をしたときは、当該廃止を命じられた日又は当該届出をした日までの間）は、新法第五条第一項の規定にかかわらず、引き続きその事業の派遣労働者（業として行われる労働者派遣の対象となるものに限る。）が常時雇用される労働者のみである労働者派遣事業を行うことができる。その者がその期間内に同項の許可の申請をした場合において、その期間を経過したときは、その申請について許可又は不許可の処分がある日までの間も、同様とする。

2　前項の規定による労働者派遣事業に関しては、新法第五条、第七条から第十条まで、第十一条第一項後段及び第二項から第四項まで、第十三条第二項、第十四条並びに第五十四条の規定は適用しないものとし、新法の他の規定の適用については、当該労働者派遣事業を行う者を新法第二条第四号に規定する派遣元事業主とみなす。この場合において、新法第十一条第一項中「第五条第二項各号に掲げる」とあるのは「労働者派遣事業の適正な運営の確保及び派遣労働者の保護等に関する法律等の一部を改正する法律（平成二十七年法律第七十三号）第一条の規定による改正前の労働者派遣事業の適正な運営の確保及び派遣労働者の保護等に関する法律（以下「平成二十七年改正前法」という。）第十六条第一項の届出書に記載すべきこととされた」と、新法第二十六条第三項中「第五条第一項の許可を受けている」とあるのは「平成二十七年改正前法第十六条第一項の規定により届出書を提出している」とするほか、必要な読替えは、政令で定める。

3　第一項の規定による労働者派遣事業を行う者は、旧法第十六条第一項の届出書を提出した旨その他厚生労働省令で定める事項を記載した書類を、労働者派遣事業を行う事業所ごとに備え付けるとともに、関係者から請求があったときは提示しなければならない。

4　厚生労働大臣は、第一項の規定による労働者派遣事業を行う者が新法第六条各号（第四号から第七号までを除く。）のいずれかに該当するとき、又は施行日前に旧法第四十八条第三項の規定による指示を受け、若しくは施行日以後に新法第四十八条第三項の規定による指示を受けたにもかかわらず、なお新法第二十三条第三項若しくは第二十三条の二の規定に違反したときは当該労働者派遣事業の廃止を、当該労働者派遣事業（二以上の事業所を設けて当該労働者派遣事業を行う場合にあっては、各事業所ごとの当該労働者派遣事業。以下この項において同じ。）の開始の当時旧法第六条第四号から第七号までのいずれかに該当するときは当該労働者派遣事業の廃止を、命ずることができる。

5　厚生労働大臣は、第一項の規定による労働者派遣事業を行う者が施行日前に旧法（第三章第四節の規定を除く。）の規定若しくは当該規定に基づく命令若しくは処分に違反したとき、若しくは施行日以後に新法（第三章第四節の規定を除く。）の規定若しくは当該規定に基づく命令若しくは処分に違反したとき、又は職業安定法（昭和二十二年法律第百四十一号）の規定若しくは当該規定に基づく命令若しくは処分に違反したときは、期間を定めて当該労働者派遣事業の全部又は一部の停止を命ずることができる。

6　前二項の規定による処分に違反した者は、一年以下の懲役又は百万円以下の罰金に処する。

7　法人の代表者又は法人若しくは人の代理人、使用人その他の従業者が、その法人又は人の業務に関して、前項の違反行為をしたときは、行為者を罰するほか、その法人又は人に対しても、同項の罰金刑を科する。

（労働者派遣の期間に係る経過措置）

第七条　新法第三十五条の三の規定は、施行日以後に締結される労働者派遣契約に基づき行われる労働者派遣について適用する。

（派遣元管理台帳及び派遣先管理台帳に関する経過措置）

第八条　新法第三十七条第一項第八号の規定は、施行日以後に新法第三十条第一項（同条第二項の規定により読み替えて適用する場合を含む。）の規定により講じられる措置について適用する。

2　新法第三十七条第一項第九号及び第四十二条第一項第九号の規定は、施行日以後に行われる教育訓練について適用する。

（労働者派遣の役務の提供を受ける期間に関する経過措置）

第九条　新法第四十条の二の規定は、施行日以後に締結される労働者派遣契約に基づき行われる労働者派遣について適用し、施行日前に締結された労働者派遣契約に基づき行われる労働者派遣については、なお従前の例による。
2　新法第四十条の三の規定は、施行日以後に締結される労働者派遣契約に基づき行われる労働者派遣について適用する。
（罰則に関する経過措置）
第十条　施行日前にした行為並びに附則第五条及び前条第一項の規定によりなお従前の例によることとされる場合における施行日以後にした行為に対する罰則の適用については、なお従前の例による。
（政令への委任）
第十一条　この附則に規定するもののほか、この法律の施行に関し必要な経過措置は、政令で定める。

一　経過措置について、右の例一に示すように、一般原則と個別的な扱いとが分けられるような場合には、まず、一般原則を規定し、次いで、個別的なものを規定するが、その各部分の順序は、例一の場合、おおむね関係する本則の条文の順序に従っており、最後に、罰則に関する経過措置、更には政令への委任について規定している。

二　例二は、附則第二条から第一七条までにおいて、本則が施行される前提として必要な準備行為としての会社（株式会社日本貿易保険）の設立手続に関する会社法の特例等並びに会社の成立時における会社の株式の独立行政法人日本貿易保険から政府への無償譲渡及び独立行政法人日本貿易保険の有する権利・義務の会社への承継等について規定している。このような規定は、経過規定の前の方に置くのが通例といえよう。その中の順序は、例二では、おおむね時系列に沿ったものとなっている。附則第一八条以下で、本則の条文及び他法の規定に関する経過措置等を規定し、経過規定の最後には、罰則に関する経過措置及び政令への委任についての規定を置いている。

三　例三は、特定労働者派遣事業の制度を廃止して全ての労働者派遣事業を許可制にするとともに、派遣可能期間規制の見直し等を行う法律改正に関するものである。まず、新たな許可制度が導入されたことに伴い、従来旧法の下で労働者派遣事業を行っていた者の取扱い等について定めている（附則第三条～第六条）が、その中では、従来から許可制であった一般労働者派遣事業の許可等に関する経過措置を先に規定し、その後従来届出制であった特定労働者派遣事業に関する経過措置を規定している。次いで、派遣元事業主の労働者派遣期間に係る経過措置（附則第七条）、派遣元管理台帳に関する経過措置と併せて派遣先管理台帳に関する経過措置（附則第八条）、派遣先が役務の提供を受ける期間に関する経過措置（附則第九条）の順で経過措置が定められている。そして経過規定の最後に、罰則に関する経過措置及び政令への委任について定めている（附則第一〇条及び第一一条）。

〔施行期日と適用期日〕

問127　法令の施行期日と適用期日とを異ならせる必要があるのは、どのような場合か。また、その場合には、どのように表現すればよいのか。

答一　法令の附則には、施行期日を定める規定のほか、ある規定をどの対象にいつから適用する旨の規定が置かれることがある。法令の施行が法令に実効力を与えるものであるのに対して、法令の適用とは、法令の実効力を具体的な対象に当てはめて働かせることをいうのである〈問11　参照〉。そして、通常は、施行期日を定めさえすれば、その日から、その法令は実効力をもつことになり、特に適用関係を定める必要がない。しかしながら、施行期日を定めただけでは、どの対象に、いつから働くか具体的にはよく分からない場合がある。例えば、法人の事業税の標準税率を変更する「地方税法の一部を改正する法律」がある年の四月一日から施行される場合に、新税率は、同日以後に発生した所得について適用されるのか、同日以後に開始する事業年度分の所得から適用されるのか、同日以後に終了する事業年度分の所得から適用されるのか、必ずしも明確とはいえない。このような場合に、新旧法令の適用区分を明らかにする必要が生ずるのである。次に、その場合の規定の仕方の例を示す。

■例一■

○**地方税法等の一部を改正する法律**（平成二十六年法律第四号）

附　則

（施行期日）

第一条　この法律は、平成二十六年四月一日から施行する。ただし、次の各号に掲げる規定は、当該各号に定める日から施行する。

一　（略）

二　第一条中……の改正規定、第四条の規定並びに附則……の規定　平成二十六年十月一日

五〜十八　（略）

（事業税に関する経過措置）

第五条　別段の定めがあるものを除き、新法の規定中法人の事業税に関する部分は、施行日以後に開始する事業年度に係る法人の事業税について適用し、施行日前に開始した事業年度に係る法人の事業税については、なお従前の例による。

2・3　（略）

（地方法人特別税等に関する暫定措置法の一部改正に伴う経過措置）

第十九条　第四条の規定による改正後の地方法人特別税等に関する暫定措置法（以下この条において「新暫定措置法」という。）第九条及び第十三条の規定は、附則第一条第二号に掲げ

る規定の施行の日以後に開始する事業年度（地方税法第七十二条の十三に規定する事業年度をいう。以下この項及び次項において同じ。）に係る法人の事業税と併せて賦課され又は申告される地方法人特別税について適用し、同日前に開始した事業年度に係る法人の事業税及びこれと併せて賦課され又は申告される地方法人特別税については、なお従前の例による。

2～4　（略）

■例二■

○**義務教育諸学校等の体制の充実及び運営の改善を図るための公立義務教育諸学校の学級編成及び教職員定数の標準に関する法律等の一部を改正する法律**（平成二十九年法律第五号）

附　則

（施行期日）

第一条　この法律は、平成二十九年四月一日から施行する。

（義務教育費国庫負担法の一部改正に伴う経過措置）

第三条　第二条の規定による改正後の義務教育費国庫負担法の規定は、平成二十九年度以降の年度の予算に係る国の負担について適用し、平成二十八年度以前の年度に係る経費につき平成二十九年度以降の年度に支出される国の負担については、なお従前の例による。

新旧法令の適用区分の定め方としては、旧法令の適用範囲だけを定めることによってもすることができ、この場合には、次の例のように表現する。

■例■

○**消費者契約法の一部を改正する法律**（平成二十八年法律第六十一号）

附　則

（経過措置）

第二条　（略）
2　この法律の施行前にされた消費者契約の申込み又はその承諾の意思表示に係る取消権については、新法第七条第一項の規定にかかわらず、なお従前の例による。
3　この法律の施行前に締結された消費者契約の条項については、新法第八条第一項第三号及び第四号の規定にかかわらず、なお従前の例による。
4　（略）

二　法令全体又は法令中の一部の規定を施行期日より遡って働かせる場合、すなわち、法令を遡及適用する場合がある〈問114　参照〉。新法令の施行前に生じた事実に対して、新法令を遡って適用し、旧法令による過去の効果を覆すことは、社会生活の安定上、原則として、好ましいことではない。罰則の遡及適用が許されないことは、憲法第三九条の明定するところである。罰則でなくても、既得の権利・地位を侵害するような遡及適用も、極めて強い公共の福祉の要請がない限り、許されないであろう。しかし、新法令の遡及適用が、国民の権利義務に影響しない場合、かえって国民の利益になるような場合には、その遡及適用も許されるであろう〈問114　参照〉。このような場合の規定の仕方は、次のようにする。

■例■
○**大規模災害からの復興に関する法律**（平成二十五年法律第五十五号）
附　則
（施行期日）
第一条　この法律は、公布の日から施行する。ただし、第三章、第五十三条から第五十六条ま

〔異なる施行期日がある場合の経過規定の表現〕

問128 経過規定として、しばしば「この法律の施行の際」という文言が用いられるが、当該法律中の特定部分の施行期日がただし書で規定されている場合に、そのただし書に係る経過規定についても、このような表現で足りるのか。

で及び第五章並びに附則第五条から第十一条までの規定は、公布の日から起算して二月を超えない範囲内において政令で定める日から施行する。

（経過措置）

第二条 この法律の規定は、平成二十五年四月十二日以後に発生した災害について適用する。

〈編注 この法律の公布の日は、平成二五年六月二一日である。〉

答 法令の施行期日を本文とただし書とに分ける場合は、本文の方が原則で、ただし書の方が例外であると考えられ〈問74参照〉、したがって、「この法律の施行の際」というのは、本文で規定している施行期日をうけているのである。そこで、当該法律の特定部分の施行期日がただし書で規定されている場合に、当該部分の施行に関して経過措置を規定しようとするときは、「この法律の施行の際」というわけにはいかない。次の例に示すように、「第〇条の規定の施行の際」、「第〇条の改正規定の施行の際」又は「附則第一条ただし書に規定する規定の施行の際」といったような形で書く必要がある。「施行の際」の部分が「施行前」又は「施行後」の形で書かれることもある。

■例一■

〇水防法等の一部を改正する法律（平成二十七年法律第二十二号）

附 則

（施行期日）

第一条 この法律は、公布の日から起算して二月を超えない範囲内において政令で定める日から施行する。ただし、第三条及び附則第三条の規定は、公布の日から起算して六月を超えない範囲内において政令で定める日から施行する。

（下水道法の一部改正に伴う経過措置）

第三条　第三条の規定の施行の際現に同条の規定による改正前の下水道法（次項において「第三条改正前下水道法」という。）第四条第一項の規定により定められている事業計画については、附則第一条ただし書に規定する規定の施行の日から起算して三年を経過する日（その日までに第三条の規定による改正後の下水道法（次項において「新下水道法」という。）第四条第六項において準用する同条第一項の規定により変更されたときは、その変更された日）までの間は、なお従前の例による。

2　（略）

■例二■

○道路運送法の一部を改正する法律（平成二十八年法律第百号）

附　則

（施行期日）

第一条　この法律は、公布の日から起算して一月を超えない範囲内において政令で定める日から施行する。ただし、第八条の改正規定並びに附則第三条及び第八条の規定は、平成二十九年四月一日から施行する。

（一般貸切旅客自動者運送事業の許可の更新に関する経過措置）

第三条　附則第一条ただし書に規定する改正規定の施行の際現に当該改正規定による改正前の道路運送法（以下この項において「旧法」という。）第三条第一号ロの一般貸切旅客自動車運送事業について旧法第四条第一項の許可を受けている者は、当該改正規定の施行の日に、当該改正規定による改正後の道路運送法（以下この条において「新法」という。）第三条第一号ロの一般貸切旅客自動車運送事業について新法第四条第一項の許可を受けたものとみなす。

2　（略）

〔従来の行為に関する経過規定〕

問129 従来の法令による行為（例えば許可）に関する経過規定は、どのように表現すればよいのか。

答 一 従来の法令による行為の効力については、行政機関のした行為と相手方となる私人等のした行為のそれぞれについて、どのような経過措置を定めるのかという問題がある。まず、行政機関が従前の法令によりした行為、例えば、許可・認可・免許等又は監督処分を新しい法令においてどのように評価するかが問題である。従前の法令によるこれらの行為を新しい法令による行為と同一に取り扱おうとする場合には、次の例に示すように、個別的に、又は包括的に規定する方法がとられる。この場合には、当該許可等に対する私人の申請行為等についても、従前の法令による行為を新しい法令によりした行為と同一に取り扱うことが多く、例一では行政機関の行為とともに規定し、例二では別条で規定し、例三では一括して規定している。

■例一■

○社会福祉法等の一部を改正する法律（平成二十八年法律第二十一号）

附　則

（社会福祉士及び介護福祉士法等の一部を改正する法律の一部改正に伴う経過措置）

第三十二条　附則第一条第一号に掲げる規定の施行の際現に第五条の規定による改正前の社会福祉士及び介護福祉士法等の一部を改正する法律附則第二条第二項の規定によりされている学校及び養成施設の指定並びにこれに関し必要な手続その他の行為は、第五条の規定による改正後の社会福祉士及び介護福祉士法等の一部を改正する法律附則第二条第二項又は第三項の規定によりされた学校及び養成施設の指定並びにこれに関し必要な手続その他の行為とみなす。

■例二■

○道路交通法の一部を改正する法律（平成二十七年法律第四十号）

附　則

（免許等に関する経過措置）

第二条　この法律による改正前の道路交通法（以下「旧法」という。）第八十四条第三項の中型自動車免許（以下「旧法中型免許」という。）、同項の普通自動車免許（以下「旧法普通免許」という。）……は、次の各号に掲げる区分に応じ、それぞれ当該各号に定めるこの法律による改正後の道路交通法（以下「新法」という。）第八十四条第三項の中型自動車免許（以下「中型免許」という。）、同項の準中型自動車免許（以下「準中型免許」という。）、同項の普通自動車免許（以下「普通免許」という。）……とみなす。

一　旧法中型免許　中型免許

二　旧法普通免許で、次号に掲げるもの以外のもの　新法第九十一条の規定により、運転することができる新法第三条の準中型自動車（第五号において「準中型自動車」という。）が旧法第三条の普通自動車（以下「旧法普通自動車」という。）に相当するものに限定されている準中型免許

三　旧法普通免許で、旧法第九十一条の規定により、運転することができる旧法普通自動車が新法第三条の普通自動車（第六号において「普通自動車」という。）に相当するものに限定されているもの　普通免許

四～八　（略）

第三条　この法律の施行の際現にされている次の各号に掲げる運転免許の申請は、それぞれ当該各号に定める運転免許の申請とみなす。

一　旧法中型免許　中型免許

二　旧法普通免許　普通免許

三～六　（略）

■例三■

○関税定率法等の一部を改正する法律（平成二十八年法律第十六号）

附　則

第四条　第七条の規定の施行の際現に同条の規定による改正前の通関業法（以下この条において「旧通関業法」という。）第三条第一項の許可を受けている者（他の法令の規定により同項の許可を受けた者とみなされるものを含む。）は、第四号施行日に、第七条の規定による改正後の通関業法（以下この条及び附則第十四条において「新通関業法」という。）第三条第一項の許可を受けたものとみなす。この場合において、旧通関業法の規定による許可に条件が付されているときは、当該条件は、新通関業法の規定による許可に付されたものとみなす。

2　（略）

3　前二項に規定するもののほか、第四号施行日前に旧通関業法によりした処分、手続その他の行為で、新通関業法中相当する規定があるものは、新通関業法によりしたものとみなす。

4～8　（略）

二　従来の法令による制度の変更が極めて大であり、その行為の効力をそのまま新しい法令による行為と同一に取り扱うことが適当でないような場合には、従来の法令による行為の効力を認めるとしても暫定的に認める方法がとられることが多い。次に、その例を示す。

■例■

○森林法等の一部を改正する法律（平成二十八年法律第四十四号）

附　則

第十条　この法律の施行の際現に旧森林組合法第二十六条第一項の事業（以下この条において「森林経営事業」という。）を行っている森林組合法第九条第三項に規定する出資組合（次項において「出資組合」という。）は、施行日から平成三十年三月三十一日までの間（当該出資組合が当該期間内に新森林組合法第二十六条の三第一項の承認の申請をした場合において、当該期間を経過したときは、当該申請について承認又は不承認の処分があるまでの間）は、新森林組合法第二十六条の三第一項の承認を受けないで、引き続き森林経営事業を行うことができる。

2　前項の規定により新森林組合法第二十六条の三第一項の承認を受けないで引き続き森林経営事業を行う出資組合（前項に規定する期間内に当該承認の申請をしたものを除く。）は、平成三十年三月三十一日までに、当該承認の申請をしなければならない。

三　許可制度等の改正の態様としては、その主体たる行政機関に変更がある場合、許可等の要件その他の実質的変更がある場合、法令の根拠条文の移動等の変更がある場合があり、その改正は、旧法令の廃止と新法令の制定、旧法令の全部改正、旧法令の一部改正等により行われるのであるが、許可等の主体である行政機関に変更がなく、「都道府県知事の許可を受けた者でなければ、○○をしてはならない」というような規定がある場合で、許可の要件に重大な変更がないような改正が行われたときはともかく、多くは経過規定を必要としよう。そして、一般的にいえば、従来の法令において、私人がある行為をするためには行政機関の許可等を要することとされている場合に、従来の法令を改廃し、新たにこれと実質的に同様の内容を有する許可等について規定し、その規制の目的が同一であるときは、従来の法令による許可等の処分を新たな法令による許可等の処分とみなすことが多い。逆に、許可等の要件に重大な変更があり、従来の法令による許可等の効力を新たな法令の施行後においても容認したのでは新たな法令による規制の実を挙げ得ないような場合には、既存の権益の保護の面から一定期間は新たな法令による許可等とみなし、その間に新たな法令による許可等を得させる措置をとることが多い。

〔従来の文書等の取扱いに関する経過規定〕

問130　従来の法令による文書、物件等の取扱いに関する経過規定は、どのように表現すればよいのか。

答　免許等の行政処分により一定の資格が与えられる場合にその資格を証するため、又は免許等を与える方法として、免許証等を交付したり、一定の行為をするについて行政機関の証明書等を必要としたりする例が多いが、このようなことを定める法令の改正に際し、従来の法令によるこれらの書類の効力を、期限を設け、又は設けないで、改正後の法令においても容認しようとするような場合がある。次に、そのような場合の経過規定の例を示す。

■例一■

○通訳案内業法及び外国人観光旅客の来訪地域の多様化の促進による国際観光の振興に関する法律の一部を改正する法律（平成十七年法律第五十四号）

附　則

第三条　この法律の施行の際現に旧法第三条の規定による通訳案内業の免許を受けている者は、新法第十八条の規定による通訳案内士の登録を受けた者とみなす。

2　（略）

3　この法律の施行の際現に旧法第七条の規定により交付されている免許証は、新法第二十二条の規定により交付された通訳案内士登録証とみなす。

4　（略）

■例二■

○原子爆弾被爆者に対する援護に関する法律（平成六年法律第百十七号）

附　則

（原子爆弾被爆者の医療等に関する法律の廃止に伴う経過措置）

第四条　（略）

2　施行日前に旧原爆医療法第三条第二項の規定により交付された被爆者健康手帳は、第二条第三項の規定により交付された被爆者健康手帳とみなす。

■例三■

○労働者派遣事業の適正な運営の確保及び派遣労働者の保護等に関する法律等の一部を改正する法律（平成二十七年法律第七十三号）

附　則

（一般労働者派遣事業の許可等に関する経過措置）

第三条　（略）

2　（略）

3　この法律の施行の際現に旧法第八条第一項の規定により交付を受けている許可証は、新法第八条第一項の規定により交付を受けた許可証とみなす。

二　これらのほか、私人が行政機関に提出すべき文書、物件等について経過規定を置くような例もある。

■例■

○公文書等の管理に関する法律施行令の一部を改正する政令（平成二十七年政令第四百三十号）

附　則

（経過措置）

〔従来の状態を容認する経過規定〕

問131　従来の法令による一定の状態を新規制定の法令が容認する場合の経過規定は、どのように表現すればよいのか。

2　この政令による改正後の第二十条の規定の適用については、住民基本台帳カード（この政令の施行の日前に行政手続における特定の個人を識別するための番号の利用等に関する法律の施行に伴う関係法律の整備等に関する法律（平成二十五年法律第二十八号。以下この項において「番号利用法整備法」という。）第十九条の規定による改正前の住民基本台帳法（昭和四十二年法律第八十一号。以下この項において「旧住民基本台帳法」という。）第三十条の四十四第三項の規定により交付された同条第一項に規定する住民基本台帳カードをいう。）は、番号利用法整備法第二十条第一項の規定によりなお従前の例によることとされた旧住民基本台帳法第三十条の四十四第九項の規定によりその効力を失う時までの間は、番号利用法第二条第七項に規定する個人番号カードとみなす。

答　従来自由に行われ得た事業が、新たに法令が制定されることにより許可、登録等を要することとなる場合には、法令の施行と同時に、従来からその事業を行っていた者が違法状態になるのを避けるため、一定期間、許可・登録等を受けないでも当該事業を行うことができるための措置をとり、従来の権益や地位に配慮するのが通例である。そして、このような場合には、次の例に示すような経過規定が置かれる。

■例一■

○労働者派遣事業の適正な運営の確保及び派遣労働者の保護等に関する法律等の一部を改正する法律（平成二十七年法律第七十三号）

附　則

（特定労働者派遣事業に関する経過措置）

第六条　この法律の施行の際現に旧法第十六条第一項の規定により届出書を提出して特定労働

者派遣事業（旧法第二条第五号に規定する特定労働者派遣事業をいう。）を行っている者は、施行日から起算して三年を経過する日までの間（当該期間内に第四項の規定により労働者派遣事業の廃止を命じられたとき、又は新法第十三条第一項の規定により労働者派遣事業を廃止した旨の届出をしたときは、当該廃止を命じられた日又は当該届出をした日までの間）は、新法第五条第一項の規定にかかわらず、引き続きその事業の派遣労働者（業として行われる労働者派遣の対象となるものに限る。）が常時雇用される労働者のみである労働者派遣事業を行うことができる。その者がその期間内に同項の許可の申請をした場合において、その期間を経過したときは、その申請について許可又は不許可の処分がある日までの間も、同様とする。

2〜7　（略）

■例二■

○絶滅のおそれのある野生動植物の種の保存に関する法律の一部を改正する法律（平成二十九年法律第五十一号）

附　則

（特別国際種事業者に関する経過措置）

第六条　この法律の施行の際現に旧法第三十三条の二の規定による届出をして新法第三十三条の六第一項に規定する特別国際種事業に該当する事業を行っている者は、施行日に同項の登録を受けたものとみなす。

2・3　（略）

〔国の機関の新設等に関する経過規定〕

問132　国の機関の新設、廃止の場合における当該機関、職員等に関する経過規定は、どのように表現すればよいのか。

答　従前の国家機関が廃止され、新しく設置された国家機関又は従前からある他の国家機関にその事務や職員が移る場合には、従前の機関がした処分等の取扱い、従前の機関の委員や職員についての引継ぎ等を規定する。例一は、個人情報保護委員会を設置（特定個人情報保護委員会は廃止）した際のものである。例二は、内閣府から幾つかの委員会等を各省等に移管した時のもので、委員会等は同一性をもって存続するとされている。従前の国家機関が廃止され、新しく設立された独立行政法人等にその事務や職員等が移る場合には、例三のように、職員の引継ぎ、権利義務の承継等を規定する。

■例一■

○個人情報の保護に関する法律及び行政手続における特定の個人を識別するための番号の利用等に関する法律の一部を改正する法律（平成二十七年法律第六十五号）

附　則

（特定個人情報保護委員会がした処分等に関する経過措置）

第五条　附則第一条第二号に掲げる規定の施行の日（以下「第二号施行日」という。）前に第四条の規定による改正前の番号利用法（以下この条において「旧番号利用法」という。）又はこれに基づく命令の規定により特定個人情報保護委員会がした勧告、命令その他の処分又は通知その他の行為は、第二号施行日以後は、第四条の規定による改正後の番号利用法（以下この条において「新番号利用法」という。）又はこれに基づく命令の相当規定に基づいて、個人情報保護委員会がした勧告、命令その他の処分又は通知その他の行為とみなす。

2　附則第一条第二号に掲げる規定の施行の際現に旧番号利用法（旧番号利用法第二十九条第一項の規定により読み替えて適用する行政機関の保有する個人情報の保護に関する法律（平成十五年法律第五十八号）を含む。次項において同じ。）又はこれに基づく命令の規定により特定個人情報保護委員会に対してされている申請、届出その他の行為は、第二号施行日以後は、新番号利用法（新番号利用法第二十九条第一項の規定により読み替えて適用する行政機関の保有する個人情報の保護に関する法律を含む。次項において同じ。）又はこれに基づく命令の相当規定に基づいて、個人情報保護委員会に対してされた申請、届出その他の行為とみなす。

3　第二号施行日前に旧番号利用法又はこれに基づく命令の規定により特定個人情報保護委員会に対して届出その他の手続をしなければならない事項で、第二号施行日前にその手続がされていないものについては、第二号施行日以後は、これを、新番号利用法又はこれに基づく命令の相当規定により個人情報保護委員会に対してその手続をしなければならないとされた事項についてその手続がされていないものとみなして、当該相当規定を適用する。

（特定個人情報保護委員会規則に関する経過措置）

第六条　附則第一条第二号に掲げる規定の施行の際現に効力を有する特定個人情報保護委員会規則は、第二号施行日以後は、個人情報保護委員会規則としての効力を有するものとする。

（委員長又は委員の任命等に関する経過措置）

第七条　附則第一条第二号に掲げる規定の施行の際現に従前の特定個人情報保護委員会の委員長又は委員である者は、それぞれ第二号施行日に、第一条の規定による改正後の個人情報の保護に関する法律（以下この条において「第二号新個人情報保護法」という。）第五十四条第三項の規定により、個人情報保護委員会の委員長又は委員として任命されたものとみなす。この場合において、その任命されたものとみなされる者の任期は、第二号新個人情報保護法第五十五条第一項の規定にかかわらず、第二号施行日における従前の特定個人情報保護委員会の委員長又は委員としてのそれぞれの任期の残任期間と同一の期間とする。

2　附則第一条第二号に掲げる規定の施行に伴い新たに任命されることとなる個人情報保護委員会の委員については、第二号新個人情報保護法第五十四条第三項に規定する委員の任命のために必要な行為は、第二号施行日前においても行うことができる。

3　附則第一条第二号に掲げる規定の施行の際現に従前の特定個人情報保護委員会の事務局の

職員である者は、別に辞令を発せられない限り、第二号施行日に、同一の勤務条件をもって、個人情報保護委員会の事務局の相当の職員となるものとする。

（守秘義務に関する経過措置）

第八条　特定個人情報保護委員会の委員長、委員又は事務局の職員であった者に係るその職務上知ることのできた秘密を漏らし、又は盗用してはならない義務については、第二号施行日以後も、なお従前の例による。

■例二■

○内閣の重要政策に関する総合調整等に関する機能の強化のための国家行政組織法等の一部を改正する法律（平成二十七年法律第六十六号）

（情報公開・個人情報保護審査会設置法及び統計法の一部改正）

第二十二条　次に掲げる法律の規定中「内閣府」を「総務省」に改める。

一　情報公開・個人情報保護審査会設置法（平成十五年法律第六十号）第二条

二　統計法（平成十九年法律第五十三号）第四十四条

附　則

（情報公開・個人情報保護審査会設置法の一部改正に伴う経過措置）

第二条　この法律の施行の際現に第二十二条の規定による改正前の情報公開・個人情報保護審査会設置法第二条の規定により置かれている情報公開・個人情報保護審査会は、第二十二条の規定による改正後の情報公開・個人情報保護審査会設置法第二条の規定により置かれる情報公開・個人情報保護審査会となり、同一性をもって存続するものとする。

（統計法の一部改正に伴う経過措置）

第三条　この法律の施行の際現に第二十二条の規定による改正前の統計法第四十四条の規定により置かれている統計委員会は、第二十二条の規定による改正後の統計法第四十四条の規定により置かれる統計委員会となり、同一性をもって存続するものとする。

■例三■

○道路運送車両法及び自動車検査独立行政法人法の一部を改正する法律（平成二十七年法律第四十四号）

附　則

（職員の引継ぎ等）

第四条　施行日の前日又は指定日の前日において現に国土交通省の部局又は機関でそれぞれ政令で定めるものの職員である者は、国土交通大臣が指名する者を除き、別に辞令を発せられない限り、施行日又は指定日において、それぞれ独立行政法人自動車技術総合機構（以下「機構」という。）の職員となるものとする。

2　前項の規定は、内閣府の部局又は機関で政令で定めるものの職員である者について準用する。この場合において、同項中「国土交通大臣」とあるのは、「内閣総理大臣」と読み替えるものとする。

第五条　前条の規定により機構の職員となった者に対する国家公務員法（昭和二十二年法律第百二十号）第八十二条第二項の規定の適用については、機構の職員を同項に規定する特別職国家公務員等と、前条の規定により国家公務員としての身分を失ったことを任命権者の要請に応じ同項に規定する特別職国家公務員等となるため退職したこととみなす。

第六条　附則第四条の規定により内閣府又は国土交通省の職員が機構の職員となる場合には、その者に対しては、国家公務員退職手当法（昭和二十八年法律第百八十二号）に基づく退職手当は、支給しない。

2　機構は、前項の規定の適用を受けた機構の職員の退職に際し、退職手当を支給しようとするときは、その者の国家公務員退職手当法第二条第一項に規定する職員（同条第二項の規定により職員とみなされる者を含む。附則第十四条第一項において同じ。）としての引き続いた在職期間を機構の職員としての在職期間とみなして取り扱うべきものとする。

3　施行日の前日又は指定日の前日に内閣府又は国土交通省の職員として在職する者が、附則第四条の規定により引き続いて機構の職員となり、かつ、引き続き機構の職員として在職した後引き続いて国家公務員退職手当法第二条第一項に規定する職員となった場合におけるその者の同法に基づいて支給する退職手当の算定の基礎となる勤続期間の計算については、その者の機構の職員としての在職期間を同項に規定する職員としての引き続いた在職期間とみなす。ただし、その者が機構を退職したことにより退職手当（これに相当する給付を含む。）の支給を受けているときは、この限りでない。

4　機構は、施行日の前日又は指定日の前日に内閣府又は国土交通省の職員として在職し、附則第四条の規定により引き続いて機構の職員となった者のうち施行日又は指定日から雇用保険法（昭和四十九年法律第百十六号）による失業等給付の受給資格を取得するまでの間に機構を退職したものであって、その退職した日まで内閣府又は国土交通省の職員として在職したものとしたならば国家公務員退職手当法第十条の規定による退職手当の支給を受けることができるものに対しては、同条の規定の例により算定した退職手当の額に相当する額を退職手当として支給するものとする。

第七条　附則第四条の規定により機構の職員となった者であって、施行日の前日又は指定日の前日において内閣総理大臣若しくは国土交通大臣又はそれらの委任を受けた者から児童手当法（昭和四十六年法律第七十三号）第七条第一項（同法附則第二条第三項において準用する場合を含む。以下この条において同じ。）の規定による認定を受けているものが、施行日又は指定日において児童手当又は同法附則第二条第一項の給付（以下この条において「特例給付」という。）の支給要件に該当するときは、その者に対する児童手当又は特例給付の支給に関しては、施行日又は指定日において、それぞれ同法第七条第一項の規定による市町村長（特別区の区長を含む。）の認定があったものとみなす。この場合において、その認定があったものとみなされた児童手当又は特例給付の支給は、同法第八条第二項（同法附則第二条第三項において準用する場合を含む。）の規定にかかわらず、それぞれ施行日の前日又は指定日の前日の属する月の翌月から始める。

（機構の職員となる者の職員団体についての経過措置）

第八条　施行日の前日又は指定日の前日において現に存する国家公務員法第百八条の二第一項に規定する職員団体であって、その構成員の過半数が附則第四条の規定により機構に引き継がれる者であるものは、施行日又は指定日において、それぞれ労働組合法（昭和二十四年法律第百七十四号）の適用を受ける労働組合となるものとする。この場合において、当該職員団体が法人であるときは、法人である労働組合となるものとする。

2　前項の規定により法人である労働組合となったものは、施行日又は指定日から起算して六十日を経過する日までに、労働組合法第二条及び第五条第二項の規定に適合する旨の労働委員会の証明を受け、かつ、その主たる事務所の所在地において登記しなければ、その日の経過により解散するものとする。

3　第一項の規定により労働組合となったものについては、施行日又は指定日から起算して六十日を経過する日までは、労働組合法第二条ただし書（第一号に係る部分に限る。）の規定は、適用しない。

（国の有する権利義務の承継）

第九条　施行日の前日又は指定日の前日において、第二条の規定による改正後の独立行政法人自動車技術総合機構法第十二条第三号に掲げる業務（これに附帯する業務を含む。）に関し、現に国が有する権利及び義務のうちそれぞれ政令で定めるものは、施行日又は指定日において、それぞれ機構が承継する。

（国有財産の無償使用）

第十条　国土交通大臣は、施行日の前日又は指定日の前日において現に道路運送車両法第二章に規定する自動車の登録に関する確認調査に使用されている国有財産であってそれぞれ政令で定めるものを、政令で定めるところにより、機構の用に供するため、機構に無償で使用させることができる。

〔法人の解散等に関する経過規定〕

問133 従来の法令に基づいて設立された法人の解散、財産の処分、組織変更等に関する経過規定は、どのように表現すればよいのか。

答 従来の法令の規定に基づいて設立されていた法人の設立の根拠法令が改廃される場合には、その内容に従い、法人の解散、財産の処分、組織変更等に関する経過措置が規定されることになるが、その規定の仕方としては、次の例に示すそれぞれの規定が参考となろう。

■例一■

○独立行政法人大学評価・学位授与機構法の一部を改正する法律（平成二十七年法律第二十七号）

附　則

（センターの解散等）

第二条　独立行政法人国立大学財務・経営センター（以下「センター」という。）は、この法律の施行の時において解散するものとし、次項の規定により国が承継する資産を除き、その一切の権利及び義務は、その時において、独立行政法人大学改革支援・学位授与機構（以下「機構」という。）が承継する。

2　この法律の施行の際現にセンターが有する権利のうち、機構がその業務を確実に実施するために必要な資産以外の資産は、この法律の施行の時において国が承継する。

3　前項の規定により国が承継する資産の範囲その他当該資産の国への承継に関し必要な事項は、政令で定める。

4　センターの平成二十六年四月一日に始まる中期目標の期間（独立行政法人通則法（平成十一年法律第百三号。以下「通則法」という。）第二十九条第二項第一号に規定する中期目標の期間をいう。次項において同じ。）は、平成二十八年三月三十一日に終わるものとする。

5　センターの平成二十八年三月三十一日に終わる事業年度（次項及び第七項において「最終事業年度」という。）及び中期目標の期間における業務の実績についての通則法第三十二条第一項の規定による評価は、機構が受けるものとする。この場合において、同条第二項の規定による報告書の提出及び公表は機構が行うものとし、同条第四項前段の規定による通知及び同条第六項の規定による命令は機構に対してなされるものとする。

6　センターの最終事業年度に係る通則法第三十八条の規定による財務諸表、事業報告書及び決算報告書の作成等については、機構が行うものとする。

7　センターの最終事業年度における通則法第四十四条第一項及び第二項の規定による利益及び損失の処理に関する業務は、機構が行うものとする。

8　前項の規定による処理において、通則法第四十四条第一項及び第二項の規定による整理を行った後、同条第一項の規定による積立金があるときは、当該積立金の処分は、機構が行うものとする。この場合において、……とする。

9　第一項の規定によりセンターが解散した場合における解散の登記については、政令で定める。

（機構への出資等）

第三条　前条第一項の規定により機構がセンターの権利及び義務を承継したときは、その承継の際、機構が承継する資産の価額（同条第八項の規定によりなおその効力を有するものとして読み替えて適用される旧センター法第十五条第四項に規定する積立金の額に相当する金額があるときは、当該金額に相当する金額を除く。）から負債の金額を差し引いた額は、政府から機構に対し出資されたものとする。この場合において、機構は、その額により資本金を増加するものとする。

2　前項に規定する資産の価額は、この法律の施行の日（以下「施行日」という。）現在における時価を基準として評価委員が評価した価額とする。

3　前項の評価委員その他評価に関し必要な事項は、政令で定める。

（非課税）

第四条　附則第二条第一項の規定により機構が権利を承継する場合における当該承継に係る不

動産の取得に対しては、不動産取得税を課することができない。

（センターの権利及び義務の承継に伴う経過措置）

第五条　附則第二条第一項の規定により機構が承継する旧センター法第十六条第一項又は第二項の規定によるセンターの長期借入金又は独立行政法人国立大学財務・経営センター債券（以下この項において「債券」という。）に係る債務について政府がした旧センター法第十七条の規定による保証契約は、その承継後においても、当該長期借入金又は債券に係る債務について従前の条件により存続するものとする。

2　前項に規定する債券は、この法律による改正後の独立行政法人大学改革支援・学位授与機構法（平成十五年法律第百十四号）第十九条第三項及び第四項の規定の適用については、同条第一項又は第二項の規定による債券とみなす。

（国家公務員法の適用に関する特例）

第六条　旧センター法附則第三条の規定によりセンターの職員となった者に対する国家公務員法（昭和二十二年法律第百二十号）第八十二条第二項の規定の適用については、センターの職員として在職したことを同項に規定する特別職国家公務員等として在職したことと、旧センター法附則第三条の規定により国家公務員としての身分を失ったことを任命権者の要請に応じ同項に規定する特別職国家公務員等となるため退職したこととみなす。

（国家公務員退職手当法の適用に関する特例）

第七条　この法律の施行の際現に旧センター法附則第五条第三項に該当する者については、同項の規定は、なおその効力を有する。

（機構の役員又は職員についての通則法の適用に関する経過措置）

第八条　機構の役員又は職員についての通則法第五十条の四第一項、第二項第一号及び第四号並びに第六項並びに第五十条の六の規定の適用については、次の表の上欄に掲げるこれらの規定中同表の中欄に掲げる字句は、それぞれ同表の下欄に掲げる字句とする。

（表略）

（名称の使用制限に関する経過措置）

第九条　この法律の施行の際現に大学改革支援・学位授与機構という名称を使用している者については、この法律による改正後の独立行政法人大学改革支援・学位授与機構法第六条の規定は、この法律の施行後六月間は、適用しない。

（独立行政法人国立大学財務・経営センター法の廃止）

第十条　独立行政法人国立大学財務・経営センター法は、廃止する。

（独立行政法人国立大学財務・経営センター法の廃止に伴う経過措置）

第十一条　センターの役員又は職員であった者に係るその職務上知ることのできた秘密を漏らしてはならない義務については、施行日以後も、なお従前の例による。

第十二条　センターが交付した旧センター法第十九条に規定する資金については、同条の規定は、なおその効力を有する。この場合において、……とする。

■例二■

○農業協同組合法等の一部を改正する等の法律（平成二十七年法律第六十三号）

附　則

（旧農業協同組合中央会の存続）

第九条　旧農協法の規定により設立された農業協同組合中央会であってこの法律の施行の際現に存するものは、施行日以後も、旧農協法の規定により設立された農業協同組合中央会としてなお存続するものとする。

（存続中央会に係る旧農協法の効力）

第十条　前条の規定によりなお存続するものとされた農業協同組合中央会（以下「存続中央会」という。）については、旧農協法（第七十三条の十七、第七十三条の二十一、第七十三条の三十四第三項及び第五項、第七十三条の四十二、第三章第五節並びに第七十三条の四十八第二項を除く。）の規定は、存続中央会が解散した場合又は附則第二十七条第一項の規定により解散したものとみなされた場合にあってはその清算結了の登記の時、附則第十二条又は第二十一条の規定により組織変更をする場合にあってはその組織変更の効力が生ずる時までの間は、なおその効力を有する。

（存続中央会の解散の届出）

第十一条　存続中央会は、前条の規定によりなおその効力を有するものとされた旧農協法第七十三条の四十八第一項第一号に掲げる事由によって解散した場合には、農林水産省令で定めるところにより、遅滞なく、その旨を農林水産大臣に届け出なければならない。

（存続都道府県中央会の農業協同組合連合会への組織変更）

第十二条　附則第九条の規定によりなお存続するものとされた都道府県農業協同組合中央会（以下「存続都道府県中央会」という。）は、施行日から起算して三年六月を経過する日までの期間（以下「移行期間」という。）内に、その組織を変更し、農業協同組合連合会（会員に出資をさせないものに限る。）になることができる。

第十三条　存続都道府県中央会は、前条の規定による組織変更（以下この条から附則第二十条までにおいて「組織変更」という。）をするには、組織変更計画を作成して、総会の決議により、その承認を受けなければならない。

2〜8　（略）

第十四条　組織変更は、農林水産省令で定めるところにより、農林水産大臣の認可を受けなければ、その効力を生じない。

2　（略）

第十五条　組織変更をする存続都道府県中央会は、附則第十三条第四項第五号の日又は前条第一項の認可を受けた日のいずれか遅い日（次項及び第三項において「効力発生日」という。）に、農業協同組合連合会となる。

2〜4　（略）

第十六条　存続都道府県中央会が組織変更をしたときは、政令で定めるところにより、登記をしなければならない。

2　（略）
第十七条　附則第十二条から前条までに定めるもののほか、組織変更に関し必要な事項は、政令で定める。
（組織変更後の農業協同組合連合会に係る事業等に関する特例）
第十八条　組織変更後の農業協同組合連合会は、附則第十三条第五項に規定する事業の全部又は一部のみを行うことその他の農林水産省令で定める要件に該当するものである間は、新農協法第三条第一項の規定にかかわらず、その名称中に、農業協同組合連合会という文字に代えて、引き続き農業協同組合中央会という文字を用いることができる。
第十九条　組織変更後の農業協同組合連合会（その地区の中に一の都道府県の区域を含むものに限る。）は、新農協法第十条の規定にかかわらず、監査事業を行うことができる。
2　（略）
第二十条　附則第十三条第六項の監査規程の変更（軽微な事項その他の農林水産省令で定める事項に係るものを除く。）は、農林水産大臣の認可を受けなければ、その効力を生じない。
2　（略）
（存続全国中央会の一般社団法人への組織変更）
第二十一条　附則第九条の規定によりなお存続するものとされた全国農業協同組合中央会（以下「存続全国中央会」という。）は、移行期間内に、その組織を変更し、一般社団法人になることができる。
第二十二条　存続全国中央会は、前条の規定による組織変更（以下この条から附則第二十六条までにおいて「組織変更」という。）をするには、組織変更計画を作成して、総会の決議により、その承認を受けなければならない。
2・3　（略）
第二十三条　組織変更をする存続全国中央会は、効力発生日に、一般社団法人となる。
2〜4　（略）

第二十四条　存続全国中央会は、組織変更をしたときは、農林水産省令で定めるところにより、遅滞なく、その旨を農林水産大臣に届け出なければならない。
第二十五条　組織変更については、附則第十三条第二項、第三項及び第八項、第十五条第四項、第十六条並びに第十七条の規定を準用する。この場合において、……と読み替えるものとする。
（組織変更後の一般社団法人に係る名称の使用制限に関する特例）
第二十六条　組織変更後の一般社団法人は、附則第二十二条第三項各号に掲げることを主たる目的とすることその他の農林水産省令で定める要件に該当するものである間は、新農協法第三条第二項の規定にかかわらず、その名称中に引き続き全国農業協同組合中央会という文字を用いることができる。
（存続中央会のみなし解散）
第二十七条　移行期間の満了の日に現に存する存続中央会は、同日に解散したものとみなす。
2　前項の場合には、農林水産大臣は、移行期間の満了後遅滞なく、同項の規定により解散したものとみなされた存続中央会の主たる事務所の所在地を管轄する登記所に解散の登記を嘱託しなければならない。

〈罰則に関する経過規定〉

問134　罰則に関する経過規定は、どのような場合に設けるべきか。設ける場合には、どのように表現すればよいのか。

答　一　行為時の罰則が裁判時に廃止されていれば、刑事訴訟法第三三七条第二号により免訴の判決をすべきものとされている。また、裁判時の罰則が行為時の罰則より軽くなっていれば、刑法第六条により軽い刑を適用すべきこととなる。このように、罰則の規定が改廃されたために、行為者が全く処罰されなかったり、他の行為者より軽く処罰されたりすることとなると、同じ行為によって処罰された者との均衡を失し、罰則の廃止後も行為の反社会性を追及する必要があるのに、これが不可能となって不都合と考えられる場合もある。このような場合には、刑事政策上、改廃前と同じ罰則を適用することが要求される。そして、そのための罰則に関する経過規定の仕方としては、次のいずれかの表現をとることになる。

「この法律の施行前にした行為に対する罰則の適用については、なお従前の例による。」

「この法律の施行前にした行為に対する罰則の適用については、旧法は、この法律の施行後も、なおその効力を有する。」

二　また、法令の実体規定が改廃され、ある事項についての経過措置として、「○○については、なお従前の例による」との規定があり、これによって、改廃された実体規定が改廃後においても実質的に生かされているような場合に、従前の例によることとされている、その従前の例の中味となっている実体規定に違反する行為が当該実体規定の改廃後に行われたときは、やはり、改廃前と同じように処罰する必要があり、次の例に示すような経過規定を置いて、その点をはっきりさせる必要がある。

なお、〈問136　参照〉。

■例一■

○道路運送法の一部を改正する法律（平成二十八年法律第百号）

附　則

（罰則に関する経過措置）

第五条　この法律の施行前にした行為及び前条の規定によりなお従前の例によることとされる場合におけるこの法律の施行後にした行為に対する罰則の適用については、なお従前の例による。

〔委任命令の制定改廃に伴う経過規定〕

問135　法律で、法律の規定に基づき命令を制定し、又は改廃する場合において、命令の制定又は改廃に伴う経過措置（罰則に関する経過措置を含む。）をその命令で定めることができる旨規定しているものがあるが、そのような規定の仕方をする。

答　例を挙げて、説明しよう。消費生活用製品安全法には、次の例に示すような規定がある。

■**例**■

○**消費生活用製品安全法**（昭和四十八年法律第三十一号）

（定義）
第二条　この法律において「消費生活用製品」とは、主として一般消費者の生活の用に供される製品（別表に掲げるものを除く。）をいう。
2　この法律において「特定製品」とは、消費生活用製品のうち、構造、材質、使用状況等からみて一般消費者の生命又は身体に対して特に危害を及ぼすおそれが多いと認められる製品で政令で定めるものをいう。
3～6　（略）

（販売の制限）
第四条　特定製品の製造、輸入又は販売の事業を行う者は、第十三条の規定により表示が付さ

■**例二**■

○**高齢者の居住の安定確保に関する法律等の一部を改正する法律**（平成二十三年法律第三十二号）

附　則

（罰則に関する経過措置）
第七条　この法律の施行前にした行為並びに附則第二条及び第五条の規定によりなお従前の例によることとされる事項に係るこの法律の施行後にした行為に対する罰則の適用については、なお従前の例による。

るのは、どうしてか。

れているものでなければ、特定製品を販売し、又は販売の目的で陳列してはならない。
2　前項の規定は、同項に規定する者が次に掲げる場合に該当するときは、適用しない。
一　輸出用の特定製品を販売し、又は販売の目的で陳列する場合において、その旨を主務大臣に届け出たとき。
二　輸出用以外の特定の用途に供する特定製品を販売し、又は販売の目的で陳列する場合において、主務大臣の承認を受けたとき。
三　第十一条第一項第一号の規定による届出又は同項第二号の承認に係る特定製品を販売し、又は販売の目的で陳列するとき。

（表示）
第十三条　届出事業者は、その届出に係る型式の特定製品の技術基準に対する適合性について、第十一条第二項（特別特定製品の場合にあつては、同項及び前条第一項）の規定による義務を履行したときは、当該特定製品に主務省令で定める方式による表示を付することができる。

（経過措置）
第五十三条　この法律の規定に基づき命令を制定し、又は改廃する場合においては、その命令で、その制定又は改廃に伴い合理的に必要と判断される範囲内において、所要の経過措置（罰則に関する経過措置を含む。）を定めることができる。

第五十八条　次の各号のいずれかに該当する者は、一年以下の懲役若しくは百万円以下の罰金に処し、又はこれを併科する。
一　第四条第一項又は第五条の規定に違反した者
二～五　（略）

これらの規定によると、特定製品の販売又は販売目的による陳列について、第四条第一項で制限し、同項に違反した者は第五八条により処罰されることとされているが、その中核をなす特定製品自体は、第二条第二項の政令で定めることとされている。したがって、この政令が制定、あるいは改正されれば、政令で規定された製品について、直ちに、第五八条の罰則によって担保される第四条第一項の規制が働くこととなるが、その政令の施行後直ちに第一三条の規定に基づいた表示が全て付されていることを要求することは無理があると思われる。そこで、経過措置が必要となるが、その内容は、指定される製品を取り巻く事情に応じて定めることが合理的であると考えられるため、製品を指定する政令で所要の経過措置を定めることとするのが適切であると考えられる。

もし、追加指定される製品について、一律の経過措置を講ずべきであるとするならば、法律の本則中に、政令で製品が指定された場合の一般的な経過措置を定めておけば足りるはずである。実際、次の例にあるように、特定製品が追加される場合、それぞれ異なった経過措置が置かれている。

■例■

○消費生活用製品安全法施行令の一部を改正する政令（平成二十年政令第七十号）

附　則

（特定製品に関する経過措置）

第二条　この政令による改正後の消費生活用製品安全法施行令別表第一第七号から第九号までに掲げる特定製品（以下「追加特定製品」という。）の製造、輸入又は販売の事業を行う者は、この政令の施行の日から二年間は、消費生活用製品安全法（以下「法」という。）第四条第一項の規定にかかわらず、法第十三条の規定による表示が付されていない追加特定製品を販売し、又は販売の目的で陳列することができる。

○消費生活用製品安全法施行令の一部を改正する政令（平成二十二年政令第二百二十三

号)

附 則

(経過措置)

第二条 この政令による改正後の消費生活用製品安全法施行令別表第一第十号に掲げる特定製品(以下「追加特定製品」という。)の製造、輸入又は販売の事業を行う者は、この政令の施行の日から九月間は、消費生活用製品安全法(以下「法」という。)第四条第一項の規定にかかわらず、法第十三条の規定による表示が付されていない追加特定製品を販売し、又は販売の目的で陳列することができる。

2 (略)

また、政令が改廃されて製品の指定が解除された場合には、当該製品について、直ちに法律の規制が働かなくなることはもちろん差し支えないが、改正前に法律の規定に違反していた者について、改正後処罰できなくなるのは、社会正義の観点から不都合と考えられることも多いと思われる。したがって、政令の改廃により指定が解除される場合には、その解除に係る製品につき解除前にした行為に対する罰則の適用については、なお従前の例による旨の罰則についての経過措置を講ずる必要のあることが多いであろう。

以上のように、規制の対象となる行為の重要な要素を命令で定めることとされている場合に、命令の制定、改廃時に何らかの経過措置を講ずる必要のあることが予想され、しかも、それを法律において一律に定めることを必ずしも適当としないものについては、消費生活用製品安全法第五三条にあるような規定を設け、命令の制定、改廃に際して、合理的な経過措置を講ずることとするのである。

〔旧法令の効力に関する経過規定〕

問136　改廃された法令の効力を経過的になお一時持続させる必要がある場合の経過規定は、どのように表現すればよいのか。

答　法令を改廃した場合に、当該法令により規律されていた対象に対して、新法令を一挙に適用すると、従前、旧法令の規律の下に積み重ねられてきた実体関係がどうなるのかという問題を生ずることがある。このような場合には、経過的に、又は当分の間〈問322参照〉、旧法令の効力ないしは旧制度を一時持続させる必要が出てくる。そのため、次の例にあるような措置をとる。

■例一■

○外国人の技能実習の適正な実施及び技能実習生の保護に関する法律（平成二十八年法律第八十九号）

附　則

（出入国管理及び難民認定法の一部改正）

第十二条　（略）

（出入国管理及び難民認定法の一部改正に伴う経過措置）

第十三条　この法律の施行の際現に旧入管法別表第一の二の表の技能実習の在留資格をもって本邦に在留する者並びに第三項第一号及び第四項の規定によりなお従前の例によることとされる場合における旧入管法第三章第一節又は第二節の規定による上陸許可の証印又は許可（在留資格の決定を伴うものに限る。）を受けて在留する者の在留資格及び在留期間については、なお従前の例による。ただし、旧入管法第二十条の二第一項第二号に掲げる在留資格への変更及び在留期間の更新については、この限りでない。

2　前項ただし書の規定にかかわらず、この法律の施行前にされた、次に掲げる申請についての処分については、なお従前の例による。

一　旧入管法別表第一の二の表の技能実習の在留資格（同表の技能実習の項の下欄第一号イ又はロに係るものに限る。）をもって本邦に在留する者（当該在留資格に伴う在留期間が施行日から起算して三月を経過する日までの間に満了する者に限る。）からされた旧入管法第二十条第二項の規定による旧入管法第二十条の二第一項第二号に掲げる在留資格への変更の申請であって、この法律の施行の際、旧入管法第二十条第三項の規定による許可をするかどうかの処分がされていないもの
二　旧入管法別表第一の二の表の技能実習の在留資格をもって本邦に在留する者（当該在留資格に伴う在留期間が施行日から起算して三月を経過する日までの間に満了する者に限る。）からされた旧入管法第二十一条第二項の規定による在留期間の更新の申請であって、この法律の施行の際、同条第三項の規定による許可をするかどうかの処分がされていないもの
3　この法律の施行前にされた、次に掲げる申請についての処分については、なお従前の例による。
一　本邦において旧入管法別表第一の二の表の技能実習の項の下欄第一号イ又はロに掲げる活動（以下この条において「旧技能実習第一号活動」という。）を行おうとする外国人からされた旧入管法第六条第二項の上陸の申請であって、この法律の施行の際、旧入管法第三章第一節又は第二節の規定による上陸許可の証印をするかどうかの処分がされていないもの
二　本邦において旧技能実習第一号活動を行おうとする外国人（施行日から起算して三月を経過する日までに本邦に上陸しようとする者に限る。）からされた旧入管法第七条の二第一項の規定による証明書の交付の申請であって、この法律の施行の際、交付をするかどうかの処分がされていないもの
4　施行日前に本邦において旧技能実習第一号活動を行おうとして旧入管法第七条の二第一項の規定による証明書の交付を受けた者及び前項第二号の規定によりなお従前の例によることとされる場合における同条第一項の規定による証明書の交付を受けた者から施行日以後にされた前条の規定による改正後の出入国管理及び難民認定法第六条第二項の上陸の申請に対する処分については、施行日（前項第二号の規定によりなお従前の例によることとされる場合における旧入管法第七条の二第一項の規定により証明書の交付を受けた者にあっては、当該

交付の日）から三月を経過する日までの間は、なお従前の例による。

■例二■

○**旅客鉄道株式会社及び日本貨物鉄道株式会社に関する法律の一部を改正する法律**（平成二十七年法律第三十六号）

附　則

第八条　施行日の前に九州旅客鉄道株式会社が発行した社債券及び利札並びに当該社債券又は当該利札を失った者に交付するために施行日以後に九州旅客鉄道株式会社が発行する社債券又は利札については、旧法第四条の規定は、施行日以後も、なおその効力を有する。

■例三■

○**産業競争力強化法**（平成二十五年法律第九十八号）

附　則

（産業活力の再生及び産業活動の革新に関する特別措置法の廃止）

第四条　産業活力の再生及び産業活動の革新に関する特別措置法（平成十一年法律第百三十一号）は、廃止する。

（公庫の行う損失補填業務に関する経過措置）

第十二条　この法律の施行の際現に行われている旧産活法第二十四条の二第一項の損失の補填に係る公庫の業務については、同条の規定は、この法律の施行後も、なおその効力を有する。

○**産業競争力強化法施行令**（平成二十六年政令第十三号）

附　則

（産業活力の再生及び産業活動の革新に関する特別措置法施行令の廃止）

第二条　産業活力の再生及び産業活動の革新に関する特別措置法施行令（平成十一年政令第二百五十八号）は、廃止する。

（公庫の行う損失補填業務に関する経過措置）

第三条　法附則第十二条の規定によりなおその効力を有することとされた法附則第四条の規定

による廃止前の産業活力の再生及び産業活動の革新に関する特別措置法（平成十一年法律第百三十一号。次条及び附則第五条において「旧産活法」という。）第二十四条の二第一項の損失の補塡に係る株式会社日本政策金融公庫（次条において「公庫」という。）の業務については、前条の規定による廃止前の産業活力の再生及び産業活動の革新に関する特別措置法施行令（以下この条、次条及び附則第五条において「旧産活法施行令」という。）第九条（同条の表中第十六条第三項の項及び第二十二条第三項の項を除く。）の規定は、この政令の施行後も、なおその効力を有する。この場合において、……とする。

■例四■

○**特定防衛調達に係る国庫債務負担行為により支出すべき年限に関する特別措置法**（平成二十七年法律第十六号）

附　則

（この法律の失効）

2　この法律は、平成三十一年三月三十一日限り、その効力を失う。

（経過措置）

3　前項の規定にかかわらず、特定防衛調達に係る平成三十年度以前の年度の国庫債務負担行為に基づき平成三十一年度以降の年度に支出すべきものとされた経費に係る当該国庫債務負担行為により支出すべき年限については、第二条の規定は、同項に規定する日後も、なおその効力を有する。

二　右の例にある「なお従前の例による」と「なおその効力を有する」とは、意味からいえば、大体同じようなことで、そこで規定する事項については、新法令又は改正後の法令の規定によることなく、旧法令又は改正前の法令の規定を適用するということであるが、細かい点について、法律効果を異にする。

1　まず、第一に、ある事項について旧法令又は改正前の法令の規定が適用される根拠は、前者の場合には、旧法令又は改正前の法令の規定は失効していて、「なお従前の例による」という規定が適用の根拠となっているのに対し、後者の場合には、「なおその効力を有する」という規定によって効力を有することとされている旧法令又は改正前の法令の規定が根拠なのである。

2　次に、前者の場合は、当該法律のほか、施行命令等を含め、問題とされている事項についての法律関係は、包括的に、旧法令又は改正前の法令の規定によるということを定めているのであり、法律に「なお従前の例による」旨の経過規定があれば、下位の法令の改廃については、改めて規定する必要がないのに対し、後者の場合は、そこで効力を有するとされた特定の旧法律の規定だけが問題とされており、当該旧法律に基づく命令が別にあるときは、その命令が法律の改廃に伴ってどうなるかの措置については、改めて規定しなければならない（例三の産業競争力強化法施行令附則第三条参照）。

3　第三に、前者の場合は、ある事項に対する法律関係については、新法令又は改正後の法令の規定の施行直前の法律制度をそのまま凍結した状態で適用するのであって、後に至って改正することは不可能であるのに対し、後者の場合は、ある事項については、旧法令又は改正前の法令の規定が効力を有するのであるから、必要があれば改正することが可能である。〈問267　参照〉

三　以上のように、経過的に、なお改廃された法令の効力を一時持続させる必要がある場合の経過規定としては、「なお従前の例による」とする方法と「なおその効力を有する」とする方法とがあり、両者の間には、微妙な差があるのであるから、この種の経過規定を設ける場合には、この点をよく認識しておくべきである。

応用編

第一章　一部改正関係

第一節　一般的事項

〈**法律の一部改正**〉

問137　一部改正法により改正される法律は、どのようにして改正されたことになるのか。この場合、改正される法律の附則と一部改正法自体の附則とは、どのような関係になるのか。

答　我が国においては、従来から、既存の法令の一部を改正する法令は、それ自体独立した法令ではあるが、これが施行されたときには、一部改正法令の本則で規定している元の法令を改正する具体的内容は、元の法令の中に溶け込んでしまい、その附則だけが意味のあるものとして残るという取扱いである。このことが前提となって、一部改正法令における元の法令の改正の方式が定められている。すなわち、「「○○」を「××」に改める」とか、「「○○」の下に「××」を加える」とか、「「○○」を削る」とか、「第○条に次の一項を加える」とか、「第○条第○項を削る」とかいうように、既存法令の具体的な中味に即して、改め、加え、削り方式によって、どこをどのように改めるかを示すのである。

このように、一部改正法令の本則は、施行と同時に使命を果たし、存在価値を失うのであるが、当該一部改正法令の附則は、そこに規定されている施行期日とか、経過措置とかに関する規定がそのままの形で存続し、存続する意義もあるわけである。そこで、一部改正法令の附則は元の法令の附則とは異なる別法令の附則であるけれども、一部改正法令の本則による改正が元の法令の中味として溶け込んでしまっているので、法令集

〔一部改正法の附則〕

問138　一部改正法の附則は、それ自体としての効力を有しているとするならば、ある法律を廃止し、当該改正法の附則も廃止したい場合には、別途、当該附則を廃止する措置が必要か。

〔一部改正法の成立時期の逆転〕

問139　一部改正法の成立時期と改正されるべき法律の成立時期とが逆になった

においては、一部改正法令の附則を、元の法令の附則の後に、法令番号を括弧書きすることにより、その附則がどの一部改正法の附則であるかを明らかにした上、順次付け加えることとされている。

答　A法を廃止しても、A法の一部を改正する法律はA法とは別法律であるので廃止されることにはならず、したがって、A法の一部を改正する法律の附則は、そのまま法律として残っていることになり、その一部改正法の附則の効力をなくすためには別途の措置が必要なのではないか、との疑問が生ずる。しかし、A法の一部を改正する法律の本則は、施行と同時にA法の改正の効果を挙げ、使命を果たして実質的な存在価値を失っており、その附則だけが実質的意義をもって存在しているわけであるが、その意義はA法の存在を前提としたものであり、そのような法律は、わざわざ廃止する措置をとらなくても、元の法律であるA法を廃止すれば、その一部改正法は、附則についても必然的に存在価値を失い、A法とともになくなってしまうものとして取り扱われている。したがって、わざわざA法の一部改正法の附則を廃止する措置をとるようなことはしない。

答一　A法案と、A法の成立を見越してA法の一部を改正することを内容とするB法案とが同じ国会に提出された場合において、B法の施行時までにA法が成立しているとき（A法案が継続審査に付され、議案としての同一性を保ちながら会期を異にする国会において成立した場合を含む。）は、A法の成立時がB法の成立時より後になった場合でも、B法の施行によって、A法についての所期の一部改正が行われるものとされている。

場合には、一部改正の効果は、どうなるのか。

二　右の事例について、B法だけが成立し、A法案が審議未了となった場合において、B法の施行前にA法案と同趣旨の法案を再提出するときは、再提出する法案中に、既に成立しているB法が、再提出に係る法案に対する一部改正法としての効力を有しないものと解してはならない旨の規定を設けることにより、所期の一部改正が行われるものとされている。

三　C法の一部を改正するA法案と、A法によるC法の一部改正を見越して、その改正後のC法を更に改正することを内容とするB法案とが同じ国会に提出された場合においても、右の一及び二に述べたところに準ずるものとされている。これによったものとして、次の例がある。

■例■

○公的年金制度の健全性及び信頼性の確保のための厚生年金保険法等の一部を改正する法律（平成二十五年法律第六十三号）

（国民年金法の一部改正）

第三条　国民年金法（昭和三十四年法律第百四十一号）の一部を次のように改正する。

（改正規定　略）

附　則

（被用者年金制度の一元化等を図るための厚生年金保険法等の一部を改正する法律の効力）

第百五十二条　被用者年金制度の一元化等を図るための厚生年金保険法等の一部を改正する法律附則第八十七条の規定は、改正後国民年金法の規定を改正する法律としての効力を有しないものと解してはならない。

〈編注　被用者年金制度の一元化等を図るための厚生年金保険法等の一部を改正する法

〔一部改正がされた場合の法令番号〕

問140　法令の一部が改正された場合、改正される元の法令の法令番号は、どうなるのか。

〔改正方式の基準〕

問141　法令の一部改正を行う場合の改正方式の基準は、どうなっているのか。

律の公布日は、平成二四年八月二二日である。また、「改正後国民年金法」とは、第三条の規定による改正後の国民年金法である。〉

答　法令の一部改正が行われても、その法令は同一性をもって存続しているのであるから、元の法令の法令番号は、変わらない。

法令の全部改正が行われた場合には、実質的にみれば旧法令の廃止と新法令の制定と同じであるから、新しい全部改正法令の法令番号を付けることになっている。〈問6参照〉

答　法令の一部改正をする場合の改正方式について、体系的に明文をもって定めたものはないが、長年の立法を通じて一定の基準というべきものが形成されてきている。まず挙げるべきものは、「改め、加え、削り」方式によりどこをどのように改めるかを示し、一部改正法令の本則で規定している具体的内容は元の法令の中に溶け込んでしまう「溶込み方式」を採っていることであり〈問137参照〉、その場合の具体的方式について、個々の詳細は以下それぞれの問に分けて述べられているが、大筋を概括的に示せば次のとおりである。

一　法令を構成する各部分について、前から順番に改正する。すなわち、題名（、前文）、目次、本則、附則、別表等の順に改正する。

二　本則及び附則の条（項・号等）の改正は、条名（項番号等）の若いものから順に行う。

例外として、条（項・号等）の追加をするためのスペースを確保する必要が生ずる場合には、後ろの条（項・号等）から改正、移動を行うことになる。

三　条（項・号等）の中の字句の「改め、加え、削り」及び条（項・号等）の全部の改正（「削除」とする場合も、全部の改正の形式をとる。）を行う際の基準として、次のものが挙げられる。

1　条ごと（項建てになっている附則については、項ごと）に区切って改正する。すなわち、条ごとに改正文を句点で締めくくり、行を変える。

例外として、連続する二以上の条の全部を改める場合、同一の字句の「改め」、「加え」又は「削り」のみを複数の条にわたって行う場合等には、複数の条にまたがった改正が一区切りの中で行われ、また一方、条の中のある項（号等）の全部を改める改正が含まれる場合等には、同じ条の中で更に改正が行われるときでもそこで一旦区切られる。

2　同じ条（項・号等）について、他の条（項・号等）についての改正をはさんで、二度にわたって改正することはしない。ただし、同一法令中に数多く用いられているある語を全て他の同一の語に改めるため改正法令の冒頭で一括して措置することなどがあり（右の1の例外でもある。）、その場合には、続いて順に行われる他の改正とあわせ、結果として同じ条（項・号等）についての改正が二度にわたって行われることとなることがある。

3　条（項・号等）の中での字句の「改め、加え、削り」は、前から順番に、「改め（る）」、「加え（る）」又は「削り（る）」の字句を置いて行う。ただし、例えば「改める」措置が連続する場合などには、一つ一つ「改め」といった字句は置かない。

4　条（項・号等）の全部の改正をする場合は、改正前と改正後の条数等が同じ数でなければならない。

四　条（項・号等）の追加をする場合及び移動をする場合の基準として、次のものが挙げられる。

1　条（項・号等）を追加する場合は、「第○条の次に次の×条を加える」というように「次に加える」方式が原則である。ただし、冒頭に条（項・号等）を追加する場合等には、「…の前に次の×条を加える」などとする。

2　既存の条（項・号等）の間又は冒頭に新たな条（項・号等）を追加する場合には、先に追加する場所を空ける（スペースを設ける）措置を講じてから行う。このために既存の条（項・号等）を後ろに移動させる必要が生ずるときは、右の二の例外に該当することとなる。

例外として、枝番号の条及び号を追加する場合、項番号が付けられていない法令において項の追加をする場合等には、先にスペースを設ける措置をとる必要はない。

3　既存の条（項・号等）を移動させる場合に、移動させない他の条（項・号等）を飛び越えることとなるような方式は採らない。

五　条（項・号等）の中で字句の「改め、加え、削り」を要し、かつ、その条（項・号等）を移動させる必要がある場合は、まず字句の「改め、加え、削り」を行った後、移動を行う。
なお、条については、その全部を改正した後当該条を移動するという方式は採らない（当該規定を置くべき場所の条名の条の全部の改正又は新たな条の追加の方式とする。）。

〔本則で行う改正と附則で行う改正〕

問142　法令の一部改正に当たり、その改正を本則で行うのと附則で行うのとの二つの方式があるが、その基準は何か。

答一　法令の本則で既存の法令を改正するのは、その法令の制定の目的が既存の法令の改正である場合である。「○○法の一部を改正する法律」、「○○法及び××法の一部を改正する法律」、「○○法等の一部を改正する法律」等のように、それぞれ特定の既存の法令の改正を目的とする場合は、改正法令の本則で一部改正を行う。
二以上の法令の改正を一の一部改正法令で行う場合があるが、これは、新たな法規の定立又は規定の改廃が類似する事項を規定する二以上の法令にわたるとき、又は同じ目的意識の下に二以上の法令を改正する必要があるときに行われる。
二　これに対して、法令の附則で既存の法令の一部改正をするのは、その法令が当該既存の法令の一部改正を行うのが直接の目的ではなく、新たな法規の定立又は規定の改廃を目的として立法が行われる場合において、それに伴って既存の他法令について改正する必要が生ずるときにおいてである。
三　ある法令が制定、改廃される場合に、これに伴って相当多くの法令を改廃する必要の生ずることがあるが、この場合、その原因を与えた法令の附則において改正することもできるが、「○○法の一部を改正する法律の施行に伴う関係法律の整理等に関する法律」といった題名の法律の本則において改正することもある。また、まれには、

「○○法施行法」として、本来、本法（○○法）の附則において規定すべき経過措置とともに（中央省庁等改革関係法施行法のように、本法の施行期日も定めることもある。）、関係法律の一部改正を当該施行法の本則で行うこともある。

四　法令の一部改正は、以上のように、法令の本則で行われる場合と法令の附則で行われる場合とがあるが、そのいずれの場合であっても、改正の効果に差を生ずることがないのはもちろんのことである。

〈各号列記以外の部分〉

問143　「各号列記以外の部分」とは、どの部分を指すのか。また、どのような場合に用いるのか。

答一　ある条、項中に各号で列記された部分がある場合に、その各号の部分以外のいわゆる柱書きの部分を「各号列記以外の部分」という。次の例でいえば、「建築主は、……同様とする。」の部分が、「各号列記以外の部分」に当たる。

■例■

○建築物のエネルギー消費性能の向上に関する法律（平成二十七年法律第五十三号）

（建築物の建築に関する届出等）

第十九条　建築主は、次に掲げる行為をしようとするときは、その工事に着手する日の二十一日前までに、国土交通省令で定めるところにより、当該行為に係る建築物のエネルギー消費性能の確保のための構造及び設備に関する計画を所管行政庁に届け出なければならない。その変更（国土交通省令で定める軽微な変更を除く。）をしようとするときも、同様とする。

一　特定建築物以外の建築物の新築であってエネルギー消費性能の確保を図る必要があるものとして政令で定める規模以上のもの

二　建築物の増築又は改築であってエネルギー消費性能の確保を図る必要があるものとして政令で定める規模以上のもの（特定建築行為に該当するものを除く。）

（以下略）

二 「各号列記以外の部分」という表現は、法令の一部改正において、場所を指し示す場合に必要となることがある。例えば、各号列記以外の部分の全部を改正する場合には、次の例一に示すように、「第○条（第△項）各号列記以外の部分を次のように改める」とする。各号列記以外の部分中の語を改める場合に、改めようとする語と同一の語が各号の中にないときは、単に、「第○条（第△項）中「○○」を「××」に改める」とし、改めたい各号列記以外の部分中の語と同一の語が各号の中にもあり、しかも、各号の中の当該語は同じように改めないで各号列記以外の部分中の語だけを「××」に改めるときは、例二に示すように、「第○条（第△項）各号列記以外の部分中「○○」を「××」に改める」とし、その改正が「各号列記以外の部分」についてであることを特記することとされている。各号列記以外の部分と各号の中の双方に共通する語を共に同じように改めるときは、「第○条（第△項）中「○○」を「××」に改める」とすることにより、その双方が改められることになる。〈問210及び問212 参照〉

■例一■

○所得税法等の一部を改正する法律（平成二十八年法律第十五号）

（租税特別措置法の一部改正）

第十条 租税特別措置法（昭和三十二年法律第二十六号）の一部を次のように改正する。

（略）

第三十五条第一項各号列記以外の部分を次のように改める。

個人の有する資産が、居住用財産を譲渡した場合に該当することとなつた場合には、その年中にその該当することとなつた全部の資産の譲渡に対する第三十一条又は第三十二条の規定の適用については、次に定めるところによる。

（以下略）

■例二■
○建築基準法の一部を改正する法律の施行に伴う関係政令の整備に関する政令（平成二十七年政令第十一号）
（建築基準法施行令の一部改正）

第一条　建築基準法施行令（昭和二十五年政令第三百三十八号）の一部を次のように改正する。

（略）

第百十二条第一項各号列記以外の部分中「第百十五条の二の二第一項第一号に掲げる基準」を「一時間準耐火基準（第百二十九条の二の三第一項第一号ロに掲げる基準（主要構造部である壁、柱、床、はり及び屋根の軒裏の構造が同号ロに規定する構造方法を用いるもの又は同号ロの規定による認定を受けたものであることに係る部分に限る。）をいう。以下同じ。）」に改め、同項第二号中「第百十五条の二の二第一項第一号に掲げる基準」を「一時間準耐火基準」に改め、同条第二項中……改める。

（以下略）

〔改正文〕

問144　法令の一部改正を行う場合、最初の柱書きは、どのように表現するのか。

答　法令の一部改正を行う場合には、次の例に示すように、最初に、既存の特定の法令の一部を改正する旨の柱書き（改正文）を書き、これに続いて改正の具体的内容を規定する。

か。

■例一■

○**道路運送法の一部を改正する法律**（平成二十八年法律第百号）

道路運送法（昭和二十六年法律第百八十三号）の一部を次のように改正する。

（以下略）

■例二■

○**独立行政法人日本スポーツ振興センター法及びスポーツ振興投票の実施等に関する法律の一部を改正する法律**（平成二十八年法律第三十五号）

（独立行政法人日本スポーツ振興センター法の一部改正）

第一条　独立行政法人日本スポーツ振興センター法（平成十四年法律第百六十二号）の一部を次のように改正する。

（略）

（スポーツ振興投票の実施等に関する法律の一部改正）

第二条　スポーツ振興投票の実施等に関する法律（平成十年法律第六十三号）の一部を次のように改正する。

（略）

■例三■

○**人工衛星等の打上げ及び人工衛星の管理に関する法律**（平成二十八年法律第七十六号）

附　則

（国立研究開発法人宇宙航空研究開発機構法の一部改正）

第六条　国立研究開発法人宇宙航空研究開発機構法（平成十四年法律第百六十一号）の一部を次のように改正する。

（略）

（地方税法の一部改正）

第八条　地方税法（昭和二十五年法律第二百二十六号）の一部を次のように改正する。
（略）

これらの例で分かるように、本則で一部改正をする場合も、附則で一部改正をする場合も、柱書きの書き方に差異はない。

〈「改正する」と「改める」〉

問145　一部改正法令には、「改正する」と「改める」という二つの文言があるが、これは、どのように違うのか。

答　既存の法令を一部改正する場合には、最初の柱書き（改正文）において、「○○法（平成○年法律第○号）の一部を次のように改正する」と述べ、これに続いて、改正の具体的内容を示す〈前問　参照〉。改正の内容として、第○条の中の字句を改めるときには「第○条中「A」を「B」に改める」とすることとされ、第○条を全部改めてしまうときには「第○条を次のように改める」の表現により当該条を改める旨を明示した上で、別行に、改められた形の条を書くこととされている（第○項、第○号についても同じ。）。

例

○独立行政法人環境再生保全機構法の一部を改正する法律（平成二十八年法律第二十六号）

独立行政法人環境再生保全機構法（平成十五年法律第四十三号）の一部を次のように改正する。

目次中「第二十一条」を「第二十条」に、「第二十二条」を「第二十一条・第二十二条」に改める。

第十一条中「又は第五号」を「、第五号又は第十号」に改める。

第十二条第三号中「前二号」を「前三号」に改め、同号を同条第四号とし、同条第二号の次に次の一号を加える。

三　第十条第一項第八号から第十号までに掲げる業務及びこれらに附帯する業務
第二十一条を次のように改める。
第二十一条　第八条の二の規定に違反した者は、一年以下の懲役又は五十万円以下の罰金に処する。
（以下略）

このように、改正すべき法令の全体を指示して表現する場合には「改正する」といい、改正すべき法令中の個々の規定を指示して表現する場合には「改める」という。したがって、「改正する」という文言の数は、当該法令において改正されることとなる法令の数と同じであるが、「改める」という文言は、「第○条を次のように改める」あるいは「第○条中「○○」を「××」に改める」等の改正規定中において、数多く用いられる。

〔改正の及ぶ範囲〕

問146　Ａ法の一部改正法において、単に「「○○」を「××」に改める」旨の改正規定が置かれた場合、その効力が及ぶのは、どの範囲か。既存の他のＡ法の一部改正法の附則にも及ぶのか。

答　法令の一部改正をする場合には、原則として、条ごとに区切って行うのであるが、一の法令中に数多く用いられている語を全て他の語に改める必要がある場合に、改正法令の冒頭において、「「○○」を「××」に改める」の改正規定により一括して特定語の改正を行うことがある。この場合、題名にも「○○」の語があり、これを改める必要があるときは、題名についてその全部を改めた上で＜問166　参照＞、右のような改正方式によることになる。＜次問　参照＞

このような改正を行った場合、当該法令の本則、附則はもちろん、別表等があるときは、その改正は、これらの全てに及ぶのである。ただ、当該法令の一部改正法令は、別の法令であり、法令集においては、便宜上、一部改正法令の附則を、改正の時間的順序に従って当該法令の附則の後に付けているが、これは、飽くまでも便宜のためであって、元の法令の一部改正の効果が元の法令の一部改正法令の附則に及ぶことはない。

〈条単位の改正〉

問147　法令の一部改正は、条ごとに区切って行うのか。それとも、連続して行ってよいのか。

答　一　法令の一部改正をする場合には、条ごとに区切って行うのが原則であるといえる。しかし、これには、相当の例外がある。連続する二以上の条を全部改める場合には、「第A条及び第B条を次のように改める」、「第A条から第D条までを次のように改める」とするし、同一語の改正のみが数条にわたる場合には、他の改正が中途に加わらない限り、まとめて、「第A条、第B条及び第D条中「〇〇」を「××」に改める」とする。第一条、第二条及び第四条中の同一語を改める場合でも、第三条に他の改正を行う必要があるときは、第一条と第二条の改正だけをまとめ、次いで第三条を改正し、最後に第四条を改正する。第一条、第二条及び第四条をまとめて改正し、次に第三条の改正に戻るというような改正の仕方はしない。ただ、同一の法令中に数多く用いられている語を全て他の語に改めるとともに、他にも多くの改正をしなければならないような場合に、第一条から順を追って改正すると、非常に煩雑になる場合が考えられる。このような場合には、例外として、次の例に示すように、改正法令の冒頭において「「〇〇」を「××」に改める」とまとめて特定語の改正を行い、他の点について、第一条から順次に改正する方式がとられることがある。

■例一■

〇所得税法等の一部を改正する等の法律（平成二十九年法律第四号）

（酒税法の一部改正）

第七条　酒税法（昭和二十八年法律第六号）の一部を次のように改正する。

本則中「連続式蒸留しようちゆう」を「連続式蒸留焼酎」に、「単式蒸留しようちゆう」を「単式蒸留焼酎」に改める。

第三条第三号ハ中……改め、同条第八号中……改め、同条第十号イ及びホ中……改め、同条第十一号中……改め、同号イからハまでの規定中……改め、同条第十二号ロ中……改め、同号に次のように加える。

（以下略）

■例二■

○中央省庁等改革関係法施行法（平成十一年法律第百六十号）

（農業災害補償法の一部改正）

第七百八十条　農業災害補償法（昭和二十二年法律第百八十五号）の一部を次のように改める。

「主務大臣」を「農林水産大臣」に、「省令」を「農林水産省令」に、「大蔵大臣」を「財務大臣」に改める。

第三十九条第一項中「且つ、命令」を「かつ、農林水産省令」に改める。

（以下略）

〈編注　農業災害補償法は、平成二九年法律第七四号により、題名が「農業保険法」に改められている。〉

■例三■

○原子力規制委員会設置法（平成二十四年法律第四十七号）

附　則

（核原料物質、核燃料物質及び原子炉の規制に関する法律の一部改正）

第十五条　核原料物質、核燃料物質及び原子炉の規制に関する法律の一部を次のように改正する。

（略）

第二章（第四条第二項を除く。）中「経済産業大臣」を「原子力規制委員会」に、「経済産業省令」を「原子力規制委員会規則」に改める。

第四条第一項中「各号に」を「各号のいずれにも」に改め、第一号を削り、第二号を第一号とし、第三号を第二号とし、同条第二項を削る。

（以下略）


この場合、例一は、「本則中」と指示されているところから、その改正の範囲は、本則〈問27　参照〉全般にわたるものであり、また例二は、「本則中」といった限定もないところから、本則はもちろんのこと、附則においても、「主務大臣」という表現は「農林水産大臣」に改められるなどの改正が行われる。別表等のある法令でこのような改正がなされれば、語句の改正は別表等にも及ぶこととなる。

これに対して、例三は、一の法令の全部又は本則全般にわたるものでなく、特定の章（特定の条項を除く。）についての同一語をまとめて改めるものであり、特殊な事例である。

二　一の条に二以上の項がある場合には、原則として、「第○条第一項中「○○」を「××」に改め、同条第二項中「○○」を「△△」に改め、同条第三項中「○○」を削る」というように、条の全般について連続して改正する。しかし、第一項と第三項に語を改める改正があり、第二項は全部改める場合には、「第○条第一項中「○○」を「××」に改め、同条第二項を次のように改める」で一旦切り、改行して改められた形の第二項を書き、その後で改行の上、「第○条第三項中「○○」を「××」に改める」とする。このように、項又は号の全部を改める場合には、必ずその部分が改行して書かれるのであるから、原則として、そこで一旦切るのである。

■例■

○確定拠出年金法等の一部を改正する法律（平成二十八年法律第六十六号）

第三条　確定拠出年金法の一部を次のように改正する。

（略）

第八十条第一項中「の資格を取得した」の下に「場合において、甲企業型年金の企業型記録関連運営管理機関等に対し、その個人別管理資産の移換を申し出た」を加え、「それぞれ」を削り、「当該資格を取得した」を「当該申出をした」に改め、同項第一号中「（乙企業型年金の障害給付金の受給権を有する者並びに第三号及び第四号に掲げる者を除く。）」を削り、同項第二号中「（個人型年金の障害給付金の受給権を有する者及び第四号に掲げる者を除く。）」を「又は個人型年金運用指図者」に改め、同項第三号及び第四号を削り、同条第二項を次のように改める。

2　前項第一号に掲げる者（企業型年金の障害給付金の受給権を有する者を除く。）が甲企業型年金の企業型年金加入者の資格を取得した場合であって、乙企業型年金の企業型年金加入者の資格を喪失した日が属する月の翌月から起算して六月を経過してもなお乙企業型年金に個人別管理資産があるときは、乙企業型年金の資産管理機関は、当該個人別管理資産を甲企業型年金の資産管理機関に移換するものとする。

第八十条第三項中「前二項」を「前三項」に改め、同項を同条第四項とし、同条第二項の次に次の一項を加える。

（以下略）

三　次に、条を移動させる改正を行う場合は、単純に条の移動だけであれば、例えば「第六条を削り、第七条を第六条とし、第八条を第七条とする」というように、連続して行う。この場合に、第七条と第八条中の語を改める必要があるときには、

「　第六条を削る。
　第七条中「〇〇」を「××」に改め、同条を第六条とする。
　第八条中「〇〇」を「△△」に改め、同条を第七条とする。」

というように、条ごとに行うのである。右の例が第七条だけに語を改める改正があるときであれば、

「　第六条を削る。
　第七条中「〇〇」を「××」に改め、同条を第六条とし、第八条を第七条とする。」

とするのが通例で、第八条を第七条とする条の繰上げについては、わざわざ条単位で独立させることはないから、第七条の改正に続けるのである。

〈複数法令の改正〉

問148　一部改正法の本則で幾つかの法律を同時に改正する場合は、どのような場合か。

答　一　A法の一部改正を行う結果、B法及びC法の一部改正を行う必要が生ずるような場合には、A法の一部を改正する法律の附則において、B法及びC法の一部改正を規定する。このような場合（ある法令の一部改正をした結果、他法令を改正する必要が生ずる場合）とは異なり、共通の動機に基づいて複数の法令を改正しようとする場合には、原則として、その改正しようとする法律の数が二であるときは「A法及びB法の一部を

改正する法律」の、その改正しようとする法律の数が三以上であるときは「A法等の一部を改正する法律」の、それぞれ本則において改正する。このような例は、類似する性格の法令について多く見られる。この場合、第一条でA法を、第二条でB法（三以上の法律を改正する場合には、順次、本則の条が増える。）を改正する。なお、〈問165　参照〉。

二　ある法令の制定、改廃に伴って、相当多数の法令を改廃する必要が生じた場合、その原因を与えた法令の附則において改正することもできるが、別の法令を制定して改正しようとするときは、それが法律の場合であれば、「○○法の一部を改正する法律の施行に伴う関係法律の整理（等）に関する法律」といった題名の法律の本則において、関係法律を改正する（最近では、ある法律の施行に伴う改正ではあるが必然的な改廃とまではいえないものも含めて「……関係法律の整備（等）に関する法律」が制定されることが多い。）。〈問124　参照〉

また、ある法令の制定、改廃に伴ってというわけではなく、右の一における「共通の動機」が比較的広範な目的に係るものである場合で、改正しようとする法令が相当多数で類似する性格のものに限られないようなときに、法律であれば、「○○○ための関係法律の整備に関する法律」といった題名の法律の本則において、複数の法律を改正することもある。

〔本則で複数法令を改廃する場合等における留意点〕

問149　一部改正法の本則で複数の法律を同時に改廃する場合、どのような点に留意すべきか。また、附則で既存の他の法令を改廃する場合は、どうか。

答　近年、本則で既存の複数の法令の改廃を行う法令が多くなっている。改正等に関連する事項については他の幾つかの問で解説されているが、こうした法令の構成、配字等を含め、主な留意点をここでまとめて説明する。

1　題名

一部改正法令の本則で複数の法令を同時に改正する場合としては、前問に示されるように幾つかのタイプが挙げられるが、それぞれのタイプに応じて決まった方式により題名を付ける。〈問49、前問、問164、問165及び問169　参照〉

既存の法令の一部改正と廃止とが混在することとなる場合（相当多数の法令を改廃する必要があって「○○○関係法律の整備に関する法律」といった題名となる場合を除く。）には、法律の場合であれば「○○法（等）の一部を改正する等の法律」というように「等」を用いた題名とする。〈問165及び問263　参照〉

2　目次及び章等

他の法令を改廃する法令は、他法令を改廃することによってその使命を終えることになるので、複数の法令の改廃を行う法令の場合も目次や章等を置かないのが通例である。ただし、本則において既存のかなり多数の法令を改廃することとなる場合に検索の便を図るため、特に、本則を章等に区分し、目次を置くこともある。〈問63及び問173　参照〉

3　条建て及び見出し

本則で既存の複数の法令を改廃するときは、原則として改廃の対象となる法令ごとに、第一条、第二条等の条建てをして、一部改正又は廃止を規定することとなる。

そして、既存の法令の一部改正を規定する各条には、それぞれ「(○○法の一部改正)」といった見出しを付ける。ただし、同一の法令の改正を複数の条に分けて行う改正（いわゆる二段ロケット方式）が含まれる場合には、その法令についての改正を規定する最初の条のみに見出しを付け、次の条以降で同じ法令についての改正を規定する条は見出しを省略することとされている〈問151　参照〉。

また、改正対象となる他法令のうちに、改正すべき内容が同一の字句改正のみである複数の法令が含まれる場合には、それらを一部改正法令の一つの条にまとめて、「(○○法及び××法の一部改正)」、「(○○法等の一部改正)」といった見出しを付けて改正する。

既存の法令の廃止を規定する条には、法律の場合であれば「(○○法の廃止)」という見出しを付けるが、複数の法令の廃止をまとめて一つの条で規定することもあり、その場合には「(○○法及び××法の廃止)」といった見出しを付ける。

4　改正文及び改正規定等

一の既存法令の一部改正を規定する各条においては、まず、当該法令の一部を改正する旨のいわゆる改正文〈問144　参照〉を、条名の下を一字空けて書き出し、これが二行にわたるため改行する場合はその初字の位置は第二字目とする。改正対象となる法令を指示するときは、題名の下にその法令番号を括弧書きする〈問44　参照〉。ただし、いわゆる二段ロケット方式がとられる場合の同一法令の改正を規定する二番目以降の条においては、改正対象となる法令の法令番号は省略する。

続いて、一部改正の内容を表すいわゆる改正規定を置くが〈問145　参照〉、改正方式の基準については、〈問141　参照〉。この場合の配字は、改正規定の柱書きは第三字目から書き出し、これが二行以上にわたるため改行する場合の初字は第二字目とするほか、条、項、号等の全部を改めたり、新たに条、項、号等を加えるときの改正後の規定に相当する条、項、号等の位置を含め、本則で一の法令について改正を行う場合の配字と比べて、全体として一字下げとする〈問330二　参照〉。

複数の法令中の同一の字句改正のみを行う条においては、条名の下を一字空けて「次に掲げる法律（政令）の規定中「○○」を「××」に改める。」などとし、改正対象となる法律（政令）の規定を各号に規定する〈問206一　参照〉。この場合の配字は、新たに制定する法令の条における配字と同様であり、号番号は第二字目とする。

既存のある法令の廃止を規定する条については、条名の下を一字空けて「○○法（平成××年法律第△△号）は、廃止する。」などと規定する。複数の法令の廃止をまとめて規定する条においては、条名の下を一字空けて「次に掲げる法律（政令）は、廃止する。」とした上で、各号に廃止の対象となる法律（政令）の題名及び法令番号を規定する。〈問264　参照〉

二　法令の附則で既存の法令の改廃を行うのは、その法令の本則で目的とする内容の立法が行われる場合においてそれに伴って既存の他法令について改廃の必要が生ずるときであるが〈問142及び問263　参照〉、新たに制定される法令、本則で既存の法令の改廃を行う法令のいずれにおいても、その附則において他の一の法令又は複数の法令を改廃することはよく見られるところである。

法令の附則において既存の他の法令の改廃を規定するときは、いずれの場合も、その法令の附則は複数の条（項建ての附則の場合は、複数の項）で構成されることになり（他に、少なくとも施行期日を規定する条（項）が存在する。）、条建て（項建ての附則となる場合は、項建て）、見出し、改正文及び改正規定等について、右の一の3及び4で説明したところと同様になる。

三　なお、本則において複数の法律の一部を改正するとともに附則において他の法律の一部を改正する場合の規定例（配字関係）については、〈問330二例五　参照〉。

〔枝番号〕

問150　法令の一部改正の場合で枝番号を用いる改正方式は、どのような場合にとられるのか。

答　問189　参照

〔同じ法律の改正を複数条に分けて行う場合〕

問151　一つの一部改正法の中で同じ法律の一部改正を二条以上に分けて行うことがあるのは、どうしてか。

答　例一に挙げた医療法の一部を改正する法律（平成二七年法律第七四号）は、医療機関相互間の機能の分担及び業務の連携を推進するほか、医療法人の経営の透明性を確保する等のための措置を講じようとするもので、公布の日から起算して二年を超えない範囲内において政令で定める日を施行期日の原則としつつ、医療法人制度の見直しに関する改正の多くの部分は、先立って、公布の日から一年を超えない範囲内において政令で定める日から施行しようとするものである。この中で、先に施行されるべき改正において改められたり、新設された規定について、後に施行されるべき改正において更に改めることなる部分もあって、全ての改正を同時に規定することができない。このような場合には、一の法令を二度以上に分けて改正する形式がとられ、俗に「二段ロケット方式」などと呼ばれている。例二も、同様に航路標識法に係る全ての改正を同時に規定することができないため、二度に分けて改正する形式となっている。

なお、この「二段ロケット方式」は条建ての形をとることになるが、各条に見出しを付けるか否かについては次のようになる。すなわち、例一のように一つの法律を二度以上に分けて改正するだけの法律の場合は、改正を規定する各条には見出しを付けない扱いとなり、例二のように一つの法律を二度以上に分けて改正するとともに他の法律の改正も行うという法律の場合は、当該一つの法律についての最初の改正を規定する条には見出しを付け、二度目以降の改正を規定する条の見出しは省略することとなる。

政令、省令等の命令は、内閣又は各省大臣等が定めるのであるから、一の法令で改正を行わず、二度以上に分けてその都度改正すれば足りるので、このような方式をとる必要もないが、法律は、国会の議決を経る必要があるため、このような方式をとる必要性が出てくるわけである。

■例一■

○医療法の一部を改正する法律（平成二十七年法律第七十四号）

第一条 医療法（昭和二十三年法律第二百五号）の一部を次のように改正する。

（略）

第七十六条中第六号を第七号とし、第五号を第六号とし、第四号を削り、同条第三号中

「第五十条第三項又は第五十二条第一項」を「第五十二条第一項又は第五十四条の九第五項」に改め、同号を同条第五号とし、同条第二号の次に次の二号を加える。

三　（略）

四　第五十一条の二の規定による書類の備付けを怠り、その書類に記載すべき事項を記載せず、若しくは虚偽の記載をし、又は正当の理由がないのに同条の規定による閲覧を拒んだとき。

（以下略）

第二条　医療法の一部を次のように改正する。

（略）

第七十六条中……改め、同条第十二号中……加え、同号を同条第十三号とし、……同条第七号中……加え、同号を同条第八号とし、同条第六号中……加え、同号を同条第七号とし、同条第五号中「第五十二条第一項又は第五十四条の九第五項」を「……」に改め、同号を同条第六号とし、同条第四号中「第五十一条の二」を「……」に、「同条」を「……」に改め、同号を同条第五号とし、同条第三号の次に次の一号を加える。

（以下略）

附　則

（施行期日）

第一条　この法律は、公布の日から起算して二年を超えない範囲内において政令で定める日から施行する。ただし、次の各号に掲げる規定は、当該各号に定める日から施行する。

一　（略）

二　第一条の規定並びに次条から附則第七条までの規定、附則第九条の規定、附則第十一条の二の規定（農業協同組合法（昭和二十二年法律第百三十二号）第九十二条の改正規定を除く。）、附則第十三条の規定及び附則第十七条の規定（国家戦略特別区域法（平成二十五

年法律第百七号）第十四条の二の改正規定に限る。）　公布の日から起算して一年を超えない範囲内において政令で定める日

〈編注　第一条の規定は平成二八年九月一日から、第二条の規定は平成二九年四月二日から施行された。〉

■例二■

○海上交通安全法等の一部を改正する法律（平成二十八年法律第四十二号）

（航路標識法の一部改正）

第三条　航路標識法（昭和二十四年法律第九十九号）の一部を次のように改正する。

題名の次に次の目次及び章名を付する。

目次

第一章　総則（第一条）

第二章　航路標識の設置及び管理

第一節　海上保安庁の行う航路標識の設置及び管理（第二条）

第二節　海上保安庁以外の者の行う航路標識の設置及び管理（第三条―第十四条）

第三節　雑則（第十五条・第十六条）

第三章　航路標識に係る行為の制限（第十七条―第二十一条）

第四章　雑則（第二十二条―第二十五条）

第五章　罰則（第二十六条―第三十条）

附則

第一章　総則

（以下略）

第四条　航路標識法の一部を次のように改正する。

目次中「第二十五条」を「第二十六条」に、「第二十六条―第三十条」を「第二十七条―

〔限時法の附則による一部改正の効力〕

問152　限時法の期限が到来した場合、当該限時法の附則で行われた法令の一部改正の効力は、どうなるのか。

第三十一条」に改める。

（以下略）

附　則

（施行期日）

第一条　この法律は、公布の日から起算して二年を超えない範囲内において政令で定める日から施行する。ただし、次の各号に掲げる規定は、当該各号に定める日から施行する。

一・二　（略）

三　第三条及び次条の規定　平成二十九年四月一日

〈編注　この法律の公布の日は、平成二八年五月一八日である。〉

答　附則であれ、本則であれ、既存の法令の一部改正を内容とする法令の規定は、当該改正規定の施行により一部改正の効果が生じ、元の法令の中に溶け込んでしまう〈問137参照〉。このことは、たとえ、それが限時法の附則で行われた場合であっても同様であり、限時法の期限が到来して当該限時法が失効したからといって、その附則においてされた他法令の改正の効果に影響を及ぼすものではない。

〈引用字句の範囲〉

問153 例えば、「五千円以上」とか「五万円未満」という字句について金額を改める場合、「五千円」を「一万円」に改めるというように、金額だけを引用すればよいのか。また、「○○通知書」を「××通知書」に改める場合は、どうか。このような改正すべき字句の捉え方には、何か基準があるのか。

答 ある字句を改める場合には、「「○○」を「××」に改める」という方式をとるのであるが、設問は、この場合に、「　」の中に○○としてどこまで引用すべきかの問題である。設問の「五千円以上（以下、未満）」を「一万円以上（以下、未満）」に改める場合には、「以上」、「以下」、「未満」の部分は共通するし、この部分と金額の部分とを切り離すことができないほど一つの言葉になっているわけのものでもないから、「五千円」を「一万円」に改めるとすれば足りよう。設問の「○○通知書」を「××通知書」に改める場合には、その全部を引用すべきであろう。というのは、「○○通知書」とか「××通知書」というのは、それ自体一つの意味をもった名称として独立した言葉であるからである。金額に「以上」、「以下」、「未満」が付いた場合にも、全体として一つの言葉であるといえなくもないが、「五千円を超える金額」の額を改める場合には、端的に、金額を引用するだけの改正を行うはずであり、この理は、「以上」、「以下」、「未満」が付いている場合にも妥当しよう。

「平成○○年度以降」を「平成××年度以降」に改める場合には、どこまで引用すべきであろうか。前述したところを総合すると、「平成○○年度」まで引用すべきであるということになろう。というのは、「以降」は両者に共通であるから必要ないといえるが、「平成○○年」というある暦年を示す言葉と「平成○○年度」という必ずしも暦年によるとは限らないある年度を示す言葉とは、全く別の言葉であるからである。極端にいえば、「平成二十七年度」を「平成二十八年度」に改めるには、「二十七」を「二十八」に改めるとしたのでは絶対に改正できないとまではいえないであろう。しかし、そのような方法は、常識的にもおかしさを感ずるはずである。「平成二十七年度」というのは、単なる「二十七」という数字とは違った別の意味をもつ、しかも、完結的な独立した言葉だからである。「○○通知書」を「××通知書」に改める場合、「○○」を「××」に改めるとすることにも、同様のおかしさがあるといわざるを得ない。次に、二、三の事例を示すこととする。なお、〈問206参照〉。

■例一■

○地方交付税法等の一部を改正する法律（平成二十九年法律第三号）

（地方交付税法の一部改正）

第一条　地方交付税法（昭和二十五年法律第二百十一号）の一部を次のように改正する。

第十二条第一項の表道府県の項第八号中「昭和六十年度」を「昭和六十一年度」に、「平成二十七年度」を「平成二十八年度」に改め、……改める。

（以下略）

■例二■

○所得税法等の一部を改正する法律（平成二十九年法律第四号）

（所得税法の一部改正）

第一条　所得税法（昭和四十年法律第三十三号）の一部を次のように改正する。

（略）

第百九十五条の二の見出しを「（給与所得者の配偶者控除等申告書）」に改め、……、同条第三項中「配偶者特別控除申告書」を「配偶者控除等申告書」に改める。

（以下略）

■例三■

○電気事業法等の一部を改正する等の法律（平成二十七年法律第四十七号）

第二条　電気事業法の一部を次のように改正する。

目次中「電力取引監視等委員会」を「電力・ガス取引監視等委員会」に改める。

（略）

第三十五条第一項中「電力取引監視等委員会」を「電力・ガス取引監視等委員会」に改める。

（以下略）

〔引用字句の範囲〕

問154　「第○条第一項」を「第○条第二項」に改める場合には、「「第一項」を「第二項」に改める」とすればよいのか。また、「○○法第○条第一項」を「○○法第○条第二項」に改める場合は、どうか。

答　一　一つの独立した意味をもつ言葉は、まとめて引用するのが原則であるから〈前問参照〉、「第○条第一項」を「第○条第二項」に改める場合においても、次の例に示すように、その全部を引用すべきである。特定の条の特定の項を言い表すには、「第○条第○項」ということによってのみ言い表すことが可能だからである。

■例■
○特許法等の一部を改正する法律（平成二十六年法律第三十六号）
（特許法の一部改正）

第一条　特許法（昭和三十四年法律第百二十一号）の一部を次のように改正する。

（略）

第十七条の二第一項第一号中「第百七十四条第一項」を「第百七十四条第二項」に改める。

（以下略）

二　「○○法第○条第一項」を「○○法第○条第二項」に改める場合には、「「第○条第一項」を「第○条第二項」に改める」とすれば足りる。

三　右の一の応用問題としては、次のような場合があろう。

1　「第○条第○項」を「第×条第○項」に改める場合には、次の例に示すように、その全部を引用すべきであろう。

■例■
○**海上交通安全法等の一部を改正する法律**（平成二十八年法律第四十二号）
（海上交通安全法の一部改正）

第一条　海上交通安全法（昭和四十七年法律第百十五号）の一部を次のように改正する。

（略）

第三十二条第一号中「第三十条第一項」を「第三十六条第一項」に改め、同条第二号中「第三十条第三項」を「第三十六条第三項」に改め、同条第三号中「第三十条第六項」を「第三十六条第六項」に改め、同条を第三十八条とする。

（以下略）

2　「第○条」を「第○条第一項」に改める場合には、「「第○条」の下に「第一項」を加える」としないで、次の例に示すように、「「第○条」を「第○条第一項」に改める」とすべきであろう。

■例■
○**関税定率法等の一部を改正する法律**（平成二十九年法律第十三号）
（関税法の一部改正）

第二条　関税法（昭和二十九年法律第六十一号）の一部を次のように改正する。

（略）

第百十四条第一項第十四号中「第二十五条」を「第二十五条第一項」に、「、若しくは」を「、又は」に改め、同条第二項第十号中「第二十五条」を「第二十五条第一項」に改める。

（以下略）

3　「第○条第一項」を「第○条第一項及び第二項」に改める場合においても、右の一に述べたところからすれば、本来は、その全部を引用して、改める方式をとるべきであるとの議論が出よう。しかし、一方では、改正は、できるだけ必要部分に限って簡潔にすべきであるとの要請もあり、その調和点をどこに見いだすかということになれば、この場合には、次の例に示すような「「第○条第一項」の下に「及び第二項」を加える」とする方式で足りよう。

■例■

○**確定拠出年金法等の一部を改正する法律**（平成二十八年法律第六十六号）

第三条　確定拠出年金法の一部を次のように改正する。

（略）

第五十六条第一項第二号中「又は」を「及び」に改め、「第二十三条第一項」の下に「及び第二項」を加える。

（以下略）

4　「第○条第○項及び第△項」を「第○条第○項から第×項まで」に改める場合には、右の3と同じ考え方から、次の例に示すように、「「及び第△項」を「から第×項まで」に改める」方式でよかろう。

■例一■

〈字句の改正方式〉

問155　法令のある字句を改正する場合の方式は、どのように使い分けるのか。

○**一般職の職員の給与に関する法律等の一部を改正する法律**（平成二十八年法律第一号）

第五条　一般職の任期付研究員の採用、給与及び勤務時間の特例に関する法律の一部を次のように改正する。

（略）

第八条第三項中「及び第三項」を「から第四項まで」に、「並びに」を「及び」に改める。

■例二■

○**絶滅のおそれのある野生動植物の種の保存に関する法律の一部を改正する法律**（平成二十九年法律第五十一号）

絶滅のおそれのある野生動植物の種の保存に関する法律（平成四年法律第七十五号）の一部を次のように改正する。

（略）

第三十二条第一項中「又は第二項」を「から第三項まで」に改め、同条第二項中……改め、同条第三項中「又は第二項」を「から第三項まで」に、「前条第三項」を「前条第四項」に改める。

（以下略）

答　我が国の立法形式においては、既存の法令の一部改正をした場合、いわゆる溶込み方式がとられ、一部改正法令は、その施行と同時に、その本則で示されたとおりに元の法令に溶け込み、その使命を果たして、それ自体の存在意義を失うのであるから〈問137参照〉、一部改正法令の規定を立案するに際しては、元の法令の改正後の形をどうするかを考え、これと改正前の現在の形とを比較し、どの字句を削り、どこにどのような字句を加え、どの字句をどのように改めたらよいかを検討し、できるだけ簡潔な改正方式によって改正するようにすべきである。したがって、その場その場に応じて、加え方式又は削り方式と改め方式とのいずれを用いるべきかを吟味し、できるだけ簡単な方法を選ぶべきである。（ただ、問153及び前問でも触れたように、一つの言葉としてまとまっていると考えられるものについては、その一部のみを引用することは避けるべきである。）例えば、

「第○条　A、B、C及びDについて……」

とある文言を

「第○条　A、C、E及びDについて……」

と改めようとする場合に、

「　第○条中「、B」を削り、「C」の下に「、E」を加える。」

とするより、

「　第○条中「B、C」を「C、E」に改める。」

とする方が簡単である。

このように、加え、削り方式をとるか、改め方式をとるかをその場に応じて選択し、一部改正法の規定は、できるだけ簡潔なものにすべきである。（なお、どの方式が簡潔であるかを判断するに当たり、従前は改正文の字数を数えてその少ない方を採用すべきであるということもいわれたが、最近では必ずしも字数の多少に厳密にこだわらないこととされている。）

〔句読点〕

問156　句読点の付いた文章を改めるには、句読点を付

答　一　句読点の付いた文章を改める場合、例えば、句点の付いた

「……しなければならない。」

という文章を

けたところで改めるのか。

「……することができる。」

という文章に改めようとするときには、

「　第○条中「しなければならない」を「することができる」に改める。」

とする。これは、句点又は読点の部分は共通するから、共通する部分を両方に加えて改正する必要がないという考えからである。

■例■

○行政不服審査法の施行に伴う関係法律の整備等に関する法律（平成二十六年法律第六十九号）

（鉱業等に係る土地利用の調整手続等に関する法律の一部改正）

第四十二条　鉱業等に係る土地利用の調整手続等に関する法律（昭和二十五年法律第二百九十二号）の一部を次のように改正する。

（略）

第二十五条第一項中「六十日以内にしなければならない」を「三月を経過したときは、することができない」に改め、同項ただし書中……改め、同条第二項を削り、同条第三項を同条第二項とし、同条第四項中……改め、同項を同条第三項とし、同条第五項を削る。

（以下略）

二　次に、読点の付いた

「……第一条、第二条……」

の文言を

「……第一条、第一条の二、第二条……」

の文言に改める場合には、

「「第一条」の下に「、第一条の二」を加える」

とするのであり、

「「第一条、」の下に「第一条の二、」を加える」

とはしない。これは、「、」はその下の字句に従属するものと解すべきだからである。つまり、「第一条、第二条」の「、」は、「第二条」があるための「、」であり、新たに「第一条の二」を加えようとする場合には、それを加えることにより必要となる「、」を付けて加える改正をするのである。

■例■

○雇用保険法等の一部を改正する法律（平成二十八年法律第十七号）

（雇用の分野における男女の均等な機会及び待遇の確保等に関する法律の一部改正）

第五条　雇用の分野における男女の均等な機会及び待遇の確保等に関する法律（昭和四十七年法律第百十三号）の一部を次のように改正する。

（略）

第十六条中「第十一条第一項」の下に「、第十一条の二第一項」を加える。

（以下略）

三　右の二の方式に合わせ、句点に関しても、例えば、

「……。」

の文言を

「……。以下同じ。」

の文言に改める場合には、

「「……」の下に「。以下同じ」を加える」とすることとされている。

■例■

○地域再生法の一部を改正する法律（平成二十六年法律第百二十八号）

地域再生法（平成十七年法律第二十四号）の一部を次のように改正する。

（略）

第八条第一項中「第五条第十項」を「第五条第十五項」に改め、「含む」の下に「。以下同じ」を加え、同条第二項中……加える。

（以下略）

〔一部改正法令の引用〕

問157　一部改正法令の規定を引用する必要がある場合は、どのような場合か。また、その場合には、どのようにするのか。

答　一　既存の法令の一部改正法令は、その本則についていえば、施行によって元の法令に溶け込んでその使命を果たし、それ自体は法令としての意義を失い、附則だけが独立した形で存在するのであるから〈問137参照〉、既存の法令の一部改正法令の施行後、その本則の規定を引用することは、通常考えられない。一部改正法令による改正部分を更に改正する場合にも、先の改正により溶け込んでいる元の法令を改正するのであって、先の一部改正法令を改正するのではない。〈問162参照〉

一部改正法令の附則は、多くは、施行期日のほかは、一部改正に伴う経過措置と他法令の一部改正であり、他法令の一部改正の部分は、施行によりその使命を果たし、それ自体法令としての意義を失うことは本則と同様であり、施行期日の部分も、施行後に引用されることはまずないといってよい。後日、改正のため引用されるとすれば経過措置等を定めた部分であろうが、その部分を引用するときは、法令を改正するため引用する一般的な方式と異なるところはない。すなわち、当該一部改正法令の題名を引用し、「○○法の一部を改正する法律（平成○○年法律第○号）の一部を次のように改正する」という柱書きを置き、次いで、「附則第○項中「○○」を「××」に改める」等とする。

■例■

○**地方税法等の一部を改正する等の法律**（平成二十八年法律第十三号）

（地方税法及び国有資産等所在市町村交付金及び納付金に関する法律の一部を改正する法律の一部改正）

第三条　地方税法及び国有資産等所在市町村交付金及び納付金に関する法律の一部を改正する法律（昭和六十一年法律第十四号）の一部を次のように改正する。

　附則第七条第三項中「この場合において」の下に「、同条の見出し中「農業生産法人」とあるのは「旧農業生産法人」と」を加え、「とあるのは、「」を「とあるのは「」に改め、同条第四項中「同号」を「農業協同組合法等の一部を改正する等の法律（平成二十七年法律第六十三号）第三条の規定による改正前の農地法（昭和二十七年法律第二百二十九号）第二条第三項」に、「においては」を「には」に改め、「この場合において」の下に「、同条の見出し中「農業生産法人」とあるのは「旧農業生産法人」と」を、「同条第一項第一号中」の下に「「農地法第二条第七項」とあるのは「農業協同組合法等の一部を改正する等の法律（平成二十七年法律第六十三号）第三条の規定による改正前の農地法（昭和二十七年法律第二百二十九号）第二条第三項」と、」を、「同条第四項中」の下に「「第三百二十七条」とあるのは「第三百二十六条」と、」を加える。

二　以上は、既存の法令の一部改正法令が施行された後のことであるが、その施行前において、一部改正法令の規定を改正するために引用することがある。この場合に、通常の一部改正と異なる点は、既存の法令の一部改正であれば、「第○条中「○○」を「××」に改める」などとするが、未施行の一部改正法令中既存の法令の字句を改める部分を指し示してそこを改正する場合には、「第○条の改正規定中「○○」を「××」に改める」などとするのである。〈次問　参照〉

〔未施行の一部改正法令の改正〕

問158　公布されたが未施行の状態にある一部改正法令を改正する場合は、どのようにすればよいのか。

答一　ある法令（A法）の一部を改正する法令（B法）が既に公布されたが施行期日に至っていない段階で、別の観点からA法の同じ部分を改正し、しかもB法より先に施行しなければならないという事情が生ずることがある。こうした場合には、A法の元の当該部分を改めるとともに、B法（A法の当該部分を改正する規定）を改正することになるが〈問162二　参照〉、そのB法の改正は次のように行う。

二　まず、改正対象となるB法が、「A法の一部を改正する法律」という一の法令を改正する法令である場合は、「A法の一部を改正する法律（平成○○年法律第○号）の一部を次のように改正する」という柱書きを置き、次いで、「第○条の改正規定中「○○」を「××」に改める」などとする。

すなわち、通常の既存法令の一部改正の場合と異なり、改める必要のある箇所を「改正規定」という形で捉えて改める。改正規定については、「第○条の改正規定」という単純なもののほか、「第○条の次に×条を加える改正規定」、「第○条を削る改正規定」、「第○条を改め、同条を第△条とする改正規定」というように、改正対象となるB法（A法の一部を改正する法律）の改正規定の文言に沿った形で指示をする。場合によっては、「第○条の次に×条を加える改正規定のうち第△条に係る部分」といった指示の仕方をすることもある。また、改正規定中の字句を「改め、加え、削る」場合のほか、個々の改正規定自体を全体として改めたり、改正規定自体を加えたり、削ったりすることもある。改正規定を加える場合は、「……改正規定の次に次のように加える」とした上で追加すべき改正規定を書く。

三　改正対象となるB法が、「A法及び○○法の一部を改正する法律」や「A法等の一部を改正する法律」である場合、「○○法の一部を改正する法律」であってその附則でA法の一部改正が行われている場合、「○○法の施行に伴う関係法律の整備に関する法律」であってその本則の一の条でA法の一部改正が行われている場合等には、A法の一部改正はB法の（本則又は附則の）ある条として規定されているので、柱書きを「（B法の題名・法律番号）の一部を次のように改正する」とした上で、「（附則）第□条のうちA法第○条の改正規定中「○○」を「××」に改める」などとする。〈編注　第□条は、A法の一部改正が規定されている条名である。〉ここで、「（附則）第□条のうち」といえばA法の一部改正に係るものであることは明らかであるが、やはり「第○条」は題名と一緒になった「A法第○条」として捉えることとされており、「A法」という字句は省略しない。

このほかについては、おおむね右の二と同じである。

四　公布されて未施行の状態にある一部改正法令の改正は、その公布された改正内容自体を思い直して改めるというよりは、別の観点から同一法令の同じ箇所を先に改める必要が生じた場合に行われるものと考えられ、右の二及び三のいずれについても、その必要に応じた手当てをする法令の附則に位置付けられることが多い。

■例一■

○**絶滅のおそれのある野生動植物の種の保存に関する法律の一部を改正する法律**（平成二十五年法律第三十七号）

附　則

（動物の愛護及び管理に関する法律の一部改正）

第九条　動物の愛護及び管理に関する法律の一部を改正する法律（平成二十四年法律第七十九号）の一部を次のように改正する。

第十二条第一項の改正規定中「第五十八条第一号」を「第五十七条の二」に、「、第五十九条第二号」を「、第五十八条第一号」に、「、第六十二条第一号」を「若しくは第二号」に、「第六十三条第六号」を「第六十三条第五号」に、「第六十五条」を「第六十五条第一項」に改める。

■例二■

○**地方教育行政の組織及び運営に関する法律の一部を改正する法律**（平成二十六年法律第七十六号）

附　則

（地方自治法の一部を改正する法律の一部改正）

第二十一条　地方自治法の一部を改正する法律の一部を次のように改正する。

第二編第十二章第一節中第二百五十二条の二十一の次に四条を加える改正規定（第二百五十二条の二十一の二第三項第一号及び第四号並びに第四項に係る部分に限る。）中「委員長」の下に「（教育委員会にあつては、教育長）」を加える。

■例三■

○**所得税法等の一部を改正する法律**（平成二十七年法律第九号）

（略）

附　則

（被用者年金制度の一元化等を図るための厚生年金保険法等の一部を改正する法律の一部改正）

第百二十五条　被用者年金制度の一元化等を図るための厚生年金保険法等の一部を改正する法律（平成二十四年法律第六十三号）の一部を次のように改正する。

第一条のうち、厚生年金保険法（昭和二十九年法律第百十五号）附則第十一条第一項の改正規定中「第十一条の四第一項及び第二項」の下に「、第十三条の五第六項」を加え、同法附則第十三条の四第一項の改正規定の次に次のように加える。

附則第十三条の五第一項中「又は第二項」を「、第二項又は第四項」に改め、同条第六項中「の受給権者が被保険者である間」を「は、その受給権者が被保険者等である日が属する月において」に改める。

（以下略）

■例四■

○郵便法及び民間事業者による信書の送達に関する法律の一部を改正する法律（平成二十七年法律第三十八号）

附　則

（行政不服審査法の施行に伴う関係法律の整備等に関する法律の一部改正）

第七条　行政不服審査法の施行に伴う関係法律の整備等に関する法律（平成二十六年法律第六十九号）の一部を次のように改正する。

第六十条のうち民間事業者による信書の送達に関する法律第三十九条の改正規定中「第三十九条」を「第四十条」に改める。

〔本則と通し条名の附則に追加する場合〕

問159 その条名が本則と通し条名になっている附則に一条を追加する場合には、どのような柱書きにするのか。

答 附則の条名が本則と通し条名になっている立法例としては、検察庁法、弁護士法、公証人法、国家行政組織法、地方財政法等があるが、現在では、附則を条で構成する場合でも、附則だけで新たに第一条から条名を付けることにしている。〈問109 参照〉

附則が通し条名になっている場合における附則中の条の指示については、「附則第○条」ではなく、本則中におけると同様、「第○条」とするだけである〈問110 参照〉。したがって、附則中の条と条との間に一条を追加する場合には、「第○条の次に次の一条を加える」とし、附則の末尾に一条を追加する場合には、「附則に次の一条を加える」又は「第○条の次に次の一条を加える」とする。

なお、附則の条名が本則と通しの条名となっている法律を改正する場合において、当該附則の規定を相当程度改正する際には、附則独自の条名として整備することとされている。〈問252 参照〉

■例一■

○地方交付税法等の一部を改正する法律（平成二十九年法律第三号）

（地方財政法の一部改正）

第三条 地方財政法（昭和二十三年法律第百九号）の一部を次のように改正する。

第三十三条の五の二の見出し及び同条第一項中「平成二十六年度から平成二十八年度まで」を「平成二十九年度から平成三十一年度まで」に改める。

〈編注 地方財政法の附則は、第三十一条から始まっている。〉

■例二■

○地方交付税法等の一部を改正する法律（平成二十六年法律第五号）

（地方財政法の一部改正）

〔改正事項ごとに施行期日を異ならせる場合〕

問160　同一法律を二以上の事項にわたって改正する必要がある場合であって、それぞれの改正事項ごとに施行期日を異ならせる必要があるときには、どのように表現すればよいのか。

第五条　地方財政法（昭和二十三年法律第百九号）の一部を次のように改正する。

（略）

第三十三条の五の七第一項中……加え、同条の次に次の一条を加える。

（公共施設等の除却に係る地方債の特例）

第三十三条の五の八　地方公共団体は、当分の間、公共施設、公用施設その他の当該地方公共団体が所有する建築物その他の工作物（公営企業に係るものを除く。以下この条において「公共施設等」という。）の除却であつて、総務省令で定める事項を定めた当該地方公共団体における公共施設等の総合的かつ計画的な管理に関する計画に基づいて行われるものに要する経費の財源に充てるため、第五条の規定にかかわらず、地方債を起こすことができる。

（以下略）

答一　同一法律を二以上の事項にわたって改正し、その一部について施行期日を異ならせる必要がある場合には、その部分の施行期日の定め方を例外的に取り扱えばよいのであるから、次の例に示すように、ただし書を用いて規定すればよい。この場合、例外的な扱いをする部分が少ないときは、次の例一の方式によるが、多くなれば、例二のように、各号列記する方が分かりやすいと思われる。

■例一■

○不正競争防止法の一部を改正する法律（平成二十七年法律第五十四号）

附　則

（施行期日）

第一条　この法律は、公布の日から起算して六月を超えない範囲内において政令で定める日から施行する。ただし、第十五条の改正規定は、公布の日から施行する。

■例二■

○**出入国管理及び難民認定法の一部を改正する法律**（平成二十八年法律第八十八号）

附　則

（施行期日）

第一条　この法律は、公布の日から起算して三月を超えない範囲内において政令で定める日から施行する。ただし、次の各号に掲げる規定は、当該各号に定める日から施行する。

一　附則第四条の規定　公布の日から起算して九月を超えない範囲内において政令で定める日

二　第十九条の十六第二号及び別表第一の二の表の改正規定並びに附則第五条の規定　公布の日から起算して一年を超えない範囲内において政令で定める日

二　次に、改正部分の一部の施行期日を例外的に規定するというより、むしろ、改正法律全般についてみて、原則、例外というような主従の区別を付けにくいような場合には、次の例に示すように、各改正規定とその施行期日とを各号列記する方式がとられる。

■例■

○**航空法の一部を改正する法律**（平成十一年法律第七十二号）

附　則

（施行期日）

第一条　この法律は、次の各号に掲げる区分に応じ、それぞれ当該各号に定める日から施行する。

一　第二十八条……及び第百四十八条の二の改正規定並びに附則第七条、第十三条から第十五条まで及び第十七条の規定　公布の日から起算して一月を経過した日

二　第一条、第二条……及び第百四条から第百七条までの改正規定……並びに附則第八条から第十二条まで、第十六条、第十八条、第十九条、第二十条（……に限る。）及び第二十一条から第二十三条までの規定　平成十二年二月一日
三　第二十四条、第二十五条及び別表の改正規定並びに次条から附則第六条まで及び附則第二十条（……に限る。）の規定　平成十二年九月一日

右の例と同じような場合で、各号列記するほどのものでないときは、次の例に示すような方式がとられる。

例

○関税暫定措置法の一部を改正する法律（平成十八年法律第百五号）

附　則

（施行期日）

第一条　この法律中第七条の十の次に一条を加える改正規定、第八条の八の次に一条を加える改正規定及び附則第二条の規定は経済上の連携に関する日本国とフィリピン共和国との間の協定の効力発生の日から、その他の規定は経済上の連携に関する日本国とフィリピン共和国との間の協定の効力発生の日又は平成十九年四月一日のいずれか早い日から施行する。

三　なお、二以上の事項にわたって改正する必要があり、かつ、その事項がいずれも同一の条項で規定されるべき事項であって（同一の条項の中であっても、文言上、それぞれ相互に影響なく改正できる事項である場合を除く。）、しかもそれぞれの改正事項ごとに施行期日を異ならせる必要のある場合があるが、そのような場合には、右の一及び二で述べた方式、すなわち、単に施行期日のみを書き分ける方式はとれないので、いわゆる「二段ロケット方式」がとられることとなる。〈問151及び問162　参照〉

〔横書き部分の改正〕

問161 法令の横書きの部分を改める場合の改正規定は、どのように表現するのか。

答 法令は、地方公共団体の条例等に横書きの例があるほか、原則として縦書きで書かれており、数字を主体とする別表、付録、様式の一部について横書きがされているにとどまるが、この横書きの部分を改める場合には、

「　別表中「30,000」を「50,000」に改める。」

というように、改正部分が法令中の横書きになっているところに入り込めるような形で表示する。ただ、数字の一部だけを改める例は少なく、別表等の全部について改められることが多い。

■例一■

○在外公館の名称及び位置並びに在外公館に勤務する外務公務員の給与に関する法律の一部を改正する法律（平成二十九年法律第七号）

（略）

別表第二を次のように改める。

別表第二　在勤基本手当の基準額（第十条関係）

一　大使館

地域	所在国	号別
		（略）
（略）		

二　総領事館

地域	所在地	号別
		（略）
（略）		

三　政府代表部

地域	所在地	号別
		（略）
（略）		

■例二■

○一般職の職員の給与に関する法律等の一部を改正する法律（平成二十八年法律第八十号）

第二条　一般職の職員の給与に関する法律の一部を次のように改正する。

（略）

別表第十中

3級
俸給月額
円
480,500
486,100
491,600
497,000
502,300
507,500
512,600
517,300
520,800
523,600
526,400
529,000
531,100
533,100
534,800
536,600
538,200
539,600
540,600
541,800
542,700
479,600

を

479,600	614,900

に改める。

3　級	4　級
俸給月額	俸給月額
円	円
480,500	614,900
486,100	651,500
491,600	688,100
497,000	
502,300	
507,500	
512,600	
517,300	
520,800	
523,600	
526,400	
529,000	
531,100	
533,100	
534,800	
536,600	
538,200	
539,600	
540,600	
541,800	
542,700	

〈施行期日が異なった同一部分の改正〉

問162 法令の一部改正後、更に当該部分を改正する場合には、どのようにするのか。

答一 法令の一部改正が行われた場合には、改正の中味が元の法令の中に溶け込んでしまうのであり〈問137参照〉、このことは、言い方を換えれば、法令の一部改正が行われた後においては、法令は、一部改正が行われた後の形で存在しているということである。

したがって、一部改正法令によって改正された部分を更に改正する場合には、元の法令の中に溶け込んでいるその部分を改正する方法をとればよい。つまり、元の法令を更に改正することになる。

この考え方に基づいて、いわゆる「二段ロケット方式」がとられることがある。すなわち、一の改正法で同一の法律を二度以上に分けて改正し、それぞれの改正部分の施行期日を異ならせることによって、まず先行する施行期日により施行される部分が元の法律の中に溶け込み、次いで、その先行する施行期日により施行された部分が溶け込んでしまった形の法律に後行する施行期日により施行される部分が更に溶け込んでいくことになる。〈問151及び問160三参照〉

二 次に、特殊な例であるが、A法の一部を改正するB法が成立公布されたがまだ施行されていない段階で、A法の一部を改正するC法において、A法の同じ部分を改正しようとするとき、先に成立したB法での改正を前提として、換言すれば、B法によりA法の当該部分が改正され、A法に溶け込んだことを前提としてC法の改正規定を書けばよいかどうかの問題がある。

C法の施行がB法の施行より後であれば、B法によるA法の改正がA法に溶け込んだ後であるので、通常の場合と異なるところはないが、C法の施行がB法の施行より先となるのであれば、B法によるA法の改正を前提とすることはできないので、現行A法の当該部分を改めるとともに、当該C法において、B法の改正規定（A法の当該部分に関する改正規定）に手を加えることになる。次の例では、電気事業法（昭和三九年法律第一七〇号）がA法に、電気事業法等の一部を改正する等の法律（平成二七年法律第四七号）がB法に、電気事業者による再生可能エネルギー電気の調達に関する特別措置法等の一部を改正する法律（平成二八年法律第五九号）がC法に該当しており、C法においてA法の一部を改正するとともにB法の改正規定に手を加えているのを示している。

■例■

○電気事業法等の一部を改正する等の法律（平成二十七年法律第四十七号）

第三条　電気事業法の一部を次のように改正する。

（略）

第六十六条の十第一項第三号中「第二十三条第二項（第二十七条の十二において準用する場合を含む。）」を「第二十二条の三第三項、第二十三条第六項、第二十三条の二第二項、第二十三条の三第二項」に改め、「第四項」の下に「、第二十七条の十一の三第三項、第二十七条の十一の四第五項、第二十七条の十一の五第二項、第二十七条の十一の六第二項」を加え、同項第五号中「第二項ただし書」の下に「、第二十二条の二第一項ただし書、第二十七条の十一の二第一項ただし書」を加え、同項第九号中「又は第二十一条第二項ただし書」を「、第二十一条第二項ただし書、第二十三条第二項ただし書又は第二十七条の十一の四第二項ただし書」に改める。

（略）

第百七条中第十三項を第十四項とし、第三項から第十二項までを一項ずつ繰り下げ、第二項の次に次の一項を加える。

3　経済産業大臣は、第二十二条の三から第二十三条の三まで又は第二十七条の十一の三から第二十七条の十一の六までの規定の施行に必要な限度において、その職員に、一般送配電事業者の特定関係事業者又は送電事業者の特定関係事業者の営業所、事務所その他の事業場に立ち入り、業務若しくは経理の状況又は帳簿、書類その他の物件を検査させることができる。

第百十四条第一項中「第百六条第三項及び第五項並びに同条第七項」を「第百六条第三項及び第七項並びに同条第九項」に、「第百七条第二項及び第五項並びに同条第七項」を「第百七条第二項及び第六項並びに同条第八項」に、「を委員会」を「並びに第百六条第四項及び第五項並びに第百七条第三項の規定による権限を委員会」に改め、同条第二項中「第百六条第三項及び第五項並びに同条第七項」を「第百六条第三項及び第七項並びに同条第九項」に、「第百七条第二項及び第五項並びに同条第七項」を「第百七条第二項及び第六項並びに同条第八項」に改める。

（略）

附　則

（施行期日）

第一条　この法律は、平成三十二年四月一日から施行する。ただし、次の各号に掲げる規定は、当該各号に定める日から施行する。

一～八　（略）

〈編注　公布時の規定である。〉

○**電気事業者による再生可能エネルギー電気の調達に関する特別措置法等の一部を改正する法律**（平成二十八年法律第五十九号）

（電気事業法の一部改正）

第四条　電気事業法（昭和三十九年法律第百七十号）の一部を次のように改正する。

（略）

（電気事業法等の一部を改正する等の法律の一部改正）

第五条　電気事業法等の一部を改正する等の法律（平成二十七年法律第四十七号）の一部を次のように改正する。

第三条のうち電気事業法第六十六条の十第一項の改正規定中「第六十六条の十第一項第三号」を「第六十六条の十一第一項第三号」に、「第二十七条の十一の六第二項」を「第二十七条の十一の六第二項」を加え、同項第四号中「第二十七条の三十一第一項」を「第二十七条の三十第一項」に改め」に、「同項第九号中「又は」を「同項第六号中「第二十七条の三十一第六項」を「第二十七条の三十第六項」に改め、同項第九号中「」に、「を「、第二十一条第二項ただし書」を「の下に「」に、「又は第二十七条の十一の四第二項ただし書」に改める」を「、第二十七条の十一の四第二項ただし書」を加える」に改め、同改正規定の次に次のように加える。

第六十六条の十二第一項及び第六十六条の十三第一項中「、第五項若しくは第七項又は第百七条第二項、第五項若しくは第七項」を「から第五項まで、第七項若しくは第九項又は第百七条第二項、第三項、第六項若しくは第八項」に改める。

第三条のうち電気事業法第百七条の改正規定中「第百七条中第十三項を第十四項とし、同条第十二項中「第九項」を「第十項」に改め、同項を同条第十三項とし、同条第十一項中「第七項」を「第八項」に改め、同項を同条第十二項とし、同条中第十項を第十一項」を「第百七条第十三項中「第九項」を「第十項」に改め、同項を同条第十四項とし、同条第十二項中「第十項」に改め、同項を同条第十三項とし、同条第十一項中「第九項」を「第十項」に改め、同項を同条第十二項とし、同条中第十項を第十一項」に、「第十二項」を「第九項」に改める。

第三条中電気事業法第百十四条第一項及び第二項の改正規定の次に次のように加える。

第百十四条の二中「、第五項又は第七項」を「から第五項まで、第七項又は第九項」に改める。

〔条数を増やす場合〕

問163　条数の少ない法令を改正して条数の多い法令とする一部改正において、注意すべき点は何か。

（略）

附　則

（施行期日）

第一条　この法律は、平成二十九年四月一日から施行する。ただし、次の各号に掲げる規定は、当該各号に定める日から施行する。

一〜三　（略）

また、B法の施行とC法の施行とが同時である場合には、先に成立したB法によるA法の改正を前提として、C法においてA法の当該部分の改正をすることになる。

答　一　条数の少ない法令を改正して条数の多い法令とする一部改正の例として、改正前の本則の条数二四から条数六八とする改正をした原子力発電における使用済燃料の再処理等のための積立金の積立て及び管理に関する法律の一部を改正する法律がある。多少長くなるきらいはあるが、実例に即して説明するのが分かりやすいと思われるので、まず、改正法の形式の全て（改正法の附則を除く。）を次に掲げる。

■例■

○原子力発電における使用済燃料の再処理等のための積立金の積立て及び管理に関する法律の一部を改正する法律（平成二十八年法律第四十号）

原子力発電における使用済燃料の再処理等のための積立金の積立て及び管理に関する法律（平成十七年法律第四十八号）の一部を次のように改正する。

題名を次のように改める。

原子力発電における使用済燃料の再処理等の実施に関する法律

題名の次に次の目次及び章名を付する。

目次

第一章　総則

第一条中……改める。

第二条第四項第一号中……加え、同項第二号ロ中……加え、同項第三号中……改め、……加え、同項第四号中……改める。

第三条を次のように改める。

（第三条　略）

第三条の次に次の章名及び節名を付する。

第二章　拠出金の納付及び再処理等の実施
第一節　拠出金の納付
第四条から第八条までを次のように改める。

（第四条から第八条まで　略）

第八条の次に次の節名を付する。

第二節　再処理等の実施
第九条を次のように改める。

（第九条　略）

第九条の次に次の章名及び節名を付する。

第三章　使用済燃料再処理機構
第一節　総則
第十条から第十四条までを次のように改める。

（第十条から第十四条まで　略）

第十四条の次に次の節名を付する。

第二節　設立
第十五条から第十八条までを次のように改める。

（第十五条から第十八条まで　略）

第二十四条中……改め、同条各号を削り、同条を第六十五条とする。

第二十三条中……改め、同条中第一号及び第二号を削り、同条第三号中……改め、同号を同条第一号とし、同条第四号中……改め、同号を同条第二号とし、同条を第六十四条とする。

第二十二条中……改め、同条第一号中……改め、同条第二号を次のように改める。

（略）

第二十二条第三号及び第四号中……改め、同条を第六十三条とする。
第二十一条の前の見出し及び同条を削り、第二十条を第六十一条とし、同条の次に次の章名及び一条を加える。

第五章　罰則
（第六十二条　略）

第十九条第一項中……改め、同条第二項を次のように改める。
（略）

第十九条第三項及び第四項を削り、同条を第五十九条とし、同条の次に次の一条を加える。
（第六十条　略）

第十八条の次に次の一条、六節及び章名を加える。
（第十九条　略）

第三節　運営委員会
（第二十条から第二十八条まで　略）

第四節　役員等
（第二十九条から第四十条まで　略）

第五節　業務
（第四十一条から第四十六条まで　略）

第六節　財務及び会計
（第四十七条から第五十三条まで　略）

第七節　監督
（第五十四条・第五十五条　略）

第八節　雑則
（第五十六条から第五十八条まで　略）

第四章　雑則

本則に次の三条を加える。
（第六十六条から第六十八条まで　略）
附則第二条から第四条までを削り、附則第五条を附則第二条とし、附則第六条を削る。
附　則
（以下略）

二　この例では、改正の内容がかなりのものであったため、まず題名を改め、次いで目次を新設するとともに第一章の章名を定めている。条数の多い法令とする改正の場合、新たに章・節等の区分を設けたり、章・節等の区分を改正したりすることがほとんどであり、それに伴い目次の新設や改正も行われることとなる。

三　次に、第一条、第二条及び第三条をそれぞれ改正した後、第三条の次に章名（第二章）及び節名（第一節）を付することとしている。直後に章名が付される条までが、その章の直前の章に属することとなるわけである。これで、改正後の第一条から第三条までが、第一章に属することになる。

次いで、第四条から第八条までを一括して改めた後、第八条の次に節名（第二節）を付することとしている。章の区分の場合と同様、直後に節名が付される条までが、その節の直前の節に属することとなるわけである。これで、第二章第一節は、第四条から第八条までで構成されることになる。

続いて、第九条を改正した後、第九条の次に章名（第三章）及び節名（第一節）を付することとしている。これで、第二章は、第一節及び第二節（第九条のみから成る。）で構成されることになる。

次に、第一〇条から第一四条までを一括して改正した後、第一四条の次に節名（第二節）を付することとしているので、第三章第一節は、第一〇条から第一四条までで構成されることになる。そして、第一五条から第一八条までを一括して改正している。

なお、第三条から第一八条までは、連続する条をそれぞれ全部改めることになっているが、改正後は章及び節の区分を設けることとしたので、その区分ごとに改正していくスタイルになっている。

四　ここまでは、条文の順番どおりの前からの改正であるが、次は、改正前の本則の末尾の条である第二四条を改正してこれを第六五条とするという大幅な繰下げを行っている。これは、第一八条と改正前の第二四条との間に新たに加えるべき条があるので、そのスペースを設けるためであるが、何条繰り下げるかは、第一八条と改正前の第二四条との間において加える条の数及び削る条の数を計算し、それに応じて必要となるところとするのである。

続いて、第二三条を改正してこれを第六四条とし、第二二条を改正してこれを第六三条とするという具合に、後ろの方から手当てをしている。そして、第二一条の前の見出し及び同条を削り、第二〇条を第六一条とし、その次に章名（第五章）及び一条を加えることとしている。なお、第二〇条を第六二条とせず、第六一条としているのは、別に第六二条として新たに一条を加えることを予定しているからである。これで、第六二条以下が第五章に属することになる。なお、改正前の第二一条の前の見出しを削るのは、「第五章　罰則」と章建てすることとしたので、「（罰則）」という共通見出しが必要なくなるためである。

枝番号を用いることにより繰下げの方式を避けることもあるが、これは、実質的な改正内容に比して繰下げが技術的に複雑になる場合や改正前の条文が他法令において多く引用されていて、条名の変更に伴う他法令の改正を避けたい場合などに行われる。

五　そして、いよいよ第一八条の後のスペースに、一条（第一九条）、六節（第三節から第八節まで）及び章名（第四章）を加えている。これで、第八節（第五六条から第五八条までから成る。）までが第三章に属することになる。なお、第一九条は、第一八条とつながって第三章第二節に属することとなる。

六　更に、本則の改正の最後に、本則の末尾に三条を加えることが規定されている。この三条は、末尾の章である第五章に属することとなる。この例のように、本則の末尾に条を追加する場合には、どの章に属するか明文で示すことなく、当然に末尾の章に属することとなるのである。目次に反映させることを忘れないよう、注意する必要がある。

最後に、平成一七年の原子力発電における使用済燃料の再処理等のための積立金の積立て及び管理に関する法律制定時の附則の規定のうち、既に役目を終えて不要となっているものを整理している。

第二節　題名及び制定文関係

〔一部改正法令の題名〕

問164　一部改正法令の題名の付け方は、どのようにするのか。

答　既存の法令の一部を改正する法令には、「○○法の一部を改正する法律」、「○○に関する政令の一部を改正する政令」というように、改正する法令の題名を示し、その題名の法令の一部を改正する法令であることが分かるような題名を付けることとされている。

■例一■
○**独立行政法人日本学生支援機構法の一部を改正する法律**（平成二十九年法律第九号）

■例二■
○**職員の退職管理に関する政令の一部を改正する政令**（平成二十九年政令第七十九号）

■例三■
○**道路運送法施行令の一部を改正する政令**（平成二十九年政令第一号）

一部改正法令が同時に二以上の法令を改正することを目的として制定される場合がある。この場合における一部改正法令の題名の付け方については、〈問148及び次問　参照〉。

〔一部改正法令の題名における「等」の用法〕

問165 一部改正法令の題名で、よく「等」でくくったものがあるが、この「等」を用いる基準は何か。

答 一部改正法には、その本則において、一の法律を改正するものと二以上の法律を改正するものとがあるが〈問148 参照〉、二以上の法律を一の一部改正法の本則で改正する場合において、改正される法律が二であるときと、三以上であるときとでは、題名の付け方に差がある。その数が二であるときは、原則として、次の例一に示すように、「A法及びB法の一部を改正する法律」という題名を付け、その数が三以上であるときは、例二に示すように、「等」を用いて、「A法等の一部を改正する法律」という題名を付ける。

■例一■
○地方交付税法及び特別会計に関する法律の一部を改正する法律（平成二十九年法律第一号）

■例二■
○関税定率法等の一部を改正する法律（平成二十九年法律第十三号）
〈編注 この法律の本則では、関税定率法（明治四三年法律第五四号）のほか、関税法（昭和二九年法律第六一号）及び関税暫定措置法（昭和三五年法律第三六号）の一部改正が行われている。〉

例外として、A法とA法の一部を改正する法律の二法のそれぞれ一部を改正する法律については、A法の一部を改正する法律の一部改正部分が当該法律の附則についてのそれであり（当該法律の本則は、いうまでもなく、A法の一部を改正するもので、その施行によってA法に溶け込んでしまっている〈問137 参照〉。）、実質的にみれば、A法の一部と考えてもよいから、わざわざ法律の題名において、A法の一部を改正する法律を改正するものであることを明示するほどのこともなく、題名の簡潔性の要請もあるので、次の例に示すように、「A法等の一部を改正する法律」という題名を付けることとされている。

■例■

○**裁判官の報酬等に関する法律等の一部を改正する法律**（平成二十四年法律第四号）

（裁判官の報酬等に関する法律の一部改正）

第一条　裁判官の報酬等に関する法律（昭和二十三年法律第七十五号）の一部を次のように改正する。

（略）

第二条　裁判官の報酬等に関する法律の一部を次のように改正する。

（略）

（裁判官の報酬等に関する法律の一部を改正する法律の一部改正）

第三条　裁判官の報酬等に関する法律の一部を改正する法律（平成十七年法律第百十六号）の一部を次のように改正する。

（略）

このほか、次の例に示すように、「○○法（令）の一部を改正する等の法律（政令）」という題名が付けられることがあるが、このような題名が付けられるのは、題名に掲名されている法律（政令）の一部改正と、これに関連する法律（政令）の廃止とを行う場合においてである。

■例一■

○**国立研究開発法人情報通信研究機構法及び特定通信・放送開発事業実施円滑化法の一部**

を改正する等の法律（平成二十八年法律第三十二号）

〈編注　この法律の本則では、国立研究開発法人情報通信研究機構法（平成一一年法律第一六二号）及び特定通信・放送開発事業実施円滑化法（平成二年法律第三五号）の一部改正と電気通信基盤充実臨時措置法（平成三年法律第二七号）の廃止について定めている。〉

■例二■

○**地方税法施行令等の一部を改正する等の政令**（平成二十八年政令第百三十三号）

〈編注　この政令（公布時）の本則では、地方税法施行令（昭和二五年政令第二四五号）、地方税法施行令及び国有資産等所在市町村交付金及び納付金に関する法律施行令の一部を改正する政令（昭和六一年政令第八二号）、地方税法施行令の一部を改正する政令（平成七年政令第一四二号）、地方税法施行令の一部を改正する政令（平成二六年政令第三一六号）、地方税法施行令等の一部を改正する政令（平成二七年政令第一六一号）、地方自治法施行令（昭和二二年政令第一六号）、地方財政法施行令（昭和二三年政令第二六七号）及び国税収納金整理資金に関する法律施行令（昭和二九年政令第五一号）の一部改正と地方法人特別税等に関する暫定措置法施行令（平成二〇年政令第一五四号）の廃止について定めている。〉

題名の付け方は、できるだけ簡潔にして、しかも、名がよくその体を表すようにすべきであり〈問49　参照〉、そのような観点からすれば、「A法等の一部を改正する法律」というのでは、A法のほかにどのような法律が改正されるのかさっぱり分からないという難点があるが、だからといって、三とか四とかの法律を改正する一部改正法の題名に全部の法律の題名を列挙するとなると、やたらに題名が長くなり、題名の簡潔性という要請から程遠いものになってしまうので、三以上の法律を改正することを目的とする一部改正法の題名は、一の法律の題名を挙げ、他は「等」でくることとされているのである。なお、「等」でくくる場合に、改正の目的を明示することにより改正の対象となる法律の範囲をある程度表すといった趣旨で、次の例に示すように、「○○ための A 法等の一部を改正する法律」とすることもある。

■例■
○中小企業の経営の改善発達を促進するための中小企業信用保険法等の一部を改正する法律（平成二十九年法律第五十六号）
〈編注　この法律の本則では、中小企業信用保険法（昭和二五年法律第二六四号）のほか、信用保証協会法（昭和二八年法律第一九六号）、中小企業における経営の承継の円滑化に関する法律（平成二〇年法律第三三号）及び産業競争力強化法（平成二五年法律第九八号）の一部改正が行われている。〉

〈題名の改正〉

問166　題名を改正する場合には、どのようにするのか。

答　題名を改正する場合には、通常は、次の例一に示すように、題名の全部を改正する方式をとる。ただし、長い題名中の僅かな部分を改正するにすぎないときには、次の例二に示すように、題名の一部を改正する方式も用いられる。

■例一■
○中小企業の新たな事業活動の促進に関する法律の一部を改正する法律（平成二十八年法律第五十八号）

中小企業の新たな事業活動の促進に関する法律（平成十一年法律第十八号）の一部を次のように改正する。
題名を次のように改める。
中小企業等経営強化法
（以下略）

■例二■
○**地方公務員等共済組合法施行令等の一部を改正する政令**（平成二十九年政令第八十三号）
（平成二十八年度における旧地方公務員等共済組合法による退職年金等の給料年額改定率の改定に関する政令の一部改正）
第四条　平成二十八年度における旧地方公務員等共済組合法による退職年金等の給料年額改定率の改定に関する政令（平成二十八年政令第百三十二号）の一部を次のように改正する。
題名中「平成二十八年度」を「平成二十九年度」に改める。
（以下略）

〈題名の新設〉

問167　題名のない法令に題名を付ける場合には、どのようにするのか。

答　現在では、法令には原則として題名が付けられているが、古い法令の中には、題名のないものがある〈問48及び問54参照〉。題名のない法令に題名を付ける改正方式は、次の例に示すようにする。

■例■
○**信託法の施行に伴う関係法律の整備等に関する法律**（平成十八年法律第百九号）
（金融機関の信託業務の兼営等に関する法律の一部改正）

第十四条　金融機関の信託業務の兼営等に関する法律（昭和十八年法律第四十三号）の一部を次のように改正する。

次の題名を付する。

金融機関の信託業務の兼営等に関する法律

（以下略）

〈法形式を示さない法令を改正する場合の題名〉

問168　題名が「法」又は「政令」等その属する法形式を直接示していない法令を改正する場合の題名は、どのように表現すればよいのか。

答　題名の末尾に「法」又は「法律」という語が使われていない法律としては、「皇室典範」（昭和二二年法律第三号）、「保管金規則」（明治二三年法律第一号）等があり、題名の末尾に「令」又は「政令」という語が使われていない政令としては、「地方自治法施行規程」（昭和二二年政令第一九号）、「皇室会議議員及び予備議員互選規則」（昭和二二年政令第一六四号）、「国家公務員倫理規程」（平成一二年政令第一〇一号）等がある。これらの法令を改正する場合においても、通常の一部改正法令の題名と同様に、「皇室典範の一部を改正する法律」、「国家公務員倫理規程の一部を改正する政令」といった題名を付ける。〈問164　参照〉

なお、題名のない法令については、〈問48及び問54　参照〉。

■例■

○国家公務員倫理規程の一部を改正する政令（平成十七年政令第四十一号）

〈題名における「整理」と「整備」〉

問169　「○○法の施行に伴う関係政令の整理に関する政令」の「整理」が「整備」とされることがあるが、「整備」とされるのは、どのような場合か。

答　一　新しい法律が施行され、既存の法律の一部改正が行われ、又は既存の法律が廃止された結果、関係政令の改廃が必要となる場合があり、一つの政令で幾つかの関係政令をまとめて改廃することがある。

次の例に示すものは、既存の法律の一部改正又は既存の法律の廃止に伴い、関係政令の整理をするための政令であるが、新しい法律が制定される場合を含め、これらの法律の施行に伴い必然的に改廃を要すると考えられる点の改正を行う場合に、「整理」という語を用いた題名が付けられる。

■例一■

○**土砂災害警戒区域等における土砂災害防止対策の推進に関する法律の一部を改正する法律の施行に伴う関係政令の整理に関する政令**（平成二十七年政令第六号）

（土砂災害警戒区域等における土砂災害防止対策の推進に関する法律施行令の一部改正）

第一条　土砂災害警戒区域等における土砂災害防止対策の推進に関する法律施行令（平成十三年政令第八十四号）の一部を次のように改正する。

第二条中「第六条第一項」を「第七条第一項」に改め、同条第二号中「山麓《ろく》」を「山麓」に、「勾《こう》配」を「勾配」に改める。

（以下略）

（建築基準法施行令の一部改正）

第二条　建築基準法施行令（昭和二十五年政令第三百三十八号）の一部を次のように改正する。

第八十条の三中「第八条第一項」を「第九条第一項」に、「第八条第二項」を「第九条第二項」に改める。

（宅地建物取引業法施行令及び不動産特定共同事業法施行令の一部改正）

第三条　次に掲げる政令の規定中「第九条第一項及び第十六条第一項」を「第十条第一項及び第十七条第一項」に改める。

一・二　（略）

（地方住宅供給公社法施行令等の一部改正）

第四条　次に掲げる政令の規定中「第十四条」を「第十五条」に改める。

一～十四　（略）

（沖縄振興開発金融公庫法施行令及び独立行政法人住宅金融支援機構法施行令の一部改正）

第五条　次に掲げる政令の規定中「第二十五条第一項」を「第二十六条第一項」に改める。

一・二　（略）

■例二■

○高度テレビジョン放送施設整備促進臨時措置法を廃止する法律の施行に伴う関係政令の整理に関する政令（平成二十七年政令第二百二十一号）

（補助金等に係る予算の執行の適正化に関する法律施行令の一部改正）

第一条　補助金等に係る予算の執行の適正化に関する法律施行令（昭和三十年政令第二百五十五号）の一部を次のように改正する。

第一条中「第十九条（同法附則第十四条」を「第十九条（同法附則第九条第三項」に改める。

（日本電信電話株式会社の株式の売払収入の活用による社会資本の整備の促進に関する特別措置法施行令の一部改正）

第二条　日本電信電話株式会社の株式の売払収入の活用による社会資本の整備の促進に関する特別措置法施行令（昭和六十二年政令第二百九十一号）の一部を次のように改正する。

第一条の二第十一号を削る。

（国立研究開発法人情報通信研究機構法施行令の一部改正）

第三条　国立研究開発法人情報通信研究機構法施行令（平成十六年政令第十三号）の一部を次

のように改正する。

　附則第二条から第四条までを削り、附則第一条の見出し及び条名を削る。

（郵政民営化法施行令の一部改正）

第四条　郵政民営化法施行令（平成十七年政令第三百四十二号）の一部を次のように改正する。

　第四条第一項第二十一号中「及び附則第十条第三項」を削る。

二　ところが、新しい法律の施行に伴って関係政令をまとめて改正する場合であっても、実質的な政策判断に基づいた改正がされる場合がある。このような改正を行うものについては、単なる整理ではないという趣旨から、「整備」という語が用いられるのである。
　次の例は、外国人の技能実習の適正な実施及び技能実習生の保護に関する法律（平成二八年法律第八九号）の一部（外国人技能実習機構に関する規定）の施行に伴い、関係政令の改正をしたものである。これによって、外国人技能実習機構につき、例えば、第一条では、国家公務員退職手当法（昭和二八年法律第一八二号）による退職手当の算定の基礎となる在職期間の計算の特例の対象となる法人とし、第二条では、自衛隊法（昭和二九年法律第一六五号）により隊員が任命権者の要請に応じ退職して法人に在職した後再び隊員として採用された場合において、先の退職前の一定の行為が懲戒処分の対象となり得る法人としているが、こうした措置は、外国人の技能実習の適正な実施及び技能実習生の保護に関する法律の一部の施行に伴い必然的に改正を要する点の改正というよりは、それぞれの法律の趣旨に従って行われた政策判断に基づいた改正であると考えられ、政令の題名に「整備」の語が用いられている。

■例■

○外国人の技能実習の適正な実施及び技能実習生の保護に関する法律の一部の施行に伴う関係政令の整備に関する政令（平成二十八年政令第三百六十一号）

（国家公務員退職手当法施行令の一部改正）

第一条　国家公務員退職手当法施行令（昭和二十八年政令第二百十五号）の一部を次のように改正する。

第九条の二に次の一号を加える。

百八十三　外国人技能実習機構

第九条の四に次の一号を加える。

百三十　外国人技能実習機構

（自衛隊法施行令の一部改正）

第二条　自衛隊法施行令（昭和二十九年政令第百七十九号）の一部を次のように改正する。

別表第十に次の一号を加える。

八十六　外国人技能実習機構

三　右の一に述べたような意味での整理の域を少々はみ出すような改正を伴う場合には、「整理等」という語を用いた題名が付けられることがある。

〔題名とこれに続く部分の改正〕

問170　題名とこれに続く目次（章の区分のある法令）又は第一条（章の区分のない法令）を全部改める場合、同一の柱書きによることができるか。

答　題名とこれに続く目次（章の区分のある法令）又は第一条（章の区分のない法令）を全部改める場合に、同一の柱書きで改正することはしない。この場合には、次の例に示すように、まず題名の改正だけを行い、次いで、目次又は本則の条の改正に入る。

■例一■

○**勤労青少年福祉法等の一部を改正する法律**（平成二十七年法律第七十二号）

（勤労青少年福祉法の一部改正）

第一条　勤労青少年福祉法（昭和四十五年法律第九十八号）の一部を次のように改正する。

題名を次のように改める。

青少年の雇用の促進等に関する法律

目次を次のように改める。

目次

第一章　総則（第一条―第七条）

第二章　青少年雇用対策基本方針（第八条）

第三章　青少年の適職の選択に関する措置

第一節　公共職業安定所による職業指導等（第九条―第十一条）

第二節　基準に適合する事業主の認定等（第十二条―第十六条）

第四章　青少年の職業能力の開発及び向上に関する措置（第十七条―第十九条）

第五章　雑則（第二十条―第二十八条）

第六章　罰則（第二十九条―第三十三条）

附則

（以下略）

■例二■

○**公立高等学校に係る授業料の不徴収及び高等学校等就学支援金の支給に関する法律施行**

〈前文の改正〉

問171　法律の前文を改正する場合は、どのようにするのか。

令の一部を改正する政令（平成二十六年政令第百二十四号）

（略）

公立高等学校に係る授業料の不徴収及び高等学校等就学支援金の支給に関する法律施行令（平成二十二年政令第百十二号）の一部を次のように改正する。

題名を次のように改める。

　高等学校等就学支援金の支給に関する法律施行令
第一条を次のように改める。

（保護者等の経済的負担を軽減する必要があるとは認められない者等）

第一条　高等学校等就学支援金の支給に関する法律（平成二十二年法律第十八号。以下「法」という。）第三条第二項第三号の就学に要する経費を負担すべき者として政令で定める者は、次の各号に掲げる場合の区分に応じ、それぞれ当該各号に定める者とする。

（以下略）

答　前文とは、法令の各本条の前に置かれ、その法令の趣旨、目的、基本原則を述べた文章である〈問62　参照〉。前文が改正されることは、その性格上あまり多くないが、必要が生ずることもある。

前文中の字句を改正する場合は、「前文中「○○」を「××」に改める」、「前文中「○○」の下に「××」を加える」などとすればよい。前文の各段落を「項」として指示することとして「前文のうち第△項中「○○」の下に「××」を加え・・・、第□項中「○○」を「××」に・・・改め・・・」とした例がある（文化芸術振興基本法の一部を改正する法律（平成二九年法律第七三号））が、前文の各段落を「項」と呼ぶことには違和感があるので、次の例のように、段落を特定することなく「前文中」として改正を行えば足りるものと考えられる。

前文中に新たな段落を追加する場合には、直近の段落を示し、これを改めるという形で、追加される段落を併せ示すという方式を用いることが考えられる。

なお、前文全体を削る場合は、「前文を削る」とすればよい。

■例■

○**配偶者からの暴力の防止及び被害者の保護に関する法律の一部を改正する法律**（平成十六年法律第六十四号）

（略）

前文中「行為」の下に「をも含む重大な人権侵害」を加え、「その他の心身に有害な影響を及ぼす言動を行う」を「を加える」に改める。

（以下略）

〈編注　配偶者からの暴力の防止及び被害者の保護に関する法律は、平成二五年法律第七二号により、題名が「配偶者からの暴力の防止及び被害者の保護等に関する法律」に改められている。〉

〈附則による他政令改正の場合の根拠法引用の要否〉

問172　政令の附則において他の政令を改正する場合、その根拠となる法律の条名を制定文に引用する必

答　附則で他法令を改正するのは、本則における法令の制定又は改廃に伴って他法令の改正が必要となった場合であり〈問106及び問142参照〉、その意味では、附則での他法令の改正にはおのずから限度がある。すなわち、その改正は、本則における法令の制定又は改廃と密接不可分で、しかも本則における法令の制定又は改廃に伴う従たるものであるのが通常である。したがって、政令の附則で他の政令を改正する場合には、その根拠となる法律の条名を制定文に引用しないこととされている。ただ、組合等登記令又は独立

要があるのか。

行政法人等登記令により登記すべき新法人に関する法律が制定され、当該法律の施行令の附則でこれらの登記令の別表に新法人を追加する改正が行われる場合（独立行政法人及び国立大学法人等については、登記令の別表に追加することとならない。）には、次の例のように、制定文中に、その根拠規定を示すこととされている。これは、右の根拠規定が当該法律の本則中にあること、当該法律の施行令の附則における他の政令の一部改正の形式をとってはいるが、本来は本則的事項であること等の理由によるのであろう。

■例■

○原子力損害賠償支援機構法施行令（平成二十三年政令第二百五十七号）

内閣は、原子力損害賠償支援機構法（平成二十三年法律第九十四号）第七条第一項……の規定に基づき、この政令を制定する。

（略）

附　則

（独立行政法人等登記令の一部改正）

第六条　独立行政法人等登記令（昭和三十九年政令第二十八号）の一部を次のように改正する。

別表軽自動車検査協会の項の次に次のように加える。

原子力損害賠償支援機構	原子力損害賠償支援機構法（平成二十三年法律第九十四号）	代表権の範囲又は制限に関する定めがあるときは、その定め 資本金

〈編注　この政令の附則第六条の根拠規定は、「機構は、政令で定めるところにより、登記しなければならない」とする原子力損害賠償支援機構法第七条第一項である。な

お、原子力損害賠償支援機構は、原子力損害賠償支援機構法の一部を改正する法律（平成二六年法律第四〇号）により、原子力損害賠償・廃炉等支援機構に改組されているが、この際の登記については、原子力損害賠償支援機構法の一部を改正する法律の施行に伴う関係政令の整備に関する政令（平成二六年政令第二七三号）の本則（第六条）により独立行政法人等登記令の別表の原子力損害賠償支援機構の項が改められている。〉

第三節　目次及び章・節等関係

〔一部改正法令の目次〕

問173　一部改正法令で目次を付けたものと目次を付けないものとがあるが、どのように使い分けるのか。

答　通常、他の法令を改正するための法令には、目次を付けない。これは、他の法令を改正するための法令の役割は、当該他の法令を改正することによって終わるものであり〈問137参照〉、後日、その規定を検索する必要を生ずる場合が少ないことによるものである。

しかしながら、多くの法令を同時に改廃する法令の場合には、検索の便を図るため、特に目次を付けることがある。

■例■

○地域の自主性及び自立性を高めるための改革の推進を図るための関係法律の整備に関する法律（平成二十八年法律第四十七号）

目次

第一章　内閣府関係（第一条―第三条）

第二章　総務省関係（第四条）

第三章　文部科学省関係（第五条）

第四章　厚生労働省関係（第六条―第九条）

第五章　農林水産省関係（第十条・第十一条）

第六章　経済産業省関係（第十二条）

第七章　国土交通省関係（第十三条・第十四条）
第八章　環境省関係（第十五条）
附則

〔目次の一部改正〕

問174　目次の一部を改正する場合には、どのようにするのか。

答　本則において既存の章名、節名等が改められることに伴って目次中の一部の字句を改正する場合には、改正すべき目次の順序に従い、次の例一に示すように、章名、節名等の全部を引用して改正する方式のほか、例二に示すように、その改正すべき字句のみを引用して改正する方式がとられることも多い。しかし、「目次中第○章の章名を次のように改める」というような改正の方式はとらない。〈問177及び問178参照〉

■例一■

○**確定拠出年金法等の一部を改正する法律**（平成二十八年法律第六十六号）

（確定給付企業年金法の一部改正）

第四条　確定給付企業年金法（平成十三年法律第五十号）の一部を次のように改正する。

目次中「確定給付企業年金から確定拠出年金への移行等（第八十二条の二・第八十二条の三）」を「確定給付企業年金と確定拠出年金との間の移行等（第八十二条の二―第八十二条の五）」に改める。

（以下略）

■例二■

○**東日本大震災からの復興のための施策を実施するために必要な財源の確保に関する特別措置法及び財政運営に必要な財源の確保を図るための公債の発行の特例に関する法律の一部を改正する法律**（平成二十八年法律第二十三号）

（東日本大震災からの復興のための施策を実施するために必要な財源の確保に関する特別措置法の一部改正）

第一条　東日本大震災からの復興のための施策を実施するために必要な財源の確保に関する特別措置法（平成二十三年法律第百十七号）の一部を次のように改正する。

目次中「財政融資資金勘定」を削り、「第三条」の下に「・第三条の二」を加え、「及び東京地下鉄株式会社」を「、東京地下鉄株式会社及び日本郵政株式会社」に、「・第五条」を「―第五条の二」に改める。

（以下略）

二　本則において章、節等に含まれる条文の範囲が変わることに伴って目次中の条名を改める場合には、次の例に示すように、その条名のみを引用すれば足りるのであって、「第○章　○○○（第×条―第△条）」という全部を引用する必要はないこととされている。

■例■

○独立行政法人日本学生支援機構法の一部を改正する法律（平成二十九年法律第九号）

目次中「第十七条」を「第十七条の五」に改める。

（以下略）

三　本則において章名、節名等あるいはこれを含んだ章、節等全体が新たに加えられることに伴って目次にその章名、節名等とその章、節等に含まれる条文の範囲とを加える場合、その加えられる部分の直前又は直後の章、節等の章名、節名等とその条文の範囲をまず示し、これを改めるという形で、加えられる部分の章名、節名等とその条文の範囲とを併せ示すという方式が原則としてとられる。「目次中第○章の章名の次に次のように加える」というような方式はとらない。〈問179及び問180　参照〉すなわち、枝番号〈問189　参照〉を用いて追加するときは、次の例一に示すように改正が行われ、既存の章、節等を繰り下げて追加するときは、例二に示すように、影響の及ぶ後続する章、節等全てについて改正が行われることになる。

更に、既存の章、節等が「第○章　削除」等の形で残されている場合に、その章、節等を全部改めるという方式により、新たな内容をもった章、節等を追加することがあるが、これに伴う目次の改正は、例三に示すように、既存の章名、節名等を単に改めるのと同様の方式で行われる。

なお、章、節等に新たにその細分を設けるときは、例四に示すように、条文の範囲は、その細分の方で示すこととなる。〈問64　参照〉

■例一■

○港湾法の一部を改正する法律（平成二十八年法律第四十五号）

港湾法（昭和二十五年法律第二百十八号）の一部を次のように改正する。

目次中「第四章　港湾区域及び臨港地区（第三十七条―第四十一条）」を「第四章　港湾区域及び臨港地区（第三十七条―第四十一条）
第四章の二　港湾協力団体（第四十一条の二―第四十一条の六）」に……改める。

（以下略）

■例二■

○個人情報の保護に関する法律及び行政手続における特定の個人を識別するための番号の利用等に関する法律の一部を改正する法律（平成二十七年法律第六十五号）

（個人情報の保護に関する法律の一部改正）

第一条　個人情報の保護に関する法律（平成十五年法律第五十七号）の一部を次のように改正する。

目次中「第五章　雑則（第五十条―第五十五条）
第六章　罰則（第五十六条―第五十九条）」を「第五章　個人情報保護委員会（第五十条―第六十五条）
第六章　雑則（第六十六条―第七十二条）
第七章　罰則（第七十三条―第七十八条）」に改める。

（以下略）

■例三■

○雇用保険法等の一部を改正する法律（平成二十八年法律第十七号）

（高年齢者等の雇用の安定等に関する法律の一部改正）

第四条　高年齢者等の雇用の安定等に関する法律（昭和四十六年法律第六十八号）の一部を次のように改正する。

目次中……「第四章　削除」を「第四章　地域の実情に応じた高年齢者の多様な就業の機会の確保（第三十四条・第三十五条）」に……改める。

（以下略）

■例四■

○森林法等の一部を改正する法律（平成二十八年法律第四十四号）

（森林組合法の一部改正）

第三条　森林組合法（昭和五十三年法律第三十六号）の一部を次のように改正する。

「第三章　生産森林組合
　第一節　事業、組合
　第二節　組織変更
　　第一款　株式会社へ
　　第二款　合同会社へ
　　第三款　認可地縁団

目次中……「第三章　生産森林組合（第九十三条―第百条）」を

員、管理、設立、解散及び清算（第九十三条―第百条）
の組織変更（第百条の二―第百条の十三）
の組織変更（第百条の十四―第百条の十八）
体への組織変更（第百条の十九―第百条の二十四）　」
に改める。

（以下略）

四　本則において章名、節名等あるいはこれを含んだ章、節等全体が削除されることに伴って目次の一部を改正する場合、本則におけるその削除の仕方によって、目次の改正の仕方も異なってくる。〈問181から問183まで　参照〉

すなわち、その章、節等を「削除」の形で残すときは、次の例一に示すように、既存の章名、節名等を単に改めるのと同様の方式がとられる。この場合、その削除された章、節等については、目次ではそこに含まれる条文の範囲を示さないこととされている。

これに対して、その章名、節名等あるいは章、節等を跡形もなく削ってしまうときは、例二に示すように、その削る章、節等とその直前又は直後の章、節等の章名、節名等とその条文の範囲をまず併せ示し、これを改めるという形で、削られた後の姿を示すという方式が原則としてとられる。この場合、後続する章、節等で影響の及ぶもの全てについて改正が行われることになる。

なお、章名、節名等あるいは章、節等を削る場合、その削られる部分が本則あるいは章等の末尾にあるとか、枝番号としての末尾にあるようなときは、他に影響が及ぶことがないので、例三の方式がとられることがある。この場合でも、「目次中第○章の章名を削る」というような改正の方式はとらない。

■例一■

○**特別会計に関する法律等の一部を改正する等の法律**（平成二十五年法律第七十六号）

（特別会計に関する法律の一部改正）

第一条　特別会計に関する法律（平成十九年法律第二十三号）の一部を次のように改正する。

目次中……「第十節　農業共済再保険特別会計（第百三十八条―第百四十九条）」を「第十節　削除」に、「第十二節　削除
第十三節　漁船再保険及び漁業共済保険特別会計（第百七十二条―第百八十一条）」を「第十二節及び第十三節　削除」に、「第十六節　社会資本整備事業特別会計（第百九十八条―第二百九条）」を「第十六節　削除」に改める。

（以下略）

■例二■

○**駐留軍等の再編の円滑な実施に関する特別措置法の一部を改正する法律**（平成二十九年法律第六号）

駐留軍等の再編の円滑な実施に関する特別措置法（平成十九年法律第六十七号）の一部を次のように改正する。

目次中「第四章　株式会社国際協力銀行の業務の特例（第十六条―第二十四条）
　　　第五章　駐留軍等労働者に係る措置（第二十五条）
　　　第六章　雑則（第二十六条）」を「第四章　駐留軍等労働者に係る措置（第十六条）
第五章　雑則（第十七条）」に改める。

（以下略）

■例三■

○持続可能な医療保険制度を構築するための国民健康保険法等の一部を改正する法律（平成二十七年法律第三十一号）

第四条　国民健康保険法の一部を次のように改正する。

目次中……「第四章の二　広域化等支援方針（第六十八条の二・第六十八条の三）」を削り、「第八十一条）」を「第八十一条の三）」に改め、「第五章の二　交付金事業（第八十一条の二）」を削り、……改める。

（以下略）

五　なお、目次における改正の場合、右三の例一、例二、例四等で示したように、改めるべき部分が二行以上にわたって並列されているとき、あるいは改められた後の姿が二行以上にわたって並列されるべきときには、その並列したままの形で示すのであって、これを一行に組み直す等その形を変えてはならない。また、改めるべき部分の行数と改められた後の姿の行数とが違っていても、その行数の違いに関係なく改正が行われるものと了解されている。

さらに、改めるべき部分あるいは改められた後の姿が二行以上にわたる場合には、これまた右三の例一、例二、例四等で示したように、それぞれの引用する「　」の中心線がそろうように配置し、「目次中「○○」を「××」に改める」等の表現も、その中心線上に置くこととされている。

〈目次の全部改正〉

問175 目次の全部を改正する場合には、どのようにするのか。

答 目次の全部を改める場合には、次の例に示すように、「目次を次のように改める」という柱書きを置き、その次の行から改められた後の目次を改正前の目次と同様の形式で書くことになる。〈問64 参照〉

例

○電気事業者による再生可能エネルギー電気の調達に関する特別措置法等の一部を改正する法律（平成二十八年法律第五十九号）

第一条 電気事業者による再生可能エネルギー電気の調達に関する特別措置法の一部を次のように改正する。

目次を次のように改める。

目次

第一章　総則（第一条・第二条）

第二章　電気事業者による再生可能エネルギー電気の調達等

第一節　調達価格及び調達期間（第三条）

第二節　入札の実施等（第四条―第八条）

第三節　再生可能エネルギー発電事業計画の認定等（第九条―第十五条）

第四節　電気事業者の義務等（第十六条―第二十条）

第五節　電力・ガス取引監視等委員会（第二十一条―第二十七条）

第三章　電気事業者における費用負担の調整（第二十八条―第三十八条）

第四章　指定入札機関及び費用負担調整機関

第一節　指定入札機関（第三十九条―第五十四条）
第二節　費用負担調整機関（第五十五条―第六十六条）
第五章　調達価格等算定委員会（第六十七条―第七十三条）
第六章　雑則（第七十四条―第七十九条）
第七章　罰則（第八十条―第八十七条）
附則
（以下略）

〔目次の新設〕

問176　新たに目次を設ける場合には、どのようにするのか。

答　章、節等の区分のない法令に章の区分を新たに設ける場合には、同時に、目次も新たに設けなければならない。〈問63、問65及び問179　参照〉

法令に目次を新たに設ける場合には、原則として、次の例一に示すように、「題名の次に次の目次及び章名を付する」という柱書きを置き、その次の行から、設けるべき目次を新規制定の法令における目次と同様の形式で書くことになる。なお、この場合、目次の直後に置かれる第一章の章名も併せて書くことになる。

しかしながら、政令や過去に全部改正が行われている法律のように、題名の次に制定文〈問55　参照〉が置かれている場合には、柱書きの「題名の次に」という表現は適切でないので、これに代えて、例二に示すように、「第一条の前に次の目次及び章名を付する」という柱書きが置かれることになる。

■例一■

○**活動火山対策特別措置法の一部を改正する法律**（平成二十七年法律第五十二号）

題名の次に次の目次及び章名を付する。

目次
第一章　総則（第一条）
第二章　基本指針（第二条）
第三章　円滑な警戒避難の確保
第一節　警戒避難体制の整備等（第三条—第十一条）
第二節　情報の伝達等（第十二条）
第四章　避難施設の整備その他の事業の実施等（第十三条—第二十八条）
第五章　調査及び研究その他の措置（第二十九条—第三十一条）
附則

第一章　総則

（以下略）

■例二■

○地方独立行政法人法施行令等の一部を改正する政令（平成二十八年政令第三百五十三号）

（地方独立行政法人法施行令の一部改正）

第一条　地方独立行政法人法施行令（平成十五年政令第四百八十六号）の一部を次のように改正する。

第一条の前に次の目次及び章名を付する。

目次
第一章　総則（第一条・第二条）
第二章　教育公務員の範囲（第三条）
第三章　業務（第四条・第五条）
第四章　財務及び会計（第六条—第十一条）

〔章名の改正〕

問177　章名、節名等だけを改める場合には、どのようにするのか。

第五章　特定地方独立行政法人における人事管理（第十二条―第十四条）
第六章　移行型地方独立行政法人の設立に伴う措置（第十五条・第十六条）
第七章　公立大学法人に関する特例（第十七条―第三十条）
第八章　公営企業型地方独立行政法人に関する特例（第三十一条）
第九章　雑則（第三十二条・第三十三条）
附則
　　第一章　総則
（以下略）

答　章名、節名等は、それが一体のものであるとして、これらのうち改めるべき部分が一部にとどまる場合にも、全体として改める方式をとるのが原則である。

改正の方式としては、次の例一の方式を原則とするが、例二の方式をとることも認められる。

なお、章名、節名等のうち改める部分が一部にとどまる場合に、例三に示すように、当該部分のみを改める方式をとることもある。

いずれの場合においても、目次についても改正する必要がある。〈問174参照〉

■例一■
○個人情報の保護に関する法律及び行政手続における特定の個人を識別するための番号の利用等に関する法律の一部を改正する法律（平成二十七年法律第六十五号）
（行政手続における特定の個人を識別するための番号の利用等に関する法律の一部改正）
第四条　行政手続における特定の個人を識別するための番号の利用等に関する法律（平成二十

五年法律第二十七号）の一部を次のように改正する。

（略）

「第一節　特定個人情報保護評価」を「第一節　特定個人情報保護評価等」に改める。

（以下略）

■例二■

○中小企業の新たな事業活動の促進に関する法律の一部を改正する法律（平成二十八年法律第五十八号）
（略）
第三章の章名を次のように改める。
第三章　中小企業の経営革新及び異分野連携新事業分野開拓の促進並びに中小企業等の経営力向上
（以下略）
△編注　中小企業の新たな事業活動の促進に関する法律は、この改正法により、題名が「中小企業等経営強化法」に改められている。▽

■例三■

○防衛省設置法等の一部を改正する法律（平成二十七年法律第三十九号）
（防衛省設置法の一部改正）

第一条　防衛省設置法（昭和二十九年法律第百六十四号）の一部を次のように改正する。

（略）

第三章の章名中「防衛省」を「本省」に改める。

（以下略）

〔章全部の改正〕

問178　章名、節名等だけでなく、その章、節等に含まれる条文を全部改める場合には、どのようにするのか。

答　章、節等について、章名、節名等だけでなく、その章、節等に含まれる条文をも全部改める場合には、それが章であれば、次の例に示すように、「第○章を次のように改める」という柱書きを置き、その次の行から改められた後の章名及びその章に含まれる条文を書くことになる。節等の場合も、同様である。

なお、章名、節名等に改正がある場合及びその章、節等に含まれる条文のうち冒頭のもの又は末尾のものの条名に変更がある場合には、目次について改正する必要がある。〈問174　参照〉

「削除」という形で残されている章、節等を全部改めて、新たな内容をもった章、節等とする改正については、〈問180　参照〉。

例

○農業災害補償法の一部を改正する法律（平成二十九年法律第七十四号）

（略）

第四章を次のように改める。

第四章　農業経営収入保険事業

（農業経営収入保険事業）

第百七十五条　（略）

（保険資格者）

第百七十六条　（略）

（保険関係の成立）

第百七十七条　（略）

（保険料の支払）

第百七十八条　（略）
（保険金額）
第百七十九条　（略）
（保険料率）
第百八十条　（略）
（保険金）
第百八十一条　（略）
（特約）
第百八十二条　（略）
（保険期間）
第百八十三条　（略）
（死亡、解散等の場合の権利義務の承継）
第百八十四条　（略）
（被保険者の遵守すべき事項）
第百八十五条　（略）
（免責事由）
第百八十六条　（略）
（準用）
第百八十七条　（略）
（業務の委託）
第百八十八条　（略）
（秘密保持義務）
第百八十九条　（略）
（連携及び技術的な協力の確保等）

〔章区分の新設〕

問179　章、節等の区分のない法令に新たに章、節等の区分を設ける場合には、どのようにするのか。

第百九十条　（略）

（以下略）

〈編注　農業災害補償法は、この改正法により、題名が「農業保険法」に改められている。〉

答一　従来章の区分のない法令に新たに章の区分を設ける場合には、次の例に示すような方式がとられる。この場合には、目次も同時に設けられることになる。〈問65及び問176参照〉

■例■

○住宅確保要配慮者に対する賃貸住宅の供給の促進に関する法律の一部を改正する法律

（平成二十九年法律第二十四号）

（略）

題名の次に次の目次及び章名を付する。

目次

第一章　総則（第一条―第三条）

第二章　基本方針（第四条）

第三章　都道府県賃貸住宅供給促進計画及び市町村賃貸住宅供給促進計画（第五条―第七条）

第四章　住宅確保要配慮者円滑入居賃貸住宅事業

第一節　登録（第八条―第十五条）

第二節　業務（第十六条・第十七条）

第三節　登録住宅に係る特例（第十八条―第二十一条）

第四節　監督（第二十二条―第二十四条）

第五節　指定登録機関（第二十五条―第三十七条）

第六節　雑則（第三十八条・第三十九条）
第五章　住宅確保要配慮者居住支援法人（第四十条―第五十条）
第六章　住宅確保要配慮者居住支援協議会（第五十一条・第五十二条）
第七章　住宅確保要配慮者に対する賃貸住宅の供給の促進に関する施策（第五十三条―第五十七条）
第八章　雑則（第五十八条―第六十条）
第九章　罰則（第六十一条―第六十四条）
附則

第一章　総則

（略）

第三条の次に次の章名を付する。

第二章　基本方針

（略）

第九条から第十一条までを削る。

第十二条を第五十七条とし、第八条を第五十六条とし、第五条から第七条までを四十八条ずつ繰り下げ、第四条の次に次の四章及び章名を加える。

第三章　都道府県賃貸住宅供給促進計画及び市町村賃貸住宅供給促進計画

（第五条から第七条まで　略）

第四章　住宅確保要配慮者円滑入居賃貸住宅事業

第一節　登録

（第八条から第十五条まで　略）

第二節　業務

（第十六条及び第十七条　略）

第三節　登録住宅に係る特例

（第十八条から第二十一条まで　略）
第四節　監督
（第二十二条から第二十四条まで　略）
第五節　指定登録機関
（第二十五条から第三十七条まで　略）
第六節　雑則
（第三十八条及び第三十九条　略）
第五章　住宅確保要配慮者居住支援法人
（第四十条から第五十条まで　略）
第六章　住宅確保要配慮者居住支援協議会
（第五十一条及び第五十二条　略）
第七章　住宅確保要配慮者に対する賃貸住宅の供給の促進に関する施策
本則に次の二章を加える。
第八章　雑則
（第五十八条から第六十条まで　略）
第九章　罰則
（第六十一条から第六十四条まで　略）

右の例について若干説明を加えると、まず題名の次に目次が設けられ、同時にその直後の第一章の章名が置かれる。次いで、第一条及び第二条について所要の改正をした後（例では、略）、「第三条の次に次の章名を付する」として、第二章の章名が置かれている。これにより、第三条までが第一章に属することが明らかになる。続いて、この改正では、第四条の次にかなりのボリュームの追加をする必要があるので、条の繰下げによりスペースを設ける措置を講じている。即ち、第四条について所要の改正をし（例では、略）、第九条から第一一条までを削った後、「第十二条を第五十七条とし、……、第五条から第七条までを四十八条ずつ繰り下げ」て必要なスペースを確保した上で、「第四条の次に次の四章及び章名を加える」としている。「次の四章」は、第三章から第六章までで、条数は四八に及ぶ。このうち、第四章は節の区分が設けられるが、この場合も順番どおりに節の区分が設けられた改正後のあるべき形を規定していけばよいのである。第六章は第五二条までで、改正前の第五条が繰り下げられた第五三条以降が第七章に属することとなる。最後に、本則の末尾に二章を加えている。

二　章の区分の中に、新たにその章の細分としての節の区分を設ける場合には、次の例に示すような方式がとられる。これは、節の細分としての款、更にその細分としての目を新たに設ける場合についても、同様である。なお、これらの場合には、目次についても改正する必要がある。〈問174　参照〉

■例■

○原子力利用における安全対策の強化のための核原料物質、核燃料物質及び原子炉の規制に関する法律等の一部を改正する法律（平成二十九年法律第十五号）

第三条　核原料物質、核燃料物質及び原子炉の規制に関する法律の一部を次のように改正する。

（略）

第五章の三中第五十二条の前に次の節名を付する。

第一節　核燃料物質の使用等に関する規制

（略）

第五十七条の六第一項中「第五十五条の四第一項」を「第五十五条の三第一項」に、「第五十五条の五第一項」を「第五十五条の四第一項」に改め、同条の次に次の節名を付する。

第二節　核原料物質の使用に関する規制

第五十七条の七の見出しを削り、同条第四項中「次項」の下に「及び次条」を加え、同条第五項中「基準」を「技術上の基準」に改める。

第五章の三を第八章とする。

（以下略）

右の例について若干説明を加えると、まず「第五章の三中第五十二条の前に次の節名を付する」としているが、第一節の節名を追加する際「第五章の三中第五十二条の前に」とするのは、追加される位置が改正前の第五章の二と第五章の三の境目であるので、第五章の三に属することを明確にするためである。次いで「第五十七の六第一項中……改め、同条の次に次の節名を付する」として第二節の節名を置き、第五七条の六までが第一節に属し、その次の条から第二節に属することを明らかにしている。改正前の第五七条の七までが第五章の三に属しているので、第五章の三第二節は第五七条の七のみから成ることになる。その後、第五章の三全体を第八章とする旨規定している。

三　なお、章名、節名等を加える場合に、あわせてその直前又は直後に幾つかの条を加えるときは、「第○条の次に（前に）次の章名及び×条を加える」あるいは「第○条の次に（前に）次の×条及び章名を加える」というような柱書きが用いられる。

また、章名、節名等だけを加える場合には、「付する」という表現を用い、章、節

〔章の追加〕

問180　章、節等をその中に含まれる条文を含めて新たに追加する場合には、どのようにするのか。

等そのもの（その内容を成す条文を含めて）を加える場合及び章名、節名等と直前の章、節等そのものとをあわせて加える場合には、「加える」という表現を用いる。

答　一　章、節等をその中に含まれる条文を含めて新たに追加する場合には、通常、次の例に示すように、「第○章の次に次の一章を加える」あるいは「第○章第×節の次に次の一節を加える」というような柱書きを置き、次の行から章名、節名等及びその中に含まれる条文を書くことになる。

この場合、その追加する章、節等が本則中の末尾の章、一章中の末尾の節等となるときを除いては、例一に示すように、その追加する章、節等に後続することとなる章、節等を繰り下げるか、例二に示すように、その追加する章、節等を枝番号の章、節等とするかを選択しなければならない。〈問189　参照〉

なお、いずれの場合においても、目次についても改正する必要がある。〈問174　参照〉

■例一■

○航空法の一部を改正する法律（平成二十七年法律第六十七号）

（略）

第十章を第十一章とする。

（略）

第九章を第十章とし、第八章の次に次の一章を加える。

第九章　無人航空機

（第百三十二条から第百三十二条の三まで　略）

■例二■

○子ども・子育て支援法の一部を改正する法律（平成二十八年法律第二十二号）

（略）

第四章の次に次の一章を加える。

第四章の二　仕事・子育て両立支援事業

第五十九条の二　政府は、仕事と子育てとの両立に資する子ども・子育て支援の提供体制の充実を図るため、仕事・子育て両立支援事業として、児童福祉法第五十九条の二第一項に規定する施設（同項の規定による届出がされたものに限る。）のうち同法第六条の三第十二項に規定する業務を目的とするものその他事業主と連携して当該事業主が雇用する労働者の監護する乳児又は幼児の保育を行う業務に係るものの設置者に対し、助成及び援助を行う事業を行うことができる。

2　全国的な事業主の団体は、仕事・子育て両立支援事業の内容に関し、内閣総理大臣に対して意見を申し出ることができる。

（以下略）

〈編注　第四章の二は、第五九条の二のみから成る。〉

二　章、節等をその中に含まれる条文を含めて新たに追加する場合に、あわせてその直前に幾つかの条を加えることがある。この場合には、次の例に示すように、「第○条の次に次の×条及び一章を加える」というような柱書きが用いられる。これに対し、章、節等をその中に含まれる条文を含めて新たに追加する場合で、あわせてその直後に幾つかの条を加えるときには、その幾つかの加えられる条は当然別の章、節等に属することとなることから、当該別の章、節等の章名、節名等が新たに付されるものであるときは、例えば「第○章の次に次の一章並びに章名及び×条を加える」というような柱書きを用いることとなろう。

なお、いずれの場合においても、目次についても改正する必要がある。〈問174参照〉

■例■

○絶滅のおそれのある野生動植物の種の保存に関する法律の一部を改正する法律（平成二十九年法律第五十一号）

（略）

第四十八条の次に次の二条及び一章を加える。

（土地への立入り等）

第四十八条の二　（略）

（損失の補償）

第四十八条の三　（略）

第五章　認定希少種保全動植物園等

（第四十八条の四から第四十八条の十一まで　略）

（以下略）

三　章、節等をその中に含まれる条文を含めて新たに追加する場合に、その追加する位置にたまたま「第○章　削除」等として章、節等の形骸が残されているときには、次の例に示すように、その章、節等を全部改めるという方式により、章、節等を追加することがある。

この場合、削除の形で残されていた章、節等に含まれる条文の範囲と加えられる章、節等に含まれるべき条文の数とが異なるときは、その章、節等の末尾の条を削除として残し、あるいは、その章、節等の末尾の条を枝番号とすることによって、後続する章、節等の条文の繰上げ又は繰下げを避けるのが通例である。〈問189及び問231参照〉

なお、いずれの場合においても、目次についても改正する必要がある。〈問174参照〉

■例一■

○独立行政法人通則法の一部を改正する法律の施行に伴う関係法律の整備に関する法律

（平成二十六年法律第六十七号）

（文部科学省設置法の一部改正）

第七十三条　文部科学省設置法（平成十一年法律第九十六号）の一部を次のように改正する。

目次中

「第三款　削除
第四款　国立大学法人評価委員会（第十八条）
第五款　削除
第六款　独立行政法人評価委員会（第二十条）」

を「第三款　国立大学法人評価委員会（第八条―第二十条）」に改める。

（略）

第三章第二節第四款から第六款までを削る。

第三章第二節第三款を次のように改める。

第三款　国立大学法人評価委員会

第八条　国立大学法人評価委員会については、国立大学法人法（これに基づく命令を含む。）の定めるところによる。

第九条から第二十条まで　削除

（以下略）

〈編注　文部科学省設置法第九条から第二〇条までの規定は、その後文部科学省設置法

の一部を改正する法律（平成二七年法律第二一号）により改正されている。〉

■例二■

○特許法等の一部を改正する法律（平成二十六年法律第三十六号）

（特許法の一部改正）

第一条　特許法（昭和三十四年法律第百二十一号）の一部を次のように改正する。

目次中「削除」を「特許異議の申立て（第百十三条―第百二十条の八）」に改める。

（略）

第五章を次のように改める。

第五章　特許異議の申立て

（特許異議の申立て）

第百十三条　何人も、特許掲載公報の発行の日から六月以内に限り、特許庁長官に、特許が次の各号のいずれかに該当することを理由として特許異議の申立てをすることができる。この場合において、二以上の請求項に係る特許については、請求項ごとに特許異議の申立てをすることができる。

一～五　（略）

（第百十四条から第百十九条まで　略）

（証拠調べ及び証拠保全）

第百二十条　第百五十条及び第百五十一条の規定は、特許異議の申立てについての審理における証拠調べ及び証拠保全に準用する。

（職権による審理）

第百二十条の二　特許異議の申立てについての審理においては、特許権者、特許異議申立人又は参加人が申し立てない理由についても、審理することができる。

2　特許異議の申立てについての審理においては、特許異議の申立てがされていない請求項については、審理することができない。

（第百二十条の三から第百二十条の七まで　略）

（審判の規定等の準用）
第百二十条の八　第百三十三条、第百三十三条の二、第百三十四条第四項、第百三十五条、第百五十二条、第百六十八条、第百六十九条第三項から第六項まで及び第百七十条の規定は、特許異議の申立てについての審理及び決定に準用する。
2　第百十四条第五項の規定は、前項において準用する第百三十五条の規定による決定に準用する。
（以下略）

例一について若干説明を加えると、削除の形で残されていた第三章第二節第三款に含まれる条文の範囲は第八条から第一七条までであるが、この改正では、引き続く同節第四款から第六款までを削ることとなっているため、これらに含まれる条文も合わせ第八条から第二〇条までが従来の条文の範囲となり、一方、新たに追加される同節第三款に含まれるべき条文の数は一であるので、同款の末尾の一二条を削除という形とし、第二一条から始まる同章第三節以下の条文の繰上げを避けている。

例二においては、削除の形で残されていた第五章に含まれる条文の範囲は第一一三条から第一二〇条までであり、新たに追加される第五章に含まれるべき条文の数は一五であるので、同章の末尾の七条を枝番号としている。

〔章名だけを削る場合〕

問181　章名、節名等だけを削る場合には、どのようにするのか。

答　章名、節名等だけを削る場合には、次の例一に示すように、その章名、節名等を「　」で示し、これを削る旨の規定を置くのが原則であるが、例二に示すような方式をとることもある。

これらの場合、例一についていえば、第二章の章名が削られた段階では従来の第二章に含まれていた条文は第一章に属することとなるが、続いて第一条の次に第二章の章名及び第一節の節名が付されることによって、第二条以下は第二章第一節に属することとなり、次に、第六条の前に第二節の節名が付されることによって、第二章第一節は第五条までとなり、第六条以下が第二章第二節に属することが明らかになる。

次いで第三章の章名が削られており、この段階では従来の第三章に含まれていた条文は第二章第二節に属することとなるが、続いて第一一条の前に第三節の節名が付されることによって、第一一条以下は第二章第三節に属することが明らかになる。このような手当てを繰り返して、改正後の第二章は六節で構成されることになる。

また例二についていえば、従来の第五章に含まれていた条文（第二七条以下）は、第五章の章名が削られた段階では第四章に属することとなるが、続いて第二五条の次に第五章の章名を付することとされているので、第二六条とあわせて再び第五章に属することとなる。

なお、いずれの場合においても、目次についても改正する必要がある。〈問174参照〉

■例一■

○信用保証協会法の一部を改正する法律（平成二十年法律第六十号）

（略）

「第二章　設立」を削る。

第一条の次に次の章名及び節名を付する。

第二章　信用保証協会

第一節　通則

第六条の前に次の節名を付する。

第二節　設立

「第三章　管理」を削る。
第十一条の前に次の節名を付する。
　　第三節　管理
「第四章　業務」を削る。
第二十条の前に次の節名を付する。
　　第四節　業務
（略）
「第五章　解散及び清算」を削る。
第二十三条の前に次の節名を付する。
　　第五節　解散及び清算
「第六章　監督」を削る。
第三十三条の前に次の節名を付する。
　　第六節　監督
（以下略）

■例二■
○独立行政法人に係る改革を推進するための農林水産省関係法律の整備に関する法律（平成二十七年法律第七十号）
（独立行政法人農林漁業信用基金法の一部改正）

第四条　独立行政法人農林漁業信用基金法（平成十四年法律第百二十八号）の一部を次のように改正する。

（略）

第五章の章名を削る。

第二十五条の次に次の章名を付する。

　　第五章　罰則
（以下略）

〔章全部を削る場合〕

問182　章名、節名等とその章、節等に含まれる条文を同時に全部削る場合には、どのようにするのか。

答　章名、節名等とその章、節等に含まれる条文を同時に全部削る場合には、「第○章を削る」、「第○章第×節を削る」等の表現を用いる。

この場合、その章、節等が本則中の末尾であるときを除いて、後続する条について繰上げが必要となるほか、その章、節等が枝番号としての末尾の章、節等であるとき、又は本則中の末尾の章若しくは一章中の末尾の節である等のときを除いては、後続する章、節等についても、その繰上げが必要となる。

なお、目次についても改正する必要がある。〈問174参照〉

■例■

○**森林法等の一部を改正する法律**（平成二十八年法律第四十四号）

（木材の安定供給の確保に関する特別措置法の一部改正）

第四条　木材の安定供給の確保に関する特別措置法（平成八年法律第四十七号）の一部を次のように改正する。

目次中「第十六条」を「第二十一条」に改め、「第三章　木材安定供給確保支援法人（第十七条―第二十六条）
第四章　罰則（第二十七条―第二十九条）」を「第三章　罰則（第二十二条・第二十三条）」に改める。

（略）

第三章を削る。

第十六条中……に改め、第二章中同条を第二十一条とし、第十五条を第二十条とし、第十二条から第十四条までを五条ずつ繰り下げる。

（略）

第二十七条を削る。

第二十八条中……に改め、第四章中同条を第二十二条とする。
（略）
第二十九条を第二十三条とする。
第四章を第三章とする。

右の例について若干説明を加えると、まず「第三章を削る」とすることにより、改正前の第三章は章名及び同章に含まれる条文（第一七条から第二六条まで）全てが削られる。次いで第二章の末尾の条である第一六条が繰り下げられているが、依然として第二章に属することを明らかにするため、「……第二章中同条を第二十一条とし……」とされている。そして、従来の第四章中の条のうち第二七条が削られ、同章の先頭の条となった第二八条が第二二条に繰り上げられているが、章の境目の条であるため、「……第四章中同条を第二十二条とする」と規定されている。最後に「第四章を第三章とする」として、章全体の繰上げを行っている。

〔章全部を「削除」とする場合〕

問183 章名、節名等とその章、節等に含まれる条文を同時に全部「削除」とする場合には、どのようにするのか。

答 章名、節名等とその章、節等に含まれる条文を同時に削る場合には、その章、節等の位置によっては、後続する条について繰上げが必要となるほか、後続する章、節等の繰上げも必要となる場合がある〈前問参照〉。しかも、その繰上げが技術的に著しく複雑であったり、あるいはその繰上げによって、その法令の他の規定又は他の法令の規定における当該部分の引用について多くの改正を要する等改正のための改正が繁雑となる場合もある。このような場合には、章、節等全体を削るのではなく、その章、節等を「削除」として、形骸を残しておく方式がとられる。

章、節等を「削除」とする場合には、通常、次の例一に示す方式がとられるが、その章、節等の中の条の一部を他の章、節等に含めてなお用いようとする場合あるいはその章、節の末尾の条が枝番号の条であって例一に示す方式をとるのが適切でない場合などには、例二に示すように、章名、節名等だけを「削除」とし、その章、節等に含まれる条文については、その一部を「削除」とし、他の部分は、削ってその条名を他の章・節等に属する条文のものとして用いたり、単に削ったりする方式がとられることがある（「削除」としない条文をそのまま移動させて他の章・節等に含ませることもある。）。

なお、いずれの場合においても、目次についても改正する必要がある。〈問174参照〉

■例一■

○特別会計に関する法律等の一部を改正する等の法律（平成二十五年法律第七十六号）

（特別会計に関する法律の一部改正）

第一条　特別会計に関する法律（平成十九年法律第二十三号）の一部を次のように改正する。

目次中……「第十節　農業共済再保険特別会計（第百三十八条―第百四十九条）」を「第十節　削除」に、「第十二節　削除
第十三節　漁船再保険及び漁業共済保険特別会計（第百七十二条―第百八十一条）」を「第十二節及び第十三節　削除」に、「第十六節　社会資本整備事業特別会計（第百九十八条―第二百九条）」を「第十六節　削除」に改める。

（略）

第二章第十節を次のように改める。

第十節　削除

第百三十八条から第百四十九条まで　削除
第二章第十二節及び第十三節を次のように改める。
　第十二節及び第十三節　削除
第百五十八条から第百八十一条まで　削除
（略）
第二章第十六節を次のように改める。
　第十六節　削除
第百九十八条から第二百九条まで　削除
（以下略）

■例二■

○介護保険法施行法（平成九年法律第百二十四号）
（老人保健法の一部改正）

第二十四条　老人保健法の一部を次のように改正する。

目次中……「第四十六条の五の四・第四十六条の五の五」を「第四十六条の六・第四十六条の七」に、「第四十六条の五の六」を「第四十六条の八」に、

「第三章の二　老人保健施設及び指定老人訪問看護事業者
　第一節　老人保健施設（第四十六条の六―第四十六条の十七）

　第二節　指定老人訪問看護事業者（第四十六条の十七の二―第四十六条の十七の十）」

を「第三章の二　削除」に、

……改める。

（略）

第四十六条の六から第四十六条の八までを削る。

第三章第七節中第四十六条の五の六を第四十六条の八とする。

第四十六条の五の五中……改め、第三章第六節中同条を第四十六条の七とする。

第三章第六節中第四十六条の五の四を第四十六条の六とする。

（略）

「第三章の二　老人保健施設及び指定老人訪問看護事業者」を「第三章の二　削除」に改める。

「第一節　老人保健施設」を削る。

第四十六条の九から第四十六条の十七までを次のように改める。

第四十六条の九から第四十六条の十七まで　削除
第三章の二第二節を削る。

（以下略）

〈編注　老人保健法（昭和五七年法律第八〇号）は、平成一八年法律第八三号により題名が「高齢者の医療の確保に関する法律」に改められている。〉


右の例二について若干説明を加えると、改正前の老人保健法第三章の二は、二節で構成されており、これに含まれる条文は全て不要になるのであるが、このうち第四六条の六から第四六条の八までは、まず削った上で、その条名は第三章に属する別の条文のものとして用いている。次いで、第三章の二の章名を「削除」とし、第一節の節名は削り、「第四十六条の九から第四十六条の十七まで　削除」としている。そして、改正前の第二節に属していた条文は、第四六条の一七の二から第四六条の一七の一〇までであって、その条名を形骸として残しておく必要がない（次の章は、第四六条の一八から始まる。）ので、同節はそこに含まれていた条文を含めて削ることとしているわけである。

第四節　見出し関係

〔見出しの改正〕

問184　条の見出しを改める場合には、どのようにするのか。

答一　条の見出しについても、条・項の改正と同じように、その全部を改める場合と一部を改正するにとどめる場合とがある。

見出しの全部を改める場合は、「第○条の見出しを「（○○○）」に改める」とする。この場合に注意すべき点は、次の例に示すように、括弧を付けた形で改めることである。

■例■

○**農村地域工業等導入促進法の一部を改正する法律**（平成二十九年法律第四十八号）

（略）

第三条の見出しを「（基本方針）」に改め、同条第一項中……改め、同条第二項第一号及び第二号中……改め、同項第三号中……改め、同項第五号中……改める。

（以下略）

〈編注　農村地域工業等導入促進法は、この改正法により、題名が「農村地域への産業の導入の促進等に関する法律」に改められている。〉

二　見出しの一部を改める場合には、次の例に示すように、条・項中の改正と同じように改め、加え、削り方式を用いる。ただ、見出しは短いものが多いから、全部改正をすることが多いといえよう。

■例一■

○中小企業の新たな事業活動の促進に関する法律の一部を改正する法律（平成二十八年法律第五十八号）

（略）

第二十三条の見出し中「中小企業者等に対する」を「国の」に改め、同条第一項中……改め、同条を第三十二条とする。

（以下略）

〈編注　改正前の第二三条の見出しは、「（中小企業者等に対する特定補助金等の交付の方針の作成等）」であった。中小企業の新たな事業活動の促進に関する法律は、この改正法により、題名が「中小企業等経営強化法」に改められている。〉

■例二■

○都市再生特別措置法等の一部を改正する法律（平成二十八年法律第七十二号）

（都市再開発法の一部改正）

第二条　都市再開発法（昭和四十四年法律第三十八号）の一部を次のように改正する。

（略）

第八十一条の見出し中「施設建築敷地」の下に「及び個別利用区内の宅地等」を加え、同条中……改める。

（略）

〈編注　改正前の都市再開発法第八一条の見出しは、「（施設建築敷地の価額等の概算額の算定基準）」であった。〉

■例三■

○ポリ塩化ビフェニル廃棄物の適正な処理の推進に関する特別措置法の一部を改正する法

〔見出しの新設〕

問185 見出しのない条に見出しを付ける場合には、どのようにするのか。

律（平成二十八年法律第三十四号）

（略）

第二十条の見出し中「緊急時における」を削り、同条中……改め、……加え、……削り、……改め、同条を第二十七条とする。

（以下略）

〈編注　改正前の第二〇条の見出しは、「（緊急時における環境大臣の事務執行）」であった。〉

三　注意すべきことは、共通見出し〈問69　参照〉の改正であり、A条とB条との共通見出しがA条の前に付けられている場合に、その見出しの改正をするときは、「A条の前の見出し」と指示することである。そのほかの点については、条固有の見出しを改正する場合と異なるところはない。

答一　当該条に固有の見出しを付ける場合には、「第〇条に見出しとして「（〇〇〇）」を付する」とする。

共通見出しの下にあった条に固有の見出しを付けることとなる場合、章、節等が一条から成るため見出しが省略されていた条について〈問66　参照〉、当該章、節等に別の条が加わることとなって見出しを付ける場合（次の例）などが考えられる。

■例■
○**独立行政法人国民生活センター法等の一部を改正する法律**（平成二十九年法律第四十三号）
（独立行政法人国民生活センター法の一部改正）

第一条　独立行政法人国民生活センター法（平成十四年法律第百二十三号）の一部を次のように改正する。

目次中「利益及び損失の処理の特例等（第四十三条）」を「財務及び会計（第四十三条・第四十三条の二）」に改める。

（略）

第四章の章名を次のように改める。

第四章　財務及び会計
第四十三条に見出しとして「（利益及び損失の処理の特例等）」を付する。

第四章中第四十三条の次に次の一条を加える。

（長期借入金）

第四十三条の二　（略）

二　当該条の固有の見出しでなく、続く数条の共通見出しを付ける場合には、次の例に示すように、「第○条の前に見出しとして「（○○○）」を付する」とする。

例
○流通業務の総合化及び効率化の促進に関する法律の一部を改正する法律（平成二十八年法律第三十六号）
（略）
第十一条の見出しを削り、同条を第十条とし、同条の前に見出しとして「（貨物自動車運送事業法の特例）」を付し、同条の次に次の一条を加える。
第十一条　（略）
（以下略）

〔条文と見出しの字句の改正〕

問186　ある条文とその条の見出しとに同一の字句が用いられている場合、次のようにしたいときには、どのようにすればよいのか。

一　見出しに用いられている字句だけを改めたいとき。

二　条文中に用いられている字句だけを改めたいとき。

三　見出しに用いられている字句及び条文中に用いられている同一の字句を改めたいとき。

四　見出しに用いられ

答　一　見出しに用いられている字句だけを改める場合には、次の例に示すように、「第○条の見出し中「○○」を「××」に改める」とする。なお、〈問184　参照〉。

■例■

○道路運送車両法及び自動車検査独立行政法人法の一部を改正する法律（平成二十七年法律第四十四号）

（自動車検査独立行政法人法の一部改正）

第二条　自動車検査独立行政法人法（平成十一年法律第二百十八号）の一部を次のように改正する。

（略）

第十五条の見出し中「審査事務」を「審査事務等」に改め、同条中「検査法人」を「機構」に改め、「審査事務」の下に「及び第十二条第二号に掲げる業務」を加え、同条の次に次の一条を加える。

（略）

〈編注　改正前の自動車検査独立行政法人法第一五条は、次のとおりであった。

（審査事務を実施する者）

第十五条　検査法人は、審査事務を行うときは、国土交通省令で定める資格を有する者に実施させなければならない。

自動車検査独立行政法人法は、この改正法により、題名が「独立行政法人自動車技術総合機構法」に改められている。〉

二　条文中に用いられている字句だけを改める場合には、単に、「第○条中「○○」を「××」に改める」とする。

ている字句並びに条文中に用いられている同一の字句及びその他の字句を改めたいとき。

なお、見出しと同一の字句が当該条の第一項だけに用いられている場合でこれを改めたいときには、どのようにすればよいのか。

三　見出しに用いられている字句及び条文中に用いられている同一の字句を改める場合には、次の例に示すように、「第○条（見出しを含む。）中「○○」を「××」に改める」とする。

■例■

○踏切道改良促進法等の一部を改正する法律（平成二十八年法律第十九号）

（道路整備特別措置法の一部改正）

第三条　道路整備特別措置法（昭和三十一年法律第七号）の一部を次のように改正する。

（略）

第三十五条（見出しを含む。）中「違法放置物件」を「違法放置等物件」に改める。

（略）

〈編注　改正前の道路整備特別措置法第三五条は、次のとおりであった。

（違法放置物件の保管についての道路法の規定の適用）

第三十五条　第八条第一項第二十三号……の規定により道路法第四十四条の二第二項……機構等又は会社が同条第一項に規定する違法放置物件（……）を保管する場合における同条第八項の規定の適用については、……とする。〉

四　見出しに用いられている字句並びに条文中に用いられている同一の字句及びその他の字句を改める場合には、次の例に示すように、「第○条の見出し中「A」を「B」に改め、同条中「A」を「B」に、「C」を「D」に改める」とする。

■例■

○地方税法等の一部を改正する等の法律（平成二十八年法律第十三号）

第二条　地方税法の一部を次のように改正する。

（略）

第百六十二条の見出し中「自動車税」を「種別割」に改め、同条中「自動車税」を「種別割」に、「条例の」を「条例で」に改め、同条を第百七十七条の十七とする。

（略）

〈編注　改正前の地方税法第一六二条は、次のとおりであった。

（自動車税の減免）

第百六十二条　道府県知事は、……において自動車税の減免を必要とすると認める者に限り、当該道府県の条例の定めるところにより、自動車税を減免することができる。〉

五　見出しと同一の字句が当該条の第一項だけに用いられている場合に、これを共に改めるときで、当該条の改正が見出しの改正と共通する部分にとどまるときは、次の例一に示すように、「第○条の見出し及び同条第一項中「○○」を「××」に改める」とし、当該条の第一項の改正に他のものがあるときは、次の例二に示すように、「第○条の見出し中「A」を「B」に改め、同条第一項中「A」を「B」に、「C」を「D」に改める」とする。

なお、これらの改正方式は、改めようとする字句が、見出しのほか、当該条の第二項以下にある場合で、当該条の先行する項に他の改正部分がないときにも、用いられる。

■例一■

○所得税法等の一部を改正する法律（平成二十八年法律第十五号）

（租税特別措置法の一部改正）

第十条　租税特別措置法（昭和三十二年法律第二十六号）の一部を次のように改正する。

（略）

第六十八条の百一の見出し及び同条第一項中「農業生産法人」を「農地所有適格法人」に改める。

（略）

〈編注　改正前の租税特別措置法第六八条の一〇一の見出しは、「（農業生産法人の肉用牛の売却に係る連結所得の課税の特例）」であった。〉

■例二■

○個人情報の保護に関する法律及び行政手続における特定の個人を識別するための番号の利用等に関する法律の一部を改正する法律（平成二十七年法律第六十五号）

第二条　個人情報の保護に関する法律の一部を次のように改正する。

（略）

第三十五条の見出し中「主務大臣」を「個人情報保護委員会」に改め、同条第一項中「主務大臣」を「個人情報保護委員会」に、「個人情報取扱事業者」を「個人情報取扱事業者等」に、「報告の徴収」を「報告若しくは資料の提出の要求、立入検査、指導」に改め、同条第二項中「主務大臣」を「個人情報保護委員会」に、「個人情報取扱事業者」を「個人情報取扱事業者等」に、「第六十六条第一項各号」を「第七十六条第一項各号」に、「個人情報を」を「個人情報等を」に改め、同条を第四十三条とし、同条の次に次の二条を加える。

（略）

〈編注　改正前の個人情報の保護に関する法律第三五条の見出しは、「（主務大臣の権限の行使の制限）」であった。〉

六 以上の改正方式は、共通見出し及びその直後の条中の改正に応用できるものがある。その場合には、右の一、四及び五に記述されている例中「第○条の見出し」とあるのは、「第○条の前の見出し」と修正する必要がある。このことを前提とすれば、一、二、四及び五に述べた改正方式は、共通見出しの場合にも、用いることができる。

〈共通見出しの改正〉

問187 共通見出しの改正についても、各条ごとの見出しの改正と異なるところはないのか。

答 問184・問185及び前問　参照

〈共通見出しの付された条を削る等の場合〉

問188 共通見出しの付いている条文を削り、後の条文を繰り上げる場合には、どのようにすればよいのか。また、共通見出しの付いている条を「削除」

答 一 通常、次のように、共通見出しとその次に置かれている条を削り、条の繰上げをした後、新たに見出しを付ける方法がとられる。

「　第五条の前の見出し及び同条を削り、第六条を第五条とし、同条に（同条の前に）見出しとして「（○○○）」を付する（付し、第七条を第六条とする）。」

二 「第○条　削除」という形の条文には、法規としての中味がない。したがって、見出しの付けようがなく、「削除」とする以上、共通見出しを次の条の見出しとするための措置を講ずべきである。すなわち、第五条から第七条までの共通見出しとして、第五条の前に見出しが付いている場合で第五条を「削除」とするときには、次のようという形で改正することができるか。

にする。

「　第五条の前の見出しを削り、同条を次のように改める。

第五条　削除

第六条の前に見出しとして「（〇〇〇）」を付する。

」

第五節　条・項・号の一部改正関係（追加関係）

〔条を追加する場合における枝番号と繰下げ〕

問189　枝番号とは、何か。法令の一部を改正して条を追加する場合、既存の条を繰り下げて新しい条を追加する方式と既存の条を繰り下げずに枝番号により追加する方式とがあるが、両者は、どのように使い分けるのか。

答一　枝番号とは、次の例一及び例二に示すように、条における「第○条の二」あるいは号における「○の二」というような形を総称するものである。なお、用例は多くはないが、例三に示すように、「第○条の二の二」というような形が用いられることもあり、これも、枝番号と呼ばれる。このような枝番号は、条及び号に限らず、章、節等の区分にも用いられるが、項については、用いられない。〈次問　参照〉

■例一■

○**国立研究開発法人日本医療研究開発機構法**（平成二十六年法律第四十九号）

（国立研究開発法人）

第三条の二　機構は、通則法第二条第三項に規定する国立研究開発法人とする。

■例二■

○**地方法人税法**（平成二十六年法律第十一号）

（定義）

第二条　この法律において、次の各号に掲げる用語の意義は、当該各号に定めるところによる。

一～九　（略）

十　適格合併　法人税法第二条第十二号の八に規定する適格合併をいう。

十の二　恒久的施設　法人税法第二条第十二号の十八に規定する恒久的施設をいう。
十一　連結所得　法人税法第二条第十八号の四に規定する連結所得をいう。
（以下略）

■例三■

○地方自治法（昭和二十二年法律第六十七号）

（協議会の設置）

第二百五十二条の二の二　普通地方公共団体は、普通地方公共団体の事務の一部を共同して管理し及び執行し、若しくは普通地方公共団体の事務の管理及び執行について連絡調整を図り、又は広域にわたる総合的な計画を共同して作成するため、協議により規約を定め、普通地方公共団体の協議会を設けることができる。

2～6　（略）

二　法令の一部を改正して新たな条を追加する場合に、その追加する条が既存の条の末尾に位置することとなるときには、既存の条の位置の移動の問題は起こらないが、その条が既存の条の冒頭又は間に追加されるときには、通常、その追加する条の後にくるべき既存の条の位置の移動の問題が起こる。この場合には、新たに追加する条の数だけその後にくるべき既存の条を繰り下げ、これによって設けられたスペースにその新たな条を追加する方式と、既存の条は繰り下げずに追加すべき位置に新たな条を枝番号にして追加する方式の二通りの方式が通常とられる。

三　右の二通りの方式のうち後者、すなわち枝番号にして新たな条を追加する方式は、原則として、既存の条を繰り下げることが技術的にいたずらに複雑となる場合、あるいは既存の条の繰下げ、すなわちその条名の変更によってその条を引用している他の規定について更に改正を要することとなる等多くの形式的な改正をしなければならない場合にこれを避ける方式としてとられ、右のような場合以外の場合には、二通りの方式のうち前者、すなわち既存の条を繰り下げて新たな条を追加する方式が原則としてとられる。〈問192、問194及び問200　参照〉

なお、法令の冒頭に新たな条を追加する場合には、第一条となるべき条については枝番号にすることができないので、既存の冒頭の条を繰り下げる方式をとる必要がある。〈問191　参照〉

また、新たな条を追加する場合に、その位置にたまたま「第○条　削除」として条の形骸が残されているときは、これらの方式をとることなく、その条を全部改めるという方式がとられるのが通例である。〈問199　参照〉

さらに、新たな条を追加する場合に、その位置より前にある条を繰り上げ、これによって設けられたスペースにその新たな条を追加する方式がとられることもある。〈問192　参照〉

四　号あるいは章、節等の区分の追加についても、条の追加について右の二及び三で述べたところとほぼ同様である。〈問180、問191及び問199　参照〉

〔項の枝番号〕

問190　枝番号は、項については用いられないのか。

答

一　枝番号は、項については、用いられない。項は、元来、条の中の文章の段落にすぎず、条又は号のように一つの単位として他から区別される内容をもつものとは考えられていないからである。〈問72　参照〉

二　項には枝番号が用いられないから、既存の項の冒頭又は間に新たな項を追加する場合には、その追加する項の後にくるべき既存の項の位置を移動させなければならない。この場合における項の追加については、項に項番号〈問82　参照〉が付けられている最近の法令の場合と項番号が付けられていない古い法令の場合とでは、その方式に異なるところがある。〈次問から問193まで　参照〉

〔条を冒頭に追加する場合〕

問191　新たな条、項又は号を既存の条、項又は号の冒頭にもっていく場合には、どのようにするのか。

答一　新たな条を既存の条の冒頭に追加する場合には、通常、既存の若干の条を繰り下げた上で、新たな条を追加する方式がとられる。すなわち、構成の極めて簡単な法令を除いては、既存の第一条以下の条全てを繰り下げることは改正を複雑にするばかりであり、他方、追加する位置が冒頭である関係から、その追加する条（その条が二以上であるときは、そのうちの最初の条）をそのまま枝番号にすることはできないので、次の例一に示すように、その追加する条の直後に位置することとなる一条ないし数条を繰り下げることによって、既存の条の冒頭に新たな条をおさめるスペースを設けるのである。

新たな条を既存の条の冒頭に追加する方式には、まず既存の第一条の繰下げを行った上、例一に示すように「同条の前に……」とする方式と、例二に示すように「第一条として……」とする方式との二通りがある。

■例一■

○**競馬法の一部を改正する法律**（平成二十七年法律第十八号）

（略）

第一条に見出しとして「（競馬の施行）」を付し、同条第一項中「行なう」を「行う」に改め、第一章中同条を第一条の二とし、同条の前に次の一条を加える。

（趣旨）

第一条　この法律は、馬の改良増殖その他畜産の振興に寄与するとともに、地方財政の改善を図るために行う競馬に関し規定するものとする。

（以下略）

■例二■

○石綿による健康被害の救済に関する法律施行令の一部を改正する政令（平成二十二年政令第百四十二号）
（略）

第十八条を第十九条とし、第二条から第十七条までを一条ずつ繰り下げる。

第一条中……改め、同条に次の二号を加える。

（略）

第一条を第二条とし、第一条として次の一条を加える。

（指定疾病）

第一条　石綿による健康被害の救済に関する法律（以下「法」という。）第二条第一項の政令で定める疾病は、次のとおりとする。
一　著しい呼吸機能障害を伴う石綿肺
二　著しい呼吸機能障害を伴うびまん性胸膜肥厚
（以下略）

二　新たな項を既存の項の冒頭に追加する場合には、項については枝番号を用いることができないので〈前問　参照〉、条における場合と異なり、新たな項を追加するのに先立って、既存の項全てが繰り下げられなければならない。この場合、新たな項を追加する方式は、次の例に示すように二通りあるが、いずれの方式によるとしても、追加される第一項には、項番号を付けない。

なお、古い法令で項に項番号が付いていない場合については、〈問193参照〉。

■例一■
○**所得税法等の一部を改正する法律**（平成二十六年法律第十号）
（国税徴収法の一部改正）

第八条　国税徴収法（昭和三十四年法律第百四十七号）の一部を次のように改正する。

（略）

第百五十二条中……改め、……加え、……改め、同条を同条第三項とし、同項の前に次の二項を加える。

　税務署長は、第百五十一条第一項（換価の猶予の要件等）若しくは前条第一項の規定による換価の猶予又は第三項において読み替えて準用する国税通則法第四十六条第七項（納税の猶予の要件等）若しくは第四項において準用する同条第七項の規定による換価の猶予の期間の延長をする場合には、その猶予に係る金額（その納付を困難とする金額として政令で定める額を限度とする。）をその猶予をする期間内の各月（税務署長がやむを得ない事情があると認めるときは、その期間内の税務署長が指定する月。以下この項において同じ。）に分割して納付させるものとする。この場合においては、滞納者の財産の状況その他の事情からみて、その猶予をする期間内の各月に納付させる金額が、それぞれの月において合理的かつ妥当なものとなるようにしなければならない。
2　税務署長は、第百五十一条第一項又は前条第一項の規定による換価の猶予をする場合において、必要があると認めるときは、差押えにより滞納者の事業の継続又は生活の維持を困難にするおそれがある財産の差押えを猶予し、又は解除することができる。

■例二■
○**公職選挙法及び最高裁判所裁判官国民審査法の一部を改正する法律**（平成二十八年法律第九十四号）

（公職選挙法の一部改正）

第一条 公職選挙法（昭和二十五年法律第百号）の一部を次のように改正する。

（略）

第三十条の八第三項中……削り、同項を同条第四項とし、同条第二項中……改め、……削り、同項を同条第三項とし、同条第一項中……改め、同項を同条第二項とし、同条に第一項として次の一項を加える。

選挙人は、在外選挙人名簿の登録に関し不服があるときは、当該登録に関する処分の直後に到来する次に掲げる期間又は期日に、文書で当該市町村の選挙管理委員会に異議を申し出ることができる。

一 第二十二条第一項の規定による選挙人名簿の登録が行われた日の翌日から五日間

二 衆議院議員又は参議院議員の選挙に係る第二十二条第三項の規定による選挙人名簿の登録が行われた日の翌日

（略）

三 新たな号を既存の号の冒頭に追加する場合には、右の一で述べた条における場合と同様の方式をとることもあるが、号の場合は、条と違ってそれ自体を引用しているケースはそれほど多くはなく、しかも、既存の号の繰下げが改正を複雑にすることは比較的少ないので、既存の号全てを繰り下げる方式がしばしばとられる。

■例一■

○**電気通信事業法等の一部を改正する法律**（平成二十七年法律第二十六号）

（電気通信事業法の一部改正）

第一条 電気通信事業法（昭和五十九年法律第八十六号）の一部を次のように改正する。

（略）

第百二十五条中第二号を第三号とし、第一号を第二号とし、同号の前に次の一号を加える。

一　第十二条の二第一項の規定により登録がその効力を失つたとき。

（略）

■例二■

○出入国管理及び難民認定法の一部を改正する法律（平成二十六年法律第七十四号）

第二条　出入国管理及び難民認定法の一部を次のように改正する。

（略）

第二十三条第一項中第七号を第八号とし、第一号から第六号までを一号ずつ繰り下げ、同項に第一号として次の一号を加える。

一　第九条第五項の規定により短期滞在の在留資格及び在留期間を決定された者　特定登録者カード

（略）

四　なお、条、項又は号の繰下げの方式及び新たな条を追加する場合の見出しの扱いについては、〈次問　参照〉。

〔条を既存の条の間に追加する場合〕

問192　新たな条、項又は号を既存の条、項又は号の間に追加する場合には、どのようにするのか。

答一　新たな条を既存の条の間に追加する場合には、次の例一に示すように、その追加する条の後に位置することとなる既存の条を繰り下げた上で新たな条を追加する方式と、例二に示すように、既存の条の繰下げを行うことなく新たな条を枝番号にして追加する方式の二通りの方式が通常とられる。これらの方式の使い分けについては、〈問189　参照〉。

なお、新たな条が追加される位置にたまたま「第○条　削除」として条の形骸が残

されている場合には、これらの方式をとることなく、その条を全部改めるという方式をとるのが通例である。〈問199　参照〉

■例一■

○サイバーセキュリティ基本法及び情報処理の促進に関する法律の一部を改正する法律（平成二十八年法律第三十一号）

（サイバーセキュリティ基本法の一部改正）

第一条　サイバーセキュリティ基本法（平成二十六年法律第百四号）の一部を次のように改正する。

（略）

第三十一条第一項中……削り、……加え、……改め、同条第二項中……改め、同条を第三十二条とし、第三十条を第三十一条とし、第二十九条の次に次の一条を加える。

（事務の委託）

第三十条　本部は、第二十五条第一項第二号に掲げる事務（独立行政法人及び指定法人におけるサイバーセキュリティに関する対策の基準に基づく監査に係るものに限る。）又は同項第三号に掲げる事務（独立行政法人又は指定法人で発生したサイバーセキュリティに関する重大な事象の原因究明のための調査に係るものに限る。）の一部を、独立行政法人情報処理推進機構その他サイバーセキュリティに関する対策について十分な技術的能力及び専門的な知識経験を有するとともに、当該事務を確実に実施することができるものとして政令で定める法人に委託することができる。

２・３　（略）

（略）

■例二■

○総合法律支援法の一部を改正する法律（平成二十八年法律第五十三号）

（略）

第三十二条第一項中……改め、同条第三項中……改め、同条の次に次の一条を加える。

（支援センターの職員である弁護士の資質の向上等）

第三十二条の二　支援センターは、支援センターの職員のうち、他人の法律事務を取り扱うことについて契約をしている弁護士につき、弁護士会及び日本弁護士連合会並びに隣接法律専門職者団体との連携の下、地域の関係機関との連絡調整その他の当該弁護士の職務の円滑な遂行に必要な措置を講ずるとともに、研修その他の方法による資質の向上に努めるものとする。

（以下略）

新たな条を既存の条の間に追加する場合に、その追加される位置の直前又は若干前の条が「第○条　削除」の形で残されており、かつ、その条を削り、間に位置することとなる条を繰り上げても、他の規定の改正を必要とすることとならないとき、あるいは単にその追加される位置の直前又は若干前の条を繰り上げることが他の方式をとるよりも適切と認められるときには、これらの条の繰上げをすることによって、新たな条をおさめるスペースを設けることもある。

二　新たな項を既存の項の間に追加する場合には、項については枝番号を用いることができないので〈問190　参照〉、条における場合と異なり、新たな項を追加するのに先立って、その項の後にくるべき既存の項全てが繰り下げられなければならない。この場合、新たな項を追加する方式は、次の例に示すようにするのが原則である。

なお、古い法令で項に項番号が付いていない場合については、〈次問　参照〉。

■例■

○割賦販売法の一部を改正する法律（平成二十八年法律第九十九号）

（略）

第三十三条の三の見出しを「（変更の届出）」に改め、同条第一項中……改め、同条第二項中……削り、……改め、同項を同条第三項とし、同条第一項の次に次の一項を加える。

2　経済産業大臣は、前項の規定による変更の届出を受理したときは、その届出があつた事項を包括信用購入あつせん業者登録簿に登録しなければならない。

（以下略）

三　新たな号を既存の号の間に追加する場合には、次の例に示すように、右の一で述べた条における場合と同様の方式がとられる。

なお、「削除」とされている号の位置に新たな号を追加する場合については、〈問199参照〉。

■例一■

○道路運送法の一部を改正する法律（平成二十八年法律第百号）

（略）

第九十七条中第七号を第八号とし、第二号から第六号までを一号ずつ繰り下げ、第一号の次に次の一号を加える。

二　第二十七条第三項の規定による命令（輸送の安全の確保に係るものに限り、一般乗用旅客自動車運送事業者に対するものを除く。）に違反した者

（以下略）

■例二■

○森林法等の一部を改正する法律（平成二十八年法律第四十四号）

（森林組合法の一部改正）

第三条　森林組合法（昭和五十三年法律第三十六号）の一部を次のように改正する。

（略）

第百二十二条第一項第三号中……改め、同項第四号中……加え、同号の次に次の一号を加える。

四の二　第十条第四項、第十九条第四項、第二十四条第四項若しくは第二十六条の三第四項（これらの規定を第百九条第一項において準用する場合を含む。）、第六十一条第四項（第百条第二項及び第百九条第三項において準用する場合を含む。）、第八十三条第五項（第百条第四項において準用する場合を含む。）又は第百八条の二第五項の規定による届出をせず、又は虚偽の届出をしたとき。

（以下略）

四　条、項又は号を繰り下げる方式をここでまとめて述べると、その原則は、おおむね次のとおりである。

1　二以上の連続する条、項又は号を繰り下げる場合には、その最後尾から繰下げを順次行う。これによって、その前の条、項又は号が繰り下がってくるときにおさまるスペースが設けられることとなる。

2　繰下げは、原則として「第E条を第G条とする」という方式により、「第E条を二条繰り下げる」等の方式はとらない。しかしながら、字句の改正を行うことなく連続する四以上の条、項又は号を繰り下げる場合には、「第E条を第G条とし、第B条から第D条までを二条ずつ繰り下げる」というように、最後尾のものについては原則どおりの繰下げを行い、その前の三以上の条、項又は号については一括して繰下げを行う。なお、連続する四以上の号の細分〈問87　参照〉を繰り下げる場合については、従前は一括して繰下げを行うことはせず、「第○条第×号中ホをトとし、ニをへとし、ハをホとし、ロをニとし、……」とすることとされていたが、最近では、条、項又は号を繰り下げる場合の方式に準じて、「第○条第×号中ホをトとし、ロからニまでをニからへまでとし、…」あるいは「…同号ホを同号トとし、同号ロからニまでを同号ニからへまでとし、…」というように、その最後尾のものについては原則どおりの繰下げを行い、その前の三以上の号の細分については一括して繰下げを行って差し支えないこととされている。号の細分の細分以下についても同様である。

五　また、新たな条を追加する場合における見出しの付け方についてまとめて述べると、次のとおりである。

1　その新たな条のみに付けられる見出しである場合には、その条と区別して「見出しを付する」とする必要はなく、単に「第○条の次に次の×条を加える」とし、その条を追加する際に見出しを付けた条文を書くことによって、その見出しは、その条に付けられることになる。このような見出しは、その条の一部を成すものと考えられているからである。〈問68　参照〉

2　その新たな条を含めた二以上の条に共通見出し〈問69　参照〉を付ける場合には、その見出しは、直後の条とは独立したものとして扱われるので、「第○条の次に次の見出し及び×条を加える」として、見出しを区別して追加するのが原則である。

3　条の配列が、
「　（○○○）
第A条
（×××）
第B条
第C条
」
となっている場合において、（×××）という共通見出しが付けられている第B条及び第C条をその共通見出しとともに繰り下げて、第A条の次に一条を追加することとするようなときには、「第C条を第D条とし、第B条を第C条とし、第A条の次に次の一条を加える」とする方式をとることも考えられないではないが、その方式によるときは、共通見出しの（×××）が第B条とともに移動するのか、新しく追加された条の右肩に付くのかが明らかとはいえない。そこで、このような場合には、多少煩雑であっても、「第C条を第D条とし、第B条の前の見出しを削り、同条を第C条とし、同条の前に見出しとして「（×××）」を付し、第A条の次に次の一条を加える」とする方式をとるのが適当であろう。〈問188参照〉
これと同様の趣旨で、新しく追加する条をその共通見出しの（×××）のグループの冒頭に含めるときにも、「第C条を第D条とし、第B条の前の見出しを削り、同条を第C条とし、第A条の次に次の見出し及び一条を加える」とする方式をとるのが適当であろう。

〔項番号のない条に項を追加する場合〕

■例■

○港湾法の一部を改正する法律（平成二十八年法律第四十五号）

（略）

第六十四条を第六十六条とする。

第六十三条中……改め、同条を第六十五条とし、第六十二条を第六十四条とする。

第六十一条の前の見出しを削り、同条第四項第二号中……改め、同条を第六十三条とする。

第六十条の五の次に次の見出し及び二条を加える。

（罰則）

第六十一条　地方公共団体の職員又は港務局の委員、監事若しくは職員が、第三十七条の六第一項の規定による認定に関し、その職務に反し、当該認定を受けようとする者に談合を唆すこと、当該認定を受けようとする者に当該認定に係る公募（以下「占用公募」という。）に関する秘密を教示すること又はその他の方法により、当該占用公募の公正を害すべき行為を行つたときは、五年以下の懲役又は二百五十万円以下の罰金に処する。

第六十二条　偽計又は威力を用いて、占用公募の公正を害すべき行為をした者は、三年以下の懲役若しくは二百五十万円以下の罰金に処し、又はこれを併科する。

2　占用公募につき、公正な価額を害し又は不正な利益を得る目的で、談合した者も、前項と同様とする。

（以下略）

〈編注　改正前の第六一条から第六四条までには、「（罰則）」という共通見出しが付けられていた。〉

答　古い法令においては、項に項番号が付けられていないものがあるが、このような法令の既存の項の冒頭又は間に新たな項を追加する場合には、追加の方式について、項に項

問193 **項番号のない古い法令の条の冒頭又は既存の項の間に新たな項を追加する場合には、どのようにするのか。**

番号が付けられている法令における場合と異なる点がある。〈問191及び前問　参照〉

すなわち、項に項番号が付けられていない場合には、新たな項を追加するのに先立って、その項の後にくるべき既存の項を繰り下げることによってその新たな項をおさめるスペースを設けるという方式をとる必要はないこととされており、次の例に示すように、単に追加すべき位置を示して「次の×項を加える」とすることにより、その後にくるべき既存の項は、おのずからその新たな項の数だけ繰り下げられるものとされている。

■例一■

○**児童福祉法の一部を改正する法律**（平成二十六年法律第四十七号）

（略）

第六十条の二第一項中「正当な理由なしに」を「正当な理由がないのに」に改め、同条に第一項として次の一項を加える。

小児慢性特定疾病審査会の委員又はその委員であつた者が、正当な理由がないのに、職務上知り得た小児慢性特定疾病医療支援を行つた者の業務上の秘密又は個人の秘密を漏らしたときは、一年以下の懲役又は百万円以下の罰金に処する。

（以下略）

〈編注　改正前の第六〇条の二は、二項で成り立っており、この改正によって、改正前の同条第一項及び第二項は、項の繰下げを明示しなくても、同条第二項及び第三項となる。〉

■例二■

○**地域の自主性及び自立性を高めるための改革の推進を図るための関係法律の整備に関する法律**（平成二十八年法律第四十七号）

（職業安定法の一部改正）

第六条　職業安定法（昭和二十二年法律第百四十一号）の一部を次のように改正する。

（略）

第四条第七項中「、第三十三条の三第一項若しくは第三十三条の四第一項」を「若しくは第三十三条の三第一項」に改め、同条第六項の次に次の一項を加える。

この法律において「特定地方公共団体」とは、第二十九条第一項の規定により無料の職業紹介事業を行う地方公共団体をいう。

（以下略）

〈編注　改正前の職業安定法第四条は、九項で成り立っており、この改正によって、項の繰下げを明示しなくとも、改正前の同条第七項は第八項に、改正前の同条第八項は第九項に、改正前の同条第九項は第一〇項となる。〉

〔条を章の最初又は最後に追加する場合〕

問194　新たな条を既存の章、節等の最初又は最後に追加する場合には、どのようにするのか。

答　一　新たな条を既存の章、節等の最初又は最後に追加する場合には、その位置が二つの章、節等の境目であることから、次の例に示すように、いずれの章、節等にその新たな条が含まれるかを明示して、追加することとされている。

二　章、節等の最初に新たな条を追加する場合、例に示すように、その条が枝番号〈問189参照〉になり、したがって、その章、節等が枝番号の条から始まることとなることは差し支えない。しかしながら、章、節等が枝番号の条から始まるという形を避けるために、既存の条の冒頭に新たな条を追加する場合と同様、他の規定への影響の少ない直後の一条ないし数条を繰り下げ、これを枝番号にすることによって、新たな条を枝番号にすることなく追加し得るスペースを設けるという方式がとられることもある。〈問191参照〉

三　なお、既存の章、節等の最初又は最後の条名に変更がある場合には、目次についても改正する必要がある。〈問174参照〉

■例■

○国家戦略特別区域法及び構造改革特別区域法の一部を改正する法律（平成二十七年法律第五十六号）

（国家戦略特別区域法の一部改正）

第一条　国家戦略特別区域法（平成二十五年法律第百七号）の一部を次のように改正する。

（略）

第四章中第十三条の前に次の三条を加える。

（公証人法の特例）

第十二条の二　国家戦略特別区域会議が、第八条第二項第二号に規定する特定事業として、公証人役場外定款認証事業（……）を定めた区域計画について、内閣総理大臣の認定を申請し、その認定を受けたときは、当該認定の日以後は、公証人は、公証人法第十八条第二項本文の規定にかかわらず、当該区域計画に定められた次項の場所において、当該定款の認証に関する職務を行うことができる。

2　（略）

（学校教育法等の特例）

第十二条の三　国家戦略特別区域会議が、第八条第二項第二号に規定する特定事業として、公立国際教育学校等管理事業（……）を定めた区域計画について、内閣総理大臣の認定を申請し、その認定を受けたときは、当該認定の日以後は、都道府県等は、学校教育法第五条の規定にかかわらず、条例の定めるところにより、指定公立国際教育学校等管理法人に公立国際教育学校等の管理を行わせることができる。

2～12　（略）

（児童福祉法等の特例）

第十二条の四 国家戦略特別区域会議が、第八条第二項第二号に規定する特定事業として、国家戦略特別区域限定保育士事業（……）を定めた区域計画について、内閣総理大臣の認定を申請し、その認定を受けたときは、当該認定の日以後は、当該国家戦略特別区域限定保育士事業に係る国家戦略特別区域限定保育士については、児童福祉法（昭和二十二年法律第百六十四号）第一章第六節及び第四十八条の三第二項の規定を適用せず、次項及び第四項から第十九項までに定めるところによる。

2～19 （略）

〈編注 改正前の国家戦略特別区域法第四章は、第一三条から始まっていた。〉

〔本則の最後に条を追加する場合〕

問195 本則の最後に新たな条又は項を追加する場合には、どのようにするのか。また、本則の最後に新たな条を追加する場合、特に「本則中」と規定するものがあるが、これは、どのような場合か。

答 一 新たな条を本則の最後に追加する場合には、次の例一又は例二に示す方式がとられる。なお、目次のある法令の場合は、目次の改正も必要となる。

二 次の例三に示すように、特に「本則中第○条の次に次の×条を加える」と規定するのは、本則と附則とが通し条名となっている古い法令〈問109参照〉の本則の最後に新たな条を追加する場合においてである。この場合には、「本則中」とすることによって、その追加される条が本則に含まれることを明らかにする必要があるからである。

三 本則が項だけから成る場合には、本則と附則とが通し番号となることはないので、右の一で述べた方式と同様、例四に示すように、項を追加することとなる。また、一項から成る本則の最後に一号を追加するときは、例五に示すように、「本則に次の一号を加える」とする。

なお、〈問223及び問224　参照〉。

■例一■

○トルエンジイソシアナートに対して課する暫定的な不当廉売関税に関する政令の一部を改正する政令（平成二十七年政令第二百十五号）

（略）

第四条の次に次の一条を加える。

（還付の計算期間等）

第五条　特定貨物又は暫定不当廉売関税賦課貨物に係る第一条の規定により課される不当廉売関税の法第八条第三十二項の規定による還付の請求は、毎年四月一日から翌年三月三十一日までの期間（以下この条において「計算期間」という。）ごとに、当該計算期間内に輸入された特定貨物又は暫定不当廉売関税賦課貨物に係る同項に規定する要還付額に相当する額について、しなければならない。

（以下略）

〈編注　トルエンジイソシアナートに対して課する暫定的な不当廉売関税に関する政令は、この改正政令により、題名が「トルエンジイソシアナートに対して課する不当廉売関税に関する政令」に改められている。〉

■例二■

○地域再生法の一部を改正する法律（平成二十八年法律第三十号）

（略）

本則に次の三条を加える。

第三十九条　次の各号のいずれかに該当する者は、六月以下の懲役又は三十万円以下の罰金に処する。

一　第十七条の十八第二項の規定に違反して、届出をしないで、労働者の募集に従事した者

二・三　（略）

第四十条　次の各号のいずれかに該当する者は、三十万円以下の罰金に処する。
一　第十七条の八第一項又は第三項の規定に違反して、届出をしないで、又は虚偽の届出をして、同条第一項又は第三項に規定する行為をした者
二・三　（略）
第四十一条　法人の代表者又は法人若しくは人の代理人、使用人その他の従業者が、その法人又は人の業務に関し、前三条の違反行為をしたときは、行為者を罰するほか、その法人又は人に対しても、各本条の罰金刑を科する。
（以下略）

■例三■

○良質な医療を提供する体制の確立を図るための医療法等の一部を改正する法律（平成十八年法律第八十四号）
（医師法の一部改正）

第四条　医師法（昭和二十三年法律第二百一号）の一部を次のように改正する。

（略）

本則中第三十三条の二の次に次の一条を加える。

第三十三条の三　法人の代表者又は法人若しくは人の代理人、使用人その他の従業者が、その法人又は人の業務に関して前条第三号の違反行為をしたときは、行為者を罰するほか、その法人又は人に対しても同条の罰金刑を科する。

■例四■

○海上運送法施行令の一部を改正する政令（平成二十四年政令第二百八十八号）
（略）

本則に次の一項を加える。
3　法第四十五条の四第二項の政令で定める国土交通大臣の職権は、国土交通省令で定める運輸支局又は地方運輸局、運輸監理部若しくは運輸支局の事務所の管轄区域内に所在する船舶

〔一項建ての本則〉

問196　**一項だけで成り立っている本則に新たに一項を加える場合又は二項から成り立っている本則の第二項を削って一項だけの本則とする場合には、どのようにするのか。**

に関する第一項第三号に掲げる職権とする。

（以下略）

■例五■

○財政融資資金の長期運用に対する特別措置に関する法律第五条第二項第三号に規定する法人を定める政令の一部を改正する政令（平成二十八年政令第九号）

（略）

本則に次の一号を加える。

六　株式会社海外通信・放送・郵便事業支援機構

（以下略）

答　一項だけで成り立っている法令の本則に、新たに一項を加える場合には、次のようにする。この場合、「第一項とし」と表現することにより、項番号が付け加わると考えるのである。

「　本則を本則第一項とし、本則に次の一項を加える。

2　……」

また、二項から成り立っている本則の第二項を削って一項だけの本則とする場合には、次のようにする。

「　第二項を削り、第一項の項番号を削る。」

なお、〈問84及び問225　参照〉。

〔項を既存の項の最後に追加する場合〕

問197　新たな条、項又は号を既存の条、項又は号の最後に追加する場合には、どのようにするのか。

答　**一**　新たな条を既存の条の最後に追加する場合については、〈問195　参照〉。

二　新たな項を既存の項の最後に追加する場合には、次の例一に示すように、当該条に既存の項が何項あるかには関係なく、「第○条に次の×項を加える」という柱書きを置き、次の行から新たな項を書くこととされている。この場合、既存の項に項番号が付けられていないときは、例二に示すように、新たな項についても、項番号は付けられない。

なお、本則が項のみから成り立っている法令で、新たな項を既存の項の最後に追加する場合については、〈問195　参照〉。

■例一■

○**株式会社国際協力銀行法の一部を改正する法律**（平成二十八年法律第四十一号）

（略）

第四条に次の一項を加える。

3　会社は、第一項の規定による政府の出資があったときは、その出資により増加する資本金又は準備金を、第二十六条の二に定める経理の区分に従い、同条各号に掲げる業務に係る勘定ごとに整理しなければならない。

（以下略）

■例二■

○**児童福祉法等の一部を改正する法律**（平成二十八年法律第六十三号）

（児童福祉法の一部改正）

第一条　児童福祉法（昭和二十二年法律第百六十四号）の一部を次のように改正する。

（略）

第二十五条に次の一項を加える。

刑法の秘密漏示罪の規定その他の守秘義務に関する法律の規定は、前項の規定による通告をすることを妨げるものと解釈してはならない。

（以下略）

三　新たな号を既存の号の最後に追加する場合には、項を追加する場合と同様に、当該条又は項に既存の号が何号あるかには関係なく、次の例に示すように、その条が一項から成るときは「第○条に次の×号を加える」という柱書きを、またその条が二項以上から成るときは「第○条第△項に次の×号を加える」という柱書きを置き、次の行から新たな号を書くこととされている。

■例一■

○**割賦販売法の一部を改正する法律**（平成二十八年法律第九十九号）

（略）

第四十九条に次の一号を加える。

六　第三十五条の十七の二の規定に違反してクレジットカード番号等取扱契約の締結を業として行つた者

（以下略）

■例二■

○**港湾法の一部を改正する法律**（平成二十八年法律第四十五号）

（略）

第五十五条の七第二項に次の一号を加える。

三　政令で定める用途に供する旅客施設及びこれに附帯する政令で定める駐車場その他の港湾施設

〔連続する条を追加する場合〕

問198　連続して二以上の条、項又は号を追加する場合には、どのようにするのか。

（以下略）

答　連続して二以上の条、項又は号を追加する場合には、原則として、次の例一に示すように、その追加される条、項又は号の数を示し、一括してこれを追加することとされている。なお、既存の条、項又は号の冒頭に連続して二以上の条、項又は号を追加する場合には、例二に示すように、その追加される条、項又は号の数のみならず、その範囲をも併せ示す方式がとられることもある。〈問191及び問192　参照〉

これに対して、号のない条又は項に号を設ける場合には、その号の数が幾つであるかを示すことなく、「各号」として一括して追加することとされている。〈問201　参照〉

■例一■

○独立行政法人日本学生支援機構法の一部を改正する法律（平成二十九年法律第九号）

（略）

第二十三条の次に次の二条を加える。

（学資支給基金）

第二十三条の二　機構は、第十三条第一項第一号に規定する学資の支給に係る業務及びこれに附帯する業務に要する費用に充てるために学資支給基金を設け、第四項の規定により交付を受けた補助金の金額及び学資支給基金に充てることを条件として政府以外の者から出えんされた金額の合計額に相当する金額をもってこれに充てるものとする。

2　学資支給基金の運用によって生じた利子その他の収入金は、学資支給基金に充てるものとする。

3　通則法第四十七条及び第六十七条（第七号に係る部分に限る。）の規定は、学資支給基金の運用について準用する。この場合において、通則法第四十七条第三号中「金銭信託」とあるのは、「金銭信託で元本補塡の契約があるもの」と読み替えるものとする。

4 政府は、毎年度予算の範囲内において、機構に対し、学資支給基金に充てる資金を補助することができる。

（区分経理）

第二十三条の三 機構は、前条第一項に規定する業務（学資支給基金をこれに必要な費用に充てるものに限る。）については、特別の勘定を設けて経理しなければならない。

（以下略）

■例二■

○児童福祉法等の一部を改正する法律（平成二十八年法律第六十三号）

（児童福祉法の一部改正）

第一条 児童福祉法（昭和二十二年法律第百六十四号）の一部を次のように改正する。

（略）

第二条に第一項及び第二項として次の二項を加える。

全て国民は、児童が良好な環境において生まれ、かつ、社会のあらゆる分野において、児童の年齢及び発達の程度に応じて、その意見が尊重され、その最善の利益が優先して考慮され、心身ともに健やかに育成されるよう努めなければならない。

児童の保護者は、児童を心身ともに健やかに育成することについて第一義的責任を負う。

（以下略）

〈編注 児童福祉法は、項番号のない法令であり、条の冒頭に項を追加する場合にも、既存の項の繰下げを明示してない。〉

〔「削除」とされている条に代えて新たな条を設ける場合〕

問199 ある条が「第○条 削除」となっている場合、当該第○条に代えて新たな一条を設けるときには、どのようにするのか。号の場合は、どうか。

答 一 「第○条 削除」とされている場合の当該第○条は、その条としての規定の内容は消滅しているが、条としての形骸だけは残っているものであるので、当該第○条に新たに規定を設ける方式も、通常の条全体を改める方式と何ら異なるところがない。〈問226 参照〉

すなわち、次の例に示すように、「第○条を次のように改める」という柱書きを置き、次の行から当該第○条を書くことになる。

■例■

○**雇用保険法等の一部を改正する法律**（平成二十八年法律第十七号）

第八条 育児休業、介護休業等育児又は家族介護を行う労働者の福祉に関する法律の一部を次のように改正する。

（略）

第二十五条を次のように改める。

（職場における育児休業等に関する言動に起因する問題に関する雇用管理上の措置）

第二十五条 事業主は、職場において行われるその雇用する労働者に対する育児休業、介護休業その他の子の養育又は家族の介護に関する厚生労働省令で定める制度又は措置の利用に関する言動により当該労働者の就業環境が害されることのないよう、当該労働者からの相談に応じ、適切に対応するために必要な体制の整備その他の雇用管理上必要な措置を講じなければならない。

（以下略）

〈編注 改正前の育児休業、介護休業等育児又は家族介護を行う労働者の福祉に関する法律第二五条は、「削除」とされていた。〉

二　号が「削除」の形で残されている場合に、その号に新たに規定を設けるときも、右の一で述べた条における場合と同様であり、次の例に示すようにする。

なお、項については、「削除」とすることがないので、このような改正が行われることはない。〈問231　参照〉

■例■

○**農業災害補償法の一部を改正する法律**（平成二十九年法律第七十四号）

（略）

第八十四条に見出しとして「（共済事業の内容）」を付し、同条第一項中……改め、……加え、……改め、同項第二号及び第三号を次のように改める。

二　共済目的　牛、馬及び豚で出生後経過した期間が農林水産省令で定める基準に適合するもの

共済事故　牛、馬及び種豚にあつては死亡（と殺による死亡及び家畜伝染病予防法（昭和二十六年法律第百六十六号）第五十八条第一項（第四号に係る部分に限る。）の規定による手当金、同条第二項の規定による特別手当金又は同法第六十条の二第一項の規定による補償金の交付の原因となる死亡を除く。以下この条において同じ。）及び廃用、種豚以外の豚にあつては死亡

三　共済目的　前号に掲げる牛、馬及び豚（種豚に限る。）

共済事故　疾病及び傷害

（略）

第八十四条第三項中……改め、……削り、同条第四項中……改め、同条第五項中……改め、同条を第九十八条とする。

（以下略）

〈編注　改正前の第八四条第一項第二号は、「削除」とされていた。農業災害補償法

は、この改正法により、題名が「農業保険法」に改められている。〉

〔条を分ける場合〕

問200　ある条を例えば三つの条に分ける場合には、どのようにするのか。項又は号の場合は、どうか。

答　ある条を例えば三つの条に分ける場合には、「第○条を次のように改める」という柱書きを置いて、次の行からまず三つの条のうちの最初の条を書き、次いで、「第○条の次に次の二条を加える」という柱書きを置いて、その次の行から残りの二条を書く。この場合、「第○条を次のように改める」という柱書きの次にその三つの条を列記するという方式は、とらない。この点については、項及び号についても、同様である。

これは、ある条の規定する内容が三つの条に分けられたという内容の同一性にはとらわれず、形式的に、一条対一条の対応関係でまず改正し、次いで、残りの二条を追加するという考え方に基づくものである。

なお、追加する形式をとる条（右の設例の場合には、二条）については、その位置等によって、あるいは枝番号とし、あるいはその後にくるべき既存の条を繰り下げる必要がある。〈問189　参照〉

以上の改正の方式は、項又は号を分ける場合についても、項には枝番号を付しての追加がないという点を除けば、同様であって、いずれも、内容の同一性にはとらわれず、形式的に、一項（号）対一項（号）の改正と残りの項（号）の追加として扱われる。〈問189、問190及び問228　参照〉

〔号の新設〕

問201　号のない条又は項に号

答　号が設けられていない条又は項に新たに号を設ける場合には、その設ける号の数が幾つであっても、次の例に示すように、「第○条に次の各号を加える」又は「第○条第×

を設ける場合には、どのようにするのか。

〔ただし書又は後段の新設〕

問202 条、項又は号にただし書又は後段を設ける場合には、どのようにするのか。

項に次の各号を加える」という柱書きを置き、次の行から、設けるべき各号を列記することになる。なお、〈問203及び問215 参照〉。

■例■

○児童扶養手当法の一部を改正する法律（平成二十八年法律第三十七号）

（略）

第五条第二項中……改め、同項に次の各号を加える。

一 第一加算額対象監護等児童（基本額対象監護等児童以外の監護等児童のうちの一人をいう。次号において同じ。） 一万円

二 第二加算額対象監護等児童（基本額対象監護等児童及び第一加算額対象監護等児童以外の監護等児童をいう。） 六千円

（以下略）

答一 条、項又は号にただし書を設ける場合には、次の例に示すように、「第○条第△項に次のただし書を加える」等の柱書きを置き、次の行から、設けるべきただし書を書くことになる。〈次問 参照〉

■例■

○出入国管理及び難民認定法の一部を改正する法律（平成二十八年法律第八十八号）

（略）

第二十二条の四第七項に次のただし書を加える。

ただし、同項（第五号に係るものに限る。）の規定により在留資格を取り消す場合において、当該外国人が逃亡すると疑うに足りる相当の理由がある場合は、この限りでない。

（以下略）

二　条、項又は号に後段を設ける場合には、次の例に示すように、「第○条第△項に後段として次のように加える」等の柱書きを置き、次の行から、設けるべき後段を書くことになる。この場合、柱書きの表現がただし書を設ける場合と異なることに注意する必要がある。〈次問　参照〉

■例■

○流通業務の総合化及び効率化の促進に関する法律の一部を改正する法律（平成二十八年法律第三十六号）

（略）

第五条第二項中……改め、同条第三項中……改め、同項に後段として次のように加える。

この場合において、同条第六項中「軌道法第十六条第一項（軌道の譲渡に係る部分に限る。）若しくは第二十二条ノ二の許可又は同法第二十二条の認可」と読み替えるものとする。

（以下略）

〔各号を含むただし書の新設〕

問203　条又は項に各号を含むただし書又は後段を設ける場合には、どのような方式によるか。

答　条又は項に各号を含むただし書又は後段を設ける場合には、単に「次のただし書を加える」あるいは「後段として次のように加える」とし、各号を含んだただし書又は後段を書くことをもって足りる。〈問201、前問及び問215　参照〉

■例■

る場合には、どのようにするのか。

〔号の細分〕

問204　号について新たにその細分を設ける場合には、どのようにするのか。

○**雇用保険法等の一部を改正する法律**（平成二十八年法律第十七号）

第八条　育児休業、介護休業等育児又は家族介護を行う労働者の福祉に関する法律の一部を次のように改正する。

（略）

第二十三条第一項中……加え、……改め、同条第二項中……改め、同条第三項中……加え、……改め、……削り、……加え、同項に次のただし書を加える。

ただし、当該事業主と当該労働者が雇用される事業所の労働者の過半数で組織する労働組合があるときはその労働組合、その事業所の労働者の過半数で組織する労働組合がないときはその労働者の過半数を代表する者との書面による協定で、次に掲げる労働者のうち介護のための所定労働時間の短縮等の措置を講じないものとして定められた労働者に該当する労働者については、この限りでない。

一　当該事業主に引き続き雇用された期間が一年に満たない労働者

二　前号に掲げるもののほか、介護のための所定労働時間の短縮等の措置を講じないこととすることについて合理的な理由があると認められる労働者として厚生労働省令で定めるもの

（以下略）

答　号の細分は、イ、ロ、ハ……を用いて列記することになるが、その細分のない号に新たに細分を設けたい場合には、次のようにする。

「　第○条第○号に次のように加える。

イ　……

ロ　……

ハ　……

」

この場合、第○条第○号中に改めたい字句があるときは、次の例に示すように、右の「第○条第○号に次のように加える」の部分を「第○条第○号中「○○」を「××」に改め、同号に次のように加える」とすればよい。なお、「同号に次のように」の部分を「同号にイ及びロとして次のように」としたものもある。

■例■

○医療法の一部を改正する法律（平成二十七年法律第七十四号）

第一条　医療法（昭和二十三年法律第二百五号）の一部を次のように改正する。

（略）

第四十二条の二第一項第四号中「限る」の下に「。次条において同じ」を加え、「二以上の都道府県において病院又は診療所を開設する医療法人にあつては、当該病院又は診療所の所在地の全ての都道府県」を「次のイ又はロに掲げる医療法人にあつては、それぞれイ又はロに定める都道府県」に改め、同号に次のように加える。

イ　二以上の都道府県において病院又は診療所を開設する医療法人（ロに掲げる者を除く。）　当該病院又は診療所の所在地の全ての都道府県

ロ　一の都道府県において病院を開設し、かつ、当該病院の所在地の都道府県の医療計画において定める第三十条の四第二項第十二号に規定する区域に隣接した当該都道府県以外の都道府県の医療計画において定める同号に規定する区域において診療所を開設する医療法人であつて、当該病院及び当該診療所における医療の提供が一体的に行われているものとして厚生労働省令で定める基準に適合するもの　当該病院の所在地の都道府県

（以下略）

〔号の細分の追加〕

問205 号の細分がある場合で更に新たな細分を追加するときには、どのようにするのか。

答

「第○条　…………

　一　…………　のような第○条において、

　　イ　…………

　　ロ　…………

　　ハ　…………

　二　…………」

「ハ」の次に新たな細分を追加する場合には、次のようにする。

「　第○条第一号に次のように加える。

　　ニ　…………」

この場合注意を要するのは、「第○条第一号ハの次に」とはしないことである。

また、「イ」と「ロ」の間に新たな細分を追加する場合の移動については、次のようにする。

「　第○条第一号中ハをニとし、ロをハとし、イの次に次のように加える。

　　ロ　…………」

なお、連続する四以上の号の細分を繰り下げて新たな号の細分を追加する場合には、次のようにする。〈問192　参照〉

「　第○条第一号中ホをヘとし、ロからニまでをハからホまでとし、イの次に次のように加える。

　　ロ　…………」

■例一■

○**株式会社国際協力銀行法の一部を改正する法律**（平成二十八年法律第四十一号）

（略）

第十二条第五項中……改め、同条第六項第二号中「を貸し付ける」を「の貸付けを行う」に改め、同号に次のように加える。

ハ　我が国の法人等、外国政府等又は出資外国法人等に対する前条第三号に規定する資金の貸付け（海外における社会資本の整備に関する事業に係るものに限る。）

（以下略）

■例二■

○**中小企業の新たな事業活動の促進に関する法律の一部を改正する法律**（平成二十八年法律第五十八号）

（略）

第三条第二項第二号中ハをニとし、ロの次に次のように加える。

ハ　経営力向上に関する次に掲げる事項

(1)　経営力向上の内容に関する事項

(2)　経営力向上の実施方法に関する事項

(3)　海外において経営力向上に係る事業が行われる場合における国内の事業基盤の維持その他経営力向上の促進に当たって配慮すべき事項

（以下略）

〈編注　中小企業の新たな事業活動の促進に関する法律は、この改正法により、題名が「中小企業等経営強化法」に改められている。〉

■例三■

○**株式会社国際協力銀行法施行令の一部を改正する政令**（平成二十八年政令第三百二十一号）

（略）

第三条第二号中「ハ及びル」を「ニ及びヲ」に改め、ルをヲとし、ハからヌまでをニからルまでとし、ロの次に次のように加える。
ハ　道路の建設、修繕及び運営に関する事業
（以下略）

第六節　条・項・号の一部改正関係（追加関係を除く。）

〈字句の改正〉

問206　条、項又は号中の字句を改める場合には、どのようにするのか。

答　条、項又は号中の字句を改める場合の基本的な形は、次のようにする。

「　第○条（第○条第○項、第○条第○号、第○条ただし書）中「A」を「B」に改める。
」

「　第×条（第×条第×項、第×条第×号、第×条ただし書）中「E」を「F」に、「G」を「H」に改める。
」

この場合において、留意すべき事項を挙げれば、次のとおりである。

一　改正は、次の例に示すように、条単位に区切って行う。すなわち、条ごとに改正文の文章を句点で締めくくり、行を変える。〈問147　参照〉

■例■

○土砂災害警戒区域等における土砂災害防止対策の推進に関する法律の一部を改正する法律（平成二十六年法律第百九号）

（略）

第一条中「重大な」を削る。

第二条中「おいて、」を「おいて」に、「いう。第二十六条第一項」を「いう。第二十七条第二項及び第二十八条第一項」に、「河道閉塞《そく》」を「河道閉塞」に、「第六条第一項及び第二十六条第一項」を「第七条第一項及び第二十八条第一項」に改める。

　第三条第二項第三号中「第六条第一項の土砂災害警戒区域及び第八条第一項の」を「第七条第一項の規定による土砂災害警戒区域の指定及び第九条第一項の規定による」に改め、同項第四号中「第八条第一項」を「第九条第一項」に改め、同項第五号中「第二十六条第一項及び第二十七条第一項」を「第二十八条第一項及び第二十九条第一項」に、「第二十九条第一項」を「第三十一条第一項」に改め、同号を同項第六号とし、同項第四号の次に次の一号を加える。

　（略）

　第四条第一項中「第六条第一項の土砂災害警戒区域及び第八条第一項の」を「第七条第一項の規定による土砂災害警戒区域の指定及び第九条第一項の規定による」に改め、同条第二項中「通知しなければ」を「通知するとともに、公表しなければ」に改める。

　第五条第三項中「さく」を「柵」に改め、同条第七項から第十項までの規定中「に規定する」を「の規定による」に改める。

　（以下略）

　もっとも、改正しようとする条が連続している場合に同一の改正を行おうとするときは、「第○条第○項及び第×条中「A」を「B」に改める」又は「第二条から第四条までの規定中「A」を「B」に改める」として、まとめる。〈問147及び問209参照〉
また、条単位での改正の例外として、次の1及び2が挙げられる。
1　ある章中のほとんどの条について同一の改正を行う必要があり、これを一条ごとに区切って改正するのが非常に煩わしい場合には、次の例に示すように、まず最初にその章全体を通じて一つの改正規定により処理し、次いで、条の順序に従って各条固有の改正を行うこともある。

■例■

○**原子力規制委員会設置法の施行に伴う関係政令の整備等に関する政令**（平成二十四年政令第二百三十五号）

（核原料物質、核燃料物質及び原子炉の規制に関する法律施行令の一部改正）

第四条　核原料物質、核燃料物質及び原子炉の規制に関する法律施行令（昭和三十二年政令第三百二十四号）の一部を次のように改正する。

（略）

第五章（第五十七条を除く。）中「文部科学省令」を「原子力規制委員会規則」に、「文部科学大臣」を「原子力規制委員会」に改める。

第四十八条の表第一号中「主務省令」を「原子力規制委員会規則」に改める。

（以下略）

2　他法令の改正に当たって、多数の法令中の条項について全く同一の改正を行う場合には、次の例に示すように、当該法令の該当する条項を各号に列記し、一つの柱書きによりまとめて行うこともある。

■例■

○**金融商品取引法の一部を改正する法律**（平成二十九年法律第三十七号）

附　則

（農業協同組合法等の一部改正）

第六条　次に掲げる法律の規定中「及び第七号」を「、第七号及び第八号」に、「及び第五項並びに」を「、第四項、第六項及び第七項並びに」に改める。

一　農業協同組合法（昭和二十二年法律第百三十二号）第十一条の五、第十一条の二十七及び第九十二条の五
二　消費生活協同組合法（昭和二十三年法律第二百号）第十二条の三第二項
三　水産業協同組合法（昭和二十三年法律第二百四十二号）第十一条の九、第十五条の七及び第百二十一条の五
四　中小企業等協同組合法（昭和二十四年法律第百八十一号）第九条の七の五第二項
五　農林中央金庫法（平成十三年法律第九十三号）第五十九条の三、第五十九条の七及び第九十五条の五
六　株式会社商工組合中央金庫法（平成十九年法律第七十四号）第二十九条

二　項を含む条について字句の改正を行う場合には、「第〇条第一項中「A」を「B」に改め、同条第二項及び第三項中「C」を「D」に改め、同条第六項中「E」を「F」に改める」というように、項ごとに区切り、「中」の字句を入れ、その都度「改め」等の字句を置くのが原則である。複数の項（全部の項でなくてもよい。）に共通なある字句について同一の改正をするような場合には、他の改正もあって紛らわしくなるようなときは別として、項ごとに区分することなく条単位にまとめて、「第〇条中「A」を「B」に改め、……る」としてもよい。号を含む条又は項についても、右と同様である。

連続する項又は号について同一の改正を行う場合には、「第〇条第二項から第五項までの規定中「A」を「B」に改める」というようにして、まとめる。

■例一■

○**森林法等の一部を改正する法律**（平成二十八年法律第四十四号）

（木材の安定供給の確保に関する特別措置法の一部改正）

第四条　木材の安定供給の確保に関する特別措置法（平成八年法律第四十七号）の一部を次のように改正する。

（略）

第五条第一項中「事業計画に係る事業所の所在地を管轄する都道府県知事」を「認定をした都道府県知事等」に改め、同条第二項中「都道府県知事」を「都道府県知事等」に改め、同条第三項中「第八項」を「第十二項」に改める。

（以下略）

■例二■

○**裁判所法の一部を改正する法律**（平成二十九年法律第二十三号）

（略）

第六十七条の二の見出しを「（修習専念資金の貸与等）」に改め、同条第一項中……改め、……加え、同条第二項から第五項までの規定中「修習資金」を「修習専念資金」に改め、同条を第六十七条の三とし、第六十七条の次に次の一条を加える。

（以下略）

三　改正すべき字句のある場所は、原則として項、号又はただし書までを引用して指示するが、そこで改正しようとする字句と同一の字句が同一条項中の他の部分にもある場合には、「前段中」、「後段中」、「本文中」、「各号列記以外の部分中」等の字句を用いて指示することがある。〈次問　参照〉

四　同じ条、項又は号中に多数の改める字句があるときは、一つ一つ「改め」という字句を置く必要はなく、次の例に示すように、「第○条中「A」を「B」に、「C」を「D」に、「E」を「F」に……改める」として、連続して改正する。

■例■

○道路運送法の一部を改正する法律（平成二十八年法律第百号）

第九十九条中「業務若しくは」を「業務又は」に、「第九十六条、第九十七条及び第九十七条の三から第九十八条の二まで」を「次の各号に掲げる規定」に、「又は人に対しても、」を「に対して当該各号に定める罰金刑を、その人に対して」に改め、同条に次の各号を加える。

一・二　（略）

（以下略）

五　同じ条中の項又は号についての改正は、項又は号の順序に従って行う。例えば、同じ改めるべき字句が第一項と第三項とにあるからといって、これをまとめて最初に改正し、次いで、第二項を改正するというようなことはしない。例えば、「第○条第一項及び第三項中「A」を「B」に改め、同条第二項中「C」を「D」に改める」のようにはしないで、次の例に示すように、「第○条第一項中「A」を「B」に改め、同条第二項中「C」を「D」に改め、同条第三項中「A」を「B」に改める」として、項の順序に従って改正の処理をする。

■例■

○海上交通安全法等の一部を改正する法律（平成二十八年法律第四十二号）

（航路標識法の一部改正）

第三条　航路標識法（昭和二十四年法律第九十九号）の一部を次のように改正する。

（略）

第十一条第一項中「虞の」を「おそれの」に改め、同条第二項中「けい留させて」を「係留させて」に改め、同条第三項中「虞の」を「おそれの」に改め、同条を第二十条とする。

（以下略）

六　改める字句は、一つの語句として捉えて改める。例えば、A事業団をB事業団に改めたい場合には、「「A」を「B」に改める」とはしないで、「「A事業団」を「B事業団」に改める」とする。同じ条中に「〇〇」、「当該〇〇」という字句がある場合には「当該」という字句にとらわれず、「「〇〇」を「××」に改める」としてよい〈問153参照〉。ただし、「当該官吏」のように特殊な意味がある場合は別である〈問321参照〉。

なお、「第〇条第三項」を「第〇条第四項」に改めたいときも、次の例に示すように、「「第〇条第三項」を「第〇条第四項」に改める」として、条から引用するのが原則である。〈問154参照〉

■例■
〇**刑事訴訟法等の一部を改正する法律**（平成二十八年法律第五十四号）
（刑事訴訟法の一部改正）
第一条　刑事訴訟法（昭和二十三年法律第百三十一号）の一部を次のように改正する。
（略）

第三百五十条の八中「第二百九十一条第三項」を「第二百九十一条第四項」に改める。

（以下略）

七　その他字句の改正に関連する事項として、〈問156及び問208　参照〉。

〔「前段中」等の文言の用法〕

問207　「前段中」、「後段中」、「本文中」、「ただし書中」又は「各号列記以外の部分中」等の文言は、どのような場合に用いるのか。

答　これらの文言の用法は、必ずしも同じではない。その用法の差異について説明すれば、次のとおりである。

一　「ただし書中」は、改正しようとする字句と同一の字句が同一条項中のただし書以外の部分にあるか否かに関係なく用いるのが原則である。

二　「前段中」、「後段中」、「本文中」は、改正しようとする字句と同一の字句が同一条項中の他の部分にもあり、その部分の字句は改正しない場合には当然用いられるが、それ以外の場合には、単に「第○条（第×項）中」としてこれらの文言を用いないこともできるし、「ただし書中」と同じように、それに関係なく用いることも許される。

三　これらに対して、「各号列記以外の部分中」は、その用法が限定されており、改正しようとする字句が同一条項中の他の部分にもあり、その部分の字句は改正しない場合で、このような所在を特定する方式をとらなければ他に方法がないやむを得ない場合に用いられる。〈問143　参照〉

〈同一の改正規定中の字句改正〉

問208　「第○条中「前条」を「第一条」に、「第一条」を「同条」に改める」という改正規定では、「前条」から改められた「第一条」までが「同条」に改正されてしまうことにならないか。

答　既存の条、項、号等における字句の改正は、同一の改正規定の中では、同時に行われるものと了解されている。したがって、設問に挙げられた例についていえば、第○条における字句の改正のうち、「前条」を「第一条」に改めた後に「第一条」を「同条」に改めるものではなく、改正前の規定の「前条」及び「第一条」についての改正が同時に行われることとなるので、前半で改めた「第一条」までも後半で「同条」に改められることにはならない。「同」の用法については、〈問113及び問320　参照〉。

〈連続する条等を指示する表現〉

問209　連続する二又は三以上の条、項又は号について同じ内容の改正をする場合に、当該二又は三以上の条、項又は号を指示するときは、どのように表現するのか。例えば、第

答　二又は三以上の条、項又は号について、その間に他の改正を混じえずに、同じ内容の字句の改正をする場合には、次の例一又は例二に示すように、例えば「第○条及び第△条中」又は「第○条、第△条及び第×条中」として当該条、項又は号を一括して指示し、改正することとされている。

この場合、その条、項又は号が三以上であり、かつ、連続しているときには、例三に示すように、「第○条から第×条までの規定中」というように指示することとされていて、連続する三以上の条、項又は号の全部改正等の場合の「第○条から第×条までを……」とする指示の仕方と異なっていることに注意する必要がある。

なお、この指示の仕方は、設問に挙げられた例のように、第二条、第二条の二及び第

二条、第二条の二及び第三条の連続する三条を指示するときは、どうか。

三条の連続する三条である場合も、同様であり、この場合には、「第二条から第三条までの規定中」と指示する。

さらに、連続する三以上の条と他のある条について同じ内容の改正を行う場合も、同様であり、「第○条から第×条までの規定及び第△条中」、あるいは「第○条及び第×条から第△条までの規定中」というように指示することとされている。ただし、連続する三以上の項（号）と他のある項（号）についての場合は、例四に示すように、「第□条第○項（号）から第×項（号）まで及び第△項（号）中」としてよいこととされている。

ちなみに、「第○条から第×条まで中」と指示せず、「第○条から第×条までの規定中」と指示するのは、前者には表現上異和感があることによるものであろう。

■例一■

○**刑事訴訟法等の一部を改正する法律**（平成二十八年法律第五十四号）

（刑法の一部改正）

第三条　刑法（明治四十年法律第四十五号）の一部を次のように改正する。

第百三条及び第百四条中「二年」を「三年」に、「二十万円」を「三十万円」に改める。

（略）

■例二■

○**道路運送車両法及び自動車検査独立行政法人法の一部を改正する法律**（平成二十七年法律第四十四号）

（自動車検査独立行政法人法の一部改正）

第二条　自動車検査独立行政法人法（平成十一年法律第二百十八号）の一部を次のように改正する。

（略）

第十八条、第二十条及び第二十一条中「検査法人」を「機構」に改める。

〈編注　自動車検査独立行政法人法は、この改正法により、題名が「独立行政法人自動車技術総合機構法」に改められている。〉

■例三■

○漁業経営に関する補償制度の改善のための漁船損害等補償法及び漁業災害補償法の一部を改正する等の法律（平成二十八年法律第三十九号）

（漁船損害等補償法の一部改正）

第一条　漁船損害等補償法（昭和二十七年法律第二十八号）の一部を次のように改正する。

（略）

第百四十一条から第百四十三条までの規定中「の定める」を「で定める」に改める。

（略）

■例四■

○障害者の雇用の促進等に関する法律の一部を改正する法律（平成二十五年法律第四十六号）

（略）

第四十三条第一項中……加え、……改め、同条第二項中……改め、同条第三項から第五項まで及び第七項中「身体障害者又は知的障害者」を「対象障害者」に改める。

（以下略）

〔ただし書における柱書きと各号の改正〕

問210　各号のあるただし書に、同一の字句が柱書きと各号の双方にある場合の改正は、どのように行うのか。

答　例えば、

「　ただし、次に掲げる場合に該当し、かつ、……A……するときは、この限りでない。

一　……………

と各号の部分とにある場合において、柱書きの部分の字句だけを改めるときは、どのようにするのか。

二 ……A……
三 ……………」

というようなただし書がある場合において、柱書き部分のAだけを改めたいときに、改正規定で、「第○条ただし書中」と指示したとすると、それが形式的意味のただし書（各号を含まないただし書）を指すのか、実質的意味のただし書（各号を含むただし書）を指すのかが明確でないので、このような改正を行うときは、「第○条ただし書（各号列記以外の部分に限る。）中「A」を「A′」に改める」とした方が、法令編集上、疑いの余地を残さず適当であろう。〈問143 参照〉

また、柱書き部分のAの直前又は直後の字句を含めて引用し、各号中のAとの違いが明らかになるようにする方式（「第○条ただし書中「A△△」を「A′△△」に改める」）がとられることもある。

〔章名中と条文中の同一字句の改正〕

問211 条、項又は号中の字句と同一の字句が章名、節名等にある場合に、その字句を改めるときは、どのようにするのか。

答 章名、節名等は、それ全体が一体のものとして扱われるので、改める部分がその一部にとどまる場合にも、全体として改める方式をとるのが原則である。〈問177 参照〉

したがって、条、項又は号の中の字句と同一の字句が章名、節名等にも用いられており、その字句を改める必要が生じた場合にも、章名、節名等の改正と条、項又は号の改正とは区別して行うこととなる。すなわち、章名、節名等を全体として改め、これとは別に条、項又は号の中の字句だけを改めるのが原則である。

■例一■

○**地方交付税法等の一部を改正する法律**（平成十六年法律第十八号）
（地方特例交付金等の地方財政の特別措置に関する法律の一部改正）

第四条　地方特例交付金等の地方財政の特別措置に関する法律（平成十一年法律第十七号）の一部を次のように改正する。

（略）

「第二節　第一種交付金」を「第二節　減税補てん特例交付金」に改める。

第四条の見出し及び同条第一項中「第一種交付金」を「減税補てん特例交付金」に改める。

（以下略）

■例二■
○**会社法の一部を改正する法律**（平成二十六年法律第九十号）
（略）

第二編第四章第十節第三款の款名を次のように改める。

　　第三款　指名委員会等の運営
第四百十条、第四百十一条並びに第四百十二条の見出し並びに同条第一項、第三項及び第五項中「委員会」を「指名委員会等」に改める。

（略）

第二編第四章第十節第四款の款名を次のように改める。

　　第四款　指名委員会等設置会社の取締役の権限等
第四百十五条（見出しを含む。）中「委員会設置会社」を「指名委員会等設置会社」に改める。

（以下略）

〈編注　改正前の第二編第四章第一〇節第三款の款名は「委員会の運営」、改正前の同節第四款の款名は「委員会設置会社の取締役の権限等」であった。〉

〔各号列記以外の部分の全部改正〕

問212 ある条又は項の各号列記以外の部分を全面的に改める場合には、どのようにするのか。

答 条又は項の各号列記以外の部分を全面的に改める場合には、次の例に示す方式がとられる。〈問143 参照〉

■例■

○**所得税法等の一部を改正する法律**（平成二十八年法律第十五号）

（租税特別措置法の一部改正）

第十条 租税特別措置法（昭和三十二年法律第二十六号）の一部を次のように改正する。

（略）

第三十五条第一項各号列記以外の部分を次のように改める。

個人の有する資産が、居住用財産を譲渡した場合に該当することとなつた場合には、その年中にその該当することとなつた全部の資産の譲渡に対する第三十一条又は第三十二条の規定の適用については、次に定めるところによる。

（略）

この場合、既存の項を全部改正するのとは異なり、その改正が第二項以下についてのものであっても、項番号は付けない。

〔括弧中の字句の一部改正〕

問213 括弧の中の字句の一部改正については、その字句が長いものであっても、その全てを引用の上、改正しなければなら

答 括弧中の字句の一部改正については、その改正が括弧中の字句のみを捉えることによって行われる場合は別として、次の例一に示すように、括弧をも含めて引用し、これを改めることとする必要がある場合には、括弧書き全体を引用するのが通例とされている。

しかしながら、括弧書き全体を引用することが改正を余りにも煩雑にするような場合には、改正の分かりやすさという見地から、例二に示すように、括弧内の字句の一部と

ないのか。それとも、その一部を捉えて改正することができるか。

半分の括弧とを引用して、改正を行うこともある。

■例一■

○**電気事業法等の一部を改正する等の法律**（平成二十七年法律第四十七号）

第五条　ガス事業法の一部を次のように改正する。

（略）

第二条第一項中……、「事業（第三項に規定するガス発生設備においてガスを発生させ、導管によりこれを供給するものを除く。）」を「こと（政令で定める簡易なガス発生設備（以下「特定ガス発生設備」という。）においてガスを発生させ、導管によりこれを供給するものにあつては、一の団地内におけるガスの供給地点の数が七十以上のものに限る。）」に改め、同条第二項から第十二項までを次のように改める。

（以下略）

■例二■

○**農林物資の規格化等に関する法律及び独立行政法人農林水産消費安全技術センター法の一部を改正する法律**（平成二十九年法律第七十号）

（農林物資の規格化等に関する法律の一部改正）

第一条　農林物資の規格化等に関する法律（昭和二十五年法律第百七十五号）の一部を次のように改正する。

（略）

第十七条の二第一項中……改め、同項第一号中……削り、……加え、……改め、同項第二号中……、「外国製造業者等（本邦に輸出される農林物資を」を「外国取扱業者（外国において農林物資の」に改め、……削り、……、「又は外国小分け業者（本邦に輸出される」を「若しくは外国小分け業者（外国において」に、……改め、同号イ中……改め、同号ロ中……改め、……削り、……改め、同号ハ中……改め、……削り、……改め、同条第二項中……改め、同項第二号中……改め、……加え、同項第三号中……改め、……加え、同項第四号中……改め、同条第三項中……削り、……改め、同条を第十六条とする。

（以下略）

〈編注　農林物資の規格化等に関する法律は、この改正法により、題名が「日本農林規格等に関する法律」に改められている。〉

〔ただし書等の全部改正〕

問214　ただし書、前段又は後段を全部改める場合等には、どのようにするのか。

答一　ただし書、前段又は後段を全部改める場合には、次の例一から例三までに示すような改正の方式がとられる。〈問202及び次問　参照〉

■例一■

○**刑法等の一部を改正する法律**（平成二十五年法律第四十九号）

第二条　恩赦法（昭和二十二年法律第二十号）の一部を次のように改正する。

（恩赦法の一部改正）

（略）

第八条中……改め、同条ただし書を次のように改める。

ただし、刑の全部の執行猶予の言渡しを受けた者又は刑の一部の執行猶予の言渡しを受けてその刑のうち執行が猶予されなかつた部分の期間の執行を終わつた者であつて、まだ猶予の期間を経過しないものに対しては、その刑の執行の免除は、これを行わない。

■例二■

○**特許法等の一部を改正する法律**（平成二十三年法律第六十三号）

（商標法の一部改正）

第四条　商標法（昭和三十四年法律第百二十七号）の一部を次のように改正する。

（略）

第六十三条第二項前段を次のように改める。

　特許法第百七十八条第二項から第六項まで（出訴期間等）及び第百七十九条から第百八十二条まで（被告適格、出訴の通知等、審決取消訴訟における特許庁長官の意見、審決又は決定の取消し及び裁判の正本等の送付）の規定は、前項の訴えに準用する。

　（以下略）

■例三■

○**都市再生特別措置法等の一部を改正する法律**（平成二十八年法律第七十二号）

（都市再開発法の一部改正）


第二条　都市再開発法（昭和四十四年法律第三十八号）の一部を次のように改正する。

　（略）

第三十三条中……改め、同条後段を次のように改める。

　この場合においては、その有する議決権を当該特別決議事項に同意するものとして行使した者（以下この条において「同意者」という。）が所有する施行地区内の宅地の地積と同意者の施行地区内の借地の地積との合計（第二十条第二項ただし書の場合にあつては、施行地区内の宅地の地積に同意者が有する当該宅地の所有権の共有持分の割合の合計を乗じて得た面積）が、施行地区内の宅地の総地積と借地の総地積との合計の三分の二（同項ただし書の場合にあつては、施行地区内の宅地の総地積の三分の二）以上でなければならない。

　（以下略）

二　ただし書を削って後段を加える場合及び後段を削ってただし書を加える場合には、それぞれ次のようにする。
「　第○条（第△項）中「A」を「B」に改め、ただし書を削り、同条（項）に後段として次のように加える。

〔各号を含むただし書等の全部改正〕

問215　ただし書又は後段を全部改めて、各号を含むただし書又は後段とする場合には、どのようにするのか。また、各号を含むただし書又は後段を全部改めて、各号を含まないただし書又は後段とする場合には、どのようにするのか。

この場合において、……。

「　第○条（第△項）中「A」を「B」に改め、後段を削り、同条（項）に次のただし書を加える。

　ただし、……。　」

右について、第○条（第△項）中で「AをBに改める」等の字句の改正、追加等が必要ない場合は、「第○条（第△項）ただし書を削り、……」又は「第○条（第△項）後段を削り、……」とすればよい。

答一　ただし書又は後段を全部改めて、各号を含んだただし書又は後段とする場合には、例に示すような改正の方式がとられ、各号を実質的に加える部分を別建てで改正することはしない。〈問203及び前問　参照〉

なお、この方式は、各号を含む場合だけでなく、表あるいは算式を含む場合についても、同様である。

■例■

○農業協同組合法等の一部を改正する等の法律（平成二十七年法律第六十三号）

（農業協同組合法の一部改正）

第一条　農業協同組合法（昭和二十二年法律第百三十二号）の一部を次のように改正する。

（略）

第九十八条第一項中……改め、……削り、同条第二項中……加え、同項ただし書中……改め、同条第八項ただし書を次のように改める。

ただし、次の各号に掲げる主務省令については、当該各号に定める命令とする。

一　第十一条の十三第四項において読み替えて準用する倉庫業法第十二条に規定する主務省令並びに第九十七条第十二号及び第九十七条の二に規定する主務省令（倉荷証券に関するものに限る。）　農林水産省令・国土交通省令
二　第八十二条第二項第十号、第八十六条において読み替えて準用する第四十九条第二項第二号、第七十三条の五第三項、第七十三条の六及び第七十四条第二項第三号、第八十八条第二項第八号並びに第九十二条において読み替えて準用する第四十九条第二項第二号及び第七十四条第二項第三号に規定する主務省令並びに第九十七条第十二号及び第九十七条の二に規定する主務省令（第八十二条第一項又は第八十八条第一項に規定する組織変更に関するものに限る。）　農林水産省令・厚生労働省令
三　第九十四条の二第三項に規定する主務省令及び第九十七条第十二号に規定する主務省令（金融破綻処理制度及び金融危機管理に関するものに限る。）　農林水産省令・内閣府令・財務省令
（以下略）

二　各号を含んだただし書又は後段を全部改めて、各号を含まないただし書又は後段とする場合に、右の例と同じように考えて、単に「ただし書（後段）を次のように改める」とし、新たなただし書又は後段を書くことによって、既存の各号が削られるとも考えられるが、法令編さん上の便宜等を考慮すると、この場合には、別途、各号を削る旨を明らかにするのが適当であろう。

〔字句を追加する場合〕

問216　条、項又は号中に字句を追加する場合には、ど

答　条、項又は号中に字句を追加する場合の基本的な形は、次のようにする。

「　第○条（第○条第○項、第○条第○号、第○条ただし書）中「A」の下に「B」を、「C」の下に「D」を加える。　」

のようにするのか。

この場合において留意すべき事項については、条、項又は号中の字句を改める場合のそれと共通する点が多い〈問206　参照〉。なお、「C」をそれぞれ「A」及び「B」の下に加える場合には、「「A」の下に「C」を、「B」の下に「C」を加える」とするほか、「「A」及び「B」の下に「C」を加える」とすることもある。字句を追加する場合の特殊な留意事項を挙げれば、次のとおりである。

一　字句を追加する場所を指示するため既存の字句を捉える場合には、一つの語句として捉える。〈問153及び問206　参照〉

二　字句を追加する場所が、条、項又は号の冒頭である場合のように、「「○○」の下に」という形で表現し難い場合には、「「○○」の上に」という形を用いることもないわけではないが、通常は、次の例に示すように冒頭の語〈編注　参照〉を改める方式がとられる。

■例■

○**森林法等の一部を改正する法律**（平成二十八年法律第四十四号）

（森林組合法の一部改正）

第三条　森林組合法（昭和五十三年法律第三十六号）の一部を次のように改正する。

（略）

第九条第一項第四号中「病害虫」を「鳥獣害の防止、病害虫」に改める。

（以下略）

〈編注　改正前の森林組合法第九条第一項第四号は、「病害虫の防除その他組合員の森林の保護に関する事業」となっていた。〉

三　読点の下に字句を加える場合、例えば「A、B及びC」の文章でAの下にA′を加えたい場合には、「「A、」の下に「A′、」を加える」とはしないで、次の例に示すように、「「A」の下に「、A′」を加える」とする。「、」はその下の字句に従属しているものと解されているからである。〈問156　参照〉

■例■
○出入国管理及び難民認定法の一部を改正する法律（平成二十八年法律第八十八号）
（略）
第十九条の十六第二号中「技術・人文知識・国際業務」の下に「、介護」を加える。
（以下略）

〔字句を削る場合〕

問217　条、項又は号中の字句を削る場合には、どのようにするのか。

答　条、項又は号中の字句を削る場合の基本的な形は、次のようにする。

「　第○条（第○条第○項、第○号、第○条ただし書）中「A」、「B」及び「C」を削る。　」

この場合において留意すべき事項についても、条、項又は号中の字句を改める場合のそれと共通する点が多い〈問206　参照〉。字句を削る場合の特殊な留意事項を挙げれば、次のとおりである。

一　一つの語句の一部を削ることはしない。例えば、「公共法人」を「法人」と改める場合に、「「公共」を削る」とはしない。〈問153及び問206　参照〉

二　字句とともに読点も削る必要がある場合には、次の例に示すように、その下の字句と一緒に削る。例えば、「A、B、C又はD」のうち「B」を削る場合には、「「、B」

を削る」とする。〈問156及び前問　参照〉

> ■例■
>
> ○**割賦販売法の一部を改正する法律**（平成二十八年法律第九十九号）
>
> （略）
>
> 第五十二条中「、登録包括信用購入あっせん業者」を削り、同条第一号中……改め、……削る。
>
> （以下略）
>
> 〈編注　改正前の第五二条の柱書きは、「次の各号のいずれかに該当する場合には、その違反行為をした許可割賦販売業者、供託委託契約の受託者、登録包括信用購入あっせん業者、指定信用情報機関、第三十五条の三の六十一の許可を受けた者又は指定受託機関の代表者、管理人、代理人、使用人その他の従業者は、五十万円以下の罰金に処する。」であった。〉

〔各種改正が混在する場合〕

問218　条の改正で、字句の改め、削り又は追加が混在する場合には、どのようにするのか。その条が、項から成り、又は号を含むときは、どうか。

答　各種の改正が混在する場合の基本的な改正の形は、次のようにする。

「　第○条中「Ａ」を「Ｂ」に改め、「Ｃ」を削り、「Ｄ」の下に「Ｅ」を加え、「Ｆ」を「Ｇ」に改める。　」

「　第○条第一項中「Ａ」を「Ｂ」に改め、「Ｃ」を削り、「Ｄ」の下に「Ｅ」を加え、「Ｆ」を「Ｇ」に改め、同条第二項中「Ｈ」を「Ｉ」に、「Ａ」を「Ｂ」に改め、「Ｊ」を削り、同条第三項中「Ｆ」を「Ｇ」に改める。　」

この場合において留意すべき事項についても、条、項若しくは号中の字句を改め、若しくは削る場合又は条、項若しくは号中に字句を追加する場合におけるそれと共通する

〈問206、問216及び前問　参照〉。なお、各種の改正が混在する場合であっても、改正すべき字句の捉え方は、その条、項又は号に出てくる字句の順序に従ってこれをとらえ、順次改正すべき事項の処理をしていくべきものである。したがって、右の最初の設例の改正方式についていえば、同じ改める部分だからといって「A」と「F」を一緒にして、「第○条中「A」を「B」に、「F」を「G」に改め、「C」を削り、「D」の下に「E」を加える」というようにはしない。

■例■

○関税定率法等の一部を改正する法律（平成二十九年法律第十三号）

（関税法の一部改正）

第二条　関税法（昭和二十九年法律第六十一号）の一部を次のように改正する。

（略）

第百十九条第一項中「と認める」を削り、「参考人」の下に「（以下この項及び第百二十一条第一項（臨検、捜索又は差押え等）において「犯則嫌疑者等」という。）」を加え、「これらの者」を「犯則嫌疑者等」に、「所持する物件」を「所持し、」に改め、「犯則嫌疑者が」を削り、「提出した物件」を「提出し、」に改める。

（以下略）

〈字句の改正と条の移動〉

問219　条中の字句の改正とその条の移動とでは、どちらを先に行うのか。項又

答　条中の字句の改正とその条の移動との先後関係については、次のように、まず条中の字句についての改正を行った上で、条の移動を行うのが原則である。項又は号についても、同様である。

「　第五条中「A」を「B」に改め、「C」を削り、……「F」を「G」に改め、

は号については、どうか。

同条を第六条とする。
「　第〇条第一項中「A」を「B」に改め、同条第二項中「C」を「D」に改め、」
同項を同条第三項とし、同条第一項の次に次の一項を加える。
「　第〇条第〇項第三号を削り、同項第四号中「A」を「B」に改め、同号を同項第三号とする。」

なお、ある条又は項中の字句を改めるとともに、その条又は項中の号を移動させる場合には、「第〇条（第〇条第〇項）中「A」を「B」に改め、第二号を削り、第三号を第二号とする」とし、右の「第二号」、「第三号」及び「第二号」には、「第〇条（第〇条第〇項）中」がそれぞれかかっていると考えて、「第二号」等の上には「同条」又は「同項」の字句を置かないのが、通例である。次の例二に示すように、号の繰下げを行い、新たな号を加える場合も同様である。

■例一■

〇**森林法等の一部を改正する法律**（平成二十八年法律第四十四号）

（国立研究開発法人森林総合研究所法の一部改正）

第五条　国立研究開発法人森林総合研究所法（平成十一年法律第百九十八号）の一部を次のように改正する。

（略）

第十九条第一項中「研究所」を「機構」に、「第十一条第一項第一号」を「第十三条第一項第一号」に改め、同条第二項中「研究所」を「機構」に改め、同条を第二十二条とする。

（以下略）

〈編注　国立研究開発法人森林総合研究所法は、この改正法により、題名が「国立研究

開発法人森林研究・整備機構法」に改められている。〉

■例二■

○サイバーセキュリティ基本法及び情報処理の促進に関する法律の一部を改正する法律（平成二十八年法律第三十一号）

（情報処理の促進に関する法律の一部改正）

第二条 情報処理の促進に関する法律（昭和四十五年法律第九十号）の一部を次のように改正する。

（略）

第二十条の見出しを「（業務の範囲等）」に改め、同条第一項中「第十条」を「第三十二条」に改め、第九号を第十号とし、第六号から第八号までを一号ずつ繰り下げ、第五号の次に次の一号を加える。

六　サイバーセキュリティに関する講習を行うこと。

（以下略）

〔項番号のない法令の項の改正〕

問220 項番号のない古い法令のある項を改正する場合には、新たに項番号を付けるのか。

答 項番号のない古い法令の一部分だけに項番号を付けるとすれば、当該古い法令全体を通じてみた場合に統一を欠くことになるので、その体裁に合わせ、項番号のない古い法令のある項を改正したり、項を追加する場合には、特に新たに項番号を付けることはしない。〈問193 参照〉

■例■

○農業協同組合法等の一部を改正する等の法律（平成二十七年法律第六十三号）

（農業協同組合法の一部改正）

第一条 農業協同組合法（昭和二十二年法律第百三十二号）の一部を次のように改正する。

（略）

第八条中「とし、営利を目的としてその事業を行つてはならない」を「とする」に改め、同条に次の二項を加える。

組合は、その事業を行うに当たつては、農業所得の増大に最大限の配慮をしなければならない。

組合は、農畜産物の販売その他の事業において、事業の的確な遂行により高い収益性を実現し、事業から生じた収益をもつて、経営の健全性を確保しつつ事業の成長発展を図るための投資又は事業利用分量配当に充てるよう努めなければならない。

（以下略）

〔条の移動〕

問221　ある条とその直後の条の位置を逆にする場合には、どのようにするのか。ある条を数条離れた前又は後に移す場合には、どのようにするのか。

答　一　例えば第五条と第六条の位置を逆にする場合で、これらの条中の字句については全く改めるものがないときは、単純に「第五条を第六条とし、第六条を第五条とする」とすればよいように思われるかもしれないが、このような方式はとらない。条、項又は号を移動させる場合には、移す先をまず空けてから（この例でいえば、「第六条とする」という前に第六条を空けておいてから）、条、項又は号を移動させるというのが原則である。したがって、次の二つの方式のいずれかによらなければならない。いずれの方式によってもよいわけであるが、改正規定の短い方式によることとすればよかろう。

「　第六条を削り、第五条を第六条とし、第四条の次に次の一条を加える。
第五条　……
」
〈編注　右の第五条は、旧第六条と同じ内容のものである。〉

又は

「第五条を削り、第六条を第五条とし、同条の次に次の一条を加える。

第六条　……

」

〈編注　右の第六条は、旧第五条と同じ内容のものである。〉

二　次に、ある条を数条離れた前又は後に移動して挿入したい場合も同じであり、例えば、第五条を第十一条の次に移し、第六条から第十一条までを一条ずつ繰り上げるような場合には、次のようにする。

「第五条を削り、第六条を第五条とし、第七条から第十一条までを一条ずつ繰り上げ、第十二条の前に次の一条を加える。

第十一条　……

」

〈編注　右の第十一条は、旧第五条と同じ内容のものである。〉

右について、「第七条から第十一条までを一条ずつ繰り上げ、第十二条の前に」という部分を「第七条から第十条までを一条ずつ繰り上げ、第十一条を第十条とし、同条の次に」とする方式もある。

もっとも、これらの条中に改正したい部分があるときは、条ごとに、その改正を行った後に、移動させることとなる。〈問219　参照〉

右の場合に、「第十一条を削り、第五条を第十一条とし、第六条を第五条とし、第七条から第九条までを一条ずつ繰り上げ、第十条を第九条とし、同条の次に次の一条を加える」という方式はとれないかという疑問が生ずるが、「第五条を第十一条とする」のように中間にある条を飛び越して移動させるということはしないこととされている。

なお、連続した四条以上の条をその内容を改正せずに移動する場合には、右の例のように最初の一条だけをまず動かし（右の例でいえば、「第六条を第五条とし」）、残りの条は、まとめて（右の例でいえば、「第七条から第十一条まで」としてまとめて）動かすこととされている。項又は号についても、同様である。また、号の細分であるイ、ロ、ハ……について、連続する四以上のものを移動させる場合にも、条、項又は号の移動の場合の方式に準じた方式で移動させることで差し支えないこととされている。〈問192及び問205参照〉

〈項の全部改正と追加〉

問222 二項から成る条について、第二項を内容的には継続性があるが全部改めた形の第四項とし、新たに第二項及び第三項として二項を追加する場合には、どのようにするのか。

答一 設問のような改正をする場合には、次のような改正の方式をとるのが原則である。

「　第○条第二項を次のように改める。

2　……

　第○条に次の二項を加える。

3　……

4　……　」

すなわち、既存の第○条第二項を全部改めることとして、新たに第○条第二項として追加される項を書き、次いで、第○条に二項を加えることとして、新たに第三項として追加される項及び既存の第二項と内容的には継続性があるがこれを全部改めた形の第四項を書くのである。

二 次のような改正の方式は、とらない。

〔項建ての本則を条建てにする等の場合〕

問223 項から成る本則に項を

1 「第○条第二項を削り、同条に次の三項を加える。
2 ……
3 ……
4 ……」
2 「第○条第二項を次のように改める。
2 ……
3 ……
4 ……」
3 「第○条第二項を同条第四項とし、同項を次のように改める。
4 ……
第○条第一項の次に次の二項を加える。
2 ……
3 ……」

右の1の方式は第二項について削除と追加が二度にわたって行われる点で、2の方式は改める前の項の数と改めた後の項の数とが異なる点で、また3の方式は項の移動が改正に先立って行われる点で、それぞれ適当でないからである。〈問200 参照〉

答一 項のみから成る本則に項を追加する場合については、〈問195三及び問196 参照〉。

二 項のみから成る本則を条建てのものとする場合は、次の例に示すような改正の方式による。

加えたり、又はこれを条建てのものとする場合には、どのようにするのか。

〔一項建ての本則の一部改正〕

問224　本則が一項だけから成る法令の一部を改正する場合には、「本則」と表示する必要があるのか。

■例■

○行政不服審査法及び行政不服審査法の施行に伴う関係法律の整備等に関する法律の施行に伴う関係政令の整備に関する政令（平成二十七年政令第三百九十二号）

（家畜取引法施行令の一部改正）

第五十五条　家畜取引法施行令（昭和三十二年政令第九号）の一部を次のように改正する。

本則第一項中「家畜取引法」の下に「（以下「法」という。）」を加え、「当り」を「当たり」に改め、「の各号」を削り、同項第一号中「いずれか一」を「いずれか」に改め、同項第三号中「すべて」を「全て」に改め、本則第二項中「当り」を「当たり」に改め、本則を第一条とし、同条に見出しとして「（市場再編整備地域の指定に係る最低基準）」を付し、同条の次に次の一条を加える。

（行政不服審査法施行令の準用）

第二条　法第三十一条第一項の意見の聴取については、行政不服審査法施行令（平成二十七年政令第三百九十一号）第八条の規定を準用する。この場合において、同条中「総務省令」とあるのは、「農林水産省令」と読み替えるものとする。

答　本則が一項だけから成る法令の一部改正をする場合には、附則の規定との関連上誤解を生じない場合には、次の例に示すように、特に「本則」という表示をしなくてもよいこととされている。なお、〈問195三　参照〉。

■例一■

○地方自治法第二百五十二条の十九第一項の指定都市の指定に関する政令の一部を改正する政令（平成二十三年政令第三百二十三号）

〔条建てから条のないものに改める等の場合〕

問225　二条又は二項から成る本則又は附則を条のないもの又は一項のみから成るものに改める場合には、どのようにするのか。また、三項から成る条について、第三項だけを残したい場合には、ど

（略）
「相模原市」を「相模原市　熊本市」に改める。
（以下略）

■例二■

○道路運送車両法及び自動車検査独立行政法人法の一部を改正する法律の施行に伴う関係政令の整備及び経過措置に関する政令（平成二十八年政令第二十一号）

（行政相談委員法第二条第一項第一号の法人を定める政令の一部改正）

第七条　行政相談委員法第二条第一項第一号の法人を定める政令（昭和四十一年政令第二百二十二号）の一部を次のように改正する。

第一号中「自動車検査独立行政法人」を「独立行政法人自動車技術総合機構」に改める。

答一　二条から成る本則又は附則を条のないものに改める場合、その第二条を削って第一条に該当する規定の全部又は一部を残すときと、その第一条を削って第二条に該当する規定の全部又は一部を残すときとがあるが、前者については次の例一に示すような、また後者については例二に示すような改正の方式がとられる。

■例一■

○地域公共交通の活性化及び再生に関する法律及び独立行政法人鉄道建設・運輸施設整備支援機構法の一部を改正する法律の施行に伴う関係政令の整備に関する政令（平成二十七年政令第二百九十一号）

（交通政策審議会令の一部改正）

第八条　交通政策審議会令（平成十二年政令第三百号）の一部を次のように改正する。

のようにするのか。

附則第二条を削り、附則第一条の見出し及び条名を削る。

■例二■

○内閣府設置法等の一部を改正する法律の施行に伴う関係政令の整備等に関する政令（平成二十四年政令第百八十七号）

（宇宙開発戦略本部令の一部改正）

第九条　宇宙開発戦略本部令（平成二十年政令第二百五十一号）の一部を次のように改正する。

第一条を削る。

第二条中「この政令に定めるもののほか、」を削り、同条の見出し及び条名を削る。

二　二項から成る本則又は附則を一項のみから成るものに改める場合にも、右の一で述べた改正の方式とおおむね同様な、次の例に示すような改正の方式がとられる。この場合、改正前の第一項には、必ず項番号が付いているので、残される規定が改正前の第一項であっても、当然「項番号を削る」とすることが必要である。〈問84　参照〉

■例■

○電気事業者による再生可能エネルギー電気の調達に関する特別措置法等の一部を改正する法律の施行に伴う関係政令の整備及び経過措置に関する政令（平成二十九年政令第十一号）

（電気事業者による再生可能エネルギー電気の調達に関する特別措置法施行令の一部改正）

第一条　電気事業者による再生可能エネルギー電気の調達に関する特別措置法施行令（平成二十三年政令第三百六十二号）の一部を次のように改正する。

（略）

附則第二項を削り、附則第一項の見出し及び項番号を削る。

三　以上のほか、三項から成る条について第三項だけを残したい場合には、「第〇条第一項及び第二項を削り、同条第三項を同条とする」という改正の方式がとられる（次の例は、一三項から成る条について第一三項だけを残すものであるが、その改正の方式に変わりはない。）。

■例■

〇**租税特別措置法施行令の一部を改正する政令**（平成二十三年政令第三百八十三号）

（略）

第三十九条の七十四第一項から第十二項までを削り、同条第十三項を同条とする。

（以下略）

〔条等の全部改正〕

問226　既存の条、項又は号の全部を改める場合には、どのようにするのか。

答　一　既存の条を全部改める場合には、次の例に示すように、その条を改める旨の柱書きを置き、次の行から改められた後の条を書くことになる。

■例■

○**ポリ塩化ビフェニル廃棄物の適正な処理の推進に関する特別措置法の一部を改正する法律**（平成二十八年法律第三十四号）

（略）

第十一条を次のように改める。

（指導及び助言）

第十一条　都道府県知事は、保管事業者に対し、高濃度ポリ塩化ビフェニル廃棄物の確実かつ適正な処理の実施を確保するために必要な指導及び助言をすることができる。

二　既存の項又は号を全部改める場合にも、次の例に示すように、条における場合と同様の方式がとられる。

■例一■

○**株式会社国際協力銀行法の一部を改正する法律**（平成二十八年法律第四十一号）

（略）

第十三条第一項を次のように改める。

第十一条第一号から第六号までの規定による資金の貸付け、貸付債権の譲受け、公社債等の取得、債務の保証等又は出資は、次に掲げる場合に限り、行うことができる。

一　当該貸付けに係る資金の償還、当該譲受けに係る貸付債権の回収、当該取得に係る公社債等の償還、当該債務の保証等に係る債務の履行又は当該出資に係る事業からの配当の支払を可能とする利益の発生が確実であると認められる場合

（以下略）

■例二■

○地域再生法の一部を改正する法律（平成二十八年法律第三十号）

（略）

第五条第四項第一号を次のように改める。

一　まち・ひと・しごと創生法第九条第一項に規定する都道府県まち・ひと・しごと創生総合戦略（次号において単に「都道府県まち・ひと・しごと創生総合戦略」という。）に同条第二項第三号に掲げる事項として定められた事業又は同法第十条第一項に規定する市町村まち・ひと・しごと創生総合戦略（次号において単に「市町村まち・ひと・しごと創生総合戦略」という。）に同条第二項第三号に掲げる事項として定められた事業であって次に掲げるもののうち、地方公共団体、事業者、研究機関その他の多様な主体との連携又は分野の異なる施策相互の有機的な連携を図ることにより効率的かつ効果的に行われるものその他の先導的なものに関する事項

イ　地域における就業の機会の創出、経済基盤の強化又は生活環境の整備に資する事業（ロに掲げるものを除く。）であって次に掲げるもの

(1)　結婚、出産又は育児についての希望を持つことができる社会環境の整備に資する事業

〔条を全部改正し、その直後に条を追加する場合〕

問227　既存の条、項又は号を全部改め、その条、項又は号の直後に新たな条、項又は号を追加する場合には、どのようにするのか。

（以下略）

答　既存の条、項又は号を全部改め、その条、項又は号の直後に新たな条、項又は号を追加する場合には、次の例に示すような方式がとられる。すなわち、まず既存の条、項又は号を改める旨の柱書きを置いた上で、改められた後の条、項又は号を書き、次いで、その改められた条、項又は号の次に、条、項又は号を加える柱書きを置いた上で、新たな条、項又は号を書く。この場合、既存の条、項又は号を改める部分については、〈前問　参照〉。また、新たな条、項又は号の追加については、〈問191から問198まで　参照〉。

■例一■

○**会社法の一部を改正する法律**（平成二十六年法律第九十号）

（略）

第三百四十四条を次のように改める。

（会計監査人の選任等に関する議案の内容の決定）

第三百四十四条　監査役設置会社においては、株主総会に提出する会計監査人の選任及び解任並びに会計監査人を再任しないことに関する議案の内容は、監査役が決定する。

2　監査役が二人以上ある場合における前項の規定の適用については、同項中「監査役が」とあるのは、「監査役の過半数をもって」とする。

3　監査役会設置会社における第一項の規定の適用については、同項中「監査役」とあるのは、「監査役会」とする。

第三百四十四条の次に次の一条を加える。

（監査等委員である取締役の選任に関する監査等委員会の同意等）

第三百四十四条の二　取締役は、監査等委員会がある場合において、監査等委員である取締役の選任に関する議案を株主総会に提出するには、監査等委員会の同意を得なければならない。

2　監査等委員会は、取締役に対し、監査等委員である取締役の選任を株主総会の目的とすること又は監査等委員である取締役の選任に関する議案を株主総会に提出することを請求することができる。

3　第三百四十一条の規定は、監査等委員である取締役の解任の決議については、適用しない。

（以下略）

■例二■

○電気事業法等の一部を改正する等の法律（平成二十七年法律第四十七号）

第三条　電気事業法の一部を次のように改正する。

（略）

第四条第一項第一号を次のように改める。

一　商号及び住所

第四条第一項中第四号を第五号とし、第三号を第四号とし、第二号を第三号とし、第一号の次に次の一号を加える。

二　取締役（指名委員会等設置会社にあつては、取締役及び執行役。第六条第二項第三号において同じ。）の氏名

（以下略）

〔各号を全部改正し、その号数が増減する場合〕

答　条又は項の各号を全部改める場合には、改正の結果既存の号と比べてその数が増減することになるかどうかに関係なく、次の例に示す方式によることとされている。

問228　条又は項の各号を全部改める必要があり、しかも、改正の結果、号の数が増減することとなる場合には、どのようにするのか。

■例■

○**電気事業法等の一部を改正する等の法律**（平成二十七年法律第四十七号）

第五条　ガス事業法の一部を次のように改正する。

（略）

第五十八条各号を次のように改める。

一　第七条第一項の規定に違反して第四条第一項第三号から第五号までに掲げる事項を変更した者

二　第十八条、第二十三条、第五十二条、第六十三条、第七十八条又は第九十一条の規定に違反して、記録をせず、虚偽の記録をし、又は記録を保存しなかつた者

（略）

十三　第百六十二条の規定に違反した者

第五十八条を第二百条とする。

〈編注　改正前のガス事業法第五八条各号は、一〇号から成り立っていた。〉

〔連続する条を全部改正する場合〕

問229　連続する二以上の条、項又は号を全部改める場合には、どのようにするのか。

答一　既存の連続する二以上の条、項又は号を全部改める場合には、その連続する条、項又は号を改める旨の柱書きを置き、次の行から改められた後の条、項又は号を連続して書くこととされているが、その連続する条、項又は号が二であるか、三以上であるかによって、その柱書きは、次の例一又は例二に示すように、異なることとなる。

■例一■

○**海上交通安全法等の一部を改正する法律**（平成二十八年法律第四十二号）

（航路標識法の一部改正）

第三条　航路標識法（昭和二十四年法律第九十九号）の一部を次のように改正する。

（略）

第三条及び第四条を次のように改める。

（海上保安庁以外の者の行う航路標識の設置の許可）

第三条　海上保安庁以外の者が航路標識（第十三条第一項に規定するものを除く。）を設置しようとするときは、海上保安庁長官の許可を受けなければならない。

（略）

（許可の基準等）

第四条　海上保安庁長官は、前条第一項の許可の申請があつたときは、その申請が次の各号のいずれにも適合しているかどうかを審査しなければならない。

一　当該航路標識の位置、構造及び設備が航路標識としての機能を確保するために必要なものとして国土交通省令で定める基準に適合するものであること。

（以下略）

■例二■

○原子力発電における使用済燃料の再処理等のための積立金の積立て及び管理に関する法律の一部を改正する法律（平成二十八年法律第四十号）

（略）

第十条から第十四条までを次のように改める。

（目的）

第十条　使用済燃料再処理機構（以下「機構」という。）は、発電に関する原子力の適正な利用に資するため、特定実用発電用原子炉の運転に伴って生ずる使用済燃料の再処理等の実施の業務を行うことにより、発電に関する原子力に係る環境の整備を図ることを目的とする。

（法人格）

第十一条　機構は、法人とする。

（名称）

第十二条　機構は、その名称中に使用済燃料再処理機構という文字を用いなければならない。
2　機構でない者は、その名称中に使用済燃料再処理機構という文字を用いてはならない。
（登記）
第十三条　機構は、政令で定めるところにより、登記しなければならない。
2　前項の規定により登記しなければならない事項は、登記の後でなければ、これをもって第三者に対抗することができない。
（一般社団法人及び一般財団法人に関する法律の準用）

第十四条　一般社団法人及び一般財団法人に関する法律（平成十八年法律第四十八号）第四条及び第七十八条の規定は、機構について準用する。

（以下略）

二　ところが、条としては「第七条、第八条」と連続していても、当該法令が章・節等に区分されている場合〈問65　参照〉には、連続する条と条との間に章名なり節名が存在することがある。
章・節名を挟む前後の条を全部改正する場合には、右一の例のようにはしない。次の例に示すように、まず章・節名の前の条を全部改正し、次に、別の柱書きを置いて章・節名の次の条の全部改正をする。

■例■
○会社法の施行に伴う関係法律の整備等に関する法律（平成十七年法律第八十七号）
（社債等の振替に関する法律の一部改正）
第二百三十五条　社債等の振替に関する法律（平成十三年法律第七十五号）の一部を次のように改正する。

（略）

第百十八条及び第百十九条を次のように改める。

（特定社債に関する社債に係る規定の準用）

第百十八条　第四章の規定（……）は、特定社債（資産の流動化に関する法律第二条第七項に規定する特定社債をいい、転換特定社債（……）及び新優先出資引受権付特定社債（……）を除く。以下同じ。）について準用する。この場合において、次の表の上欄に掲げる規定中同表中欄に掲げる字句は、それぞれ同表下欄に掲げる字句と読み替えるものとするほか、必要な技術的読替えは、政令で定める。

（略）

（その権利の帰属が振替口座簿の記載又は記録により定まるものとされる特定社債についての資産の流動化に関する法律の適用除外）

第百十九条　その権利の帰属が振替口座簿の記載又は記録により定まるものとされる特定社債については、資産の流動化に関する法律第百二十五条において準用する会社法第六百八十一条第四号及び第五号……の規定は、適用しない。

第百二十条を次のように改める。

第百二十条　第四章の規定（……）及び第百十四条の規定は、特別法人債（特別の法律により法人の発行する債券に表示されるべき権利をいう。）について準用する。この場合において、次の表の上欄に掲げる規定中同表中欄に掲げる字句は、それぞれ同表下欄に掲げる字句と読み替えるものとするほか、必要な技術的読替えは、政令で定める。

（以下略）

〈編注　社債等の振替に関する法律においては、第一一九条と第一二〇条との間に、第六章の「第五節　特別法人債の振替」という節名が置かれている。なお、同法は平成一六年法律第八八号により、題名が「社債、株式等の振替に関する法律」に改められている。〉

〔条等の廃止〕

問230　条、項又は号を廃止する場合には、どのようにするのか。項番号のない古い法令については、どうか。

答　一　条、項又は号を廃止する場合には、次に示すように、「削る」と「削除」の二つの方式がある。二つの方式の使い分けについては、〈次問 参照〉。

1　条、項又は号を跡形もなく消してしまいたい場合には、次の例一及び例二に示すように、

「　第○条（第○条第○項、第○条第○号）を削る。」

「　第○条及び第△条（第○条第○項及び第△項、第○条第○号及び第△号）を削る。」

等と規定する。なお、削る条、項又は号が三以上である場合には、その指示は、次の例三に示すように、それぞれ、「第○条から第×条まで」、「第○条第○項から第×項まで」又は「第○条第○号から第×号まで」と、それが号の全てであるときは、次の例四に示すように、「第○条各号」と表現する。

■例一■

○**労働安全衛生法の一部を改正する法律**（平成二十六年法律第八十二号）

（略）

第七十九条を削る。

（以下略）

■例二■

○国家公務員法等の一部を改正する法律（平成二十六年法律第二十二号）

第十七条　自衛隊法の一部を次のように改正する。

（略）

第六十二条第二項を削り、同条第三項中「前二項」を「前項」に改め、同項を同条第二項とし、同条第四項及び第五項を削る。

（以下略）

■例三■

○金融商品取引法の一部を改正する法律（平成二十七年法律第三十二号）

（略）

第二百九条第十一号から第十三号までを削る。

（以下略）

■例四■

○少年法の一部を改正する法律（平成二十六年法律第二十三号）

（略）

第二十二条の二第一項中「次に掲げる」を「死刑又は無期若しくは長期三年を超える懲役若しくは禁錮に当たる」に改め、各号を削る。

（以下略）

2　また、条又は号を廃止する場合において、その形骸だけは残しておきたいときは、次の例一及び例二に示すように、

「　第○条を次のように改める。

第○条　削除

」

「　第○条第三号を次のように改める。
　三　削除
」

とする。

なお、項については、「削除」とすることはない。〈次問　参照〉

■例一■

○**保険業法等の一部を改正する法律**（平成二十六年法律第四十五号）
（保険業法の一部改正）
第一条　保険業法（平成七年法律第百五号）の一部を次のように改正する。
（略）
第二百九十六条を次のように改める。
第二百九十六条　削除
（以下略）

■例二■

○**農業協同組合法等の一部を改正する等の法律**（平成二十七年法律第六十三号）
　附　則
（地方税法の一部改正）

第五十七条　地方税法（昭和二十五年法律第二百二十六号）の一部を次のように改正する。

（略）

第七百一条の三十四第三項第十三号を次のように改める。
十三　削除
（以下略）

二　右の一１の「第○条を削る」という方式による場合で、廃止する条、項又は号が法文の最後の条又は条中の最後の項若しくは号であるときは、当該条、項又は号を廃止したままでよいが（枝番号の最後の条又は号についても、同様である。）、それが中間の条、項又は号であるときは、廃止したままでは条、項又は号に欠番を生じることになるので、後の条、項又は号を繰り上げる必要がある。この場合には、通常、

「第八条を削り、第九条を第八条とし、第十条から第十二条までを一条ずつ繰り上げる。」〈編注　動かす条が四条以上の場合〉

「第八条を削り、第九条を第八条とし、第十条を第九条とし、第十一条を第十条とする。」〈編注　動かす条が三条の場合〉

「第○条中第三項（号）を削り、第四項（号）を第三項（号）とし、第五項（号）を第四項（号）とする。」

等と規定するが、実際には、移動させる条に字句の改正を加える必要がある等の理由で、次の例に示すように、その規定の仕方が複雑になることが多い。〈問192　参照〉

■例一■

○漁業経営に関する補償制度の改善のための漁船損害等補償法及び漁業災害補償法の一部を改正する等の法律（平成二十八年法律第三十九号）

第二条　漁船損害等補償法の一部を次のように改正する。

（略）

第七条を削り、第八条を第七条とし、第九条を第八条とし、第十条を第九条とする。

第十一条の前の見出し及び同条を削る。

第十二条に見出しとして「（印紙税の非課税）」を付し、同条中「及び漁船乗組船主保険再保険事業」を削り、同条を第十条とする。

第二章第二節中第十三条を第十一条とする。

第十四条の前の見出しを削り、同条を第十二条とし、同条の前に見出しとして「（設立準備会）」を付する。

第十五条を第十三条とする。

第十六条第七項中「第十六条第六項」を「第十四条第六項」に改め、同条を第十四条とし、第十七条から第二十条までを二条ずつ繰り上げる。

（略）

第二十一条を第十九条とし、第二十一条の二を第二十条とし、第二章第三節中第二十二条を第二十一条とし、第二十三条を第二十二条とし、第二十四条を第二十三条とする。

第二十五条の前の見出しを削り、同条第一項中「第百十一条の二第一項」を「第百十一条第一項」に、「第百十一条の三第三項」を「第百十一条の二第三項」に、「第九十五条第二項」を「第九十四条第二項」に改め、同条第二項中「第百十一条の二第三項」を「第百十一条第三項」に改め、同条を第二十四条とし、同条の前に見出しとして「（保険の目的の譲受人等）」を付する。

第二十五条の二中「第百十一条の三第一項」を「第百十一条の二第一項」に、「第九十五条第二項」を「第九十四条第二項」に、「第百十一条の二第二項」を「第百十一条第二項」に、「第百十一条の三第三項」を「第百十一条の二第三項」に改め、同条を第二十五条とする。

（以下略）

■例二■

○**地球温暖化対策の推進に関する法律の一部を改正する法律**（平成二十八年法律第五十号）
（略）

第十六条を削り、第十七条を第十六条とし、第十八条を第十七条とし、第十九条を第十八条とする。

第二十条第二項中「市町村は」の下に「、単独で又は共同して」を加え、第四章中同条を第十九条とし、第二十条の二を第二十条とする。

（略）

第三十四条第三項第二号中「第四号に規定する場合を除く。」を削り、同項第三号ロを削り、同号ハを同号ロとし、同号ニ中「からハまで」を「及びロ」に改め、同号ニを同号ハとし、同項第四号を削り、同条第四項中「前項第四号に規定する場合その他」を削り、同条第五項を削り、同条第六項中「他の締約国又は」を削り、同項を同条第五項とし、同条第七項を同条第六項とし、同条を第四十八条とする。

（以下略）

三　なお、項番号のない古い法令において、項を廃止する場合には、「第○条第○項を削る」として第○項を廃止すると、後の項は、自動的に繰り上がることとされているから、右の二で述べたような繰上げの措置は、必要としない。〈問193　参照〉

■例■
○地方自治法の一部を改正する法律（平成二十四年法律第七十二号）
（略）

第百七十七条第二項中「議会」を「普通地方公共団体の議会」に、「左に」を「次に」に、「ついても、また、前項と同様とする」を「ついて、当該普通地方公共団体の長は、理由を示してこれを再議に付さなければならない」に改め、同項第一号中「基き」を「基づき」に改め、同条第四項中「第二項第二号」を「第一項第二号」に改め、同条第一項を削る。

（以下略）

〈「削除」と「削る」〉

問231 条又は号を廃止するのに「削除」と「削る」の二つの方式があるが、両者は、どのように使い分けるのか。また、項について「削除」とすることはないのか。

〈編注　右の第一七七条は、四項から成り立っていた。〉

答 ある法令の一部をないものとする改正をする場合に、改めたい部分を跡形もなく消してしまいたいときに用いられるのが「削る」で、改めたい部分を「削除」という形で改め、条名、号名等はそのままとしておきたいときに用いられるのが「削除」である。

法令においては、条名を欠番のままにしておくことはしないので、その条が法令の最後の条である場合及び枝番号の最後の条である場合以外において、「第○条を削る」としたときは、後の条を順次繰り上げる必要が生じる。後の条を繰り上げ、その条名が変わってくると、その条を引用していた他の条や他の法令の全てについて改正が必要となり、大変煩わしいことになり、また、改正漏れを生じないとも限らない。このような場合には、「第○条　削除」として、廃止する条が欠番にならないようにその形骸だけは残すことにすれば、煩わしくもなく、他の条や他の法令に対する影響もないわけである。この点に、両者を使い分ける実益がある。例えば、地方自治法においては次の例に示すように、章を含む多数の条について「削除」とされている。なお、〈問183　参照〉。

■例■

○地方自治法（昭和二十二年法律第六十七号）

第二十条乃至第七十三条　削除

（略）

第百六十条　削除

（略）

第三編　特別地方公共団体
第一章　削除
第二百六十四条乃至第二百八十条　削除
〈編注　右の「乃至」は古い用例であり、現在では、例えば「第二十条から第七十三条まで　削除」とする。〉

次に、号についても、右に述べたと同様のことがいえるが、号は、条と異なり、他の条や他の法令で引用されることが少ないので、後の号を繰り上げてもその影響が少ない。したがって、号について「三　削除」という方式を用いることは、それほど多くない。

なお、項は、単なる法文の段落であって、条又は号のように一つの独立した単位とは考えられていないので、項については、「3　削除」という方式は用いることができない。

〈連続する条を「削除」とする場合〉

問232　連続する二以上の条又は号を「削除」とする場合には、どのようにするのか。

答　例えば、第A条及び第B条又は第A条、第B条及び第C条のように連続する条を「削除」としたい場合には、各条ごとにそれぞれ「削除」とすることなく、それが連続する二条であるときは「及び」でつないだ形で、また連続する三条以上のときは「第○条から第×条まで」とまとめた形で、次のようにする。

「第A条及び第B条を次のように改める。
第A条及び第B条　削除
」

「第A条から第C条までを次のように改める。

第A条から第C条まで　削除」

連続する二以上の号を「削除」とする場合も、次の例三に示すように、条の場合と異なるところはない。〈問183及び問230一2例一例二　参照〉

■例一■

○所得税法等の一部を改正する等の法律（平成二十九年法律第四号）

（租税特別措置法の一部改正）

第十二条　租税特別措置法（昭和三十二年法律第二十六号）の一部を次のように改正する。

（略）

第五十五条の三及び第五十五条の四を次のように改める。

第五十五条の三及び第五十五条の四　削除

（以下略）

■例二■

○**独立行政法人通則法の一部を改正する法律**（平成二十六年法律第六十六号）

（略）

第三十二条から第三十四条までを次のように改める。

（各事業年度に係る業務の実績等に関する評価等）

第三十二条　中期目標管理法人は、毎事業年度の終了後、当該事業年度が次の各号に掲げる事業年度のいずれに該当するかに応じ当該各号に定める事項について、主務大臣の評価を受けなければならない。

一　次号及び第三号に掲げる事業年度以外の事業年度　当該事業年度における業務の実績

二　中期目標の期間の最後の事業年度の直前の事業年度　当該事業年度における業務の実績及び中期目標の期間の終了時に見込まれる中期目標の期間における業務の実績

三　中期目標の期間の最後の事業年度　当該事業年度における業務の実績及び中期目標の期

間における業務の実績
（略）
第三十三条及び第三十四条　削除
（略）
第五章第二節の節名を削る。
第六十一条から第六十三条までを次のように改める。
第六十一条から第六十三条まで　削除
（以下略）

■**例三**■

○貿易保険法及び特別会計に関する法律の一部を改正する法律（平成二十七年法律第五十九号）
（特別会計に関する法律の一部改正）

第二条　特別会計に関する法律（平成十九年法律第二十三号）の一部を次のように改正する。

目次中「第十節から第十三節まで　削除
第十四節　貿易再保険特別会計（第百八十二条—第百九十二条）」を「第十節から第十四節まで　削除」に改める。

第二条第一項第十号から第十四号までを次のように改める。

十から十四まで　削除
第二章第十節から第十四節までを次のように改める。

第十節から第十四節まで　削除
第百三十八条から第百九十二条まで　削除

〔第一号の「削除」〕

問233　号の第一号を「削除」とすることは、許されるか。

〔項を削って、後続する項を繰り上げる場合〕

問234　例えば五項から成る条の第二項を削り、第三項から第五項までを一項ずつ繰り上げる場合には、どのようにするのか。

答　号について「削除」の方式をとるのは、号の移動を行うと当該移動をした号を引用している他の条文は他の法令が多数ある場合にその全てについて改正を行う必要が生じ、これが非常に煩わしいような場合とすべきものであるから〈問231参照〉、そのような場合に該当する場合においては、「一　削除」とすることが許されないわけではない。しかし、実際上は、号について、このような場合に該当する例は通常考えられないし、仮にあったとしても、最初の号から「削除」とすることは、余り見栄えのよいものではないから、そのような改正が行われることはほとんどない。

答　設問のような改正をする場合には、「第〇条第二項を削り、同条第三項以下を一項ずつ繰り上げる」というような方式ではなく、次のような改正方式がとられる。このような改正方式がとられるのは、条又は号の繰上げの場合についても、同様である。〈問230及び次問　参照〉

「　第〇条中第二項を削り、第三項を第二項とし、第四項を第三項とし、第五項を第四項とする。　」

右の場合、「第〇条第二項を削り、同条第三項を同条第二項とし、同条第四項を同条第三項とし、同条第五項を同条第四項とする。」としていないのは、全て第〇条中での削り及び移動であるので、「第〇条中」とすることにより、「同条」の部分が簡略化されるからである。

また、設問は移動させる項数が三の場合であるが、四以上の場合、例えば第六項までを移動させる場合であれば、「第〇条中第二項を削り、第三項を第二項とし、第四項か

〈削る項を指示する表現〉

問235　項、号、ただし書又は後段を削る場合、例えば項を削る場合であれば、「第○条中第○項を削る」とするのか、それとも、「第○条第○項を削る」とするのか。

ら第六項までを一項ずつ繰り上げる」とする。なお、〈次問　参照〉。

答　ある条の項、号、ただし書又は後段を削る場合には、次の例一に示すように、「第○条第○項（第○号、ただし書、後段）を削る」とし、「第○条中第○項（第○号、ただし書、後段）を削る」とはしない。ただし、ある条中において、項又は号を削るとともに、他の項又は号の移動も併せ行う必要がある場合には、例二に示すように、「中」の語を「第○条」の下に置き、以下の改正規定中に出てくる項を指示するに当たっては、「同条第○項」とはしないで、単に「第○項」として、項の廃止及び移動を行うのが普通である。もっとも、この場合においても、例三に示すように、「中」の語を用いないこともある。

■例一■

○国立研究開発法人新エネルギー・産業技術総合開発機構法の一部を改正する法律（平成二十八年法律第十八号）

（略）

第四条第二項を削る。

第十五条第一項中「第四条第一項」を「第四条」に改め、同条第二項を削る。

（以下略）

■例二■

○地球温暖化対策の推進に関する法律の一部を改正する法律（平成二十八年法律第五十号）

（略）

第二条第六項中第二号を削り、第三号を第二号とし、第四号を第三号とし、第五号を削る。

第三条第三項中「図るため」の下に「、当該抑制等のための施策及び活動に関する普及啓発を行うとともに」を加え、同条中第四項を削り、第五項を第四項とし、第六項を第五項とする。

（以下略）

■例三■

○**建築基準法の一部を改正する法律**（平成二十六年法律第五十四号）

（略）

第六条の二第三項から第七項までを削り、同条第八項中「第三項の構造計算適合性判定により適合判定がされた」を「同項の規定による確認の申請を受けた場合において、申請に係る建築物の計画が次条第一項の構造計算適合性判定を要するものであるときは、建築主から同条第七項の適合判定通知書又はその写しの提出を受けた」に改め、同項を同条第三項とし、同条第九項中「申請の内容によつては」を削り、同項を同条第四項とし、同条第十項から第十二項までを五項ずつ繰り上げる。

（以下略）

第九節　表・別表関係

〔全部改正〕

問236　表を全部改める場合には、どのようにするのか。

答　条中の表又は別表を全部改める場合には、次のようにする。

「　第○条の表を次のように改める。

」

「　別表を次のように改める。
別表（第○条関係）

」

なお、別表の全部改正に当たっては、「別表（第○条関係）」を落とさないように注意する必要がある（別表の根拠規定を示すことについては、〈問93　参照〉。）。

■例一■

○国会議員の選挙等の執行経費の基準に関する法律及び公職選挙法の一部を改正する法律
（平成二十八年法律第二十四号）

（国会議員の選挙等の執行経費の基準に関する法律の一部改正）

第一条　国会議員の選挙等の執行経費の基準に関する法律（昭和二十五年法律第百七十九号）

の一部を次のように改正する。

第四条第一項の表を次のように改める。

区市町村	区		市		町村	
投票日／投票区の選挙人の数	平日	休日	平日	休日	平日	休日
五百人未満	一三六、五二六円	二二四、一五八円	一〇九、三一六円	一九六、九四八円	一〇九、三一六円	一九六、九四八円
（略）						

（以下略）

■例二■

○**裁判官の報酬等に関する法律の一部を改正する法律**（平成二十八年法律第九十号）

（略）

別表を次のように改める。

別表（第二条関係）

区分	報酬月額
最高裁判所長官	二、〇一〇、〇〇〇円
（略）	

（以下略）

〔縦の区切りの改正〕

問237　表の縦の区切りを一つだけ全部改める場合には、どのようにするのか。

答　次の上段に示す別表（第○条の表）について、

名　称	根　拠　法
A事業団	A事業団法
B事業団	B事業団法
C独立行政法人	C独立行政法人法
D独立行政法人	D独立行政法人法
E独立行政法人	E独立行政法人法

↓

B独立行政法人	B独立行政法人法

B事業団の縦の区切り（この区切りを「項」と呼ぶ。〈問91　参照〉）を下段のように全面的に改めたい場合には、次のいずれかの方式による。

「　別表（第○条の表）B事業団の項を次のように改める。

B独立行政法人	B独立行政法人法

」

又は

「　別表（第○条の表）中「

B事業団	B事業団法

」を「

B独立行政法人	B独立行政法人法

」に改める。」

前者の方式によったものとして次の例一が、後者の方式によったものとして例二がある。

〈編注　独立行政法人の名称は、実際には、「独立行政法人B」等となっているのが通例であ

るが、右の例では見やすくするために「B独立行政法人」等と表記している。〉

なお、かつての改正例の中には、前者の方式の「別表（第○条の表）B事業団の項」を「別表（第○条の表）中B事業団の項」と「中」の文言を用いたものがある。これは、表の短冊に相当する部分（| B事業団 | B事業団法 |の部分）が項と呼ばれるとしても、これを条における項と全く同様に扱うのもいかがかという表の項に対する理解の相違を反映するものであろうが、最近では、「中」の文言は用いないこととされている。

■例一■

○出入国管理及び難民認定法の一部を改正する法律（平成二十六年法律第七十四号）

第一条　出入国管理及び難民認定法（昭和二十六年政令第三百十九号）の一部を次のように改正する。

（略）

別表第一の二の表中……に改め、同表技術の項を次のように改める。

技術・人文知識・国際業務	本邦の公私の機関との契約に基づいて行う理学、工学その他の自然科学の分野若しくは法律学、経済学、社会学その他の人文科学の分野に属する技術若しくは知識を要する業務又は外国の文化に基盤を有する思考若しくは感受性を必要とする業務に従事する活動（一の表の教授の項、芸術の項及び報道の項の下欄に掲げる活動並びにこの表の経営・管理の項から教育の項まで、企業内転勤の項及び興行の項の下欄に掲げる活動を除く。）

（略）

別表第一の五の表特定活動の項を次のように改める。

特定活動	法務大臣が個々の外国人について特に指定する活動

（以下略）

■例二■

○**所得税法等の一部を改正する法律**（平成二十八年法律第十五号）

（租税特別措置法の一部改正）

第十条　租税特別措置法（昭和三十二年法律第二十六号）の一部を次のように改正する。

（略）

第六十六条の四の三第十二項中……同項を同条第十五項とし、同条第十一項中……同項の表中

「

第六十六条の四第六項	第一項	第六十六条の四の三第一項
	所得	法人税法第百四十一条第一号イに掲げる国内源泉所得に係る所得
	法人税法	同法

」を

「

第六十六条の四第八項	同時文書化対象国外関連取引（前項の規定の適用がある国外関連取引以外の国外関連取引	同時文書化対象内部取引（第六十六条の四の三第六項に規定する同時文書化対象内部取引
	第六項	同条第四項
	同時文書化対象国外関連取引に係る第一項	同時文書化対象内部取引に係る同条第一項
	として財務省令	として同条第六項に規定する財務省令
	所得	法人税法第百四十一条第一号イに掲げる国内源泉所得に係る所得
	法人税法	同法

」に

改め、……同表第六十六条の四第六項第二号の項中「第六十六条の四第六項第二号」を「第

〔縦の区切りの追加〕

問238　表に縦の区切りを追加する場合には、どのようにするのか。

六十六条の四第八項第二号」に改め、同項の次に次のように加える。
（以下略）

答一　前問の別表について、「A事業団」の区切り（この区切りを「項」と呼ぶ。）の次に「A′独立行政法人」に関する区切りを追加したい場合には、次のいずれかの方式による。

「　別表（第○条の表）A事業団の項の次に次のように加える。

A′独立行政法人	A′独立行政法人法

」

又は

「　別表（第○条の表）中「

A事業団	A事業団法

」を「

A事業団	A事業団法
A′独立行政法人	A′独立行政法人法

」に改める。

前者の方式によったものとして次の例一が、後者の方式によったものとして例二がある。〈前問　参照〉

■例一■
○道路交通法の一部を改正する法律（平成二十七年法律第四十号）
道路交通法（昭和三十五年法律第百五号）の一部を次のように改正する。

（略）

第八十五条第一項の表中型自動車の項の次に次のように加える。

準中型自動車	準中型免許

第八十五条第二項の表大型免許の項及び中型免許の項中「普通自動車」を「準中型自動車、普通自動車」に改め、同項の次に次のように加える。

準中型免許	普通自動車、小型特殊自動車及び原動機付自転車

（以下略）

■例二■

○国立大学法人法の一部を改正する法律（平成十七年法律第四十九号）

国立大学法人法（平成十五年法律第百十二号）の一部を次のように改正する。

別表第一中「

国立大学法人筑波大学	筑波大学	茨城県	八

」を

「

国立大学法人筑波大学	筑波大学	茨城県	八
国立大学法人筑波技術大学	筑波技術大学	茨城県	二

」……に改め、

……同表備考第三号を削り、同表備考第四号を同表備考第三号とする。

二　表の冒頭に縦の区切りを追加する場合、同じく前問に示した別表の例を用いて示すと、同表の「A事業団」の区切りの前に「X事業団」に関する区切りを追加したい場合には、次の例一に示すように、

「
　別表（第○条の表）中「

A事業団	A事業団法

」を「

X事業団	X事業団法
A事業団	A事業団法

」に改める。

」

とする。また、例二のような例もみられる。

■例一■

○**公正取引委員会を内閣府の外局に移行させるための関係法律の整備に関する法律**（平成十五年法律第二十三号）

（内閣府設置法の一部改正）

第三条　内閣府設置法（平成十一年法律第八十九号）の一部を次のように改正する。

（略）

　第六十四条の表中「

国家公安委員会	警察法

」を「

公正取引委員会	私的独占の禁止及び公正取引の確保に関する法律
国家公安委員会	警察法

」に改める。

■例二■

○**国家戦略特別区域法及び構造改革特別区域法の一部を改正する法律**（平成二十七年法律第五十六号）

（国家戦略特別区域法の一部改正）

第一条　国家戦略特別区域法（平成二十五年法律第百七号）の一部を次のように改正する。

（略）

別表中一の項を一の四の項とし、同項の前に次のように加える。

一	公証人役場外定款認証事業	第十二条の二
一の二	公立国際教育学校等管理事業	第十二条の三
一の三	国家戦略特別区域限定保育士事業	第十二条の四

（以下略）

三　また、表の末尾に縦の区切りを追加する場合については、前問の別表の例でいえば、同表の「E独立行政法人」の区切りの後に、「F独立行政法人」の区切りを追加したいとき、次の二つの方式がある。

「　別表（第○条の表）に次のように加える。

F独立行政法人	F独立行政法人法

」

又は

「　別表（第○条の表）中「

E独立行政法人	E独立行政法人法

」を「

E独立行政法人	E独立行政法人法
F独立行政法人	F独立行政法人法

」に改める。

」

次の例一は、前者の方式を、例二は、後者の方式を用いている。

■例一■

○電気通信事業法の一部を改正する法律（平成二十六年法律第六十三号）

（略）

第百十六条第二項の表に次のように加える。

第九十条第三項	届出（登録認定機関の氏名若しくは名称若しくは住所又は技術基準適合認定の業務を行う事務所の所在地の変更に係るものに限る。）	届出

（以下略）

■例二■

○船員保険法施行令及び国民年金法等の一部を改正する法律の施行に伴う経過措置に関する政令の一部を改正する政令（平成二十一年政令第百八十五号）

（略）

（船員保険法施行令の一部改正）

第一条　船員保険法施行令（昭和二十八年政令第二百四十号）の一部を次のように改正する。

（略）

別表第三中……「

平成八年四月一日から平成九年三月三十一日までの日	一・〇〇

」を「

平成八年四月一日から平成九年三月三十一日までの日	〇・九九

」に、「

平成十八年四月一日から平成十九年三月三十一日までの日	一・〇〇

」を「

平成十八年四月一日から平成十九年三月三十一日までの
平成十九年四月一日から平成二十年三月三十一日までの

日	一・○○
日	一・○○

」に改める。

〔縦の区切りを削る場合〕

問239 表の縦の区切りを削る場合には、どのようにするのか。

答 問237において示した別表について、「D独立行政法人」に関する縦の区切り（この区切りを「項」と呼ぶ。）を削りたい場合には、次のいずれかの方式によることが考えられる。

「別表（第○条の表）D独立行政法人の項を削る。」

又は

「

別表（第○条の表）中

「

C独立行政法人	C独立行政法人法
D独立行政法人	D独立行政法人法
E独立行政法人	E独立行政法人法

」を

「

C独立行政法人	C独立行政法人法
E独立行政法人	E独立行政法人法

」に改める。

」

次の例一は前者の方式によった例であり、例二は後者のように図示によった例である。

■例一■

○独立行政法人大学評価・学位授与機構法の一部を改正する法律（平成二十七年法律第二

十七号）

附　則

（船員保険法の一部改正）

第十五条　船員保険法（昭和十四年法律第七十三号）の一部を次のように改正する。

（略）

別表第一独立行政法人国立大学財務・経営センターの項を削る。

■例二■

○都市再生特別措置法等の一部を改正する法律（平成二十八年法律第七十二号）

（都市再開発法の一部改正）

第二条　都市再開発法（昭和四十四年法律第三十八号）の一部を次のように改正する。

（略）

第百十一条……に改め、同表中

「

第百三条第一項	施設建築敷地、その共有持分若しくは施設建築物の一部等
第百三条第一項	価額、施設建築敷地の地代の額

」

「

建築施設の部分
価額

」を「

第百三条第一項	価額、施設建築敷地の地代の額	価額

」

「　」に改め、同表第百八条第二項の項中……改める。

（以下略）

〔縦の区切りについて各種改正が混在する場合〕

問240 表の改正で、ある縦の区切りを全部改めたり、追加したり、又は削ったりする改正が混在する場合には、どのようにするのか。

答 表の改正に際し、各種の改正が必要な場合には、表の前の方から、順次、問237から前問までにおいて述べた方式によって改正していけばよい。この場合、同時に改正できるところは、同時に改正を行うようにする。

表の改正で、ある縦の区切り（項）を全部改め、ある縦の区切り（項）を追加し、及びある縦の区切り（項）を削る改正を同時に行う必要があるものとして、問237から前問までの具体例について具体的な改正方式を示せば、次のいずれかの方式によることになる。〈問237 参照〉

「 別表（第○条の表）A事業団の項の次に次のように加える。

A′独立行政法人	A′独立行政法人法

別表（第○条の表）B事業団の項を次のように改める。

B独立行政法人	B独立行政法人法

別表（第○条の表）D独立行政法人の項を削る。 」

又は

「 別表（第○条の表）中

「

A事業団	A事業団法
B事業団	B事業団法

」を

「

A事業団	A事業団法
A′独立行政法人	A′独立行政法人法
B独立行政法人	B独立行政法人法

」に改め、D独立行政法人の項を削る。 」

〔横の区切りについて各種改正が混在する場合〕

問241　表の改正で、横の区切りを追加したり、削ったり、又は改めたりする場合には、どのようにするのか。

答　表の縦の区切り（項）を追加したり又は削ったりする場合には、「○○の項の次に次のように加える」又は「○○の項を削る」と表現することにより、新しい項が既存の項の間に入った表となり、又は削られる項が抜けてその左右にある項がくっついた表となり、改正の効果が達成されるが〈問238及び問239　参照〉、これは、縦の区切りがそれぞれ一つのまとまった内容をもち、その区切りを項としてまとめて取り扱うのに適当なものであると考えられるからである。これに対し、横の区切りは、「欄」とは呼ぶが、欄は当然縦の区切りの一部をその中に含んでいるため、欄全体を一つのものとして取り扱うことは必ずしも適当ではなく、また、横の区切りを追加したり又は削ったりする事例も極めてまれであるところから、横の区切りの改正については、右の縦の区切りの改正方式に準じた「○○の欄の下に次のように加える」とか「○○の欄を削る」とかいうような改正方式によるのではなく、既存の表の改正すべき部分を「A」という図で、改正された後の形を「B」という図で捉え、「「A」を「B」に改める」という改正方式をとるのが適当であろう。〈問91　参照〉

表の横の区切り（欄）を改める場合も、右と同様であるが、当該欄中の字句のみの改正で足りる場合には、次の例一に示すように、当該字句を「別表（第○条の表）○○の欄中「A」を「B」に、「C」を「D」に……改める」の方式によって改めても、改正の目的を達成することができよう。

■例一■

○特別職の職員の給与に関する法律の一部を改正する法律（平成二十八年法律第二号）

第一条　特別職の職員の給与に関する法律（昭和二十四年法律第二百五十二号）の一部を次のように改正する。

（略）

別表第一俸給月額の欄中「二、〇〇九、〇〇〇円」を「二、〇一〇、〇〇〇円」に、「一、四六五、〇〇〇円」を「一、四六六、〇〇〇円」に、「一、四〇五、〇〇〇円」を「一、四〇六、〇〇〇円」に、「一、一九八、〇〇〇円」を「一、一九九、〇〇〇円」に、「一、一七四、〇〇〇円」を「一、一七五、〇〇〇円」に、「一、〇三四、〇〇〇円」を「一、〇三五、〇〇〇円」に、「九一二、〇〇〇円」を「九一三、〇〇〇円」に改める。

（以下略）

■例二■

○外国人等の国際運輸業に係る所得に対する相互主義による所得税等の非課税に関する法律施行令等の一部を改正する政令（平成二十八年政令第二百二十六号）

（復興特別所得税に関する政令の一部改正）

第五条　復興特別所得税に関する政令（平成二十四年政令第十六号）の一部を次のように改正する。

（略）

第十三条第一項の表国税通則法施行令の項中「

対する所得税	対する所得税及び復興特別所得税

」を「

第三国団体配当等に対する所得税	第三国団体配当等に対する所得税及び復興特別所得税

」に改め、同条第二項の表租税特別措置法施行令の項の次に次のように加える。

（以下略）

■例三■

〔表中の字句の改正〕

問242 表中の字句を追加したり、削ったり、又は改めたりする場合には、どのようにするのか。

答 表中の字句について種々の改正を行う場合には、「別表（第○条の表）○○の項中「A」を「B」に改め、「C」を削り、同表××の項中「D」の下に「E」を加え、……」というように、その表の縦の区切り（項）を条文中の項と同じに考え、条文中の字句の改正方式〈問218参照〉に準じて、改正を行っていけばよい。

この場合、表又は別表中の字句の改正としての特殊事項を挙げれば、次のとおりであ

○所得税法等の一部を改正する法律（平成二十八年法律第十五号）

（東日本大震災の被災者等に係る国税関係法律の臨時特例に関する法律の一部改正）

第十三条 東日本大震災の被災者等に係る国税関係法律の臨時特例に関する法律（平成二十三年法律第二十九号）の一部を次のように改正する。

（略）

第十二条第一項中「平成二十八年三月三十一日」を「平成三十三年三月三十一日」に改め、「同表の」の下に「第一号の下欄のロ又は」を加え、同項の表の第一号の上欄中「次号」を「以下この表」に、「同号」を「次号」に改め、同号の下欄を次のように改める。

次に掲げる資産 イ　東日本大震災復興特別区域法第四条第一項に規定する特定被災区域（イにおいて「特定被災区域」という。）内にある土地若しくは土地の上に存する権利（次号、次項及び次条第一項において「土地等」という。）又は特定被災区域内にある事業の用に供される減価償却資産 ロ　被災区域である土地若しくはその土地の上に存する権利又はその土地の区域内にある事業の用に供される減価償却資産

（以下略）

る。

一　改正の対象となる別表が非常に大部のもので、それぞれの項の改正を「別表○○の項中「……」を「……」に改め、同表××の項中「……」を「……」に改め、同表△△の項中「……」を「……」に改め」というように連続して改正することとした場合にはかえって分かりにくくなるときは、項単位で文章を区切ることがある（輸出貿易管理令の一部を改正する政令（平成二八年政令第三四六号）参照）。

二　複雑な形をしている表の字句を含んだ表の一部を改める場合において、通常の改正方式では改正内容を表現することができない場合には、次の例に示すように、既存の表の一部分を図として「　」で捉え、これを改正後の表の一部を図として「　」に示して改める方式をとる。

■例■

○都市再生特別措置法等の一部を改正する法律（平成二十八年法律第七十二号）

（都市再開発法の一部改正）

第二条　都市再開発法（昭和四十四年法律第三十八号）の一部を次のように改正する。

（略）

第百十条に見出しとして「……」を付し、同条第一項中……同条第四項の表第四十条第一項、第七十三条第一項第十三号及び第十四号の項中「第七十三条第一項第十三号及び第十四号」を「第七十三条第一項第十八号及び第十九号」に改め、同表中

「

第四十四条	第四十四条	

第八十八条第一項の規定による地上権	借地権
地上権の目的	借地権の目的

」を

「
第四十四条第一項	第八十八条第一項の規定による地上権	借地権
	又は地上権	又は借地権

」

に改め、同表第五十条の三第一項第五号、第二項及び第三項、第五十条の十第一項、第五十二条第二項第五号、第五十六条の二第一項、第五十八条の二第一項の項の次に次のように加える。

第五十二条第二項第七号	施設建築敷地若しくはその共有持分、施設建築物の一部等若しくは	施設建築敷地若しくは施設建築物に関する権利、

三　単に「別表○○の項中「A」」又は「別表第○号中「A」」と表現しただけでは紛らわしい場合には、次の例に示すように、「別表○○の項××欄中「A」」というように、欄まで指示することがある。

■例■

○地球温暖化対策の推進に関する法律の一部を改正する法律の施行に伴う関係政令の整理に関する政令（平成二十八年政令第二百三十一号）

（地球温暖化対策の推進に関する法律施行令の一部改正）

第一条　地球温暖化対策の推進に関する法律施行令（平成十一年政令第百四十三号）の一部を次のように改正する。

〔表以外の部分と表の改正〕

問243　表のある条又は項の表以外の部分を改める場合には、どのようにするのか。それに加えて、表中の字句を改めるときは、どうか。

（略）

第七条第一項中……同項の表第二十一条の四第一項の項上欄中「第二十一条の四第一項」を「第二十八条第一項」に改め、同項下欄中「第二十一条の十」を「第三十四条」に、「第二十一条の二第一項」を「第二十六条第一項」に改め、同表第二十一条の四第二項第一号及び第三号の項上欄中「第二十一条の四第二項第一号」を「第二十八条第二項第一号」に改め、同項下欄中「第二十一条の十」を「第三十四条」に、「第二十一条の二第一項」を「第二十六条第一項」に改め……同条第二項中……同項の表第二十一条の三第二項の項上欄中「第二十一条の三第二項」を「第二十七条第二項」に改め、同表第二十一条の四第一項の項上欄中「第二十一条の四第一項」を「第二十八条第一項」に改め、同項下欄中「第二十一条の十」を「第三十四条」に、「第二十一条の二第一項」を「第二十六条第一項」に改め……

第二章中同条を第八条とする。

四　ある項のある欄を全面的に改める場合には、前問の例三の例に示すように、「○○の項××欄を次のように改める」という方式がとられる。

答　一　表のある条（項）の表以外の部分を全面的に改める場合は、次のようにする（例一参照。）

「　第○条（第○条第○項）の表以外の部分を次のように改める。

……………

」

二　表以外の部分中の字句及び表中の字句を改める場合は、次のようにする（例二参照）。

「　第○条（第○条第○項）の表以外の部分中「○○」を「××」に改め、同条

　（同項）の表中「○○」を「××」に改める。」

この場合、改める字句が少ないときは、例三のように、「第○条（第○条第○項）中「○○」を「××」に改め、同条（同項）の表中「○○」を「××」に改める。」とすることもある。

なお、表の改正が、表中の字句ではなく、表の全部を改めるものであるときは、例四のように、

「　第○条（第○条第○項）の表以外の部分中「○○」を「××」に改め、同条（同項）の表を次のように改める。

　…………

」

とする。

■例一■

○**地方税法等の一部を改正する法律**（平成二十二年法律第四号）

　（地方税法の一部改正）

第一条　地方税法（昭和二十五年法律第二百二十六号）の一部を次のように改正する。

　（略）

附則第十二条の三第一項中……同条第三項の表以外の部分を次のように改める。

　次に掲げる自動車に対する第百四十七条第一項及び第二項の規定の適用については、当該自動車が平成二十二年四月一日から平成二十三年三月三十一日までの間に新車新規登録を受けた場合にあつては平成二十三年度分の自動車税に限り、当該自動車が平成二十三年四月一日から平成二十四年三月三十一日までの間に新車新規登録を受けた場合にあつては平成二十四年度分の自動車税に限り、次の表の上欄に掲げる規定中同表の中欄に掲げる字

句は、同表の下欄に掲げる字句にそれぞれ読み替えるものとする。
一　電気自動車
（以下略）

■例二■

○保険業法等の一部を改正する法律（平成二十六年法律第四十五号）
（保険業法等の一部を改正する法律の一部改正）

第二条　保険業法等の一部を改正する法律（平成十七年法律第三十八号）の一部を次のように改正する。

（略）

附則第四条の二の表以外の部分中「第二百九十四条」を「第二百九十四条第三項」に改め、「第三百条」の下に「（第一項ただし書を除く。）」を加え、同条の表第二百九十四条第一号の項中「第二百九十四条第一号」を「第二百九十四条第三項第一号」に改め、同表第二百九十四条第三号の項中「第二百九十四条第三号」を「第二百九十四条第三項第三号」に改め、同表第三百条第一項の項を次のように改める。

（以下略）

○社会保障の安定財源の確保等を図る税制の抜本的な改革を行うための消費税法の一部を改正する等の法律等の一部を改正する法律（平成二十八年法律第八十五号）
（社会保障の安定財源の確保等を図る税制の抜本的な改革を行うための消費税法の一部を改正する等の法律の一部改正）

第一条　社会保障の安定財源の確保等を図る税制の抜本的な改革を行うための消費税法の一部を改正する等の法律（平成二十四年法律第六十八号）の一部を次のように改正する。

（略）

附則第十六条第一項の表以外の部分及び同項の表附則第三条の項中「二十九年新消費税法」を「三十一年新消費税法」に改め、同表附則第五条第一項の項中「二十九年旧消費税法」を「三十一年旧消費税法」に……改める。

（以下略）

■例三■

○所得税法等の一部を改正する等の法律（平成二十九年法律第四号）

（法人税法の一部改正）

第二条 法人税法（昭和四十年法律第三十四号）の一部を次のように改正する。

（略）

第百四十六条の見出しを削り、同条第二項中「字句は、」の下に「それぞれ」を加え、「それぞれ」を削り、同項の表第百二十三条第二号の項中「第百二十三条第二号」の下に「（青色申告の承認申請の却下）」を加え、同項の次に次のように加える。

（以下略）

■例四■

○所得税法等の一部を改正する法律（平成二十年法律第二十三号）

（租税特別措置法の一部改正）

第八条 租税特別措置法（昭和三十二年法律第二十六号）の一部を次のように改正する。

（略）

第八十七条の表以外の部分中「平成二十年三月三十一日」を「平成二十五年三月三十一日」に改め、同条の表を次のように改める。

（以下略）

〔別表の改正〕

問244 別表について、次のようにする場合には、どのようにするのか。

一 別表を別表第一とし、別表第二を加える場合

二 別表第一及び別表第二を改めて、別表とする場合

三 別表を別表第二とし、新たな別表第一を加える場合

四 別表に新たに「（備考）」を設ける場合

答一 既存の別表を別表第一とし、別表第二を加える場合には、次の改正方式による。

「 別表を別表第一とし、同表の次に次の一表を加える。

別表第二（第○条関係）

」

■例■

○刑事訴訟法等の一部を改正する法律（平成二十八年法律第五十四号）

（犯罪捜査のための通信傍受に関する法律の一部改正）

第六条 犯罪捜査のための通信傍受に関する法律（平成十一年法律第百三十七号）の一部を次のように改正する。

（略）

別表を別表第一とし、同表の次に次の一表を加える。

別表第二（第三条、第十四条関係）

一 爆発物取締罰則（明治十七年太政官布告第三十二号）第一条（爆発物の使用）又は第二条（使用の未遂）の罪

二イ 刑法（明治四十年法律第四十五号）第百八条（現住建造物等放火）の罪又はその未遂罪

（以下略）

二 既存の別表第一及び別表第二を改めて、新たに一つの別表とする場合には、次の改正方式による。これは、別表が条に準じた扱いをされていることを示すものといえよう。

「別表第二を削り、別表第一を次のように改める。
別表（第○条関係）

」

なお、別表の全部を改めて、複数（例えば、二）の別表とする場合には、次の改正方式による。

「別表を次のように改める。
別表第一（第○条関係）

別表第一の次に次の一表を加える。
別表第二（第×条関係）

」

■例一■

○**小規模企業共済法及び中小企業事業団法の一部を改正する法律**（平成七年法律第四十四号）

（小規模企業共済法の一部改正）

第一条　小規模企業共済法（昭和四十年法律第百二号）の一部を次のように改正する。

別表第二を削り、別表第一を次のように改める。

別表（第九条、第十二条関係）

（略）

■例二■

○麻薬取締法等の一部を改正する法律（平成二年法律第三十三号）

（麻薬取締法の一部改正）

第一条　麻薬取締法（昭和二十八年法律第十四号）の一部を次のように改正する。

（略）

別表を次のように改める。

別表第一（第二条関係）

一　三―アセトキシ―六―ジメチルアミノ―四・四―ジフェニルヘプタン（別名アセチルメタドール）及びその塩類

二～七十六（略）

別表第一の次に次の二表を加える。

別表第二（第二条関係）

一　エリスロキシロン・コカ・ラム（和名コカ）

二～四（略）

別表第三（第二条関係）

一　五―エチル―五―フェニルバルビツール酸（別名フェノバルビタール）及びその塩類

二～十二（略）

〈編注　麻薬取締法は、この改正で題名が「麻薬及び向精神薬取締法」に改められている。〉

三　既存の別表を別表第二とし、新たな別表第一を加える場合には、次の改正方式による。

「　別表を別表第二とし、附則の次に次の一表を加える。

別表第一（第○条関係）

」

なお、

「　別表を別表第二とし、同表の前に次の一表を加える。

別表第一（第○条関係）

」

とすることもある。

■例一■

○電気通信事業法の一部を改正する法律（平成二十六年法律第六十三号）

（略）

別表第二を別表第三とし、別表第一第一号中「（昭和二十二年法律第二十六号）」を削り、同表を別表第二とし、附則の次に次の一表を加える。

別表第一（第八十五条の二、第八十五条の三関係）

（以下略）

■例二■

○生活保護法の一部を改正する法律（平成二十五年法律第百四号）

第一条　生活保護法（昭和二十五年法律第百四十四号）の一部を次のように改正する。

（略）

別表中……改め、同表を別表第三とし、同表の前に次の二表を加える。

別表第一（第二十九条関係）

（略）

別表第二（第五十四条の二関係）

（略）

四　既存の別表に新たに「備考」を設ける場合には、一応、「別表に備考として次のように加える」という改正方式が考えられ、次の例に示すように、この方式によった例もあるが、この方式によることができるのは、別表に加える当該備考の位置が既存の他の表の例などから明らかな場合においてと考えるべきであろう。というのは、別表の型は、その表現しようとする内容によっても異なり、また、同じような内容を表現する場合でも同じ型の表を用いるとは限らず、定型化されたものがないからである。
　したがって、別表における備考の位置についても一定の決まりはなく、次の例のように規定しただけでは、別表のどの場所にどういう形で「備考」が加えられるのか明確でない場合が考えられる。このような場合には、別表の当該備考を加えたい部分を「　」で捉え、これを備考を加えた後の別表の当該部分を「　」に示して改めるという方式によるのが適当であろう。〈問98　参照〉

■例■

○国家公務員共済組合法等の一部を改正する法律（平成十六年法律第百三十号）

（国家公務員共済組合法等の一部を改正する法律の一部改正）

第十七条　国家公務員共済組合法等の一部を改正する法律（平成十二年法律第二十一号）の一

〔表・別表の追加〕

問245　表のない条項又は別表の付いていない法令に表又は別表を追加する場合には、どのようにするのか。

部を次のように改正する。

（略）

附則別表に備考として次のように加える。

備考　平成十七年度以後の各年度に属する月の項の政令で定める率は、当該年度の前年度に属する月に係る率を、法第七十二条の三第一項第一号に掲げる率に同項第二号に掲げる率を乗じて得た率で除して得た率を基準として定めるものとする。

答一　従来、表のなかった条、項又は号に表を追加する場合には、次の例に示すように、

「　第○条（第○条第○項、第○条第○号）に次の表を加える。

」

とする。この場合、条、項又は号中に改正すべき字句があるときの改正規定は、「第○条（第○条第○項、第○条第○号）中「○○○」を「×××」に改め、同条（同項、同号）に次の表を加える。」とする。

■例■

○行政不服審査法の施行に伴う関係法律の整備等に関する法律（平成二十六年法律第六十九号）

（社会保険審査官及び社会保険審査会法の一部改正）

第百三十六条　社会保険審査官及び社会保険審査会法（昭和二十八年法律第二百六号）の一部を次のように改正する。

（略）

第四十四条中「第五条の二、第六条、第七条」を「第三条の二、第五条の二から第七条まで、第九条の二」に……改め、同条に次の表を加える。

第三条の二	厚生労働大臣	審査会
	地方厚生局	厚生労働省
（略）		

（以下略）

二 従来、別表の付いていない法令に新たに別表を付ける場合には、次の例に示すように、

「 附則の次に次の別表を加える。

別表（第〇条関係）

」

とする。なお、新たに複数の別表を加える場合には、例えば「附則の次に別表として次の二表を加える」とする。

なお、〈問92 参照〉。

■例■

○**地域再生法の一部を改正する法律**（平成二十六年法律第百二十八号）

（略）

附則の次に次の別表を加える。

別表（第六条の二関係）

都市再生特別措置法（平成十四年法律第二十二号）第四十六条第一項の規定により作成した都市再生整備計画	国土交通大臣	同法第四十七条第一項の規定による提出
（略）		

（以下略）

〔一部改正法の附則の別表〕

問246　一部改正法の附則の別表は、どのような場合に用いられるのか。また、その表は、どのように呼ぶのか。

答　一部改正法の附則には、当該一部改正法の施行に伴う経過措置が規定されるが、その経過措置の内容によっては、表を用いて表現せざるを得ないものがあり〈問90　参照〉、また、その表も大部のものであるため、附則の条項中に置くのに適しない場合がある〈問92　参照〉。一般的にいえば、附則において別表が用いられるのは、このような場合においてである。具体例について説明すれば、例えば、次の例の一般職の職員の給与に関する法律等の一部を改正する法律（平成一七年法律第一一三号）では、全俸給表の改定が行われ、その際、俸給表の級構成及び号俸構成が改められたため、職務の級及び号俸の切替えが必要となったが、その内容が大部かつ複雑なものとなっており、これを規定するには、別表を用いざるを得ないところから、附則に、附則別表第一から附則別表第四までの別表が付けられている。

なお、一部改正法の附則に付けられる別表は、通常、「附則別表」と呼ばれ、表自体についても、その右肩に「附則別表」という表示がされるのが通例である（次の例に示す附則別表は、横書きの表であるため、表の左上部に横書きでその表示がされている。）。また、附則別表については、その根拠規定を示す「（第○条関係）」は付けなくてよい扱いとされているが、次の例では「（第○条関係）」が付されている。

■例■

○一般職の職員の給与に関する法律等の一部を改正する法律（平成十七年法律第百十三号）

附　則

（特定の職務の級の切替え）

第六条　平成十八年四月一日（以下「切替日」という。）の前日においてその者が属していた職務の級（以下「旧級」という。）が附則別表第一に掲げられている職務の級であった職員の切替日における職務の級（以下「新級」という。）は、旧級に対応する同表の新級欄に定める職務の級とする。この場合において、同欄に二の職務の級が掲げられているときは、人事院の定めるところにより、そのいずれかの職務の級とする。

（号俸の切替え）

第七条　切替日の前日において給与法別表第一から別表第九までの俸給表の適用を受けていた職員の切替日における号俸（以下「新号俸」という。）は、次項及び次条に規定する職員を除き、旧級、切替日の前日においてその者が受けていた号俸（以下「旧号俸」という。）及びその者が旧号俸を受けていた期間（人事院の定める職員にあっては、人事院の定める期間。以下「経過期間」という。）に応じて附則別表第二に定める号俸とする。

2　前条後段の規定により新級を決定される職員（次条に規定する職員を除く。）の新号俸は、新級、旧号俸及び経過期間に応じて附則別表第三に定める号俸とする。

3　切替日の前日において指定職俸給表の適用を受けていた職員の新号俸は、旧号俸に対応する附則別表第四の新号俸欄に定める号俸とする。

（略）

附則別表第一　職務の級の切替表（附則第六条関係）

俸給表	旧級	新級
行政職俸給表㈠ 税務職俸給表 公安職俸給表㈡	1級	1級
	2級	
	3級	2級
	4級	3級
	5級	
	6級	4級
	7級	5級
	8級	6級
	9級	7級
	10級	8級
	11級	9級
		10級
（略）		

附則別表第二　旧級がこれに対応する附則別表第一の新級欄に二の職務の級が掲げられている職務の級である職員以外の職員の号俸の切替表（附則第七条関係）

イ　行政職俸給表㈠の適用を受ける職員の新号俸

旧号俸	経過期間＼旧級	1級	2級	3級	4級	5級	6級	7級	8級	9級	10級
1	3月未満			1	1	5	1	1	1	1	1
	3月以上6月未満			2	1	6	1	1	1	1	1
	6月以上9月未満			3	1	7	1	1	1	1	1
	9月以上12月未満			4	1	8	1	1	1	1	1
	12月以上			5	1	9	1	1	1	1	1
（略）											

附則別表第三　旧級がこれに対応する附則別表第一の新級欄に二の職務の級が掲げられている職務の級である職員の号俸の切替表（附則第七条関係）

（略）

附則別表第四　指定職俸給表の適用を受ける職員の号俸の切替表（附則第七条関係）

（略）

〈付録を削って、新たな付録を付ける場合〉

問247　既存の付録を削って、新たな付録を付ける場合には、どのようにするのか。

答　例えば、附則の次に付録第一、付録第二及び付録第三がある場合に、これらのうち付録第一及び付録第二を削り、付録第三を付録第一とし、その次に新たな付録第二及び付録第三を加えるときは、次の例の方式のように、

「　付録第一及び付録第二を削り、付録第三を付録第一とし、付録第一の次に付録第二及び付録第三として次のように加える。

付録第二（第○条関係）

…………

付録第三（第△条関係）

とすることが考えられる。

■例■

○砂糖の価格調整に関する法律及び独立行政法人農畜産業振興機構法の一部を改正する等の法律の施行に伴う関係政令の整備に関する政令（平成十八年政令第二百三十三号）

（砂糖の価格調整に関する法律施行令の一部改正）

第一条 砂糖の価格調整に関する法律施行令（昭和四十年政令第二百八十二号）の一部を次のように改正する。

（略）

付録第一及び付録第二を削り、付録第三中「第二十四条」を「第二十二条」に、「をいう。以下同じ。」を「をいう。以下この付録において同じ。」に、「額の平均額」を「額」に、「当該指定地域」を「それぞれの指定地域」に改め、付録第三を付録第一とし、付録第一の次に付録第二及び付録第三として次のように加える。

付録第二（第四十条関係）

（略）

付録第三（第四十条関係）

（略）

第一〇節　附則関係

〔制定時の附則と一部改正法の附則〕

問248　制定時の法附則と一部改正法の附則とは、どのような関係にあるのか。附則については、いわゆる「溶込み」方式ということはないのか。

答　問137及び問138　参照

〔遡及適用〕

問249　一部改正法の附則において、同法により改正された規定を遡及適用することとする場合には、どのように規定すればよい

答　既存の法律の一部改正法の附則において、「この法律は、公布の日から施行する」と規定した場合には、公布の日において改正の効果を生じ、改正された後の当該規定は、その日から将来に向かって法規範としての効力を生ずることとなるが、場合によっては、過去の一定日に遡り法規範としての効力を生じさせる必要がある場合がある〈問114参照〉。この場合には、当該附則に、「この法律は、公布の日から施行し、この法律による改正後の〇〇法の規定は、平成〇〇年〇月〇日から適用する」というように規定す

のか。

る。改正後の法律の一部分のみを遡及適用したいときは、「改正後の第○条の規定は、平成○○年○月○日から適用する」と表現するのが通例である。

なお、右の表現については、前者の場合、「この法律による」の部分の表現は省略することができ、また、後者の場合、「改正後の第○条の規定」が「改正後の○○法第○条の規定」と表現されることもある。そして、本則又は附則で多数の法律を改正している場合には、「第○条（附則第○条）の規定による改正後の○○法（○○法第○条）の規定は、……」と表現するのが原則である。また、附則の条項が多いため始めに「新法」等という略称を設けたいときは、「改正後の○○法（以下「新法」という。）第○条」と表現する。「新法」の略称を設けた場合の用法については、〈問113　参照〉。

遡及適用について定める場合に、「この法律は、公布の日から施行し、平成○○年○月○日から適用する」と誤って規定しがちであるが、「この法律」というのは、一部改正法であり、遡及適用されるのは、当該一部改正法ではなく、改正された後の本法であることに留意しなければならない。〈問301　参照〉

例

○一般職の職員の給与に関する法律等の一部を改正する法律（平成二十八年法律第八十号）

附　則

（施行期日等）

第一条　この法律は、公布の日から施行する。ただし、次の各号に掲げる規定は、当該各号に定める日から施行する。

（略）

2　第一条の規定（一般職の職員の給与に関する法律（以下「給与法」という。）第十九条の七第二項及び附則第十一項の改正規定を除く。次条において同じ。）による改正後の給与法（次条において「第一条改正後給与法」という。）の規定、第五条の規定（一般職の任期付研究員の採用、給与及び勤務時間の特例に関する法律（以下この項及び次条において「任期付研究員法」という。）第七条第二項の改正規定を除く。次条において同じ。）による改正後の任期付研究員法（次条において「改正後の任期付研究員法」という。）の規定及び第七条の規定（一般職の任期付職員の採用及び給与の特例に関する法律（以下この項及び次条において「任期付職員法」という。）第八条第二項の改正規定を除く。次条において同じ。）による改正後の任期付職員法（次条において「改正後の任期付職員法」という。）の規定は、平成二十八年四月一日から適用し、附則第七条の規定による改正後の国家公務員共済組合法（昭和三十三年法律第百二十八号）第六十八条の三第三項の規定は、同年八月一日以後に開始された国家公務員共済組合法第六十八条の三第一項に規定する介護休業に係る介護休業手当金の額の算定について適用する。

〈編注　この法律の公布の日は、平成二八年一一月二四日である。〉

〔施行期日を異ならせる場合〕

問250　一部改正法の附則において、改正規定及び附則の規定の一部について施行期日を異ならせる場合

答　例えば、既存の法律のA条、B条、C条及びD条の改正を内容とする一部改正法（附則が第一項から第五項まであるものとする。）について、B条及びD条の改正規定並びに附則第三項及び第四項の規定の施行期日を異ならせたい場合の当該一部改正法の施行期日に関する規定の仕方は、「この法律は、平成○○年○月○日から施行する。ただし、B条及びD条の改正規定並びに附則第三項及び第四項の規定は、平成××年（又は同年）×月×日から施行する」というようにする。

の施行期日についての規定の仕方は、どのようにするのか。

二　右の一の設例では、その改正内容がいずれも既存の条項中の字句を改めるだけの改正であり、かつ、施行期日もB条又はD条の改正部分の全部について異ならせるという比較的簡単な場合であるが、法律によっては、改正の内容が新しい条を加える改正若しくは既存の条を削る改正である場合、又は施行期日を異ならせたいのはある条の改正のうちの一部分である場合がある。このような場合の当該一部改正法の施行期日に関する規定の仕方は、「この法律は、公布の日から施行する。ただし、C条及びD条の改正規定、E条の次に一条を加える改正規定、G条を削る改正規定並びにH条の改正規定中「○○」の下に「××」を加える部分並びに附則第三項及び第四項の規定は、平成○○年○月○日から施行する」というようにする。ある条の改正規定中の一部の捉え方としては、「第○条の改正規定中○○に係る部分」とか、「第○条の改正規定中「○○」を削る部分」とか、それぞれ改正内容に応じて種々の工夫が必要となる。また、改正規定及び附則の規定に応じ、異ならせる施行期日が多数になるような場合には、次の例二に示すように、それぞれ改正規定及び附則の規定を各号列記の上、それぞれの施行期日を掲げる方法もとられる。

■例一■

○株式会社国際協力銀行法の一部を改正する法律（平成二十八年法律第四十一号）

附　則

（施行期日）

第一条　この法律は、公布の日から施行する。ただし、第四条に一項を加える改正規定、第十三条の改正規定、同条の次に二条を加える改正規定、第二十六条の次に二条を加える改正規定、第二十七条第一項及び第三十一条の改正規定、第三十三条第六項の改正規定（「短期借入金」の下に「、外国通貨長期借入金」を加える部分を除く。）、同条第七項及び第八項の改正規定、同条に二項を加える改正規定並びに第四十六条の改正規定並びに附則第五条（駐留軍等の再編の円滑な実施に関する特別措置法（平成十九年法律第六十七号）第二十二条第一項の表第三十三条第一項の項の改正規定を除く。）及び第八条の規定は、平成二十九年三月三十一日までの間において政令で定める日から施行する。

（以下略）

■例二■

○**刑事訴訟法等の一部を改正する法律**（平成二十八年法律第五十四号）

附　則

（施行期日）

第一条　この法律は、公布の日から起算して三年を超えない範囲内において政令で定める日から施行する。ただし、次の各号に掲げる規定は、当該各号に定める日から施行する。

一　附則第九条第三項の規定　公布の日

二　第一条（刑事訴訟法第九十条、第百五十一条及び第百六十一条の改正規定に限る。）、第三条、第五条及び第八条の規定並びに附則第三条及び第五条の規定　公布の日から起算して二十日を経過した日

三　第一条（前号に掲げる改正規定を除く。）及び第六条の規定並びに次条並びに附則第四条、第六条、第八条、第十条、第十一条（裁判員の参加する刑事裁判に関する法律（平成十六年法律第六十三号）第六十四条第一項の表第四十三条第四項、第六十九条、第七十六条第二項、第八十五条、第百八条第三項、第百二十五条第一項、第百六十三条第一項、第百六十九条、第二百七十八条の二第二項、第二百九十七条第二項、第三百十六条の十一の項及び第六十五条第四項の改正規定に限る。）及び第十二条から第十五条までの規定　公布の日から起算して六月を超えない範囲内において政令で定める日

四　第二条（刑事訴訟法第三百一条の次に一条を加える改正規定を除く。）及び第四条の規定並びに附則第七条及び第十一条（前号に掲げる改正規定を除く。）の規定　公布の日から起算して二年を超えない範囲内において政令で定める日

〔他法令の一部改正をする附則の規定のその後の扱い〕

問251　制定時の附則における他法令の一部改正を内容とする条又は項を、その後の附則改正の際、削ることが許されるか。

答　既存の法令を改正する法令の本則の規定は、当該法令の施行と同時に、改正の対象となる法令の中に溶け込み、その使命を果たすものと考えられている〈問137　参照〉。このような効果は、附則における他法令の一部改正を内容とする規定についても異なるところはないが〈問142　参照〉、当該附則における当該規定そのものは、消滅することなく、形骸として残っているものとして取り扱うこととされている。したがって、後日、当該附則に新たな条又は項を追加する必要がある場合においても、当該他法令の一部改正を内容とする条又は項については、その移動までしてその形骸を残すような取扱いがされることが多かった。

ところで、当該他法令の一部改正を内容とする条又は項は、実質的には、既にその使命を果たして御用済みとなっていることは、他法令の一部改正が本則において行われた場合と異なるところはないのであるから、いつまでも当該条項を形式的に残し、しかも、後日、当該附則に新たな条又は項を追加するからといってその移動をしなければならない必要性があるとまでは考えられない。このような考え方から、法令の附則における他法令の一部改正を内容とする条又は項については、当該条項の中味を新たに追加すべき条項の内容と入れ替えたり、又は他の削るべき条項とともに削ることとしても差し支えないものとされている。

〔本則と通し条名の附則を独自の条名の附則に改める場合〕

問252 本則と通し条名となっている附則について、附則独自の条名のものに改める場合があるが、その方式はどのようにすればよいのか。

答 附則の条名が本則と通しの条名となっている法律を改正する場合において、当該附則の規定を相当程度改正する際には、形式の統一化という観点から、附則を附則独自の条名のものとして整備することとされている。

その際の改正方式として、順序については、改正後の附則第一条となるものから順に整備することとされている。これは、それらの規定は、改正前の法律において本則と通しの条名であったといっても、元々附則の条であって、当該整備は通し条名の附則を独自の条名の附則にする措置であることは明らかであり、通常の条項の移動のように最後尾の規定から順に改正しなくとも改正後の附則の条項の位置付けについて紛れが生ずるおそれがないという考え方によるものである。この移動については、「第○条を附則第△条とする」という表現がとられる。

■例■
○都市再生特別措置法の一部を改正する法律（平成二十三年法律第二十四号）
（略）

附則第四条から第九条までを削る。

（以下略）

〈編注　削られた規定のうち、この改正の直前の附則第五条から第九条までの規定は、それぞれ道路整備特別会計法、都市開発資金の貸付けに関する法律、都市計画法、都市再開発法及び密集市街地における防災街区の整備の促進に関する法律の一部改正について規定していた。〉

■例■

○予防接種法及び新型インフルエンザ予防接種による健康被害の救済等に関する特別措置法の一部を改正する法律（平成二十三年法律第八十五号）

（予防接種法の一部改正）

第一条　予防接種法（昭和二十三年法律第六十八号）の一部を次のように改正する。

（略）

第二十八条を附則第一条とし、第二十九条を附則第二条とし、第三十条を附則第三条とし、第三十一条を附則第四条とし、第三十二条を附則第五条とし、第三十三条を削る。

附則に次の一条を加える。

（以下略）

第二章　全部改正関係

〔全部改正の基準〕

問253　一部改正とするか全部改正とするかの基準は、何か。

答　法令について改正を行う場合、それを一部改正の方式で行うか全部改正の方式で行うかについて明確な基準があるわけではないが、その法令における改正部分が広範囲にわたり、かつ、規定の追加、削除、移動等が大幅に行われる場合のように、一部改正の方式によっては改正が複雑となり、分かりにくくなる場合には、全部改正とすることが多い。

しかしながら、相当に大幅な規定の追加、削除、移動等が行われる場合でも、一部改正の方式をとったものも少なくなく、民法の一部を改正する法律（平成一六年法律第一四六号）のように、ほとんど全ての規定について改正を行っているものもある。

〔全部改正と廃止制定との違い〕

問254　法令について、その全部を改正するのとその法令を廃止して新たな法令

答一　法令の内容を全面的に改める場合の方式としては、全部改正の方式によるものと廃止制定の方式によるものとがある。全部改正は、ある法令を形式的には存続させつつも、その内容を全面的に改めるものであり、廃止制定は、ある法令を廃止し、その代わりに新しい法令を制定する形式をとって、法令の内容を全面的に改めるものである。

を制定するのとでは、どのような違いがあるのか。

〔制定文〕

問255 法令の全部改正の場合に制定文が付けられるのは、どうしてか。また、その制定文は、どのように表現するのか。

二　どのような場合に全部改正の方式がとられ、どのような場合に廃止制定の方式がとられるかについては、特に一定の基準があるわけではない。しかしながら、警察法、所得税法、行政不服審査法などのように、ある法令について制度そのものの基本は維持することとしつつ、具体的な規定を全面的に改めようとする場合には、全部改正の方式をとることが多く、反面、漁業法、砂利採取法、少年院法などのように、ある法令の規定を全面的に改めようとする場面で、新旧両制度の継続性を強調する必要がないとき、あるいはその継続性が比較的薄いと考えられるときには、廃止制定の方式がとられることが多いということができよう。

もっとも、必ずしも全てがこの基準で割り切れるものでなく、無体財産権関係の法律でも、著作権法は全部改正の方式を、また特許法は廃止制定の方式をとっている。

答一　法令の全部改正の場合に制定文が付けられるのは、全部改正と廃止制定とが立法形式において極めて類似しており、外見上区別し難いことから、そのいずれであるかを制定文において明らかにするためである。

二　法令の全部改正の場合に付けられる制定文は、それが法律であるときは例一に示すように、また、それが政令であるときは例二に示すように表現することとされている。〈問55　参照〉

■例一■

○**行政不服審査法**（平成二十六年法律第六十八号）

行政不服審査法（昭和三十七年法律第百六十号）の全部を改正する。

■例二■

○スポーツ基本法施行令（平成二十三年政令第二百三十二号）

内閣は、スポーツ基本法（平成二十三年法律第七十八号）第九条第二項及び第三十三条第一項の規定に基づき、スポーツ振興法施行令（昭和三十七年政令第百七十六号）の全部を改正するこの政令を制定する。

〔題名〕

問256 法令の全部を改正する法令の題名は、どのように付けるのか。従来の題名を変更するものと変更しないものとがあるが、どのように使い分けるのか。

答 法令の全部を改正する法令の題名は、その改正前の題名と同様とするのが通例であるが、全部改正の機会に、その題名まで改めることは何ら差し支えない。

例えば、法例（明治三一年法律第一〇号）は、平成一八年法律第七八号による全部改正に際して、片仮名書き・文語体から平仮名書き・口語体に改められたが、題名も、国民に分かりやすいものとするため、「法の適用に関する通則法」に改められた。また、所得税法施行令（昭和四〇年政令第九六号）は、昭和四〇年の全部改正前は所得税法施行規則（昭和二二年勅令第一一〇号）という題名であったが、これは、「施行規則」とすることが政令の法形式を示すのに適切でないことにより〈問50 参照〉、その題名が改められたものと思われる。

〔全部改正後の法令番号〕

問257 法令の全部改正が行われた場合、法令番号は、どうなるのか。

答 法令の全部改正が行われた場合には、法令番号は、新しいものになることとされている。例えば、行政不服審査法（昭和三七年法律第一六〇号）の全部を改正する行政不服審査法（平成二六年法律第六八号）が制定公布された場合には、以後、行政不服審査法の法律番号は、「平成二十六年法律第六十八号」となる。

法令は、その一部が改正されても、法令としての同一性は失われないから、改正前の元の法令の法令番号が引き続き用いられるが、全部改正の場合には、従来の法令を廃止し、新たに法令を制定するのと実質的に差異はないものであるので、新しい法令番号を付けることとされているのである。〈問6及び問140　参照〉

第三章　廃止関係

〔廃止の効果の及ぶ範囲〕

問258　法令が廃止された場合、どのような効果があるのか。親法が廃止された場合、その下位法令についても廃止手続を要するのか。一部改正法及び一部改正法の附則については、どうか。

答　ある法令が廃止されると、当該法令のみならず、それまでに制定された当該法令の一部を改正する法令の附則は、改めて廃止措置をとるまでもなく、同時に消滅するものとされているが〈問138　参照〉、当該法令の下位法令については、その制定権者が異なるところから、次の例二及び例三に示すように、別途、廃止の手続をとる必要がある。

■例一■

○**独立行政法人日本万国博覧会記念機構法を廃止する法律**（平成二十五年法律第十九号）

独立行政法人日本万国博覧会記念機構法（平成十四年法律第百二十五号）は、廃止する。

■例二■

○**独立行政法人日本万国博覧会記念機構法の廃止に伴う関係政令の整備及び経過措置に関する政令**（平成二十六年政令第二十三号）

（独立行政法人日本万国博覧会記念機構法施行令の廃止）

第一条　独立行政法人日本万国博覧会記念機構法施行令（平成十五年政令第三百二十七号）は、廃止する。

■例三■

○**独立行政法人日本万国博覧会記念機構に関する省令を廃止する省令**（平成二十六年財務

〔題名〕

問259　法令を廃止する法令の題名は、どのように付けるのか。

省令第六号）

独立行政法人日本万国博覧会記念機構に関する省令（平成十五年財務省令第九十六号）は、廃止する。

答　既存の法令を廃止する法令の題名は、前問の例一のように、「○○法を廃止する法律」とするのが普通であるが、次の例に示すように、二つの法令を同時に廃止する場合には、「○○法及び××法を廃止する法律」とし、ある法令を廃止すると同時にそれに関連する諸措置を規定する場合には、「○○法の廃止に関する法律」又は「○○法を廃止する等の法律」とする。

■例■

・高度テレビジョン放送施設整備促進臨時措置法を廃止する法律（平成二十七年法律第十五号）

・民間事業者の能力の活用による特定施設の整備の促進に関する臨時措置法及び輸入の促進及び対内投資事業の円滑化に関する臨時措置法を廃止する法律（平成十八年法律第三十一号）

・独立行政法人平和祈念事業特別基金等に関する法律の廃止等に関する法律（平成十八年法律第百十九号）

・厚生年金保険制度及び農林漁業団体職員共済組合制度の統合を図るための農林漁業団体職員共済組合法等を廃止する等の法律（平成十三年法律第百一号）

〈編注　いずれも、題名だけを掲げた。〉

〔「廃止するものとする」と「効力を失う」〕

問260 「この法律は、平成○○年○月○日までに廃止するものとする」旨の規定のある法律は、その日が到来すれば、廃止されてしまったことになるのか。

この規定と、「この法律は、平成○○年○月○日限り、その効力を失う」旨の規定とでは、どのような違いがあるのか。

答 ある法律において、「この法律は、平成○○年○月○日までに廃止するものとする」旨の規定があるからといって、その期限の到来により、当該法律が自動的に失効することにはならない。というのは、右の規定は、その期限までに当該法律を廃止するための措置が講ぜられるべき旨の立法者の意思を示したものであり、立法機関において廃止措置がとられない限り、当該法律が廃止されたとはいえないからである。

これに対し、ある法律に、「この法律は、平成○○年○月○日限り、その効力を失う」旨の規定がある場合には、当該法律は、当該期限の到来により、その到来と同時に効力を失うことになる。この点において、両者の規定の意味は異なる。

なお、「廃止するものとする」旨の規定がある法律について、仮に当該期限までに当該法律の廃止措置が講ぜられなかった場合においては、当該法律は、法律としての効力を失うものではないが、当該法律を当該期限後において効力を有することとする必要があるときは、当然、当該期限を改める等の措置がとられることになる。〈問46及び問119参照〉

■例一■

○国際連合安全保障理事会決議第千二百六十七号等を踏まえ我が国が実施する国際テロリストの財産の凍結等に関する特別措置法（平成二十六年法律第百二十四号）

附　則

（この法律の廃止）

第二条　この法律は、第千二百六十七号等決議（国際テロリストの財産の凍結等の措置に係る部分に限る。）及び第千三百七十三号決議（国際テロリストの財産の凍結等の措置に係る部分に限る。）がいずれもその効力を失ったときは、速やかに、廃止するものとする。

〔実効性喪失〕

問261　法令は、廃止措置がとられない限り、効力を失うことはないのか。その規制対象が社会情勢の変化等により消滅したような場合、法令の効力はどうなるのか。

■例二■
○女性の職業生活における活躍の推進に関する法律（平成二十七年法律第六十四号）
　附　則
（この法律の失効）
第二条　この法律は、平成三十八年三月三十一日限り、その効力を失う。
（以下略）

答　形式上法令の廃止措置がとられなくても、実質的に当該法令は効力を失っていると考えられる場合がある。

　その第一は、法令の制定目的が全て達成されてしまった場合である。これに該当する場合としては、その法令自身が一回限りの適用を予定している場合、社会情勢の変化等により当該法令の適用対象が存在しなくなった場合等が考えられる。例えば、「平成十七年度分として交付すべき地方交付税の総額の特例に関する法律」（平成一八年法律第三号）は、平成一七年度の補正予算により増額された同年度分の地方交付税の額について、当該額の一部を、同年度内に交付しないで、平成一八年度分として交付すべき地方交付税の総額に加算して交付することができることとしたものであるが、その交付が行われてしまえば、右法律は、その目的を達成し、それ以後は実効性がなくなるものと考えられる。これが、前者の例に当たる。

　次に、「財産税法」（昭和二一年法律第五二号）は、調査時期（昭和二一年三月三日）に有する財産に課税され、原則として昭和二二年二月一五日までに申告し、一月以内に税額を納付することとされていたので、現在においては、既に適用対象は消滅し、その目的を達成して、実効性はなくなっていると考えられる。これが、後者の例である。また、「○○法を廃止する法律」とか「○○法の一部を改正する法律」における本則も、○○法を廃止したり、その一部を改正することだけがその目的であるから、その施行と同時に○○法の廃止又は一部改正の効果を生じ、その使命を終わり、消滅すると考えられるので、わざわざ○○法の廃止法又は一部改正法を廃止するための措置というものはとられない。

その第二は、ある法令の内容と矛盾する内容の法令が後に制定、施行された場合である。この場合には、後法に矛盾する限度で前法の規定が改廃されたものと考えられるから〈問13　参照〉、前法について形式上の改廃措置がとられなくても、その効力は、その限度において失われると考えるべきである。

しかし、ある法律が効力を失ったとみるべきか否かは、特定の場合は別として、しかく簡単明瞭ではない。このことが、現行法令数の正確な確定を困難にしている大きな理由である。〈問2　参照〉

〔停止〕

問262　法令の停止とは、何か。

答一　法令の停止とは、ある法令の効力を一定期間停止し、その効力が全然働かない状態にしておくことをいう。

二　法令の停止の例としてよく引用されるのは陪審法（大正一二年法律第五〇号）であるが、昭和三年に施行された同法は、「陪審法ハ其ノ施行ヲ停止ス」と定めた陪審法の停止に関する法律（昭和一八年法律第八八号）により、昭和一八年にその施行を停止され、法律としての効力を発揮しない状態に置かれて現在に至っている。陪審法は、死刑又は無期の懲役若しくは禁錮に該当する事件（被告人の請求があるときは、三年以上の懲役若しくは禁錮に該当する事件を含む。）について公判陪審を認めることを定めたものであるが、その施行が停止されたのは、陪審制度が我が国の実情に合わないこともあり、また、戦時となったことによるものであった。なお、憲法は陪審制について触れるところがないが、裁判所法第三条第三項は、「この法律の規定は、刑事について、別に法律で陪審の制度を設けることを妨げない」旨を定めている。

また、戦後の立法でその施行が停止されたものに、例えば、公立高等学校定時制課程職員費国庫補助法（昭和二三年法律第一三四号）及び新たに入学する児童に対する教科用図書の給与に関する法律（昭和二七年法律第三二号）がある。これらは、いずれも、補助金等の臨時特例等に関する法律（昭和二九年法律第一二九号）により、昭和二九年にその施行を停止された。このうち、新たに入学する児童に対する教科用図書の給与に関する法律は、旧就学困難な児童のための教科用図書の給与に対する国の補助に関する法律（昭和三一年法律第四〇号）附則第二項により、昭和三一年に廃止された。これに対し、公立高等学校定時制課程職員費国庫補助法は、補助金等の臨時特例等に関する法律がその後、当初昭和三〇年三月三一日までとされていた期限を延長する改正が毎年行われた後、昭和三六年の一部改正により、「この法律の規定は、これに係る国の補助金又は負担金について法律で別段の措置が講じられるまでの間、その効力を有する」（同法附則第九項）とされたので、同法第一条の規定によりその施行を停止された状態が続いていたが、昭和六〇年に制定された国の補助金等の整理及び合理化並びに臨時特例等に関する法律（昭和六〇年法律第三七号）第一三条により廃止された（なお、補助金等の臨時特例等に関する法律も同時に廃止されている。）

さらに、近年の例としては、財政構造改革の推進に関する特別措置法（平成九年法律第一〇九号）がある。この法律は、国及び地方公共団体の財政収支が著しく不均衡な状況にあることにかんがみ、財政構造改革の推進に関する国の責務、財政構造改革の当面の目標等を定めるとともに、各歳出分野における改革の基本方針、平成一〇年度から平成一二年度までの集中改革期間における主要な経費に係る量的縮減目標及び政府が講ずべき制度改革等並びに地方財政の健全化に関する事項を定めることを目的として制定されたものであった。しかしながら、その後、我が国の経済が、景気の低迷状態が長引き、極めて厳しい状況となったことを踏まえ、財政構造改革を推進するという基本的考え方は守りつつも、まずは景気回復に向け全力を尽くすとの考え方に基づき、財政構造改革の推進に関する特別措置法の停止に関する法律（平成一〇年法律第一五〇号）が制定され、財政構造改革の推進に関する特別措置法は、附則の一部の規定を除き、別に法律で定める日までの間、その施行を停止することとされた。

三　法令の停止は、以上述べたところから明らかなように、法令が適用されなくなるという点では法令の廃止〈問258参照〉に類似しているが、法令としては存在し（したがって、その一部改正が行われ得る。）、将来その効力が復活することが予想されている点で、法令の廃止とは異なる。

〔本則で行う廃止と附則で行う廃止〕

答一　既存の法令を廃止する法令が制定されるのは、他の法令の制定又は改正とは関係なく、ある法令を廃止する必要が生じた場合においてであり、当該法令は既存の法令を

問263　法令の廃止について、本則で行うのと附則で行うのとの二つの方式があるが、どのような違いがあるのか。

廃止することを目的とする法令であるので、次の例に示すように、その廃止規定が本則に置かれるのは当然のことである。この場合には、題名も、「○○法を廃止する法律」とされるのが、最も一般的である〈問259　参照〉。そして、廃止に伴う経過措置も、当該廃止法令の附則に置かれる。

例

○高度テレビジョン放送施設整備促進臨時措置法を廃止する法律（平成二十七年法律第十五号）

高度テレビジョン放送施設整備促進臨時措置法（平成十一年法律第六十三号）は、廃止する。

附　則

（施行期日）

第一条　この法律は、公布の日から施行する。

（罰則に関する経過措置）

第二条　この法律の施行前にした行為に対する罰則の適用については、なお従前の例による。

（国立研究開発法人情報通信研究機構法の一部改正）

第三条　国立研究開発法人情報通信研究機構法（平成十一年法律第百六十二号）の一部を次のように改正する。

（以下略）

右の場合において、その経過措置が廃止規定と同程度のウェイトをもつ場合には、次の例一に示すように、本則の第一条に廃止規定を置き、第二条以下に経過措置に関する規定を並べ、その題名も「○○法の廃止に関する法律」等とする。このような法律は、既存法令の廃止とそれに伴う経過措置を定めることを目的とした法律といえる。

なお、例二及び例三のように、法律の廃止のほか、これに密接に関連する他の法律の改正（廃止に至る前の措置を定める等）を本則に規定し、これらに伴う経過措置等を附則に定めるものがあり、「○○法の廃止等に関する法律」という題名が用いられている。

■例一■

○らい予防法の廃止に関する法律（平成八年法律第二十八号）

（らい予防法の廃止）

第一条　らい予防法（昭和二十八年法律第二百十四号）は、廃止する。

（国立ハンセン病療養所における療養）

第二条　（略）

（国立ハンセン病療養所への再入所）

第三条　（略）

（福利増進）

第四条　（略）

（社会復帰の支援）

第五条

（以下略）

〈編注　らい予防法の廃止に関する法律は、ハンセン病問題の解決の促進に関する法律（平成二〇年法律第八二号）により、廃止されている。〉

■例二■

○**石油公団法及び金属鉱業事業団法の廃止等に関する法律**（平成十四年法律第九十三号）

（石油公団法及び金属鉱業事業団法の廃止）

第一条　次に掲げる法律は、廃止する。

一　石油公団法（昭和四十二年法律第九十九号）

二　金属鉱業事業団法（昭和三十八年法律第七十八号）

（石油公団法の一部改正）

第二条　（略）

（石油公団法の一部改正）

第三条　（略）

（石油の備蓄の確保等に関する法律の一部改正）

第四条　（略）

（石油及びエネルギー需給構造高度化対策特別会計法の一部改正）

第五条　（略）

（石油公団法の一部改正）

第六条　（略）

■例三■

○**独立行政法人平和祈念事業特別基金等に関する法律の廃止等に関する法律**（平成十八年法律第百十九号）

（独立行政法人平和祈念事業特別基金等に関する法律の廃止）

第一条　独立行政法人平和祈念事業特別基金等に関する法律（昭和六十三年法律第六十六号）は、廃止する。

（独立行政法人平和祈念事業特別基金等に関する法律の一部改正）

第二条　（略）

二　次に、ある法令の廃止が附則で行われるのは、次の例に示すように、既存の法令を廃止することを直接の目的とするものではなく、ある法令の制定又は改正に伴い既存の法令を廃止する必要が生じた場合においてである。この場合、当該法令の廃止に伴い必要となる経過措置に関する規定は、当該法令の廃止規定の後に置くことになる。

■例■

○**独立行政法人に係る改革を推進するための農林水産省関係法律の整備に関する法律**（平成二十七年法律第七十号）

附　則

（独立行政法人種苗管理センター法等の廃止）

第十四条　次に掲げる法律は、廃止する。

一　独立行政法人種苗管理センター法

二　国立研究開発法人農業生物資源研究所法

三　国立研究開発法人農業環境技術研究所法

四　独立行政法人水産大学校法

（独立行政法人種苗管理センター法等の廃止に伴う経過措置）

第十五条　種苗管理センター等又は水産大学校の役員又は職員であった者に係るその職務上知ることのできた秘密を漏らし、又は盗用してはならない義務については、施行日以後も、なお従前の例による。

（罰則に関する経過措置）

第十六条　施行日前にした行為及びこの附則の規定によりなお従前の例によることとされる場合における施行日以後にした行為に対する罰則の適用については、なお従前の例による。

〈編注　附則第一四条各号に掲げる法律の法律番号は、既出である。〉

このほか、次のような例もある。

■例一■

○**所得税法等の一部を改正する等の法律**（平成二十九年法律第四号）

（国税犯則取締法の廃止）

第十条　国税犯則取締法（明治三十三年法律第六十七号）は、廃止する。

〈編注　国税犯則取締法で規定されていた国税の犯則調査手続については、その内容を見直した上、国税通則法（昭和三七年法律第六六号）に編入することとされ、新たに同法に第一一章（犯則事件の調査及び処分）の規定が設けられた。なお、国税犯則取締法の廃止に伴う経過措置については、附則第四二条参照〉

■例二■

○**非訟事件手続法及び家事事件手続法の施行に伴う関係法律の整備等に関する法律**（平成二十三年法律第五十三号）

（旧非訟事件手続法の一部改正）

第一条　非訟事件手続法（明治三十一年法律第十四号）の一部を次のように改正する。

題名を次のように改める。

外国法人の登記及び夫婦財産契約の登記に関する法律

（略）

（家事審判法の廃止）

第三条　家事審判法（昭和二十二年法律第百五十二号）は、廃止する。

（家事事件に関する経過措置）

第四条　次に掲げる家事事件（第一号から第四号までに掲げる事件にあっては、他の法令の規定により前条の規定による廃止前の家事審判法（以下「旧家事審判法」という。）の適用に関して旧家事審判法第九条第一項甲類又は乙類に掲げる事項とみなされていた処分に係る事件を含む。）の手続については、なお従前の例による。

（略）

（家事審判法の廃止に伴う訴訟に関する経過措置）

第五条　この法律の施行前に訴えの提起があった旧家事審判法第十七条の規定により調停を行うことができる事件に係る訴訟についての付調停並びに家事調停に付された場合における訴訟手続の中止、訴えの取下げの擬制及び訴訟費用の負担については、なお従前の例による。

（人の秘密を漏らす罪）

第六条　旧家事審判法の規定（第四条の規定によりなお従前の例によることとされる場合を含む。次条において同じ。）により指定された参与員、家事調停委員又はこれらの職にあった者が正当な事由がなくその職務上取り扱ったことについて知り得た人の秘密を漏らしたときは、一年以下の懲役又は五十万円以下の罰金に処する。

（評議の秘密を漏らす罪）

第七条　旧家事審判法の規定により指定された家事調停委員又は家事調停委員であった者が正当な事由がなく評議の経過又は家事審判官、家事調停官若しくは家事調停委員の意見若しくはその多少の数を漏らしたときは、三十万円以下の罰金に処する。旧家事審判法の規定により指定された参与員又は参与員であった者が正当な事由がなく家事審判官又は参与員の意見を漏らしたときも、同様とする。

（以下略）

〈編注　第二条は非訟事件手続法の一部改正に伴う経過措置を、第八条以下は関係法律の一部改正及びこれに伴う経過措置等を規定している。〉

〔廃止の規定の仕方と順序〕

問264　附則で既存の法令を廃

答　附則で既存の法令を廃止する場合の規定の方式は、次のようにする。
「○○法（平成○○年法律第○号）は、廃止する。」

止する場合、廃止に関する規定の仕方及び順序は、どのようにするのか。この場合、各号列記の形式をとるものとそうでないものとがあるが、どのように使い分けるのか。

当該廃止に関する規定は、廃止制定〈問254参照〉の場合のように、附則による廃止が当該法令の構成上基本的に重要なものである場合及び本則の施行に伴う経過規定が多数となるためその後に規定すると分かりにくくなると考えられる場合には、次の例一に示すように、本則の施行期日に関する規定の後に規定し、その他の場合には、例二に示すように、本則の施行に伴う経過規定と他法令の一部改正に関する規定との間に規定するのが通例である。なお、廃止する法律が複数の場合には、例一に示すように、廃止する法律を各号列記とするのが、通例である。

■例一■

○大規模な災害の被災地における借地借家に関する特別措置法（平成二十五年法律第六十一号）

附　則

（罹災都市借地借家臨時処理法等の廃止）

第二条　次に掲げる法律は、廃止する。

一　罹災都市借地借家臨時処理法（昭和二十一年法律第十三号）

二　罹災都市借地借家臨時処理法第二十五条の二の災害及び同条の規定を適用する地区を定める法律（昭和二十二年法律第百六十号）

三　罹災都市借地借家臨時処理法第二十五条の二の災害及び同条の規定を適用する地区を定める法律（昭和二十三年法律第二百二十七号）

四　罹災都市借地借家臨時処理法第二十五条の二の災害及び同条の規定を適用する地区を定める法律（昭和二十四年法律第五十一号）

五　罹災都市借地借家臨時処理法第二十五条の二の災害及び同条の規定を適用する地区を定める法律（昭和二十五年法律第百四十六号）

六　罹災都市借地借家臨時処理法第二十五条の二の災害及び同条の規定を適用する地区を定める法律（昭和二十五年法律第二百二十四号）
七　罹災都市借地借家臨時処理法第二十五条の二の災害及び同条の規定を適用する地区を定める法律（昭和二十七年法律第一号）
八　罹災都市借地借家臨時処理法第二十五条の二の災害及び同条の規定を適用する地区を定める法律（昭和二十七年法律第百三十九号）
九　罹災都市借地借家臨時処理法第二十五条の二の災害及び同条の規定を適用する地区を定める法律（昭和三十年法律第百八十一号）
十　罹災都市借地借家臨時処理法第二十五条の二の災害及び同条の規定を適用する地区を定める法律（昭和三十年法律第百九十二号）
十一　罹災都市借地借家臨時処理法第二十五条の二の災害及び同条の規定を適用する地区を定める法律（昭和三十一年法律第七十号）

■例二■
○道路運送車両法及び自動車検査独立行政法人法の一部を改正する法律（平成二十七年法律第四十四号）

附　則

（独立行政法人交通安全環境研究所法の廃止）
第十六条　独立行政法人交通安全環境研究所法は、廃止する。

〔政令廃止の制定文〕

問265　政令を廃止する場合の制定文は、どのように表現すればよいのか。

答　問58参照

〔「なお効力を有する」と「なお従前の例による」〕

問266　法令の廃止に当たり、一定の事項については当該法令はなお効力を有するとする場合と当該一定の事項についてはなお従前の例によるとする場合とがあるが、どのように違うのか。

答　問136　参照

〔廃止法令の改正〕

問267　廃止された法令について改正されることがあるのは、どうしてか。

答　ある法令を廃止することとはするが、特定の事柄に対しては廃止された当該法令を経過的になお適用することとする必要がある場合がある。このような場合には、「……については、旧法は、なお効力を有する」旨の経過規定が置かれる。ところで、次の例に示すように、廃止された法令について改正されることがあるのは、このような措置がとられた場合において、なお効力を有するものとされる旧法令について、その改正の必要が生ずることがあるからである。〈問136　参照〉

ちなみに、廃止された法令を引用する場合には、次の例に見られるように、題名に「旧」を冠し、その下にその法令に付けられていた法令番号を括弧書きすることとなる。〈問44　参照〉

■例■

○民間資金等の活用による公共施設等の整備等の促進に関する法律の一部を改正する法律
（平成二十五年法律第三十四号）

附　則

（沖縄振興開発金融公庫法等の一部改正）

第六条　次に掲げる法律の規定中「第十三条」を「第七十二条」に改める。

一　沖縄振興開発金融公庫法（昭和四十七年法律第三十一号）附則第五条の七第一項

二　株式会社日本政策投資銀行法（平成十九年法律第八十五号）附則第二十七条第二項の規定によりなおその効力を有するものとされる旧日本政策投資銀行法（平成十一年法律第七十三号）附則第十六条第五項

なお、次の例のように、右の方式によらず、旧法令についてはなお効力を有する旨を定める経過規定の後段において、読替えを行うことにより、その効力を有するものとされる規定の内容を改める方式をとったものもある。

■例■

○道路運送車両法及び自動車検査独立行政法人法の一部を改正する法律（平成二十七年法律第四十四号）

附　則

（研究所の解散等）

第十一条　（略）

7　前項の規定による処理において、通則法第四十四条第一項及び第二項の規定による整理を行った後、同条第一項の規定による積立金があるときは、当該積立金の処分は、機構が行うものとする。この場合において、附則第十六条の規定による廃止前の独立行政法人交通安全環境研究所法（平成十一年法律第二百七号。次条第一項において「旧交通安全環境研究所法」という。）第十六条の規定（同条の規定に係る罰則を含む。）は、なおその効力を有するものとし、同条第一項中「当該中期目標の期間の次の」とあるのは「独立行政法人自動車技術総合機構の平成二十八年四月一日に始まる」と、「次の中期目標の期間における第十二条」とあるのは「中期目標の期間における独立行政法人自動車技術総合機構法（平成十一年法律第二百十八号）第十二条」とする。

（以下略）

用字・用語編

第一章　用字関係

〔表記の基準〕

問268　法令文で用いる用字・用語の表記の基準は、どのようになっているのか。

答　一　内閣提出法律案及び政令案の起案については、内閣法制局で決定された「法令における漢字使用等について」（平成二二年一一月三〇日決定）〈付録　参照〉によることとされている（この点、条約についても同様とされている。）。また、実際の扱いとしては、議員提出に係る法律案についても同様の表記方法がとられることになっているので、少なくとも法律及び政令についての表記は、右を基本とすることになる。そして、右の表記方法は、直接には府令、省令又は条例の表記までを拘束するものではないが、法令における表記の一体化の観点から、これらについても、右の表記方法が参考とされることが期待されている。

二　右の「法令における漢字使用等について」（以下「法令における表記の基準」という。）は、平成二二年一一月三〇日付けの内閣告示第二号「常用漢字表」及び昭和四八年六月一八日付けの内閣告示第二号「送り仮名の付け方」、各行政機関が作成する公用文における漢字使用等についてこれらによるべき旨を定めた平成二二年一一月三〇日付けの内閣訓令第一号「公用文における漢字使用等について」（以下「内閣訓令」という。）〈付録　参照〉をうけて定められたものである。

三　そこで、これらの点を含めて、現在、法令文で用いる用字・用語の表記の基準の主要なものを示せば、次のとおりである。

1　法令において使用する漢字の字種は、平成二二年内閣告示第二号の「常用漢字表」に基づく常用漢字二、一三六字によることを原則とする。

(一)　常用漢字表にない漢字を用いた言葉を平仮名書きにする際には、その全体を平仮名で書く（単語の一部分だけを平仮名書きすることは、できるだけ避ける。）。

(二)　法令における表記の基準を専門用語及び特殊用語に適用するに当たって、必要と認められる場合には、特別の考慮を加える余地があるものとされており、したがって、常用漢字表にない漢字を用いた専門用語等であって、他に言い換える言葉がなく、しかも平仮名で書くと理解することができないと認められるようなものについては、その漢字をそのまま用いてこれに振り仮名を付ける（例えば「砒《ひ》素」）。〈問270及び問274参照〉

2　漢字の字体については、平成二二年内閣告示第二号「常用漢字表」の通用字体による（いわゆる康熙《き》字典体や許容字体は用いない。）。そして、既存の法令中に用いられている漢字については、その法令で通用字体を用いていない場合でも、既に通用字体に置き換えられているもの、すなわち、旧来の漢字の字体と通用字体との間には同一性があるものとして取り扱うこととされている。

3　漢字の音訓の使用は、平成二二年内閣告示第二号の「常用漢字表」の本表に掲げる音訓によることを原則とする。また、その音訓使用によって語を書き表すに当たっては、次によることとされている。

(一)　副詞（例えば「少なくとも」）及び連体詞（例えば「我が（国）」）は、原則として、漢字で書く。

㈡　接続詞は、「及び」・「並びに」・「又は」・「若しくは」の四語のほかは、原則として平仮名で書く。

㈢　助動詞（例えば「（行か）ない」）及び助詞（例えば「（調査した）だけ（である）」）は、平仮名で書く。

㈣　そのほか、原則として、平仮名で書くものとして内閣訓令において例示されている語句〈付録　参照〉、例えば「特別の場合を除く「ほか」」の「ほか」等は、平仮名で書く。

なお、いわゆる当て字や熟字訓など、主として一字一字の音訓としては「常用漢字表」の本表に掲げにくいものとしてその付表に掲げられる語を法令において用いる場合には、その付表に掲げられたところにより用いることとされている。

4　送り仮名の付け方については、昭和四八年内閣告示第二号「送り仮名の付け方」に基づき、次による。

㈠　単独の語の送り仮名の付け方については、

⑴　活用のある語は、それぞれ「送り仮名の付け方」の本文の通則1の本則（例えば「書く」）・例外（例えば「少ない」）及び通則2の本則（例えば「押さえる」）の送り仮名の付け方による。

⑵　活用のない語は、同じく通則3から通則5までの本則（例えば「月」・「届け」・「最も」）・例外（例えば「自ら」・「係」・「直ちに」）の送り仮名の付け方による。

(二) 複合の語の送り仮名の付け方については、

(1) 活用のある語は、「送り仮名の付け方」の本文の通則6の本則による（例えば「取り扱う」）。

(2) 活用のない語は、慣用が固定していると認められるものとして送り仮名を付けないもの以外に、読み間違えるおそれのない語は、同じく通則6の許容により、送り仮名を省く（例えば「貸付け」）。この場合、二通り以上の送り仮名の省き方が認められるものについては、法令用語の継続性・一体性の観点から、従来と同様の書き表し方（例えば「取扱い」）による。〈付録「法令における漢字使用等について」2(2)ア 参照〉

(三) 活用のない複合の語で慣用が固定していると認められるものは、「送り仮名の付け方」の本文の通則7に掲げられた八六語（例えば「受付」）のほか、法令用語の観点から慣用固定と認められるもの（法令における表記の基準においては、「合服」等二一八語が示されている〈付録「法令における漢字使用等について」2(2)イ 参照〉。）は、送り仮名を付けない。

(四) 「送り仮名の付け方」の本文の付表の語（1のなお書きを除く。）は、そこに示された送り仮名の付け方（例えば「最寄り」・「行方」）による。

なお、右の基準のうち常用漢字に関する基準は、法律については第一七七回国会に提出するものから、政令については平成二三年一月一日以後の閣議に提案するものから適用され、既存の法令の一部改正（文語体の法令を文体を変えないで改正する場合を除く。）に当たっては、改正されない部分に用いられている語の表記と改正すべき部分に用いる同一の内容を表す語の表記とが異なることとなっても、差し支えないこととされている。

なお、法令用語につき参照すべきものとして、このほか、「公用文作成の考え方」（令和四年内閣文第一号）〈問271及び付録　参照〉などがある。

〔表記方法が問題となる例〕

問269　法令文で用いる用字・用語の表記として問題となるものに、どのようなものがあるのか。

答　法令文で用いる用字・用語の表記については、「法令における漢字使用等について」〈前問　参照〉に示された表記の基準がそのよりどころになるわけであるが、その表記方法が問題となる具体例の幾つかを挙げれば、次のとおりである。

一　まず、異字同訓の漢字の用法の問題がある。これについては、国語審議会漢字部会から「「異字同訓」の漢字の用法」（昭和四七年六月二八日）が同審議会に資料として提出されており、また、平成二二年六月七日の文化審議会答申「改定常用漢字表」には参考資料として「「異字同訓」の漢字の用法例」が付されているので、これらの用法によるのが適当と考えられる。したがって、法令で用いられることの多い「意見をきかなければならない」については「きく」・「聞く」ではなく「聴く」を、また「公布の日から起算して六月をこえない範囲内において政令で定める日」については「こえない」・「越えない」ではなく「超えない」を用いるのが相当であろう。しかし、「必要な措置をとる」について「採る」・「執る」のいずれを用いるべきかは、具体的な場合によって異なることになろう。というのは、それが幾つかの措置のうち特定の措置を選択する意味で用いられるのか、「執行する」・「講ずる」趣旨で用いられるのかによって異なることになると考えられるからである（また、「手続をとる」の「とる」については、一般に、平仮名書きが適当とされている。）。そして、右の資料によってもそのいずれによるべきか判断し難い場合には、平仮名で書くということになる。

二　次に、同音異字の漢字の用法の問題がある。その典型的なものとして、「付」と「附」がある。その原義としては、「付」が「わたす」・「あたえる」・「さずける」の意、「附」が「つける」の意とされているが、「文部科学省用字用語例」（平成二三年三月）によれば、「附」の具体的使用例としては、「附則」・「附属」・「附帯」・「附置」・「寄附」が、「付」のそれとしては「付記」・「付随」・「付与」・「付録」・「交付」・「給付」がそれぞれ掲げられており、これから見る限り、「附」を用いることに制限的な方針がとられているようにもうかがわれる。そうだとすれば、法令の表記としても、法令と公用文における表記の一体化の要請からいって、これに従うのが望ましいであろう。そうした場合、法令でよく用いられる「○○を（に）附す」についても、「付する」を用いるか、「付ける」等と言い換えることになるが、現在では、「付する」を用いることとされている。

三　さらに、漢字で書くのか平仮名で書くのか分かりにくいものも少なくないということである。しかし、次の場合は、平仮名で書くべきものと考える。例えば、「学識経験のある者のうちから」・「次の各号のいずれかに該当するもののうち」の「うち」が、それである。これは、右の場合、漢字で書くとすれば「中」であるが、「中」には「うち」の字訓がないからである。また、「故意又は過失によって」・「当該処分により通常生ずべき損失」・「法律の定めるところによる」・「書面による陳述」等の「よる」も、全て平仮名で書く。これは、前二者については「因る」の字訓はあるが、法令においては文章を柔らかくする意味で平仮名で書くこととされているからであり〈付録「法令における漢字使用等について」1(4)　参照〉、後二者については「依(よ)る」の字訓がないからである。このほか、「災害が発生するおそれがある場合」・「被害を生ずるおそれ」の「おそれ」については、常用漢字として「虞」・「恐れ」があるが、法令においては平仮名書きとすることとされており、このことは、「因る」と同様の理由からである。〈問273　参照〉

以上は、ほんの一例を示したにとどまるが、法令文における用字・用語の表記については、内閣告示の趣旨に沿いつつ、法令と公用文における表記の一体化を図る観点から、さらには、それが分かりやすいものであるためにも、その一語一語について慎重な検討が要請されるところである。

なお、以上は、現時点において制定される平仮名書き・口語体の法令について述べたものであり、片仮名書き・文語体の法令を改正する場合における表記については、〈問281　参照〉。

〔学術用語・専門用語〕

問270　法令文における学術用語・専門用語の表記は、どのようにするのか。

答　学術用語・専門用語については、公用文においても「専門用語又は特殊用語を書き表す場合など、特別な漢字使用等を必要とする場合には、1及び2によらなくてもよい」(平成二二年一一月三〇日内閣訓令第一号「公用文における漢字使用等について」3(2))とされているところ、法令においても、常用漢字表にない漢字を用いた専門用語等であって、他に言い換える言葉がなく、しかも仮名で表記すると理解することが困難であると認められるようなものについては、その漢字をそのまま用いてこれに振り仮名を付ける(例

えば「砒《ひ》素」こととされている〈問268　参照〉。そして、法令における漢字使用及び送り仮名の付け方の基準を専門用語及び特殊用語に適用するに当たって、必要と認められる場合は、特別の考慮を加える余地があるものとされている。〈付録　「法令における漢字使用等について」　参照〉

ところで、専門用語の統一については、「今後、各省庁において使用する専門用語は、文部省編集の学術用語集に記載されているものを基準として、これに統一するよう努めること」とする事務次官等会議申合せ（昭和二九年七月八日）があり、現在までに刊行された学術用語集としては、「数学編（昭和二九年三月）」から「医学編（平成一五年一一月）」までの三二編がある。法令において学術用語を用いる場合には、これら学術用語集に記載されているものを基準とすることはいうまでもない。したがって、学術用語に属する語であって、それが活用のない複合の語である場合に、「送り仮名の付け方」の本文の通則6の「許容」により送り仮名を省くこととするかどうかは、専ら学術用語集における表記の方法に従うことになる。例えば、「引張試験（ひっぱりしけん）」と表記するか「引張り試験」と表記するかという点については、学術用語集（化学編）（八二ページ）によれば「引張試験」とされているので、法令においても「引張試験」の語を用いる場合には、同様の表記をするということになる。

なお、右の学術用語に関しては、昭和四四年九月に学術審議会学術用語分科会が決定した「学術用語審査基準」〈編注　この基準は、学術用語の審査に当たってのよりどころを作成するために、昭和三五年一二月に学術奨励審議会学術用語分科会が作成したものを学術審議会学術用語分科会が継承したもので、その後、昭和四八年六月、昭和五七年一月、昭和六一年一一月及び平成四年一月に改正されている。〉があるが、同基準における記述によれば、法令と異なる取扱いがされているものがあるので、これらについては、法令における表記の基準に従うことはいうまでもない。すなわち、学術用語審査基準によれば、「砒素」は「ヒ素」と表記することとされているが、法令においてこれを「砒《ひ》素」と表記することは、既に述べたとおりである。また、右の基準によれば、「附属品」は「付属品」と表記することとされているが、平成二二年内閣告示第二号「常用漢字表」によれば、「附属」の語が常用漢字の「用例」として掲げられているので、法令においては、これについて「附属品」の表記を用いることになる。

〔表記基準改正の場合の既存法令の表記〕

問271 法令における表記の基準が改正された場合、既存の法令における表記については、どのように措置されるのか。

答 法令における表記の基準について改正が加えられてきたことは、後述するとおりであるが、既存の法律又は政令の改正の場合、当該法令の改正されない部分に既に用いられている語の表記で新基準に合致しないものがあっても、特別の必要のない限り、強いてこれを新基準に合わせて統一するための改正はしなくてもよいこととされている。現在の基準である「法令における漢字使用等について」〈付録　参照〉においても、既存の法律又は政令を改正する場合（文語体の法律又は勅令を文体を変えないで改正する場合を除く。）には右の基準によるべきことは当然のことながら、当該法律又は政令の「改正されない部分に用いられている語の表記と改正すべき部分に用いるこれと同一の内容を表す語の表記とが異なることとなっても、差し支えない」こととされている。すなわち、法令における用字・用語の表記についての改正は、その実体についての改正が行われる部分について行われる建前がとられ、法令における用字・用語の表記の基準が改正されたからといって、既存の法令の全ての条文についてその表記を改めることとはされていない。これは、それが表記についての改正であってその実体についての改正でないこと、法令の改正は最小限度において行われるべきものとの考え方に基づくものであろう。

なお、参考までに、これまで、そのときどきにおける法令用語の表記の基礎となった内閣告示等及び内閣法制局において定められた法令用語の表記に関する基本的なものを掲げれば、次のとおりである（※は、後に廃止され、又は実質的に失効したと考えられるものを示す）。

※一 「官庁用語を平易にする標準に関する件」（昭和二一年六月一七日 事務次官等会議申合せ）

※二 「当用漢字表」（昭和二一年内閣告示第三二号）

現代用語を書き表すために、日常使用する漢字の範囲（一、八五〇字）が定められた。

※三 「現代かなづかい」（昭和二一年内閣告示第三三号）

現代用語の口語文を書き表す仮名遣いが定められた。

※四 「公文用語の手びき」（昭和二一年内閣閣甲第四一八号）

事務次官等会議で「官庁の用字、用語をやさしくする件」として、その実行申合せがされ、「公文用語の手びき」として、内閣官房長官から各省庁に通達された。

※五 「当用漢字音訓表」（昭和二三年内閣告示第二号）

現代国語を書き表すために、日常使用する漢字の音訓の範囲（三、一二二種 音二、〇〇六種・訓一、一一六種）が定められた。

※六 「改編公文用語の手びき」（昭和二三年内閣閣甲第二五五号）

事務次官等会議で、「官庁の用字、用語をやさしくすることについて」として実行申合せがされ、「改編公文用語の手びき」として、内閣官房長官から各省庁に通達された。

※七　「公用文作成の基準について」（昭和二四年内閣閣甲第一〇四号）

公用文改善協議会の報告「公用文の改善」が、事務次官等会議及び閣議で了解事項とされ、「公用文作成の基準について」として、内閣官房長官から各省庁に通達された。

八　「法令の用語用字の改善について」（昭和二五年一一月七日　国語審議会建議）

※九　「公用文作成の要領」（昭和二七年内閣閣甲第一六号）

昭和二六年一〇月三〇日、国語審議会から建議のあった「公用文改善の趣旨徹底について」に基づき、七の「公用文作成の基準について」の内容を拡充の上、「公用文作成の要領」として、内閣官房長官から各省庁に通達された。

一〇　「法令用語改善についての建議」（昭和二九年三月一五日　国語審議会建議）

一一　「専門用語の統一について」（昭和二九年七月八日　事務次官等会議申合せ）

各省庁において使用する専門用語については、文部省編集の学術用語集を基準として、これに統一するよう努めることとする申合せがされた。

※一二　「法令用語改正要領」（昭和二九年法制局総発第八九号「法令用語改善の実施要領」の別紙）

事務次官等会議及び閣議において、一〇の「法令用語改善についての建議」の趣旨をおおむね妥当とし、支障のない限り国語審議会の作成した「法令用語改正例」に準拠することとされたのに伴い、（内閣）法制局は、「法令用語改正要領」を決定して、各省庁に通知した。この要領により、当用漢字表、当用漢字音訓表にない漢字の言換え、書換え等が新たに定められた。

※一三 「送りがなの付け方」（昭和三四年内閣告示第一号）
現代国語を書き表すため、よるべき送り仮名の付け方の標準が定められた。

※一四 「法令用語の送りがなのつけ方について」（昭和三四年法制局総発第一三四号）
「「送りがなのつけ方」の実施について」の内閣訓令が出されたことに伴い、（内閣）法制局から、法令用語についての送り仮名の付け方の実施要領が各省庁に対し通知された。

一五 「学術用語審査基準」（昭和三五年一二月　学術奨励審議会学術用語分科審議会作成）
学術用語（学術上の概念を表す語）の審査基準が学術奨励審議会学術用語分科審議会により作成された。この基準は、昭和四四年九月に学術審議会学術用語分科会に継承され、同分科会の「決定」とされた。

※一六 「当用漢字音訓表」（昭和四八年内閣告示第一号）
一般の社会生活において現代の国語を書き表すための漢字の音訓使用の目安が定められた。これに伴い、五の昭和二三年内閣告示第二号は、廃止された。「当用漢字音訓表」に新たな音訓（音八六、訓二七一　計三五七）が取り上げられたほか、その「付表」において、漢字二字以上で構成される熟字訓（一〇六語）が新たに取り上げられた。

一七 「送り仮名の付け方」（昭和四八年内閣告示第二号）
一般の社会生活において現代の国語を書き表すための送り仮名の付け方のよりどころが定められた。これに伴い、一三の昭和三四年内閣告示第一号は、廃止された。

※一八　「公用文における当用漢字の音訓使用及び送り仮名の付け方について」（昭和四八年六月一八日　事務次官等会議申合せ）

「「当用漢字音訓表」の実施について」の内閣訓令及び「「送り仮名の付け方」の実施について」の内閣訓令が出されたことに伴い事務次官等会議において、各行政機関の作成する公用文における当用漢字の音訓使用及び送り仮名の付け方について申合せがされた。

※一九　「法令における当用漢字の音訓使用及び送り仮名の付け方について」（昭和四八年内閣法制局総発第一〇五号）

「当用漢字音訓表」及び「送り仮名の付け方」の実施に伴い、内閣法制局は、「法令における当用漢字の音訓使用及び送り仮名の付け方」を決定し、各省庁に通知した。

右の制定に伴い、一四の「法令用語の送りがなのつけ方について」は、廃止された。

※二〇　「常用漢字表」（昭和五六年内閣告示第一号）

一般の社会生活において現代の国語を書き表すための漢字使用の目安として、「常用漢字表」（一、九四五字）が定められた。これに伴い、二の「当用漢字表」及び一六の「当用漢字音訓表」は廃止され、三の「現代かなづかい」及び一七の「送り仮名の付け方」のそれぞれ一部が改正された。

※二一　「公用文における漢字使用等について」（昭和五六年一〇月一日　事務次官等会議申合せ）

右の申合せがされたことに伴い、一八の「公用文における当用漢字の音訓使用及び送り仮名の付け方について」は、廃止された。

※二二　「法令における漢字使用等について」（昭和五六年内閣法制局総発第一四一号）
　二〇及び二一をうけて、一九の「法令における当用漢字の音訓使用及び送り仮名の付け方について」に代わるものとして制定された。
二三　「現代仮名遣い」（昭和六一年内閣告示第一号）
　一般の社会生活において現代の国語を書き表すための仮名遣いのよりどころとして定められた。これに伴い、三の昭和二一年内閣告示第三三号は廃止された。
二四　「法令における拗《よう》音及び促音に用いる「や・ゆ・よ・つ」の表記について」（昭和六三年内閣法制局総発第一二五号）
　法令における拗《よう》音及び促音に用いる「や・ゆ・よ・つ」の表記について、「現代仮名遣い」の原則に従い小書きとする旨内閣法制局から各省庁に対し通知された。
二五　「外来語の表記」（平成三年内閣告示第二号）
　一般の社会生活において現代の国語を書き表すための外来語の表記のよりどころとして定められた。
二六　「表外漢字字体表」（平成一二年一二月八日国語審議会答申）
　一般の社会生活において常用漢字表にない漢字を使用する場合の字体選択のよりどころとして作成された。
二七　「常用漢字表」（平成二二年内閣告示第二号）
　情報化社会の進展を踏まえ、二〇の「常用漢字表」を廃止し、これに代わる新たな「常用漢字表」（二、一三六字）が定められた。
二八　「公用文における漢字使用等について」（平成二二年内閣訓令第一号）〈付録　参照〉

二七の新しい「常用漢字表」を踏まえ、新たに内閣訓令をもって定められた。これにより、二一は実質的に失効したものと考えられる。

二九　「法令による漢字使用等について」（平成二二年内閣法制局総総第二〇八号）〈付録　参照〉

二七及び二八をうけて新たに定められたものであり〈問268　参照〉、これに伴い、二二とともに、一二の「法令用語改正要領」を含む「法令用語改善の実施要領」は、廃止された。

三〇　「「公用文作成の考え方」の周知について」（令和四年一月一一日内閣官房長官通知）〈付録　参照〉

九の「公用文作成の要領」に代わる公用文作成の手引として定められた。これに伴い、九の「公用文作成の要領」は廃止された。

〈漢字書きと平仮名書きの併存〉

問272　一の法令中、同一の語であるにもかかわらず、漢字書きのものと平仮名書きのものとがあるが、このようなことは、どうして起こるのか。

答　一の法令において、同一の内容を表す語であるにもかかわらずその表記が異なるということは、当該法令が新たに制定されたままのものであれば、あり得ないことである。したがって、一の法令中同一の語であるにもかかわらず、漢字書きのものと平仮名書きのものとがあるということが起こり得るのは、その法令の制定時以後に法令の表記についての改正があり、当該法令について改正が行われたことがあるからにほかならない。そして、法令の改正については、それが最小限度においてなされるべきものであるとの前提がとられているところ、このような前提の下では、その表記についての改正も、その実体の改正が行われる部分を対象として行えば足りるということで〈前問　参照〉、表記について法令全体についての見直しということはされないからである。

このようなわけで、一の法令中同一の語であるにもかかわらず、漢字書きのものと平仮名書きのものとが存在することになるが、それは、結果として生ずるということである。

次の例でいえば、「外（ほか）」は当用漢字とされていたが、昭和二九年の「法令用語改正要領」（平成二二年一一月三〇日廃止。〈前問　参照〉以下、旧「法令用語改正要領」として引用する。）の制定により、法令においてはこれを平仮名書きすることに改められた。右要領制定前の昭和二五年に制定された地方税法は、制定当時においては、第五条第三項のように「外」が用いられていたが、同条第四項（現・第六項）は、その後の改正で挿入された字句中に「ほか」が用いられており、他方、同条第三項には改正がなく、同一の法律に漢字書きのものと平仮名書きのものとが併存しているわけである。

なお、常用漢字表においても、「外」の字訓には「ほか」があるが、法令における表記として平仮名書きすることは、従来どおりである。〈次問　参照〉

■例■

○**地方税法**（昭和二十五年法律第二百二十六号）

（市町村が課することができる税目）

第五条　（略）

3　市町村は、前項に掲げるものを除く外、別に税目を起して、普通税を課することができる。

（略）

6　市町村は、前二項に規定するものを除くほか、目的税として、次に掲げるものを課することができる。

〔常用漢字がある場合の平仮名書き〕

問273　常用漢字があるにもかかわらず、法令で平仮名書きしているものがあるのは、どうしてか。

（以下略）

〈編注　同法制定当初の第四項は、「市町村は、目的税として、左に掲げるものを課することができる。」という規定であったが、昭和三二年改正で第五項となり「市町村は、前項に規定するものを除くほか、目的税として、左に掲げるものを課することができる。」と改められた。さらに、昭和五〇年改正で現在のような第六項の規定となった。〉

答　「虞」など後掲の語の漢字及び音訓は、それぞれ「常用漢字表」に掲げられているところのものではあるが、法令においては、これらの語について漢字を用いることなく平仮名書きすることとされている。これは、法令の文章を柔らかくすることを考慮してのことである。このことは、昭和二九年の旧「法令用語改正要領」で定められたところであるが（したがって、それ以前の法令では、これらの語に漢字を用いているものもある〈前問参照〉。）、平成二二年の「法令における漢字使用等について」〈付録　参照〉においても、同じく平仮名書きすることとされている。常用漢字表にあるものであっても平仮名で書くものとされている語は、次のとおりである。

例　虞 恐れ↓おそれ　且つ↓かつ　従って（接続詞）↓したがって　但し↓ただし
　　但書↓ただし書　外 他↓ほか　又↓また　因る↓よる

また、「あっ旋」、「れん瓦」のように、語の一部分が「常用漢字表」にない場合には、原則として、その語全体を「常用漢字表」にある漢字の部分も含めて平仮名書きすることとされているが、これは、法令文が分かりにくくなることを避けたためである。したがって、漢字を用いた方がむしろ分かりやすい場合（例えば、あへん煙・じん肺等）

はこの限りでないとされている。〈問268　参照〉

なお、「ただし書」の「但」は平仮名で書くが「書」を漢字で書くのは、全てを平仮名書きするとかえって分かりにくくなるからである。また、この場合、「書」の部分の送り仮名を省くこととしているのは、それが法令における場所を指し示す特殊な慣用固定の語として、「送り仮名の付け方」の本文の通則7を適用することとしているからである。〈付録「法令における漢字使用等について」２(2)イ　参照〉

なお、このほか、「公用文における漢字使用等について」〈付録　参照〉において原則として平仮名で書くこととされている語（例えば「ついては」）については、法令においても平仮名書きとすることはいうまでもない。

〈常用漢字外の漢字の使用〉

問274　最近の法令においても常用漢字でない漢字を用いているものがあるが、これは、どうしてか。

答　法令において使用する漢字の字種は「常用漢字表」、漢字の音訓は「常用漢字表」に掲げる音訓によることを原則としているが、最近の法令でも、常用漢字でない漢字を用いているのは、常用漢字表にない漢字を用いた専門用語等には、他に言い換える言葉がなく、しかも平仮名で書くと理解することができないと認められるものがあるからであり、この場合には、常用漢字でない漢字には振り仮名を付けることとされている。このような例としては、「暗渠《きょ》」、「按《あん》分」、「蛾《が》」、「瑕疵《かし》」、「管渠《きょ》」、「涵《かん》養」、「強姦《かん》」、「砒《ひ》素」、「埠《ふ》頭」などがある。〈問268　参照〉

〈通用字体以外の字体を用いている場合〉

答　法令において使用する漢字の字体は、平成二二年内閣告示第二号の「常用漢字表」によるいわゆる通用字体によることとされている。

問275　法令の中には通用字体を用いていない漢字があるが、このような字体のものと通用字体のものとは、どのような関係にあるのか。古い字体の法令の一部改正をする場合には、古い字体のままで引用するのか。

ところで、古い法令において通用字体でない漢字が用いられているのは当然であるが、当該漢字は、既に通用字体に全て置き換えられているものとして取り扱われる。すなわち、古い字体（康熙《き》字典体等）と新しい字体（通用字体）との間には同一性があるものとして取り扱うのである。例えば、「發表」「國有財産」「地方公共團體」「條例」とあるのは、それぞれ「発表」「国有財産」「地方公共団体」「条例」の字体に置き換えられているものとして、後者の字体で引用する。つまり、既存の法令の一部改正を行うに当たり、古い字体の語を改めたり、削ったりする場合及び古い字体の語を含む字句を引用する場合には、その引用は、全て通用字体によって行う。また、新たに字句を加える場合等においては、他の部分に古い字体の漢字があっても、通用字体を用いることはいうまでもない〈問268　参照〉。例えば、正字が「燈（トウ ひ）」である漢字を法令において表記する場合、かつては「当用漢字字体表」により「燈」の字が用いられていたが、昭和五六年の旧「法令における漢字使用等について」が決定されて以後は、「常用漢字表」の通用字体を用いて「灯」と表記することとなった。それ以前の既存の法令を一部改正し、又は他の法令で引用する場合には、当該既存の法令では「常用漢字表」の通用字体を用いていない場合（例えば、「燈油」と表記されている場合）でも、既に通用字体に置き換えられているもの（例えば、「灯油」と表記されているもの）として改正し、又は引用することになる。

なお、一部改正の結果、ある法令の中に、通用字体を用いた漢字と通用字体を用いない漢字とが併存する結果になっても、それは、一部改正が必要最小限度において行われることによるもので、差し支えないこととされている。〈問272　参照〉

ところで、地名・人名等の固有名詞の表記については、用いられている字体が通用字体でないことを理由にこれを通用字体に書き換えた場合にはその同一性を損なうことになるおそれがないとはいえないこと、他方、「常用漢字表」が、都道府県名に用いる漢字及びそれに準じる漢字を除き、固有名詞を対象とするものでないとされていること〈編注「常用漢字表」の前書き　参照〉との関係もあり、その表記をどうするかはむずかしく、「法令における漢字使用等について」も、固有名詞を対象とするものではないとされている。ただ、かつて、法令において用いられることの多かった沖縄及びこれを含む語の表記については、「常用漢字表」の通用字体を用いて「縄」と表記する扱いとされ、また、右の語をその中に含む既存の法令を一部改正し、又は他の法令で引用する場合には、当該既存の法令では「繩」となっていても既に「縄」となっているものとして引用する扱いがとられている。

〔拗《よう》音と促音〕

問276　法令文においては、拗《よう》音及び促音の表記は、どのようにするのか。

答　従来、法令文においては、外来語について片仮名書きする場合の表記以外は、拗《よう》音又は促音を他の音と区別せず大書きにするのが慣例であったが、「法令における拗《よう》音及び促音に用いる「や・ゆ・よ・つ」の表記について」（昭和六三・七・二〇内閣法制局総発第一二五号）により「現代仮名遣い」の原則に従い、昭和六三年一二月召集の第一一四回通常国会に提出される法律及び昭和六四年一月以後の最初の閣議に提案される政令から、次の例一のように、小書きにすることとなった（固有名詞については、対象外とされている。）。

ただし、それ以前に制定された法律又は政令（もともと例外的に小書きが用いられている場合を除く。）について、その一部を改正する場合における改正前の規定の一部を引用する部分及び改正によってその一部として溶け込む部分並びにこれらの法律又は政令の規定を読み替えて適用し、又は準用する場合における読替え前の規定の一部を引用する部分及び読替え後の部分については、例二のように、もとの法律又は政令の表記に従って大書きにすることとされている。また、漢字に付ける振り仮名の部分については、従来どおり、大書きにすることとされている。（ただし、例三のように、当該法令の改正が広範に及び、その機に、表記を小書きに改めた例もある。）

なお、これにより、法律に用いられている語と当該法律に基づく政令に用いるこれと同一の語とが書き表し方において異なることがあり得るが、そうなっても差し支えないものとされている。

■例一■

○**平成元年度の財政運営に必要な財源の確保を図るための特別措置に関する法律**（平成元年法律第四十二号）

（趣旨）

第一条　この法律は、平成元年度における国の財政収支が著しく不均衡な状況にあることにかんがみ、同年度の財政運営に必要な財源を確保し、もって国民生活と国民経済の安定に資するため、同年度における公債の発行の特例に関する措置を定めるとともに、同年度における一般会計からの国債整理基金に充てるべき資金の繰入れ及び一般会計からの厚生保険特別会計健康勘定への繰入れの特例に関する措置を定めるものとする。

■例二■

○**森林法等の一部を改正する法律**（平成二十八年法律第四十四号）

（分収林特別措置法の一部改正）

第二条　分収林特別措置法（昭和三十三年法律第五十七号）の一部を次のように改正する。

（略）

第十条を第十九条とし、第九条を第十条とし、同条の次に次の八条を加える。

（契約条項の変更に係る承認）

第十一条　（略）

2　前項の承認を求めようとする分収林契約の当事者は、次に掲げる事項を書面をもつて示さなければならない。

（以下略）

■**例三**■

○**勤労青少年福祉法等の一部を改正する法律**（平成二十七年法律第七十二号）

（勤労青少年福祉法の一部改正）

第一条　勤労青少年福祉法（昭和四十五年法律第九十八号）の一部を次のように改正する。

（略）

第一条中「勤労青少年の福祉に関する原理を明らかにするとともに、勤労青少年について、職業指導の充実、職業訓練の奨励、福祉施設の設置等の措置を計画的に推進し、もつて勤労青少年の」を「青少年について、適性並びに技能及び知識の程度にふさわしい職業（以下「適職」という。）の選択並びに職業能力の開発及び向上に関する措置等を総合的に講ずることにより、雇用の促進等を図ることを通じて青少年がその有する能力を有効に発揮することができるようにし、もつて」に、「図る」を「図り、あわせて経済及び社会の発展に寄与する」に改める。

（以下略）

〈編注　この改正で勤労青少年福祉法の題名は、「青少年の雇用の促進等に関する法律」に改められている。〉

〔常用漢字外の漢字又は音訓を用いている法令の引用〕

問277　平仮名書き・口語体の法令を引用する場合で、その法令が常用漢字でない漢字を用いているとき、又は常用漢字の音訓として認められていない音訓により常用漢字を用いているときには、どのように引用するのか。

答　既存の平仮名書き・口語体の法令で常用漢字の字種でない漢字を用いたり、常用漢字の字種であっても常用漢字の音訓としては認められていない音訓を表すものとして当該漢字を用いている規定がある場合に、当該漢字又はこれを含む字句を引用するときは、その同一性を担保する意味で、当該規定に用いられている漢字又は字句の表記のとおりに引用する。

次の地方自治法第九六条の例でいえば、改正前の例一の「綜合調整」の「綜」は常用漢字ではないが、例二のように、これを引用する必要がある場合には、「綜合調整」ではなく「綜合調整」で引用し、「綜合調整」の字句を含む条項を改める場合には、「綜合調整」を「総合調整」に改める。このことは、送り仮名の表記についても同様で、同じく例一の「基く」を引用する場合には「基く」のまま引用し、この字句を含む条項を改める場合には例二のように「基く」を「基づく」に改める。また、例三でいえば、「以」は、常用漢字ではあるが、「もっ（て）」という訓はない。しかし、これを引用する必要がある場合には、「以て」のまま引用し、この字句を含む条項を改める場合には、例四に示すように、「もって」（「もつて」）と改める。〈問269　参照〉

なお、右に述べたところは、常用漢字として認められなくても、学術用語・専門用語等〈問270　参照〉や固有名詞〈問275　参照〉として用いる漢字については別である。〈問268　参照〉

■例一■

○**地方自治法**（昭和二十二年法律第六十七号）

第九十六条　（略）

四　法律又はこれに基く政令に規定するものを除く外、地方税の賦課徴収又は分担金、使用料、加入金若しくは手数料の徴収に関すること。

（略）

十四　普通地方公共団体の区域内の公共的団体等の活動の綜合調整に関すること。

（以下略）

〈編注　例二で示す一部改正法による改正前の規定である。〉

■**例二**■

○**地方自治法の一部を改正する法律**（平成十八年法律第五十三号）

（略）

第九十六条第一項第四号中「基く」を「基づく」に、「除く外」を「除くほか」に改め、……同項第九号中「負担附き」を「負担付き」に改め、同項第十二号中「本号」を「この号」に、「斡旋」を「あつせん」に改め、同項第十四号中「綜合調整」を「総合調整」に改める。

（以下略）

■**例三**■

○**財政法**（昭和二十二年法律第三十四号）

第三十六条　予備費を以て支弁した金額については、各省各庁の長は、その調書を作製して、次の国会の常会の開会後直ちに、これを財務大臣に送付しなければならない。

②　財務大臣は、前項の調書に基いて予備費を以て支弁した金額の総調書を作製しなければならない。

③　内閣は、予備費を以て支弁した総調書及び各省各庁の調書を次の常会において国会に提出して、その承諾を求めなければならない。

（以下略）

○**特別会計に関する法律**（平成十九年法律第二十三号）

（弾力条項）

第七条　（略）
2　前項の規定による経費の増額については、財政法第三十五条第二項から第四項まで及び第三十六条の規定を準用する。この場合において、……同法第三十六条第一項中「予備費を以て支弁した金額」とあるのは「特別会計に関する法律第七条第一項の規定による経費の増額」と、「各省各庁の長」とあるのは「所管大臣」と、同条第二項中「予備費を以て支弁した金額」とあるのは「特別会計に関する法律第七条第一項の規定による経費の増額」と、同条第三項中「予備費を以て支弁した」とあるのは「前項の」と、「各省各庁」とあるのは「各特別会計」と読み替えるものとする。

■例四■

○農業協同組合法等の一部を改正する等の法律（平成二十七年法律第六十三号）

（農業協同組合法の一部改正）

第一条　農業協同組合法（昭和二十二年法律第百三十二号）の一部を次のように改正する。

（略）

第十七条第二項中「以て」を「もつて」に改める。

（以下略）

〔旧仮名遣い・口語体の法令の改正〕

問278　旧仮名遣いによる口語体の法令を改正する場合には、どのようにするのか。

答　昭和二一年に旧「現代かなづかい」（内閣告示第三三号）が定められたことに伴って、法令においても、原則として、発音どおりの仮名遣いを用いることになった。すなわち、例えば、「ず」と「づ」又は「じ」と「ぢ」についても、原則として、「ず」又は「じ」を用いる（もっとも、二語の連合によって生じた「ぢ」「づ」、同音の連呼によって生じた「ぢ」「づ」について平仮名書きする必要があるものについては、「ぢ」「づ」を用いる。）。これは、旧「現代かなづかい」に代わるものとして昭和六一年に定められた「現代仮名遣い」（内閣告示第一号）においても、同様である。

ところで、右の旧「現代かなづかい」が制定される以前の旧仮名遣いによる平仮名書き・口語体の法令を改正する場合には、全部改正のときはもちろん、一部改正のときでも「現代仮名遣い」による仮名遣いによる。次の例一でいえば、「……するやうに」、「……してゐる」又は「いふ」は旧仮名遣いであるから、これらを新仮名遣いに改める場合には、それぞれ「……するように」、「……している」又は「いう」とすることはいうまでもない。そして、改正の結果、改正後の法令において、旧仮名遣いの部分と新仮名遣いの部分とが混在することとなっても差し支えないこととされている（例二参照）。

なお、旧仮名遣いで文語体の法令を改正する場合には、それが片仮名書きものである限り、その表現は、いわゆる地の文章の表現は統一することとされているので、これらの法令においては、その仮名遣い及び送り仮名の違いが生ずることはないが、それぞれの法令によっては、その送り仮名の付け方に異なるものがあることに注意を要する。

〈問281　参照〉

■例一■

○労働関係調整法（昭和二十一年法律第二十五号）

第二条　労働関係の当事者は、互に労働関係を適正化するやうに、労働協約中に、常に労働関係の調整を図るための正規の機関の設置及びその運営に関する事項を定めるやうに、且つ労働争議が発生したときは、誠意をもつて自主的にこれを解決するやうに、特に努力しなければならない。

（略）

第六条　この法律において労働争議とは、労働関係の当事者間において、労働関係に関する主張が一致しないで、そのために争議行為が発生してゐる状態又は発生する虞がある状態をいふ。

第七条　この法律において争議行為とは、同盟罷業、怠業、作業所閉鎖その他労働関係の当事者が、その主張を貫徹することを目的として行ふ行為及びこれに対抗する行為であつて、業務の正常な運営を阻害するものをいふ。

第八条　この法律において公益事業とは、次に掲げる事業であつて、公衆の日常生活に欠くことのできないものをいう。

一　運輸事業
二　郵便、信書便又は電気通信の事業
三　水道、電気又はガスの供給の事業
四　医療又は公衆衛生の事業

（以下略）

〈編注　右の第八条第一項は、例二による改正後のものである。〉

■例二■

○民間事業者による信書の送達に関する法律の施行に伴う関係法律の整備等に関する法律

（平成十四年法律第百号）

（労働関係調整法の一部改正）

第三十六条　労働関係調整法（昭和二十一年法律第二十五号）の一部を次のように改正する。

第八条第一項中「左の」を「次に掲げる」に、「をいふ」を「をいう」に改め、同項第二号中「郵便」の下に「、信書便」を加え、同項第三号中「瓦斯」を「ガスの」に改める。

〔西暦の使用〕

問279　法令においては、西暦紀元を用いることはないのか。

答　一　旧憲法下においては、旧皇室典範第一二条が「践祚ノ後元号ヲ建テ一世ノ間ニ再ビ改メザルコト明治元年ノ定制ニ従フ」旨を定めていたから、元号についての根拠規定は明確であった。

旧皇室典範が日本国憲法の施行と同時に廃止されたことはいうまでもなく、また、旧公式令に代わるべき法律も定められていない〈問3　参照〉。したがって、元号法（昭和五四年法律第四三号）の施行前において、「昭和」という元号が広く用いられてきたのは、別段の法律的根拠に基づくものではなく、その使用について一種の国民的習律が形成されていたことによるものであったが、元号法の施行により、それまで国民的習律として用いられてきた「昭和の元号」は、同法附則第二項の規定により、同法「本則第一項の規定に基づき定められたもの」とされ、法律的根拠が与えられることになった。同法の本則第一項に基づく政令による元号としては、「平成」（元号を改める政令（昭和六四年政令第一号））に続き、現在の「令和」（元号を改める政令（平成三一年政令第一四三号））が二例目である。

二　法令においてある年を表す場合、一般に元号が用いられ、西暦紀元は用いられていない。ただし、条約と関連を有する法令においては、その条約との同一性を担保する意味で、次の例に示すように、西暦紀元が用いられる。

■例■

○**国際人道法の重大な違反行為の処罰に関する法律**（平成十六年法律第百十五号）

（定義）

第二条　この法律において、次の各号に掲げる用語の意義は、それぞれ当該各号に定めるところによる。
一　捕虜　次のイ又はロに掲げる者であって、捕虜の待遇に関する千九百四十九年八月十二日のジュネーヴ条約（以下「第三条約」という。）及び千九百四十九年八月十二日のジュネーヴ諸条約の国際的な武力紛争の犠牲者の保護に関する追加議定書（議定書Ⅰ）（以下「第一追加議定書」という。）において捕虜として取り扱われるものをいう。
（略）
三　文民　次のイ又はロに掲げる者であって、戦時における文民の保護に関する千九百四十九年八月十二日のジュネーヴ条約（以下「第四条約」という。）及び第一追加議定書において被保護者として取り扱われるものをいう。
（以下略）

〔片仮名書き・文語体の法令の濁音使用〕

問280　片仮名書き・文語体の法令文で、濁音を用いたものとそうでないものとがあるが、これは、どうしてか。

答　片仮名書き・文語体の法令については、現在、全て濁点又は半濁点が付けられたものとして取り扱うこととされている。したがって、片仮名書き・文語体の法令の一部改正に当たって、改正すべき字句のうち濁り読みすべき片仮名で濁点が付けられていないものであっても、これを引用するときは、当該字句には既に濁点が付いているものとして引用し、又は濁点を付けるべき片仮名が含まれるものは濁点を付けて改正することとされている。六法全書、法令集等の上で、片仮名書き・文語体の法令文の中に濁点を付けたものとそうでないものとが混在するのは、六法全書等では、右のような改正がされた部分だけについて濁点が付けられ、改正がされない部分はそのままとされているからであって、形式的に見る限りでは、濁点の付いたものと付かないものとがあることになるわけである。〈次問　参照〉

■例■

○工場抵当法（明治三十八年法律第五十四号）

第二十三条 所有権保存ノ登記ノ申請アリタルトキハ其ノ財団ニ属スヘキモノニシテ登記アルモノニ付テハ登記官ハ職権ヲ以テ其ノ登記記録中権利部ニ工場財団ニ属スヘキモノトシテ其ノ財団ニ付所有権保存ノ登記ノ申請アリタル旨、申請ノ受付ノ年月日及受付番号ヲ記録スベシ

②前項ニ掲ケタルモノカ他ノ登記所ノ管轄ニ属スルトキハ前項ノ規定ニ依リ記録スベキ事項ヲ遅滞ナク管轄登記所ニ通知スヘシ

（以下略）

〈編注 第一項の「属スヘキ」及び第二項の「通知スヘシ」については、特に六法全書等と同様の表記としている。

右の規定は、不動産登記法の施行に伴う関係法律の整備等に関する法律（平成一六年法律第一二四号）第六条の規定により改正された際、「ヘシ（ヘキ）」の「ヘ」には全て既に濁点が付いているものとして、「記載スベシ」を「記録スベシ」に改める等の改正が行われている。当該部分は、六法全書等でも、濁点付きで表記されているが、改正の対象にならなかった部分については、濁点のない形で表記されている。〉

〔片仮名書き・文語体の法令の改正〕

問281 片仮名書き・文語体の法令を改正する場合の表記は、どのようにするのか。

答 一 片仮名書き・文語体の法令を一部改正する場合には、いわゆる地の文章に合わせて、片仮名書き・文語体で改正するのが原則である。これは、一部改正についてはいわゆる溶込み方式〈問137参照〉がとられているからである。もっとも、既存の片仮名書き・文語体の字句を引用する部分及び改正により溶け込むこととなる部分以外の表記については、次の例一に示すように、現行の法令の表記の基準によるべきことは

か。

いうまでもない。すなわち、改正法令の題名を始め、制定文又は条、項等の一部を改めたり、削ったり、若しくは追加したりすることを示す部分の文章は、全て平仮名書き・口語体による。また、改正法令の附則については、それ自体独自の存在を有するから〈問137　参照〉、附則において片仮名書き・文語体の法令を改正する場合の当該関係部分は別として、全て平仮名書き・口語体で表記する。

なお、片仮名書き・文語体の法令を改正する場合には、法令により、送り仮名の付け方に差があるから、注意を要する。「其」・「其ノ」、「但」・「但シ」、「若ハ」・「若クハ」等、改正しようとする法令がどのような送り仮名の付け方をしているかに従って、それに合わせた付け方をする。

更に注意すべきは、漢字の字体は、旧字体で制定されたものであっても、通用字体に当然変更されているものとして取り扱う点と〈問268及び問275　参照〉、例えば「……スルコトヲ得ス」と書かれていても、「……スルコトヲ得ズ」と読むときの発音どおりに書かれているものとして取り扱う点である〈前問　参照〉。したがって、「……スルコトヲ得ス」と書かれている法令を改正して「……スルコトヲ得」としようとする場合には、「「……スルコトヲ得ズ」を「……スルコトヲ得」に改める」とするのである。また、改正して加える部分には、必ず濁点を付ける。次の例二に示すように、公有水面埋立法第四条の第一項と第三項とを比べてみると、このことがよく分かる。

二　次に、片仮名書き・文語体の法令の一部改正の場合であっても、それが、新たに編、章を加えるような、あるいは、編、章の全部を改めるようなまとまった改正であるときには、その部分を平仮名書き・口語体とすることがある。周知のように、平成一六年改正前の民法は、第一編から第三編までは片仮名書き・文語体、第四編及び第五編は平仮名書き・口語体であった（前者は民法第一編第二編第三編として明治二九年に制定され、後者は民法第四編第五編として明治三一年に制定されたものであるが、一体として民法という題名の法律と考えられている。）。これは、昭和二二年に「民法の一部を改正する法律」（昭和二二年法律第二二二号）により第四編及び第五編の全部が改正された際、その平仮名書き・口語体化が行われたことによるものである（その後、「民法の一部を改正する法律」（平成一六年法律第一四七号）により民法全体が平仮名書き・口語体化されている。）。このほか、昭和四八年に船舶安全法の一部改正により同法に新たに二章（第二章及び第三章）が追加されたが、この部分は、例三に示すように、平仮名書き・口語体である。また、最近の例では、会社法（平成一七年法律第八六号）が制定された際、会社法の施行に伴う関係法律の整備等に関する法律（平成一七年法律第八七号）第六四条の規定により、従来は片仮名書き・文語体であった商法（明治三二年法律第四八号）の一部が改正され、第二編会社の規定が削除されるとともに、第一編総則及び第二編（旧第三編）商行為のうち第一章から第四章までが平仮名書き・口語体となった（その後、保険法の施行に伴う関係法律の整備に関する法律（平成二〇年法律第五七号）第一条の規定により、第二編第一〇章が削除され、さらに、商法及び国際海上物品運送法の一部を改正する法律（平成三〇年法律第二九号）第一条の規定により、残る第二編第五章から第九章まで及び第三編が改正されて、最終的に商法の全体が平仮名書き・口語体となることとなった。）。

三　片仮名書き・文語体の法令を全部改正する場合には、平仮名書き・口語体の法令とする（明治三一年に制定された法例を全部改正した法の適用に関する通則法（平成一八年法律第七八号）においては、従来の片仮名書き・文語体が平仮名書き・口語体に改められている。）。

■例一■

○行政不服審査法の施行に伴う関係法律の整備等に関する法律（平成二十六年法律第六十

九号）

（供託法の一部改正）

第七十条 供託法（明治三十二年法律第十五号）の一部を次のように改正する。

第一条ノ四中「ヲ不当トスル」を「ニ不服アル者又ハ供託官ノ不作為ニ係ル処分ノ申請ヲ為シタル」に改める。

（略）

第一条ノ六第一項中「供託官ハ」の下に「処分ニ付テノ」を……加え、「処分ヲ変更シテ」を「相当ノ処分ヲ為シテ」に改め、同条第二項中……同項に後段として次のように加える。

此ノ場合ニ於テ監督法務局又ハ地方法務局ノ長ハ当該意見ヲ行政不服審査法（平成二十六年法律第六十八号）第十一条第二項ニ規定スル審理員ニ送付スルモノトス

第一条ノ七中……同条に次の一項を加える。

法務局又ハ地方法務局ノ長ハ審査請求ニ係ル不作為ニ係ル処分ノ申請ヲ却下スベキモノト認ムルトキハ供託官ニ当該申請ヲ却下スル処分ヲ命ズルコトヲ要ス

第一条ノ八を次のように改める。

第一条ノ八 第一条ノ四ノ審査請求ニ関スル行政不服審査法ノ規定ノ適用ニ付テハ同法第二十九条第五項中「処分庁等」トアルハ「審査庁」ト……トス

第一条ノ八の次に次の一条を加える。

第一条ノ九 行政不服審査法第十三条……ノ規定ハ第一条ノ四ノ審査請求ニ付テハ之ヲ適用セズ

附 則

（施行期日）

第一条 この法律は、行政不服審査法（平成二十六年法律第六十八号）の施行の日から施行する。

（略）

（経過措置の原則）

第五条　行政庁の処分その他の行為又は不作為についての不服申立てであってこの法律の施行前にされた行政庁の処分その他の行為又はこの法律の施行前にされた申請に係る行政庁の不作為に係るものについては、この附則に特別の定めがある場合を除き、なお従前の例による。

（以下略）

■例二■

○公有水面埋立法（大正十年法律第五十七号）

第四条　都道府県知事ハ埋立ノ免許ノ出願左ノ各号ニ適合スト認ムル場合ヲ除クノ外埋立ノ免許ヲ為スコトヲ得ズ

（略）

③　都道府県知事ハ埋立ニ関スル工事ノ施行区域内ニ於ケル公有水面ニ関シ権利ヲ有スル者アルトキハ第一項ノ規定ニ依ルノ外左ノ各号ノ一ニ該当スル場合ニ非ザレバ埋立ノ免許ヲ為スコトヲ得ス

（略）

〈編注　第三項については、特に六法全書等における と同様の表記とした。〉

■例三■

○船舶安全法（昭和八年法律第十一号）

第一章　船舶ノ施設

（略）

第二章　小型船舶検査機構

第一節　総則

（目的）

〔法令用語の平易化〕

問282　法令用語は、もっと平易なものにできないのか。特に、片仮名書き・文語体の法律を改めることはできないのか。

第二十五条の二　小型船舶検査機構は、小型船舶検査事務等を行うことにより、小型船舶の堪航性及び人命の安全の保持に資することを目的とする。
（略）
第三章　登録検定機関等
第一節　登録検定機関
（登録）
第二十五条の四十六　第六条ノ四第一項の規定による登録（以下この節において単に「登録」という。）は、同項の規定による検定を行おうとする者の申請により行う。
（略）
第四章　雑則
第二十六条　本法及本法ニ基ク命令中……船長ニ関スル規定ハ船長ニ代リテ其ノ職務ヲ行フ者ニ之ヲ適用ス
（以下略）

答　一　法令が社会生活の規範として国民にその遵守を要求するものである以上、いうまでもないことであるが、法令は国民の理解することのできるものでなければならず、そのためには、その内容が平易なものでなければならない。しかし、他方、法令が成文化された権利義務の規範とされる以上、その表現に法規範としての厳密性、論理的統一性が要求されることもまた、当然である。法令の表現については、このように相矛盾する要請があるため、法令の表現の平易化ということは極めて望ましいことであるにもかかわらず、なかなか容易にその実現を見ないのが現状である。法令の平易化の問題については、既に明治八年二月四日に「諸布達ノ儀ハ事理弁知シ易キヲ旨トシ可成丈平易ノ文字相用候様注意可致此旨相達候事」との太政官達が出され、また大正一五年六月一日には、内閣訓令（号外）「法令形式ノ改善ニ関スル件」が出されている。後者によれば、「現今ノ諸法令ハ往々ニシテ難解ノ嫌アリ。其ノ原因ガ内容ノ複雑ナルニ存スル場合ナキニアラザレドモ、記述ノ方法ヨリ来レルモノ亦少カラズ。自今法令ノ形式ヲ改善シテ文意ノ理解ヲ容易ナラシムルコトニ力ムルハ時勢ノ要求ニ応ズル所以ノ道ナリト信ズ。今此ノ点ニ関シテ特ニ留意スベキ事項ヲ挙グレバ左ノ如シ」として、「法令ノ用字、用語及ビ文体ハナルベク之ヲ平易ニシ、一読ノ下容易ニ其ノ内容ヲ了解セシメンコトヲ期ス」べきこと、「今後ノ法文ハ必ズシモ文章ノ簡約ヲ旨トセズ、相当詳細ニ叙述シテ及ブ限リ其ノ内容ヲ明瞭ナラシメンコトニ力ム」べきこと、及び「法文ノ記述ニ就キテハ実用ヲ主トシ懇切ヲ旨トシテ其ノ内容ヲ整理排列ス」べきことが、るる述べられ、最後に、「以上掲グル所ハ現今ノ法令形式ノ改善ニ関スル大綱ナリ。要スルニ法令ハ国民ノ準行又ハ利用スル所ナルニ顧ミ、其ノ理解ヲ容易ナラシメンガ為ニ平易明瞭、懇切周到ヲ旨トシ、徒ラニ形式体裁ノ美ニ流レザランコトヲ期スベシ」と結んでいる。法令平易化の問題は、正に古くして新しい問題であるといわなければならない。

二　ところで、現に片仮名書き・文語体の法令が相当数残っているのはそのとおりであるが、特に、民法第一編第二編第三編（明治二九年法律第八九号）、商法（明治三二年法律第四八号）、刑法（明治四〇年法律第四五号）、民事訴訟法（明治二三年法律第二九号）等の基本的な法律が近年まで片仮名書き・文語体のまま残されていた。

古い法令文については、現在全て濁点又は半濁点が付けられたものとして取り扱うこととはされているが〈問280及び前問　参照〉、もちろんそれだけで問題の解決にならないことはいうまでもない。しかし、古い法令文を読みやすくするため、仮にこれを句読点のある文章に直すことを考えてみても、果たしてどの位置に句読点—特に読点を打つべきかは、しかく簡単なことではない。さらに、永年の間には、片仮名書き・文語体の文章を前提としてでき上がった解釈というものがある。その解釈に影響を及ぼすことのないように片仮名書き・文語体の法令文を平仮名書き・口語体の法令文に直すということは、単に文語体から口語体への翻訳といったことでは済まされない問題が多く、これを口語体に改めるには相当の準備と期間を要するものと考えられる。ここに、文語体・片仮名書きの法令の改正がしかく簡単でない理由がある。〈編注　第五五回国会　昭和四二年六月二七日　衆・内閣委員会議録第二四号五頁　参照〉

三　しかしながら、近年、新たな法律の制定や改正により、片仮名書き・文語体であった法令の平仮名書き・口語体化が進められている。

右に挙げた基本的な法律の例についてみると、まず、民事訴訟法については、第六編のうち強制執行手続について定めていた部分が、担保権に基づく競売手続について定めていた競売法（明治三一年法律第一五号）を合わせて民事執行法（昭和五四年法律第四号）として独立の法律となり、次いで、第六編のうち仮差押え及び仮処分に関する保全命令手続を定めていた部分が、民事執行法のうち保全執行について定めていた部分と合わせて民事保全法（平成元年法律第九一号）となった。さらに、平成八年には、訴訟手続に純化した新たな民事訴訟法（平成八年法律第一〇九号）が制定された（新たに制定された法律は、いずれも平仮名書き・口語体であることはいうまでもない。なお、もとの民事訴訟法に残された部分は、「公示催告及ビ仲裁手続ニ関スル法律」と題名を改めて片仮名書き・文語体のまま存続することとなったが、仲裁法（平成一五年法律第一三八号）附則第九条の規定により「公示催告ニ関スル法律」と改称された後、「民事関係手続の改善のための民事訴訟法等の一部を改正する法律」（平成一六年法律第一五二号）第二条の規定により、公示催告手続が非訟化されて非訟事件手続法（明治三一年法律第一四号）第四編（第四編のみ平仮名書き・口語体）として取り込まれるとともに、附則第二条の規定により廃止された。なお、非訟事件手続法についても、平成二三年に新法（平成二三年法律第五一号）が制定され、旧非訟事件手続法は、「外国法人の登記及び夫婦財産契約の登記に関する法律」となった（本則は全て平仮名書き・口語体）。

また、刑法については、刑法の一部を改正する法律（平成七年法律第九号）により平仮名書き・口語体化され、民法についても、前問で述べたように、民法の一部を改正する法律（平成一六年法律第一四七号）によって、全体が平仮名書き・口語体となった。

さらに、商法については、会社法（平成一七年法律第八六号）及び保険法（平成二〇年法律第五六号）の制定に伴う各改正を経て、平成三〇年の商法及び国際海上物品運送法の一部を改正する法律（平成三〇年法律第二九号）による改正によって、その全体が平仮名書き・口語体となることとなった。〈前問　参照〉

このほか、人事訴訟手続法（明治三一年法律第一三号）及び破産法（大正一一年法律第七一号）が廃止されて、人事訴訟法（平成一五年法律第一〇九号）及び破産法（平成一六年法律第七五号）が制定され、また、法例（明治三一年法律第一〇号）が全部改正されて、法の適用に関する通則法（平成一八年法律第七八号）となるなどの例がみられる。

〔数字の表記〕

問283　法令における数字の表記は、どのようにするのか。

答　法令において数字を用いることは極めて多く、法令が縦書きを通例とする限り、用いられる数字は、原則として、正確な発音どおりに漢数字で書くことになる。

一　1　数字は、例えば、次の例一に示すように、「平成十八年十月三日」「法律第五十一号」「第百二十五条第二項第一号」「千四百円」「一万六千八百五十人」「二億四千万円」のように書き表す（百と千に限っては、「一百」「一千」という表現は、用いない。）。原則として、十百千万億兆の漢数字を発音どおり書き表すのは、数字については、誤植、誤読又は誤記のおそれが多く、その印刷や解釈に際して誤りがないようにするためである。また、法令においては、序数には、必ず「第」を冠する。すなわち、「第一章」「第二条」「第三号」「第三欄」等と数字の上下の締まりを明確に表現して誤りを起こさないようにする。

2　ただ、多くの数字を表に掲げる場合には、通例の発音どおりに十百千万億兆を用いるよりも数だけをそのまま表示した方がかえって見やすく、分かりやすいことが少なくないので、例二に示すように、例えば「一、四一〇円」「一六、八五〇人」等とする。また、表でなく法令の条文の規定中でも数字を多く用いる場合には、例三に示すように表示することも多い。これらの場合、数の単位区分は、通常、三桁ごと（十の三乗ごと）に、千、百万、十億、一兆の各単位に「、」を付けて示される。

3　数字については、このほか、単位以下の端数の書き方をどうするかの問題がある。分数を書き表す場合には、例一及び例四に示すように、例えば「三分の二」

「百分の三十五」と、また、小数点以下の数を書き表すには、例四に示すように、例えば「〇・五二」「百七十四・八二五」と書く。

4 倍数については、右に示した数字の下に「倍」を付けて、例四に示すように、「十三倍」「百倍」「百分の三十五倍」「一・四一〇倍」「〇・五二倍」のように書く。

5 数字を期日又は期間を表すために用いる場合には、「三月三十一日」「十二月一日」又は「一週間」「三月」「十五年」のように書く。この場合、特に期間の五年と暦の五年との混同を避けるための必要があるときは、例五に示すように、「五箇年」のように「箇」を加えて書き表す。

二 以上は、漢数字によって数字を書き表す場合であるが、法令において算用数字（アラビア数字）を用いる場合も少なくない。項番号〈問82 参照〉については必ず算用数字を用いるほか、例六に示すように、俸給表、税額表など横書きの表の場合にはほとんど算用数字が用いられる。例えば、「平成18年10月3日」「第125条第2項第1号」「16,850人」のように書き表す。この場合の数の単位区分は、三桁ごとに、各単位のところに通常、「,」を付ける。

また、算用数字で分数を表現する場合には「$\frac{2}{3}$」「$\frac{35}{100}$」のように、小数点以下の数を表現する場合には「0.52」「174.825」のように、書くことになる。

■例一■

○相続税法（昭和二十五年法律第七十三号）

（相続税の総額）

第十六条 相続税の総額は、同一の被相続人から相続又は遺贈により財産を取得した全ての者に係る相続税の課税価格に相当する金額の合計額からその遺産に係る基礎控除額を控除した残額を当該被相続人の前条第二項に規定する相続人の数に応じた相続人が民法第九百条（法定相続分）及び第九百一条（代襲相続人の相続分）の規定による相続分に応じて取得したものとした場合におけるその各取得金額（当該相続人が、一人である場合又はない場合には、当該控除した残額）につきそれぞれその金額を次の表の上欄に掲げる金額に区分してそれぞれの金額に同表の下欄に掲げる税率を乗じて計算した金額を合計した金額とする。

千万円以下の金額	百分の十
千万円を超え三千万円以下の金額	百分の十五
（略）	
三億円を超え六億円以下の金額	百分の五十
六億円を超える金額	百分の五十五

■例二■

○私立学校教職員共済法（昭和二十八年法律第二百四十五号）

（標準報酬月額）

第二十二条　標準報酬月額は、加入者の報酬月額に基づき次の等級区分（第三項又は第四項の規定により標準報酬月額の等級区分の改定が行われたときは、改定後の等級区分）により定め、各等級に対応する標準報酬日額は、その月額の二十二分の一に相当する額とする。

標準報酬月額の等級	標準報酬月額	報酬月額
第一級	八八、〇〇〇円	九三、〇〇〇円未満
第二級	九八、〇〇〇円	九三、〇〇〇円以上一〇一、〇〇〇円未満
第三級	一〇四、〇〇〇円	一〇一、〇〇〇円以上一〇七、〇〇〇円未満
（略）		

■例三■

○**独立行政法人日本学生支援機構法施行令**（平成十六年政令第二号）

（第二種学資貸与金の貸与並びにその額及び利率）

第二条　法第十四条第一項の第二種学資貸与金（……）の月額は、次の各号に掲げる学校に在学する者（……）について、それぞれ当該各号に定める額のうち貸与を受ける学生又は生徒が選択する額とし、その利率は、年三パーセントとする。

一　大学　三〇、〇〇〇円、五〇、〇〇〇円、八〇、〇〇〇円、一〇〇、〇〇〇円又は一二〇、〇〇〇円

（以下略）

■例四■

○**計量単位令**（平成四年政令第三百五十七号）

別表第七（第八条関係）

物象の状態の量	計量単位	定義
一　長さ	ヤード	メートルの〇・九一四四倍
	インチ	ヤードの三十六分の一
	フート又はフィート	ヤードの三分の一
	チェーン	ヤードの二十二倍
	マイル	ヤードの千七百六十倍
（以下略）		

■例五■

○**福島復興再生特別措置法**（平成二十四年法律第二十五号）

（認定事業者に対する地方税の課税免除又は不均一課税に伴う措置）

第二十六条　地方税法（昭和二十五年法律第二百二十六号）第六条の規定により、福島県又は市町村（避難解除区域等をその区域に含む市町村に限る。……）が、提出企業立地促進計画に定められた企業立地促進区域内において認定避難解除等区域復興再生推進事業実施計画に従って避難解除等区域復興再生推進事業の用に供する施設又は設備を新設し、又は増設した認定事業者（……）について、当該事業に対する事業税、当該事業の用に供する建物若しくはその敷地である土地の取得に対する不動産取得税若しくは当該事業の用に供する機械及び装置、建物若しくは構築物若しくはこれらの敷地である土地に対する固定資産税を課さなかった場合又はこれらの地方税に係る不均一の課税をした場合において、これらの措置が総務省令で定める場合に該当するものと認められるときは、福島県又は市町村のこれらの措置による減収額（事業税又は固定資産税に関するこれらの措置による減収額にあっては、これらの措置がされた最初の年度以降五箇年度におけるものに限る。）は、地方交付税法（昭和二十五年法律第二百十一号）の定めるところにより、福島県又は市町村に対して交付すべき特別交付税の算定の基礎に算入するものとする。

■例六■

○**一般職の職員の給与に関する法律**（昭和二十五年法律第九十五号）

別表第十一　指定職俸給表（第六条関係）

号	俸給月額
	円
1	706,000
2	761,000

（略）

備考　（略）

三　なお、法令において地番（番地）の表記をする場合には、次の例に示すように、正確な発音どおりに漢数字で書く。漢数字を用いるのは、数字一般の表記についてと同様、誤記又は誤植のおそれがないようにするためである。

■例一■

○独立行政法人日本万国博覧会記念機構法を廃止する法律（平成二十五年法律第十九号）

附則別表（附則第二条関係）

大阪府吹田市千里万博公園百三十三番三　所在
雑種地　三十七万五千五百五平方メートル
大阪府吹田市千里万博公園二百五十九番三　所在
雑種地　三千九百六十六平方メートル
大阪府吹田市千里万博公園百六十四番三　所在
雑種地　一万二千三百十八平方メートル
大阪府吹田市千里万博公園四十一番一　所在
雑種地　九十万五千四百三十平方メートル

■例二■

○一般国道の指定区間を指定する政令（昭和三十三年政令第百六十四号）

別表

路線名	指定区間

一号	東京都中央区日本橋から大阪市北区梅田一丁目三番まで（横浜市西区浜松町六十六番から同市戸塚区柏尾町字尾崎台四百四十七番を経て同区上矢部町字坂本二千九百二十八番一まで……を除く。）

（以下略）

〈外来語の用法〉

問284 法令における外来語の用法は、どのようになっているのか。

答 法令の対象となる事象は広範であるだけに、法令において外来語が用いられることも少なくない。

外来語とは、元来は外国語であるが、現在では日本語に取り入れられて使用されている言葉をいう。法令における外来語の表現としては、次の例一に示す「たばこ」のように、既に日本語に成りきっていると考えられるものは、平仮名で書く（「たばこ」を漢字で書くとすれば「煙草」で、それぞれの漢字は常用漢字ではあるが常用漢字表にない読みであるから、「煙草」を用いることはできない。）。

このような言葉は別として、一般に、外国語の音訳であることが明らかであり、かつ、一般の人々にそのように意識されているもの（例えば、「アルコール」・「インターネット」・「サービス」等）は、例二に示すように、片仮名で書く。

このほか、法令文において外国の国名や地名、人名等が必要な場合には、表現される対象の同一性を害しない範囲で熟した語（例えば「香港」）があれば、漢字を用いることもあるが、例三に示すように、通常は、片仮名書きで示されることが多い。これら片仮名書きするものについて、促音又は拗《よう》音が含まれる場合などには、その部分は、一般に

おける表記と同様、なるべく右下に小さく表記する。〈問276 参照〉

■例一■

○たばこ事業法（昭和五十九年法律第六十八号）

（定義）

第二条 この法律において、次の各号に掲げる用語の意義は、当該各号に定めるところによる。

一 たばこ タバコ属の植物をいう。

（以下略）

■例二■

○特定農林水産物等の名称の保護に関する法律（平成二十六年法律第八十四号）

（公示の方法）

第三十三条 この法律の規定による公示は、インターネットの利用その他の適切な方法により行うものとする。

2 前項の公示に関し必要な事項は、農林水産省令で定める。

■例三■

○外務省組織令（平成十二年政令第二百四十九号）

（大洋州課の所掌事務）

第四十二条 大洋州課は、次に掲げる事務をつかさどる。

一 オーストラリア、キリバス、クック、サモア、ソロモン、ツバル、トンガ、ナウル、ニウエ、ニュージーランド、バヌアツ、パプアニューギニア、パラオ、フィジー、マーシャル及びミクロネシアに関する外交政策に関すること。

二 前号に掲げる諸国及び英領太平洋諸島に関する政務の処理に関すること。

〔外国文字の用法〕

問285 法令における外国文字の用法は、どのようになっているのか。

答 外国文字が法令において用いられるケースは、次の例一に示すように、条約に関連する法令の題名に当該条約の題名を引用する場合でその略称が括弧書きで用いられているのをそのまま引用するとき又は条約に関連する法令で当該条約に用いられた項番号等に相当する符号を引用する場合以外は、ほとんどない。右の場合以外では、①一つの符号として、②外国語を表すために用いられるような場合である。

右の①の場合は、法令において規定された額の計算方法を示す場合で、例二に示すように、数式又は算式として示されることが多い。また、手続規定として定める様式、書式等の用紙の大きさを示す単位記号としての「Ａ３」、「Ａ４」などの形で用いられることもあり、省令以下に多いが、例三のように、政令で用いたものもある。

右の②の場合は、外国語を意訳し、又は音訳しただけでは、その外国語の本来の意味との間に紛れを生ずるおそれがある場合で、例四に示すように、その外国語をスペルどおりに、又はその略語を括弧書きで示す場合である。〈編注　条約の公布に当たっては、日本文及び外国文（外国語の正文が二つ以上あるときは、そのうちの一つ、英文の場合が多い。）の双方が公布される。〉

■例一■

○コンテナーに関する通関条約及び国際道路運送手帳による担保の下で行なう貨物の国際運送に関する通関条約（ＴＩＲ条約）の実施に伴う関税法等の特例に関する法律（昭和四十六年法律第六十五号）

（定義）

第二条　この法律において、次の各号に掲げる用語の意義は、当該各号に定めるところによる。

一　コンテナー　コンテナー条約第一条(b)又は国際道路運送条約第一条(c)に規定するコンテナーをいう。

（以下略）

〈編注　「国際道路運送手帳による担保の下で行なう貨物の国際運送に関する通関条約（ＴＩＲ条約）」は、条約（昭和四十六年条約第七号）の題名で、「（ＴＩＲ条約）」の部分は、条約の略称を示すものとして条約の題名自体に付けられており、「ＴＩＲ」とは、国際道路運送を意味するフランス語transport international routierの頭文字を連ねたものである。〉

■例二■

○独立行政法人日本スポーツ振興センター法施行令（平成十五年政令第三百六十九号）

別表（第十八条関係）

イ　要保護児童生徒に係る場合	$X \times \frac{p}{P}$
ロ　準要保護児童生徒に係る場合	$Y \times \left(\frac{p}{P} + \frac{q}{Q}\right) \times \frac{1}{2}$

備考　この表における算式中次に掲げる記号の意義は、それぞれ次に定めるとおりとする。

Ｘ　文部科学大臣が毎年度予算の範囲内で定めるセンターに対する国の補助の基準となる小学校、中学校及び義務教育学校並びに中等教育学校の前期課程又は特別支援学校の小学部及び中学部に係る要保護児童生徒の総数

（以下略）

■例三■

○行政機関の保有する情報の公開に関する法律施行令（平成十二年政令第四十一号）

（行政文書の開示の実施の方法）

第九条 （略）

２ 次の各号に掲げる文書又は図画の法第十四条第一項（第一号ニにあっては、同項及び行政手続等における情報通信の技術の利用に関する法律（平成十四年法律第百五十一号。以下「情報通信技術利用法」という。）第四条第一項）の規定による開示の実施の方法は、それぞれ当該各号に定める方法とする。

一 （略）

二 マイクロフィルム 当該マイクロフィルムを日本工業規格A列四番（以下「A四判」という。）の用紙に印刷したものの交付。ただし、これにより難い場合にあっては、A一判、A二判又はA三判の用紙に印刷したものの交付

（以下略）

■例四■

○特定外来生物による生態系等に係る被害の防止に関する法律施行令（平成十七年政令第百六十九号）

別表第一 外来生物の種（第一条関係）

項	種名
第一 動物界	
一 哺乳綱	
イ カンガルー目	
(1) クスクス科	
1	*Trichosurus vulpecula*（フクロギツネ）

ロ　食虫目			
	(1)　はりねずみ科		
		1	*Erinaceus*属（ハリネズミ属）全種
（以下略）			

〔括弧の用法〕

問286　法令における括弧の用法は、どのようになっているのか。

答

一　法令において用いられる括弧には、「　」（かぎ括弧・単鈎《こう》）と（　）（括弧・丸括弧）とがある。

二　「　」は、法令においては、①次の例一に示すように、用語を定義する際にその用語を示す場合、②例二に示すように、ある表現について略称を定める際にその略称を示す場合、③例三に示すように、他の条文を準用する際にその準用する条文の読替えを行う部分を示す場合あるいは他の条文を読み替えて適用する際にその読替えを行う部分を示す場合、④例四に示すように、既存の法令の一部を改正する法令において改め、加え、又は削る部分を示す場合等に用いられる。

■例一■

○**資金決済に関する法律**（平成二十一年法律第五十九号）

（定義）

第二条　（略）

5　この法律において「仮想通貨」とは、次に掲げるものをいう。

一　物品を購入し、若しくは借り受け、又は役務の提供を受ける場合に、これらの代価の弁済のために不特定の者に対して使用することができ、かつ、不特定の者を相手方として購入及び売却を行うことができる財産的価値（電子機器その他の物に電子的方法により記録されているものに限り、本邦通貨及び外国通貨並びに通貨建資産を除く。次号において同じ。）であって、電子情報処理組織を用いて移転することができるもの

二　不特定の者を相手方として前号に掲げるものと相互に交換を行うことができる財産的価値であって、電子情報処理組織を用いて移転することができるもの

（以下略）

■例二■

○特定国立研究開発法人による研究開発等の促進に関する特別措置法（平成二十八年法律第四十三号）

（基本方針）

第三条　政府は、特定国立研究開発法人による研究開発等を促進するための基本的な方針（以下「基本方針」という。）を定めなければならない。

（以下略）

■例三■

○特定国立研究開発法人による研究開発等の促進に関する特別措置法

（中長期目標等に関する特例）

第五条　（略）

2　特定国立研究開発法人に関する通則法第三十五条の四第二項及び第三項、第三十五条の五第二項、第三十五条の六第七項及び第八項並びに第三十五条の七第三項及び第四項の規定の適用については、通則法第三十五条の四第二項第三号及び第三十五条の五第二項第二号中「業務運営の」とあるのは「業務運営の改善及び」と、通則法第三十五条の四第三項、第三十五条の六第七項及び第八項並びに第三十五条の七第三項及び第四項中「委員会」とあるのは「総合科学技術・イノベーション会議及び委員会」とする。

〈編注　右の「通則法」とは、独立行政法人通則法（平成一一年法律第一〇三号）を指している。〉

■例四■

○**ポリ塩化ビフェニル廃棄物の適正な処理の推進に関する特別措置法の一部を改正する法律**（平成二十八年法律第三十四号）

（略）

第二十条の見出し中「緊急時における」を削り、同条中「第十六条第一項、第十七条又は第十八条第一項」を「第十二条第一項、第十三条、第二十四条（第十九条において読み替えて準用する場合を含む。以下同じ。）又は第二十五条第一項（第十九条において読み替えて準用する場合を含む。以下同じ。）」に改め、「命令、」の下に「処分等措置若しくは」を加え、「により人の健康又は生活環境に係る被害が生ずること」を削り、「緊急の」を「特に」に改め、同条を第二十七条とする。

（以下略）

三　（　）は、法令においては、①次の例一及び例三に示すように、括弧の上の字句から特定の範囲のものを除外し、その字句に特定の範囲のものを含ませ、あるいはその字句を特定の範囲に限定する場合、②例二に示すように、括弧の上の字句を特定の場合に別の字句に置き換える場合、③例二に示すように、括弧の上の字句を定義する場合、④例二及び例三に示すように、括弧の上の字句について略称を定める場合、⑤例四に示すように、目次において章、節等に含まれる条の範囲を示す場合、⑥例五に示すように、法令の題名又は件名の下に法令番号を置く場合、⑦例五に示すように、法令文に見出しを付ける場合、⑧例五に示すように、他の条項を引用する際にその引用条文の要旨を示す場合、⑨例六に示すように、別表、様式又は付録において本則中の規定との関係を明らかにするためその別表等について定める本則中の規定を示す場合等いろいろの場合に用いられる。

なお、道路交通法では、実体規定のそれぞれの末尾に、次の例七に示すように、これに違反した場合に適用される罰則の条項を（　）で示し、同部分の改正に当たっては、例七に示すように、全部を改める場合には「付記を次のように改める」とし、これに含まれる字句を改める場合には「第○条の付記中「○○」を「××」に改める」としているが、これは、特殊な用例である。

■例一■

○国際連合安全保障理事会決議第千二百六十七号等を踏まえ我が国が実施する国際テロリストの財産の凍結等に関する特別措置法（平成二十六年法律第百二十四号）

（公告国際テロリストに対する行為の制限）

第九条　第三条第一項の規定により公告された者又は指定（仮指定を含む。……）を受けている者（以下「公告国際テロリスト」と総称する。）は、次に掲げる行為をしようとするときは、都道府県公安委員会（……）の許可を受けなければならない。

一　金銭、有価証券（金融商品取引法（昭和二十三年法律第二十五号）第二条第一項に規定する有価証券をいい、同条第二項の規定により有価証券とみなされる権利を含む。）、貴金属等（……）、土地、建物、自動車（……）その他これらに類する財産として政令で定めるもの（その価額が政令で定める額を超えるものに限る。以下「規制対象財産」という。）の贈与を受けること。

二　（略）

三　規制対象財産（金銭を除く。……）の売却、貸付けその他の処分の対価の支払を受けること。

四　預貯金に係る債務その他の政令で定める金銭債務（……）の履行を受けること（前三号に掲げる行為に該当するものを除く。）。
五　この条（前二号に係る部分に限る。）の規定により債務の履行を受けることについて許可を受けなければならない金銭債権（以下「特定金銭債権」という。）を譲り渡すこと。

■例二■
○**株式会社海外通信・放送・郵便事業支援機構法**（平成二十七年法律第三十五号）
（定款の記載又は記録事項）
第八条　機構の定款には、会社法第二十七条各号に掲げる事項のほか、次に掲げる事項を記載し、又は記録しなければならない。
一　機構の設立に際して発行する株式（以下「設立時発行株式」という。）の数（機構を種類株式発行会社として設立しようとする場合にあっては、その種類及び種類ごとの数）
二　設立時発行株式の払込金額（設立時発行株式一株と引換えに払い込む金銭又は給付する金銭以外の財産の額をいう。）
三　政府が割当てを受ける設立時発行株式の数（機構を種類株式発行会社として設立しようとする場合にあっては、その種類及び種類ごとの数）
四　会社法第百七条第一項第一号に掲げる事項
五　取締役会及び監査役を置く旨
六　第二十三条第一項各号に掲げる業務の完了により解散する旨
（以下略）

■例三■
○**建築物のエネルギー消費性能の向上に関する法律**（平成二十七年法律第五十三号）
（定義）
第二条　この法律において、次の各号に掲げる用語の意義は、それぞれ当該各号に定めるところによる。

（略）

二　エネルギー消費性能　建築物の一定の条件での使用に際し消費されるエネルギー（エネルギーの使用の合理化等に関する法律第二条第一項に規定するエネルギーをいい、建築物に設ける空気調和設備その他の政令で定める建築設備（第六条第一項及び第二十九条第一項において「空気調和設備等」という。）において消費されるものに限る。）の量を基礎として評価される性能をいう。

（以下略）

■例四■

○平成三十二年東京オリンピック競技大会・東京パラリンピック競技大会特別措置法（平成二十七年法律第三十三号）

目次

第一章　総則（第一条）
第二章　東京オリンピック競技大会・東京パラリンピック競技大会推進本部（第二条—第十二条）
第三章　基本方針等（第十三条・第十三条の二）
第四章　大会の円滑な準備及び運営のための支援措置等
第一節　国有財産の無償使用（第十四条）
第二節　寄附金付郵便葉書等の発行の特例（第十五条）
第三節　組織委員会への国の職員の派遣等（第十六条—第二十八条）
附則

■例五■

○関税法（昭和二十九年法律第六十一号）

（輸入してはならない貨物）

第六十九条の十一　次に掲げる貨物は、輸入してはならない。

（略）

三　爆発物（爆発物取締罰則（明治十七年太政官布告第三十二号）第一条に規定する爆発物をいい、前号及び次号に掲げる貨物に該当するものを除く。）。ただし、他の法令の規定により輸入することができることとされている者が当該他の法令の定めるところにより輸入するものを除く。

（略）

十　不正競争防止法第二条第一項第一号から第三号まで又は第十号から第十二号まで（定義）に掲げる行為（これらの号に掲げる不正競争の区分に応じて同法第十九条第一項第一号から第五号まで、第七号又は第八号（適用除外等）に定める行為を除く。）を組成する物品

（以下略）

■例六■

○**行政不服審査法**（平成二十六年法律第六十八号）

別表第一（第九条関係）

（略）

■例七■

○**道路交通法**（昭和三十五年法律第百五号）

（自転車の検査等）

第六十三条の十　警察官は、前条第一項の内閣府令で定める基準に適合する制動装置を備えていないため交通の危険を生じさせるおそれがある自転車と認められる自転車が運転されているときは、当該自転車を停止させ、及び当該自転車の制動装置について検査をすることができる。

2　前項の場合において、警察官は、当該自転車の運転者に対し、道路における危険を防止し、その他交通の安全を図るため必要な応急の措置をとることを命じ、また、応急の措置に

よつては必要な整備をすることができないと認められる自転車については、当該自転車の運転を継続してはならない旨を命ずることができる。
（罰則　第一項については第百二十条第一項第八号の三　第二項については第百二十条第一項第八号の四）

○道路交通法の一部を改正する法律（平成二十五年法律第四十三号）

（道路交通法の一部改正）

第一条　道路交通法（昭和三十五年法律第百五号）の一部を次のように改正する。
（略）

第六十四条の付記を次のように改める。
（罰則　第一項については第百十七条の二の二第一号　第二項については第百十七条の二の二第二号　第三項については第百十七条の三の二第一号）

第六十五条第四項中「道路運送法第二条第三項に規定する旅客自動車運送事業（以下単に「」及び「」という。）」を削り、「第百十七条の二の二第四号及び第百十七条の三の二第二号」を「第百十七条の二の二第六号及び第百十七条の三の二第三号」に改め、同条の付記中「第百十七条の二の二第一号」を「第百十七条の二の二第三号」に、「第百十七条の二の二第二号」を「第百十七条の二の二第四号」に、「第百十七条の二の二第三号、第百十七条の三の二第一号」を「第百十七条の二の二第五号、第百十七条の三の二第二号」に、「第百十七条の二の二第四号、第百十七条の三の二第二号」を「第百十七条の二の二第六号、第百十七条の三の二第三号」に改める。

第六十六条の付記中「第百十七条の二の二第五号」を「第百十七条の二の二第七号」に改める。

（以下略）

四　「」や（）の中に更に「」（）を用いる場合にも、右の三の例三に示すように、そのまま重ねて用いることとされている。

〔句読点の用法〕

問287　法令における句読点の用法は、どのようになっているのか。

答　**一**　句読点は、現行の平仮名書き・口語体により文章を表現するに当たって不可欠のものである。法令における句読点の用法については、特に一般公用文における用法と異なるところがあるわけではないが、法令には表現の紛れを避けるための慣用ともいうべきものがある。

以下、句点及び読点の使用について、留意すべき事項を述べる。

二　句点は、文章の完結の印であり、その用法について疑義が生ずる場合は比較的少ないが、次の二つの場合に留意する必要がある。

1　括弧内の字句の場合、次の例一に示すように、その字句が名詞形で終わるときには、原則として句点を付けない。しかし、その字句が名詞形で終わっても、その括弧内に更に字句が続くときには、例二に示すように、句点を付ける。また、括弧内の字句が動詞形で終わるときにも、例三に示すように、句点を付ける。

■例一■

○**会社法**（平成十七年法律第八十六号）

（設立時役員等の解任の方法）

第四十三条　設立時役員等の解任は、発起人の議決権の過半数（設立時監査等委員である設立時取締役又は設立時監査役を解任する場合にあっては、三分の二以上に当たる多数）をもって決定する。

（以下略）

■例二■

○会社法

（役員等に欠員を生じた場合の措置）

第三百四十六条　役員（監査等委員会設置会社にあっては、監査等委員である取締役若しくはそれ以外の取締役又は会計参与。以下この条において同じ。）が欠けた場合又はこの法律若しくは定款で定めた役員の員数が欠けた場合には、任期の満了又は辞任により退任した役員は、新たに選任された役員（次項の一時役員の職務を行うべき者を含む。）が就任するまで、なお役員としての権利義務を有する。

（以下略）

■例三■

○会社法

（株主等の権利の行使に関する利益の供与）

第百二十条　株式会社は、何人に対しても、株主の権利、当該株式会社に係る適格旧株主（第八百四十七条の二第九項に規定する適格旧株主をいう。）の権利又は当該株式会社の最終完全親会社等（第八百四十七条の三第一項に規定する最終完全親会社等をいう。）の株主の権利の行使に関し、財産上の利益の供与（当該株式会社又はその子会社の計算においてするものに限る。以下この条において同じ。）をしてはならない。

（以下略）

2　号における字句の場合、その字句が名詞形で終わるときには、次の例一に示すように、原則として句点を付けない。しかし、その字句が名詞形で終わっても、その号の中で更に字句が続くときには、例二に示すように、句点を付ける。

また、名詞形であっても、号における字句が「こと」又は「とき」で終わるときには、例三に示すように、句点を付ける。なお、「こと」又は「とき」で終わる字句が一字の空白により一旦区切られ、その後に更に字句が続く場合、従来はこの「こと」又は「とき」の後に句点を付けたものと付けないものとがあったが、最近では、例四に示すように、句点を付けない扱いとすることとされている（例二と例四の違いは、例二の場合は、その号のただし書も含めた全体が、柱書きの「次の各号」に対応しているのに対し、例四の場合には、一字の空白の前の「あるとき」で終わる部分が柱書きの「次の各号に掲げるとき」に、空白の後の部分が柱書きの「当該各号に定める家庭裁判所」にそれぞれ対応しており、単に字句が続いているのではないという点にある。）。〈問88　参照〉

さらに、号における字句が動詞形で終わるときにも、例五に示すように、句点を付ける。

■例一■

○**会社法**

（取締役会等の設置義務等）

第三百二十七条　次に掲げる株式会社は、取締役会を置かなければならない。

一　公開会社
二　監査役会設置会社
三　監査等委員会設置会社
四　指名委員会等設置会社

（以下略）

■例二■

○**裁判員の参加する刑事裁判に関する法律**（平成十六年法律第六十三号）

（欠格事由）
第十四条　国家公務員法（昭和二十二年法律第百二十号）第三十八条の規定に該当する場合のほか、次の各号のいずれかに該当する者は、裁判員となることができない。
一　学校教育法（昭和二十二年法律第二十六号）に定める義務教育を終了しない者。ただし、義務教育を終了した者と同等以上の学識を有する者は、この限りでない。
（以下略）

■例三■
○平成三十二年東京オリンピック競技大会・東京パラリンピック競技大会特別措置法（平成二十七年法律第三十三号）
（所掌事務）
第三条　本部は、次に掲げる事務をつかさどる。
一　第十三条第一項に規定する基本方針（次号において単に「基本方針」という。）の案の作成に関すること。
二　基本方針の実施を推進すること。
三　前二号に掲げるもののほか、大会の円滑な準備及び運営に関する施策で重要なものの企画及び立案並びに総合調整に関すること。

■例四■
○国際的な子の奪取の民事上の側面に関する条約の実施に関する法律（平成二十五年法律第四十八号）
（管轄の特則）
第百四十八条　外国返還援助決定若しくは日本国面会交流援助決定を受けた者又は子の返還の申立てをした者が、子との面会その他の交流の定めをすること又はその変更を求める家事審判又は家事調停の申立てをする場合において、次の各号に掲げるときには、当該各号に定める家庭裁判所にも、これらの申立てをすることができる。

一　子の住所地（日本国内に子の住所がないとき、又は住所が知れないときは、その居所地。次号において同じ。）が東京高等裁判所、名古屋高等裁判所、仙台高等裁判所又は札幌高等裁判所の管轄区域内にあるとき　東京家庭裁判所
二　子の住所地が大阪高等裁判所、広島高等裁判所、福岡高等裁判所又は高松高等裁判所の管轄区域内にあるとき　大阪家庭裁判所
（以下略）

■例五■

○**国税通則法**（昭和三十七年法律第六十六号）

（期間の計算及び期限の特例）

第十条　国税に関する法律において日、月又は年をもつて定める期間の計算は、次に定めるところによる。
一　期間の初日は、算入しない。ただし、その期間が午前零時から始まるとき、又は国税に関する法律に別段の定めがあるときは、この限りでない。
（以下略）

三　読点の付け方は、句点の付け方に比べて複雑である。読点が原則として慣用に従って付けられるべきことは当然であるが、この慣用に従うと、かえって法文の意味が不分明になるおそれがあったり、あるいは法文を構成する字句相互間のつながりが不明確になるおそれがある場合には、この慣用によらないことも認められるので、その付け方には、細心の注意を払う必要がある。

1　主語の後には、読点を付ける。しかしながら、条件句や条件文章の中に出てくる主語の後には、次の例に示すように、通常、読点を付けない。

■例■

○建築基準法（昭和二十五年法律第二百一号）

（指定の取消し等）

第七十七条の三十五の十九　国土交通大臣等は、その指定に係る指定構造計算適合性判定機関が第七十七条の三十五の三各号（第五号を除く。）のいずれかに該当するに至つたときは、その指定を取り消さなければならない。

（以下略）

2　名詞を並列して用いる場合、その並列する名詞が二個のときは読点を用いないで、「及び」、「又は」などの接続詞でつなぐが、三個以上の名詞のときには、次の例に示すように、最後の名詞は読点を用いずに接続詞でつなぎ、その前に並列する名詞は読点で結ぶ。

■例■

○労働安全衛生法（昭和四十七年法律第五十七号）

（定義）

第二条　（略）

三の二　化学物質　元素及び化合物をいう。

四　作業環境測定　作業環境の実態をは握するため空気環境その他の作業環境について行うデザイン、サンプリング及び分析（解析を含む。）をいう。

（免許試験）

第七十五条　（略）

5　免許試験の受験資格、試験科目及び受験手続並びに教習の受講手続その他免許試験の実施について必要な事項は、厚生労働省令で定める。

3 動詞、形容詞又は副詞を並列して用いる場合には、名詞を並列する場合と異なり、次の例に示すように、その並列する語が二個であっても、「及び」、「又は」などの接続詞の前に読点を付け、また、三個以上のときにも、最後の二個を読点を付けた上で接続詞でつなぐとともに、その前に並列する語も読点で結ぶ。

しかしながら、これらの並列する語が条件句の中に置かれる場合には、文脈が不分明になることを避ける意味で、読点を付けないこともある。また、短い動詞、形容詞又は副詞を並列する場合で、読点を付けないことがかえって文章の理解を容易にすると認められるときにも、読点を省略することがある。

例

○不正競争防止法（平成五年法律第四十七号）

（定義）

第二条 この法律において「不正競争」とは、次に掲げるものをいう。

一 他人の商品等表示（人の業務に係る氏名、商号、商標、標章、商品の容器若しくは包装その他の商品又は営業を表示するものをいう。以下同じ。）として需要者の間に広く認識されているものと同一若しくは類似の商品等表示を使用し、又はその商品等表示を使用した商品を譲渡し、引き渡し、譲渡若しくは引渡しのために展示し、輸出し、輸入し、若しくは電気通信回線を通じて提供して、他人の商品又は営業と混同を生じさせる行為

（以下略）

4　名詞を例示的に並列して「その他」でくる場合には、右の2の例で示したように、「その他」の前には読点を付けないが、動詞、形容詞又は副詞を並列して「その他」でくる場合には、次の例に示すように、「その他」の前に読点を付ける。

■例■

○**消費税の円滑かつ適正な転嫁の確保のための消費税の転嫁を阻害する行為の是正等に関する特別措置法**（平成二十五年法律第四十一号）

（特定事業者の遵守事項）

第三条　特定事業者は、平成二十六年四月一日以後に特定供給事業者から受ける商品又は役務の供給に関して、次に掲げる行為をしてはならない。

（略）

四　前三号に掲げる行為があるとして特定供給事業者が公正取引委員会、主務大臣又は中小企業庁長官に対しその事実を知らせたことを理由として、取引の数量を減じ、取引を停止し、その他不利益な取扱いをすること。

5　読点については、名詞句、動詞句、形容詞句及び副詞句についても、右の2から4までに述べたところと同様に扱われる。

6　条件句の前後には、次の例に示すように、読点を付ける。

■例■

○**風俗営業等の規制及び業務の適正化等に関する法律**（昭和二十三年法律第百二十二号）

（営業の停止等）

第三十一条の二十五　公安委員会は、特定遊興飲食店営業者若しくはその代理人等が当該営業に関し法令若しくはこの法律に基づく条例の規定に違反した場合において著しく善良の風俗若しくは清浄な風俗環境を害し若しくは少年の健全な育成に障害を及ぼすおそれがあると認めるとき、又は特定遊興飲食店営業者がこの法律に基づく処分若しくは第三十一条の二十三において準用する第三条第二項の規定に基づき付された条件に違反したときは、当該特定遊興飲食店営業者に対し、当該特定遊興飲食店営業の許可を取り消し、又は六月を超えない範囲内で期間を定めて当該特定遊興飲食店営業の全部若しくは一部の停止を命ずることができる。

（以下略）

7　句と句をつなぐ「かつ」の前後、ただし書における「ただし」の後、後段における「この場合において」の後には、次の例に示すように、必ず読点を付ける。

■例■

○**行政不服審査法**（平成二十六年法律第六十八号）

（裁決の効力発生）

第五十一条　（略）

2　裁決の送達は、送達を受けるべき者に裁決書の謄本を送付することによってする。ただし、送達を受けるべき者の所在が知れない場合その他裁決書の謄本を送付することができない場合には、公示の方法によってすることができる。

3　公示の方法による送達は、審査庁が裁決書の謄本を保管し、いつでもその送達を受けるべき者に交付する旨を当該審査庁の掲示場に掲示し、かつ、その旨を官報その他の公報又は新聞紙に少なくとも一回掲載してするものとする。この場合において、その掲示を始めた日の翌日から起算して二週間を経過した時に裁決書の謄本の送付があったものとみなす。

（以下略）

8　名詞を説明するために「で」又は「であって」を用いる場合に、その後に続く説明の字句が相当に長いときには、次の例に示すように、「で」又は「であって」の後に読点を付けるのが、原則である。

■例■

○会社法

（定義）

第二条　この法律において、次の各号に掲げる用語の意義は、当該各号に定めるところによる。

（略）

二　外国会社　外国の法令に準拠して設立された法人その他の外国の団体であって、会社と同種のもの又は会社に類似するものをいう。

（以下略）

9　目的語と動詞とを続ける場合、通常その間には読点を付けないが、その間に条件句又は条件文章が入るときには、その条件句又は条件文章の前後に読点を付けるのが、普通である。

10　以上の原則によって読点を付ける場合でも、二以上の文章が対句になっているときには、つながりを明確にする観点から、対句の接続に読点が付けられ、主語の後などに付けられるべき読点は省略されることが多い。次の例では、条件句の後に読点を付けず、目的語の後に読点を付け、しかも「それぞれ」の字句を補って、文章のつながりを明確にしている。

■例■

○破産法（平成十六年法律第七十五号）

（破産債権査定申立てについての決定に対する異議の訴え）

第百二十六条 （略）

4 破産債権査定異議の訴えは、これを提起する者が、異議等のある破産債権を有する破産債権者であるときは異議者等の全員を、当該異議者等であるときは当該破産債権者を、それぞれ被告としなければならない。

（以下略）

四 片仮名書き・文語体の法令の一部を改正する場合には、片仮名書き・文語体を用いるのが原則であるが〈問281 参照〉、この場合には、句読点は、原則として使用しない。ただし、名詞を三個以上並列するときには、右の三2で述べた用法とほぼ同様に、その名詞のうち最後の二個を「及」、「又ハ」などでつなぎ、その前に並列する名詞は、読点で結ぶこととされている。

〔各種符号の用法〕

問288 法令においては、括弧や句読点のほか、符号としてどのようなものが用いられるのか。

答 一 法令においては、括弧（かぎ括弧・丸括弧）や句読点のほかには、通常、符号として、「・」、「—」及び「（）」が用いられる。また、式をもって表現される場合には、加減乗除の符号が用いられることもある。〈次問及び問292 参照〉

二 「・」（中点・中ぐろ）は、①次の例一に示すように、小数を漢字書きする際に小数点を示す場合、②例二に示すように、目次において章、節等に含まれる条の範囲を示す際にその含まれる条が二条だけのときにこれをつなぐ場合、③例三に示すように、外国の国名、人名等のつなぎを表す場合、④例四に示すように、二つの密接不可分な名詞を結ぶときのつなぎの場合等に用いられる。

■例一■

○東日本大震災からの復興のための施策を実施するために必要な財源の確保に関する特別措置法（平成二十三年法律第百十七号）

（個人に係る復興特別所得税の税率）

第十三条　個人に対して課する復興特別所得税の額は、その個人のその年分の基準所得税額に百分の二・一の税率を乗じて計算した金額とする。

■例二■

○女性の職業生活における活躍の推進に関する法律（平成二十七年法律第六十四号）

目次

第一章　総則（第一条―第四条）

第二章　基本方針等（第五条・第六条）

第三章　事業主行動計画等

第一節　事業主行動計画策定指針（第七条）

第二節　一般事業主行動計画（第八条―第十四条）

（略）

第四節　女性の職業選択に資する情報の公表（第十六条・第十七条）

（以下略）

■例三■

○在外公館の名称及び位置並びに在外公館に勤務する外務公務員の給与に関する法律（昭和二十七年法律第九十三号）

別表第一　在外公館の名称及び位置（第一条関係）

一　大使館

地域	名称	位置 国名	位置 地名
（略）			
中南米	（略）		
	在アンティグア・バーブーダ日本国大使館	アンティグア・バーブーダ	セントジョンズ
	（略）		
	在セントクリストファー・ネービス日本国大使館	セントクリストファー・ネービス	バセテール
	（略）		
	在トリニダード・トバゴ日本国大使館	トリニダード・トバゴ	ポートオブスペイン
（以下略）			

■例四■

○**健康・医療戦略推進法**（平成二十六年法律第四十八号）

第一章　総則

（目的）

第一条　この法律は、……健康・医療に関する先端的研究開発及び新産業創出に関し、基本理念、国等の責務、その推進を図るための基本的施策その他基本となる事項について定めるとともに、政府が講ずべき健康・医療に関する先端的研究開発及び新産業創出に関する施策を総合的かつ計画的に推進するための計画（以下「健康・医療戦略」という。）の作成及び健康・医療戦略推進本部の設置その他の健康・医療戦略の推進に必要となる事項について定めることにより、健康・医療戦略を推進し、もって健康長寿社会の形成に資することを目的とする。

三　「―」は、①右の二の例二で示したように、目次において章、節等に含まれる条の範囲を示す際にその含まれる条が三条以上である場合、②次の例に示すように、別表、様式又は付録において本則中の規定との関係を明らかにするためにその別表等について定める本則中の規定を示す際にその条が連続する三条以上であるとき「別表（第○条―第×条関係）」というように示す場合等に用いられる。なお、〈問93参照〉。

■例■

○**特定秘密の保護に関する法律**（平成二十五年法律第百八号）

別表（第三条、第五条―第九条関係）

（略）

○**家事事件手続法**（平成二十三年法律第五十二号）

別表第一（第三十九条、第百十六条―第百十八条、第百二十八条、第百二十九条、第百三十六条、第百三十七条、第百四十五条、第百四十八条―第百五十条、第百五十九条―第百六十二条、第百六十四条、第百六十五条、第百六十七条、第百六十八条、第百七十六条、第百七十七条、第百八十二条、第百八十八条、第百八十九条、第二百一条―第二百三条、第二百九条、第二百十六条、第二百十七条、第二百二十五条―第二百二十七条、第二百三十二条、第二百三十四条、第二百四十条―第二百四十四条関係）

（略）

四　「( )」は、次の例に示すように、条の中の号の細分であるイ、ロ、ハを更に細分する場合等に用いられる。

■例■

○**租税特別措置法**（昭和三十二年法律第二十六号）

（未成年者口座内の少額上場株式等に係る譲渡所得等の非課税）

第三十七条の十四の二　（略）

5　この条において、次の各号に掲げる用語の意義は、当該各号に定めるところによる。

（略）

二　未成年者口座管理契約　第九条の九及び前各項の規定の適用を受けるために第一項の居住者又は恒久的施設を有する非居住者が金融商品取引業者等と締結した上場株式等の振替口座簿への記載若しくは記録又は保管の委託に係る契約で、その契約書において、次に掲げる事項が定められているものをいう。

（略）

ロ　当該非課税管理勘定においては当該居住者又は恒久的施設を有する非居住者の次に掲げる上場株式等（……）のみを受け入れること。

(1)　次に掲げる上場株式等で、当該口座に非課税管理勘定が設けられた日から同日の属する年の十二月三十一日までの間に受け入れた上場株式等の取得対価の額（……）の合計額が八十万円を超えないもの

(i)　当該期間内に当該金融商品取引業者等への買付けの委託（……）により取得をした上場株式等、当該金融商品取引業者等から取得をした上場株式等又は当該金融商品取引業者等が行う上場株式等の募集（……）により取得をした上場株式等で、そ

の取得後直ちに当該口座に受け入れられるもの
（以下略）

〔「・」の意味〕

問289 名詞と名詞とを結ぶのに「・」が使われることがあるが、この「・」には、どのような意味があるのか。

答 法令においては、通常、名詞を並列して用いる場合には、これらの名詞を「及び」、「又は」等の接続詞や読点で結ぶこととされている。〈問287 参照〉

これに対して、その並列する名詞を「・」を用いて結ぶことがあるが、これは、次の例一に示すように、その結ばれる名詞相互が密接不可分で、一体的な意味をもっているような場合に用いられるのが普通である〈前問 参照〉。なお、例二に示すように、共同命令の表現形式としても、この「・」が用いられることが多いが、「、」を用いたものもある。〈問17 参照〉

■例一■

○**健康・医療戦略推進法**（平成二十六年法律第四十八号）

■例二■

○**大規模災害からの復興に関する法律**（平成二十五年法律第五十五号）

（土地利用基本計画の変更等に関する特例）

第十二条 （略）

2 特定被災市町村等は、協議会が組織されている場合において、復興計画に前項各号に定める事項を記載しようとするときは、当該事項について、農林水産省令・国土交通省令で定めるところにより、会議における協議をするとともに、同項各号に定める事項が次の各号に掲げる事項であるときは、それぞれ当該各号に定める者の同意を得なければならない。ただし、内閣府令で定める理由により会議における協議が困難な場合（以下単に「会議における協議が困難な場合」という。）は、この限りでない。
（略）
3　特定被災市町村等は、協議会が組織されていない場合又は会議における協議が困難な場合において、復興計画に次の各号に掲げる事項を記載しようとするときは、当該事項について、内閣府令・農林水産省令・国土交通省令で定めるところにより、あらかじめ、それぞれ当該各号に定める手続を経なければならない。
（以下略）

○**感染症の予防及び感染症の患者に対する医療に関する法律**（平成十年法律第百十四号）
（輸入禁止）
第五十四条　何人も、感染症を人に感染させるおそれが高いものとして政令で定める動物（以下「指定動物」という。）であって次に掲げるものを輸入してはならない。……
一　感染症の発生の状況その他の事情を考慮して指定動物ごとに厚生労働省令、農林水産省令で定める地域から発送されたもの
二　前号の厚生労働省令、農林水産省令で定める地域を経由したもの

〈語に付された傍点の用法〉

問290　法令に用いられた語で、傍点を付けたものと付けないものとがあるのは、どうしてか。

答　「常用漢字表」にない漢字については、原則として、これを平仮名書きすることとされているが、昭和二九年に旧「法令用語改正要領」が定められる以前においては、その場合、平仮名書きした部分には、次の例一に示すように、傍点を打つこととされていた。しかし、右の改正要領の制定に当たって、この扱いはされないこととなったため、その制定又は改正時のいかんにより、例一に示すように、同一の語であっても、傍点を付けたものと付けないものとがあるわけである。もっとも、傍点を付けたものについては、例二に示すように、改正の機会にこの部分も改めることとされている。

■例一■

○**土地収用法**（昭和二十六年法律第二百十九号）

（土石砂れきの収用）

第七条　土地に属する土石砂れきを第三条各号の一に規定する事業の用に供することが必要且つ相当である場合においては、この法律の定めるところにより、これらの物を収用することができる。

（略）

第百四十二条　第二十八条の三第一項（第百三十八条第一項において準用する場合（第六条に掲げる立木、建物その他土地に定着する物件を収用し、若しくは使用し、又は第七条に規定する土石砂れきを収用する場合に限る。）を含む。）の規定に違反した者は、六月以下の懲役又は三十万円以下の罰金に処する。

（以下略）

■例二■

○**漁業経営に関する補償制度の改善のための漁船損害等補償法及び漁業災害補償法の一部を改正する等の法律**（平成二十八年法律第三十九号）

（漁船損害等補償法の一部改正）

第一条　漁船損害等補償法（昭和二十七年法律第二十八号）の一部を次のように改正する。

（略）

第百七条の見出し中「積立」を「積立て」に改め、同条中「補てん」を「補填」に、「の定める」を「で定める」に改める。

（略）

第百十三条の六の見出しを「（組合の填補責任）」に改め、同条第一項中「てん補する。」を「填補する。」に改め、同項ただし書中「だ捕」を「拿《だ》捕」に、「てん補する」を「填補する」に改め、同条第二項中「てん補すべき」を「塡補すべき」に改める。
（以下略）

〔繰返し符号の用法〕

問291 法令文における繰返し符号の用法は、どうなっているのか。

答 一 繰返し符号には、「ゝ」、「〱」、「々」、「〻」、「〃」の五種がある。

二 ところで、法令においても、片仮名書き・文語体で書き表したもの及び戦後間もない時期の平仮名書き・口語体で書き表したものには、次の例に示すように、繰返し符号が用いられていたが、その後、繰返し符号が用いられなくなったのは、昭和二三年内閣告示第二号の「当用漢字音訓表」が制定された以後のことである。これは、右の当用漢字音訓表が、漢字の音訓の使用について制限的な方針をとっていたためである。

三 しかし、昭和四八年、「法令における当用漢字の音訓使用及び送り仮名の付け方について」〈問271 参照〉の決定に当たっては、法令と公用文における表記の一体化を図る方針が従前以上にとられることになったので、繰返し符号のうち「々」については、法令においても用いられることとなった（例えば、「各々」、「個々」、「種々」、「我々」等）。これは、公用文が、「公用文作成の要領」（昭和二七年内閣閣甲第一六号）に従い表記することとされていたところ、同要領によれば、同じ漢字を繰り返すときは「々」を用いることとされていたからである（ただし、同要領は、他の繰返し符号については触れていない。）〈編注 繰返し符号の使い方については、文部省「くりかえし符号の使い方〔おどり字法〕（案）」（昭和二一年三月）がある。〉。そして、この点は、平成二二年の「法令における漢字使用等について」の決定によっても、異なるところはない。

〔図・式の用法〕

問292　法令に図や式を用いることについては、何か制限があるのか。

答一　法令においては、図や式は、一般に用いられるものではなく、特に図や式をもって規定しなければ、規定がいたずらに複雑になり、あるいは正確に規定することが困難であると考えられる場合にのみ用いられる。

■例■

○**労働基準法**（昭和二十二年法律第四十九号）

（労働条件の決定）

第二条　（略）

②　労働者及び使用者は、労働協約……を遵守し、誠実に各ゝその義務を履行しなければならない。

二　すなわち、図は、標章、服制等を定める場合に通常用いられ、府令、省令等において多く見られるが、通貨の単位及び貨幣の発行等に関する法律施行令（昭和六三年政令第五〇号）のように、政令で図を用いている例もある。また、式は、次の例に示すような形で、用いられる。

■例一■

○**独立行政法人日本学生支援機構法施行令**（平成十六年政令第二号）

（第二種学資貸与金の貸与並びにその額及び利率）

第二条　（略）

3　第一項各号に掲げる学校（……）に在学する者が当該貸与対象校に入学した月……に貸与される第二種学資貸与金の月額については、前二項の規定にかかわらず、第一項の場合にあっては同項各号に定める額のうち学生又は生徒が選択する額に、前項の場合にあっては同項の表の中欄に掲げる機構の定める額（……）に、それぞれ一〇〇、〇〇〇円、二〇〇、〇〇〇円……又は五〇〇、〇〇〇円（……）のうち貸与を受ける学生又は生徒が選択する額を加えた額とすることができるものとし、その場合における利率は、年当たり次の算式により算定した利率とする。

$$\text{利率（パーセント）} = \frac{C \times 3 + (D - C) \times r}{D}$$

備考　この算式中次に掲げる記号の意義は、それぞれ次に定めるとおりとする。

C　第一項の場合にあっては同項各号に定める額のうち学生又は生徒が選択した額、前項の場合にあっては同項の表の備考に規定するAの額

（以下略）

■例二■

○公的年金制度の健全性及び信頼性の確保のための厚生年金保険法等の一部を改正する法律の施行に伴う経過措置に関する政令（平成二十六年政令第七十四号）

付録（第四十三条関係）

$$A \times \frac{P}{1000} \times 1.01^{t/12} + B$$

備考

一　A、P、t及びBは、それぞれ次の数値を表すものとする。

A　各月数に対応する別表の下欄に定める金額

P　退職金共済契約の効力が生じた日における掛金月額

t　退職金共済契約の効力が生じた日の属する月から交付額の交付のあった日の属する月までの月数

B　各月数のうちAの算定に用いた月数を被共済者の掛金納付月数に通算し交付額の交

付のあった日に当該被共済者が退職したものとみなした場合に中小企業退職金共済法第十条第二項第三号ロの規定により算定される金額

二　$A \times \frac{P}{1000} \times 1.01^{t/12}$に一円未満の端数が生じたときは、これを一円に切り上げるものとする。

〔活字の大きさ、字体〕

問293　法令の活字の大きさや字体については、何か決まりがあるのか。

答　法令の活字の大きさは、法令の形式の本体の問題ではなく、印刷技術の問題であるとされており、格別の決まりがあるわけではない。

実際にも、法律案が議案として配布される場合には、題名も、章名、節名、款名も、条名も、見出しも、条文も、拗《よう》音及び促音〈問276　参照〉を除き、全て同一の大きさの活字で印刷されており、他方、官報に法令が登載される場合には、検索の便宜のために、章名や条名等にだけはゴシック字体が用いられている。〈編注　本書の規定例においても、原則として同様とした。〉

なお、政府提出法律案や政令案が閣議に提出される場合に、その案をワープロ浄書するときには、Ａ４判の所定の用紙を用い、一ページに四八字一三行詰めの書式とすることとされていて、その活字の大きさは、拗《よう》音及び促音を除き、全て同一である。

また、字体については、平成二二年一一月三〇日の「法令における漢字使用等について」〈付録　参照〉において、「常用漢字表」に示された通用字体を用いることとされている。

第二章　用語関係

〈「以上」と「超」、「以下」と「未満」〉

問294　「以上」と「超」、「以下」と「未満」は、それぞれどのように違うのか。

答　一　「以上」・「超」、「以下」・「未満」のいずれも、次の例に示すように、数量的限定をする場合に用いるが、基準点になる数量を含む場合に用いられるのが「以上」・「以下」、基準点になる数量を含まない場合に用いられるのが「超」・「超える」、「未満」・「満たない」である。

二　まず、一定の数量を基準として、その基準数量を含んでそれより多いという場合には「以上」を、その基準数量を含まずにそれより多いという場合には「超」又は「超える」を用いる。例えば、「一万円以上」といえば一万円を含んで一万円より多い金額を、「一万円を超える」といえば一万円を含まずに一万円より多い金額を表すことになる。

三　次に、一定の数量を基準として、その基準数量を含んでそれより少ないという場合には「以下」を、その基準数量を含まずにそれより少ないという場合には「未満」又は「満たない」を用いる。例えば、「一万円以下」といえば一万円を含んで一万円より少ない金額を、「一万円未満」又は「一万円に満たない」といえば一万円は含まずにそれよりも少ない金額を表すことになる。

■例■

○所得税法（昭和四十年法律第三十三号）

（税率）

第八十九条　居住者に対して課する所得税の額は、その年分の課税総所得金額……をそれぞれ次の表の上欄に掲げる金額に区分してそれぞれの金額に同表の下欄に掲げる税率を乗じて計算した金額を合計した金額と……金額との合計額とする。

百九十五万円以下の金額	百分の五
百九十五万円を超え三百三十万円以下の金額	百分の十
三百三十万円を超え六百九十五万円以下の金額	百分の二十
六百九十五万円を超え九百万円以下の金額	百分の二十三
九百万円を超え千八百万円以下の金額	百分の三十三
千八百万円を超え四千万円以下の金額	百分の四十
四千万円を超える金額	百分の四十五

（以下略）

○公職選挙法（昭和二十五年法律第百号）

（投票立会人）

第三十八条　市町村の選挙管理委員会は、各選挙ごとに、各投票区における選挙人名簿に登録された者の中から、本人の承諾を得て、二人以上五人以下の投票立会人を選任し、その選挙の期日前三日までに、本人に通知しなければならない。

（以下略）

〈括弧を用いた定義・略称〉

問295　「（以下同じ。）」は、どのような場合に用いるのか。「（以下「○○」という。）」については、どうか。

答　問32　参照

〈「以前」と「前」、「以後」と「後」、「以降」〉

問296　「以前」と「前」、「以後」と「後」は、それぞれどのように違うのか。
また、「以降」は、どのような場合に用いるのか。

答

○**民法**（明治二十九年法律第八十九号）
（協議上の離縁等）
第八百十一条　（略）
2　養子が十五歳未満であるときは、その離縁は、養親と養子の離縁後にその法定代理人となるべき者との協議でこれをする。
（以下略）

答一　「以前」・「前」、「以後」・「後」は、いずれも、時間的限定をする場合に用いられる語であるが、それぞれ、次のような違いがある。

1　次の例に示すように、「以前」が基準時点を含んでそれより前への時間的広がりを表すのに対して、「前」は、基準時点を含まないでそれより前への時間的広がりを表す。例えば、「十月一日以前」といえば一〇月一日を含むのに対して、「十月一日前」といえば、一〇月一日を含まず、九月三〇日から前の時間的広がりを表すことになる。

か。

■例一■

○**租税特別措置法**（昭和三十二年法律第二十六号）

（長期譲渡所得の概算取得費控除）

第三十一条の四　個人が昭和二十七年十二月三十一日以前から引き続き所有していた土地等又は建物等を譲渡した場合における長期譲渡所得の金額の計算上収入金額から控除する取得費は、……金額とする。……

（以下略）

■例二■

○**法人税法**（昭和四十年法律第三十四号）

（青色申告書を提出しなかつた事業年度の災害による損失金の繰越し）

第五十八条　内国法人の各事業年度開始の日前十年以内に開始した事業年度において生じた欠損金額（……）のうち、棚卸資産……について震災……により生じた損失に係るもので政令で定めるもの（以下この条において「災害損失欠損金額」という。）があるときは、当該災害損失欠損金額に相当する金額は、当該各事業年度の所得の金額の計算上、損金の額に算入する。……

（以下略）

2　次に、次の例一に示すように、「以後」が基準時点を含んでそれより後への時間的広がりを表すのに対して、「後」は、基準時点を含まないでそれより後への時間的広がりを表す。例えば、「十月一日以後」といえば一〇月一日を含むのに対して、「十月一日後」といえば、一〇月一日を含まず、一〇月二日から後の時間的広がりを表すことになる。

なお、例二の「……の日から」というのは、「後」と同じく、起算点が午前零時でない限り起算日を含まず、「……の日から起算して」というのは、「以後」と同じく、起算日が含まれる。〈問79及び問116　参照〉

■例一■

○**租税特別措置法**

（確定申告を要しない配当所得等）

第八条の五　平成二十八年一月一日以後に支払を受けるべき所得税法第二十三条第一項に規定する利子等（……）又は同法第二十四条第一項に規定する配当等（……）で次に掲げるものを有する居住者……は、同年以後の各年分の所得税については、同法第百二十条、第百二十三条若しくは第百二十七条（……）に規定する総所得金額、配当控除の額若しくは純損失の金額……又は前条第一項に規定する上場株式等に係る配当所得等の金額の計算上当該利子等に係る利子所得の金額又は配当等に係る配当所得の金額を除外したところにより、同法第百二十条から第百二十七条まで……の規定を適用することができる。

（以下略）

○**会社法**（平成十七年法律第八十六号）

（全部取得条項付種類株式の取得対価等に関する書面等の備置き及び閲覧等）

第百七十一条の二　全部取得条項付種類株式を取得する株式会社は、次に掲げる日のいずれか早い日から取得日後六箇月を経過する日までの間、前条第一項各号に掲げる事項その他法務省令で定める事項を記載し、又は記録した書面又は電磁的記録をその本店に備え置かなければならない。

一　前条第一項の株主総会の日の二週間前の日（第三百十九条第一項の場合にあっては、同項の提案があった日）

二　第百七十二条第二項の規定による通知の日又は同条第三項の公告の日のいずれか早い日

（以下略）

■例二■

○金融商品取引法（昭和二十三年法律第二十五号）

（大量保有報告書の提出）

第二十七条の二十三　株券、新株予約権付社債券その他の政令で定める有価証券（以下この項において「株券関連有価証券」という。）で金融商品取引所に上場されているもの（……）の発行者である法人が発行者（……）である対象有価証券（……以下この章……において「株券等」という。）の保有者で当該株券等に係るその株券等保有割合が百分の五を超えるもの（以下この章において「大量保有者」という。）は、内閣府令で定めるところにより、株券等保有割合に関する事項、取得資金に関する事項、保有の目的その他の内閣府令で定める事項を記載した報告書（以下「大量保有報告書」という。）を大量保有者となつた日から五日（日曜日その他政令で定める休日の日数は、算入しない。……）以内に、内閣総理大臣に提出しなければならない。……

（以下略）

3　「前」及び「後」は、次の例に示すように、一部改正法の附則でその経過措置を定めるに当たり、「改正前」・「改正後」又は「施行前」・「施行後」のように、対比の形で用いられることが多い。〈問301　参照〉

■例■

○会社法の一部を改正する法律（平成二十六年法律第九十号）

附　則

（経過措置の原則）

第二条　この法律による改正後の会社法（以下「新会社法」という。）の規定（罰則を除く。）は、この附則に特別の定めがある場合を除き、この法律の施行の日（以下「施行日」という。）前に生じた事項にも適用する。ただし、この法律による改正前の会社法（以下「旧会社法」という。）の規定によって生じた効力を妨げない。

二 「以降」という語は、一定日時から起算して、その後における時間的間隔又は連続を表す場合に用いられる。基準時点が含まれるなど、「以後」と異なるところはないが、どちらかといえば、次の例に示すように、予算、年金、選挙など、ある時点以後制度的に毎年又は定期的に継続して行われる事柄との関係で用いられることが多い。

■例■
○財政法（昭和二十二年法律第三十四号）
第十五条 （略）
③ 前二項の規定により国が債務を負担する行為に因り支出すべき年限は、当該会計年度以降五箇年度以内とする。……
（以下略）

〔「及び」と「並びに」〕

問297 「及び」と「並びに」とは、どのように使い分けるのか。

答 共に、二つ又は二つ以上の文言をつなぐための併合的接続詞であるが、法令においては、次のような用法によることとされている。

一 AとBというような単純、並列的な併合的接続の場合には、次の例一に示すように、「及び」を用いる。

二 併合的接続の段階が複雑で二段階になる場合には、例二に示すように、小さい接続の方に「及び」を用い、大きな接続の方に「並びに」を用いる。

三 接続の段階が更に複雑になって三段階以上も続くような場合には、例三に示すように、一番小さな接続だけに「及び」を用い、それ以外の接続には全て「並びに」を用いる。

■例一■

○**女性の職業生活における活躍の推進に関する法律**（平成二十七年法律第六十四号）

（国及び地方公共団体の責務）

第三条　国及び地方公共団体は、前条に定める女性の職業生活における活躍の推進についての基本原則（次条及び第五条第一項において「基本原則」という。）にのっとり、女性の職業生活における活躍の推進に関して必要な施策を策定し、及びこれを実施しなければならない。

■例二■

○**建築物のエネルギー消費性能の向上に関する法律**（平成二十七年法律第五十三号）

（建築物エネルギー消費性能向上計画の認定）

第二十九条　（略）

2　建築物エネルギー消費性能向上計画には、次に掲げる事項を記載しなければならない。

（略）

二　建築物の延べ面積、構造、設備及び用途並びに敷地面積

（以下略）

■例三■

○**少年院法**（平成二十六年法律第五十八号）

（定義）

第二条　この法律において、次の各号に掲げる用語の意義は、それぞれ当該各号に定めるところによる。

（略）

二　保護処分在院者　少年法（昭和二十三年法律第百六十八号）第二十四条第一項第三号の保護処分（第百三十八条第二項及び第四項（第百三十九条第三項において準用する場合を含む。）並びに第百三十九条第二項の規定による措置並びに更生保護法（平成十九年法律第八十八号）第七十二条第一項の規定による措置を含む。次条第一号及び第四条第一項第一号から第三号までにおいて単に「保護処分」という。）の執行を受けるため少年院に収容されている者をいう。
（以下略）

〔「課さない」と「課することができない」〕

問298　「課さない」と「課することができない」とは、どのように違うのか。

答　税を「課さない」というのは、いうまでもなく租税や課徴金を課することが適当でないと認め、非課税等の趣旨を表す表現であるが、これに対して、「課することができない」というのは、次の例二に示すように、法律で地方税やその他の課徴金について規定する場合、国がその賦課主体でないために用いられる表現である。したがって、地方公共団体がその課税権に基づき特定の場合についてその地方税を非課税とする旨を条例で定めるときは、次の例一の国税の場合と同様、「課さない」の表現で足りるわけである。

なお、「課する」とは、国又は地方公共団体等公的な団体が、国民又は住民等に対し、公権をもって租税等を賦課し、徴収することをいう。したがって、手数料等公権をもって徴収しない金銭については、「課する」という表現はされない。また、刑罰等については、例三に示すように、「課する」ではなく「科する」が用いられる。

■例一■
○所得税法（昭和四十年法律第三十三号）

（非課税所得）
第九条　次に掲げる所得については、所得税を課さない。
一　当座預金の利子（政令で定めるものを除く。）
（以下略）

■例二■
○**所得税法**
（附加税の禁止）
第二百三十七条　地方公共団体は、所得税の附加税を課することができない。
○**地方税法**（昭和二十五年法律第二百二十六号）
（個人の道府県民税の非課税の範囲）
第二十四条の五　道府県は、次の各号のいずれかに該当する者に対しては、道府県民税の均等割及び所得割（第二号に該当する者にあつては、第五十条の二の規定によつて課する所得割（以下本款及び第二款において「分離課税に係る所得割」という。）を除く。）を課することができない。……
一　生活保護法（昭和二十五年法律第百四十四号）の規定による生活扶助を受けている者
（以下略）

■例三■
○**金融商品取引法**（昭和二十三年法律第二十五号）
第二百七条　法人（法人でない団体で代表者又は管理人の定めのあるものを含む。以下この項及び次項において同じ。）の代表者又は法人若しくは人の代理人、使用人その他の従業者が、その法人又は人の業務又は財産に関し、次の各号に掲げる規定の違反行為をしたときは、その行為者を罰するほか、その法人に対して当該各号に定める罰金刑を、その人に対して各本条の罰金刑を科する。
一　第百九十七条　七億円以下の罰金刑

二　第百九十七条の二（第十一号及び第十二号を除く。）又は第百九十七条の三　五億円以下の罰金刑

（略）

2　前項の規定により第百九十七条、第百九十七条の二（第十一号及び第十二号を除く。）又は第百九十七条の三の違反行為につき法人又は人に罰金刑を科する場合における時効の期間は、これらの規定の罪についての時効の期間による。

（以下略）

〈解釈規定〉

問299　「……（と）解釈してはならない」の文言は、どのような場合に用いるのか。

答　問38　参照

〈「改正する」と「改める」〉

問300　「改正する」と「改める」とは、どのように使い分けるのか。

答　問145　参照

〈「改正前」と「改正後」〉

問301　「改正前」・「改正後」

答一　「改正前」・「改正後」の語は、「改正前の○○法（令）」・「改正後の○○法（令）」等の表現でもって、一部改正法令の附則において一部改正に伴う新旧法令の適用関係に

は、どのような場合に、また、どのように用いるのか。

ついて規定する必要がある場合のように、ある法令を引用する場合において、その法令が改正前のものであるか、改正後のものであるかを明らかにする必要があるときに用いられる。この場合、「改正前の○○法（令）」又は「改正後の○○法（令）」が一部改正法による改正前又は改正後の、したがって、従来の又は新しい法令を指すことはいうまでもない。

一部改正法の附則において改正後の新法令の適用関係について規定する場合に注意しなければならないのは、「この法律は、公布の日から施行し、……から適用する」等と規定する誤りを犯しやすいことである。この場合には、次の例一に示すように、「この法律による改正後の○○法」又は「改正後の（○○法）第○条」というように表現しなければならない。というのは、右の「この法律」は、当該一部改正法令を指すが、具体的な対象に適用されるのは、一部改正法令によって改正された後の法令又は規定であって当該一部改正法令そのものではないからである。

全部改正法令の附則においても、同様である。

■例一■

○不当景品類及び不当表示防止法等の一部を改正する等の法律（平成二十六年法律第七十一号）

附　則

（不当景品類及び不当表示防止法の一部改正に伴う経過措置）

第二条　内閣総理大臣は、この法律の施行前においても、第一条の規定による改正後の不当景品類及び不当表示防止法第七条の規定の例により、事業者が講ずべき景品類の提供及び表示の管理上必要な措置に関する指針を定めることができる。

2　前項の規定により定められた指針は、この法律の施行の日において第一条の規定による改正後の不当景品類及び不当表示防止法第七条第二項の規定により定められたものとみなす。

（消費者安全法の一部改正に伴う経過措置）

第三条　第二条の規定（附則第一条第三号に掲げる改正規定を除く。以下この条において同じ。）の施行の際現に第二条の規定による改正前の消費者安全法第八条第一項第二号イ及びロ又は第二項第一号及び第二号に掲げる事務その他これに準ずるものとして内閣府令で定める事務に従事した経験を有する者（事業者に対する消費者からの苦情に係る相談に適切に応じることができるものとして内閣府令で定める基準に適合する者に限る。）は、第二条の規定による改正後の消費者安全法第十条の三第一項の消費生活相談員資格試験（次項において単に「試験」という。）に合格した者とみなす。

（以下略）

■例二■

○**東日本大震災の被災者等に係る国税関係法律の臨時特例に関する法律**（平成二十三年法律第二十九号）

（東日本大震災の被災者が住宅取得等資金の贈与を受けた場合の贈与税の非課税に係る住宅用家屋についての居住要件等の特例）

第三十七条　租税特別措置法第七十条の二第二項第五号に規定する住宅取得等資金（以下この項及び次項において「住宅取得等資金」という。）について、同条第一項の規定の適用を受けた同条第二項第一号に規定する特定受贈者（平成二十二年一月一日から平成二十三年三月十日までの間にその直系尊属からの贈与により住宅取得等資金の取得をした者に限る。）又は所得税法等の一部を改正する法律（平成二十二年法律第六号）附則第百二十四条第四項の規定により同法第十八条の規定による改正前の租税特別措置法（以下この項及び次項において「平成二十二年旧租税特別措置法」という。）第七十条の二第一項の規定の適用を受けた同条第二項第一号に規定する特定受贈者が、次に掲げる場合に該当するときは、租税特別措置法第七十条の二第四項から第六項までの規定又は平成二十二年旧租税特別措置法第七十条の二第四項から第六項までの規定は、適用しない。
（以下略）

二　「改正前」・「改正後」の語が用いられる場合には、次の例に示すように、「改正前の○○法」について「旧法」、「改正後の○○法」について「新法」の略称が設けられることが多い。この場合には、「旧法」・「新法」の略称を「同法」でうけることなく、「旧法」・「新法」の略称をそのまま用いる。〈問113　参照〉

■例■

○風俗営業等の規制及び業務の適正化等に関する法律の一部を改正する法律（平成二十七年法律第四十五号）

附　則

（準備行為）

第二条　この法律による改正後の風俗営業等の規制及び業務の適正化等に関する法律（以下「新法」という。）第三十一条の二十二の許可を受けようとする者は、この法律の施行前においても、新法第三十一条の二十三において準用する新法第五条第一項の規定の例により、その申請を行うことができる。

（略）

（経過措置）

第三条　次の各号に掲げる営業に関し、この法律による改正前の風俗営業等の規制及び業務の適正化等に関する法律（以下この条において「旧法」という。）の規定により公安委員会がした許可、許可の取消し、営業の停止その他の処分若しくは通知その他の行為又は旧法の規定によりされている許可の申請その他の行為は、それぞれ当該各号に定める営業に関し、新法の規定により公安委員会がした許可、許可の取消し、営業の停止その他の処分若しくは通知その他の行為又は新法の規定によりされている許可の申請その他の行為とみなす。
一　旧法第二条第一項第一号又は第二号に該当する営業　新法第二条第一項第一号に該当する営業
（以下略）

三　法令の施行を基準としてその前後で区別して表現する必要がある場合には、右一の例に示すように、「施行前」・「施行後」の語が用いられる。〈問296 参照〉

〔「……に係る」〕

問302　「……（に）係る」には、どのような意味があるのか。

答　「……に係る」という語は、法令では、ある語句と他の語句とのつながりを示す場合に、関係代名詞的な用語として広く用いられる。その意味は、用いられる場合に応じ、「……に関係がある」、「……についての」とか、「……に属する」とか、「……の」等の意味を表すものとして用いられるが、便利な語であるだけに意味の不明確さを伴いやすい面があることも否めない。

■例一■
○平成三十二年東京オリンピック競技大会・東京パラリンピック競技大会特別措置法（平成二十七年法律第三十三号）

（主任の大臣）

第十一条 本部に係る事項については、内閣法（昭和二十二年法律第五号）にいう主任の大臣は、内閣総理大臣とする。

■例二■

○特定防衛調達に係る国庫債務負担行為により支出すべき年限に関する特別措置法（平成二十七年法律第十六号）

（公表）

第三条 防衛大臣は、前条に規定する会計年度の予算について財政法（昭和二十二年法律第三十四号）第十八条の閣議決定があったときは、遅滞なく、前条に規定する債務を負担する行為に係る特定防衛調達の概要及び当該特定防衛調達を長期契約により行うことによって縮減される経費の額として推計した額を公表するものとする。

2 防衛大臣は、特定防衛調達に係る長期契約を締結したときは、遅滞なく、当該長期契約の相手方の商号又は名称、契約金額その他の当該長期契約の概要及び当該特定防衛調達を当該長期契約により行うことによって縮減される経費の額として推計した額を公表するものとする。

■例三■

○株式会社海外通信・放送・郵便事業支援機構法（平成二十七年法律第三十五号）

（議事録）

第二十条 （略）

5 会社法第八百六十八条第一項、第八百六十九条、第八百七十条第二項（第一号に係る部分に限る。）、第八百七十条の二、第八百七十一条本文、第八百七十二条（第五号に係る部分に限る。）、第八百七十二条の二、第八百七十三条本文、第八百七十五条及び第八百七十六条の規定は、第二項及び第三項の許可について準用する。

（以下略）

〔「各本条」〕

問303 「各本条」とは、どのような意味か。また、どのような場合に用いるのか。

■例四■

○不当景品類及び不当表示防止法等の一部を改正する等の法律（平成二十六年法律第七十一号）

附　則

（施行期日）

第一条　この法律は、公布の日から起算して六月を超えない範囲内において政令で定める日から施行する。ただし、次の各号に掲げる規定は、当該各号に定める日から施行する。

（略）

三　第二条中消費者安全法第十条の次に三条を加える改正規定（第十条の四に係る部分に限る。）　公布の日から起算して五年を超えない範囲内において政令で定める日

答　「各本条」という語は、通常、罰則規定に用いられる特殊な用語で、罰則を定める各該当条文を指す場合に用いられる。例えば、刑法第四四条は「未遂を罰する場合は、各本条で定める。」と定めているが、放火未遂罪についていえば、刑法第一一二条がこれを定めているので、この第一一二条が右第四四条にいう「各本条」の一つの場合に当たることになる。なお、国民健康保険法にも「各本条」の語を用いて規定した例があるが、これは、特殊な例である。

■例一■

○**個人情報の保護に関する法律**（平成十五年法律第五十七号）

第八十七条　法人の代表者又は法人若しくは人の代理人、使用人その他の従業者が、その法人又は人の業務に関して、第八十三条から第八十五条までの違反行為をしたときは、行為者を

罰するほか、その法人又は人に対しても、各本条の罰金刑を科する。

2 法人でない団体について前項の規定の適用がある場合には、その代表者又は管理人が、その訴訟行為につき法人でない団体を代表するほか、法人を被告人又は被疑者とする場合の刑事訴訟に関する法律の規定を準用する。

〈編注 右の「各本条」は、第八三条から第八五条までを指し、第八三条は個人情報取扱事業者等が業務に関して取り扱った個人情報データベース等を自己若しくは第三者の不正な利益を図る目的で提供し、又は盗用した場合に一年以下の懲役又は五十万円以下の罰金に、第八四条は第四二条第二項又は第三項の規定による主務大臣の命令に違反した場合に六月以下の懲役又は三〇万円以下の罰金に、第八五条は第四〇条第一項又は第五六条の規定による報告義務の違反等の場合に三〇万円以下の罰金に、それぞれ処する旨を定めている。〉

■例二■

○**国民健康保険法**（昭和三十三年法律第百九十二号）

（世帯主又は組合員でない被保険者に係る一部負担金等）

第五十七条 一部負担金の支払又は納付、第四十三条第三項又は前条第二項の規定による差額の支給及び療養費の支給に関しては、当該疾病又は負傷が世帯主又は組合員でない被保険者に係るものであるときは、これらの事項に関する各本条の規定にかかわらず、当該被保険者の属する世帯の世帯主又は組合員が一部負担金を支払い、又は納付すべき義務を負い、及び当該世帯主又は組合員に対して第四十三条第三項若しくは前条第二項の規定による差額又は療養費を支給するものとする。

〔「かつ」〕

問304　「かつ」は、どのような場合に用いるのか。また、その用法については、「及び」・「並びに」と違いがあるのか。

答　「かつ」は、「及び」・「並びに」とともに、接続詞として、併合的連結のために用いられるが、必ずしも「並びに」より大きな併合的連結の場合に限って用いられるというわけではなく、「及び」や「並びに」と類似した意味でも用いられ、特に決まった用法はない。ただ、連結される語が互いに密接不可分で、両方の語を一体として用いることによりその意味が完全に表せるような場合には、そのときの語感から、「かつ」で連結されることが多い。文章をつなぐ場合にこの語を用いるときは、必ずその前後に読点を打つこととされている。〈問287　参照〉

■例■
　○**女性の職業生活における活躍の推進に関する法律**（平成二十七年法律第六十四号）
　（目的）
第一条　この法律は、……女性の職業生活における活躍を迅速かつ重点的に推進し、もって男女の人権が尊重され、かつ、急速な少子高齢化の進展、国民の需要の多様化その他の社会経済情勢の変化に対応できる豊かで活力ある社会を実現することを目的とする。

〔「……から……まで」〕

問305　「……から……まで」という表現は、どのような場合に用いるのか。

答　一　「……から……まで」という表現は、連続した条、項、号等をその連続した形において引用する場合に、途中の条名等を一々列挙する煩を避けるため、例えば「第○条から前条まで」、「次条から第○条まで」又は「第○条から第×条まで」というように用いる。この場合、「第○条から前条まで」は、次の例一に示すように、その直前に先行する条の一部を指示する場合でその条数が四以上のとき〈問75　参照〉、「次条から第○条まで」は、次の例二に示すように、ある条においてその直後の条からこれに続く条の一部を指示する場合でその条数が三以上のとき、また、「第○条から第×条まで」は、次の例三に示すように、ある条の直前又は直後の条には関係がない場合でその条数が三以上のときの表現としてそれぞれ用いられる（古い法令では、例えば「第三十七条第一号乃至第五号」とされていたが、「乃（ない）」の字が当用漢字として用いられなくなり、常用漢字でも同様であるので、現在では、右のような場合には、全て「……から……まで」と表現する。）。

■例一■

○**法の適用に関する通則法**（平成十八年法律第七十八号）

（その他の親族関係等）

第三十三条　第二十四条から前条までに規定するもののほか、親族関係及びこれによって生ずる権利義務は、当事者の本国法によって定める。

■例二■

○**大規模な災害の被災地における借地借家に関する特別措置法**（平成二十五年法律第六十一号）

（特定大規模災害及びこれに対して適用すべき措置等の指定）

第二条　（略）

2　前項の政令においては、次条から第五条まで、第七条及び第八条に規定する措置のうち当該特定大規模災害に対し適用すべき措置並びにこれを適用する地区を指定しなければならない。当該指定の後、新たに次条から第五条まで、第七条及び第八条に規定する措置を適用する必要が生じたときは、適用すべき措置及びこれを適用する地区を政令で追加して指定するものとする。

■例三■

○原子力損害の補完的な補償に関する条約の実施に伴う原子力損害賠償資金の補助等に関する法律（平成二十六年法律第百三十三号）

（準用）

第十二条　第六条から第九条までの規定は、第十条第一項に規定する原子力事業者から徴収する特別負担金について準用する。この場合において、第六条第一項中「前条」とあるのは「第十一条」と、第八条及び第九条中「この節」とあるのは「次節」と読み替えるものとする。

二　「……から……まで」は、また、次の例に示すように、連続する三条以上を「削除」とする場合にも用いられる（「削除」とする条が二条の場合には「及び」を用いることはいうまでもない〈問232　参照〉。）。

■例■

○東日本大震災に対処するための特別の財政援助及び助成に関する法律（平成二十三年法律第四十号）

第八条及び第九条　削除

○東日本大震災復興基本法（平成二十三年法律第七十六号）

第三章　削除

第十一条から第二十三条まで　削除

三　「……から……まで」は、このほか、次の例に示すように、期間の起算点及び終期を示す場合のほか、区間の起点及び終点等を示す場合〈問283三例二　参照〉にも用いられる。

〈「議により」、「議に基づいて」と「議に付し」〉

問306　「議に基づいて」「議により」、「議に付し」というのは、それぞれどのような違いがあるのか。

■例■
○**特別会計に関する法律**（平成十九年法律第二十三号）
（一般会計からの繰入れの特例）
第四十二条　（略）
4　前三項及び他の法律の規定による繰入れのほか、国債のうち割引の方法をもって発行された公債については、前年度期首における未償還分の発行価格差減額を発行の日から償還の日までの年数で除した額に相当する金額を、毎会計年度、予算で定めるところにより、一般会計から国債整理基金特別会計に繰り入れるものとする。
（以下略）

答　**一**　法令上、行政機関等がある行為をするについて、その専断を避け、手続の慎重を期するため、あらかじめ一定の合議体の機関の審議に付することを要件とされている場合に、その行政機関等と審議機関との関係を表すものとして用いられるのが、これらの語である。

二　これらの語は、それぞれ用語の別に従って、合議体の機関の議決のこれを求めた行政機関等に及ぼす拘束力の点において、若干の差がある。すなわち、これらの三語のうち最も拘束力が強いとされるのは「議により」で、この語が用いられている次の例一の場合は、当該行政機関等は、原則として、その審議機関又は議決機関の議決に法的に拘束されるものと認められる。他の語については、それが用いられている法令の規定の趣旨によって必ずしも一概にはいえないが、例二の「議に基づいて」という用語も、原則的には拘束力が強く、これに対して、例三の「議に付し」は拘束力が弱いとされている。この「議に付し」は、「意見を聴く」、「諮問する」、「諮る」と同様に、法的には、審議機関の議決にそのままの形では拘束されない。もっとも、最近では、この「議に付し」は余り用いられず、「意見を聴く」、「諮問する」、「諮る」とされることが多い。

三　なお、これらの語に類似するものとして、例四に示すように、「議を経て」というのがあるが、この語は、比較的拘束力が強く、場合によっては、「議により」に近い意味で用いられていることがある。このほか、例五に示すように、「議決（決議）を経て」というのがあるが、この語が用いられる場合は、その議決は、案件の成立要件をなすものとして、完全な拘束力をもつものとされる。

■例一■

○**皇室典範**（昭和二十二年法律第三号）

第二十条　第十六条第二項の故障がなくなつたときは、皇室会議の議により、摂政を廃する。

■例二■

○**大学の教員等の任期に関する法律**（平成九年法律第八十二号）

（公立の大学の教員の任期）

第三条　公立の大学の学長は、教育公務員特例法（昭和二十四年法律第一号）第二条第四項に規定する評議会（評議会を置かない大学にあつては、教授会）の議に基づき、当該大学の教員（常時勤務の者に限る。……）について、次条の規定による任期を定めた任用を行う必要があると認めるときは、教員の任期に関する規則を定めなければならない。

（以下略）

■例三■

○**農林中央金庫法**（平成十三年法律第九十三号）

（役員の解任の請求）

第三十八条　（略）

4　第一項の規定による請求があったときは、経営管理委員は、これを総会の議に付さなければならない。……

（以下略）

○**首都直下地震対策特別措置法**（平成二十五年法律第八十八号）

（首都直下地震緊急対策区域の指定等）

第三条　（略）

2　内閣総理大臣は、前項の規定による緊急対策区域の指定をしようとするときは、あらかじめ中央防災会議に諮問しなければならない。

3　内閣総理大臣は、第一項の規定による緊急対策区域の指定をしようとするときは、あらかじめ関係する都県の意見を聴かなければならない。この場合において、当該都県が意見を述べようとするときは、あらかじめ関係する市町村の意見を聴かなければならない。

（以下略）

■**例四**■

○**大規模災害からの復興に関する法律**（平成二十五年法律第五十五号）

（土地利用基本計画の変更等に関する特例）

第十二条　（略）

7　特定被災市町村等は、復興計画に第一項第三号に定める事項を記載しようとするときは、国土交通省令で定めるところにより、あらかじめ、次の各号に掲げる事項ごとに、それぞれ当該各号に定める者に第五項の規定により提出された意見書（当該事項に係るものに限る。）の要旨を提出し、当該事項について、それぞれ当該各号に定める者に付議し、その議を経なければならない。

一　第一項第三号に定める事項（都道府県が定める都市計画の決定又は変更に係るものに限る。）　都道府県都市計画審議会
二　第一項第三号に定める事項（市町村が定める都市計画の決定又は変更に係るものに限る。）　市町村都市計画審議会　（……）

■例五■
○保険業法（平成七年法律第百五号）
（契約条件の変更の決議）

第二百四十条の五　保険会社は、契約条件の変更を行おうとするときは、第二百四十条の二第三項の承認を得た後、契約条件の変更につき、株主総会等の決議を経なければならない。

（以下略）

〔「この限りでない」と「妨げない」〕

問307　「この限りでない」は、どのような場合に用いるのか。「……することを妨げない」については、どうか。

答一　「この限りでない」という語は、ある規定の一部又は全部を打ち消し、その適用除外を定める場合に用いられる語で、次の例一に示すように、ただし書〈問74　参照〉の結語として用いられるのが通例である。
この語は、本来、本文の規定を打ち消すだけの消極的なものにとどまるので、本文の規定を打ち消した上で更に積極的な意味をもたせたい場合には、明示的な規定を置くべきものとされる。
二　「……することを妨げない」という語は、一定の事項について、ある法令の規定なり制度なりが適用されるかどうか疑問がある場合に、例二に示すように、その適用が排除されるものではないという趣旨を表すときに用いられる語である。その意味では、「この限りでない」と同じく消極的なもので、積極的にある規定なり制度なりを

適用することを表すものではないから、積極的な意味をもたせるためには、別の表現が必要とされる。なお、「妨げない」の部分が「妨げるものではない」とされることもある。

■例一■

○行政不服審査法（平成二十六年法律第六十八号）

（再調査の請求）

第五条　行政庁の処分につき処分庁以外の行政庁に対して審査請求をすることができる場合において、法律に再調査の請求をすることができる旨の定めがあるときは、当該処分に不服がある者は、処分庁に対して再調査の請求をすることができる。ただし、当該処分について第二条の規定により審査請求をしたときは、この限りでない。

2　前項本文の規定により再調査の請求をしたときは、当該再調査の請求についての決定を経た後でなければ、審査請求をすることができない。ただし、次の各号のいずれかに該当する場合は、この限りでない。

（以下略）

○特定農林水産物等の名称の保護に関する法律（平成二十六年法律第八十四号）

（地理的表示）

第三条　（略）

2　前項の規定による場合を除き、何人も、登録に係る特定農林水産物等が属する区分（……）に属する農林水産物等若しくはこれを主な原料若しくは材料として製造され、若しくは加工された農林水産物等又はこれらの包装等に当該特定農林水産物等に係る地理的表示又はこれに類似する表示を付してはならない。ただし、次に掲げる場合には、この限りでない。

（以下略）

■例二■

○**行政不服審査法**

（特別の不服申立ての制度）

第八条　前条の規定は、同条の規定により審査請求をすることができない処分又は不作為につき、別に法令で当該処分又は不作為の性質に応じた不服申立ての制度を設けることを妨げない。

○**大気汚染防止法**（昭和四十三年法律第九十七号）

（条例との関係）

第三十二条　この法律の規定は、地方公共団体が、ばい煙発生施設について、そのばい煙発生施設において発生するばい煙以外の物質の大気中への排出に関し、……条例で必要な規制を定めることを妨げるものではない。

〈「削除」と「削る」〉

問308　「削除」と「削る」とは、どのように使い分けるのか。また、その効果は、どのように違うのか。

答　問231参照

〈「○○士」と「○○師」〉

問309　人の資格を表す呼称に「○○士」と「○○師」

答　「○○士」又は「○○師」というのは、共に、一定の技術、技能又は知識を必要とする職業に従事する者について法律により定められた呼称で、その区分については、「○○師」という言い方が医薬系統の職業に多く用いられているとはいえるものの、必ずしとがあるが、その区別の基準は何か。また、「○○士」又は「○○師」とされるものに、どのようなものがあるのか。

も統一されているわけではない（例えば、歯科医師・歯科衛生士）。

ところで、現在、法律上「○○士」又は「○○師」とされているものを、その根拠法律名とともに法律番号順に示すと、前者については、

- 栄養士・管理栄養士（栄養士法（昭和二二年法律第二四五号））
- 消防設備士（消防法（昭和二三年法律第一八六号））
- 公認会計士（公認会計士法（昭和二三年法律第一〇三号））
- 歯科衛生士（歯科衛生士法（昭和二三年法律第二〇四号））
- 測量士（測量法（昭和二四年法律第一八八号））
- 弁護士（弁護士法（昭和二四年法律第二〇五号））
- 全国通訳案内士・地域通訳案内士（通訳案内士法（昭和二四年法律第二一〇号））
- 無線通信士（電波法（昭和二五年法律第一三一号））
- 司法書士（司法書士法（昭和二五年法律第一九七号））
- 建築士（建築士法（昭和二五年法律第二〇二号））
- 土地家屋調査士（土地家屋調査士法（昭和二五年法律第二二八号））
- 行政書士（行政書士法（昭和二六年法律第四号））
- 海事代理士（海事代理士法（昭和二六年法律第三二号））
- 海技士・小型船舶操縦士（船舶職員及び小型船舶操縦者法（昭和二六年法律第一四九号））
- 自動車整備士（道路運送車両法（昭和二六年法律第一八五号））
- 税理士（税理士法（昭和二六年法律第二三七号））
- 気象予報士（気象業務法（昭和二七年法律第一六五号））

・操縦士・航空士・航空機関士・航空通信士・航空整備士・航空工場整備士（航空法（昭和二七年法律第二三一号））
・歯科技工士（歯科技工士法（昭和三〇年法律第一六八号））
・電気工事士（電気工事士法（昭和三五年法律第一三九号））
・不動産鑑定士（不動産の鑑定評価に関する法律（昭和三八年法律第一五二号））
・理学療法士・作業療法士（理学療法士及び作業療法士法（昭和四〇年法律第一三七号））
・通関士（通関業法（昭和四二年法律第一二二号））
・液化石油ガス設備士（液化石油ガスの保安の確保及び取引の適正化に関する法律（昭和四二年法律第一四九号））
・計理士（計理士の名称の使用に関する法律（昭和四二年法律第一三〇号））
・社会保険労務士（社会保険労務士法（昭和四三年法律第八九号））
・情報処理安全確保支援士（情報処理の促進に関する法律（昭和四五年法律第九〇号））
・視能訓練士（視能訓練士法（昭和四六年法律第六四号））
・作業環境測定士（作業環境測定法（昭和五〇年法律第二八号））
・エネルギー管理士（エネルギーの使用の合理化等に関する法律（昭和五四年法律第四九号））
・技術士（技術士法（昭和五八年法律第二五号））
・浄化槽設備士・浄化槽管理士（浄化槽法（昭和五八年法律第四三号））
・外国法事務弁護士（外国弁護士による法律事務の取扱いに関する特別措置法（昭和六一年法律第六六号））
・社会福祉士・介護福祉士（社会福祉士及び介護福祉士法（昭和六二年法律第三〇号））

・臨床工学技士（臨床工学技士法（昭和六二年法律第六〇号））
・義肢装具士（義肢装具士法（昭和六二年法律第六一号））
・救急救命士（救急救命士法（平成三年法律第三六号））
・計量士（計量法（平成四年法律第五一号））
・精神保健福祉士（精神保健福祉士法（平成九年法律第一三一号））
・言語聴覚士（言語聴覚士法（平成九年法律第一三二号））
・弁理士（弁理士法（平成一二年法律第四九号））
・マンション管理士（マンションの管理の適正化の推進に関する法律（平成一二年法律第一四九号））

等があり、また、後者については、

・あん摩マッサージ指圧師・はり師・きゅう師（あん摩マッサージ指圧師、はり師、きゅう師等に関する法律（昭和二二年法律第二一七号））
・理容師（理容師法（昭和二二年法律第二三四号））
・医師（医師法（昭和二三年法律第二〇一号））
・歯科医師（歯科医師法（昭和二三年法律第二〇二号））
・保健師・助産師・看護師・准看護師（保健師助産師看護師法（昭和二三年法律第二〇三号））
・獣医師（獣医師法（昭和二四年法律第一八六号））
・クリーニング師（クリーニング業法（昭和二五年法律第二〇七号））
・家畜人工授精師（家畜改良増殖法（昭和二五年法律第二〇九号））

・診療放射線技師・診療エックス線技師（診療放射線技師法（昭和二六年法律第二二六号）、行政事務の簡素合理化及び整理に関する法律（昭和五八年法律第八三号）附則）
・美容師（美容師法（昭和三二年法律第一六三号））
・臨床検査技師・衛生検査技師（臨床検査技師等に関する法律（昭和三三年法律第七六号）、臨床検査技師、衛生検査技師等に関する法律の一部を改正する法律（平成一七年法律第三九号）附則）
・調理師（調理師法（昭和三三年法律第一四七号））
・薬剤師（薬剤師法（昭和三五年法律第一四六号））
・製菓衛生師（製菓衛生師法（昭和四一年法律第一一五号））
・柔道整復師（柔道整復師法（昭和四五年法律第一九号））
・公認心理師（公認心理師法（平成二七年法律第六八号））

等がある。なお、このほか、キャリアコンサルタント（職業能力開発促進法（昭和四四年法律第六四号））労働安全コンサルタント・労働衛生コンサルタント（労働安全衛生法（昭和四七年法律第五七号））等がある。

〔「施行」と「適用」〕

問310 「施行」と「適用」とは、どのように違うのか。

答 問11 参照

〈「……してはならない」と「……することができない」〉

問311 「……してはならない」と「……することができない」とでは、どのような違いがあるのか。

答 一 「……してはならない」というのは、次の例に示すように、禁止を表し、ある事柄について不作為の義務を命ずる場合に用いられる。この文言が用いられる規定に違反した場合には処罰の原因となることはあるが、それは、人の事実上の自由に対する制限であって、法律上の権利又は能力に関する規定ではないから、その行為の法律行為としての効力には直接関係しない。〈編注 最高裁判所は、取締法規違反の法律行為につき、例えば、「食品衛生法は単なる取締法規にすぎないものと解するのが相当であるから、食肉販売業の許可を受けていないとしても、右法律により本件取引の効力が否定される理由はない」（昭和三五年三月一八日第二小法廷判決）旨を判示している（もっとも、その行為が他の法令の規定、例えば民法第九〇条の見地から問題となり得ることは、別である（昭和三九年一月二三日第一小法廷判決参照）。）。〉

■例■

○**食品衛生法**（昭和二十二年法律第二百三十三号）

第六条 次に掲げる食品……は、これを販売し……てはならない。

一 腐敗し、若しくは変敗したもの又は未熟であるもの。……

（略）

第七十一条 次の各号のいずれかに該当する者は、これを三年以下の懲役又は三百万円以下の罰金に処する。

一 第六条……の規定に違反した者

（以下略）

二 「……することができない」というのは、次の例に示すように、通常、法律上の能力ないし権利がないことを表現する場合に用いられる。したがって、この文言を用いる規定に違反した場合に、罰則の対象とされることは少ないが、その行為は、法律上の行為として瑕疵《かし》があることになる。その意味で、不作為の義務を命ずる「……してはならない」とは異なる。

■例■
○会社法（平成十七年法律第八十六号）
（取締役会の決議）
第三百六十九条　（略）
2　前項の決議について特別の利害関係を有する取締役は、議決に加わることができない。
（以下略）

〔「準ずる」〕

問312　「準ずる」の語を用いるのは、どのような場合か。

答　「準ずる」の語は、次の例一に示すように、「本来そのものではないが、その性質、内容等が、準じられるものとおおむね同様ないし類似の」といった意味を表す場合に用いられる。

「準ずる」は、例二に示すように、「準じて」という形で用いられることもあるが、この場合も、「準じられるものに大体のっとって」という意味で用いられる。いずれにしても、準じられるものとほぼ同様の取扱いをする場合に用いられるのが、この語である。

なお、「準ずる」に類似するものとして、例三に示すように、「類する」があり、例四に示すように、「準ずる」と「類する」を使い分けた例もある。

■例一■

○国家行政組織法（昭和二十三年法律第百二十号）

（内部部局）

第七条　（略）

5　庁、官房、局及び部（……）には、課及びこれに準ずる室を置くことができるものとし、これらの設置及び所掌事務の範囲は、政令でこれを定める。

（以下略）

■例二■

○**建築物のエネルギー消費性能の向上に関する法律**（平成二十七年法律第五十三号）

（地方公共団体の責務）

第五条　地方公共団体は、建築物のエネルギー消費性能の向上に関し、国の施策に準じて施策を講ずるとともに、その地方公共団体の区域の実情に応じた施策を策定し、及び実施する責務を有する。

■例三■

○**消費者の財産的被害の集団的な回復のための民事の裁判手続の特例に関する法律**（平成二十五年法律第九十六号）

（相手方による公表）

第二十七条　相手方は、簡易確定手続申立団体の求めがあるときは、遅滞なく、インターネットの利用、営業所その他の場所において公衆に見やすいように掲示する方法その他これらに類する方法により、届出期間中、第二十二条第一項各号に掲げる事項（……）を公表しなければならない。

（以下略）

■例四■
○**著作権法**（昭和四十五年法律第四十八号）
（権利の目的とならない著作物）
第十三条　次の各号のいずれかに該当する著作物は、この章の規定による権利の目的となることができない。
一　憲法その他の法令
二　国若しくは地方公共団体の機関、独立行政法人（……）又は地方独立行政法人（……）が発する告示、訓令、通達その他これらに類するもの
三　裁判所の判決、決定、命令及び審判並びに行政庁の裁決及び決定で裁判に準ずる手続により行われるもの
（以下略）

〔「推定する」と「みなす」〕

問313　「推定する」と「みなす」とでは、どのような違いがあるのか。

答　一　「推定する」とは、ある事柄について、当事者間に取決めがない場合や事実の存在が不明確である場合に、法令が、一応、一定の事実状態にあるものとして判断し、そのように取り扱うことをいう。したがって、次の例でいえば、通常の取扱いによる郵送物の到達時点が通常到達すべきであった時とされることにより、ある国税に関する処分が通常の取扱いによる郵便によりされた場合には、これについての不服申立期間（国税通則法第七七条第一項参照）の計算も、このことを前提としてされることになる。

■例■
○**国税通則法**（昭和三十七年法律第六十六号）
（書類の送達）
第十二条　（略）

2　通常の取扱いによる郵便又は信書便によつて……書類を発送した場合には、その郵便物又は……信書便物（……）は、通常到達すべきであつた時に送達があつたものと推定する。

（以下略）

○**民法**（明治二十九年法律第八十九号）

第三十二条の二　数人の者が死亡した場合において、そのうちの一人が他の者の死亡後になお生存していたことが明らかでないときは、これらの者は、同時に死亡したものと推定する。

○**会社法**（平成十七年法律第八十六号）

（権利の推定等）

第百三十一条　株券の占有者は、当該株券に係る株式についての権利を適法に有するものと推定する。

（以下略）

二　「みなす」とは、次の例に示すように、ある事物と性質を異にする他の事物について、一定の法律関係において、その事物と同一視して、そのある事物について生ずる法的効果をその他の事物について生じさせることをいう。次の例でいえば、平成三十二年東京オリンピック競技大会・東京パラリンピック競技大会組織委員会の役職員は、本来の公務員ではないが、公務員とみなす旨の規定により、収賄罪等の適用については公務員と同一に扱われることになる。

■例■

○**平成三十二年東京オリンピック競技大会・東京パラリンピック競技大会特別措置法**（平成二十七年法律第三十三号）

（組織委員会の役員及び職員の地位）

第二十八条　組織委員会の役員及び職員は、刑法（明治四十年法律第四十五号）その他の罰則の適用については、法令により公務に従事する職員とみなす。

「みなす」には右のような効果が認められるところから、例えば事業法規の改正が行われた場合に、従来の法令による許認可等を新しい法令による許認可等と同一に取り扱うようなときには、次の例に示すように、この語を用いた規定が置かれるのが、通例である。〈問125及び問129　参照〉

■例■

○情報通信技術の進展等の環境変化に対応するための銀行法等の一部を改正する法律（平成二十八年法律第六十二号）

附　則

（銀行法の一部改正に伴う経過措置）

第二条　この法律の施行の際現にされている銀行法第八条第三項の規定による認可の申請のうち銀行と第一条の規定による改正後の同法（次条及び附則第四条において「新銀行法」という。）第八条第四項に規定する者との間の契約に関するものは、同項の規定によりした届出とみなす。

第三条　この法律の施行の際現に第一条の規定による改正前の銀行法第五十二条の二第一項の認可を受けて同項に規定する外国銀行代理業務を営んでいる銀行は、内閣府令で定めるところにより、この法律の施行の日（以下「施行日」という。）から起算して三月を経過する日までに新銀行法第五十二条の二第一項に規定する所属外国銀行が属する同条第二項に規定する外国銀行グループについて内閣総理大臣に届け出たときは、当該外国銀行グループについて同項の認可を受けた銀行とみなす。

三　したがって、「推定する」とされた場合に、当事者間に別段の取決めがあり、又は反対の証拠があることが証明されるときは、その取決め又は証拠に基づいて判断され、処理されることになるのに対し、「みなす」とされた場合には、一定の法律関係に関する限り、絶対的にその法律効果が「みなす」とされたことと同一視され、同一の事物でないということの反証を許さない点において、両者は異なる。

〔「前条」、「次条」等の用法〕

問314　条文を引用する場合の「前」又は「次」は、どのように用いるのか。また、「前各号」の表現が用いられるのは、どのような場合か。

答一　まず、法文において「前」を用いるのは、条についていえば、「前条」、「前二条」、「前三条」、「第○条から前条まで」、「前各条」であるが、これらの用法は、次のとおりである。そして、その用法は、ある項又は号においてその項又は号に先行する項又は号を指示する場合も、同様である。〈問75　参照〉

1　まず「前条」は、文字どおり、ある条においてその直前の条を指示する場合に用いる。

■例■

○緑の気候基金への拠出及びこれに伴う措置に関する法律（平成二十七年法律第二十四号）

（国債による拠出）

第三条　政府は、前条の規定により基金に拠出する本邦通貨に代えて、その全部又は一部を国債で拠出することができる。

2　前項の規定により拠出するため、政府は、必要な額を限度として国債を発行することができる。

（以下略）

2　「前二条」又は「前三条」は、次の例一から例三までに示すように、ある条においてその直前に先行する二条又は三条（当該二条又は三条は、直前に先行する条の全てである場合とその一部である場合とがある〈問75　参照〉。）を指示する場合に用いる。

■例一■

○**行政不服審査法**（平成二十六年法律第六十八号）

（決定の方式）

第六十条　前二条の決定は、主文及び理由を記載し、処分庁が記名押印した決定書によりしなければならない。

（以下略）

〈編注　右の「前二条」とは、再調査の請求に対する第五八条（却下又は棄却の決定）及び第五九条（認容の決定）の二条を指す。〉

■例二■

○**大規模な災害の被災地における借地借家に関する特別措置法**（平成二十五年法律第六十一号）

（強行規定）

第六条　前三条の規定に反する特約で借地権者又は転借地権者に不利なものは、無効とする。

〈編注　右の「前三条」とは、第三条（借地契約の解約等の特例）、第四条（借地権の対抗力の特例）及び第五条（土地の賃借権の譲渡又は転貸の許可の特例）の三条を指す。〉

■例三■

○**建築物のエネルギー消費性能の向上に関する法律**（平成二十七年法律第五十三号）

（基本方針）

第三条　（略）

2　基本方針においては、次に掲げる事項を定めるものとする。
（略）
四　前三号に掲げるもののほか、建築物のエネルギー消費性能の向上に関する重要事項
（略）
6　前三項の規定は、基本方針の変更について準用する。

3　「前各条」は、ある条においてその条に先行する条の全てを指示する場合で、その条数が四以上のときに用いる。これに対して、ある条においてその条に先行する条の一部を指示する場合でその条数が四以上のときは、「第○条から前条まで」と表現する。したがって、「前各号」の表現が用いられるのも、次の例に示すように、当該号に先行する号の全てを指示する場合でその号数が四以上のときにおいてである。「……から……まで」については、〈問305　参照〉。

■例■
○高度専門医療に関する研究等を行う国立研究開発法人に関する法律（平成二十年法律第九十三号）
（国立がん研究センターの業務の範囲）
第十三条　国立がん研究センターは、第三条第一項の目的を達成するため、次の業務を行う。
一　がんその他の悪性新生物に係る医療に関し、調査、研究及び技術の開発を行うこと。
二　前号に掲げる業務に密接に関連する医療を提供すること。
三　がんその他の悪性新生物に係る医療に関し、技術者の研修を行うこと。
四　前三号に掲げる業務に係る成果の普及及び政策の提言を行うこと。
五　前各号に掲げる業務に附帯する業務を行うこと。

○**原子力損害賠償・廃炉等支援機構法**（平成二十三年法律第九十四号）
（国債の償還等）
第四十九条　（略）
5　前各項に定めるもののほか、前条第二項の規定により政府が交付した国債の償還に関し必要な事項は、財務省令で定める。

二　「前条」、「前項」、「前号」又は「第○条から前条まで」の用法に対応して、その直後の条、項、号を指示する場合には、次の例に示すように、「次条」、「次項」、「次号」又は「次条（次項、次号）から第○条（第○項、第○号）まで」と表現する。ただし、「前二条」等に対応する「次二条」等の表現は用いない。〈問305　参照〉

■**例**■
○**女性の職業生活における活躍の推進に関する法律**（平成二十七年法律第六十四号）
第七条　内閣総理大臣、厚生労働大臣及び総務大臣は、事業主が女性の職業生活における活躍の推進に関する取組を総合的かつ効果的に実施することができるよう、基本方針に即して、次条第一項に規定する一般事業主行動計画及び第十五条第一項に規定する特定事業主行動計画（次項において「事業主行動計画」と総称する。）の策定に関する指針（以下「事業主行動計画策定指針」という。）を定めなければならない。
（以下略）
○**都市の低炭素化の促進に関する法律**（平成二十四年法律第八十四号）
（集約都市開発事業計画の認定基準等）
第十条　市町村長は、前条第一項の規定による認定の申請があった場合において、当該申請に係る集約都市開発事業計画が次に掲げる基準に適合すると認めるときは、その認定をするこのとができる。
（略）
二　集約都市開発事業計画（特定建築物の整備に係る部分に限る。次項から第四項まで及び第六項において同じ。）が第五十四条第一項第一号及び第二号に掲げる基準に適合するものであること。
（以下略）

○**国税通則法**（昭和三十七年法律第六十六号）
（納税義務の成立及びその納付すべき税額の確定）
第十五条　（略）
2　納税義務は、次の各号に掲げる国税（第一号から第十二号までにおいて、附帯税を除く。）については、当該各号に定める時（……）に成立する。
一　所得税（次号に掲げるものを除く。）　暦年の終了の時
二　源泉徴収による所得税　利子、配当、給与、報酬、料金その他源泉徴収をすべきものとされている所得の支払の時
（以下略）

三　このほか、その直前又は直後の章、節等を指示する場合にも、次の例に示すように、「前」又は「次」が用いられることは、条等の場合と同様である。

■**例**■
○**会社法**（平成十七年法律第八十六号）
（特別清算の手続に関する規定の準用）
第九百三条　前節の規定は、その性質上許されないものを除き、第八百二十二条第一項の規定による日本にある外国会社の財産についての清算について準用する。

〔「前項の……」、「前項に規定する……」等の用法〕

問315　「前項の……」・「前項に規定する……」・「前項の規定による……」・「前項の場合において」・「前項に規定する場合において」の語は、それぞれどのように使い分けるのか。

答　一　これらの語は、法令上、特定の場合に限って用いられるものといろいろな場合に用いられるものとがあり、一義的に説明できないので、次のように区分して説明する。

①　「前項の……」・「前項に規定する……」

②　「前項の……」・「前項の規定による……」

③　「前項の場合において」・「前項に規定する場合において」

二　「前項の……」・「前項に規定する……」は、次の例に示すように、当該前項において特定の意味内容をもつ語句又は事項を、その特定の意味内容のまま用いることを示す趣旨に用いる場合の用語例である。

次の例一では、当該前項の「一定の処分」を「前項に規定する一定の処分」として引用し、例二では、当該前項の「常時雇用する労働者の数が三百人以下」である一般事業主を「前項に規定する一般事業主」としてうけている。また、例三は、当該前項に一定の期間を規定しているのをうけて書く場合に、「前項に規定する期間」が用いられている。例四は、当該前項中の「生活関連物資等の価格が異常に上昇し又は上昇するおそれがある場合において、当該生活関連物資等の買占め又は売惜しみが行なわれ又は行なわれるおそれがあるとき」という事項をうけて、「前項に規定する事態」と表現している。

以上は「前項に規定する」の例で説明したが、例五及び例六では、これらと同様の意味で「前項の」が用いられている。

■例一■

○**行政不服審査法**（平成二十六年法律第六十八号）

（処分についての審査請求の認容）

第四十六条　（略）

2　前項の規定により法令に基づく申請を却下し、又は棄却する処分の全部又は一部を取り消す場合において、次の各号に掲げる審査庁は、当該申請に対して一定の処分をすべきものと認めるときは、当該各号に定める措置をとる。

一　処分庁の上級行政庁である審査庁　当該処分庁に対し、当該処分をすべき旨を命ずること。

二　処分庁である審査庁　当該処分をすること。

3　前項に規定する一定の処分に関し、第四十三条第一項第一号に規定する議を経るべき旨の定めがある場合において、審査庁が前項各号に定める措置をとるために必要があると認めるときは、審査庁は、当該定めに係る審議会等の議を経ることができる。

（以下略）

■例二■

○**女性の職業生活における活躍の推進に関する法律**（平成二十七年法律第六十四号）

（一般事業主行動計画の策定等）

第八条　（略）

7　一般事業主であって、常時雇用する労働者の数が三百人以下のものは、事業主行動計画策定指針に即して、一般事業主行動計画を定め、厚生労働省令で定めるところにより、厚生労働大臣に届け出るよう努めなければならない。これを変更したときも、同様とする。

8　第三項の規定は前項に規定する一般事業主が一般事業主行動計画を定め、又は変更しようとする場合について、第四項から第六項までの規定は前項に規定する一般事業主が一般事業主行動計画を定め、又は変更した場合について、それぞれ準用する。

■例三■

○**破産法**（平成十六年法律第七十五号）

（破産債権の除斥等）

第百九十八条 異議等のある破産債権（……）について最後配当の手続に参加するには、当該異議等のある破産債権を有する破産債権者が、前条第一項の規定による公告が効力を生じた日又は同条第三項の規定による届出があった日から起算して二週間以内に、破産管財人に対し、当該異議等のある破産債権の確定に関する破産債権査定申立てに係る査定の手続、破産債権査定異議の訴えに係る訴訟手続又は第百二十七条第一項の規定による受継があった訴訟手続が係属していることを証明しなければならない。

2 停止条件付債権又は将来の請求権である破産債権について最後配当の手続に参加するには、前項に規定する期間（以下この節及び第五節において「最後配当に関する除斥期間」という。）内にこれを行使することができるに至っていなければならない。

（以下略）

■例四■

○**生活関連物資等の買占め及び売惜しみに対する緊急措置に関する法律**（昭和四十八年法律第四十八号）

（物資の指定）

第二条 生活関連物資等の価格が異常に上昇し又は上昇するおそれがある場合において、当該生活関連物資等の買占め又は売惜しみが行なわれ又は行なわれるおそれがあるときは、政令で、当該生活関連物資等を特別の調査を要する物資として指定する。

2 前項に規定する事態が消滅したと認められる場合には、同項の規定による指定は、解除されるものとする。

■例五■

○**会社法**（平成十七年法律第八十六号）

（監査等委員である取締役等の選任等についての意見の陳述）
第三百四十二条の二　（略）
２　監査等委員である取締役を辞任した者は、辞任後最初に招集される株主総会に出席して、辞任した旨及びその理由を述べることができる。
３　取締役は、前項の者に対し、同項の株主総会を招集する旨及び第二百九十八条第一項第一号に掲げる事項を通知しなければならない。
（以下略）

■例六■

○再生医療等の安全性の確保等に関する法律（平成二十五年法律第八十五号）

（第一種再生医療等提供計画の変更命令等）
第八条　厚生労働大臣は、第四条第一項の規定による第一種再生医療等提供計画の提出があった場合において、当該第一種再生医療等提供計画に記載された第一種再生医療等が再生医療等提供基準に適合していないと認めるときは、その提出があった日から起算して九十日以内に限り、当該第一種再生医療等提供計画に係る再生医療等提供機関の管理者に対し、当該第一種再生医療等提供計画の変更その他必要な措置をとるべきことを命ずることができる。
２　厚生労働大臣は、第四条第一項の規定による第一種再生医療等提供計画の提出があった場合において、前項の期間内に同項の命令をすることができない合理的な理由があるときは、同項の期間を延長することができる。この場合においては、同項の期間内に、当該第一種再生医療等提供計画に係る再生医療等提供機関の管理者に対し、その旨、延長後の期間及び延長する理由を通知しなければならない。
（以下略）

三　「前項の……」・「前項の規定による……」は、次の例に示すように、当該前項の規定を根拠規定としてされる「……」であることを示す場合の用語例である。この場合、次の例一から例三までで示すように、当該前項の「……」の部分が、名詞形の場合には「前項の……」でうけ、動詞形の場合には「前項の規定による……」でうけることとされているが、それほど厳密に使い分けられているわけではない。次の例四と例五とを比べると、同じ「指示」という語について、例四は名詞形を「前項の規定による指示」でうけ、例五は動詞形を「前項の指示」でうけており、通常の用語例と逆になっている。

■例一■

○**保険業法**（平成七年法律第百五号）

（免許）

第三条　保険業は、内閣総理大臣の免許を受けた者でなければ、行うことができない。

2　前項の免許は、生命保険業免許及び損害保険業免許の二種類とする。

（以下略）

■例二■

○**女性の職業生活における活躍の推進に関する法律**

（職業指導等の措置等）

第十八条　（略）

3　地方公共団体は、前項に規定する業務に係る事務の一部を、その事務を適切に実施することができるものとして内閣府令で定める基準に適合する者に委託することができる。

4　前項の規定による委託に係る事務に従事する者又は当該事務に従事していた者は、正当な理由なく、当該事務に関して知り得た秘密を漏らしてはならない。

■例三■

○**建築物のエネルギー消費性能の向上に関する法律**（平成二十七年法律第五十三号）

（建築物のエネルギー消費性能に係る認定）

第三十六条　建築物の所有者は、国土交通省令で定めるところにより、所管行政庁に対し、当該建築物について建築物エネルギー消費性能基準に適合している旨の認定を申請することができる。

2　所管行政庁は、前項の規定による認定の申請があった場合において、当該申請に係る建築物が建築物エネルギー消費性能基準に適合していると認めるときは、その旨の認定をすることができる。

3　前項の認定を受けた者は、当該認定を受けた建築物（以下「基準適合認定建築物」という。）、その敷地又はその利用に関する広告その他の国土交通省令で定めるもの（次項において「広告等」という。）に、国土交通省令で定めるところにより、当該基準適合認定建築物が当該認定を受けている旨の表示を付することができる。

4　何人も、前項の規定による場合を除くほか、建築物、その敷地又はその利用に関する広告等に、同項の表示又はこれと紛らわしい表示を付してはならない。

■例四■

○食品表示法（平成二十五年法律第七十号）

（指示等）

第六条　食品表示基準に定められた第四条第一項第一号に掲げる事項（……）が表示されていない食品（……）の販売をし、又は販売の用に供する食品に関して表示事項を表示する際に食品表示基準に定められた同条第一項第二号に掲げる事項（……）を遵守しない食品関連事業者があるときは、内閣総理大臣又は農林水産大臣（……）は、当該食品関連事業者に対し、表示事項を表示し、又は遵守事項を遵守すべき旨の指示をすることができる。

2　次の各号に掲げる大臣は、単独で前項の規定による指示（……）をしようとするときは、あらかじめ、その指示の内容について、それぞれ当該各号に定める大臣に通知するものとする。

一　内閣総理大臣　農林水産大臣
二　農林水産大臣　内閣総理大臣
（以下略）

例五
○武力攻撃事態等における特定公共施設等の利用に関する法律（平成十六年法律第百十四号）
（港湾施設の利用に関する内閣総理大臣の措置）
第九条　内閣総理大臣は、特定の港湾施設について第七条第一項の要請に基づく所要の利用が確保されない場合において、国民の生命、身体若しくは財産の保護又は武力攻撃の排除を図るため特に必要があると認めるときは、対策本部長の求めに応じ、当該特定の港湾施設の港湾管理者に対し、当該所要の利用を確保すべきことを指示することができる。
2　前条の規定は、港湾管理者が前項の指示に従いその管理する特定の港湾施設を利用させる場合について準用する。
（以下略）

四　「前項の場合において」・「前項に規定する場合において」は、はっきり区別して用いられる。「前項の場合において」という語は、次の例一に示すように、項を改めて、前項で規定された事項の補足的事項を定める場合に用いられる。項を改めて規定するほどのことがない場合には、当該前項の後段として、「この場合において」の語を用いて書く。
「前項に規定する場合において」という語は、次の例二に示すように、当該前項に仮定的条件を示す「……の場合において（は）」、「……の場合において、……のときは」又は「……のときは」という部分がある場合に、この部分をうけて「その場合」

という意味を表そうとするときに用いられる。したがって、当該前項中の一部分のみをうけるのであり、「前項の場合において」という語が、前項の全部をうけるのとは、明らかに異なる。

■例一■

○株式会社海外通信・放送・郵便事業支援機構法（平成二十七年法律第三十五号）

第四十条　機構の取締役、会計参与（会計参与が法人であるときは、その職務を行うべき社員）、監査役又は職員が、その職務に関して、賄賂を収受し、又はその要求若しくは約束をしたときは、三年以下の懲役に処する。これによって不正の行為をし、又は相当の行為をしなかったときは、五年以下の懲役に処する。

2　前項の場合において、犯人が収受した賄賂は、没収する。その全部又は一部を没収することができないときは、その価額を追徴する。

■例二■

○消費者の財産的被害の集団的な回復のための民事の裁判手続の特別に関する法律（平成二十五年法律第九十六号）

（弁論等の必要的併合）

第七条　請求の内容及び相手方が同一である共通義務確認訴訟が数個同時に係属するときは、その弁論及び裁判は、併合してしなければならない。

2　前項に規定する場合には、当事者は、その旨を裁判所に申し出なければならない。

五　以上は、全て「前項」の語によって説明したが、「前項」が「前条」、「第○条」、「第一項」等として用いられることがあり、それらの場合にも以上述べたところが全て妥当することは、いうまでもない。

〈「その他」と「その他の」〉

問316　「その他」と「その他の」とでは、どのような違いがあるのか。

答　「その他」は、次の例一に示すように、「その他」の前にある字句と「その他」の後にある字句とが並列の関係にある場合に、「その他の」は、例二に示すように、「その他の」の前にある字句が「その他の」の後にある、より内容の広い意味を有する字句の例示として、その一部を成している場合に用いられる。

両者の相違は、「その他政令で定める……」又は「その他の政令で定める……」について いえば、前者の場合は、例三に示すように、「その他」の前に置かれたものについては改めて政令で定めなくても、当然、当該規定の対象となるのに対し、後者の場合は、それが例示とされるところから、当該規定の対象とするためには、例四に示すように、「その他の」の前で例示されたものについても改めて政令で定めなければならないという点にある。

■例一■

○行政手続等における情報通信の技術の利用に関する法律（平成十四年法律第百五十一号）

（定義）

第二条　この法律において、次の各号に掲げる用語の意義は、当該各号に定めるところによる。

（略）

五　電磁的記録　電子的方式、磁気的方式その他人の知覚によっては認識することができない方式で作られる記録であって、電子計算機による情報処理の用に供されるものをいう。

（以下略）

■例二■

○**行政手続における特定の個人を識別するための番号の利用等に関する法律**（平成二十五年法律第二十七号）

（定義）

第二条　（略）

8　この法律において「特定個人情報」とは、個人番号（個人番号に対応し、当該個人番号に代わって用いられる番号、記号その他の符号であって、住民票コード以外のものを含む。……）をその内容に含む個人情報をいう。

■**例三**■

○**少年院法**（平成二十六年法律第五十八号）

第九十六条　在院者の付添人等又は弁護人等との面会の日及び時間帯は、日曜日その他政令で定める日以外の日の少年院の執務時間内とする。

（以下略）

○**少年院法施行令**（平成二十七年政令第九十一号）

（面会が制限される日）

第二条　法第九十六条第一項（……）に規定する政令で定める日は、土曜日、国民の祝日に関する法律（昭和二十三年法律第百七十八号）に規定する休日、一月二日、一月三日及び十二月二十九日から十二月三十一日までの日とする。

■**例四**■

○**建築物のエネルギー消費性能の向上に関する法律**（平成二十七年法律第五十三号）

（定義）

第二条　この法律において、次の各号に掲げる用語の意義は、それぞれ当該各号に定めるところによる。

（略）

二　エネルギー消費性能　建築物の一定の条件での使用に際し消費されるエネルギー（エネ

ルギーの使用の合理化等に関する法律第二条第一項に規定するエネルギーをいい、建築物に設ける空気調和設備その他の政令で定める建築設備（第六条第一項及び第二十九条第一項において「空気調和設備等」という。）において消費されるものに限る。）の量を基礎として評価される性能をいう。
（以下略）
○**建築物のエネルギー消費性能の向上に関する法律施行令**（平成二十八年政令第八号）
（空気調和設備等）
第一条　建築物のエネルギー消費性能の向上に関する法律（以下「法」という。）第二条第二号の政令で定める建築設備は、次に掲げるものとする。
一　空気調和設備その他の機械換気設備
二　照明設備
三　給湯設備
四　昇降機

〔「ただし」と「この場合において」〕

問317　「ただし」と「この場合において」とは、どのように使い分けるのか。

答　「ただし」も「この場合において」も、共に文章と文章とをつなぐ特別の法令用語として用いられる語である。

一　「ただし」は、主たる文章の後に続けて、主たる文章に対する除外例とか、制限的又は例外的条件を規定したり、解釈上の注意規定を示す場合に、そのことを示す文章の冒頭に用いられる。「ただし」で始まる文章を「ただし書」というが（これに対し、主たる文章は「本文」と呼ぶ。）、ただし書は、通例、除外例や例外的条件を規定するものであるから、ただし書の文章の末尾は「この限りでない」〈問307　参照〉の語で終わる場合が多い。また、ただし書の場合、次の例に示すように、改行して書かないのは、主たる文章（本文）との意味上のつながりを失わせないようにするためである。なお、〈問74　参照〉。

■例一■

○会社法（平成十七年法律第八十六号）

（詐害事業譲渡に係る譲受会社に対する債務の履行の請求）

第二十三条の二　譲渡会社が譲受会社に承継されない債務の債権者（以下この条において「残存債権者」という。）を害することを知って事業を譲渡した場合には、残存債権者は、その譲受会社に対して、承継した財産の価額を限度として、当該債務の履行を請求することができる。ただし、その譲受会社が事業の譲渡の効力が生じた時において残存債権者を害することを知らなかったときは、この限りでない。

（以下略）

■例二■

○**平成三十二年東京オリンピック競技大会・東京パラリンピック競技大会特別措置法**（平成二十七年法律第三十三号）

（国の職員の派遣）

第十七条　（略）

5　第一項の規定による派遣の期間は、三年を超えることができない。ただし、組織委員会からその期間の延長を希望する旨の申出があり、かつ、特に必要があると認めるときは、任命権者は、当該国の職員の同意を得て、当該派遣の日から引き続き五年を超えない範囲内で、これを延長することができる。

（以下略）

二　「この場合において」も、次の例一に示すように、主たる文章（前段）の後に後段として改行しないで続けて書くが、この語は、主たる文章（前段）の趣旨を補足的に説明したり、主たる文章（前段）と密接な関係を有する内容を続けて規定する場合に、そのつなぎの語として用いられる。

また、他の法令を準用〈問319　参照〉する場合に、その読みにくい部分を補足する読替規定〈問77　参照〉を置くときは、例二に示すように、「この場合において」の語をもって始める。

なお、右のいずれの場合でも、同一項中に後段として付け加える文章が長すぎるようなときは、「前項の場合において」として、別項を起こして書かれることもある。〈問315　参照〉

■例一■

○**行政不服審査法**（平成二十六年法律第六十八号）

（行政庁が裁決をする権限を有しなくなった場合の措置）

第十四条　行政庁が審査請求がされた後法令の改廃により当該審査請求につき裁決をする権限を有しなくなったときは、当該行政庁は、第十九条に規定する審査請求書又は第二十一条第二項に規定する審査請求録取書及び関係書類その他の物件を新たに当該審査請求につき裁決をする権限を有することとなった行政庁に引き継がなければならない。この場合において、その引継ぎを受けた行政庁は、速やかに、その旨を審査請求人及び参加人に通知しなければならない。

■例二■

○**農業の有する多面的機能の発揮の促進に関する法律**（平成二十六年法律第七十八号）

（事業計画の変更等）

第八条　（略）
4　前条第四項から第六項までの規定は、認定事業計画の変更について準用する。この場合において、同条第五項及び第六項中「第一項」とあるのは、「次条第一項」と読み替えるものとする。

〔「遅滞なく」、「直ちに」と「速やかに」〕

問318　「遅滞なく」、「直ちに」又は「速やかに」は、それぞれどのように違うのか。

答　いずれも「すぐに」ということで、時間的に遅れてはならないことを示す副詞であるが、それぞれニュアンスの差がある。

このうち、「遅滞なく」は、「直ちに」及び「速やかに」に比べると時間的即時性が弱い場合が多く、正当な又は合理的な遅滞は許されるものと解されている。「直ちに」と「速やかに」では、「直ちに」が時間的即時性が強く、一切の遅れを許さない趣旨で用いられる。これに比べると、「速やかに」は、「直ちに」よりは急迫の程度が低い場合に用いられる。

なお、「遅滞なく」及び「直ちに」の語を用いて規定されている場合には、遅滞により義務違反となるのを通例とするのに対し、「速やかに」の場合は訓示的な意味をもつにすぎないことが多い（もっとも、次の例三の銃砲刀剣類所持等取締法第二三条は「すみやかに」の文言を用いているが、その違反に対しては罰金が科せられる。なお、昭和四〇年法律第四七号による改正前の銃砲刀剣類所持等取締法第一七条第一項にも、「すみやかに」の文言が用いられており、これについて、あいまいな規定であるとして違憲とされたこともある（もっとも、控訴審では破棄された（昭和三七年一二月一〇日大阪高等裁判所判決）。このようなこともあって、同項の規定は、昭和四〇年の改正で、現行の「二十日以内」に改められた。）。＜問100　参

照〉

■例一■

○平成三十二年東京オリンピック競技大会・東京パラリンピック競技大会特別措置法（平成二十七年法律第三十三号）

（基本方針）

第十三条　内閣総理大臣は、大会の円滑な準備及び運営に関する施策の総合的かつ集中的な推進を図るための基本的な方針（以下この条において「基本方針」という。）の案を作成し、閣議の決定を求めなければならない。

（略）

3　内閣総理大臣は、第一項の規定による閣議の決定があったときは、遅滞なく、基本方針を公表しなければならない。

（以下略）

○**特定農林水産物等の名称の保護に関する法律**（平成二十六年法律第八十四号）

（登録生産者団体の変更の届出等）

第十七条　登録生産者団体は、当該登録生産者団体に係る第十二条第二項第三号に掲げる事項に変更があったときは、遅滞なく、その旨及びその年月日を農林水産大臣に届け出なければならない。

（以下略）

■例二■

○**少年院法**（平成二十六年法律第五十八号）

（在院者の重態の通知等）

第五十六条　少年院の長は、負傷し、又は疾病にかかっている在院者が重態となり、又はそのおそれがあると認めるときは、直ちに、その旨をその保護者その他相当と認める者に通知しなければならない。

（以下略）

○**道路交通法**（昭和三十五年法律第百五号）

（交通事故の場合の措置）

第七十二条　交通事故があつたときは、当該交通事故に係る車両等の運転者その他の乗務員（……）は、直ちに車両等の運転を停止して、負傷者を救護し、道路における危険を防止する等必要な措置を講じなければならない。……

（以下略）

■例三■

○**株式会社海外交通・都市開発事業支援機構法**（平成二十六年法律第二十四号）

（支援決定の撤回）

第二十六条　機構は、次に掲げる場合には、速やかに、前条第一項の規定による決定（次項において「支援決定」という。）を撤回しなければならない。

一　対象事業者が対象事業を行わないとき。

二　対象事業者が破産手続開始の決定、再生手続開始の決定、更生手続開始の決定、特別清算開始の命令又は外国倒産処理手続の承認の決定を受けたとき。

2　機構は、前項の規定により支援決定を撤回したときは、直ちに、対象事業者に対し、その旨を通知しなければならない。

○**銃砲刀剣類所持等取締法**（昭和三十三年法律第六号）

（発見及び拾得の届出）

第二十三条　銃砲又は刀剣類を発見し、又は拾得した者は、すみやかにその旨をもよりの警察署に届け出なければならない。

（略）

第三十五条　次の各号のいずれかに該当する者は、二十万円以下の罰金に処する。

（略）
二　第四条の四第一項、……第二十三条又は第二十四条第一項の規定に違反した者（……）
（以下略）

〔「適用」と「準用」〕

問319　「適用」と「準用」とは、どのように違うのか。

答　一　「適用」については、〈問11　参照〉。

二　「適用」ということが、その規定の本来の目的とする対象に対して規定を当てはめることをいうのに対して、「準用」とは、ある事象に関する規定を、それと類似する他の事象について、必要な変更を加えて働かせることをいう。したがって、本来の目的とする事象と本質の異なる事象に対して当てはめる場合でも、それについて本来の規定について何ら変更を加えず、そのまま当てはめることができる場合には、「準用する」ではなく「適用する」の語が用いられる。

三　「準用」というのは、類似する事象について一々規定を設けることはかえって法規が複雑となるということで、これを避けるためという立法技術上の理由から用いられるのであるが、反面、準用に伴い必要な修正を加える必要があるので、規定としては分かりにくくなるという難点があることは否めない。このため、準用条文を当該準用される規定に当てはめるについて読みにくい部分を補足する読替規定〈問77　参照〉が置かれるのが、通例である（「適用」の場合にも、読替えが行われることがある。）。

なお、「準用」の場合にあっては、準用された法令が改廃されたときは、当然に準用法令にもその効力が及ぶことになる。このほか、罰則の「準用」については、〈問104　参照〉。

■例■

○**特定国立研究開発法人による研究開発等の促進に関する特別措置法**（平成二十八年法律第四十三号）

（基本方針）

第三条　（略）

6　第三項及び第四項の規定は、前項の規定による基本方針の変更について準用する。

○**特定特殊自動車排出ガスの規制等に関する法律**（平成十七年法律第五十一号）

（準用）

第二十七条　第十九条第二項、第三項、第五項及び第六項並びに第二十条の規定は前条第一項の登録について、第二十一条から第二十五条までの規定は登録特定特殊自動車検査機関について準用する。この場合において、これらの規定中「特定原動機検査事務」とあるのは「特定特殊自動車検査事務」と、第十九条第五項中「登録特定原動機検査機関登録簿」とあるのは「登録特定特殊自動車検査機関登録簿」と、第二十一条第六項中「特定原動機製作等事業者」とあるのは「特定特殊自動車製作等事業者」と読み替えるものとするほか、必要な技術的読替えは、政令で定める。

○**農業の有する多面的機能の発揮の促進に関する法律**（平成二十六年法律第七十八号）

（土地改良法の特例）

第十二条　（略）

2　土地改良法第九十四条の六第二項の規定は、前項の規定による委託について準用する。この場合において、同条第二項中「国営土地改良事業」とあるのは「都道府県営土地改良事業」と、「土地改良財産たる土地改良施設（農林水産省令で定める」とあるのは「土地改良施設（農業の有する多面的機能の発揮の促進に関する法律第七条第四項（同法第八条第四項において準用する場合を含む。）の同意に係る」と、「準拠して」とあるのは「準拠するとともに、同法第八条第二項に規定する認定事業計画に記載された同法第七条第三項に規定する当該土地改良施設についての管理に関する事項の内容に即して」と読み替えるものとする。

四　法令には、次の例に示すように、ある規定の準用について定める規定を更に準用する旨定める規定が置かれることがあり、このような関係は、孫準用と呼ばれる。このような孫準用は、立法技術上やむを得ない手法であるとしても、法令をますます分かりにくいものとすることは否めないので、努めて避けられるべきであり、その例もそれほど多いわけではない。

例

○金融商品取引法（昭和二十三年法律第二十五号）

（有価証券報告書の記載内容に係る確認書の提出）

第二十四条の四の二　第二十四条第一項の規定による有価証券報告書を提出しなければならない会社（……）のうち、第二十四条第一項第一号に掲げる有価証券の発行者である会社その他の政令で定めるものは、内閣府令で定めるところにより、当該有価証券報告書の記載内容が金融商品取引法令に基づき適正であることを確認した旨を記載した確認書（……）を当該有価証券報告書（……）と併せて内閣総理大臣に提出しなければならない。

（略）

3　前二項の規定は、第二十四条第五項において準用する同条第一項の規定による有価証券報告書を提出しなければならない会社（……）のうち政令で定めるものについて準用する。

4　前三項の規定は、第二十四条の二第一項において読み替えて準用する第七条第一項、第九条第一項又は第十条第一項の規定により訂正報告書を提出する場合について準用する。この場合において、必要な技術的読替えは、政令で定める。

（略）

(確認書に関する規定の四半期報告書への準用)

第二十四条の四の八 第二十四条の四の二の規定は、前条第一項又は第二項（これらの規定を同条第三項において準用する場合を含む。）の規定により四半期報告書を提出する場合及び同条第四項において読み替えて準用する第七条第一項、第九条第一項又は第十条第一項の規定により訂正報告書を提出する場合について準用する。この場合において、……と読み替えるものとするほか、必要な技術的読替えは、政令で定める。

(略)

(会社以外の発行者に関する準用規定)

第二十七条 第二条の二、第五条から第十三条まで、第十五条から第二十四条の五の二まで及び第二十四条の七から前条までの規定は、発行者が会社以外の者（……）である場合について準用する。この場合において、……と読み替えるものとするほか、必要な技術的読替えその他これらの規定の適用に関し必要な事項は、政令で定める。

〔「同」の用法〕

問320 「同」の語を用いるのは、どのような場合か。

答 ある法令の文章中で最も近い前の場所に表示された条、項、号、年、月等の字句をうけて、厳密に同一の対象であることを示す場合に用いられるのが、「同」である。したがって、中間に異なる条、項、号等が挿入される場合には、それより前に表示された条、項、号等を「同」でうけることができないことはいうまでもない。〈問76 参照〉

なお、同一の条における同じ項又は同じ号を示す場合には、「同条同項」又は「同条同号」といわず、単に「同項」又は「同号」と表現するのが通例である。また、直前に示された法律又は政令若しくは省令をうける場合には、その題名のいかんにかかわらず、「同法」又は「同令」でうける。このことは、省令の題名で「○○規則」とされるものがあっても、同様である。これは、委員会規則について「同規則」といううけ方をするのと混同しないためである。

■例■

○**消費税法**（昭和六十三年法律第百八号）

（個人事業者の納税地の特例）

第二十一条　国内に住所のほか居所を有する個人事業者で所得税法第十六条第一項（納税地の特例）の規定の適用を受けようとする者（第二十三条第一項の規定により納税地の指定を受けている者を除く。）が同法第十六条第三項の規定により同項の書類を提出したときは、その提出があつた日後における資産の譲渡等及び特定仕入れに係る消費税の納税地は、前条第一号の規定にかかわらず、その住所地に代え、その居所地とする。

（以下略）

○**消費税法施行令**（昭和六十三年政令第三百六十号）

（利子を対価とする貸付金等）

第十条　（略）

2　法別表第一第三号に規定する政令で定める契約は、次に掲げる契約とする。

（略）

四　地方公務員等共済組合法（昭和三十七年法律第百五十二号）第二十五条前段（資金の運用）（同法第三十八条第一項（準用規定）及び第三十八条の九第一項（準用規定）において準用する場合を含む。）に規定する余裕金、同法第三十八条の八第一項（厚生年金保険給付調整積立金）に規定する厚生年金保険給付調整積立金及び同法第三十八条の八の二第一項（退職等年金給付調整積立金）に規定する退職等年金給付調整積立金並びに被用者年金制度の一元化等を図るための厚生年金保険法等の一部を改正する法律（平成二十四年法律第六十三号）附則第七十五条の二第一項（地方の組合の経過的長期給付組合積立金等の積立て）に規定する地方の組合の経過的長期給付組合積立金及び同条第二項に規定する地方の組合の経過的長期給付調整積立金の運用のために締結される地方公務員等共済組合法施行令（昭和三十七年政令第三百五十二号）第十六条第一項第六号（厚生年金保険給付組合積立金等資金及び退職等年金給付組合積立金等資金以外の資金の運用）（同令第二十条（準用規定）及び第二十一条の三（準用規定）において準用する場合を含む。）及び第十六条の二第一項第四号（厚生年金保険給付組合積立金等資金及び退職等年金給付組合積立金等資金の管理及び運用）（同令第二十条及び第二十一条の三並びに……において準用する場合を含む。）に規定する生命保険に係る契約

（略）

3　法別表第一第三号に掲げる資産の貸付け又は役務の提供に類するものとして同号に規定する政令で定めるものは、次に掲げるものとする。

（略）

九　割賦販売法（昭和三十六年法律第百五十九号）第二条第一項（定義）に規定する割賦販売、同条第二項に規定するローン提携販売、同条第三項に規定する包括信用購入あっせん又は同条第四項に規定する個別信用購入あっせんに係る手数料で当該割賦販売、ローン提携販売、包括信用購入あっせん又は個別信用購入あっせんに係る契約においてその額が明示されているものを対価とする役務の提供

（以下略）

〔「当該」の用法〕

問321　「当該」の語の用法は、どのようになっているのか。「その」とは、どのような違いがあるのか。

答　「当該」の語も、基本的には「その」という連体詞と異なるところはなく、法令においては「その」の代わりに全て「当該」を用いるというわけではない。しかし、法令で「当該」を用いる場合には、次に掲げるように、単に「その」というよりは若干ニュアンスを異にする用い方がされている。

一　まず、次の例に示すように、ある規定中の特定の対象をとらえて引用する場合に、

それが先に掲げた特定の対象を指示するものであり、それと同一のものであることを示す語として用いられる。すなわち、次の例についていえば、その直前にある語を指して「当該請求」、「当該職員」及び「当該期間」が用いられている。

■例■

○**国家公務員の配偶者同行休業に関する法律**（平成二十五年法律第七十八号）

（配偶者同行休業の承認）

第三条 任命権者は、職員が配偶者同行休業を請求した場合において、公務の運営に支障がないと認めるときは、当該請求をした職員の勤務成績その他の事情を考慮した上で、三年を超えない範囲内の期間に限り、当該職員が配偶者同行休業をすることを承認することができる。

2 前項の請求は、配偶者同行休業をしようとする期間の初日及び末日並びに当該職員の配偶者が当該期間中外国に住所又は居所を定めて滞在する事由を明らかにしてしなければならない。

二 次に、次の例に示すように、「そこで問題となっているそれぞれの」というような意味を有する語として用いられる。次の例でいえば、第二項の「当該年度」は、利子補給契約を結ぶことにより国家戦略特区支援利子補給金を支給することとなるその年度という意味で用いられている。

■例■

○**国家戦略特別区域法**（平成二十五年法律第百七号）

（国家戦略特区支援利子補給金の支給）

第二十八条 （略）

2　政府は、毎年度、利子補給契約を結ぶ場合には、各利子補給契約により当該年度において支給することとする国家戦略特区支援利子補給金の額の合計額が、当該年度の予算で定める額を超えることとならないようにしなければならない。
（以下略）

三　「当該」の語は、ある事柄が各号形式で規定される場合、次の例一及び例二に示すように、「当該各号」の表現により、「該当するそれぞれの号」といった意味を表すためにも用いられる。

■例一■
○所得税法等の一部を改正する等の法律（平成二十九年法律第四号）

附　則

（施行期日）
第一条　この法律は、平成二十九年四月一日から施行する。ただし、次の各号に掲げる規定は、当該各号に定める日から施行する。
一　第十二条中租税特別措置法第九十条の十二の改正規定（同条第一項第四号イ(3)中「エネルギー消費効率（以下この条」の下に「及び次条第二項」を加える部分を除く。）及び附則第九十三条第一項から第三項までの規定　平成二十九年五月一日
二　第十二条中租税特別措置法第七十条の二の二の改正規定及び同法第七十条の二の三第七項の改正規定並びに附則第八十八条第六項の規定　平成二十九年六月一日
三　次に掲げる規定　平成二十九年十月一日
（以下略）
〈編注　右の附則第一条は、第一号から第一八号までの号から成り立っている。〉

■例二■

○行政不服審査法（平成二十六年法律第六十八号）

（審査請求をすべき行政庁）

第四条　審査請求は、法律（条例に基づく処分については、条例）に特別の定めがある場合を除くほか、次の各号に掲げる場合の区分に応じ、当該各号に定める行政庁に対してするものとする。

一　処分庁等（処分をした行政庁（以下「処分庁」という。）又は不作為に係る行政庁（以下「不作為庁」という。）をいう。以下同じ。）に上級行政庁がない場合又は処分庁等が主任の大臣若しくは宮内庁長官若しくは内閣府設置法（平成十一年法律第八十九号）第四十九条第一項若しくは第二項若しくは国家行政組織法（昭和二十三年法律第百二十号）第三条第二項に規定する庁の長である場合　当該処分庁等

二　宮内庁長官又は内閣府設置法第四十九条第一項若しくは第二項若しくは国家行政組織法第三条第二項に規定する庁の長が処分庁等の上級行政庁である場合　宮内庁長官又は当該庁の長

三　主任の大臣が処分庁等の上級行政庁である場合（前二号に掲げる場合を除く。）　当該主任の大臣

四　前三号に掲げる場合以外の場合　当該処分庁等の最上級行政庁

四　このほか、特殊な用法として、次の例に示すように、「当該職員」という用法がある。これは、「当該」と「職員」との二語から成るものとしてではなく、「当該職員」という語として、職制上又は特別の委任により一定の行政上の権限（例えば、立入調査の権限）を与えられている国又は地方公共団体の職員を意味するものとして用いられる。

〔「当分の間」〕

問322　「当分の間」と定めるのは、どのような場合か。また、それは、どの程度の期間を指すのか。

■例■

○国税通則法（昭和三十七年法律第六十六号）

（当該職員の所得税等に関する調査に係る質問検査権）

第七十四条の二　国税庁、国税局若しくは税務署（……）又は税関の当該職員（税関の当該職員にあつては、消費税に関する調査（……）を行う場合に限る。）は、所得税、法人税、地方法人税又は消費税に関する調査について必要があるときは、次の各号に掲げる調査の区分に応じ、当該各号に定める者に質問し、その者の事業に関する帳簿書類その他の物件（税関の当該職員が行う調査にあつては、課税貨物（……）又はその帳簿書類その他の物件とする。）を検査し、又は当該物件（その写しを含む。……）の提示若しくは提出を求めることができる。

（以下略）

答一　法令で「当分の間」と定めるのは、この語を用いた規定において定められた措置が臨時的なものであって、将来において当該措置が廃止又は変更されることが予定されるのであるが、法令制定の時点において直ちに三年なり五年なり特定の期間を見通すことができない場合においてである。また、ある法令が廃止又は改正された場合で、特別の必要があって廃止又は改正前の規定を一定期間存続させておく必要があるときにも用いられる。

二　「当分の間」として定められた規定は、時の経過とともに、対象となるべき事象が消滅し、その改廃措置をまたずに実効的に効力を喪失するに至る場合は別として、そもそもある一定の期間を見通すことができないことを理由としてそのように規定されたものである以上、将来、別途立法上の措置が講ぜられるまではそのまま存続し、効力を有することになる。この点、最高裁判所も、「当分ノ内」と定めた次の例一に示す刑法施行法第二五条第一項について、「刑法施行法は……当分のうちその効力を有すると規定しているのであるから、この規定の内容は早晩改正されることが予想されたものと言わなければならない。……しかしながら……刑法施行法に「当分ノ内」の字句があるとしても、他の法律によって廃止されないかぎり法規としての効力を失ったものということはできない」（昭和二四年四月六日大法廷判決）旨を判示している。＜問46　参照＞

■例一■

○刑法施行法（明治四十一年法律第二十九号）

第二十五条　左ニ記載シタル旧刑法ノ規定ハ当分ノ内刑法施行前ト同一ノ効力ヲ有ス

（以下略）

＜編注　本条は、判決当時（昭和二四年）のものである。＞

■例二■

○義務教育諸学校における教育の政治的中立の確保に関する臨時措置法（昭和二十九年法律第百五十七号）

附　則

この法律は、公布の日から起算して十日を経過した日から施行し、当分の間、その効力を有する。

＜編注　この法律の公布の日は、昭和二九年六月三日、施行日は同月一三日である。＞

■例三■

○国際航海船舶及び国際港湾施設の保安の確保等に関する法律（平成十六年法律第三十一

号）

（本邦以外の地域とみなす地域）

第五十条　この法律の適用については、国土交通省令で定める本邦の地域は、当分の間、本邦以外の地域とみなす。

■例四■

○証券取引法等の一部を改正する法律の施行に伴う関係法律の整備等に関する法律（平成十八年法律第六十六号）

第五十六条　この法律の施行の際現に旧証券投資顧問業法附則第三条第一項の規定により投資助言業務（……）を行っている銀行（……）は、新金融商品取引法第三十三条の二及び平成十八年証券取引法改正法附則第十七条第二項の規定にかかわらず、当分の間（次項の規定により読み替えて適用する新金融商品取引法第五十二条の二第一項の規定により投資助言業務の廃止を命ぜられたときは、当該廃止を命ぜられた日までの間）、引き続き投資助言業務を行うことができる。

（以下略）

■例五■

○雇用保険法等の一部を改正する法律（平成二十八年法律第十七号）

附　則

（介護をするための休業に係る承認の請求を公務員がする場合における経過措置）

第十二条　独立行政法人通則法（平成十一年法律第百三号）第二条第四項に規定する行政執行法人（附則第十七条第一項において「行政執行法人」という。）の職員のうち……常時勤務することを要しない職員に対する育児休業、介護休業等育児又は家族介護を行う労働者の福祉に関する法律（……）第六十一条第三項の規定の適用については、当分の間、同項中「第十一条第一項ただし書」とあるのは、「雇用保険法等の一部を改正する法律（平成二十八年法律第十七号）第八条の規定による改正前の第十一条第一項ただし書」とする。

（以下略）

〔「とき」、「時」と「場合」〕

問323　「とき」、「時」、「場合」は、それぞれどのように使い分けるのか。

答　**一**　「とき」と平仮名書きする場合は、次の例に示すように、必ずしも「時点」という限定した意味ではなく、広く「場合」という語と同じような意味に用いられることが多い。そして、「とき」又は「場合」のいずれを用いるべきかについては、特に決まった原則というようなものはない。

■例■

○**外国為替及び外国貿易法**（昭和二十四年法律第二百二十八号）

第十条　我が国の平和及び安全の維持のため特に必要があるときは、閣議において、対応措置（……）を講ずべきことを決定することができる。

2　政府は、前項の閣議決定に基づき同項の対応措置を講じた場合には、当該対応措置を講じた日から二十日以内に国会に付議して、当該対応措置を講じたことについて国会の承認を求めなければならない。ただし、国会が閉会中の場合又は衆議院が解散されている場合には、その後最初に召集される国会において、速やかに、その承認を求めなければならない。

3　政府は、前項の場合において不承認の議決があつたときは、速やかに、当該対応措置を終了させなければならない。

二　次に、「場合」という語は、次の例に示すように、仮定的な条件を示すときに、又は既に規定されたある事項を引用する包括的条件を示すときに、その趣旨を表す語として用いられる。「前項の場合において」・「前項に規定する場合において」については、〈問315　参照〉。

■例■

○**民法**（明治二十九年法律第八十九号）

（再婚禁止期間）

第七百三十三条　（略）

2　前項の規定は、次に掲げる場合には、適用しない。

一　女が前婚の解消又は取消しの時に懐胎していなかった場合

二　女が前婚の解消又は取消しの後に出産した場合

○**行政不服審査法**（平成二十六年法律第六十八号）

（処分庁等を経由する審査請求）

第二十一条　審査請求をすべき行政庁が処分庁等と異なる場合における審査請求は、処分庁等を経由してすることができる。この場合において、審査請求人は、処分庁等に審査請求書を提出し、又は処分庁等に対し第十九条第二項から第五項までに規定する事項を陳述するものとする。

2　前項の場合には、処分庁等は、直ちに、審査請求書又は審査請求録取書（前条後段の規定により陳述の内容を録取した書面をいう。第二十九条第一項及び第五十五条において同じ。）を審査庁となるべき行政庁に送付しなければならない。

3　第一項の場合における審査請求期間の計算については、処分庁に審査請求書を提出し、又は処分庁に対し当該事項を陳述した時に、処分についての審査請求があったものとみなす。

三　なお、「場合」と「とき」の両者を同時に用いて条件を表すことがあるが、この場合には、次の例に示すように、最初の大きな条件を表すのに「場合」を、次の小さな条件を表すのに「とき」を用いる。

■例■

○**特定国立研究開発法人による研究開発等の促進に関する特別措置法**（平成二十八年法律第四十三号）

（主務大臣の要求）

第七条　主務大臣は、科学技術に関する革新的な知見が発見された場合その他の科学技術に関する内外の情勢に著しい変化が生じた場合において、世界最高水準の研究開発の成果の創出並びにその普及及び活用の促進を図るため、当該知見に関する研究開発その他の対応を迅速に行うことが必要であると認めるときは、特定国立研究開発法人に対し、必要な措置をとることを求めることができる。

（以下略）

四　「とき」という語が必ずしも時点という限定した意味に用いられないのに対して、特に、時期、時刻という趣旨を明確に表す場合には、次の例に示すように、漢字の「時」を用いる。

■例■

○**行政不服審査法**

（裁決の効力発生）

第五十一条　裁決は、審査請求人（当該審査請求が処分の相手方以外の者のしたものである場合における第四十六条第一項及び第四十七条の規定による裁決にあっては、審査請求人及び処分の相手方）に送達された時に、その効力を生ずる。

（略）

3　公示の方法による送達は、審査庁が裁決書の謄本を保管し、いつでもその送達を受けるべき者に交付する旨を当該審査庁の掲示場に掲示し、かつ、その旨を官報その他の公報又は新聞紙に少なくとも一回掲載してするものとする。この場合において、その掲示を始めた日の翌日から起算して二週間を経過した時に裁決書の謄本の送付があったものとみなす。
（以下略）

〔「……とする」、「……するものとする」と「同様とする」〕

問324　「……とする」は、どのような場合に用いるのか。「……するものとする」、「同様とする」については、どうか。

答一　「……である」が一定の事実について述べる場合の語であるのに対し、創設的、拘束的な意味をもたせる場合に用いられるのが「……とする」の語である。次の例の「任期は、三年とする」、また、「任期は、前任者の残任期間とする」という規定についていえば、「……とする」とされたことによって、その任期が三年間でなければならないこと、また、補欠の委員の任期が前任者の残任期間に限られるという規範性が示されることになるわけである。

■例■
○**行政不服審査法**（平成二十六年法律第六十八号）
（委員）
第六十九条　（略）
4　委員の任期は、三年とする。ただし、補欠の委員の任期は、前任者の残任期間とする。
（以下略）

二　次に、「……するものとする」は、「……しなければならない」がある一定の義務付けを意味するのに対して、通常は、それより若干弱いニュアンスを表し、一般的な原則あるいは方針を示す規定の述語として用いられる。「……するものとする」は、次の例に示すように、行政機関等に一定の拘束を与える場合の規定例として用いられることが多い。

■例■

○**株式会社海外通信・放送・郵便事業支援機構法**（平成二十七年法律第三十五号）

第二十四条　総務大臣は、機構が対象事業の支援（前条第一項第一号から第七号までに掲げる業務によりされるものに限る。以下「対象事業支援」という。）の対象となる事業者及び当該対象事業支援の内容を決定するに当たって従うべき基準（以下この条及び次条第一項において「支援基準」という。）を定めるものとする。

2　総務大臣は、前項の規定により支援基準を定めようとするときは、あらかじめ、外務大臣、財務大臣及び経済産業大臣に協議しなければならない。

3　総務大臣は、第一項の規定により支援基準を定めたときは、これを公表するものとする。

三　また、「同様とする」は、その法律上の性質が類似している事柄について、ある事項について定められたと同様の規定を設ける場合に、同種の規定の繰返しを避けるための語として用いられる。次の例でいえば、「これを変更したときも、同様とする」とすることによって、一般事業主行動計画を策定し届け出る義務についての規定があるところから、その変更について、わざわざ「厚生労働省令で定めるところにより、厚生労働大臣に届け出なければならない」と規定しなくても、届出義務が課せられることになるわけである。そして「同様とする」旨を定める規定の前に置かれる規定が権能ないし能力を与える旨の規定であれば、「同様とする」旨の規定は、権能ないし能力を与える趣旨を表すことになる。

■例■

○**女性の職業生活における活躍の推進に関する法律**（平成二十七年法律第六十四号）

（一般事業主行動計画の策定等）

第八条　国及び地方公共団体以外の事業主（以下「一般事業主」という。）であって、常時雇用する労働者の数が三百人を超えるものは、事業主行動計画策定指針に即して、一般事業主行動計画（一般事業主が実施する女性の職業生活における活躍の推進に関する取組に関する計画をいう。以下同じ。）を定め、厚生労働省令で定めるところにより、厚生労働大臣に届け出なければならない。これを変更したときも、同様とする。

（以下略）

四　以上のほか、法令では、「「A」とあるのは、「B」とする」という表現が用いられることがある。「「C」とあるのは、「D」と読み替えるものとする」というのが準用読替えの場合の表現である〈問77　参照〉のに対して、「「A」とあるのは、「B」とする」の表現が用いられるのは、いわゆる変更適用の場合においてであって、「「B」とする」として規範性が与えられたことにより、次の例でいえば、租税特別措置法第四一条第二九項の規定により、住宅借入金等を有する場合の所得税額の特別控除がある場合の所得税の額は、「課税総所得金額、課税退職所得金額及び課税山林所得金額につき〈編注　所得税法〉第三章（税額の計算）及び租税特別措置法第四十一条第一項（住宅借入金等を有する場合の所得税額の特別控除）の規定を適用して計算した所得税の額」ということになるわけである。

■例■

○**租税特別措置法**（昭和三十二年法律第二十六号）

（住宅借入金等を有する場合の所得税額の特別控除）

第四十一条　個人が、国内において、住宅の用に供する家屋で政令で定めるもの（……）の新築若しくは居住用家屋で建築後使用されたことのないもの若しくは建築後使用されたことのある家屋（耐震基準（……）又は経過年数基準（……）に適合するものに限る。）で政令で定めるもの（……）の取得（……）又はその者の居住の用に供する家屋で政令で定めるものの増改築等（……）をして、これらの家屋（……）を平成十一年一月一日から平成三十三年十二月三十一日までの間にその者の居住の用に供した場合（……）において、その者が当該住宅の取得等に係る次に掲げる借入金又は債務（……）の金額を有するときは、当該居住の用に供した日の属する年（……）以後十年間（……）の各年（……）のうち、その者のその年分の所得税に係るその年の所得税法第二条第一項第三十号の合計所得金額が三千万円以下である年については、その年分の所得税の額から、住宅借入金等特別税額控除額を控除する。

（略）

29　その年分の所得税について第一項の規定の適用を受ける場合における所得税法第百二十条第一項第三号に掲げる所得税の額の計算については、同号中「第三章（税額の計算）」とあるのは、「第三章（税額の計算）及び租税特別措置法第四十一条第一項（住宅借入金等を有する場合の所得税額の特別控除）」とする。

（以下略）

○**所得税法**（昭和四十年法律第三十三号）

（確定所得申告）

第百二十条　居住者は、その年分の総所得金額、退職所得金額及び山林所得金額の合計額が第二章第四節（所得控除）の規定による雑損控除その他の控除の額の合計額を超える場合において、当該総所得金額、退職所得金額又は山林所得金額からこれらの控除の額を第八十七条第二項（所得控除の順序）の規定に準じて控除した後の金額をそれぞれ課税総所得金額、課税退職所得金額又は課税山林所得金額とみなして第八十九条（税率）の規定を適用して計算した場合の所得税の額の合計額が配当控除の額を超えるときは、……第三期（……）において、税務署長に対し、次に掲げる事項を記載した申告書を提出しなければならない。

（略）

三　第一号に掲げる課税総所得金額、課税退職所得金額及び課税山林所得金額につき第三章（税額の計算）の規定を適用して計算した所得税の額

（以下略）

〔「なおその効力を有する」と「なお従前の例による」〕

問325　「なおその効力を有する」と「なお従前の例による」とでは、どのような違いがあるのか。

答　問136　参照

〔「別段の定め」〕

問326　「別段の定め」は、どのような場合に用いるのか。

答　一　「別段の定め」とは、当該条項で定められているのとは異なる趣旨の定め（規定）をいう。「別段の定め」が「特別の定め」とされることもあるが、両者で異なるところはない。

二　「別段の定め」の語が用いられる典型的な場合として、次の例に示すように、「他の

法律に別段（特別）の定めがある場合を除くほか（除いては）、この法律の定めるところによる」の規定例が挙げられる。この場合には、右の規定を置く法令が一般法であることを示すとともに、特別法がある場合には特別法が優先するものであることを示している。次の例一の国税通則法についていえば、同法は、一般的に各国税を通じて適用される基本的、共通的事項について定める法律として、例えばその第二四条から第二六条までにおいて、納税申告書に係る課税標準等又は税額等の更正、決定又は再更正について定めているが、所得税に関する課税要件等の実体規定を定める所得税法が、例五に示すように、その第一五四条において、所得税について更正又は決定をすべき事項に関する特例を定めているので、所得税の更正に関しては、国税通則法第二四条から第二六条までの規定に加えて所得税法第一五四条の規定するところによることになるわけである。そして、この場合、所得税法第一五四条は、国税通則法第四条にいわゆる「別段の定め」の一に当たるわけである。

■例一■

○**国税通則法**（昭和三十七年法律第六十六号）

（他の国税に関する法律との関係）

第四条　この法律に規定する事項で他の国税に関する法律に別段の定めがあるものは、その定めるところによる。

■例二■

○**行政不服審査法**（平成二十六年法律第六十八号）

（目的等）

第一条　（略）

2　行政庁の処分その他公権力の行使に当たる行為（以下単に「処分」という。）に関する不服申立てについては、他の法律に特別の定めがある場合を除くほか、この法律の定めるところによる。

■例三■

○**地方自治法**（昭和二十二年法律第六十七号）

第四条の二　（略）

④　地方公共団体の行政庁に対する申請、届出その他の行為の期限で法律又は法律に基づく命令で規定する期間（時をもつて定める期間を除く。）をもつて定めるものが第一項の規定に基づき条例で定められた地方公共団体の休日に当たるときは、地方公共団体の休日の翌日をもつてその期限とみなす。ただし、法律又は法律に基づく命令に別段の定めがある場合は、この限りでない。

（略）

第六条　（略）

③　前二項の場合において財産処分を必要とするときは、関係地方公共団体が協議してこれを定める。但し、法律に特別の定があるときは、この限りでない。

（以下略）

■例四■

○**国家公務員法**（昭和二十二年法律第百二十号）

（欠員補充の方法）

第三十五条　官職に欠員を生じた場合においては、その任命権者は、法律又は人事院規則に別段の定のある場合を除いては、採用、昇任、降任又は転任のいずれか一の方法により、職員を任命することができる。但し、人事院が特別の必要があると認めて任命の方法を指定した場合は、この限りではない。

■例五■

○**所得税法**（昭和四十年法律第三十三号）

（更正又は決定をすべき事項に関する特例）

第百五十四条　所得税に係る更正又は決定については、国税通則法第二十四条から第二十六条まで（更正・決定）に規定する事項のほか、第百二十条第一項第九号又は第十号（確定所得申告書の記載事項）に掲げる事項についても行なうことができる。この場合において、当該事項につき更正又は決定をするときは、同法第二十八条第二項及び第三項（……）中「税額等」とあるのは、「税額等並びに所得税法第百二十条第一項第九号又は第十号（……）に掲げる事項」とする。

（以下略）


他方、特別法に当たる他の法令において、一般法たるある法令における定めを前提として、「……については、○○法第○条の規定にかかわらず、……とする」、「……については、○○法第○条に定めるもののほか、……とする」又は「この法律は、……について○○法の特例を設けることを目的とする」等と規定するものもある。次の例でいえば、国有財産たる行政財産の貸付け等については、国有財産法がその一般的な定めをしているところ、民間資金等の活用による公共施設等の整備等の促進に関する法律第六九条第一項は、国有財産法とは異なる趣旨の内容を定めているので、「国有財産法（……）第十八条第一項の規定にかかわらず、……」と規定している。

例
○国有財産法（昭和二十三年法律第七十三号）
（この法律の趣旨）

第一条　国有財産の取得、維持、保存及び運用（以下「管理」という。）並びに処分については、他の法律に特別の定めのある場合を除くほか、この法律の定めるところによる。

（処分等の制限）

第十八条 行政財産は、貸し付け、交換し、売り払い、譲与し、信託し、若しくは出資の目的とし、又は私権を設定することができない。

（以下略）

○**民間資金等の活用による公共施設等の整備等の促進に関する法律**（平成十一年法律第百十七号）

（行政財産の貸付け）

第六十九条 国は、必要があると認めるときは、国有財産法（昭和二十三年法律第七十三号）第十八条第一項の規定にかかわらず、選定事業の用に供するため、行政財産（同法第三条第二項に規定する行政財産をいう。……）を選定事業者に貸し付けることができる。

（以下略）

三 右に述べたところは、特別法優先の原理〈問13 参照〉の表れであり、事柄の性格上、当然のことであるので、特に「別段の定め」等の文言がある場合に限って、右に述べたような関係が認められるというのではない。一般法において、「別段の定め」又は「特別の定め」について言及しているのは、別段の定め等がある場合には当該別段の定めが適用されることになることを、又は当該規定が、当該法令若しくは条項で定められたものとは別異の規定があることを前提にそれらを除外した一般的な関係について定めるものであることを明確にする意味においてであるといえる。また、特別法において、右に述べた「……については、○○法第○条の規定にかかわらず、……とする」等と規定するのは、その特別法又は特別規定が一般法を前提として規定されるものであることを明確にする意味があることはいうまでもないが、一般法と特別法との関係については、一般法の規定に加えて特別法の規定が適用される趣旨を表す場合には「○○法第○条に定めるもののほか……」の文言により、一般法の規定を排除して特別法の規定が適用される趣旨を表す場合には「○○法第○条の規定にかかわらず、……」の文言により、両者の関係を明らかにするのが適当であろう。

四 ところで、「別段の定め」又は「特別の定め」が常に他法令における規定を指すとは限らない。次の例一でいえば、不正競争防止法（平成五年法律第四七号）は、不正競争防止法（昭和九年法律第一四号）の全部を改正するものであるが、その附則第二条は、経過措置の原則を定め、かつ、「特別の定め」の存在を予定しているところ、附則第三条以下は差止請求権、損害賠償等に関する経過措置について定めており、附則第二条にいう「特別の定め」に当たるわけである。このような関係を、例二に示すように、「この附則に別段の定めがある場合を除き」として明示することが、最近では多くなっている。

例一

○**不正競争防止法**（平成五年法律第四十七号）

附　則

（経過措置）

第二条　改正後の不正競争防止法（以下「新法」という。）の規定は、特別の定めがある場合を除いては、この法律の施行前に生じた事項にも適用する。ただし、改正前の不正競争防止法（以下「旧法」という。）によって生じた効力を妨げない。

第三条　新法第三条、第四条本文及び第五条の規定は、この法律の施行前に開始した次に掲げる行為を継続する行為については、適用しない。

（以下略）

■例二■

○所得税法等の一部を改正する等の法律（平成二十九年法律第四号）

附　則

（法人税法の一部改正に伴う経過措置の原則）

第十一条　この附則に別段の定めがあるものを除き、第二条の規定（附則第一条第三号ロに掲げる改正規定を除く。以下この項において同じ。）による改正後の法人税法（以下「新法人税法」という。）の規定は、施行日以後に行われる分割又は新法人税法第二条第十二号の六に規定する現物分配について適用し、施行日前に行われた分割又は第二条の規定による改正前の法人税法（以下「旧法人税法」という。）第二条第十二号の六に規定する現物分配については、なお従前の例による。

2　この附則に別段の定めがあるものを除き、第二条の規定（附則第一条第三号ロに掲げる改正規定に限る。）による改正後の法人税法（以下「十月新法人税法」という。）の規定は、平成二十九年十月一日以後に行われる合併、分割、現物出資、十月新法人税法第二条第十二号の十六に規定する株式交換等又は株式移転について適用し、同日前に行われた合併、分割、現物出資、株式交換又は株式移転については、なお従前の例による。

五　以上は、他の法令又は他の規定との関係において「別段（特別）の定め」が用いられる場合であるが、次の例に示すように、当該条又は項における定めと異なる定めをする場合の語として用いることがあるのは、いうまでもない。

■例■

○**会社法**（平成十七年法律第八十六号）

（株主総会の決議）

第三百九条　株主総会の決議は、定款に別段の定めがある場合を除き、議決権を行使することができる株主の議決権の過半数を有する株主が出席し、出席した当該株主の議決権の過半数をもって行う。
（以下略）

六　このほか、手続関係を定める場合で、当該法律に定める限度においては特別の手続によるが、その他の手続については同種の手続関係について定める一般法の規定を準用〈問319　参照〉することを明確にするときにも、次の例に示すように、「特別の規定」等の文言が用いられる。

■例■
○**破産法**（平成十六年法律第七十五号）
（民事訴訟法の準用）
第十三条　破産手続等に関しては、特別の定めがある場合を除き、民事訴訟法の規定を準用する。
〈編注　右の規定の「破産手続等」とは、破産手続、免責手続及び復権の手続をいうが、これらの手続に関する裁判において通常の裁判手続と異なる手続がとられるのは、口頭弁論、抗告等についてである。〉

〈「又は」と「若しくは」〉

問327　「又は」と「若しくは」とは、どのように使い分けるのか。

答一　いずれも、選択的接続詞であるが、選択される語句に段階がなく、並列された語句を単につなぐ場合には、次の例に示すように、「又は」を用いる。この場合、選択される語句が二個のときは「又は」で結び、三個以上のときは最後の二個の語句だけを「又は」で結び、その他の接続は読点でもって行うこととされている。読点の用法については、〈問287　参照〉。

■例■

○**法の適用に関する通則法**（平成十八年法律第七十八号）

（法律と同一の効力を有する慣習）

第三条 公の秩序又は善良の風俗に反しない慣習は、法令の規定により認められたもの又は法令に規定されていない事項に関するものに限り、法律と同一の効力を有する。

（略）

（後見等）

第三十五条 後見、保佐又は補助（以下「後見等」と総称する。）は、被後見人、被保佐人又は被補助人（次項において「被後見人等」と総称する。）の本国法による。

（以下略）

二 次に、選択される語句に段階がある場合には、次の例に示すように、段階が幾つあっても、一番大きい選択的連結に一回だけ「又は」を用い、その他の小さな選択には、繰り返して「若しくは」を用いる。

■例■

○**建築物のエネルギー消費性能の向上に関する法律**（平成二十七年法律第五十三号）

（建築物エネルギー消費性能向上計画の認定）

第二十九条 建築主等は、エネルギー消費性能の向上に資する建築物の新築又はエネルギー消費性能の向上のための建築物の増築、改築、修繕若しくは模様替若しくは建築物への空気調和設備等の設置若しくは建築物に設けた空気調和設備等の改修（……）をしようとするときは、国土交通省令で定めるところにより、エネルギー消費性能の向上のための建築物の新築等に関する計画（……）を作成し、所管行政庁の認定を申請することができる。

（以下略）

〈「者」、「物」と「もの」〉

問328 「者」、「物」、「もの」は、それぞれどのように使い分けるのか。

答 一 「者」は、次の例一に示すように、法令上、自然人、法人を通じ、法律上の人格を有するものを指称する場合に用いる（もっとも、法令の趣旨からいって社会的実在たる団体であるが法律上の人格のないものを含んで用いられる場合もある。）。

二 「物」は、例二に示すように、人格者以外の有体物で権利の客体たる外界の一部を指称する場合に用いる。

三 「もの」は、次に述べるような場合に用いる。

1 例三に示すように、「者」又は「物」には当たらない抽象的なものを指す場合、あるいは、これらのものと「物」とを含めて指す場合

2 例四に示すように、ある行為等の主体となるものとしての人格のない社団又は財団を指す場合、あるいは、これらと個人、法人とを含めて指す場合

3 例五（第五号の括弧内に規定されている「もの」）に示すように、あるものに更に要件を重ねて限定する場合（この場合には、外国語における関係代名詞に相当する用法となる。）

■例一■

○**国家戦略特別区域法**（平成二十五年法律第百七号）

（旅館業法の特例）

第十三条 （略）

2 特定認定を受けようとする者は、厚生労働省令で定めるところにより、次に掲げる事項を

記載した申請書及び厚生労働省令で定める添付書類を都道府県知事に提出しなければならない。
一　氏名又は名称及び住所並びに法人にあっては、その代表者の氏名
（以下略）

■例二■

○外国為替及び外国貿易法（昭和二十四年法律第二百二十八号）
（定義）
第六条　（略）
十　「貴金属」とは、金の地金、金の合金の地金、流通していない金貨その他金を主たる材料とする物をいう。
（以下略）

○労働安全衛生法（昭和四十七年法律第五十七号）
（製造等の禁止）
第五十五条　黄りんマッチ、ベンジジン、ベンジジンを含有する製剤その他の労働者に重度の健康障害を生ずる物で、政令で定めるものは、製造し、輸入し、譲渡し、提供し、又は使用してはならない。……

■例三■

○工場抵当法（明治三十八年法律第五十四号）
第十一条　工場財団ハ左ニ掲グルモノノ全部又ハ一部ヲ以テ之ヲ組成スルコトヲ得
一　工場ニ属スル土地及工作物
（略）
三　地上権
（以下略）

■例四■

○外国為替及び外国貿易法

（銀行等の本人確認義務等）

第十八条　（略）

3　顧客が国、地方公共団体、人格のない社団又は財団その他の政令で定めるものである場合には、当該国、地方公共団体、人格のない社団又は財団その他の政令で定めるもののために当該銀行等との間で現に特定為替取引の任に当たつている自然人を顧客とみなして、第一項の規定を適用する。

（以下略）

■例五■

○少年院法（平成二十六年法律第五十八号）

（定義）

第二条　この法律において、次の各号に掲げる用語の意義は、それぞれ当該各号に定めるところによる。

（略）

五　保護者等　次のイからハまでのいずれかに該当する者（在院者に対し虐待、悪意の遺棄その他これらに準ずる心身に有害な影響を及ぼす行為をした者であって、その在院者の健全な育成を著しく妨げると認められるものを除く。）をいう。

イ　在院者の保護者

ロ　在院者の配偶者（婚姻の届出をしていないが、事実上婚姻関係と同様の事情にある者を含む。第百十条第一項において同じ。）

ハ　在院者の親族（イ及びロに掲げる者を除く。）

〔「例とする」と「例による」〕

問329　「例とする」は、どのような場合に用いるのか。また、「例による」については、どうか。

答一　「例とする」は、次の例に示すように、通常の場合は、そこに定められたようにすべきであるが、合理的理由がある場合等場合によっては、そこに定められたようにされなくても法律上の義務違反となるものではないことを表す語として用いる。「例」が「常例」とされることもあり、また、「常例として」とする用い方もある。

■例一■

○**公職選挙法**（昭和二十五年法律第百号）

（衆議院議員の選挙区）

第十三条　（略）

7　別表第二は、国勢調査（統計法（平成十九年法律第五十三号）第五条第二項本文の規定により十年ごとに行われる国勢調査に限る。……）の結果によつて、更正することを例とする。……

■例二■

○**財政法**（昭和二十二年法律第三十四号）

第二十七条　内閣は、毎会計年度の予算を、前年度の一月中に、国会に提出するのを常例とする。

■例三■

○**農業協同組合法**（昭和二十二年法律第百三十二号）

第九十四条　（略）

④　行政庁は、第十条第一項第三号若しくは第十号の事業を行う組合又は都道府県の区域若しくはこれを超える区域を地区とする組合の業務又は会計の状況につき、毎年一回を常例として検査をしなければならない。

（以下略）

二 「例による」は、次の例に示すように、ある事項について、他の法令の下における制度又は手続を包括的に当てはめて適用することを表現する語として用いる。その意味では、「準用する」〈問319 参照〉と余り変わらないともいえるが、「準用する」の場合はそこに示された法令の規定だけが準用の対象となるのに対し、「例による」の場合は、ある一定の手続なり事項なりが当該法律及びこれに基づく政令、省令等を含めて包括的に、その場合に当てはめられる点において異なる。いずれにしても、これにより、同趣旨のことを反復して規定する煩が避けられる利点がある。次の例でいえば、「国税滞納処分の例により、これを徴収することができる」とすることにより、国民生活安定緊急措置法の規定に基づく課徴金については、改めて国税徴収法第五章（滞納処分）等と同様の規定を設けなくても、同法等に基づく国税滞納処分の方法に準じた強制徴収の方法が認められることを意味する。また、徴収の「時効について は、国税の例による」とすることにより、その消滅時効は五年とされ、時効の完成猶予及び更新についても、国税におけると同様の扱いがされることになるわけである（国税通則法第七二条・第七三条参照）。

■例■

○**国民生活安定緊急措置法**（昭和四十八年法律第百二十一号）

（強制徴収）

第十二条　（略）

3　主務大臣は、第一項の規定による督促を受けた者がその指定する期限までにその納付すべき金額を納付しないときは、国税滞納処分の例により、これを徴収することができる。

4　前項の規定による徴収金……の時効については、国税の例による。

三　このほか、次の例に示すように、「例に従う」という用法もある。

■例■

○特定秘密の保護に関する法律（平成二十五年法律第百八号）

第二十七条　第二十三条の罪は、日本国外において同条の罪を犯した者にも適用する。

2　第二十四条及び第二十五条の罪は、刑法第二条の例に従う。

〈編注　第二項で引用されている刑法第二条は、「この法律は、日本国外において次に掲げる罪を犯したすべての者に適用する。」と定めている。

なお、第一項で、第二十三条の罪について「刑法第二条の例に従う」とせず、別に規定をおいているのは、第二十三条の罪は、犯罪主体が一定の業務者に限定されているところ、刑法第二条は、日本国外において当該罪を犯した全ての者に適用することとする国外犯規定であるという違いがあるためとされている。〉

四　「なお従前の例による」については、〈問136　参照〉。

第三章　配字関係

〔配字関係〕

問330　法令における配字の関係は、どのようになっているのか。

答　法令は、一定の形式に従い文字で表された文章として表現され、文章として表現されたものが所定の手続を経て公布される。法令の起案及び公布に当たっての形式の一つに、配字の問題があるが、配字については、永年の慣行により、一定の方式が確立されている。以下、一般的な現行の法令形式に触れつつ、法律又は政令を新たに制定する場合及び既存の法令を改廃する場合における配字について述べる。

一　新たに制定する場合における配字

1　公布文

公布する旨の文章の初字は第二字目から書き出すが、その文章が二行以上にわたるため改行する場合には、改行後の初字は第一字目とする。

公布する旨の文章の次に、「御名御璽」の文言が置かれ、最後に、公布の年月日の記載及び内閣総理大臣の署名が行われる。これら四者の合体したものが、公布文といわれるものである。

2　法令番号

法令番号の初字の位置は、第一字目とする。

3　題名

法令の題名の初字は、必ず第四字目から書き出し、題名が二行以上にわたるため改行する場合には、第一行目を最後まで書くとともに、各行とも、第四字目から始め、その肩をそろえる。

4 前文又は制定文

法律の前文又は制定文の初字は、第二字目から書き出し、改行する場合には、第一字目からとする。また、政令の制定文についても、右と同様である。

5 目次

目次が付けられる法令にあっては、目次を示すための文字である「目次」の初字の位置は、第一字目とする。法令における本則の区分としては章による区分が普通であるので、この場合の目次の内容を成す本則の区分についていえば、章の初字の位置は第二字目とする（節、款等は、これから、段階的に一字ずつ繰り下げる。すなわち、「第○節」の初字は第三字目、「第○款」の初字は第四字目等とする。）。特に法令の区分として編の区分が設けられる場合には、編の初字が第二字目とされるので、章の初字は第三字目とする（したがって、節の初字は第四字目、款の初字は第五字目等とする。）。また、「第○章　×××」等の「×××」の初字の位置は、「第○章」の下を一字空けて書く。改行する場合には、終字を切り上げることなく、改行後の初字は、右の一字空けて書き出した位置と同じ位置にそろえる。「附則」も目次に掲げるが、その初字の位置は、常に第二字目とする。目次の「附則」については、「附」と「則」の間を一字空けずに続けて書く。

次に、目次には、右の本則の区分の編、章、節、款等のそれぞれに属する条文の範囲を、これらの区分の最小の単位の部分の下に括弧書きで示す。ただし、例えば、章の第一節の前にその章の通則的な条文等を節としては設けないような場合には、目次の章名のところには、節に属しない条文等をも含めたその章の全体の条文の範囲を括弧書きで示すとともに、各節のところにも、それぞれの節に属する条文の範囲を示す。これらの場合、示される条文の数が三条以上にわたるときは「―」を、二条のときは「・」を用いてその節等に含まれる条の範囲を示すこととされている。

なお、附則の次に置かれる別表、付表、付録等については、特に目次に掲げることはしない。

6　本則

(一)　章、節、款等

本則を章、節、款、目等に区分する場合の章名「第○章　×××」の初字は、第四字目とする。節、款、目等の初字は、章名の初字から段階的に一字ずつ繰り下げることになる。すなわち、節名の初字は第五字目、款名の初字は第六字目等とする。特に大法典の区分として編の区分が設けられる場合には、編名は、章名より一字上げて「第○編」の初字は、第三字目とする。

また、「第○章　×××」の「×××」は、「第○章」の次を一字空けて書き出し、改行する場合には、終字を切り上げることなく、改行後の初字は、右の一字空けて書き出した位置と同じ位置にそろえる。このことは、節、款等の場合についても、同様である。

なお、目次においては、章、節、款、目等のそれぞれに属する条文の範囲をこれらの区分の最小の単位の部分の下に括弧書きで続けて示すこととされているが、本則における章名等の下には示さない。

(二) 見出し

見出しの位置は、上の括弧を第二字目として書き出し、二行以上にわたるため改行する場合には、その終字を切り上げることなく、改行後の初字は第二字目として初字である上の括弧の位置にそろえる。

なお、附則の場合、附則が項のみで成り立っているときに、その項の見出しを付けることがあるが、そのときの配字も、これと異なるところはない。

(三) 条、項

(1) 本則が条で成り立っている場合の条名の初字は、第一字目とし、「第○条……」のように条名の下を一字空けて条文を書き出し、改行する場合の初字は、第二字目とする。ただし書又は後段の初字は、別行としないで書き出す。このことは、項又は号の場合等においても、同様である。

(2) 条中の法文の段落を付ける「項」については、第二項以下に2、3、4……と順を追って算用数字で項番号を付けるが、その位置は、第一字目とする。項の文章も、「2　……」のように項番号の下を一字空けて書き出し、改行する場合の初字は、第二字目とする。

(3) 本則が項だけで成り立っている場合において、二項以上あるときは、第一項についても算用数字の1の項番号を第一字目に付け、一字空けて書き出し、改行する場合の初字を第二字目とするなどは、前述の(2)と同様である。ただし、項が一項だけのときは、項番号を付けないで、第二字目から本則を書き出し、改行する場合の初字は、第一字目とする。

(四) 号等

(1) 号の初字は、第一号以下について、一、二、三……の順に、条名の初字又は項番号の位置から一字下げて、第二字目に漢数字で号名を付け、「一 ……」のように一字空けて書き出し、改行する場合の初字は、第三字目とする（本則が一項のみで成り立っている場合の号名の位置は、第一字目とすることとされている。したがって、この場合には、改行する場合の初字は、第二字目とする。）。

(2) 号を更に細分して列記する必要がある場合には、イ、ロ、ハ……を用い、その位置は、号名の位置から一字下がりの第三字目とし、一字空けて書き出す。イ、ロ、ハの中を更に細分する必要がある場合には、(1)、(2)、(3)……を用いるが、この場合の位置は、更に一字下がりの第四字目とする。改行する場合の初字は、一字空けて書き出した位置のそれぞれ一字上がりとする。

(五) 表

条又は項に掲げられる表には、枠のあるものと枠のないものとがある。表の配字については、特に決まりがあるわけではないが、枠のある表の場合、上の横線は第二字目（号に掲げられる表にあっては、第三字目）の肩に、下の横線は全て終字から一字上がりに位置させるのが普通である。表については、枠の有無にかかわらず、見やすく分かりやすいように配字することが望ましい。

7　附則

㈠　附則について、その冒頭に「附　則」の文字を置き、その文字の位置は、第四字目に「附」を、一字空けて第六字目に「則」を置く。この点、目次に示す場合とは異なる。

㈡　附則における条、項、号等及び見出し並びに表についての配字は、全て本則における条、項、号等及び見出し並びに表の配字と同様である。

8　別表、付表、付録等

㈠　別表等

附則の次に置かれる別表等を示す旨の「別表」「別表第一」などの初字は、第一字目から書き出し、当該別表等の根拠規定を括弧書きで表示する。例えば、「別表第一（第七条、第八条関係）」のようにする（なお、附則に置かれる附則別表の配字についても同様とするが、附則別表については、根拠規定は特に表示しなくてもよいこととされている。）。

別表等の配字については、右のほか、前述6㈤の表の配字と異なるところはない。

㈡　付表、付録等

付表、付録等については、必ずしもその配字の位置が決まっているわけではないが、原則として、前述㈠の別表等の配字と異なるところはなく、根拠規定についても、括弧書きで示す。なお、別表に付随して付録等を付けるような場合には、「付録」等の初字を第二字目とするなどその位置付けを考慮し、かつ、見やすく分かりやすいように配字することが望ましい。

9　署名及び連署

法律及び政令を公布するに当たって必要とされる主任の国務大臣の署名及び内閣総理大臣の連署は、法令の末尾においてされる。なお、主任の国務大臣の署名の順序及び主任の国務大臣の中に内閣官房又は内閣府の長たる内閣総理大臣が含まれる場合については、〈問8　参照〉。

以上述べたところを実際の規定例によって示せば、法律については例一、政令については例二のとおりである。

■例一■（新規制定の法律の場合）

公布文｛　行政手続における特定の個人を識別するための番号の利用等に関する法律をここに公布する。
　御名　御璽
　　平成二十五年五月三十一日
　　　　　　　　内閣総理大臣　安倍　晋三

法律番号｛法律第二十七号

題　名｛　行政手続における特定の個人を識別するための番号の利用等に関する法律

目　次｛目次
　第一章　総則（第一条―第六条）
　第二章　個人番号（第七条―第十六条）
　第三章　個人番号カード（第十七条・第十八条）
　第四章　特定個人情報の提供
　　第一節　特定個人情報の提供の制限等（第十九条・第二十条）
　　第二節　情報提供ネットワークシステムによる特定個人情報の提供（第二十

一条―第二十五条）

（略）

第八章　雑則（第六十二条―第六十六条）

第九章　罰則（第六十七条―第七十七条）

附則

（章　名）　第一章　総則

（見出し）　（目的）

（条　名）　第一条　この法律は、行政機関、地方公共団体その他の行政事務を処理する者が、個人番号及び法人番号の有する特定の個人及び法人その他の団体を識別する機能を活用し、並びに当該機能によって異なる分野に属する情報を照合してこれらが同一の者に係るものであるかどうかを確認することができるものとして整備された情報システムを運用して、効率的な情報の管理及び利用並びに他の行政事務を処理する者との間における迅速な情報の授受を行うことができるようにするとともに、これにより、行政運営の効率化及び行政分野におけるより公正な給付と負担の確保を図り、かつ、これらの者に対し申請、届出その他の手続を行い、又はこれらの者から便益の提供を受ける国民が、手続の簡素化による負担の軽減、本人確認の簡易な手段その他の利便性の向上を得られるようにするために必要な事項を定めるほか、個人番号その他の特定個人情報の取扱いが安全かつ適正に行われるよう行政機関の保有する個人情報の保護に関する法律（平成十五年法律第五十八号）、独立行政法人等の保有する個人情報の保護に関する法律（平成十五年法律第五十九号）及び個人情報の保護に関する法

（項番号）

（号　名）

（節　名）

律（平成十五年法律第五十七号）の特例を定めることを目的とする。

（定義）

第二条　この法律において「行政機関」とは、行政機関の保有する個人情報の保護に関する法律（以下「行政機関個人情報保護法」という。）第二条第一項に規定する行政機関をいう。

2　この法律において「独立行政法人等」とは、独立行政法人等の保有する個人情報の保護に関する法律（以下「独立行政法人等個人情報保護法」という。）第二条第一項に規定する独立行政法人等をいう。

（略）

（基本理念）

第三条　個人番号及び法人番号の利用は、この法律の定めるところにより、次に掲げる事項を旨として、行われなければならない。

一　行政事務の処理において、個人又は法人その他の団体に関する情報の管理を一層効率化するとともに、当該事務の対象となる者を特定する簡易な手続を設けることによって、国民の利便性の向上及び行政運営の効率化に資すること。

（略）

第四章　特定個人情報の提供

第一節　特定個人情報の提供の制限等

（略）

第二節　行政機関個人情報保護法等の特例等

（行政機関個人情報保護法等の特例）

第二十九条　行政機関が保有し、又は保有しようとする特定個人情報（第二十三

本則

（表）

条に規定する記録に記録されたものを除く。）に関しては、行政機関個人情報保護法第八条第二項第二号から第四号まで及び第二十五条の規定は適用しないものとし、行政機関個人情報保護法の他の規定の適用については、次の表の上欄に掲げる行政機関個人情報保護法の規定中同表の中欄に掲げる字句は、同表の下欄に掲げる字句とする。

読み替えられる行政機関個人情報保護法の規定	読み替えられる字句	読み替える字句
第八条第一項	法令に基づく場合を除き、利用目的	利用目的
	自ら利用し、又は提供してはならない	自ら利用してはならない
（略）		

（略）

第九章　罰則

第六十七条　個人番号利用事務等又は第七条第一項若しくは第二項の規定による個人番号の指定若しくは通知、第八条第二項の規定による個人番号とすべき番号の生成若しくは通知若しくは第十四条第二項の規定による機構保存本人確認情報の提供に関する事務に従事する者又は従事していた者が、正当な理由がないのに、その業務に関して取り扱った個人の秘密に属する事項が記録された特定個人情報ファイル（その全部又は一部を複製し、又は加工した特定個人情報ファイルを含む。）を提供したときは、四年以下の懲役若しくは二百万円以下の罰金に処し、又はこれを併科する。

附則

（略）

附則

（施行期日）

第一条　この法律は、公布の日から起算して三年を超えない範囲内において政令で定める日から施行する。ただし、次の各号に掲げる規定は、当該各号に定める日から施行する。

一　第一章、第二十四条、第六十五条及び第六十六条並びに次条並びに附則第五条及び第六条の規定　公布の日

（略）

（準備行為）

第二条　行政機関の長等は、この法律（前条各号に掲げる規定については、当該各規定。以下この条において同じ。）の施行の日前においても、この法律の実施のために必要な準備行為をすることができる。

（個人番号の指定及び通知に関する経過措置）

第三条　市町村長は、政令で定めるところにより、この法律の施行の日（次項において「施行日」という。）において現に当該市町村の備える住民基本台帳に記録されている者について、第四項において準用する第八条第二項の規定により機構から通知された個人番号とすべき番号をその者の個人番号として指定し、その者に対し、当該個人番号を通知カードにより通知しなければならない。

（略）

（政令への委任）

第五条　前三条に規定するもののほか、この法律の施行に関し必要な経過措置は、政令で定める。

（検討等）

第六条　政府は、この法律の施行後三年を目途として、この法律の施行の状況等を勘案し、個人番号の利用及び情報提供ネットワークシステムを使用した特定個人情報の提供の範囲を拡大すること並びに特定個人情報以外の情報の提供に情報提供ネットワークシステムを活用することができるようにすることその他この法律の規定について検討を加え、必要があると認めるときは、その結果に基づいて、国民の理解を得つつ、所要の措置を講ずるものとする。

（略）

別表

別表第一（第九条関係）

一　厚生労働大臣	健康保険法第五条第二項又は第百二十三条第二項の規定により厚生労働大臣が行うこととされた健康保険に関する事務であって主務省令で定めるもの
（略）	

別表第二（第十九条、第二十一条関係）

情報照会者	事　務	情報提供者	特定個人情報
（略）			

署名

内閣総理大臣　安倍　晋三

連署

総務大臣　新藤　義孝

財務大臣　麻生　太郎

■例二■（新規制定の政令の場合）

公布文

経済連携協定に基づく報復関税に関する政令をここに公布する。

御名　御璽

平成二十九年一月二十五日

内閣総理大臣　安倍　晋三

政令番号

（政令第十号）

題名

経済連携協定に基づく報復関税に関する政令

制定文

内閣は、関税暫定措置法（昭和三十五年法律第三十六号）第七条の十第四項の規定に基づき、この政令を制定する。

本則

（経済連携協定に基づく報復関税を課すること等の告示）

第一条　財務大臣は、関税暫定措置法第七条の十第一項の規定による措置（以下「経済連携協定に基づく報復関税」という。）をとること又は経済連携協定に基づく報復関税を変更し、若しくは廃止すること（以下「経済連携協定に基づく報復関税に係る措置」という。）が決定されたときは、速やかに、その旨及び次に掲げる事項を官報で告示しなければならない。

一　当該経済連携協定に基づく報復関税に係る措置の対象となる国（固有の関税及び貿易に関する制度を有する地域を含む。）

（略）

（関税・外国為替等審議会への諮問等）

第二条　財務大臣は、経済連携協定に基づく報復関税に係る措置をとることが必要であると認められるときは、速やかに、関税・外国為替等審議会に諮問するものとする。ただし、経済連携協定に基づく報復関税に係る措置を直ちにとる必要があると認められる場合は、この限りでない。

2　財務大臣は、前項ただし書に規定する場合に該当して経済連携協定に基づく報復関税に係る措置をとった場合においては、速やかに、当該経済連携協定に基づく報復関税に係る措置の内容を関税・外国為替等審議会に報告しなければならない。

附　則　｛

附　則

（施行期日）

1　この政令は、環太平洋パートナーシップ協定の締結に伴う関係法律の整備に関する法律（平成二十八年法律第百八号）の施行の日から施行する。

（関税・外国為替等審議会令の一部改正）

2　関税・外国為替等審議会令（平成十二年政令第二百七十六号）の一部を次のように改正する。

第一条中「第二条及び」を「第二条、」に改め、「）第六条」の下に「及び経済連携協定に基づく報復関税に関する政令（平成二十九年政令第十号）第二条」を加え、「第六条第二項」を「第六条第二項第二号」に改める。

署名｛　財務大臣　麻生　太郎

連署｛　内閣総理大臣　安倍　晋三

二　既存の法令を改廃する場合における配字

1　既存の法令の一部若しくは全部を改正し、又は廃止する場合の当該改廃法令についての公布の際の公布文及び法令番号の位置、当該改廃法令の題名、制定文及び附則の配字並びに署名・連署の位置については、右一の新たに制定する場合における配字と異なるところはない。また、既存の法令の全部改正の場合における配字については、当該法令が既存の法令の全部改正の法令であることをその制定文に示す点はあるにしても、当該法令が従来の法令を廃止して新たな法令を制定する実質を有するのと同様、その配字についても、右一の新たに制定する場合における配字と異なるところはない。

2 次に、既存の法令の改廃に当たっての配字について問題となる点を述べる。

(一) 改廃法令と目次

その本則において既存の多数の法令を同時に改廃する場合であって本則が章により成り立っているときは、特に目次を付けるが、この目次についての配字は、新たに制定する場合の目次についての配字と異なるところはない。

(二) 一部改正法令の改正文

既存の法令の一部を改正する旨のいわゆる改正文の初字は、第二字目から書き出し、二行以上にわたるため改行する場合の初字は、第一字目とする。この改正文は、次の改正規定の柱書きとは異なり、常に改正すべき法令の数と一致し、一の法律を改正する場合であれば、改正文も一である。

(三) 改正規定の柱書き

一部改正法令において、改正文に続いて一部改正の内容を表す改正規定の柱書きの初字は、第二字目から書き出し、改行する場合の初字は、第一字目とする。この柱書きは、(二)の改正文とは異なり、改正すべき事項の数だけあることになるが、その配字については、改正文の場合と同様である。

(四) 題名の全部を改める場合

新しく改める題名の配字については、改正規定の柱書きの次に改行の上、第四字目から書き出す。これは、そのあるべき位置と同一の位置とする趣旨によるものである。

㈤　目次の全部を改めたり、新たに目次を加える場合

その配字については、新たに制定する場合の目次についての配字と異なるところはない。

㈥　本則において一の法令だけについて改正を行う場合であって、条、項又は号の全部を改めたり、一の法令について新たに条、項又は号を加えるとき等

その配字については、そのあるべき位置を初字とする。すなわち、条名の初字は第一字目、項番号の初字は第一字目、号番号の初字は第二字目とする。また、条文とともに見出しを新たに付ける場合の上の括弧の位置は第二字目を初字とする。

なお、条の冒頭に新たに第一項を加える場合においては、新たに加えられる項の書き出しの初字は、柱書きの初字から一字下げて第三字目とし、改行する場合の初字は、第二字目とする。

㈦　本則において一の法令だけについて改正を行う場合であって、ただし書若しくは後段の部分又は各号列記以外の部分の全部を改めるとき等

右の改正をする場合、条及び項について新たに改めるただし書等の書出しの初字は、柱書きの初字から一字下げて第三字目とし、改行する場合の初字は、第二字目とする。なお、それが号についての改正であるときは、新たに改めるただし

書又は後段の書出しの初字は、柱書きの初字から二字下げて第四字目とし、改行する場合の初字は、第三字目とする。

また、本則において一の法令だけについて改正を行う場合であって、ただし書又は後段を追加するときの新たなただし書又は後段の書き出しの初字は、それぞれ右と同様である。

(八)　本則において一の法令だけについて改正を行う場合であって、編、章、節等の編名、章名、節名等だけでなく、その編、章、節等に含まれる条文を全部改めるとき等

ある編、章、節等の区分の全てにわたって改める場合の当該改正編名、章名、節名等又は当該改正条、項、号等の配字については、それぞれ、そのあるべき位置を初字とする。すなわち、編名にあっては第三字目、章名にあっては第四字目、節名にあっては第五字目、款名にあっては第六字目、条名及び項番号にあっては第一字目、号名にあっては第二字目等とする。

また、このことは、新たに編、章、節等を追加する場合及び単に編名、章名、節名等を追加して編、章、節等の区分を設ける場合についても、異なるところはない。

(九)　本則において二以上の法令を改廃する場合

改正すべき法令ごとに、第一条、第二条等と条建てで複数の法令を改廃する場合に特に注意すべきことは、改廃される各法令の改正規定の柱書き及び改正後の

規定に相当する条、項、号等の書出しの初字は、一の法令だけについて改正を行う場合における配字に比べていずれも初字を一字下げとする点である。すなわち、改正規定の柱書きの初字は第三字目、また、改正後の規定に相当する条名及び項番号にあっては第二字目、号名にあっては第三字目、章名にあっては第五字目とする等である。

㈠　附則において他の法令を改廃する場合

その附則が条建てであると項建てであるとを問わず、また、改廃する法令の数が一であると二以上であるとを問わず、その配字は、全て右㈨の本則において二以上の法令を改廃する場合の配字と同様である。

㈡　附則を改正する場合

附則について、ある規定を改めたり、新たな規定を追加したりする場合、その改正される附則が条建てであると項建てであるとを問わず、その配字は、右㈥、㈦、㈨及び㈩における配字と異なるところはない。

次に、例一に一の法律の一部を改正するとともに附則において他の法律の一部を改正する場合の、例二に一の法律の全部を改正する場合の、例三に一の法律を廃止するとともに附則において他の法律の一部を改正する場合の、例四に一の政令を廃止する場合の、及び例五に複数の法律の一部を改正するとともに附則において他の法律の一部を改正する場合の配字関係について、それぞれ実際の規定例を示す。

■例一■（一の法律の一部を改正するとともに附則において他の法律の一部を改正する場合）

公布文
ポリ塩化ビフェニル廃棄物の適正な処理の推進に関する特別措置法の一部を改正する法律をここに公布する。

御名御璽

平成二十八年五月二日

内閣総理大臣臨時代理
国務大臣　菅　義偉

法律番号　法律第三十四号

題名
ポリ塩化ビフェニル廃棄物の適正な処理の推進に関する特別措置法の一部を改正する法律

ポリ塩化ビフェニル廃棄物の適正な処理の推進に関する特別措置法（平成十三年法律第六十五号）の一部を次のように改正する。

目次中「第十二条」を「第十七条」に……改める。

第二条第一項中「ポリ塩化ビフェニル、」を「ポリ塩化ビフェニル原液、」に改め、「廃棄物をいう」の下に「。次項において同じ」を加え、同条第二項中……に改め、同項を同条第五項とし、同条第一項の次に次の三項を加える。

2　この法律において「高濃度ポリ塩化ビフェニル廃棄物」とは、次に掲げる廃棄物をいう。

一　ポリ塩化ビフェニル原液が廃棄物となったもの

二　（略）

三　（略）

（略）

第二条に次の一項を加える。
6　この法律において「所有事業者」とは、ポリ塩化ビフェニル使用製品を所有する事業者をいう。
（略）

第四条の見出しを「（ポリ塩化ビフェニル使用製品を製造した者の責務）」に改め、同条中……に改める。

（略）

第六条第三項を次のように改める。
3　環境大臣は、ポリ塩化ビフェニル廃棄物処理基本計画の案を作成し、閣議の決定を求めなければならない。
第六条に次の四項を加える。
4　環境大臣は、ポリ塩化ビフェニル廃棄物処理基本計画の案を作成しようとするときは、あらかじめ、経済産業大臣に協議しなければならない。
（略）

第七条第一項中「廃棄物処理法第五条の五第一項に規定する廃棄物処理計画及び」を削り、同条第二項第二号中「の体制の確保」を削る。

（略）

第十一条を次のように改める。

（指導及び助言）

第十一条　都道府県知事は、保管事業者に対し、高濃度ポリ塩化ビフェニル廃棄物の確実かつ適正な処理の実施を確保するために必要な指導及び助言をすることができる。

第二十七条を第三十六条とする。

第二十六条第一号中……に改め、同条第二号中……に改め、同条第三号中……に改め、同条を第三十五条とする。

第二十五条中……に改め、同条に次の各号を加える。
一　第八条第一項（第十五条において準用する場合及び第十九条において読み替えて準用する場合を含む。）又は第十条第二項（第十五条及び第十九条において読み替えて準用する場合を含む。）若しくは第四項（第十九条において読み替えて準用する場合を含む。）の規定による届出をせず、又は虚偽の届出をした者
二　（略）
三　（略）
第二十五条を第三十四条とする。

第二十四条第二号を削り、同条第一号中「第十一条」を「第十七条」に改め、同号を同条第二号とし、同号の前に次の一号を加える。
一　第十二条第一項の規定による命令に違反した者
第二十四条を第三十三条とし、第三章中第二十三条を第三十二条とし、第二十二条の二を第三十条とし、同条の次に次の一条を加える。

（環境省令への委任）

第三十一条　この法律に定めるもののほか、この法律の実施のための手続その他この法律の施行に関し必要な事項は、環境省令で定める。

（略）

第二十条の見出し中「緊急時における」を削り、同条中……に改め、同条を第二十七条とする。

（略）

第十六条を削る。

（略）

第十三条を第二十一条とし、第三章中同条の前に次の見出し及び三条を加える。

（ポリ塩化ビフェニル使用製品の規制等）

第十八条　所有事業者は、処分期間内に、その高濃度ポリ塩化ビフェニル使用製品を廃棄しなければならない。

（略）

第十九条　第八条第一項、第九条、第十条第二項及び第四項、第十一条、第十六条、第二十四条並びに第二十五条の規定は、高濃度ポリ塩化ビフェニル使用製品について準用する。この場合において、第八条第一項中「保管事業者及びポリ塩化ビフェニル廃棄物の処分（再生を含む。第二十六条第二項及び第三項を除き、以下同じ。）をする者（以下「保管事業者等」という。）」とあるのは「所有事業者」と……と読み替えるものとする。

第二十条　（略）

（略）

附　則

（施行期日）

第一条　この法律は、公布の日から起算して三月を超えない範囲内において政令で定める日から施行する。ただし、次条及び附則第四条の規定は、公布の日から施行する。

（施行前の準備）

第二条　（略）

（罰則に関する経過措置）

附則

第三条　（略）

（政令への委任）

第四条　（略）

（検討）

第五条　（略）

（地方自治法の一部改正）

第六条　地方自治法（昭和二十二年法律第六十七号）の一部を次のように改正する。

別表第一高齢者の居住の安定確保に関する法律（平成十三年法律第二十六号）の項の次に次のように加える。

ポリ塩化ビフェニル廃棄物の適正な処理の推進に関する特別措置法（平成十三年法律第六十五号）	第十二条第一項（第十五条において読み替えて準用する場合を含む。）及び第二項（第十五条において準用する場合を含む。）並びに第二十四条及び第二十五条第一項（これらの規定を第十九条において読み替えて準用する場合を含む。）の規定により都道府県が行うこととされている事務

署名

総務大臣　山本　早苗
経済産業大臣　林　幹雄
環境大臣　大塚　珠代

連署

内閣総理大臣臨時代理
国務大臣　菅　義偉

■例二■（一の法律の全部を改正する場合）

公布文
行政不服審査法をここに公布する。
御名　御璽
平成二十六年六月十三日
内閣総理大臣　安倍　晋三

法律番号
法律第六十八号

題名
行政不服審査法

制定文
行政不服審査法（昭和三十七年法律第百六十号）の全部を改正する。

目次
目次
第一章　総則（第一条―第八条）
第二章　審査請求
第一節　審査庁及び審理関係人（第九条―第十七条）
（略）
附則

本則
第一章　総則
（目的等）
第一条　この法律は、行政庁の違法又は不当な処分その他公権力の行使に当たる行為に関し、国民が簡易迅速かつ公正な手続の下で広く行政庁に対する不服申立てをすることができるための制度を定めることにより、国民の権利利益の救済を図るとともに、行政の適正な運営を確保することを目的とする。
2　行政庁の処分その他公権力の行使に当たる行為（以下単に「処分」という。）に関する不服申立てについては、他の法律に特別の定めがある場合を除くほか、この法律の定めるところによる。

一　（略）

附則

附　則

（施行期日）

第一条　この法律は、公布の日から起算して二年を超えない範囲内において政令で定める日から施行する。ただし、次条の規定は、公布の日から施行する。

（準備行為）

第二条　第六十九条第一項の規定による審査会の委員の任命に関し必要な行為は、この法律の施行の日前においても、同項の規定の例によりすることができる。

（経過措置）

第三条　（略）

第四条　（略）

（その他の経過措置の政令への委任）

第五条　（略）

（検討）

第六条　（略）

別表

別表第一（第九条関係）

第十一条第二項	第九条第一項の規定により指名された者（以下「審理員」という。）	審査庁
（略）		

（略）

署名

総務大臣　新藤　義孝

連署

内閣総理大臣　安倍　晋三

■例三■（一の法律を廃止するとともに附則において他の法律の一部を改正する場合）

公布文
工業再配置促進法を廃止する法律をここに公布する。
御名　御璽
平成十八年四月二十六日
内閣総理大臣　小泉純一郎

法律番号
法律第三十二号

題名
工業再配置促進法を廃止する法律

本則
工業再配置促進法（昭和四十七年法律第七十三号）は、廃止する。

附則
附　則
（施行期日）
第一条　この法律は、公布の日から施行する。
（罰則に関する経過措置）
第二条　この法律の施行前にした行為に対する罰則の適用については、なお従前の例による。
（発電用施設周辺地域整備法及び原子力発電施設等立地地域の振興に関する特別措置法の一部改正）
第三条　（略）
（以下略）

署名
内閣総理大臣　小泉純一郎

連署
（略）
環境大臣　小池百合子

■例四■（一の政令を廃止する場合）

公布文　国税犯則取締法施行規則を廃止する政令をここに公布する。
御名　御璽
平成二十九年三月三十一日
内閣総理大臣　安倍　晋三

政令番号　**政令第百十三号**

題名　国税犯則取締法施行規則を廃止する政令

制定文　内閣は、所得税法等の一部を改正する等の法律（平成二十九年法律第四号）第十条の規定の施行に伴い、この政令を制定する。

本則　国税犯則取締法施行規則（明治三十三年勅令第五十二号）は、廃止する。

附則　**附　則**
この政令は、平成三十年四月一日から施行する。

署名　財務大臣　麻生　太郎

連署　内閣総理大臣　安倍　晋三

■例五■（複数の法律の一部を改正するとともに附則において他の法律の一部を改正する場合）

公布文　義務教育諸学校等の体制の充実及び運営の改善を図るための公立義務教育諸学校の学級編制及び教職員定数の標準に関する法律等の一部を改正する法律をここに公布する。
御名　御璽
平成二十九年三月三十一日
内閣総理大臣　安倍　晋三

法律番号　**法律第五号**

題名

義務教育諸学校等の体制の充実及び運営の改善を図るための公立義務教育諸学校の学級編制及び教職員定数の標準に関する法律等の一部を改正する法律

（公立義務教育諸学校の学級編制及び教職員定数の標準に関する法律の一部改正）

第一条　公立義務教育諸学校の学級編制及び教職員定数の標準に関する法律（昭和三十三年法律第百十六号）の一部を次のように改正する。

第三条第二項の表小学校（義務教育学校の前期課程を含む。）の項中「……」の下に「……」を加え、同表中学校（義務教育学校の後期課程及び中等教育学校の前期課程を含む。）の項中「……」を削る。

第七条第一項中第五号を第九号とし、第四号を第八号とし、第三号の次に次の四号を加える。

四　次の表の上欄に掲げる児童又は生徒の数の区分ごとの小学校（……）又は中学校（……）の数にそれぞれ当該区分に応ずる同表の下欄に掲げる数を乗じて得た数の合計数

児童又は生徒の数	乗ずる数
二百人から二百九十九人まで	〇・二五
（略）	（略）
八百人から千百九十九人まで	一・〇〇
千二百人以上	一・二五

五　（略）

本則

（略）

第十六条第一項中「第七条第一項第四号」を「第七条第一項第八号」に、「第十一条第一項第五号」を「第十一条第一項第七号」に改める。

（義務教育費国庫負担法の一部改正）

第二条　義務教育費国庫負担法（昭和二十七年法律第三百三号）の一部を次のように改正する。

第二条に次の一号を加える。

三　都道府県立の義務教育諸学校（前号に規定するものを除く。）に係る教職員の給与及び報酬等に要する経費（……）

（学校教育法及び就学前の子どもに関する教育、保育等の総合的な提供の推進に関する法律の一部改正）

第三条　次に掲げる法律の規定中「に従事する」を「をつかさどる」に改める。

一　学校教育法（昭和二十二年法律第二十六号）第三十七条第十四項

二　就学前の子どもに関する教育、保育等の総合的な提供の推進に関する法律（平成十八年法律第七十七号）第十四条第十五項

（地方教育行政の組織及び運営に関する法律の一部改正）

第四条　地方教育行政の組織及び運営に関する法律（昭和三十一年法律第百六十二号）の一部を次のように改正する。

目次中「第三節　学校運営協議会（第四十七条の五）」を「第三節　共同学校事務室（第四十七条の五）
第四節　学校運営協議会（第四十七条の六）」に改める。

（略）

第四十七条の五第一項及び第二項を次のように改める。

教育委員会は、教育委員会規則で定めるところにより、その所管に属する学校ごとに、当該学校の運営及び当該運営への必要な支援に関して協議する機関として、学校運営協議会を置くように努めなければならない。ただし、……。

2　学校運営協議会の委員は、次に掲げる者について、教育委員会が任命する。

一　対象学校（……）の所在する地域の住民

（略）

第四章第三節中第四十七条の五を第四十七条の六とする。

第四章中第三節を第四節とし、第二節の次に次の一節を加える。

第三節　共同学校事務室

第四十七条の五　教育委員会は、教育委員会規則で定めるところにより、その所管に属する学校のうちその指定する二以上の学校に係る事務（……）を当該学校の事務職員が共同処理するための組織として、当該指定する二以上の学校のうちいずれか一の学校に、共同学校事務室を置くことができる。

2　共同学校事務室に、室長及び所要の職員を置く。

（略）

（社会教育法の一部改正）

第五条　社会教育法（昭和二十四年法律第二百七号）の一部を次のように改正する。

目次中「社会教育主事及び社会教育主事補」を「社会教育主事等」に、「第九条の六」を「第九条の七」に改める。

第五条に次の一項を加える。

2　（略）

第六条中「前条各号」を「前条第一項各号」に、「第三号」を「同項第三号」に改め、同条に次の一項を加える。

2　（略）

第二章の章名を次のように改める。

第二章　社会教育主事等

第二章中第九条の六の次に次の一条を加える。

（地域学校協働活動推進員）

第九条の七　教育委員会は、地域学校協働活動の円滑かつ効果的な実施を図るため、社会的信望があり、かつ、地域学校協働活動の推進に熱意と識見を有する者のうちから、地域学校協働活動推進員を委嘱することができる。

2　（略）

附　則

附　則

（施行期日）

第一条　この法律は、平成二十九年四月一日から施行する。

（略）

（公立高等学校の適正配置及び教職員定数の標準等に関する法律の一部改正）

第六条　公立高等学校の適正配置及び教職員定数の標準等に関する法律（昭和三十六年法律第百八十八号）の一部を次のように改正する。

第十七条第六号中「第十一条第一項第六号」を「第十一条第一項第八号」に改める。

（国家戦略特別区域法の一部改正）

第七条　国家戦略特別区域法（平成二十五年法律第百七号）の一部を次のように

改正する。

第十二条の三第十一項の表地方教育行政の組織及び運営に関する法律（昭和三十一年法律第百六十二号）の項中「第四十七条の五第一項」を「第四十七条の六第一項」に改め、「除く」の下に「。以下この項において同じ」を加える。

署名（　文部科学大臣　松野　博一

連署（　内閣総理大臣　安倍　晋三

付　録

○法令における漢字使用等について

（原文横書き）

内閣法制局総総第二百八号
平成二十二年十一月三十日

内閣法制次長　山本　庸幸

殿

法令における漢字使用等について（通知）

平成二十二年十一月三十日付け内閣告示第二号をもって「常用漢字表」が告示され、同日付け内閣訓令第一号「公用文における漢字使用等について」が定められたことに伴い、当局において、法令における漢字使用等について検討した結果、別紙のとおり「法令における漢字使用等について」（平成二十二年十一月三十日付け内閣法制局長官決定）を定め、実施することとしましたので、通知します。

なお、昭和二十九年十一月二十五日付け法制局総発第八十九号の「法令用語改善の実施要領」（同実施要領の別紙「法令用語改正要領」を含む。）及び昭和五十六年十月一日付け内閣法制局総発第百四十一号の「法令における漢字使用等について」は、本日付けで廃止しますので、併せて通知します。

（別紙）

平成二十二年十一月三十日付け内閣告示第二号をもって「常用漢字表」が告示され、同日付け内閣訓令第一号「公用文における漢字使用等について」が定められたことに伴い、法令における漢字使用等について、次のように定める。

平成二十二年十一月三十日

内閣法制局長官　梶田　信一郎

法令における漢字使用等について

1　漢字使用について

(1)　法令における漢字使用は、次の(2)から(6)までにおいて特別の定めをするもののほか、「常用漢字表」（平成二十二年内閣告示第二号。以下「常用漢字表」という。）の本表及び付表（表の見方及び使い方を含む。）並びに「公用文における漢字使用等について」（平成二十二年内閣訓令第一号）の別紙の１「漢字使用について」の(2)によるものとする。また、字体については、通用字体を用いるものとする。

なお、常用漢字表により漢字で表記することとなったものとしては、次のようなものがある。

挨拶　宛先　椅子　咽喉　隠蔽　鍵　覚醒　崖　玩具　毀損
亀裂　禁錮　舷　拳銃　勾留　柵　失踪　焼酎　処方箋　腎臓
進捗　整頓　脊柱　遡及　堆積　貼付　賭博　剝奪　破綻　汎用
氾濫　膝　肘　払拭　閉塞　捕捉　補塡　哺乳類　蜜蜂　明瞭
湧出　拉致　賄賂　関わる　鑑みる　遡る　全て

(2)　次のものは、常用漢字表により、（　）の中の表記ができることとなったが、引き続きそれぞれ下線を付けて示した表記を用いるものとする。

（編者注　ここでは傍線を付して示した。）

壊滅（潰滅）　壊乱（潰乱）　決壊（決潰）
広範（広汎）　全壊（全潰）　倒壊（倒潰）
破棄（破毀）　崩壊（崩潰）　理屈（理窟）

(3)　次のものは、常用漢字表により、下線を付けて示した表記ができることとなったので、（　）の中の表記に代えて、それぞれ下線を付けて示した表記を用いるものとする。

（編者注　ここでは傍線を付して示した。）

臆説（憶説）　臆測（憶測）　肝腎（肝心）

(4) 次のものは、常用漢字表にあるものであっても、仮名で表記するものとする。

虞
恐れ　→　おそれ
且つ　→　かつ
従って（接続詞）　→　したがって
但し　→　ただし
但書　→　ただし書
外
他　→　ほか
又　→　また（ただし、「または」は「又は」と表記する。）
因る　→　よる

(5) 常用漢字表にない漢字で表記する言葉及び常用漢字表にない漢字を構成要素として表記する言葉並びに常用漢字表にない音訓を用いる言葉の使用については、次によるものとする。

ア　専門用語等であって、他に言い換える言葉がなく、しかも仮名で表記すると理解することが困難であると認められるようなものについては、その漢字をそのまま用いてこれに振り仮名を付ける。

【例】暗渠《きよ》　按《あん》分　蛾《が》　瑕疵《かし》　管渠《きよ》　涵《かん》養　強姦《かん》　砒《ひ》素　埠《ふ》頭

イ　次のものは、仮名で表記する。

拘わらず　→　かかわらず

此　→　この
之　→　これ
其　→　その
煙草　→　たばこ
為　→　ため
以て　→　もって
等（ら）　→　ら
猥褻　→　わいせつ

ウ　仮名書きにする際、単語の一部だけを仮名に改める方法は、できるだけ避ける。

【例】　斡旋　→　あっせん（「あっ旋」は用いない。）
　　煉瓦　→　れんが（「れん瓦」は用いない。）

ただし、次の例のように一部に漢字を用いた方が分かりやすい場合は、この限りでない。

【例】　あへん煙　えん堤　救じゅつ　橋りょう　し尿　出えん
　　じん肺　ため池　ちんでん池　でん粉　てん末　と畜
　　ばい煙　排せつ　封かん　へき地　らく印　漏えい

エ　常用漢字表にない漢字又は音訓を仮名書きにする場合には、仮名の部分に傍点を付けることはしない。

(6)　次のものは、（　）の中に示すように取り扱うものとする。

匕首（用いない。「あいくち」を用いる。）
委棄（用いない。）
慰藉料（用いない。「慰謝料」を用いる。）

溢　水（用いない。）
違　背（用いない。「違反」を用いる。）
印　顆（用いない。）
湮　滅（用いない。「隠滅」を用いる。）
苑　地（用いない。「園地」を用いる。）
汚　穢（用いない。）
解　止（用いない。）
戒　示（用いない。）
灰　燼（用いない。）
改　訂・改　定（「改訂」は書物などの内容に手を加えて正すことという意味についてのみ用いる。それ以外の場合は「改定」を用いる。）
開　披（用いない。）
牙　保（用いない。）
勧　解（用いない。）
監　守（用いない。）
管　守（用いない。「保管」を用いる。）
陥　穽（用いない。）
干　与・干　預（用いない。「関与」を用いる。）
義　捐（用いない。）
汽　罐（用いない。「ボイラー」を用いる。）

技監（特別な理由がある場合以外は用いない。）

規正・規整・規制（「規正」はある事柄を規律して公正な姿に当てはめることという意味についてのみ、「規整」はある事柄を規律して一定の枠に納め整えることという意味についてのみ、それぞれ用いる。それ以外の場合は「規制」を用いる。）

覊束（用いない。）

吃水（用いない。「喫水」を用いる。）

規程（法令の名称としては、原則として用いない。「規則」を用いる。）

欺瞞（用いない。）

欺罔（用いない。）

狭隘（用いない。）

饗応（用いない。「供応」を用いる。）

驚愕（用いない。）

魚艙（用いない。「魚倉」を用いる。）

紀律（特別な理由がある場合以外は用いない。「規律」を用いる。）

空気槽（用いない。「空気タンク」を用いる。）

具有（用いない。）

繋船（用いない。「係船」を用いる。）

繋属（用いない。「係属」を用いる。）

計理（用いない。「経理」を用いる。）

繋留（用いない。「係留」を用いる。）

懈怠（用いない。）

牽連（用いない。「関連」を用いる。）

溝渠（特別な理由がある場合以外は用いない。）

交叉点（用いない。「交差点」を用いる。）

更代（用いない。「交代」を用いる。）

弘報（用いない。「広報」を用いる。）

骨牌（用いない。「かるた類」を用いる。）

戸扉（用いない。）

誤謬（用いない。）

詐偽（用いない。「偽り」を用いる。）

鑿井（用いない。）

作製・作成（「作製」は製作（物品を作ること）という意味についてのみ用いる。それ以外の場合は「作成」を用いる。）

左の（「次の」という意味では用いない。）

鎖鑰（用いない。）

撒水管（用いない。「散水管」を用いる。）

旨趣（用いない。「趣旨」を用いる。）

枝条（用いない。）

首魁（用いない。「首謀者」を用いる。）

酒精（用いない。「アルコール」を用いる。）

鬚髯（用いない。）

醇化（用いない。「純化」を用いる。）

竣功（特別な理由がある場合以外は用いない。「完成」を用いる。）
傷痍（用いない。）
焼燬（用いない。）
銷却（用いない。「消却」を用いる。）
情況（特別な理由がある場合以外は用いない。「状況」を用いる。）
檣頭（用いない。「マストトップ」を用いる。）
証標（用いない。）
証憑・憑拠（用いない。「証拠」を用いる。）
牆壁（用いない。）
塵埃（用いない。）
塵芥（用いない。）
侵蝕（用いない。「侵食」を用いる。）
成規（用いない。）
窃用（用いない。「盗用」を用いる。）
船渠（用いない。「ドック」を用いる。）
洗滌（用いない。「洗浄」を用いる。）
僣窃（用いない。）
総轄（用いない。「総括」を用いる。）
齟齬（用いない。）
疏明（用いない。「疎明」を用いる。）

稠密（用いない。）

通事（用いない。「通訳人」を用いる。）

定繋港（用いない。「定係港」を用いる。）

呈示（用いない。「提示」を用いる。）

停年（用いない。「定年」を用いる。）

捺印（用いない。「押印」を用いる。）

売淫（用いない。「売春」を用いる。）

配付・配布（「配付」は交付税及び譲与税配付金特別会計のような特別な場合についてのみ用いる。それ以外の場合は「配布」を用いる。）

蕃殖（用いない。「繁殖」を用いる。）

版図（用いない。）

誹毀（用いない。）

彼此（用いない。）

標示（特別な理由がある場合以外は用いない。「表示」を用いる。）

紊乱（用いない。）

編綴（用いない。）

房室（用いない。）

膨脹（用いない。「膨張」を用いる。）

法例（用いない。）

輔助（用いない。「補助」を用いる。）

満限に達する（特別な理由がある場合以外は用いない。「満了する」を用いる。）

宥恕（用いない。）

輪贏（用いない。）

踰越（用いない。）

油槽（用いない。「油タンク」を用いる。）

落磐（用いない。「落盤」を用いる。）

臨検・立入検査（「臨検」は犯則事件の調査の場合についてのみ用いる。それ以外の場合は「立入検査」を用いる。）

鄰佑（用いない。）

狼狽（用いない。）

和諧（用いない。「和解」を用いる。）

2　送り仮名の付け方について

（1）単独の語

ア　活用のある語は、「送り仮名の付け方」（昭和四十八年内閣告示第二号の「送り仮名の付け方」をいう。以下同じ。）の本文の通則1の「本則」・「例外」及び通則2の「本則」の送り仮名の付け方による。

イ　活用のない語は、「送り仮名の付け方」の本文の通則3から通則5までの「本則」・「例外」の送り仮名の付け方による。

［備考］　表に記入したり記号的に用いたりする場合には、次の例に示すように、原則として、（　）の中の送り仮名を省く。

【例】　晴（れ）　曇（り）　問（い）　答（え）　終（わり）　生（まれ）

（2）複合の語

ア　イに該当する語を除き、原則として、「送り仮名の付け方」の本文の通則6の「本則」の送り仮名の付け方による。ただし、活用のない語で読み間違えるおそれのない語については、「送り仮名の付け方」の本文の通則6の「許容」の送り仮名の付け方により、次の例に示すように送り仮名を省く。

【例】
明渡し　預り金　言渡し　入替え　植付け　魚釣用具　受入れ　受皿　受持ち
受渡し　渦巻　打合せ　打合せ会　打切り　内払　移替え　埋立て　売上げ
売惜しみ　売出し　売場　売払い　売渡し　売行き　縁組　追越し　置場
贈物　帯留　折詰　買上げ　買入れ　買受け　買換え　買占め　買取り
買戻し　買物　書換え　格付　掛金　貸切り　貸金　貸越し　貸倒れ
貸出し　貸付け　借入れ　借受け　借換え　刈取り　缶切　期限付　切上げ
切替え　切下げ　切捨て　切土　切取り　切離し　靴下留　組合せ　組入れ
組替え　組立て　くみ取便所　繰上げ　繰入れ　繰替え　繰越し　繰下げ　繰延べ
繰戻し　差押え　差止め　差引き　差戻し　砂糖漬　下請　締切り　条件付
仕分　据置き　据付け　捨場　座込み　栓抜　備置き　備付け　染物
田植　立会い　立入り　立替え　立札　月掛　付添い　月払　積卸し
積替え　積込み　積出し　積立て　積付け　釣合い　釣鐘　釣銭　釣針
手続　問合せ　届出　取上げ　取扱い　取卸し　取替え　取決め　取崩し
取消し　取壊し　取下げ　取締り　取調べ　取立て　取次ぎ　取付け　取戻し
投売り　抜取り　飲物　乗換え　乗組み　話合い　払込み　払下げ　払出し
払戻し　払渡し　払渡済み　貼付け　引上げ　引揚げ　引受け　引起し　引換え
引込み　引下げ　引締め　引継ぎ　引取り　引渡し　日雇　歩留り　船着場
不払　賦払　振出し　前払　巻付け　巻取り　見合せ　見積り　見習
未払　申合せ　申合せ事項　申入れ　申込み　申立て　申出　持家　持込み

持分　元請　戻入れ　催物　盛土　焼付け　雇入れ　雇主　譲受け
譲渡し　呼出し　読替え　割当て　割増し　割戻し

イ　活用のない語で慣用が固定していると認められる次の例に示すような語については、「送り仮名の付け方」の本文の通則7により、送り仮名を付けない。

【例】
合図　合服　合間　預入金　編上靴　植木
(進退)伺　浮袋　浮世絵　受入額　受入先　受入年月日
請負　受付　受付係　受取　受取人　受払金
打切補償　埋立区域　埋立事業　埋立地　裏書　売上(高)
売掛金　売出発行　売手　売主　売値　売渡価格
売渡先　絵巻物　襟巻　沖合　置物　奥書
奥付　押売　押出機　覚書　(博多)織　折返線
織元　織物　卸売　買上品　買受人　買掛金
外貨建債権　概算払　買手　買主　買値　書付
書留　過誤払　貸方　貸越金　貸室　貸席
貸倒引当金　貸出金　貸出票　貸付(金)　貸主　貸船
貸本　貸間　貸家　箇条書　貸渡業　肩書
借入(金)　借受人　借方　借越金　刈取機　借主
仮渡金　缶詰　気付　切手　切符　切替組合員
切替日　くじ引　組合　組入金　組立工　倉敷料
繰上償還　繰入金　繰入限度額　繰入率　繰替金　繰越(金)

繰越資産	消印	月賦払	現金払	小売	小売(商)
小切手	木立	小包	子守	献立	先取特権
作付面積	挿絵	差押(命令)	座敷	指図	差出人
差引勘定	差引簿	刺身	試合	仕上機械	仕上工
仕入価格	仕掛花火	仕掛品	敷網	敷居	敷石
敷金	敷地	敷布	敷物	軸受	下請工事
仕出屋	仕立券	仕立物	仕立屋	質入証券	支払
支払元受高	字引	仕向地	事務取扱	事務引継	締切日
所得割	新株買付契約書	据置(期間)	(支出)済(額)	関取	備付品
(型絵)染	ただし書	立会演説	立会人	立入検査	立場
竜巻	立替金	立替払	建具	建坪	建値
建前	建物	棚卸資産	(条件)付(採用)	月掛貯金	付添人
漬物	積卸施設	積出地	積立(金)	積荷	詰所
釣堀	手当	出入口	出来高払	手付金	手引
手引書	手回品	手持品	灯台守	頭取	(欠席)届
留置電報	取扱(所)	取扱(注意)	取入口	取替品	取組
取消処分	(麻薬)取締法	取締役	取立金	取立訴訟	取次(店)
取付工事	取引	取引(所)	取戻請求権	問屋	仲買
仲立業	投売品	並木	縄張	荷扱場	荷受人
荷造機	荷造費	(春慶)塗	(休暇)願	乗合船	乗合旅客

乗換(駅)	乗組(員)	場合	羽織	履物	葉巻
払込(金)	払下品	払出金	払戻金	払戻証書	払渡金
払渡郵便局	番組	番付	控室	引当金	引受(時刻)
引受(人)	引換(券)	(代金)引換	引継事業	引継調書	引取経費
引取税	引渡(人)	日付	引込線	瓶詰	歩合
封切館	福引(券)	船積貨物	踏切	振替	振込金
振出(人)	不渡手形	分割払	(鎌倉)彫	掘抜井戸	前受金
前貸金	巻上機	巻紙	巻尺	巻物	待合(室)
見返物資	見込額	見込数量	見込納付	水張検査	水引
見積(書)	見取図	見習工	未払勘定	未払年金	見舞品
名義書換	申込(書)	申立人	持込禁止	元売業者	物置
物語	物干場	(備前)焼	役割	屋敷	雇入契約
雇止手当	夕立	譲受人	湯沸器	呼出符号	読替規定
陸揚地	陸揚量	両替	割合	割当額	割高
割引	割増金	割戻金	割安		

［備考1］　下線を付けた語は、「送り仮名の付け方」の本文の通則7において例示された語である。

（編者注　ここでは傍線を付して示した。）

［備考2］　「売上（高）」、「（博多）織」などのようにして掲げたものは、（　）の中を他の漢字で置き換えた場合にも、「送り仮名の付け方」の本文の通則7を適用する。

(3)　付表の語

「送り仮名の付け方」の本文の付表の語（1のなお書きを除く。）の送り仮名の付け方による。

3　その他

(1)　1及び2は、固有名詞を対象とするものではない。

(2)　1及び2については、これらを専門用語及び特殊用語に適用するに当たって、必要と認める場合は、特別の考慮を加える余地があるものとする。

附　則

1　この決定は、平成二十二年十一月三十日から施行する。

2　この決定は、法律については次回国会（常会）に提出するものから、政令については平成二十三年一月一日以後最初の閣議に提出するものから、それぞれ適用する。

3　新たな法律又は政令を起案する場合のほか、既存の法律又は政令の改正について起案する場合（文語体の法律又は勅令を文体を変えないで改正する場合を除く。）にも、この決定を適用する。なお、この決定を適用した結果、改正されない部分に用いられている語の表記と改正される部分に用いられるこれと同一の内容を表す語の表記とが異なることとなっても、差し支えない。

4　署名の閣議に提出される条約については平成二十三年一月一日以後最初の閣議に提出されるものから、国会に提出される条約（平成二十三年一月一日以後最初の閣議より前に署名の閣議に提出された条約であって日本語が正文であるものを除く。）については次回国会（常会）に提出するものから、それぞれこの決定を適用する。なお、条約の改正についても、この決定を適用した結果、改正されない部分に用いられている語の表記と改正される部分に用いられるこれと同一の内容を表す語の表記とが異なることとなっても、差し支えない。

○公用文における漢字使用等について

（原文横書き）

内閣訓令第一号

各行政機関

公用文における漢字使用等について

政府は、本日、内閣告示第二号をもって、「常用漢字表」を告示した。

今後、各行政機関が作成する公用文における漢字使用等については、別紙によるものとする。

なお、昭和五十六年内閣訓令第一号は、廃止する。

平成二十二年十一月三十日

内閣総理大臣　菅　直人

（別紙）

公用文における漢字使用等について

1　漢字使用について

(1)　公用文における漢字使用は、「常用漢字表」（平成二十二年内閣告示第二号）の本表及び付表（表の見方及び使い方を含む。）によるものとする。

なお、字体については通用字体を用いるものとする。

(2)　「常用漢字表」の本表に掲げる音訓によって語を書き表すに当たっては、次の事項に留意する。

ア　次のような代名詞は、原則として、漢字で書く。

例　俺　彼　誰　何　僕　私　我々

イ　次のような副詞及び連体詞は、原則として、漢字で書く。

例（副詞）

余り　至って　大いに　恐らく　概して　必ず　必ずしも　辛うじて　極めて　殊に　更に　実に　少なくとも
少し　既に　全て　切に　大して　絶えず　互いに　直ちに　例えば　次いで　努めて　常に　特に
突然　初めて　果たして　甚だ　再び　全く　無論　最も　専ら　僅か　割に

（連体詞）

明くる　大きな　来る　去る　小さな　我が（国）

ただし、次のような副詞は、原則として、仮名で書く。

例　かなり　ふと　やはり　よほど

ウ　次の接頭語は、その接頭語が付く語を漢字で書く場合は、原則として、漢字で書き、その接頭語が付く語を仮名で書く場合は、原則として、仮名で書く。

例　御案内（御＋案内）　御挨拶（御＋挨拶）　ごもっとも（ご＋もっとも）

エ　次のような接尾語は、原則として、仮名で書く。

例　げ（惜しげもなく）　ども（私ども）　ぶる（偉ぶる）　み（弱み）　め（少なめ）

オ　次のような接続詞は、原則として、仮名で書く。

例　おって　かつ　したがって　ただし　ついては　ところが　ところで　また　ゆえに

ただし、次の四語は、原則として、漢字で書く。

及び　並びに　又は　若しくは

カ　助動詞及び助詞は、仮名で書く。

例　ない（現地には、行かない。）　ようだ（それ以外に方法がないようだ。）
ぐらい（二十歳ぐらいの人）　だけ（調査しただけである。）　ほど（三日ほど経過した。）

キ　次のような語句を、（　）の中に示した例のように用いるときは、原則として、仮名で書く。

例　ある（その点に問題がある。）　いる（ここに関係者がいる。）　こと（許可しないことがある。）

できる（だれでも利用ができる。）　とおり（次のとおりである。）　とき（事故のときは連絡する。）

ところ（現在のところ差し支えない。）　とも（説明するとともに意見を聞く。）　ない（欠点がない。）

なる（合計すると一万円になる。）　ほか（そのほか…、特別の場合を除くほか…）

もの（正しいものと認める。）　ゆえ（一部の反対のゆえにはかどらない。）

わけ（賛成するわけにはいかない。）　……かもしれない（間違いかもしれない。）

……てあげる（図書を貸してあげる。）　……ていく（負担が増えていく。）

……ていただく（報告していただく。）　……ておく（通知しておく。）

……てください（問題点を話してください。）　……てくる（寒くなってくる。）

……てしまう（書いてしまう。）　……てみる（見てみる。）　……てよい（連絡してよい。）

……にすぎない（調査だけにすぎない。）　……について（これについて考慮する。）

2　送り仮名の付け方について

(1)　公用文における送り仮名の付け方は、原則として、「送り仮名の付け方」（昭和四十八年内閣告示第二号）の本文の通則1から通則6までの「本則」・「例外」、通則7及び「付表の語」（1のなお書きを除く。）によるものとする。

ただし、複合の語（「送り仮名の付け方」の本文の通則7を適用する語を除く。）のうち、活用のない語であって読み間違えるおそれのない語については、「送り仮名の付け方」の本文の通則6の「許容」を適用して送り仮名を省くものとする。なお、これに該当する語は、次のとおりとする。

明渡し　預り金　言渡し　入替え　植付け　魚釣用具　受入れ　受皿　受持ち
受渡し　渦巻　打合せ　打合せ会　打切り　内払　移替え　埋立て　売上げ
売惜しみ　売出し　売場　売払い　売渡し　売行き　縁組　追越し　置場
贈物　帯留　折詰　買上げ　買入れ　買受け　買換え　買占め　買取り
買戻し　買物　書換え　格付　掛金　貸切り　貸金　貸越し　貸倒れ
貸出し　貸付け　借入れ　借受け　借換え　刈取り　缶切　期限付　切上げ
切替え　切下げ　切捨て　切土　切取り　切離し　靴下留　組合せ　組入れ
組替え　組立て　くみ取便所　繰上げ　繰入れ　繰替え　繰越し　繰下げ　繰延べ
繰戻し　差押え　差止め　差引き　差戻し　砂糖漬　下請　締切り　条件付
仕分　据置き　据付け　捨場　座込み　栓抜　備置き　備付け　染物
田植　立会い　立入り　立替え　立札　月掛　付添い　月払　積卸し
積替え　積込み　積出し　積立て　積付け　釣合い　釣鐘　釣銭　釣針
手続　問合せ　届出　取上げ　取扱い　取卸し　取替え　取決め　取崩し
取消し　取壊し　取下げ　取締り　取調べ　取立て　取次ぎ　取付け　取戻し
投売り　抜取り　飲物　乗換え　乗組み　話合い　払込み　払下げ　払出し
払戻し　払渡し　払渡済み　貼付け　引上げ　引揚げ　引受け　引起し　引換え
引込み　引下げ　引締め　引継ぎ　引取り　引渡し　日雇　歩留り　船着場
不払　賦払　振出し　前払　巻付け　巻取り　見合せ　見積り　見習
未払　申合せ　申合せ事項　申入れ　申込み　申立て　申出　持家　持込み
持分　元請　戻入れ　催物　盛土　焼付け　雇入れ　雇主　譲受け

譲渡し　呼出し　読替え　割当て　割増し　割戻し

(2) (1)にかかわらず、必要と認める場合は、「送り仮名の付け方」の本文の通則2、通則4及び通則6(1)のただし書の適用がある場合を除く。）の「許容」並びに「付表の語」の1のなお書きを適用して差し支えない。

3 その他

(1) 1及び2は、固有名詞を対象とするものではない。

(2) 専門用語又は特殊用語を書き表す場合など、特別な漢字使用等を必要とする場合には、1及び2によらなくてもよい。

(3) 専門用語等で読みにくいと思われるような場合は、必要に応じて、振り仮名を用いる等、適切な配慮をするものとする。

4 法令における取扱い

法令における漢字使用等については、別途、内閣法制局からの通知による。

○「公用文作成の考え方」の周知について

（原文横書き）

（内閣文第一号
令和四年一月一一日）

内閣官房長官

各国務大臣　殿

「公用文作成の考え方」の周知について

本日の閣議で文部科学大臣から報告された「公用文作成の考え方」（文化審議会建議）は、現代社会における公用文作成の手引としてふさわしいものであることから、貴管下職員への周知方につき、よろしく御配意願います。

なお、「公用文改善の趣旨徹底について」（昭和二七年四月四日内閣閣甲第一六号内閣官房長官依命通知）は、本日付けで廃止します。

（別紙）

令和四年一月七日

文部科学大臣
末松信介殿

文化審議会会長
佐藤信

文化審議会国語分科会長

沖森卓也

「公用文作成の考え方」について（建議）

文化審議会は、慎重審議の結果、「公用文作成の考え方」を決定しましたので、別添のとおりここに建議します。

これは、昭和二六年に国語審議会が建議した「公用文作成の要領」が示してきた理念を生かしつつこれを見直し、今後、政府内における公用文作成の手引として活用されることを目指し取りまとめたものです。

つきましては、本建議を政府内に周知し、活用を促すよう要請いたします。

令和四年一月七日　文化審議会

（別添）

公用文作成の考え方（建議）（（付）「公用文作成の考え方（文化審議会建議）」解説）

公用文作成の考え方

前書き

文化審議会は、これからの時代にふさわしい公用文作成の手引とするために「公用文作成の考え方」をここに示すこととした。

昭和二六年に当時の国語審議会が建議した「公用文作成の要領」は、翌二七年に内閣官房長官依命通知別紙として各省庁に周知されてから約七〇年を経ている。基本となる考え方は現代にも生きているものの、内容のうちに公用文における実態や社会状況との食い違いがあることも指摘されてきた。

こうした状況を踏まえ、文化審議会国語分科会に同要領の見直しについて検討し、「新しい「公用文作成の要領」に向けて」（令和三年三月一二日）を報告した。以下に示す「公用文作成の考え方」は、国語分科会報告に基づき、「公用文作成の要領」が示してきた理念を生かしつつ、それに代えて政府内で活用されることを目指し取りまとめたものである。

これは、法令や告示・通知等に用いられてきた公用文の書き表し方の原則が、今後とも適切に適用されることを目指している。それとともに、各府省庁等が作成する多様な文書それぞれの目的や種類に対応するよう、公用文に関する既存のルール、慣用及び実態に基づき、表記、用語、文章の在り方等に関して留意点をまとめたものである。

基本的な考え方

1　公用文作成の在り方

(1)　読み手とのコミュニケーションとして捉える

ア　読み手に理解され、信頼され、行動の指針とされる文書を作成する。

イ　多様化する読み手に対応する。広く一般に向けた文書では、義務教育で学ぶ範囲の知識で理解できるように書くよう努める。

ウ　地方公共団体や民間の組織によって活用されることを意識する。

エ　解説・広報等では、より親しみやすい表記を用いてもよい。

オ　有効な手段・媒体を選択し、読み手にとっての利便性に配慮する。

(2)　文書の目的や種類に応じて考える（表「公用文の分類例」参照）

ア　原則として、公用文の表記は法令と一致させる。ただし、表「公用文の分類例」がおおよそ示すとおり、文書の目的や種類、想定される読み手に応じた工夫の余地がある。

イ　法令に準ずるような告示・通知等においては、公用文表記の原則に従って書き表す。

ウ　議事録、報道発表資料、白書などの記録・公開資料等では、公用文表記の原則に基づくことを基本としつつ、必要に応じて読み手に合わせた書き表し方を工夫する。

エ　広く一般に向けた解説・広報等では、特別な知識を持たない人にとっての読みやすさを優先し、書き表し方を工夫するとともに、施策への関心を育むよう工夫する。

（表）公用文の分類例

大別	具体例	想定される読み手	手段・媒体の例
法令	法律、政令、省令、規則	専門的な知識がある人	官報
告示・通知等	告示・訓令 通達・通知 公告・公示	専門的な知識がある人	官報 府省庁が発する文書
記録・公開資料等	議事録・会見録 統計資料 報道発表資料 白書	ある程度の専門的な知識がある人	専門的な刊行物 府省庁による冊子 府省庁ウェブサイト
解説・広報等	法令・政策等の解説 広報 案内 Q&A 質問等への回答	専門的な知識を特に持たない人	広報誌 パンフレット 府省庁ウェブサイト 同SNSアカウント

※「想定される読み手」は、各文書を実際に読み活用する機会が多いと考えられる人を指す。

2　読み手に伝わる公用文作成の条件

(1)　正確に書く

ア　誤りのない正確な文書を作成する。誤りが見つかった場合には、速やかに訂正する。

イ　実効性のある告示・通知等では、公用文の書き表し方の原則に従う。
ウ　基となる情報の内容や意味を損なわない。
エ　関係法令等を適宜参照できるように、別のページやリンク先に別途示す。
オ　厳密さを求めすぎない。文書の目的に照らして必要となる情報の範囲を正確に示す。

(2)　分かりやすく書く

ア　読み手が十分に理解できるように工夫する。
イ　伝えることを絞る。副次的な内容は、別に対応する。
ウ　遠回しな書き方を避け、主旨を明確に示す。
エ　専門用語や外来語をむやみに用いないようにし、読み手に通じる言葉を選ぶ。
オ　図表等によって視覚的な効果を活用する。
カ　正確さとのバランスをとる。

(3)　気持ちに配慮して書く

ア　文書の目的や種類、読み手にふさわしい書き方をする。
イ　読み手が違和感を抱かないように書く。型にはまった考え方に基づいた記述を避ける。
ウ　対外的な文書においては、「です・ます」体を基本として簡潔に敬意を表す。
エ　親しさを伝える。敬意とのバランスを意識し、読み手との適度な距離感をとる。

Ⅰ　表記の原則

「現代仮名遣い」（昭和六一年内閣告示第一号）による漢字平仮名交じり文を基本とし、特別な場合を除いて左横書きする。

1　漢字の使い方

漢字の使用は、「常用漢字表」（平成二二年内閣告示第二号）に基づくものとする。また、その具体的な運用については「公用文における漢字使用等について」（平成二二年内閣訓令第一号）の「1　漢字使用について」及び「3　その他」に基づくものとする。

ただし、広く一般に向けた解説・広報等においては、読み手に配慮し、漢字を用いることになっている語についても、仮名で書いたり振り仮名を使ったりすることができる。

2　送り仮名の付け方

送り仮名の付け方は、「送り仮名の付け方」（昭和四八年内閣告示第二号）に基づくものとする。また、その具体的な運用については、「公用文における漢字使用等について」（平成二二年内閣訓令第一号）の「2　送り仮名の付け方について」及び「3　その他」に基づくものとする。

ただし、広く一般に向けた解説・広報等においては、読み手に配慮し、送り仮名を省いて書くことになっている語についても、送り仮名を省かずに書くことができる。

3　外来語の表記

外来語の表記は、「外来語の表記」（平成三年内閣告示第二号）に基づくものとする。「外来語の表記」の第1表によって日本語として広く使われている表記を用いることを基本とし、必要に応じて第2表を用いる。第1表及び第2表にない表記は、原則として使用しない。

4　数字を使う際は、次の点に留意する

ア　横書きでは、算用数字を使う。

例）令和2年11月26日　午後2時37分　72%

電話：03-5253-****

イ　大きな数は、三桁ごとにコンマで区切る。
例）5,000　62,250円　1,254,372人
ウ　兆・億・万の単位は、漢字を使う。
例）5兆　100億　30万円
エ　全角・半角は、文書内で使い分けを統一する。
オ　概数は、漢数字を使う。
例）二十余人　数十人　四、五十人
カ　語を構成する数や常用漢字表の訓による数え方などは、漢数字を使う。
例）二者択一　一つ、二つ…　一人、二人…
六法全書　七五三
キ　縦書きする場合には、漢数字を使う。
ク　縦書きされた漢数字を横書きで引用する場合には、原則として算用数字にする。
ケ　算用数字を使う横書きでは、「○か所」「○か月」と書く（ただし、漢数字を用いる場合には「○箇所」「○箇月」のように書く。）。
例）3か所　7か月　三箇所　七箇月

5　符号を使う際は、次の点に留意する

(1)　句読点や括弧の使い方

ア　句点には「。」（マル）読点には「、」（テン）を用いることを原則とする。横書きでは、読点に「，」（コンマ）を用いてもよい。ただし、一つの文書内でどちらかに統一する。
イ　「・」（ナカテン）は、並列する語、外来語や人名などの区切り、箇条書の冒頭等に用いる。

ウ　括弧は、（　）（丸括弧）と「　」（かぎ括弧）を用いることを基本とする。（　）や「　」の中に、更に（　）や「　」を用いる場合にも、そのまま重ねて用いる。

例）（平成26（2014）年）

「「異字同訓」の漢字の使い分け例」

エ　括弧の中で文が終わる場合には、句点（。）を打つ。ただし、引用部分や文以外（名詞、単語としての使用、強調表現、日付等）に用いる場合には打たない。また、文が名詞で終わる場合にも打たない。

例）（以下「基本計画」という。）　「決める。」と発言した。

議事録に「決める」との発言があった。

「決める」という動詞を使う。

国立科学博物館（上野）　「わざ」を高度に体現する。

オ　文末にある括弧と句点の関係を使い分ける。文末に括弧がある場合、それが部分的な注釈であれば閉じた括弧の後に句点を打つ。二つ以上の文、又は、文章全体の注釈であれば、最後の文と括弧の間に句点を打つ。

カ　【　】（隅付き括弧）は、項目を示したり、強調すべき点を目立たせたりする。

例）【会場】文部科学省講堂　【取扱注意】

キ　そのほかの括弧等はむやみに用いず、必要な場合は用法を統一して使用する。

(2)　様々な符号の使い方

ア　解説・広報等においては、必要に応じて「？」「！」を用いてよい。

例）○○法が改正されたのを知っていますか？

来月二〇日、開催！

イ　他の符号を用いる場合には、文書内で用法を統一し、濫用を避ける。

ウ　矢印や箇条書等の冒頭に用いる符号は、文書内で用法を統一して使う。

エ　単位を表す符号を用いる場合は、文書内で用法を統一して使う。

6　そのほか、次の点に留意する

ア　文の書き出しや改行したときには、原則として一字下げする。

イ　繰り返し符号は、「々」のみを用いる。二字以上の繰り返しはそのまま書く。

例）並々ならぬ　東南アジアの国々　正々堂々
　ますます　一人一人

ウ　項目の細別と階層については、例えば次のような順序を用いる。

（横書きの場合）

第1	1	(1)	ア	(ア)
第2	2	(2)	イ	(イ)
第3	3	(3)	ウ	(ウ)

（縦書きの場合）

第一	一	1	㈠	(1)	ア
第二	二	2	㈡	(2)	イ
第三	三	3	㈢	(3)	ウ

エ　ローマ字（ラテン文字。いわゆるアルファベットを指す。）を用いるときには、全角・半角を適切に使い分ける。

オ　日本人の姓名をローマ字で示すときには、差し支えのない限り「姓－名」の順に表記する。姓と名を明確に区別させる必要がある場合には、姓を全て大文字とし（YAMADA Haruo）、「姓－名」の構造を示す。

カ　電子的な情報交換では、内容が意図するとおりに伝わるよう留意する。

キ　読みやすい印刷文字を選ぶ。

ク　略語は、元になった用語を示してから用い、必要に応じて説明を添える。

例）クオリティー・オブ・ライフ（Quality of Life。以下「QOL」という。）

ケ　図表を効果的に用いる。図表には、分かりやすい位置に標題を付ける。

Ⅱ　用語の使い方

1　法令・公用文に特有の用語は適切に使用し、必要に応じて言い換える

例）及び　並びに　又は　若しくは

2　専門用語は、語の性質や使う場面に応じて、次のように対応する

ア　言い換える。

例）頻回→頻繁に、何回も　埋蔵文化財包蔵地→遺跡

イ　説明を付けて使う。

例）罹《り》災証明書（支援を受けるために被災の程度を証明する書類）

ウ　普及を図るべき用語は、工夫してそのまま用いる。

3　外来語は、語の性質や使う場面に応じて、次のように対応する

ア　日本語に十分定着しているものは、そのまま使う。

例）ストレス　ボランティア　リサイクル

イ　日常使う漢語や和語に言い換える。

例）アジェンダ→議題　インキュベーション→起業支援

インタラクティブ→双方向的

サプライヤー→仕入先、供給業者

ウ　分かりやすく言い換えることが困難なものは、説明を付ける。

例）インクルージョン（多様性を受容し互いに作用し合う共生社会を目指す考え）
多様な人々を受け入れ共に関わって生きる社会を目指す「インクルージョン」は…
エ　日本語として定着する途上のものは、使い方を工夫する。
例）リスクを取る→あえて困難な道を行く、覚悟を決めて進む、賭ける

4　専門用語や外来語の説明に当たっては、次の点に留意する
ア　段階を踏んで説明する。
イ　意味がよく知られていない語は、内容を明確にする。
ウ　日常では別の意味で使われる語は、混同を避けるようにする。

5　紛らわしい言葉を用いないよう、次の点に留意する
ア　誤解や混同を避ける。
(ア)　同音の言葉による混同を避ける。
(イ)　異字同訓の漢字を使い分ける。
イ　曖昧さを避ける。
(ア)　「から」と「より」を使い分ける。
例）東京から京都まで　午後一時から始める
長官から説明がある　東京より京都の方が寒い
会議の開始時間は午前一〇時より午後一時からが望ましい
(イ)　程度や時期、期間を表す言葉に注意する。
例）幾つか指摘する→三点指摘する
少人数でよい→三人以上でよい

早めに→一週間以内（五月一四日正午まで）に

本日から春休みまで→春休み開始まで／春休みが終了するまで

(ウ)「等」「など」の類は、慎重に使う。これらの語を用いるときには、具体的に挙げるべき内容を想定しておき、「等」「など」の前には、代表的・典型的なものを挙げる。

ウ　冗長さを避ける。

(ア)　表現の重複に留意する。

例）諸先生方→諸先生、先生方

各都道府県ごとに→各都道府県で、都道府県ごとに

第一日目→第一日、一日目

約二〇名くらい→約二〇名、二〇名くらい

(イ)　回りくどい言い方や不要な繰り返しはしない。

例）利用することができる→利用できる

調査を実施した→調査した

教育費の増加と医療費の増加により→教育費と医療費の増加により

6　文書の目的、媒体に応じた言葉を用いる

ア　誰に向けた文書であるかに留意して用語を選択する。

例）喫緊の課題→すぐに対応すべき重要な課題

可及的速やかに→できる限り早く

イ　日本語を母語としない人々に対しては、平易で親しみやすい日本語（やさしい日本語）を用いる。

ウ　敬語など相手や場面に応じた気遣いの表現を適切に使う。解説・広報等における文末は「です・ます」を基調とし、

「ございます」は用いない。また、「申します」「参ります」も読み手に配慮する特別な場合を除いては使わない。「おります」「いたします」などは必要に応じて使うが多用しない。

エ　使用する媒体に応じた表現を用いる。ただし、広報等においても、広い意味での公用文であることを意識して一定の品位を保つよう留意する。

7　読み手に違和感や不快感を与えない言葉を使う

ア　偏見や差別につながる表現を避ける。

イ　特定の用語を避けるだけでなく読み手がどう感じるかを考える。

ウ　過度に規制を加えたり禁止したりすることは慎む。

エ　共通語を用いて書くが、方言も尊重する。

8　そのほか、次の点に留意する

ア　聞き取りにくく難しい漢語を言い換える。

例）橋梁《りょう》→橋　塵埃《じんあい》→ほこり　眼瞼《けん》→まぶた

イ　「漢字一字＋する」型の動詞を多用しない。

例）模する→似せる　擬する→なぞらえる

賭する→賭ける　滅する→滅ぼす

ウ　重厚さや正確さを高めるには、述部に漢語を用いる。

例）決める→決定（する）　消える→消失（する）

エ　分かりやすさや親しみやすさを高めるには、述部に訓読みの動詞を用いる。

例）作業が進捗する→作業がはかどる、順調に進む、予定どおりに運ぶ

オ　紋切り型の表現（型どおりの表現）は、効果が期待されるときにのみ用いる。

Ⅲ 伝わる公用文のために

1 文体の選択に当たっては、次の点に留意する

ア 文書の目的や相手に合わせ、常体と敬体を適切に選択する。法令、告示、訓令などの文書は常体（である体）を用い、通知、依頼、照会、回答など、特定の相手を対象とした文書では敬体（です・ます体）を用いる。

イ 一つの文・文書内では、常体と敬体のどちらかで統一する。

ウ 常体では、「である・であろう・であった」の形を用いる。

エ 文語の名残に当たる言い方は、分かりやすい口語体に言い換える。

例）～のごとく→～のように

進まんとする→進もうとする

大いなる進歩→大きな進歩

オ 「べき」は、「用いるべき手段」「考えるべき問題」のような場合には用いるが「べく」「べし」の形は用いない。また、「べき」がサ行変格活用の動詞（「する」「～する」）に続くときは、「～するべき…」としないで「～すべき…」とする。また、「～すべき」で文末を終えずに「～すべきである」「～すべきもの」などとする。

2 標題・見出しの付け方においては、次のような工夫をする

ア 標題（タイトル）では、主題と文書の性格を示す。また、報告、提案、回答、確認、開催、許可などの言葉を使って文書の性格を示す。

例）新国立体育館について→新国立体育館建設の進捗状況に関する報告

予算の執行について→令和二年度文化庁予算の執行状況（報告）

文化審議会について→第九三回文化審議会（令和二年一一月二二日）を開催します

イ 分量の多い文書では、見出しを活用し、論点を端的に示す。

ウ　中見出しや小見出しを適切に活用する。
エ　見出しを追えば全体の内容がつかめるようにする。
オ　標題と見出しを呼応させる。
カ　見出しを目立たせるよう工夫する。

3　文の書き方においては、次の点に留意する

ア　一文を短くする。
イ　一文の論点は、一つにする。
ウ　三つ以上の情報を並べるときには、箇条書を利用する。
例）国語に関する内閣告示には、常用漢字表、外来語の表記、現代仮名遣い、送り仮名の付け方、ローマ字のつづり方の五つがある。
↓　国語に関する内閣告示には、次の五つがある。
・常用漢字表
・外来語の表記
・現代仮名遣い
・送り仮名の付け方
・ローマ字のつづり方
エ　基本的な語順（「いつ」「どこで」「誰が」「何を」「どうした」）を踏まえて書く。
オ　主語と述語の関係が分かるようにする。
カ　接続助詞や中止法（述語の用言を連用形にして、文を切らずに続ける方法）を多用しない。
キ　同じ助詞を連続して使わない。

例）本年の|当課の|取組の|中心は…→本年、当課が中心的に取り組んでいるのは…

ク　複数の修飾節が述部に掛かるときには、長いものから示すか、できれば文を分ける。

ケ　受身形をむやみに使わない。

コ　二重否定はどうしても必要なとき以外には使わない。

例）…しないわけではない→…することもある

〇〇を除いて、実現していない→〇〇のみ、実現した

サ　係る語とそれを受ける語、指示語と指示される語は近くに置く。

シ　言葉の係り方によって複数の意味に取れることがないようにする。

ス　読点の付け方によって意味が変わる場合があることに注意する。

4　文書の構成に当たっては、次のような工夫をする

ア　文書の性格に応じて構成を工夫する。

イ　結論は早めに示し、続けて理由や詳細を説明する。

ウ　通知等は、既存の形式によることを基本とする。

エ　解説・広報等では、読み手の視点で構成を考える。

オ　分量の限度を決めておく。

カ　「下記」「別記」等を適切に活用する。

（（付）「公用文作成の考え方（文化審議会建議）」解説　略）

○平成二二年一一月三〇日に改定された常用漢字表で追加・削除された字種一覧

〈「常用漢字表」に追加された字種（196字）〉

挨　曖　宛　嵐　畏　萎　椅　彙　茨　咽　淫　唄　鬱　怨　媛　艶　旺　岡
臆　俺　苛　牙　瓦　楷　潰　諧　崖　蓋　骸　柿　顎　葛　釜　鎌　韓　玩
伎　亀　毀　畿　臼　嗅　巾　僅　錦　惧　串　窟　熊　詣　憬　稽　隙　桁
拳　鍵　舷　股　虎　錮　勾　梗　喉　乞　傲　駒　頃　痕　沙　挫　采　塞
埼　柵　刹　拶　斬　恣　摯　餌　鹿　叱　嫉　腫　呪　袖　羞　蹴　憧　拭
尻　芯　腎　須　裾　凄　醒　脊　戚　煎　羨　腺　詮　箋　膳　狙　遡　曽
爽　痩　踪　捉　遜　汰　唾　堆　戴　誰　旦　綻　緻　酎　貼　嘲　捗　椎
爪　鶴　諦　溺　塡　妬　賭　藤　瞳　栃　頓　貪　丼　那　奈　梨　謎　鍋
匂　虹　捻　罵　剝　箸　氾　汎　阪　斑　眉　膝　肘　阜　訃　蔽　餅　璧
蔑　哺　蜂　貌　頰　睦　勃　昧　枕　蜜　冥　麺　冶　弥　闇　喩　湧　妖
瘍　沃　拉　辣　藍　璃　慄　侶　瞭　瑠　呂　賂　弄　籠　麓　脇

〈「常用漢字表」から削除された字種（5字）〉

勺　錘　銑　脹　匁

MEMO

新訂　ワークブック法制執務　第２版

平成30年１月15日　第１刷発行
令和７年６月20日　第10刷発行

法制執務研究会　編

発　行　株式会社　ぎょうせい
〒136-8575　東京都江東区新木場１-18-11
URL：https://gyosei.jp

フリーコール　0120-953-431
ぎょうせい　お問い合わせ　検索　https://gyosei.jp/inquiry/

〈検印省略〉

印刷　ぎょうせいデジタル㈱

ISBN978-4-324-10388-3
(5108367-00-000)
〔略号：ワーク法制（２版）〕

＜索　引＞

——あ　行——

◇一部改正

◇一部改正法（令）

◇委任

◇引用

◇枝番号

——か　行——

◇解釈規定

◇各号

◇各号列記以外の部分

◇各号列記以外の部分中

◇括弧

◇官報

◇期間

◇基本法

◇共通見出し

◇句（読）点

◇繰上げ

―か―

◇号

◇後段

◇後段中

◇項番号

◇公布

◇公文

◇後法優先の原理

――さ　行――

◇削除

—さ—

◇雑則

◇施行

◇施行期日

◇施行法

◇終期

◇趣旨規定

◇準用

◇条

―さ―

◇章・節（等）

◇章名・節名等

◇条例

◇書式

◇署名大臣

◇図

◇制定文

―た―

――た　行――

◇ただし書

◇ただし書中

◇立入検査

◇他法令

◇（注）

◇調整規定

◇聴聞

◇柱書き

◇罰則

◇（備考）

◇表

◇附則

◇付録

◇別図

◇別表

◇報告徴収

◇法令

——ま　行——

——や　行——

——ら　行——

―ら―

◇略称規定

◇両罰規定